Breve di‹

Biblioteca temática

Demetrio Estébanez Calderón

Breve diccionario de términos literarios

El libro de bolsillo
Biblioteca de consulta
Alianza Editorial

Primera edición: 2000
Segunda reimpresión (revisada): 2006

Diseño de cubierta: Alianza Editorial
Cubierta: Ángel Uriarte

© Demetrio Estébanez Calderón, 2000
© Alianza Editorial, S. A., Madrid, 2000, 2004, 2006
Calle Juan Ignacio Luca de Tena, 15; 28027 Madrid; teléfono 91 393 88 88
www.alianzaeditorial.es
ISBN: 84-206-3617-7
Depósito legal: M. 29.012-2006
Compuesto e impreso en Fernández Ciudad, S. L.
Coto de Doñana, 10. 28320 Pinto (Madrid)
Printed in Spain

SI QUIERE RECIBIR INFORMACIÓN PERIÓDICA SOBRE LAS NOVEDADES DE ALIANZA EDITORIAL, ENVÍE UN CORREO ELECTRÓNICO A LA DIRECCIÓN:
alianzaeditorial@anaya.es

Prólogo

La amplia y generosa acogida que los lectores y la crítica han dispensado al *Diccionario de términos literarios,* publicado anteriormente en esta misma editorial, nos ha animado a preparar este breve diccionario, que constituye una minuciosa reelaboración del texto mencionado. Con esta apretada síntesis se trata de responder adecuadamente a las expectativas del público al que va dirigido. Aunque, desde el punto de vista metodológico, el nuevo texto exige un planteamiento más ajustado en la organización y estructura de las entradas, sin embargo, en el contenido temático y en los objetivos, hay una perfecta concordancia con el texto anterior. Nuestro propósito es ofrecer un instrumento útil para el estudio de la literatura, disciplina que, vinculada a la enseñanza de la lengua, debe recuperar el papel fundamental que le corresponde en la formación lingüística, estética y cultural de las nuevas generaciones. Un objetivo primordial de esta obra es facilitar a los estudiosos de la materia, y al público culto en general, una información rigurosa y actualizada de los conceptos fundamentales impartidos en las distintas ramas de la ciencia de la literatura, en la que se ha producido un gran avance durante las últimas décadas del siglo xx, tanto en la investigación y métodos de estudio como en el tratamiento de los temas y en la elaboración del metalenguaje específico de dicha ciencia.

En lo que se refiere al contenido temático, el presente diccionario recoge unas mil doscientas entradas de las mil quinientas que se ofrecían en el texto anterior. La retirada, por razones de espacio, de determinados conceptos pertenecientes, en su mayor parte, a un léxico especializado de rara utilización ha permitido un tratamiento adecuado del resto de las entradas, que exceden, en número y amplitud, a lo que cabía esperar en este tipo de obras. El conjunto de artículos que aquí aparecen abarca las cuatro ramas en las que se subdivide la mencionada disciplina: *teoría de la literatura* (en la que se abordan los conceptos de literatura, lengua literaria, géneros literarios, y otros relacionados con el discurso poético, la narratología, el teatro, etc.), *crítica literaria* (términos referidos al concepto y función de dicha materia, así como a las diferentes escuelas y teorías de crítica literaria: deconstrucción, estética de la recepción, estilística, estructuralismo, formalismo ruso, hermenéutica, lingüística del texto, etc.), *historia de la literatura* (artículos en los que se estudian los diferentes movimientos culturales, estéticos y literarios más relevantes en el transcurso de la historia: p. e., en el siglo XVI: eramismo, eufuismo, humanismo, manierismo, petrarquismo, renacimiento, etc.) y *literatura comparada,* en la que se abordan temas, géneros y formas literarias comunes a diversas lenguas y culturas.

Se incluyen, además, artículos dedicados a otras disciplinas estrechamente vinculadas a la ciencia de la literatura, como la *retórica* (entradas referidas a la oratoria, tipos de discurso, figuras literarias, etc.), la *métrica* (prosa y verso, acento, ritmo, metro, rima, tipos de verso, de estrofas, de poemas, etc.), la *lingüística* (discurso, enunciado, fonema, funciones, léxico, norma, etc.), la *semiótica* (código, connotación, icono, índice, signo, etc.) y la *pragmática* (actos de habla, contexto, destinatario, interlocutor, situación, etc.). A este conjunto se añaden diversas entradas que analizan las relaciones de la literatura con determinadas disciplinas, como la *filosofía* (corrientes de pensamiento que han influido en la creación o en la teoría y crítica literarias: estructuralismo, existencialismo, hermenéutica, idealismo, krausismo, etc.), la *estética* (belleza, esperpento, lo feo, grotesco, *pathos*, etc.), el *arte* (cubismo, expresionismo, impresionismo, manierismo, etc.) y la *música:* ballet, comedia-ballet, música y literatura, ópera, zarzuela, etc.

Otros campos abordados son los *topica* (*Carpe diem, Ubi sunt,* Edad de Oro, etc.) y ciertos «temas» recurrentes en la tradición literaria (anagnórisis, honor, viaje, etc.), personajes relacionados con la creación o la ficción literarias (autor, escritor, juglar, trovador, héroe, gracioso, histrión, etc.), instituciones (academia, certamen, festival, juegos, Real Academia, revistas, tertulia), etc.

Por otra parte, muchos de los conceptos mencionados se desglosan en sus elementos constituyentes, derivaciones, etc., dando lugar a nuevas entradas. Esto ocurre, p. e., con los géneros literarios, tal como se manifiestan en sus realizaciones históricas concretas: épico-narrativos (epopeya, cuento, novela, etc.), líricos (égloga, elegía, oda, etc.), dramáticos (comedia, farsa, tragedia, etc.) y didáctico-ensayísticos (diálogo, ensayo, epistolario, etc.). A su vez, algunas de estas formas genéricas se subdividen en diferentes modelos de realización de las mismas, p. e., novela (de aprendizaje o *bildungsroman,* de aventuras, bizantina, caballeresca, cortesana, de costumbres, epistolar, erótica, de espionaje, etc.), comedia, poesía, teatro, etcétera.

En cuanto a la metodología y la organización de los temas, se ha procurado mantener una homogeneidad en el desarrollo de los artículos, de acuerdo con el siguiente esquema: breve definición inicial del concepto (con la etimología del término en cuestión, cuando se juzga pertinente), exposición sistemática de los aspectos esenciales del tema, escueta referencia –en las entradas que se cree necesario– a la evolución histórica y, en ciertos casos, a las interpretaciones de la crítica, y, finalmente, referencias cruzadas, destinadas a complementar, en aspectos relacionados con el tema, la exposición del mismo, p. e., en la entrada sobre *Cantiga,* se dice al final: Véanse: *Cantiga de amigo, Cantiga de amor, Cantiga de escarnio y de maldecir, Cantiga de estribillo y Decir.*

En la redacción del diccionario se han cuidado, especialmente, dos aspectos: la proyección didáctica en el tratamiento de los temas y la apertura a un pluralismo metodológico y cultural. En el primer aspecto, todos los artículos que lo precisan (especialmente los referidos a figuras literarias, tipos de versos, estrofas, poemas, diversos subgéneros de novela, comedia, etcétera) finalizan su exposición con ejemplos aclaratorios, para facilitar una mejor comprensión del contenido temático. En algunos casos, cuando varias entradas convergen en un mismo tema, los ejemplos se concentran, por economía de espacio, en una o dos, a las que se remite al lector: p. e., en el artículo referido a *estancia* (estrofa compuesta por dos conjuntos de versos denominados *fronte* y *sirima,* unidos por un *eslabón),* las referencias cruzadas de los tres últimos términos remiten a **estancia,* donde figura (además de en *sirima)* un ejemplo de dicha estrofa.

En cuanto al pluralismo mencionado, se ha respetado una metodología abierta a las distintas corrientes de crítica literaria y se ha tenido en cuenta la diversificada riqueza cultural de nuestra tradición, que hunde sus raíces en el mundo grecolatino (del que procede el mayor contingente de artículos, entre ellos los referidos a la retórica y a la poética clásicas), con ciertas aportaciones de la cultura árabe (aljamiado, casida, gacela, jarcha, moaxaja, morisco, mozárabe, zejel, etc.) y de la hebrea (hebraísmo, parábola, jarcha, salmo, sefardí, etc.). Se ha prestado una particular atención a las literaturas francesa (cortés, cansó, *fabliaux,* naturalismo, parnasianismo, partimen, pastorela, preciosismo, simbolismo, sirventés, tensó, etc.) e italiana (*Commedia dell'Arte, Dolce stil novo,* fronte, manierismo, marinismo, petrarquismo, sirima, etc.), y, sobre todo, a la literatura hispanoamericana: antinovela, antipoema, creacionismo, gauchesca, indigenismo, negrismo, modernismo, nueva novela, ultraísmo, etc. Aparece, además, una serie de artículos de literatura y crítica literaria del área anglosajona (eufuismo, imaginismo, *New Criticism*, etc.) y germánica (estética de la recepción, *kitsch*, *leitmotiv*, *Sturm und drang*, etc.), así como algunas expresiones literarias de las culturas orientales: la japonesa *(haiku, yoruri, kabuki, kyôgen)*, hindú *(kathakali)*, etc., que han influido en la producción poética y dramática occidental durante el pasado siglo.

Demetrio Estébanez Calderón

Abreviaturas

a.C.:	antes de Cristo.
c.:	*circa* (aproximadamente, en torno a).
comp.:	compilador.
coord.:	coordinador.
d.C.:	después de Cristo.
dir.:	director.
e.:	estrofa.
ed.:	editor.
edic.:	edición.
edit.:	editorial.
ibid.:	*ibidem* (en el mismo lugar o texto).
p. e.:	por ejemplo.
s.:	siglo.
t.:	tomo.
trad.:	traductor o traducción, según el contexto.
v. o vs.:	verso o versos.
vol. o vols.:	volumen o volúmenes.

Siglas

CSIC:	Consejo Superior de Investigaciones Científicas.
DA:	Diccionario de Autoridades.

DHLE: Diccionario Histórico de la Lengua Española.
DRAE: Diccionario de la Real Academia Española.
DTL: Diccionario de Términos Literarios (D.E.C.).
HCLE: Historia y Crítica de la Literatura Española
            (9 vols. y suplementos, al cuidado de F. Rico).
RAE: Real Academia Española.

Signos

*   El asterisco, cuando va delante de una palabra (p. e., *zeugma),* indica que en el Diccionario figura una entrada o artículo sobre el tema enunciado por esa palabra.

A

Absurdo. Término de origen latino *(absurdus:* necio, disparatado) que se aplica a enunciados sin sentido lógico y a situaciones y acontecimientos que no admiten una explicación racional. En la filosofía existencialista contemporánea, el absurdo es un concepto clave, de orden metafísico y moral, para definir el «sin-sentido» de la vida en un mundo en el que el hombre se encuentra como «arrojado» y donde su existencia, dominada por la angustia de una muerte ineludible, carece de significación y de esperanza.

Esta concepción filosófica de la existencia, que surge en el contexto de dos guerras mundiales, es el sustrato ideológico de las novelas y dramas de J.-P. Sartre y A. Camus y del llamado «teatro del absurdo», que tuvo como representantes a E. Ionesco, S. Beckett y A. Adamov. Como antecedentes de estos autores puede mencionarse a A. Jarry, F. Kafka, A. Artaud y los surrealistas.

Las características de este teatro del absurdo son las siguientes:

1) Frente a la estructura tradicional (planteamiento, nudo y desenlace), estas piezas carecen de intriga y de una acción progresiva y coherente: los acontecimientos sobrevienen al azar y provocan situaciones absurdas. 2) Los personajes de estos dramas son «entes» indefinidos, que se mueven como peleles, a la deriva, en busca de un sentido de la vida que se les escapa. 3) El lenguaje se convierte en centro de interés del espectáculo teatral, un lenguaje frecuentemente dislocado, desintegrado (incoherencias, disparates, frases contradictorias, simplezas y expresiones tópicas) y convertido en puro juego (a veces, juego de escarnio) de palabras vacías, que de-

latan dificultades insalvables en la comunicación humana.

Academia. Término de origen griego *(akademeia)* con el que se designaba inicialmente la Escuela de Platón, situada en un jardín, cerca de Atenas, dedicado al héroe Academos. En dicha escuela se desarrolló una activa reflexión filosófica y científica (sobre todo en matemáticas y astronomía) y se dedicó una atención especial a la pedagogía, a la música y también a la literatura.

En el transcurso de la Edad Media aparecen diversas instituciones culturales que fomentan el cultivo de las letras en un marco de comunidad intelectual, análogo al de la antigua institución platónica. Sin embargo, habrá que esperar al Renacimiento para que surjan, en Italia, las primeras academias (p. e., la Academia platónica de Florencia), entendidas ya en la acepción moderna del término: «Sociedad científica, literaria o artística establecida con autoridad pública» (DRAE). Por influencia de las academias italianas, se fundan instituciones similares en otros países europeos, p. e., la Academia Francesa (1634) y, a imitación de ésta, la Real Academia Española (1714), encargadas de velar por el buen uso de la lengua. Véase: REAL ACADEMIA.

Académico. Miembro de una academia. Se dice especialmente de los pertenecientes a las Reales Academias de la Lengua, de la Historia, de Bellas Artes, etc. Entre los académicos, los llamados *de número* son aquellos que, con carácter vitalicio, han sido admitidos en la institución para poder asistir con regularidad a todas las sesiones y tomar parte en las actividades y deliberaciones de la misma. Otro tipo de académico, el *correspondiente,* es el que, residiendo fuera de Madrid, participa como colaborador en los trabajos de investigación de la Academia.

En una segunda acepción del término, se habla de *estilo académico* de un autor cuando, en la elaboración de su obra, se ajusta rigurosamente a un sistema de normas clásicas o de convenciones establecidas.

Acción. Es la serie de acontecimientos y situaciones que configuran una historia relatada o representada. La acción dinamiza esa historia al poner en marcha los distintos mecanismos de transformación que empujan a los personajes a pasar de una situación a otra. Por la acción se definen estos personajes y en la acción se establecen entre ellos unas relaciones motivadas por la prosecución respectiva de sus propios intereses. Éstos pueden generar conflictos, que, a su vez, mueven a actuar en busca de la solución de los mismos.

En la dramaturgia clásica, el desarrollo de la acción se estructuraba en tres fases: *prótasis* o planteamiento de la situación dramática en ciernes; *epítasis*, «crisis» o nudo, relativo a la aparición y agravamiento de los conflictos en que se ven inmersos los personajes; y *catástrofe*, epílogo o desenlace, en el que se produce la resolución de los conflictos. Véase: UNIDADES.

Acento. Rasgo prosódico con el que se destaca una sílaba dentro de una palabra, para diferenciarla de las demás. Este fenómeno puede consistir en un mayor esfuerzo expiratorio (*acento de intensidad*, característico del español y el inglés), en una elevación del tono de voz al emitir la sílaba acentuada (acento *tónico* o melódico, peculiar del griego) o en el alargamiento de dicha sílaba acentuada, como ocurre en el latín: es el llamado *acento de cantidad*.

El acento cumple una función distintiva en los niveles gramatical y semántico (p. e., para diferenciar palabras integradas por los mismos fonemas: «amo» - «amó») y, sobre todo, en la métrica, ya que de la diferente posición del acento en unas sílabas u otras depende la configuración y distinción de los diferentes tipos de verso. Así, dependiendo de la posición en la última sílaba acentuada de un verso, éste puede ser oxítono o agudo (si recae el acento en la última sílaba del verso: «Como una rosa roja que fuera flor de lis», R. Darío),

paroxítono o llano («De un grito elevé una montaña», V. Huidobro) y proparoxítono o esdrújulo («Afrodita de oro, los tebanos, las ágoras», J. L. Borges). Véanse: CÓMPUTO SILÁBICO Y VERSO.

Aconsonantado. Se dice de los versos o estrofas que presentan una rima consonante. Se aplica también dicho término a aquellos versos que llevan rima aconsonantada, cuando, atendiendo a la regularidad métrica del poema al que pertenecen, debieran ser asonantes, p. e., en el siguiente romance:

«Mañanita de San Juan,
mañanita de primor,
cuando damas y galanes
van a oír misa mayor,
allá va la mi señora,
entre todas la mejor;
viste saya sobre saya,
mantellín de tornasol [...]».

(Romance anónimo)

Acotación. Es la parte no dialogada del texto teatral, constituida por orientaciones que sirven a los actores para una mejor comprensión y representación (indicación de gestos, movimientos, etc.) y al director para una adecuada puesta en escena (distribución del espacio, decoración, luces, vestuario, etc.).

Acrónimo. Término de origen griego (*acro:* punta, y *onoma:* nombre) con el que se denomina una formación léxica construida por las siglas o abreviaturas (letras o sílabas iniciales) de un conjunto de palabras. Ejemplo: «Re(d) N(acional) (de los) F(errocarriles) E(spañoles)»: RENFE. De la época romana procede uno de los acrónimos más conocidos: SPQR (*Senatus Populusque Romanus*).

Acróstico. Término de origen griego (*akros*: extremo, y *stichos*: verso) con el que se denomina un procedimiento ingenioso consistente en la combinación vertical de las letras iniciales de los versos de un poema para formar palabras con las que se transmite un mensaje o se da a conocer el nombre de una persona. Un ejemplo aparece en las octavas que anteceden al texto de *La Celestina,* en las que F. de Rojas deja constancia de su autoría. Véase el acróstico de su apellido:

[...]

«Reproches, revistas e tachas.
[Callando
Obstara, e los daños de invidia é
[murmuros
Insisto remando, é los puertos
[seguros
Atrás quedan todos ya cuanto
[más ando.
Si bien quereys ver mi limpio
[motivo...».

(F. de Rojas)

Acto. Es una de las partes en que se divide la obra teatral, en función del tiempo y del desarrollo de la acción. En el teatro latino se dividía en cinco actos, costumbre confirmada por los tratadistas italianos del Renacimiento y seguida por los dramaturgos franceses del siglo XVII, Corneille y Racine. En el teatro español del siglo XVI los dramaturgos dividen sus obras en cinco (Torres Naharro), cuatro y tres actos. A finales de dicho siglo se impuso como costumbre (Cervantes y Lope de Vega) la división en tres actos o *jornadas,* hecho que se adecuaba mejor a la división aristotélica de la acción en tres fases: *prótasis* o exposición, *epítasis* o nudo y complicación de la intriga y *catástrofe* o desenlace. Véase: ESCENA.

Actor. Intérprete de un papel en una representación teatral o cinematográfica o en una obra destinada a la radio o a la televisión. El actor es el elemento clave de la representación teatral: él es quien da vida a los personajes, hace posible la acción dramática y confiere (en consonancia con el dispositivo escénico y el montaje) la plena significación al texto dramático, que adquiere nuevas posibilidades significativas en cada representación e interpretación. En el teatro contemporáneo se ha cuidado especialmente el adiestramiento de los actores a través de nuevas técnicas de declamación, expresión corporal, etc. Grandes directores de escena, como A. Antoine, E. Kazan, J. Grotowski, Stanislavski, etc., han centrado sus esfuerzos en la formación del actor, fundamento de toda escenificación.

Actos de habla. Expresión utilizada inicialmente en Filosofía del Lenguaje por J. J. Austin y J. R. Searle, interesados en lograr, a partir de un cuidadoso estudio del lenguaje común, la precisión lingüística necesaria para evitar falsos problemas que, a su juicio, se plantean en la reflexión filosófica por un uso inadecuado del lenguaje. Austin y Searle parten del análisis del lenguaje corriente, al elaborar su «teoría de los actos de habla» *(speech act),* reflexión que constituye el punto de partida de la moderna *Pragmática y que será recogida por algunos estudiosos de teoría de la literatura (R. Ohmann, T. Van Dijk, etc.) para explicar las características del lenguaje literario como modalidad de acto de habla. Austin clasifica los actos de habla en tres tipos fundamentales:

– Acto *locutivo* o locucionario, que es el que se produce, simplemente, por el hecho *de* decir algo y que consiste en «la emisión de ciertos ruidos (acto "fónico"), de ciertas palabras en una determinada construcción (acto "fático"), y con un cierto significado (acto "rético")». Este acto comporta un *significado,* y su virtualidad es meramente constatativa o informativa. Ejemplo: «Mis palabras fueron éstas: "deberías pedirle disculpas"».

– Acto *ilocutivo* o ilocucionario: es el que se produce *al* decir algo, y sirve para caracterizar el modo como estamos realizando el enunciado. Este acto permite descubrir, de acuerdo con el contexto, si el enunciado tiene fuerza de advertencia, ruego, consejo, etc., y posee *fuerza* ilocutiva. Ejemplo: «Le rogué una y otra vez que se disculpara».

– *Acto perlocutivo* o perlocucionario: es el que se produce *por* haber dicho algo; alude a los efectos provocados en el destinatario por lo que se le ha comunicado: aceptación, rechazo, inquietud, etc. Ejemplo: «Finalmente, logré que le pidiera disculpas»

Tanto Austin como Searle aluden a la forma peculiar de uso del lenguaje que aparece en los textos literarios. Para Austin, las características de los actos ilocutivos no pueden aplicarse a los enunciados de un texto literario, ya que en ellos están «suspendidas las condiciones normales de referencia». En la misma línea, Searle cree que en la literatura se producen expresiones sobre acontecimientos, personajes, etc., que carecen de verdadero valor referencial, al situarse en un discurso fuera de la realidad en la que se producen los usos lingüísticos normales. Se trataría de un uso mimético y lúdico de los actos de habla. Véase: PRAGMÁTICA.

Actualización. Véase ADAPTACIÓN.

Acumulación. Figura retórica consistente en la enumeración o adición *(adjectio)* de una serie de palabras, sintagmas o proposiciones interrelacionados por su función análoga y complementaria en la descripción de un personaje, acontecimiento, situación, etc. Véase, como ejemplo, la reflexión antifeminista de Sempronio ante Calixto en *La Celestina:*

«Pero destas otras, ¿quién te contaría sus mentiras, sus tráfagos, sus cambios, su liviandad, sus lagrimillas, sus alteraciones, sus osadías? Que todo lo piensan, osan sin deliberar. ¿Sus disimulaciones, su lengua, su engaño, su olvido, su desamor, su ingratitud, su inconstancia [...], su desvergüenza, su alcahuetería?».

(F. de Rojas)

La acumulación es una técnica estilística utilizada en la *amplificación y presenta ciertas semejanzas con la *enumeración, de la que se diferencia, no obstante, por el hecho de implicar ésta un mayor sentido del orden y ser empleada especialmente en la enunciación de los elementos que constituyen series o conjuntos.

Adagio. Término de origen latino *(adagium:* sentencia) con el que se designa una breve sentencia doctrinal, de origen popular, formulada con claridad y concisión, en la que se expresa un principio de moral, una norma de conducta o una observación de carácter general. Ejemplos: «Haz bien y no mires a quién», «Lo bueno, si breve, dos veces bueno».
A este tipo de sabiduría sentenciosa pertenecen también el *refrán, la *máxima y el *proverbio.

Adaptación. Cambio introducido en la configuración de un texto para acomodarlo a un nuevo destinatario o para acoplarlo a un género literario distinto de aquel en que originalmente se escribió. En este sentido, una novela puede convertirse en obra teatral, guión cinematográfico o en una serie televisiva. Cada género literario exige unas condiciones peculiares de adaptación: así, al transformar una novela para acomodarla a la representación dramática, las condiciones impuestas por el espacio y el tiempo son muy estrictas. La adaptación de la novela al cine implica menos restricciones: se trata de contar un argumento, tomando la cámara como punto de vista del narrador, que puede acercarse al mundo interior del personaje, traduciendo en imágenes alucinaciones fantásticas, exteriorizando monólogos interiores, etc.

El tratamiento del espacio ofrece mayores posibilidades de desarrollo que en el teatro o que en la novela. Lo mismo ocurre con la televisión, medio en el que son cada día más frecuentes las adaptaciones de obras literarias.

Adínaton. Término griego (*adunatos:* imposible de hacer) con el que se denomina una figura retórica relacionada con la hipérbole, que se utiliza para resaltar enfáticamente que lo que se propone es imposible de realizar. Ejemplo:

«Es más fácil que un camello entre por el ojo de una aguja, que el que un rico entre el Reino de Dios».

(Lc. 18, 25)

Afectación. Defecto consistente en la falta de sencillez y naturalidad en la expresión oral o escrita. Esta deficiencia en el estilo puede manifestarse en el rebuscamiento artificioso de palabras y figuras literarias, en la utilización pretenciosa de un tono o unos recursos de lenguaje inadecuados a un determinado contexto, en la ampulosidad y amaneramiento expresivos, etc.

Aféresis. (Del griego *aphairesis,* de *aphairein:* quitar.) Pérdida o supresión de un fonema o de una sílaba al comienzo de una palabra. Se trata de un vulgarismo morfológico, inaceptable en el uso correcto del idioma, y que, no obstante, aparece utilizado por algunos escritores, como licencia poética, en la recreación estética de un rasgo peculiar del habla correspondiente a estratos sociales de escasa cultura. Ejemplo: «norabuena» (enhorabuena), «noramala» (enhoramala).

Aforismo. Término de origen griego (*aphorismos:* regla delimitada, máxima) con el que se aludía en dicha lengua a un principio científico expresado en forma concisa, a imitación de los *Aforismos* de Hipócrates, tratado de medicina que resume, en forma de sentencias breves, los principios y doctrinas de la escuela de Cos. Dicho término significa también una sentencia breve que sintetiza una regla, axioma o máxima instructiva. En esta segunda acepción, el aforismo presenta semejanzas con el *adagio, *refrán, *máxima y *proverbio, pero carece del fin moralizador de éstos. Ejemplo:

«No consiste la perfección en la cantidad, sino en la calidad».

(B. Gracián)

Aforo. Capacidad o conjunto de localidades de un teatro o de otras salas destinadas a espectáculos públicos.

Alba. Composición lírica de origen provenzal, cuyo tema se relaciona con el disgusto de los enamorados que han pasado la noche juntos y han de separarse al alborear el día. Dicho tema aparece en diversas literaturas, como la china, la griega, latina, etc. Por lo que respecta a la literatura románica, se conservan ejemplares de este tipo de canciones en la poesía provenzal, en la galaico-portuguesa, castellana, etc. En esta última aparecen canciones alusivas, tanto a la despedida de los amantes, al venir el alba, como a la espera del encuentro. Véase un ejemplo de alba de despedida:

> «Ya cantan los gallos
> amor mío y vete:
> cata que amanece.
> Vete, alma mía,
> más tarde no esperes,
> no descubra el día
> los nuestros placeres.
> Cata que los gallos,
> según me parece,
> dicen que amanece».
>
> (Cancionero anónimo)

Alegoría. Término de origen griego (de *all-egoria:* palabras cambiadas; o de *allegoreno:* hablo de otra manera) con el que se designa un procedimiento retórico que consiste en expresar un pensamiento por medio de una o varias imágenes, o metáforas, a través de las cuales se pasa de un sentido literal a un sentido figurado o alegórico, que es el que, en definitiva, se desea transmitir. Entre los retóricos latinos, Quintiliano considera la alegoría como «una serie continuada de metáforas» (*De Institutione Oratoria,* VIII, 6, 44). La alegoría presenta, como rasgo peculiar, el hecho de que en su desarrollo exige una total correspondencia lógica, término a término, entre los elementos constituyentes de los dos planos o sentidos: el plano A (literal), en el que aparece el sentido inmediato dado por las imágenes evocadas, y el plano B (alegórico), en el que se sugiere un significado figurado, que puede ser de tipo amoroso, político, moral, religioso, etc. Un ejemplo clásico es la alegoría de «la nave del Estado», procedente de Horacio, en la que, en el plano literal, se relata una arriesgada travesía marítima (en la que, gracias a la pericia y el coraje del capitán, se logra arribar felizmente al puerto de destino, después de sortear tempestades y el acoso de piratas), travesía con la que se alude, en el plano figurado o alegórico, a una situación política, en la que la nave se refiere al Estado, el capitán, al Rey, la tempestad, a la discordia civil y la guerra, los piratas, a los enemigos del Estado, y la llegada feliz al puerto de destino, al logro de la concordia y la paz. Véanse: METÁFORA, PARÁBOLA y SÍM-BOLO.

Alegría. Nombre con el que se reconoce un tipo de pareado que se utiliza en la poesía popular andaluza y que consiste en la combinación de dos versos asonantes cuya medida puede ser de cinco y diez sílabas, o de seis y once, respectivamente. Ejemplo:

«Vente conmigo
a las retamas de los caminos».

(Anónimo)

Alejandrino. Verso de catorce sílabas, formado por dos hemistiquios de siete sílabas, separados por una pausa que impide la sinalefa. Se denomina alejandrino por ser éste el metro utilizado por primera vez en un poema francés de la segunda mitad del siglo XII *(Roman d'Alexandre,* de Lambert le Tort y Alexandre de Berney), en el que aparece en series monorrimas de variable número de versos. En otros poemas franceses posteriores el alejandrino figura en cuartetos monorrimos, uso que generaliza en España el Mester de Clerecía a través de la estrofa denominada *cuaderna vía.* El alejandrino aparece en distintos tipos de estrofas (pareados, tercetos, cuartetos monorrimos, etc.) y en diferentes escuelas, épocas y autores, desde el citado Mester de Clerecía hasta el siglo XX. Véase un ejemplo en CUADERNA VÍA. Véase también TETRADECASÍLABO.

Aleluya. Estrofa compuesta por dos versos octosílabos, generalmente de carácter popular, que riman en consonante. Ejemplo:

«La primavera ha venido.
Nadie sabe cómo ha sido».

(A. Machado)

Se dice también de cada una de las estampitas impresas en serie y con la explicación del asunto, en un pliego de papel, generalmente en versos pareados.

Aliteración. (Del latín *ad:* a, y *litteras:* letras.) Figura retórica consistente en la reiteración de sonidos idénticos o semejantes a lo largo de uno o varios versos o frases. Con este recurso, intencionadamente buscado (si fuera un hecho casual sería un defecto de estilo), se pretende suscitar determinadas sensaciones en el lector y potenciar los valores expresivos del texto. Véase, como ejemplo, el conocido verso de San Juan de la Cruz: «El *silbo* de lo*s* aire*s* amoroso*s*», en el que la recurrencia del fonema sibilante s imita el sonido del viento, evocado en el texto («el silbo de los aires»). Véase: ONOMATOPEYA.

Aljamiado. Se designan con dicho término (derivado de *aljamía,* palabra con la que los árabes denominaban al castellano) los textos literarios, de mudéjares y moriscos, escritos en lengua romance, pero transcritos en caracteres arábicos. Un ejemplo de esta literatura aljamiada es el *Poema de Yúçuf* (s. XIV).

El término «aljamiado» se ha aplicado también a textos romances escritos en caracteres hebreos, como ocurre, p. e., con las jarchas hispanohebreas de Yehûdâ Halevî (siglos XI-XII), etc.

Alocución. «Discurso o razonamiento breve por lo común dirigido por un superior a sus inferiores, secuaces o súbditos» (DRAE). Dicho término es utilizado en teoría de la comunicación para designar el acto por el cual un emisor dirige a un destinatario un mensaje que habrá de ser interpretado de acuerdo con un código común a ambos. Al receptor y descodificador de ese mensaje se le denomina, en dicha teoría, «alocutor» o, preferiblemente, interlocutor.

Alojero. Término con el que se designaba a la persona que vendía aloja (bebida compuesta de agua, miel y especias), avellanas, piñones, etc., durante los entreactos de una representación teatral. El lugar donde se situaba dicho vendedor (la galería baja del teatro) y los palcos que ocuparon, más tarde, dicho lugar recibieron también el nombre de alojero.

Alta comedia. Expresión con la que se designa una corriente teatral que se produce a mediados del siglo XIX como reacción frente a la estética del Romanticismo y que responde a los gustos, preocupaciones y mundo de valores de la burguesía española de la llamada «Época moderada». Dicha corriente busca una técnica y un tono realistas con los que configurar situaciones y realidades sociales y analizar formas de conducta de personajes peculiares de la sociedad coetánea. La obra con la que se inicia esta tendencia es *El hombre de mundo* (1845), de Ventura de la Vega, seguida por *El tejado de vidrio* (1856), *El nuevo don Juan* (1863) y *Consuelo* (1878), de A. López de Ayala, y *La bola de nieve* (1856) y *Los hombres de bien* (1870), de J. Tamayo y Baus.

Con la «Alta comedia» se relaciona una parte de la producción dramática de J. Benavente (*Gente conocida*, 1896, *La noche del sábado*, 1903, etc.) dotada de una indudable calidad literaria en los diálogos, una acertada presentación de ambientes y un dominio de las técnicas de la construcción teatral. Estas obras van a servir de modelo a un grupo de autores de posguerra (J. Calvo Sotelo, V. Ruiz Iriarte, J. López Rubio), a los que se ha considerado exponentes del llamado «teatro benaventino», destinado a un público de clases medias que buscan en estas piezas «bien hechas» la confirmación de sus ideales conservadores («comedia dramática») y la satisfacción de sus deseos de diversión («comedia de evasión»).

Ambientación. Es la sugerencia o creación, mediante rasgos verosímiles, de las circunstancias (espacio, tiempo, hábitat, posición social, etc.) que conforman el medio en el que un escritor sitúa la acción y los personajes que integran el universo de ficción de su obra literaria. La configuración de ambientes es fundamental para el desarrollo de esa acción, así como para suscitar la ilusión de realidad, objetivo buscado en la literatura clásica y más aún en la estética realista y naturalista.

Ambulante (teatro). Hasta la fundación de los *corrales, en la segunda mitad del siglo XVI, no existían en España (a excepción de los palacios de los nobles y colegios universitarios) locales estables para la representación teatral. Las comedias se ofrecían al público en escenarios improvisados en los patios de las posadas o en las plazas públicas de pueblos y ciudades. Dichas obras eran representadas por cómicos ambulantes. Agustín de Rojas describe en *El viaje entretenido* (1603) diferentes tipos de cómicos y compañías de los que tiene noticia; el *bululú, el *ñaque, la *gangarilla, *cambaleo, *compañía de Garnacha, *bojiganga, la *farándula y las *compañías. Cuando Lope de Vega llega a la escena en torno a 1580, se han fundado ya el Co-

rral de *La Pacheca* y el de *La Cruz*. El teatro ambulante se reduce entonces a pequeños núcleos de población urbana y rural. En el siglo XX se produce una experiencia singular de teatro ambulante con las Misiones Pedagógicas y la compañía *La Barraca*, de García Lorca, que recorre (como los antiguos cómicos) diferentes pueblos de España.

Ametría. Ausencia de igualdad o regularidad en el número de sílabas de los versos que componen una estrofa o poema. Esta versificación *irregular*, que es peculiar de los cantares de gesta, como el *Poema de Mio Cid*, se convierte en característica de la versificación libre en el siglo XX.

Amor cortés. Véase CORTÉS.

Amplificación. Figura retórica consistente en el desarrollo de un tema mediante la enumeración de elementos complementarios que contribuyen a realzar e intensificar el sentido y valor de dicho tema. Esta figura fue muy cultivada por los oradores latinos. En los tratadistas medievales la *amplificatio* responde más bien a la idea de alargamiento y desarrollo de un tema. Así aparece en la obra de Juan Ruiz, en *El Corbacho*, *La Celestina*, etc. Véase ACUMULACIÓN.

Anacoluto. Alteración del orden sintáctico y de la coherencia de la frase, por la omisión de nexos relacionantes o de elementos constitutivos de la misma, debido a una ruptura del decurso lineal de la comunicación. Este fenómeno, frecuente en el habla coloquial, es utilizado por ciertos escritores que pretenden recrear un tipo de lenguaje adecuado a la caracterización de un personaje excitado o perturbado, o en ciertas formas de monólogo interior, como en el llamado de «corriente de conciencia». Ejemplo:

«Figúrate, en un santiamén, claro, qué vas a pedir a esa gente, ni enterarse, a ver, natural, de detalles, cero».

(M. Delibes)

Anacreóntica. Poema en el que se exaltan los placeres sensuales procurados por el goce estético de la naturaleza, la degustación de la comida y la bebida (el vino, especialmente) y la vivencia del amor. Iniciado por Anacreonte, poeta griego, y asimilado por los latinos (Catulo, sobre todo) y por los representantes de la poesía helenística alejandrina, será imitado por diversos poetas a partir del Renacimiento: Gutierre de Cetina, E. M. de Villegas, J. Meléndez Valdés, etc.

Anacronismo. Incongruencia derivada de presentar como propio de una época algo que, en realidad, corresponde a otra. En la historia de la creación literaria es frecuente este fenómeno, debi-

do unas veces a un desconocimiento de la realidad histórica, otras a un deseo de adaptación de la realidad pretérita al contexto presente para hacerla comprensible, o a una deliberada intención estética. Véanse: ARCAÍSMO Y FABLA.

Anadiplosis. Término griego (*ana-diplosis:* reduplicación) con el que se designa una figura literaria consistente en la *repetición de la última palabra o palabras de una frase o verso al comienzo de la frase o verso siguiente. Ejemplo:

«Oye, no temas, y a mi ninfa dile, dile que muero».

(E. M. de Villegas)

Anáfora. Término griego (*anaphora:* repetición) con el que se denomina una figura retórica consistente en la reiteración de una o más palabras al comienzo de una frase o verso, o al inicio de varias frases o versos integrantes de un período o de una estrofa o poema. Con ello se contribuye a resaltar, en el conjunto del texto, el valor expresivo y evocador de la palabra o palabras reiteradas. Ejemplo:

«Helo, helo por do viene el Infante vengador [...]».

(*Romancero*)

Anagnórisis. Palabra griega con la que, en el teatro, se designaba el hecho del *reconocimiento* de un personaje por otro, circunstancia que provocaba el desenlace del conflicto, un desenlace que podía ser feliz (en el caso de la comedia) o desgraciado, como ocurre en la tragedia. Este recurso es utilizado en la novela *bizantina de la época helenística y medieval, en las novelas de caballerías, en algunas novelas del Siglo de Oro (p. e. *La gitanilla*, de Cervantes) y en ciertos dramas románticos.

Anagrama. Transformación de una o más palabras en otra u otras de significado distinto, por la reordenación de sus fonemas o letras correspondientes. Un ejemplo de uso del anagrama en la literatura española es el de Lope de Vega, que se designa a sí mismo y a algunas de sus amadas con dicho procedimiento: *Gabriel Padecopeo* (Lope de Vega Carpio), *Belisa* (Isabel), *Camila* (Micaela), etc.

Analepsis. Véanse FLASH BACK y RETROSPECCIÓN.

Anapesto. Véase PIE.

Anástrofe. Es una forma de hipérbaton que aparece en algunas construcciones latinas en las que se pospone la preposición al sustantivo, cuyo caso va regido por ella. Ejemplo:

«*Manus interque ora*» (y el rostro entre las manos)» (*Eneida*, I, 681).

En español sólo se da en las palabras «con*migo*» (de *mecum:* «cum me»), «con*tigo*» (*tecum:* «cum te», «con*sigo*» (*secum:* «cum se») y en expresiones fijas, como «cuesta abajo», «mar adentro», etc.

Anécdota. Término de origen griego (*anekdota*, de *an* y *ekdidomi:* sin publicar, cosas inéditas) con el que se denomina el «relato breve de un hecho curioso que se hace como ilustración, ejemplo o entretenimiento» (DRAE). La anécdota, lo mismo que las historietas, cuentecillos, chistes, etc., constituye un recurso importante de comunicación y entretenimiento con el que los seres humanos se divierten en sus ratos de ocio, en reuniones de familiares y amigos. Véanse: FACECIA y MISCELÁNEA.

Anfibología. Véase EQUÍVOCO.

Anisosilabismo. Denominación métrica que se aplica cuando los versos integrantes de una estrofa o de un poema no cuentan con igual número de sílabas. No obstante, determinadas composiciones poéticas, formadas por la combinación de versos largos y sus quebrados correspondientes (p. e., octosílabos y tetrasílabos, endecasílabos y heptasílabos, etc.), no deben ser consideradas como anisosilábicas, al mantener con regularidad dicha combinación. Véase IRREGULAR.

Antagonista. Es el personaje que se opone al protagonista de una historia en la consecución de sus fines, oposición que constituye un elemento fundamental en el desarrollo de la acción. Véanse: PERSONAJE y PROTAGONISTA.

Anticadencia. Véanse CADENCIA y TONO.

Anticipación. Figura retórica consistente en la enunciación y refutación, por adelantado, de las objeciones y argumentos que previsiblemente podrían ser esgrimidos por el oponente o adversario.

Anticlímax. «Gradación retórica descendente. Término más bajo de esta gradación» (DRAE). Tanto el clímax como el anticlímax representan una progresión gradual (se avanza por escalones en el desarrollo de una acción o en la comunicación de un mensaje), ya sea en forma ascendente y amplificadora (clímax), ya sea descendente y amenguadora (anticlímax). Ejemplo:

«Tras el vivir y el soñar
está lo que más importa:
despertar».

(A. Machado)

A la gradación ascendente de los dos primeros versos sigue la descendente (anticlímax) del tercero.

Antífrasis. Figura retórica con la que se da a una persona o cosa un nombre que indica cualidades opuestas a las que tiene, o con la que, irónicamente, se pretende sugerir lo contrario de lo que aparentemente se dice. Ejemplo: «¡Menuda alhaja!». Es un recurso frecuentemente utilizado en la literatura de humor y en la sátira. Véanse: IRONÍA y SARCASMO.

Antihéroe. Término utilizado en Narratología y en Teatro en una doble acepción: para referirse al *antagonista,* que se opone o lucha contra el personaje central de la trama en una determinada obra literaria, o bien para designar al *protagonista* al que se ha privado de las cualidades con las que habitualmente se presenta al héroe en la tragedia clásica, en los relatos fantásticos, en los cuentos y en las novelas de aventuras (belleza, juventud, valor, nobleza, etc.). Ejemplos de este segundo tipo de antihéroe serían los protagonistas de las novelas picarescas (Lázaro, Guzmán, Pablos) o, en la literatura contemporánea, Max Estrella en *Luces de bohemia,* de Valle-Inclán. Véanse: ANTAGONISTA, HÉROE, PICARESCA y PROTAGONISTA.

Antilogía. Véase PARADOJA.

Antimetátesis. Figura que consiste en invertir los términos de un enunciado: «Tenéis la razón de la fuerza, os falta la fuerza de la razón» (Unamuno). Véase: QUIASMO.

Antinovela. Título con el que Morelli, personaje de ficción de una novela de J. Cortázar, *Rayuela* (1963), designa un tipo de narrativa posible («novela nueva») que, apartándose del esquema tradicional, basado en una estructura cerrada, orgánica y lineal (la «novela rollo» en la que se cuenta una historia perfectamente desarrollada que se lee «del principio al final»), habría de configurar una estructura abierta a la intervención del lector, el cual podría convertirse en «copartícipe y copadeciente» de la experiencia creadora del autor. La antinovela (de la que *Rayuela*, por su estructura, podría ser modelo) presenta, pues, una forma narrativa en gestación, abierta a posibles lecturas diferentes, y en la que se invita al lector a la creatividad.

Antipoema. Término utilizado por Nicanor Parra en uno de sus libros *(Poemas y antipoemas* 1954) para designar una parte de su producción literaria, cuya materia, extraída de la vida diaria, trata de expresarla con «el lenguaje de todos los días», al margen de los recursos tradicionales del ornato literario (metáforas, símbolos, etc.), convencido de que en la íntima experiencia de la vida y del lenguaje sin artificios se puede encontrar un destello de vibración poética. La antipoesía de Parra implica una reacción contra los tópicos y formas rutinarias del lenguaje poético heredado, similar a la producida en los movimientos de vanguardia,

a uno de los cuales, el surrealismo, se siente vinculado. Sin embargo, cree que ese movimiento debe ser purificado de su artificio, de su innecesaria oscuridad, de su apartamiento de la vida, para convertirse en un «surrealismo criollo», gracias a la inmersión en las experiencias concretas del hombre y en el lenguaje de la calle. Para recuperar la verdadera realidad de las cosas, oculta y desfigurada en las palabras, habría que utilizar un instrumento clave: la desmitificación, a través de la ironía, la parodia y el prosaísmo. Ejemplo:

Para nuestros mayores
La poesía fue un objeto de lujo
Pero para nosotros
Es un artículo de primera nece-
      [sidad:
No podemos vivir sin poesía. [...]
Nosotros conversamos
En el lenguaje de todos los
      [días [...]
Los poetas bajaron del Olimpo».

      (N. Parra)

Véase: ANTINOVELA.

Antistrofa. Término con el que se denomina la segunda de las tres estrofas que constituyen la llamada *canción* u *oda pindárica* (formada por versos endecasílabos y heptasílabos, que riman en consonante); la primera y la tercera se denominan, respectivamente, *estrofa* y *epodo*. Véase: EPODO.

Antítesis. Es una contraposición de dos palabras o frases de significación opuesta, que adquieren así mayor expresividad y viveza. Este contraste ocurre, a veces, oponiendo dos palabras antónimas (Garcilaso de la Vega: «Conozco lo *mejor*, lo *peor* apruebo») o frases enteras (Góngora: «Ayer naciste y morirás mañana»).

Antología. Término de origen griego (de *anthos*: flor, y *lego*: escoger; de ahí, *florilegio*) con el que se designa una colección de textos o fragmentos vinculados por alguna característica común (pertenecer a un mismo autor, género, tema, estilo, movimiento literario, etc.) y que han sido escogidos de acuerdo con determinados criterios: perfección artística, utilidad didáctica, función ideológica, testimonio de una escuela o corriente literaria, etc. Las antologías pueden ser individuales (centradas en un solo autor) o colectivas. Históricamente, se conocen, ya desde la antigüedad, testimonios que prueban la existencia de una labor recopiladora de textos literarios en pueblos y culturas muy diversos: Japón, India, Persia, Grecia, Roma, etcétera.

En la crítica literaria española el término *antología*, entendida como colección de fragmentos escogidos, en prosa o en verso, de uno o varios autores, se utiliza a partir del siglo XIX. Anteriormente, dichas colecciones fueron designadas con diversos nombres: *cancionero, flor, flores, florilegio, silva* y *romancero*.

Antonimia. Fenómeno lingüístico que consiste en que dos vocablos, llamados antónimos o contrarios, expresan ideas opuestas: «frío-calor», «bueno-malo». La antonimia se produce igualmente cuando una misma unidad léxica posee dos significados opuestos: así, con el término «huésped» puede uno referirse tanto al que da hospedaje como al que lo recibe.

Antonomasia. Término de origen griego (*anti-onoma*: en lugar del nombre) con el que se designa una figura literaria que consiste en la sustitución del nombre propio de un personaje por un nombre común o una perífrasis que le caracteriza de manera inconfundible: p. e., el Cid, en lugar de Rodrigo Díaz de Vivar. Y viceversa: se habla también de antonomasia cuando se reemplaza un nombre común por el nombre propio de un personaje al que se considera como arquetipo de la cualidad designada por ese nombre común: así, los nombres de Celestina, Tartufo, Otelo, etc., han venido a ser el arquetipo o modelo, por antonomasia, de la alcahueta, el hipócrita y el celoso. Por ello, se puede decir de alguien que es un don

Juan, para significar que se trata de un seductor.

Aparte. Recurso convencional utilizado en el teatro por el que un personaje, hablando consigo mismo, y dando por supuesto que los demás personajes no le oyen, comunica, en complicidad con el público, sus opiniones sobre determinadas incidencias de la intriga o sobre la conducta de otros personajes.

Apócope. Término griego (*apokope:* corte, supresión) con el que se denomina la pérdida o supresión de uno o más sonidos al final de palabra (*buen, mal, un, gran,* etc.). Un fenómeno contrario al apócope es la paragoge, que consiste en la adición, por arcaísmo o licencia poética, de una vocal al final de la palabra: «felice», «dolore», «señore».

Apócrifo. Término griego (*apocriphos:* secreto, oculto) utilizado especialmente en los estudios bíblicos para designar aquellos libros que no son reconocidos como «canónicos» por el judaísmo o por el cristianismo. Así, determinados libros del Antiguo Testamento que fueron escritos en griego (p. e., *Tobías, Judith, Macabeos,* etc.) no aparecen en la Biblia hebraica y, sin embargo, son reconocidos como «inspirados» por la Iglesia Católica. El término «apócrifo» se utiliza en crítica literaria para aludir a aquellas obras que no pertenecen al autor o época a los que en alguna ocasión se había atribuido.

Apología. Defensa oral o escrita de una persona, idea o institución, realizada en forma de elogio (panegírico) o de reivindicación de sus valores, en entredicho. P.e., *Apología de Sócrates,* escrita por Platón.

Apólogo. Término de origen griego (*apo-logos:* relato) con el que se denomina una narración breve, de carácter didáctico-moral, que, junto con la fábula, fue muy cultivada en la Edad Media. Aunque los límites entre fábula y apólogo no están bien definidos (algunos autores los identifican), se advierten diferencias en cuanto a forma literaria (el apólogo se escribe en prosa, la fábula preferentemente en verso) y tono: reflexivo y serio en el primero, más desenvuelto y proclive al humor y a la ironía en la segunda. Véanse: CUENTO, FÁBULA y MARCO.

Apostilla. «Acotación que comenta, interpreta o completa un texto» (DRAE). Las llamadas *Glosas Silenses* y *Emilianenses,* en cuanto aclaraciones complementarias de un texto latino, podrían considerarse como una primitiva muestra de apostilla.

Apóstrofe. Figura retórica que consiste en dirigir la palabra, con emoción o vehemencia, a una persona o a una cosa, o a seres abstractos personificados. El apóstrofe puede realizarse en forma de pregunta, ruego, exclamación o mandato, y generalmente a través del vocativo o del imperativo. Ejemplo:

«Para y óyeme, ¡oh Sol!, yo te sa-
[ludo
y estático ante ti me atrevo a ha-
[blarte...».

(Espronceda)

Apotegma. Sentencia breve e ingeniosa, aleccionadora en el orden moral y emitida por un personaje célebre. En la cultura grecolatina gozaron de gran aceptación los libros de apotegmas, entre los que sobresalen las colecciones de Plutarco (*Apotegmas, que son los dichos notables y breves de los Emperadores*), Laercio, etc., que sirvieron de fuente de inspiración a los humanistas del Renacimiento y a escritores como Antonio de Guevara, Pedro Mexía, etc. Ejemplo:

«El consejo antes daña que aprovecha, si el que lo da no tiene mucha cordura, y el que lo recibe mucha paciencia».

(Fray A. de Guevara)

Apuntador. Encargado de recordar a los actores, en una representación teatral, la parte de su papel, en el caso de que les falle la memoria. Suele estar oculto entre el decorado del escenario.

Arcadia. Zona montañosa en el centro del Peloponeso, idealizada por J. Sannazaro en su novela pastoril *Arcadia* (1504), escrita en prosa y verso. Dicha zona es recreada como una región paradisíaca, donde unos pastores árcades viven una existencia feliz entre escenas lúdicas, amorosas y certámenes poéticos, en los que se recrea el ideal clásico de belleza. El influjo de las *Geórgicas* de Virgilio es evidente en esta novela, que fue traducida al español en 1549 e imitada en una serie de novelas pastoriles, como *La Diana,* de Montemayor, *La Galatea,* de Cervantes, etc. Véase: BUCÓLICA.

Arcaísmo. Es el uso de palabras o expresiones anticuadas. Se puede distinguir entre arcaísmos lingüísticos y arcaísmos literarios. Los primeros se producen cuando en un área geográfica lingüísticamente homogénea aparece una zona en la que se manifiesta un conjunto de rasgos fonéticos, morfológicos, sintácticos y léxicos más conservadores y antiguos. Así en la geografía lingüística medieval de la Península, el leonés y el navarro-aragonés resultaron ser unos dialectos más conservadores que el castellano. El arcaísmo literario se produce cuando se mantienen o rescatan del pasado formas de expresión que ya no están vigentes en el lenguaje común de la época. Véase: FABLA.

Argot. Véase JERGA.

Argumentación. Véase RETÓRICA.

Argumento. En sentido lógico, es el razonamiento utilizado para probar o refutar una tesis o para convencer a alguien de la veracidad o validez de un aserto.

En narratología, se entiende por argumento la *trama o «disposición artística del conjunto de acontecimientos que nos son comunicados en una obra» (B. Tomachevski) según el orden en que esos acontecimientos aparecen. Dicho término se utiliza también para designar el sumario del asunto de una obra.

Armonía imitativa. Fenómeno lingüístico consistente en la evocación o imitación del significado de una palabra, expresión o enunciado por medio de los elementos fónicos que integran el significante de dicha palabra o enunciado.

En la literatura española es frecuente el uso de la armonía imitativa en sus diferentes modalidades: aliteración, evocación, onomatopeya, etc. Ejemplo:

«En la tristeza del hogar golpea
/el tic-tac del reloj».

(A. Machado)

Véanse: ALITERACIÓN y ONOMATOPEYA.

Arquetipo. Término de origen griego (*archetipos:* modelo primordial) utilizado por Platón, en su teoría del conocimiento, para definir a las «ideas» como modelo original de las realidades sensibles, las cuales no serían más que una copia o reflejo de ese modelo arquetípico. Dicho término reaparece en la psicología contemporánea, al ser aplicado por C. G. Jung para designar una serie de motivos que, a su juicio, se encuentran en el inconsciente colectivo de la humanidad y que constituyen modelos o prototipos de ordenación, según ciertas imágenes, de los sentimientos, aspiraciones y modos de conducta del existir humano. Estos arquetipos se manifestarían en la conciencia por medio de los sueños, la imaginación y los símbolos. De forma análoga, en ciertas obras maestras de la literatura universal, determinados personajes, como Edipo, Hamlet, don Quijote, don Juan o Fausto, reflejarían, en su comportamiento, modelos de conducta arquetípica y universal. Por arquetipo se entiende, también, en crítica textual, el modelo original perdido de un texto que se trata de reconstruir a través de las copias existentes, ya sean manuscritas o impresas. Véanse: EDICIÓN, MITO Y PSICOANÁLISIS Y PSICOCRÍTICA LITERARIA.

Arte mayor. Se denominan versos de arte mayor los que constan de nueve sílabas en adelante, por oposición a los de ocho o menos sílabas, que son versos de *arte menor*. La denominación «arte mayor» se aplicó inicialmente a un tipo de versos (dodecasílabos), con dos hemistiquios, utilizados en la poesía española a partir del siglo XIV (*Rimado de palacio*, de López de Ayala), que suplantan al alejandrino del Mester de Clerecía y tienen su mayor apogeo en el siglo XV (*Laberinto de Fortuna*, de J. de Mena).

Arte menor. Se denominan versos de arte menor los que tienen de dos a ocho sílabas. A diferencia de los de arte mayor, no llevan más de un acento rítmico, aparte del que se produce necesariamente en la última, penúltima o antepenúltima sílaba. Son versos de arte menor el bisílabo, trisílabo, tetrasílabo, pentasílabo, hexasílabo, heptasílabo y octosílabo. De todos ellos, este último, empleado ya en las jarchas mozárabes, ha sido el más utilizado en la métrica española, sobre todo en los romances y en otras formas de poesía popular.

Arte real. Expresión con la que se designa una serie de combinaciones estróficas (copla real, copla castellana, copla manriqueña, copla mixta, etc.) integradas por versos octosílabos, en algunos casos alternando con tetrasílabos, que riman en consonante y están divididos en dos semiestrofas, de igual o diverso número de versos cada una. Dichas estrofas adquieren su mayor vigencia en el siglo XV y perviven hasta el Renacimiento. Véase COPLA.

Artículo. «Cualquiera de los escritos de mayor extensión que se insertan en los periódicos u otras publicaciones análogas» (DRAE). Se entiende por *escrito periodístico* una modalidad de creación literaria destinada a informar sobre acontecimientos o ideas de actualidad y a orientar, mediante juicios de interpretación y valoración, la opinión de los lectores sobre dichos acontecimientos e ideas.

Dentro del periodismo de opinión figura, en primer lugar, el llamado *artículo editorial* o de fondo, que es un escrito sin firma, publicado en una página y espacio relevantes y que representa la opinión y postura ideológica del periódico, al interpretar un hecho noticiable de cierta trascendencia. De esta opinión se hacen responsables el director o el consejo de redacción.

Una segunda modalidad del periodismo de opinión es el *artículo-comentario* o «columna», que comparte con el editorial el carácter interpretativo, valorativo y orientador de un acontecimiento o idea y se diferencia de él en que va firmado, y, por tanto, manifiesta la postura personal del articulista, que, normalmente, coincide con la línea editorial del periódico.

Otra modalidad del periodismo de opinión es el *artículo de ensayo,* en el que un autor expone su pensamiento (ideas, resultados de una investigación, hipótesis) sobre aspectos relacionados con la ciencia en sus diferentes campos (ensayo científico) o sobre cuestiones ideológicas de tipo cultural, filosófico, político, literario, etc. (ensayo doctrinal).

Dentro del periodismo interpretativo destacan, por su interés cultural, los *artículos de crítica* de arte, literatura, teatro, cine, etc., en los que se informa sobre la aparición de las diversas obras en los campos mencionados y se realiza una labor de interpretación y valoración de las mismas.

Otro escrito del periodismo de opinión, muy arraigado en la prensa española, es el llamado *artículo de costumbres,* iniciado en el período romántico por escritores como M. J. de Larra, R. de Mesonero Romanos y S. Estébanez Calderón. Entendido a la manera de Larra, como un escrito ligero en el tono y serio en la intención, a través del cual se realiza una sátira de modos de conducta, prejuicios y valores inauténticos de la sociedad, ha seguido vigente en la prensa española hasta la actualidad. Véase: PERIODISMO.

Ascética. Término de origen griego *(askesis:* ejercicio) utilizado en las disciplinas teológicas para significar las etapas del «camino de perfección» en las que el alma, mediante ejercicios espirituales, logra purificarse y desprenderse del apego a los placeres corporales y a los bienes terrenos. Los teólogos distinguen tres estadios en este camino de purificación y acercamiento a Dios: *vía purgativa* (fase penitencial de liberación del pecado, mediante la mortificación y oración), *vía iluminativa* (ejercicio de las virtudes, potenciado por la imitación de la vida de Cristo y la meditación sobre su pasión y muerte) y *vía unitiva,* en la que el alma, superada la «noche oscura», llega a la unión espiritual con Dios. Los tratadistas distinguen entre *ascética* (período de desarrollo de las virtudes morales «adquiridas», que abarcaría la fase purgativa e iluminativa) y *mística:* período de plenitud, de perfección, conseguido, no por el propio esfuerzo, sino por una ayuda o «gracia» de Dios, previa a la vía unitiva. En torno a esta experiencia religiosa aparecen, en la España del siglo XVI, numerosos escritos de autores pertenecientes a distintas órdenes religiosas, como la de los carmelitas (Santa Teresa y San Juan de la Cruz), agustinos (Fray Luis de León), dominicos (Fray Luis de Granada), jesuitas (San Ignacio), etc., que entroncan con una larga tradición europea de religiosidad ascética y mística: la espiritualidad franciscana, la de los místicos alemanes y flamencos de los siglos XIV y XV, etc. Véase: MÍSTICA.

Asimetría. Falta de simetría o igualdad entre los versos que componen una estrofa (irregularidad silábica) o entre las estrofas de un poema. Véase IRREGULAR.

Asíndeton. Figura que consiste en la omisión de nexos o conjunciones entre palabras, proposiciones u oraciones. Esta ausencia de nexos confiere al texto mayor fluidez verbal, al tiempo que transmite una sensación de movimiento y dinamismo, o de apasionamiento, e intensifica la fuerza expresiva y el tono del mensaje. Ejemplo:

«Acude, corre, vuela,
traspasa la alta sierra, ocupa el
[llano,
no perdones la espuela,
no des paz a la mano,
menea fulminando el hierro in-
[sano».

(Fray Luis de León)

La figura opuesta al asíndeton es el *polisíndeton.

Asonancia. Es la llamada rima *parcial* o *imperfecta,* consistente en la reiteración, en dos o más versos, de los mismos fonemas vocálicos a partir de la última vocal acentuada. Véase: RIMA.

Asonante. Véanse ASONANCIA y RIMA.

Astracán. Término con el que se designa un tipo de farsa teatral creada por P. Muñoz Seca en el primer cuarto del siglo XX y cuyo objetivo principal es la diversión de un público poco exigente, a base de juegos de palabras, equívocos, retruécanos, chistes, exageraciones y despropósitos y de situaciones hilarantes y disparatadas. El astracán es una mezcla de juguete cómico y de melodrama humorístico degradados, al servicio de la pura evasión, pero también de una ideología conservadora. Todo ello a través de un tratamiento paródico y caricaturesco de personajes, costumbres y realidades sociales, políticas (más raramente) y culturales, del presente o del pasado, como ocurre, p. e., en *La venganza de Don Mendo,* en la que se ridiculizan los dramas históricos en verso.

Astracanada. Véase ASTRACÁN.

Atrezo. Véase UTILERÍA.

Auto. Término con el que se denomina una breve pieza dramática, medieval y renacentista, de tema sacro (*Auto de la pasión,* de Lucas Fernández) y profano (*Auto de Repelón,* de Juan del Encina), que tiene su manifestación más importante en una colección de noventa y seis obras de teatro religioso del siglo XVI conservadas en el denominado *Códice de Autos viejos*. Las piezas de esta colección, en su mayor parte anónimas, estaban destinadas a la representación en fiestas religiosas ante un público escasamente cultivado, al que había que trasmitir una educación teológica y moral. Por esto, y por los temas abordados en dichas obras (acontecimientos del Antiguo y Nuevo Testamento, vidas de santos, aspectos relativos a la eucaristía, etc.), así como por la técnica (tratamiento histórico y alegórico de los temas) y rasgos formales (verso), se ha visto en ellos un precedente de los autos sacramentales. Véase: AUTO SACRAMENTAL.

Auto sacramental. «Representación que se haze de argumento sagrado en la fiesta del Corpus Christi y otras fiestas.» Asi definía Covarrubias en 1610 el auto sacramental, pieza dramática, en un solo acto y en verso, en la que se representaban, en forma alegórica, temas relacionados con la Biblia, la hagiografía, el dogma católico y los sacramentos, especialmente el de la eucaristía.

Desde el punto de vista histórico, se han considerado como antecedentes del auto sacramental ciertas representaciones pastoriles de Juan del Encina y Lucas Fernández, determinados autos religiosos de comienzos del siglo XVI relativos a las fiestas de Navidad y del Corpus (p. e., *Farsa sacramental*, de López de Yanguas, 1521), una serie de piezas dramáticas del *Códice de Autos viejos* y las obras de D. Sánchez de Badajoz, cuyo teatro iba destinado a las fiestas religiosas en el ámbito de las iglesias. Este tipo de representaciones va conformando un público capaz de comprender la técnica del drama alegórico y el sentido trascendente de las figuras simbólicas que aparecerán en el futuro auto sacramental. Esta tradición del auto religioso es recogida por Lope de Vega, Tirso de Molina y, en especial, por J. de Valdivielso y Calderón de la Barca. Este último pondrá en pie sobre el escenario conceptos abstractos del dogma y de los sacramentos, encarnándolos en personajes capaces de representar una historia, gracias al procedimiento de la alegoría. Algunos de estos personajes llegan a convertirse en símbolos de la historia y de la condición humanas (la vida y la muerte, el alma y el cuerpo, la virtud y el vicio, etc.) y en protagonistas alegóricos del gran teatro de la vida, en el que el hombre deberá optar por Dios o el diablo, por su salvación o condenación. Los autos sacramentales obtuvieron una gran acogida entre el público desde finales del siglo XVI, no sólo por el apoyo de la Iglesia (preocupada por educar a sus fieles y combatir la Reforma luterana) sino también porque ese público se divertía con el sentido de fiesta y espectáculo que implicaba su celebración: la escenografía y el vestuario lujosos, la música y la eufonía del verso, la espectacular y rica tramoya y el carácter festivo incitaban al gran público a la asistencia masiva a este teatro religioso, perfectamente organizado.

Autobiografía. Término de origen griego (*autos*, uno mismo, *bios*, vida, y *grapho*, escribir: vida de una persona escrita por ella misma) con el que se designa un «relato retrospectivo en prosa que una persona real hace de su propia existencia, poniendo el acento sobre su vida individual, en particular sobre la historia de su personalidad» (Ph. Lejeune). En esta definición aparecen los rasgos específicos de la autobiografía propiamente tal, como texto narrativo, y sus diferencias con otras modalidades de relato autobiográfico (memorias, confesiones, diario íntimo, autorretrato, poema autobiográfico y novela autobiográfica). La modalidad más cercana a la autobiografía es la llamada *confesión*, hasta el punto de que podrían considerarse las dos obras más significativas de este subgénero designadas con esta denominación (las *Confesiones* de San Agustín y las *Confesiones* de Rousseau) como el inicio y modelo, respectivamente, de esta modalidad narrativa. Sin embargo, estas dos obras difieren de la autobiografía en la intencionalidad pragmática de hacer públicos los secretos de la propia vida con un propósito de ejemplaridad, y en el caso de San Agustín, el haber sido escrita desde la óptica de la «conversión», con la consiguiente superación de la ignorancia, del error y el pecado hasta el reconocimiento de la verdad cristiana. Véanse: AUTORRETRATO, BIOGRAFÍA, CONFESIÓN, DIARIO y MEMORIAS.

Autodiegético. Véase VOZ.

Autógrafo. Es el manuscrito de una obra realizado por el autor de la misma. En crítica textual suelen distinguirse tres modalidades de manuscrito: el borrador, el original autógrafo y la copia autógrafa. El *borrador* es una primera redacción del texto. Se denomina *original autógrafo* a la copia realizada por el autor a partir del texto de borrador. Por último, la *copia autógrafa* es la que hace el autor a partir del original u otra copia del mismo.

Autor. Término polisémico cuyo contenido ha ido evolucionando en el decurso de la historia y de la crítica literarias. En el Siglo de Oro se aplicaba dicha denominación al director de una compañía de teatro, que se encargaba tanto de la puesta en escena de las obras como de las condiciones económicas de la compañía. El concepto de autor, como productor original y garante de su obra, es propio de una tradición literaria culta, ya que en la literatura de tradición oral (cantos populares, canciones de gesta, etc.) el anonimato era lo más frecuente. En la literatura española la conciencia de autoría comienza a ser relevante a partir de don Juan Manuel, preocupado por la fiel transmisión de sus escritos.

En la narratología contemporánea se han estudiado distintas formas de presencia del autor-emisor en el texto, que se han precisado bajo los conceptos de autor real y autor implícito representado y no representado. Aplicando dicha terminología, por ejemplo, al *Quijote*, dando por sabido que es Cervantes el autor *real*, aparece, no obstante, un autor *implícito representado*, que es citado como autor del relato por el propio Cervantes: Cide Hamete. Sin embargo, es claro que quien realmente organiza ese relato no es Cide Hamete, sino el autor real, presente en el texto como *autor implícito no representado*. Bajo esta denominación se alude no al autor histórico en cuanto tal, sino a su desdoblamiento en la obra, a partir de las huellas dejadas en el texto y, en concreto, de la cosmo-visión que late en la obra como reflejo del pensamiento del autor real. Véanse: ESCRITOR y NARRADOR.

Autorretrato. «Retrato de una persona hecho por ella misma» (DRAE). Se trata de una descripción de la prosopografía y la etopeya de un autor enmarcadas en un texto autobiográfico, en el que cobra especial importancia la indagación introspectiva de la imagen del yo y el descubrimiento de la propia indentidad, según se ha ido conformando y desenvolviendo en el transcurso de la vida. En algunos casos, como ocurre, p. e., en la literatura francesa con las *Confesiones* de Rousseau (publicadas entre 1782 y 1789), el escritor, al describir su personalidad, está ofreciendo al mismo tiempo un retrato de la sociedad de la época. Véanse: AUTOBIOGRAFÍA y RETRATO.

Aventuras. Término de origen latino (*adventura*: lo que ha de suceder) con el que se designa una acción o empresa arriesgada cuyo resultado final es incierto. Con la expresión *novela de aventuras* se denomina un tipo de relato en cuya trama predomina la acción y el sucederse de acontecimientos inesperados y, en ocasiones, extrordinarios, en los que el héroe, tras superar una serie de obstáculos y situaciones peligrosas, logra conseguir su objetivo.

Esta concepción de la aventura, en la que el viaje constituye un elemento fundamental, está presente en los diferentes modelos de relato del género que se han ido sucediendo en la historia de la literatura: la novela amorosa de aventuras, conocida también como «bizantina» y surgida en Grecia (*Teágenes y Cariclea*, de Heliodoro, *Aventuras de Leucipa y Clitofonte*, de Aquiles Tacio, etc.) e imitada en el Siglo de Oro por A. Núñez de Reinoso (*Historia de los amores de Clareo y Florisea y de los trabajos de la sin ventura Isea*), J. de Contreras, etc., la novela caballeresca, la «novela de peregrinación del amor casto», del Barroco (p. e. *Persiles y Sigismunda*, de Cervantes). A partir del siglo XVIII destacan las novelas de aventuras de D. Defoe (*Robinson Crusoe*, 1719), W. Scott (*Quintin Durward*, 1823), A. Dumas (*Los tres mosqueteros*, 1844), J. Verne (*Veinte mil leguas de viaje submarino*, 1870), etc. En el siglo XX se han multiplicado los tipos de relato en los que la aventura es un componente fundamental: relatos de ciencia-ficción, de aventura espacial, bélica, de espionaje, de agente secreto, etc. Véanse: BIZANTINA (NOVELA), CABALLERESCA (NOVELA), CIENCIA-FICCIÓN, NOVELA DE ESPIONAJE, NOVELA DEL OESTE y VIAJES (LITERATURA DE).

B

Baile. Término con el que se designaba en el Siglo de Oro una breve pieza compuesta de canto, música y danza e integrada en el conjunto del espectáculo teatral, constituido por la comedia y los entremeses intercalados entre las jornadas de la misma. Parece que en un principio estaba anexionado a un entremés, en cuyos últimos versos solía anunciarse que a continuación comenzaba el baile. Con el tiempo, éste va ganando en importancia, de forma que será el entremés el que quede integrado en el baile. Surge así lo que L. Quiñones de Benavente denominaba «entremés cantado», y otros, «baile entremesado». Es lógico pensar que todo el diálogo de estas piezas fuera cantado, según parece deducirse de la denominación de Quiñones. La temática más frecuente, al menos en lo que a este autor se refiere, era de sátira social, expuesta en forma alegórica y con «propósito didáctico» y moralizador. Véanse: ENTREMÉS, JÁCARA, LOA y MOJIGANGA.

Balada. Término derivado posiblemente del latino *ballare* (bailar) y utilizado inicialmente en la literatura francesa medieval (*ballade*, balada en provenzal: danza) para designar un tipo de composición poética de carácter lírico, destinada al canto y danza, y más tarde a la recitación. Estos poemas, de raíz tradicional y de posterior tratamiento culto, se desarrollan originalmente en Francia y en el norte de Europa, en especial en los países escandinavos (Suecia, Noruega, Islandia), Inglaterra, Dinamarca y Alemania. En el ámbito cultural de estos países nórdicos y anglosajones, la balada es un poema no ya de carácter lírico, sino fundamentalmente épico-narrativo. Los *folkvisor* suecos o los *folkeviser* noruegos y daneses presentan una temática relacionada con leyendas, cuentos populares, sagas familiares, poesía de los eddas, etc. Las baladas inglesas, lo mismo que las alemanas (*Volksballade*), conectan con ciertos temas de los relatos épicos medievales.

En su acepción actual, el término *balada* se aplica tanto al mencionado poema tradicional como a la «balada lírica» desarrollada a partir del Romanticismo, en la que pervive el carácter narrativo y se intensifica el tono sentimental de melancolía y nostalgia. Véase: SAGA.

Balcón. Véase CORRAL.

Ballet. Palabra francesa con la que se designa una representación teatral efectuada por medio de la danza, la pantomima y la música. Tiene sus orígenes en la corte de los Médicis en Florencia, de donde pasa a Francia a finales del siglo XVI. En el reinado de Enrique IV, y por influjo de Catalina de Médicis, su esposa, se establece en la corte francesa (1581) un tipo de ballet consistente en la representación, por un grupo de nobles, de un argumento (de tema mitológico o novelesco), desarrollado en una alternancia de recitaciones poéticas, música y danza. En la etapa de Luis XIV, bailarines profesionales suplantan a los nobles, y la recitación cede el primer plano a la mímica, música y danza. En la época de Luis XVI se inician los llamados *ballet de acción,* en los que predomina la pantomima; la música y la danza se subordinan entonces a la ambientación de las escenas, y la representación mímica del argumento constituye el elemento central. A este *ballet-pantomima* sucederá en los comienzos del XIX el *ballet romántico,* la expresión más lograda del ballet clásico francés. Éste tendrá su continuación en el ballet ruso, promovido por el francés Marius Petipa, el cual, con obras como *Cascanueces* (1892) y *El lago de los cisnes* (1895), lleva este ballet clásico a una gran perfección. En 1909, el ruso Serge Diáguilev inicia una radical transformación, creando lo que se ha denominado desde entonces el *ballet moderno.*

En el período de entreguerras, surge en Alemania una escuela de ballet que incorpora nuevas formas relacionadas con los movimientos estéticos de vanguardia, especialmente el expresionismo y el dadaísmo. Expresionista es el montaje de *El titán* (1927), de Rudolf von Laban. En la década de los treinta, el centro de interés se desplaza a Estados Unidos. En 1933 surge la School of American Ballet, que da lugar al American Ballet, y posteriormente al New

York City Ballet, fundado por Balanchine, un exiliado ruso, que, en sus montajes de obras de Stravinski, crea un nuevo clasicismo del ballet, caracterizado por la elegancia y claridad expresivas. Después de la Segunda Guerra Mundial, se consolida en la URSS una gran escuela de danza y coreografía. En Leningrado, el maestro de danza Pouchkin prepara una generación excepcional de bailarines: Rudolf Nureyev, Youri Soloview, Natalia Makarova, etc. Por esas fechas aparecen en Francia grandes coreógrafos, como Serge Lifar, Roland Petit, Maurice Béjart, Jean Louis Barrault, etc.

En España, a pesar de que se cuenta con una larga tradición de espectáculos coreográficos y de bailes insertos en las representaciones teatrales de los siglos XVI y XVII (p. e., Calderón, en sus comedias mitológicas), habrá que llegar al siglo XX para encontrar un ballet original, surgido de la transformación estética de elementos del folclore y de la danza popular. La versión de la obra de P. A. de Alarcón, *El sombrero de tres picos*, elaborada por Falla, ambientada por Picasso y representada por la compañía de Diáguilev, significa la entrada de un tema literario español en el conjunto de obras maestras del ballet universal. Las compañías de Pilar López (*Concierto de Aranjuez*, de Rodrigo) y Antonio, con obras basadas en la música de Albéniz y Halffter (*Rapsodia española*), Granados, Falla, Turina, etc., han consolidado una forma clásica del ballet español, continuada por Mariemma, José Greco, Juan Magriñá, Antonio Gades (*Carmen* y *El amor brujo*), Cristina Hoyos, etc. Véase: MÚSICA Y LITERATURA.

Bambalinas. Tiras de lienzo pintado que cuelgan del telar del teatro, cruzando de lado a lado del escenario, y que forman la parte superior de la decoración. Las bambalinas se utilizaban ya en el siglo XVIII, puesto que aparece dicho término en el *Diccionario de Autoridades*, que las define como «unos pedazos de lienzo pintado, que en los Theatros donde se representa se ponen de bastidor a bastidor con cuya pintura se finge lo superior, de lo que la mutación imita aire, fuego, cielo, etc.».

Barba. Entre los principales papeles representados por los cómicos en las «compañías de título» del teatro del Siglo de Oro aparece el *barba* (después del primer actor y la primera dama), que representaba al anciano, figura que aún aparece en el melodrama romántico del siglo XIX. Véase: CÓMICOS.

Barbarismo. Incorrección prosódica, morfosintáctica o léxica que contraviene el código de la lengua y la norma vigente. Se aplica especialmente al *extranjerismo,* entendido como entrada de elementos léxicos y calcos de construcciones sintácticas de otras lenguas en el español; p. e., «avión a reacción», «en base a», etc.

Barroco. Término (posiblemente relacionado con «barrueco»: perla de forma irregular) con el que se designa un período artístico y literario que se desarrolla en Europa (y en Hispanoamé-rica) en el transcurso del siglo XVII y que coincide con ciertos cambios político-sociales y culturales que influyen en la visión del mundo y en la concepción estética de los escritores de esa época. En el siglo XIX, J. Burckhardt utiliza por primera vez la expresión *Barockstyl* para caracterizar la producción artística posterior al Renacimiento, a la que identifica con el arte de la Contrarreforma. En el siglo XX, diversos investigadores de la historia literaria (H. Hatzfeld, A. Parker, E. Orozco, E. Carilla, etc.) que han analizado y comparado dicho período con el Renacimiento (y con el manierismo, supuesto período intermedio de ambos) perciben en la estética y literatura del Barroco las siguientes características:

– Pérdida de la armonía y del equilibrio clásicos y aparición de un recargamiento ornamental de formas, que se desmesuran, lo mismo en las artes plásticas que en la literatura, donde el exceso puede ocurrir tanto por estilización como por deformación caricaturesca de la realidad.

– Confluencia de contrastes en una simbiosis de elementos religiosos y profanos, de espiritualidad y sensualidad, de aspectos trágicos y cómicos, sublimes y grotescos. Un ejemplo es el *Polifemo,* de Góngora, en el que, frente a la belleza sublime de Galatea, emerge la fealdad monstruosa del cíclope.

– Búsqueda de un mundo de belleza deslumbrante, creado por la palabra poética a través de recursos originales capaces de sorprender las expectativas de un lector cansado ya de manidos tópicos renacentistas. La búsqueda de la palabra colorista («púrpura», «rubíes», «escarlata», etc.), la elección de cultismos por su valor musical, la utilización de latinismos, referencias mitológicas, agudezas del ingenio, juego de palabras y conceptos e intensificación de figuras retóricas (antítesis, paradoja, zeugma, metáforas inusitadas, etc.) son los artificios con los que se crea ese mundo deslumbrante del Barroco. Esta artificiosidad del lenguaje poético presenta dos modalidades: el *conceptismo y el *culteranismo; rasgos culteranos y conceptistas aparecen tanto en Góngora y Calderón como en

Quevedo, y no son excluyentes ni privativos.

– Visión desengañada de la realidad, consecuencia del desencanto producido por una honda crisis social y, a la vez, por la visión ascética proclamada por la Iglesia, rectora de las conciencias. Este desengaño se refleja en ciertos poemas del Barroco centrados en los temas de la fortuna y su mudanza, en la fugacidad del tiempo, en la reducción de la vida a la apariencia de un sueño, en la contemplación de las «ruinas», etc.

En cuanto a los géneros literarios, en el Barroco se percibe una continuidad respecto del Renacimiento, aunque se constata una más amplia y diversificada producción dramática (es la época de las grandes creaciones del teatro nacional del Siglo de Oro: *Peribáñez, Fuente Ovejuna* y *El caballero de Olmedo*, de Lope de Vega; *El burlador de Sevilla* y *El condenado por desconfiado*, de Tirso de Molina; *El alcalde de Zalamea, La vida es sueño* y los autos sacramentales, de Calderón) y una ingente creación lírica (por parte de Lope de Vega, Góngora, Quevedo, etc.) y narrativa, en la que destacan la novela picaresca (*El Guzmán de Alfarache*, de M. Alemán, *La pícara Justina*, de F. López de Úbeda, *El Buscón*, de Quevedo, etc.) y la gran parodia de libros caballeres-

cos: *El Quijote*. Véanse AUTO SACRAMENTAL, BARROQUISMO, CONCEPTISMO, CULTERANISMO, MANIERISMO, PICARESCA y RENACIMIENTO.

Barroquismo. Término utilizado en crítica literaria para designar la pérdida de equilibrio, armonía y claridad racional del clasicismo producida por la irrupción del Barroco.

En un sentido peyorativo, el término *barroquismo* se utiliza para descalificar un escrito o una manera de hablar en la que se advierte desmesura, recargamiento, complicación innecesaria y, en definitiva, mal gusto. Véase: BARROCO.

Belleza. «Propiedad de las cosas que nos hace amarlas, infundiendo en nosotros deleite espiritual» (DRAE). Este concepto de belleza correspondía, en la cultura clásica, a la expresión griega *to kalon* y a la palabra latina *pulchritudo*. Históricamente, se atribuye a la escuela de Pitágoras el origen del concepto de belleza considerada como armonía, cualidad asignada a la configuración del universo y que se refleja también en el ser humano y en sus expresiones artísticas e investigaciones matemáticas. Posteriormente, Platón formula su concepción sobre la belleza en contraposición a las ideas de ciertos sofistas, que identificaban lo bello con lo agradable, o con lo útil, y que circunscribían el concepto de belleza al plano de las realidades sensibles. Se opone, igualmente, a una concepción relativista y subjetiva, y plantea la necesidad de buscar un concepto de validez universal: «qué es lo bello para todos». A esta belleza «absoluta» se puede llegar, en su opinión, escalonadamente, partiendo de la belleza física o sensible para ascender después a la belleza espiritual, inteligible, que se manifiesta, p. e., en la conducta virtuosa, en las ciencias, en las leyes, etc. Finalmente, se es capaz de contemplar «la belleza en sí», o absoluta, que se encuentra en el cosmos suprasensible de las Ideas-Formas (Verdad, Bien, Belleza), donde la percibió el alma humana antes de que por el nacimiento quedara encerrada en la cárcel del cuerpo. Por eso, el conocimiento de la belleza es un medio de acercamiento a la virtud y al bien. La fusión de estos dos valores *(kalos kai agathos:* hermoso y bueno) conforma el ideal de la *arete* (virtud) del hombre griego. Por su parte, Aristóteles, que entiende la belleza como expresión del orden, medida y unidad en la variedad, la considera como valor autónomo: lo bello se diferencia de lo útil y de lo agradable, pero igualmente se distingue de lo bueno, ya que el bien está siempre unido a la acción, en tanto que la belleza se da también en realidades inmóviles *(Metafísica* XIII, 3, 1078 a.). En cuanto a la realización de la belleza en la obra de arte literario, Aristóteles cree que no aparece vinculada al concepto de verdad (como en Platón) sino al de *verosimilitud, con lo que se defiende de la autonomía del arte y de la belleza frente a la categoría trascendental de «lo verdadero».

Dentro del helenismo, Plotino recoge el pensamiento de Platón sobre la belleza, p. e., la distinción de los tres grados (sensible, inteligible y divina), así como la idea del progresivo escalonamiento en la percepción de esos tres grados, en un proceso de elevación del hombre hasta la suprema belleza, que reside en el Uno. Sin embargo, concede mayor valor al arte como medio de acceso a la belleza ideal, ya que, al contrario de lo que opinaba Platón, «las artes no imitan directamente los objetos visibles, sino que se remontan a las razones ideales de las que proviene la naturaleza» *(Eneadas* V, 8,1). Este pensamiento platónico reaparece entre los primeros escritores cristianos y, especialmente, en San Agustín, que concibe la belleza como proporción, orden y armonía. Desde su fe cristiana, y asimilando la herencia pitagórica, considera el universo, creado por Dios, como un todo armónico, como el inmenso canto (*magnum carmen*) de un «modulador» inefable. Entre los escolásticos, Santo Tomás cree que para considerar bella una realidad ha de presentar, como requisitos, perfección, claridad y proporción; y, así, define lo bello como «lo que, por su debida proporción, agrada al ser visto».

Con el Renacimiento se vuelve a la tradición platónica a través, sobre todo, de las obras de Marsilio Ficino, maestro de la escuela platónica de Florencia, y León Hebreo (*Dialoghi d'amore*, 1535), cuyas ideas estéticas influirán en los poetas renacentistas. Merece recordarse su definición de belleza: «La hermosura es gracia que, deleitando el ánimo, lo mueve a amar». Sin embargo, en el transcurso de los siglos XVI y XVII se va imponiendo la estética de Aristóteles, actualizada por los numerosos comentaristas de la *Poética. En el campo filosófico, destacan las observaciones de B. Pascal sobre la dificultad de precisar en qué consiste el placer estético y en qué razones se funda el «modelo de agrado y belleza» y las de B. Spinoza sobre la subjetividad de la percepción de lo bello, ya que «cada cual juzga las cosas según la disposición de su cerebro» (*Ética*).

En el siglo XVIII surge una serie de pensadores en cuyas obras se sientan las bases de la moderna Estética, denominación que se debe a A. Baumgarten, que la concebía como *ars pulchri cogitandi* (arte de pensar bellamente). Entre las opiniones de estos pensadores destacan las de G. Berkeley (para quien la belleza consiste en «una cierta simetría o proporción agradable a los ojos»), D. Hume (según el cual «la belleza, como el ingenio, no se puede definir, sino que se discierne por medio del gusto o la sensación»), E. Burke («Entiendo por belleza aquella o aquellas cualidades de los cuerpos, por las cuales causan amor o alguna pasión semejante a él»), E. Kant, que presenta el juicio del gusto no como un juicio cognoscitivo y científico sino «estético», subjetivo y desinteresado, por el que se produce una adecuación entre el mundo que está ante nosotros y nuestra facultad de percibirlo; esta facultad de juzgar es universal, ya que a todos agrada percibir la belleza de los objetos, aun antes de conocer su contenido conceptual: «Lo bello es lo que se piensa como objeto de una satisfacción universal» (*Crítica del juicio*, 1790).

Con el Romanticismo, y especialmente en la obra de Hegel, se produce una elaboración sistemática de la estética como disciplina filosófica autónoma. Dentro del sistema hegeliano, al arte («manifestación sensible de la idea») le corresponde la función de hacer ostensible lo divino por medio de plasmaciones figuradas. Hegel considera que lo bello se manifiesta en la naturaleza de forma imperfecta y que la más valiosa expresión sensible de la idea se encuentra en el arte. Este supuesto va a dar origen a una reflexión posterior sobre las relaciones entre belleza natural y belleza artística. B. Croce negará valor estético a la naturaleza, y H. Bergson llegará a preguntarse si la belleza que se atribuye a la naturaleza no estará condicionada por el hecho de que en ella se cree descubrir ciertos procedimientos del arte. Finalmente, dada la cantidad de teorías estéticas que surgen en la filosofía contemporánea, sólo cabe apuntar algunas opiniones significativas, como las de quienes ven en la belleza un motivo de placer y «consolación» (A. Schopenhauer), una expresión del acuerdo de la obra de arte con la naturaleza (W. Morris), un poder selectivo del conocimiento y un valor que toma «completa posesión de nosotros» (F. Nietzsche), la «instauración» poética de la verdad, el «resplandor» de esa verdad (M. Heidegger), «el placer considerado como la cualidad de una cosa» (P. Soriau), la «plenitud inmediatamente sentida de la perfección» (M. Dufrenne), etc.

Bermudina. Octava aguda, en versos endecasílabos, de los que el primero y quinto van libres y riman entre sí el segundo con el tercero, el sexto con el séptimo y el cuarto con el octavo. Estos dos últimos son agudos. Se llama bermudina por haber sido especialmente cultivada por S. Bermúdez de Castro, poeta del siglo XIX. Ejemplo:

«Siempre te amé. Tu plácida tris-
[teza
en mi infancia feliz me arreba-
[taba;
para contemplar tu sombra aban-
[donaba
la clara luz de mi tranquilo hogar.
Yo te cantaba al resonar del vien-
[to,
de la brisa invocábate al arrullo,
de la selva en el lánguido mur-
[mullo
o en las playas pacíficas del mar».

(S. Bermúdez de Castro)

Bestiario. Nombre con el que se designan ciertas obras medievales, aparecidas en Francia e Italia, en las que se presenta una amplia nómina de animales reales o imaginarios a los que se confiere una significación alegórica o se les convierte en símbolos de una determinada virtud: p. e. el dragón y el cocodrilo serían símbolos del mal, el ave fénix lo sería de la inmortalidad y de la resurrección, etc. La fuente de estos bestiarios es un texto griego del siglo II d.C., hoy perdido, al que se conoce con el título de *Physiologus,* que, a su vez, tendría influencias de la Biblia (bestiario del *Apocalipsis*) y de otros libros orientales relativos a seres y monstruos imaginarios. En crítica literaria se ha utilizado, en algunas ocasiones, el análisis del bestiario que aparece en determinadas obras y la rica simbología que conlleva.

Best Seller. Expresión inglesa («mejor vendido») con la que en la tercera década del siglo XX comenzó a denominarse al libro que, en determinado período de tiempo, había conseguido una mayor venta y difusión nacional o internacional. Una buena parte de los *best seller* contemporáneos ha llegado a serlo como consecuencia de una bien organizada propaganda, dirigida por las industrias editoriales, que han tenido en cuenta los gustos, exigencias de consumo y expectativas de un público de masas.

Biblia. Véanse HEBRAÍSMO, SALMO, SEFARDÍ y TRENO.

Bibliografía. Término polisémico con el que se designa: 1) un conjunto de escritos sobre un determinado tema, autor, materia científica, etc.; 2) una relación o catálogo de libros o publicaciones sistemáticamente ordenados según unos métodos previamente establecidos; y 3) una disciplina en la que se enuncia la teoría y metodología científicas pertinentes para la búsqueda, identificación, descripción y análisis de aquellas publicaciones manuscritas o impresas (libros, folletos, hojas sueltas, etc.) en las que se transmiten los textos escritos. El conocimiento de esta disciplina es un requisito para la investigación y crítica literarias. Como fuentes de información para la tarea investigadora deben señalarse los repertorios bibliográficos y los catálogos de bibliotecas públicas y privadas, así como los diccionarios, enciclopedias y manuales especializados sobre la materia, estudios monográficos, información aportada en revistas especializadas, etc. Véanse: BIBLIOTECA, CÓDICE, EDICIÓN, LIBRO, MANUSCRITO y TRADICIÓN DIPLOMÁTICA.

Biblioteca. Palabra utilizada, en terminología literaria, en dos acepciones: la primera, para designar una colección de libros dedicados a una materia o rama concreta de la ciencia o a una serie de autores y obras de una determinada época, nación, escuela, etc., p. e., la *Biblioteca de Autores Españoles,* iniciada en Madrid en 1846 por el editor M. Rivadeneyra; la segunda acepción alude a la sede o local donde se conserva y está disponible para su lectura o consulta un conjunto de textos debidamente ordenados y catalogados. Véanse: BIBLIOGRAFÍA, CÓDICE, EDICIÓN, INCUNABLE, LIBRO, MANUSCRITO y REVISTA.

Bildungsroman. Véase NOVELA DE APRENDIZAJE.

Bimembre (estructura). Se dice de la forma de organizar un enunciado, en el que se distribuyen sus componentes en secuencias constituidas por dos elementos, ya se trate de componentes de una proposición (lexemas o sintagmas) o de proposiciones dentro de un enunciado más amplio.

Biografía. Término utilizado por J. Dryden en su relato sobre la vida de Plutarco (*Biographia*, 1683) con el sentido de historia de la vida de una persona. Los antecedentes del relato autobiográfico se encuentran en la literatura grecolatina (p. e., en las *Vidas paralelas*, de Plutarco, en la *Vida de los doce Césares*, de Suetonio, y en los elogios fúnebres o *laudatio*) y en la medieval (p. e., en las vidas de santos: *Vida de Santo Domingo de Silos*, de Berceo; o en las *Crónicas de los Reyes de Castilla*, de P. López de Ayala, *Generaciones y semblanzas*, de F. Pérez de Guzmán, etc.). Sin embargo, habrá que llegar a la obra de J. Boswell (*Vida de Samuel Johnson*, 1791) para encontrar ya una biografía en sentido moderno. Será, no obstante, en el siglo XX cuando (gracias a las mayores posibilidades de acceso a fuentes de información: cartas, memorias, diarios y otros documentos conservados en archivos públicos y privados) se desarrolle una amplia y rigurosa producción biográfica. Véanse: AUTOBIOGRAFÍA, CRÓNICA, MEMORIAS, RETRATO y SEMBLANZA.

Bisílabo. Se dice del verso que consta de dos sílabas. Es el más breve en castellano. No existen versos monosílabos, pues aunque tengan una sola sílaba ortográfica, al recaer sobre ella el acento se convierte en aguda, por lo que se computa como dos sílabas. Ejemplo:

> «...
> leve,
> breve
> son».
>
> (Espronceda)

Bizantina (novela). Expresión con la que se designa un tipo de relato surgido en la literatura griega (p. e., *Teágenes y Cariclea*, de Heliodoro) y cuya estructura y argumento responden a un esquema común: dos jóvenes amantes, que desean casarse, encuentran graves obstáculos que se lo impiden (forzada separación, viajes peligrosos, cautiverio, etc.), hasta que, finalmente, consiguen la realización de sus anhelos al encontrarse y comprobar, con satisfacción, que su amor ha permanecido fiel en medio de tales contratiempos.

En la literatura española pueden incluirse dentro de este subgénero el *Libro de Apolonio* (s. XIII, en verso) y un conjunto de novelas amorosas de aventuras, que son representativas del llamado segundo Renacimiento y de la Contrarreforma, p. e., *Historia de los amores de Clareo y Florisea y de los trabajos de la sinventura Isea* (1552), de Alonso Núñez de Reinoso, *Selva de aventuras* (1565), de Jerónimo de Contreras, *El peregrino en su patria* (1604), de Lope de Vega, y *Persiles y Sigismunda* (1617), de Cervantes. En este tipo de novelas se dedica una especial atención a los aspectos geográficos e históricos, que constituyen el marco espacial y temporal del relato, así como al descubrimiento de pueblos, costumbres y culturas diferentes. Se percibe, además, una recurrencia de temas, abordados dentro de los cauces de la moral y el dogma católicos: fortuna, providencia, amor platónico, castidad (los protagonistas de estas novelas realizan un peregrinaje de amor casto, simulando ser hermanos), etc. Desde el punto de vista narrativo, presentan los siguientes rasgos: comienzo *in medias res,* verosimilitud en las descripciones, análisis psicológico pormenorizado de los personajes, una técnica ingeniosa del suspense, etc. Véase: AVENTURAS.

Blanco (verso). Véase VERSO SUELTO.

Bobo. Personaje cómico que en el teatro español del siglo XVI provocaba la risa de los espectadores con sus simplezas, obsesión por la comida y por el hecho de ser víctima de los engaños y golpes de los demás. Con el tiempo, esta figura del bobo irá perdiendo interés ante un nuevo público, más sutil y malicioso, y será sustituido por el personaje del bellaco, como lo atestigua, a comienzos del XVII, un comentario de Correas: «Ya no hay bobos, que somos bellacos todos».

Bofetón. Mecanismo utilizado en los corrales de comedias de los Siglos de Oro que consistía en una plataforma giratoria, al estilo de los tornos conventuales, por la que podían aparecer o desaparecer súbitamente actores y objetos desde el fondo o laterales del escenario, donde estaba situado dicho mecanismo.

Bohemia-bohemio. Términos utilizados por Gérard de Nerval (*La bohemia galante*, 1835), H. de Balzac (*Un príncipe de la bohemia,* 1844), Rimbaud (*Mi bohemia),* etc., en dos acepciones complementarias: como forma de vida social y como actitud ante el arte y la literatura. En la primera acepción, la bohemia es un producto del romanticismo francés, y tiene su mayor vigencia en el París del siglo XIX, desde los años veinte hasta la etapa de Napoleón III, período en el que una serie de estudiantes y artistas, inadaptados o marginados en la naciente sociedad burguesa, presenta unas formas de vivir (y de vestir: melena, chaleco rojo) y unas actitudes sociales y políticas que suponen un rechazo de ese modelo de sociedad. Los «bohemios» reaccionan contra la burocratización de las relaciones sociales impuestas por la burguesía triunfante y contra sus ideales, entre ellos el culto al dinero, al tiempo que adoptan una posición demoledora frente a los valores tradicionales: religión, familia, propiedad, orden, etc. En la segunda acepción, la bohemia intelectual implica una concepción aristocrática de la cultura, que, frente al pragmatismo realista y al mercantilismo del arte, defiende la exaltación del ocio creador bajo el lema de «el arte por el arte». Escritores como Rimbaud, Verlaine, Baudelaire, etc., encarnan esa figura del artista creador de un mundo deslumbrante de belleza y de inteligencia, a la vez que de «poeta maldito», que siente especial regusto en escandalizar al burgués (*épater le bourgeois*) con sus ideas y formas de vida.

Con esta bohemia francesa conecta la española de fin de siglo: Alejandro Sawa, modelo de bohemio hispano, vive en París esa experiencia. También en España se produce una oposición a la política de la Restauración y su esquema de valores por parte de algunos representantes de la bohemia (Ernesto Bark, Pedro Barrantes, Pedro Luis de Gálvez, etc.) a través de un producto literario en el que, con frecuencia, abundan la agresividad y truculencia verbales (la poesía como «dinamita», en E. Bark). Sin embargo, en otros escritores pertenecientes o afines a la bohemia (Sawa, Valle-Inclán e incluso Rubén Darío), el lenguaje, «modernista», comporta una belleza y dignidad aristocráticas propias de quien tan sólo busca el arte por el arte. La literatura bohemia española cuenta con poetas (E. Carrere), narradores (E. Zamacois) y dramaturgos (Joaquín Dicenta), además de los ya mencionados Sawa (*Iluminaciones en la sombra,* 1910), Bark (*La santa bohemia,* 1913), Barrantes y Gálvez, escritores cuya conducta social y producción literaria suscitan una reacción crítica en Azorín (*Bohemia,* 1897), Unamuno, Maeztu y Baroja. Por su parte, Valle-Inclán dejará en *Luces de bohemia* (1920) un testimonio literario de excepcional valor artístico, en el que los protagonistas, Max Estrella y don Latino, representan los dos tipos clave del personaje histórico: el bohemio «heroico» y el «golfo», respectivamente.

Bojiganga. Compañía de teatro ambulante que cumplía su función en los medios populares a lo largo del siglo XVI. Según Agustín de Rojas Villandrando, en su *Viaje entretenido,* estaba compuesta por seis o siete cómicos, dos mujeres y un muchacho, que eran capaces de representar «seis comedias, tres o cuatro autos, cinco entremeses». Véase: COMPAÑÍA.

Bordón. Conjunto de tres versos que, a veces, se añaden a la seguidilla, denominada, por este motivo, compuesta: de ellos, el primero y el tercero, que son pentasílabos, riman entre sí en asonante, mientras que el segundo, heptasílabo, va suelto. Ejemplos:

> «Colmenero es mi amante,
> y en su abejar,
> abejicas de oro
> vienen y van.
>
> De tu colmena,
> colmenero del alma,
> yo colmenera.

> (A. Machado)

Borrador. Véase MANUSCRITO.
Braquiloquia. Véase ELIPSIS.
Braquistiquio. Término de origen griego (*brachu-stichos*: breve línea, o verso) con el que se designa la parte de un verso que está separada por pausas y cuya extensión no excede las cinco sílabas métricas. Ejemplo:

> «Aires que se precipitan
> ciñéndome, conduciéndome,
> yo arraigado, por los aires».

> (J. Guillén)

Véase: HEMISTIQUIO.

Bucólica. Con este nombre se conoce un tipo de creación literaria surgida en la literatura griega (Teócrito) y latina (Virgilio) en la que se recrea una naturaleza idealizada, en cuyo marco unos pastores, también idealizados, viven una experiencia amorosa, haciendo partícipes de sus gozos y desventuras a los elementos de ese entorno natural: árboles, ríos, aves, animales, etc. En España, y por influencia de la literatura italiana, el bucolismo tiene su apogeo en el Renacimiento, decae en el siglo XVII y reaparece en el siglo XVIII. Está presente, tanto en la poesía (p. e., en las églogas de Garcilaso de la Vega) como en la prosa narrativa (*La Diana*, de J. de Montemayor, *La Galatea*, de Cervantes, etc.) y en el teatro. Uno de los tópicos vinculados a esta literatura bucólica es el de la «Edad de Oro»: un mundo ideal, anterior a la civilización corruptora, tema que constituye el motivo central del capítulo XI de la primera parte del *Quijote*. Dicho tema reenvía, a su vez, al tópico de la oposición corte-aldea. Véase: ANACREÓNTICA.

Bululú. Palabra con la que se designaba en el siglo XVI a un tipo de cómico que iba de pueblo en pueblo, representando, él solo, un entremés, una loa o una comedia. Al final, los improvisados espectadores ofrecen una «limosna» al bululú, que prosigue su camino en busca de nuevo público que le proporcione «su remedio».

Burlesco. Modalidad cómica desmesurada que consiste en la imitación paródica de personas, costumbres, instituciones, valores, etc., convirtiéndolos en objeto de mofa. Este efecto de burla puede producirse, p. e., cuando un personaje grave e importante (o un acontecimiento memorable) aparece en un contexto ridículo, utilizando un lenguaje trivial o chocarrero y unos gestos y atavío vulgares, o, al revés, cuando un personaje o un hecho intrascendentes son revestidos de una desproporcionada y artificiosa solemnidad. Lo mismo sucede cuando un texto clásico es sometido a una jocosa distorsión hasta convertirlo en un vulgar pastiche. Éste es precisamente el origen de lo que se ha dado en llamar género burlesco: las imitaciones paródicas de textos clásicos. En la historia de la literatura, lo burlesco se ha desarrollado especialmente por medio de dos recursos: la parodia y la caricatura. Véanse: CARICATURA, CÓMICO (LO), ESPERPENTO, FARSA, GROTESCO y PARODIA.

C

Caballeresca (novela). Las novelas caballerescas, conocidas en el Siglo de Oro como «libros de caballerías», constituyen un subgénero narrativo en prosa, desarrollado en España durante los siglos XV y XVI y cuyo prototipo es el *Amadís de Gaula*. Los antecedentes de dicha novela se encuentran en el denominado *roman courtois*, un modelo de relato surgido en Francia en el siglo XII y en el que se recogen las leyendas del «ciclo artúrico» (así llamado por ser el Rey Artús y su corte de Bretaña el centro en torno al cual giran las aventuras caballerescas y la intriga amorosa de esas narraciones) y otras referidas a temas clásicos (guerra de Troya, Alejandro Magno) y orientales. La materia de las leyendas relativas al rey Arturo (inicialmente narradas en verso) será fijada en textos en prosa durante el siglo XIII. Algunos de esos textos (p. e., el *Roman du Graal*) serán traducidos al español.

Por lo que se refiere a los antecedentes hispánicos de la novela de caballerías, deben citarse, en primer lugar, *El caballero del cisne* (incluido en *La gran conquista de Ultramar*) y el *Libro del caballero Zifar*, escrito en torno al 1300 y atribuido a un canónigo de Toledo, Ferrand Martínez. Sin embargo, es con el *Amadís de Gaula* (1508), de Garci Rodríguez de Montalvo, cuando la novela caballeresca se constituye como tal subgénero, en cuanto a la creación de su peculiar mundo de ficción, estructura narrativa y configuración del protagonista como paradigma de conducta e ideales del caballero andante. De hecho, en esta obra se ponen las bases de la estructura y técnicas narrativas de las novelas caballerescas posteriores: desarrollo simétrico de aventuras, creación de «suspense» por la demora en la consecución de los deseos del héroe, mediante la inserción de episodios que retardan dicha consecución, relato de narrador omnisciente y, sobre todo, configuración del protagonista como símbolo del caballero andante, al que mueven dos valores fundamentales: la fama (lograda por el heroísmo individual) y el amor inquebrantable hacia una dama, que le da fuerzas para superar toda serie de obstáculos y aventuras, en las que se ponen a prueba su fortaleza de ánimo y su perfección moral.

El *Amadís* cuenta, a lo largo del siglo XVI, con una serie de continuaciones que confirman la consolidación del modelo literario, aunque muy pronto se introduce una orientación religiosa y una revisión del esquema de valores morales heredados de la tradición artúrica (p. e., en relación con el erotismo), de manera que, a partir de *Las Sergas de Esplandián*, el héroe se convierte en el «perfecto caballero cristiano».

En la segunda década del siglo XVI se advierte una evolución del género, evidente ya en las obras de Feliciano de Silva: *Amadís de Grecia* (1530) y las diferentes partes de *Florisel de Niquea* (1532, 1535 y 1551), en las que se insertan elementos de no-

vela pastoril, al tiempo que se inicia un tratamiento crítico de la conducta y valores caballerescos. La publicación de *El Quijote* (1605 y 1615), genial parodia de los libros de caballerías, marca el declive definitivo de dichas obras. Véase: LIBROS DE CABALLERÍAS.

Caballero. Véase PERSONAJE.

Cabeza. Estrofa de dos a cuatro versos con la que se inicia un poema y en la que se adelanta el contenido temático que se va a desarrollar en el resto de las estrofas. Cuando se repite, se convierte en un estribillo. Entre los poemas que llevan cabeza figuran el cosaute, la letrilla, el zéjel, la glosa, el villancico, etc. En el zéjel la cabeza se denomina también estribillo, y, en el villancico, se conoce con los nombres de estribillo, letra o tema. Ejemplo:

> «*Del rosal vengo, mi madre,*
> *vengo del rosale.*
> A riberas de aquel vado
> viera estar rosal granado;
> vengo del rosale.
> A riberas de aquel río
> viera estar rosal florido,
> vengo del rosale [...]».
>
> (Gil Vicente)

Véanse: COSAUTE, GLOSA, LETRILLA, VILLANCICO y ZÉJEL.

Cabo roto. Se denominan «versos de cabo roto» aquellos en los que se suprimen la sílaba o sílabas átonas que van después del último acento. La rima de estos poemas, para la que sólo se tiene en cuenta la última vocal de cada verso, se denomina también *rima partida*. Este recurso humorístico o agudeza fue utilizado por Cervantes, en las décimas a Urganda que preceden al texto del *Quijote,* y por J. López de Úbeda, que denomina a este tipo de versos «pies cortados». Ejemplo:

«Advierte que es desati-,
siendo de vidrio el teja-,
tomar piedras en las ma-
para tirar al veci- [...]».

(Cervantes)

Cacofonía. Término de origen griego *(kakos phone:* mal sonido), opuesto a eufonía, con el que se alude a la sensación desagradable que se deriva de una ordenación disonante e inarmónica de los elementos fónicos constituyentes de una palabra o conjunto de palabras. Aunque se trata de una incorrección que debe ser evitada, en algunos textos literarios aparecen casos de cacofonía utilizada conscientemente para provocar determinados efectos estilísticos de armonía imitativa y degradación irónica. Ejemplo:

«Una endiablada chillería de chi-
[quillos».

(J. R. Jiménez)

Cadencia. Se dice de la distribución y combinación regular de los sonidos, acentos y pausas que generan el ritmo en la cadena hablada. Se designa como *tonema de cadencia* la inflexión descendente que se produce en la entonación al final de una frase enunciativa.

En métrica castellana, se denomina cadencia al tiempo métrico que sigue al último acento de un verso.

Café-teatro. Es una experiencia teatral surgida en el *Café Royal* (1966) de París y extendida rápidamente por varios países europeos, entre ellos España. Se trata de una modalidad de realización teatral surgida de la búsqueda de locales adaptados a un público joven e intelectualmente exigente (que demanda un tipo de obras y representaciones diferentes de las del teatro establecido), con la posibilidad, además, de estrenar aportaciones originales de nuevos creadores que chocan con los gustos del público burgués. El contexto espacial y ambiental de estos cafés-teatro impone unas condiciones muy precisas en cuanto al tipo de obras y representación: el escenario es reducido, el número de actores lo debe ser también, el público está rodeando el escenario, el montaje es elemental. Los textos son breves, de temática social y de carácter satírico, las más de las veces. Hay también textos poéticos cantados y escenificados.

Calambur. Figura literaria consistente en un juego de palabras que se produce al reagrupar los vocablos de un enunciado o ciertas sílabas que forman parte de esos vocablos, de tal forma que, sonando lo mismo o parecido, tengan distinto significado; los niños la utilizan en sus adivinanzas y acertijos: «Blanca por dentro, verde por fuera, si quieres que te lo diga es-pera».
Este recurso expresivo, lúdico y literario, aparece frecuentemente en la poesía satírica del Barroco:

> «Dícenme que hace Lopico
> contra mí *versos adversos;*
> pero si yo versifico,
> con el *pico* de mis versos
> a este *Lopico lo pico*».

> (Góngora)

Caligrama. Composición poética cuya disposición tipográfica representa una figura o unas formas relacionadas con el objeto o tema evocado o tratado en el texto.
Entre los antecedentes de este tipo de composición suelen citarse poemas figurativos de Teócrito, en la cultura griega; los *carmina figurata* de Rabano Mauro (s. IX), ciertos poemas de F. Rabelais, en el Renacimiento, como el titulado «Divina Botella», cuyo texto aparece configurado en forma de botella, etc. Sin embargo, es en el siglo XX cuando se produce, con clara intencionalidad estética, el cultivo del caligrama, como fruto de la interrelación entre poesía y artes plásticas. El iniciador de estas composiciones y creador del término con el que hoy se las designa es G. Apollinaire, que es quien concibe la idea de crear sus propios «ideogramas líricos» o «caligramas». Entre los vanguardistas hispanos (ultraístas y creacionistas), lo cultivan G. Diego, G. de Torre, etc., y, en la segunda mitad del siglo XX, O. Paz, G. Cabrera Infante, etc.

Cambaleo. Es un tipo de agrupación de cómicos ambulantes que en los Siglos de Oro iban de pueblo en pueblo representando un repertorio consistente en una comedia, dos autos y algunos entremeses.

Canal. En la teoría de la comunicación es el medio a través del cual un emisor transmite un determinado mensaje a un receptor o destinatario. En la historia de la cultura los mensajes literarios se han transmitido, fundamentalmente, a través de canales acústicos (p. e., la tradición oral de cuentos, canciones populares, cantares de gesta, etc.), visuales (el texto escrito, que, desde la invención de la imprenta, se ha convertido en canal predominante) y audiovisuales: el teatro, el cine, la televisión, etc.

Canción. Término genérico aplicado a diversos tipos de composiciones poéticas, unas de carácter popular y otras de origen culto. En principio se incluyen en esa denominación ciertas expresiones de la lírica popular primitiva destinada al canto, p. e., las jarchas, los villancicos, las cantigas de amigo y las de escarnio o maldecir, las canciones de vela, de romería, de siega, etcétera. Dentro de las canciones de origen culto figuran la llamada *canción *medieval* o trovadoresca, la *canción *italiana*, derivada de la cansó provenzal, que logra su definitiva estructura con Dante y Petrarca («canción petrarquista») y que es introducida en España por Garcilaso en el siglo XVI, y la conocida como *canción *pindárica*, utilizada por Quevedo. En la poesía contemporánea el término *canción* aparece en composiciones de pluriforme estructura métrica y vario contenido, por obra de poetas tan diversos como A. Machado (*Nuevas canciones,* 1924), J. R. Jiménez (*Canción,* 1936), F. García Lorca (*Canciones,* 1927), etc. Ejemplo:

> «Los cabellos de mi amiga
> de oro son;
> para mí lanzadas son».
>
> (Anónimo)

Canción alirada. Es una variante de la *canción italiana que, en vez de estar formada por estancias, estructura sus versos endecasílabos en estrofas de cuatro versos (cuarteto-lira), cinco (lira garcilasiana), seis (sexteto-lira), siete (septeto-lira) y ocho (octava alirada), combinando dichos versos, que riman en consonante, según la alternancia propia de cada una de estas estrofas. Véanse los ejemplos correspondientes en LIRA.

Canción italiana. Este poema, denominado también canción *petrarquista* y *canción real,* está formado por un número variable de estancias (al menos tres) compuestas por heptasílabos y endecasílabos, de rima consonante y combinados según una estructura uniforme, marcada en la primera estrofa y seguida en las siguientes. La estrofa final, llamada *re-nate,* es más reducida y puede presentar, como rasgo peculiar, el hecho de que el poeta hace una reflexión sobre su propia canción. El contenido de estas canciones es preferentemente amoroso, aunque también las hay de tema bucólico, elegíaco, etc. Véase: ESTANCIA.

Canción libre. Véase CANCIÓN.

Canción medieval. Este poema (denominado por T. Navarro Tomás *canción trovadoresca)* consta de tres estrofas, de las que la primera (denominada *cabeza,* estribillo o tema) es, generalmente, una redondilla (puede ser también una quintilla o una estrofa de tres versos), la segunda, otra redondilla, que le sirve de *mudanza,* y la tercera (que repite la estructura y rimas de la primera estrofa) cumple la función de *vuelta.* Los versos de estas estrofas pueden ser octosílabos o hexasílabos. La temática es preferentemente amorosa. Aparece ya en las *Cantigas* de Alfonso X, y es cultivada por P. López de Ayala, J. de Mena, J. del Encina, J. Boscán, etc. Ejemplo:

CABEZA
a «Ya del todo desfalleçe
b con pesar mi triste vida:
b desde la negra partida
a mi mal no mengua, mas creçe.

MUDANZA
c Non sé qué diga ventura,
d que mal (me) quiso apartar
c de vos, gentil criatura,
d a la qual yo he d'amar.

VUELTA
a Todo mi plazer paresçe
b sin mi raçon ser o(í)da;
b cruel muerte dolorida
a veo que se me basteçe».

(Marqués de Santillana)

Canción petrarquista. Véase CANCIÓN ITALIANA.

Canción pindárica. Poema formado por versos endecasílabos y heptasílabos que riman en consonante; está compuesto por tres estrofas de las cuales las dos primeras (denominadas estrofa y antiestrofa) son simétricas y constan de la misma combinación y número de versos y de la misma alternancia de rima. La tercera estrofa, denominada *epodo,* presenta un número de versos y de rima diferentes de las dos anteriores. Este tipo de canción ha sido utilizado por Quevedo y otros poetas afines. Un ejemplo de canción pindárica es el *Elogio al Duque de Lerma, Don Francisco,* de Quevedo. Véase: EPODO.

Canción real. Véase CANCIÓN ITALIANA.

Canción trovadoresca. Véase CANCIÓN MEDIEVAL.

Cancionero. Colección de canciones, generalmente de varios autores, que se agrupan en un texto manuscrito o impreso. Aunque se aplica también al conjunto de poemas de un solo autor (p.e., *Cancionero,* de Juan del Encina), tanto el término *cancionero* como el de *poesía cancioneril* o *de cancionero* se utilizan especialmente para designar varias colecciones de textos poéticos de diversos autores pertenecientes a la poesía gallego-portuguesa (siglos XIII-XIV) y a cierta producción lírica de las Cortes de Castilla, Aragón y Navarra (siglos XIV-XV). Con respecto a la primera, se conocen diversas colecciones, recogidas en el *Cancionero de Ajuda,* en el *Cancionero* *de la Biblioteca Vaticana* y en el de la *Biblioteca Nacional de Lisboa,* también denominado *Colocci-Brancuti.* Entre los tipos de poemas recogidos figuran cantigas de amigo, de escarnio y de maldecir, tençoes, pastorelas, prantos, etc., y la denominada *cantiga de amor,* que deriva de la cansó provenzal.

Por lo que respecta a los cancioneros en lengua española, existen varias colecciones de textos poéticos, de autores del siglo XV vinculados a las Cortes de Castilla *(Cancionero de Baena),* de Aragón *(Cancionero de Stúñiga o de Estúñiga)* y Navarra *(Cancionero de Herberay des Essarts),* a los que hay que añadir los denominados *Cancionero de Palacio* (relacionado con Aragón) y el *Cancionero General* (1511), de Hernando del Castillo. *El Cancionero de Baena,* llamado así por haber sido coleccionado por Juan Alfonso de Baena (1445), reúne cerca de 600 poemas, pertenecientes a medio centenar de poetas de la corte castellana (que escribieron durante los reinados que van de Pedro I a Juan II), entre los que se distinguen dos corrientes: la *galaico-provenzal* (a la que pertenecerían Macías y Álvarez de Villasandino), en la que predomina la métrica tradicional de versos de arte menor, y la *alegórico-dantesca* (Sánchez de Talavera, Micer Francisco Impe-

rial), en la que prevalece el arte mayor y, en concreto, la estrofa de ocho versos dodecasílabos. En cuanto a los temas más frecuentes, figuran los amorosos y los de índole moral y filosófica, expuestos en largas composiciones *(decires):* la fortuna, la caída inesperada de los poderosos, la muerte, etcétera.

El *Cancionero de Stúñiga* (entre 1460 y 1463), así llamado por pertenecer el primer poema del libro a Lope de Stúñiga, fue coleccionado en Nápoles en la corte de Alfonso V. En cuanto a los temas, abunda la poesía amorosa (expuesta en tono quejumbroso por la ausencia de la dama o por su indiferencia cruel) y los «decires» de contenido filosófico, religioso y moral, así como la mitología. En la métrica aparecen, además de la estrofa de ocho versos, ciertas formas populares: motes, villancetes, glosas y romances, la mayor parte de tipo lírico.

El *Cancionero General,* preparado por Fernando del Castillo, recoge 964 composiciones de 128 poetas, pertenecientes a los reinados de Juan II, Enrique IV y los Reyes Católicos: Juan de Mena, Jorge Manrique, el Marqués de Santillana, etc. La temática prevalente es amatoria, didáctico-moral, religiosa y satírica. Abundan las canciones glosadas, villancicos, recuestas y romances.

Candilejas. Nombre con el que, en la terminología teatral, se designaba la línea de luces situadas en el nivel del tablado, al borde del proscenio, y que servían para iluminar desde abajo el escenario y los actores.

Cansó. Composición poética de la literatura provenzal, integrada por un conjunto de cinco a siete coblas (estrofas) y una tornada; cuenta con melodía propia; el tema es fundamentalmente amoroso: el amor cortés. La cansó provenzal tuvo una notable influencia en la *cantiga de amor gallega. Véase: CORTÉS.

Cantar. Nombre aplicado a una serie de poemas, generalmente de tipo popular, formados por una sola estrofa: cuarteta, redondilla, seguidilla, soleá, etc. También se designa con dicho nombre a la cuarteta asonantada. Ejemplo:

> «Soñaba que yo tenía
> alegre mi corazón,
> pero a la fe, madre mía,
> que los sueños sueños son».
>
> (Cancionero anónimo)

Véanse: CUARTETA, REDONDILLA, SEGUIDILLA y SOLEÁ.

Cantar de gesta. Expresión con la que se designa una serie de relatos épicos medievales, denominados *cantares* por estar destinados a la recitación declamada o al canto, y de *gesta* (término latino: «las cosas hechas») porque en dichos cantos se narran «hazañas» de personajes relevantes y acontecimientos de especial trascendencia para la comunidad social a la que van dirigidos.

Dentro de la épica románica, la literatura castellana es, junto a la francesa, la que cuenta con una más amplia producción de cantares de gesta. No obstante, son escasos los textos conservados: tan sólo del *Cantar de Mio Cid*, del *Cantar de Roncesvalles* (unos cien versos) y del conocido como *Las Mocedades de Rodrigo* tenemos el texto original. Sin embargo, a partir de las crónicas medievales (*Crónica Najerense*, *Chronicon Mundi*, de Lucas de Tuy –ambas del siglo XII–, *Primera Crónica General*, de Alfonso X –c. 1289–, *Crónica de Castilla*, *Crónica de los Veinte Reyes*, ambas del siglo XIV) y de los romances, se infiere la existencia de otros cantares, de los que es posible reconstruir el argumento e incluso fragmentos del poema original. De esos supuestos cantares de gesta, los que presentan indicios razonables de haber existido han sido agrupados en torno a tres grandes ciclos: 1. El de los *Condes de Castilla*, al que pertenecerían el *Cantar de los Siete Infantes de Lara*, el *Cantar de Fernán González* (del que se conserva una refundición hecha por un monje del monasterio de

San Pedro de Arlanza: *Poema de Fernán González*, de mediados del siglo XIII), el *Cantar de la Condesa traidora* y el *Romanz del Infant García*. 2. El ciclo *del Cid*, formado por el *Cantar de Mio Cid*, el *Cantar de Sancho II* y *Las Mocedades de Rodrigo*. 3. El llamado *ciclo francés* (surgido a ambos lados de los Pirineos), integrado por el *Cantar de Roncesvalles*, el de *Bernardo del Carpio* y el *Mainete*.

Sobre las peculiaridades estilísticas del género épico, estructura de los cantares de gesta, características de los autores e intérpretes de dichos poemas, etc., véanse: ÉPICA, MESTER DE JUGLARÍA y ORAL (LITERATURA).

Cantata. Composición musical derivada del madrigal renacentista y cultivada inicialmente en Italia por C. Monteverdi, A. de Grandi, A. Vivaldi, A. Scarlatti, etc., y posteriormente en Francia y Alemania, donde adquiere un gran desarrollo. Dicho nombre se ha aplicado en la literatura del siglo XVIII a un tipo de poema narrativo en el que se combinan versos endecasílabos (o endecasílabos y heptasílabos), rimados o blancos, con octavillas italianas. Una de las primeras cantatas españolas de las que se tiene noticia es el *Diálogo de Paris y Elena*, de E. Gerardo Lobo, en la que, dentro de su variada polimetría (sextetos alirados, pareados y quintetos de endecasílabos y heptasílabos), aparecen octavillas hexasílabas agudas.

Cantidad. Es la duración de un sonido consonántico o vocálico, de un diptongo o de una sílaba, al ser pronunciados. En determinadas lenguas, como el griego o el latín, las vocales y las sílabas se distinguen, por su cantidad, en largas (–) y breves (∪). La duración de una vocal larga es similar a la de dos breves. Se denomina sílaba larga la que lleva una vocal larga o un diptongo, o una vocal breve seguida de dos consonantes o doble consonante; es sílaba breve la que termina en vocal breve. Aunque en español, como en el resto de las lenguas románicas, es el acento lo que fundamentalmente determina el ritmo versal, y las sílabas no se ajustan a un orden cuantitativo regular, sin embargo, «la cantidad continúa desempeñando papel esencial en el ritmo del verso» (T. Navarro Tomás).

Cantiga. Término con el que se designa, principalmente, una serie de composiciones de la poesía gallego-portuguesa medieval (cantigas de amigo, de amor, de escarnio y de maldecir, de «vilãos» y de «seguir») relacionadas, por una parte, con la tradición provenzal, y, por otra, con un fondo autóctono que podría reconstruirse a partir de ciertas cantigas de amigo. Estos poemas presentan, desde el punto de vista métrico, dos tipos de estrofa, con las que se configuran dos modalidades de cantiga, denominadas «de maestría» y «de refram». La *cantiga de maestría,* que deriva de las formas provenzales, carece de estribillo y se organiza a base de tres rimas distribuidas según unos esquemas métricos determinados *(abbacca, abbaccb, ababcca* o *ababccb),* en los que se distinguen dos miembros simétricos (pies) en la *fronte* y una *cauda*. Este modelo, el más utilizado en las cantigas de escarnio y de maldecir, es frecuente en las de amor, y muy escaso en las de amigo. En estas últimas, en cambio, predomina la llamada *cantiga de refram,* que presenta como elemento peculiar el estribillo *(refram),* rasgo que las pone en relación con la primitiva lírica gallega autóctona. La rima de ambos tipos de cantiga es consonante, aunque en las cantigas de amigo más antiguas puede haber algún caso de asonante. En cuanto al número de sílabas, los versos más frecuentemente utilizados son los decasílabos, pero también los hay octosílabos, heptasílabos, etc. Por lo que se refiere a la estructura, estos poemas suelen presentar un exordio introductor del tema y, en algunos casos, una «finda», que corresponde a la «tornada» o «finida». Un rasgo fundamental de todas estas composiciones es el paralelismo.

El término «cantiga» se utiliza en los cancioneros castellanos para designar ciertos poemas con estribillo, aunque en un principio se aplicaba igualmente a otros que no lo tenían, por ejemplo, los *decires.* Desde mediados del siglo xv la palabra «cantiga» comienza a ser suplantada por la de «canción». Véanse: CANTIGA DE AMIGO, CANTIGA DE AMOR, CANTIGA DE ESCARNIO Y DE MALDECIR, CANTIGA DE ESTRIBILLO, CANTIGA DE MAESTRÍA Y DECIR.

Cantiga de amigo. Composición lírica de la poesía gallego-portuguesa medieval que, en su configuración métrica, presenta, generalmente, la forma de la «cantiga de refram», o de estribillo. La rima es consonante, aunque puede haber algún caso de asonante en las cantigas menos cuidadas o más primitivas. Un rasgo de estos poemas es la estructura paralelística y el *leixa-pren* («deja-toma»). En cuanto a sus temas, el motivo predominante en estas cantigas es la confidencia de una muchacha, que se lamenta en tono melancólico ante su madre, sus amigas o la naturaleza por la despedida o la separación del amigo o enamorado. En relación con el espacio en el que puede desarrollarse la acción, presenta dos modalidades: *cantiga de romería* (cuando se desarrolla en el entorno de una ermita, lo que implica ciertas interferencias del tema religioso en la expresión del amor) y *marina*, cuando sucede a orillas del mar. No obstante, algunas cantigas de amigo hacen referencia a ambientes domésticos: la muchacha teje, se dirige a su madre, etc. Véase un fragmento de cantigas de amigo en LEIXA-PREN.

Cantiga de amor. Es una composición lírica perteneciente a la poesía gallego-portuguesa del Medievo; deriva de la cansó provenzal, de la que recibe el contenido temático y ciertos términos (en su correspondiente versión) del vocabulario relativo al vasallaje amoroso, tema clave en la poesía trovadoresca. Los rasgos peculiares de este tipo de poemas son:
– Configuración métrica en forma de «cantiga de maestría», compuesta, generalmente, por cuatro estrofas de siete versos octosílabos o decasílabos, organizados en tres rimas consonantes, según los siguientes esquemas: *abbacca, abbaccb, ababcca, ababccb*. Una característica de estos poemas es el paralelismo.
– El tema central de estos poemas es la «coita», o tristeza del poeta, que se siente dolorido por el rechazo de la dama, desdeñosa e insensible a las manifestaciones de amor y de sufrimiento del enamorado. Véanse: CANTIGA y CORTÉS.

Cantiga de escarnio y de maldecir. Poema burlesco de la literatura gallego-portuguesa del Medievo que, en su aspecto métrico, aparece tanto en forma de «cantiga de maestría» como «de refrán», si bien predomina la primera. Aunque guarda relación con el *sirventés* provenzal, es posible que existiera en Galicia una poesía satírica anterior, hoy perdida. Conceptualmente, puede distinguirse entre cantigas de «escarneo» (cuando el poeta dice mal de alguien con «palabras cubiertas» y sobreentendidos) y cantigas «de mal dizer» (cuando lo hace clara y «descubertamente»); sin embargo, en los cancioneros apenas se hace diferencia entre ambas.

Estas cantigas presentan tres modalidades diversas: la invectiva personal, la sátira moral y política y la sátira literaria.

Elemento común de estas modalidades es el tratamiento burlesco de las personas (aspecto físico) y de sus conductas (escarnio de sus vicios) con el objetivo fundamental de provocar la risa del lector o del público.

Cantiga de estribillo. Composición medieval castellana que se corresponde con la «cantiga de refrán» gallego-portuguesa; consta (como el zéjel) de estribillo, mudanza y vuelta. El estribillo suele ser de cuatro versos, a veces de tres. La «mudanza» es una redondilla o quintilla, seguida de uno o más versos de enlace que anteceden a la «vuelta». Esta estructura métrica será heredada por el villancico. Véase: VILLANCICO.

Cantiga de maestría. Composición poética gallego-portuguesa y castellana medieval, de métrica muy variada y culta, que respondía a la libre iniciativa y originalidad del poeta. Véase, como ejemplo, la *Cantiga de loores de Santa María* («Santa Virgen escogida»), en la que Juan Ruiz emplea una combinación estrófica formada por una redondilla cruzada y otra abrazada *(abab:bccb)*:

> «Con el tu defendimiento,
> non catando mi maldad
> nin el mi meresçimiento,
> mas la tu propia bondad:
> que confieso en verdat
> que só pecador errado;
> de ti sea ayudado,
> por la tu virginidad».
>
> (Juan Ruiz)

Capítulo. Es uno de los componentes en los que puede dividirse un texto, por razones de organización interna y para facilitar la lectura y comprensión del tema que se va a tratar. Los capítulos suelen ir señalados por un número y un título en el que se sugiere o enuncia su contenido. La división en capítulos es propia de la narrativa y del ensayo. Sin embargo, en la narrativa contemporánea algunas novelas tienden a la disolución de los capítulos, bien por amplificación o por excesiva atomización en pequeñas secuencias narrativas. En este último aspecto podría haber influido la técnica cinematográfica.

Caracterización. Técnica o procedimiento utilizado por un escritor para configurar, a través de una serie de rasgos distintivos, un personaje dramático o novelesco. En el teatro clásico y en la narrativa anterior al siglo XIX, aparece un esquema convencional, de conformación de personajes, centrado en la descripción de su aspecto físico (prosopografía) y psicológico-moral (etopeya), complementado, generalmente, por una semblanza. En la narrativa y el teatro del siglo XIX (el realista y naturalista, p. e.) a la prosopografía, etopeya y semblanza se añade una minuciosa descripción de las condiciones de vida de los personajes, así como de su génesis y trayectoria dentro del «medio» en que se desenvuelven (hábitat, grupo social, etc.). Los grandes narradores del siglo XIX y del siglo XX logran una gran perfección en la caracterización de personajes, añadiendo a las técnicas heredadas (retrato, diálogos, monólogos, etc.) otras nuevas (la perspectiva múltiple, *flash-back,* etc.) relativas al análisis del mundo interior: p. e., la evocación de recuerdos (M. Proust), de sueños y pesadillas (F. Kafka), la recreación de impresiones fugaces (V. Woolf), la descripción del fluir de la conciencia (J. Joyce), etc. Véanse: AMBIENTACIÓN, ETOPEYA, PERSONAJE, PROSOPOGRAFÍA, RETRATO y SEMBLANZA.

Caricatura. Término procedente del italiano *caricare* (cambiar, transformar) con el que se alude al retrato de un personaje, realizado con una técnica deformadora de su *prosopografía (desmesurando algunos de sus rasgos físicos) o de su *etopeya (exagerando y ridiculizando sus defectos psicológicos o morales). La caricatura, como la parodia, son recursos y técnicas utilizados en la literatura satírica y burlesca, y especialmente en la farsa. En la literatura española, la técnica de la caricatura figura ya en la descripción de las serranas en el *Libro de Buen Amor,* en el personaje del clérigo de Maqueda en el *Lazarillo,* en el Dómine Cabra de *El Buscón,* etc. Véanse: BURLESCO, CÓMICO (LO), ESPERPENTO, FARSA, GROTESCO, HUMOR, PARODIA, RETRATO y SÁTIRA.

Carnaval-carnavalesco. Palabra italiana (*carnevale,* derivada posiblemente de *carne levale,* alteración de *carne levare* –suprimir la carne–, que evoca, a su vez, la expresión latina de idéntico significado –*carnes tollendas*– relativa al ayuno cuaresmal) con la que originalmente se designaba a las fiestas populares que se celebraban los tres días anteriores al miércoles de ceniza y que consistían en bailes, procesiones y mascaradas que expresaban la alegría y júbilo popular, previos al retiro ascético de la inminente Cuaresma.

Dicha tradición carnavalesca, cuyos antecedentes habría que buscar en la cultura grecolatina (fiestas de Dioniso en Grecia y las saturnales y lupercales en Roma), adquiere nuevo vigor en la Edad Media (las llamadas «Fiesta de los locos» y del «Asno» o las mascaradas de disfraces con pieles de animales) y en el Renacimiento (carnavales de Venecia y Roma, p. e.). Ecos de esta fiesta popular se perciben en tradiciones orales, cuentos, relatos folclóricos y otras expresiones de la literatura popular y culta.

Carpe diem. Expresión procedente de las *Odas* de Horacio, I, XI (*Dum loquimur fugerit invida / aetas carpe diem, quam minimum credula postrero,* «Mientras hablamos, huye el tiempo enemigo; aprovecha el momento, sin fiar en absoluto en el mañana»), en la que se enuncia, como tema capital, el paso del tiempo y la fugacidad de la vida y, en consecuencia, la invitación a gozar el momento presente.

En la poesía grecolatina aparece frecuentemente el tema de la brevedad de la vida, motivo que incita a una actitud epicúrea de aprovechar toda ocasión de gozo en la breve existencia. El tema pervive en la Edad Media (p. e., en la poesía de los *goliardos), el Renacimiento (p. e., en el soneto XXIII Garcilaso invita a una bella muchacha a gozar «el dulce fruto, antes que el tiempo airado/cubra de nieve la hermosa cumbre») y en la literatura del Barroco, en la que se percibe una obsesión por el tema del paso del tiempo y el de la muerte, ideas recurrentes en la «poesía de ruinas» y en las imágenes de la belleza efímera de la rosa, del barco varado, etc. A esta preocupación, ciertos poetas contraponen la fuerza del amor, que sobrepasa la muerte (Quevedo), y lanzan una invitación a gozar de la vida mientras aún hay tiempo (Góngora: «goza cuello, cabello, labio y frente»). Dicho tema reaparece en el Romanticismo (*Canto a Teresa*, de Espronceda) y llega hasta nuestros días con la revalorización de la tradición cultural y los «tópicos clásicos» en la poesía de Guillermo Carnero, Luis Alberto de Cuenca, Antonio Colinas, etc.

Carta. Término de origen grecolatino *(khartes:* hoja de papiro; *charta epistolaris:* papel de cartas) con el que se alude a un cauce de comunicación escrita (y un género literario, el epistolar) concebido como la realización de un diálogo por escrito entre dos personas ausentes (J. L. Vives). La práctica de este cauce de comunicación cuenta con una larga tradición, tanto en el plano real como en el de la ficción literaria. En la literatura grecolatina el género espistolar fue muy cultivado: en Atenas se editaban cartas de personalidades relevantes (Isócrates, Demóstenes, Platón, etc.); en cuanto a Roma, se conservan diversas colecciones de cartas de Cicerón, Plinio, Séneca, Horacio (a quien se debe una carta fundamental para la teoría literaria: su *Epistula ad Pisones)* y Ovidio, autor de las famosas «Pónticas» y las *Tristia,* donde cuenta sus desventuras en el exilio. En la Edad Media, destacan como grandes escritores de cartas Petrarca, Abelardo y Eloísa, etc. En el Renacimiento hay un desarrollo excepcional del género epistolar: las llamadas cartas «neolatinas» (de Erasmo, Budé, etc.), escritas según el modelo de Cicerón, las *lettere volgari* del tipo de las de Aretino, escritas en prosa y en lengua vulgar, las *Epístolas familiares,* de Fray Antonio de Guevara, epístolas poéticas como la *Epístola a Boscán,* de Garcilaso de la Vega, etc. En el transcurso de los siglos XVI y XVII cabe citar, por su interés literario, las cartas de Santa Teresa, los epistolarios de Lope de Vega y de Quevedo, etc.

En el siglo XVIII se produce igualmente un notable desarrollo del género epistolar, en el que adquieren especial relieve las llamadas cartas-ensayo, que se convierten en vehículo transmisor de las ideas de la Ilustración. Son cartas filosóficas, políticas, religiosas y de crítica estético-literaria. El siglo XIX ha dejado una amplia gama de cartas-ensayo, como las de José María Blanco-White (*Cartas de España*, 1822), artículos periodísticos de Larra escritos en forma de carta (*Cartas de un liberal de acá a un liberal de allá*, 1834; *Cartas* al director de *El Español*, 1836, etc.), las *Cartas literarias a una mujer* (1860-1861) y *Desde mi celda* (1864), de Bécquer. La escritura epistolar es aún más abundante en las generaciones literarias conocidas con las fechas de 1868, 1898, 1914, 1927, etc.

Finalmente, en la literatura de ficción, la carta ha sido una forma discursiva recurrente en la configuración de textos narrativos, desde la novela medieval *Cárcel de amor*, de Diego de San Pedro, hasta la renacentista *Lazarillo de Tormes*, o, en los siglos XVIII y XIX, *La Nueva Eloísa*, de Rousseau, *Las cartas del joven Werther*, de Goethe, *Pepita Jiménez*, de Valera, *La incógnita*, de Galdós, etc.

Casida. Término con el que se denomina un poema árabe (*qaṣīda*) que consta de un número indeterminado de versos monorrimos, divididos en dos hemistiquios (en el primer verso riman, a su vez, ambos hemistiquios) y de asuntos variados. La casida se estructura en tres partes o núcleos temáticos: prólogo o introducción (*nasīb*), descripción (*reḥil*) y panegírico (*madīh*), bien de un grupo, o de un individuo, que puede ser el propio poeta. En la poesía árabe andaluza se cultiva dicho poema, en el que se mantiene el mencionado esquema con alguna variación temática, p. e., el *nasīb* es de tema erótico.

Un tipo especial de casida, que aparece en la poesía árabe andaluza, es la denominada por E. García Gómez «casida zejelesca» (*qāṣida zaŷaliyya*), que se escribe en árabe coloquial (*malhūn*) y que podría relacionarse con la moaxaja y el zéjel. Véanse: JARCHA, MOAXAJA y ZÉJEL.

Catáfora. (Del griego *kataphora*, de *kata*, hacia abajo, y *phorein*, llevar.) Figura retórica consistente en anticipar, mediante una palabra o expresión, una idea del mensaje que se va a especificar a continuación. Dicha figura se produce también cuando el sentido de una frase o período se aclara o se precisa con una palabra o frase (generalmente el sujeto) que viene al final del discurso. Ejemplo:

«¿Qué es poesía?, dices mientras
[clavas
en mi pupila tu pupila azul;
¡Qué es poesía! ¿Y tú me lo pre-
[guntas?
Poesía eres tú».

(Bécquer)

Catálogo. Véase BIBLIOGRAFÍA.

Catarsis. Término griego *(katharsis:* purgación, purificación), aplicado por Aristóteles a la interpretación de la tragedia, en cuya representación se produciría una agitación del espíritu y una descarga afectiva en el ánimo del espectador, al identificarse éste con el héroe que, por su situación dramática, trasvasaría un doble sentimiento: de piedad y de terror. De esta forma, el espectador quedaría purificado de sus pasiones, al experimentar en sí esos sentimientos.

Cazuela. Lugar reservado a las mujeres en los antiguos corrales de comedias. Éstas asistían a la función teatral separadas de los hombres, que se colocaban en el patio. La cazuela estaba situada al fondo del edificio, normalmente en el primer piso (actual entresuelo), al que daba acceso una escalera situada en uno de los laterales del corral. Se denominaba «cazuela» tal vez por la forma semicircular que solía tener o más bien por el «hervidero» de mujeres que allí se «amontonaban», ya que, en efecto, un *apretador* (acomodador) se encargaba de que en dicha cazuela cupiera el mayor número posible de ellas.

Cenáculo. Véase CLASIFICACIÓN LITERARIA.

Censura. Control, limitación o represión de la libertad de pensamiento y de expresión por parte de una autoridad política, religiosa o de cualquier otro signo. La historia de la cultura ofrece múltiples ejemplos y formas de conculcación de ese derecho fundamental de la persona y de los grupos sociales. Así, en Grecia, Sócrates fue condenado a muerte por disentir públicamente de las creencias religiosas establecidas; en Roma, Ovidio fue desterrado por publicar el *Ars amandi;* en la Edad Media, el papa Gregorio IX estableció el tribunal de la Inquisición para censurar y reprimir creencias heréticas, como la de los albigenses (s. XIII). En España dicho tribunal cumplió, inicialmente, la función de investigar y reprimir ciertas conversiones (supuestamente falsas) de judíos al cristianismo. Posteriormente, se aplicará también al seguimiento de las conversiones de los moriscos tras la conquista de Granada y a la represión de focos erasmistas y de posibles disidentes respecto del dogma o la moral católicos. Tras la aparición de la imprenta, la censura inquisitorial se centró en el control de la impresión y difusión de libros: surgieron así los famosos *Índices* de libros prohibidos, a partir de los cuales se ejerce la censura represiva de la Inquisición desde el siglo XVI hasta el XVIII. Véanse: ÍNDICE DE LIBROS PROHIBIDOS Y TESTIMONIO DE ERRATAS.

Centón. Composición literaria en verso o en prosa, elaborada íntegramente, o en parte, con textos o fragmentos de obras ajenas, pertenecientes a uno o varios autores. Ejemplos de este tipo de escritos serían el *Centón nupcial* (s. IV), de Ausonio, en la literatura latina, el *Cento christianus* (1644), de R. Fournier, en la francesa, y el *Centón epistolario,* de Fernán Gómez de Ciudad Real, en la española, sobre textos castellanos del siglo XV.

Certamen. Término latino con el que se designa un concurso convocado por una entidad pública o privada para estimular con premios el desarrollo de las ciencias y las artes o la creación literaria. En determinadas épocas de la historia se han promovido certámenes para incentivar la creación literaria, p. e.: las competiciones de ditirambos en las fiestas en honor de Dioniso en Grecia (s. VI a.C.), los Juegos Florales de Tou-

lose (s. XIV) entre los trovadores provenzales, las Justas literarias de la corte de Juan II de Castilla (s. XV), los concursos de autos sacramentales en el Siglo de Oro, los Juegos florales de Barcelona y otras capitales españolas en el siglo XIX y, ya en el XX, los grandes premios nacionales (Adonais, Nadal, Planeta, etc.) e internacionales de literatura (Nobel, Cervantes, etc.).

Cesura. Breve descanso que se realiza en la lectura del verso por exigencias sintácticas o para resaltar el valor o sentido de una parte del mismo. Se diferencia de la *pausa métrica (que se produce al final de un verso, o para separar los hemistiquios de un verso compuesto) en que permite la sinalefa (aunque no el hiato, que sí puede producirse en la pausa) y en que no admite adición o supresión que afecte al número de sílabas métricas.

Ciencia-ficción. Expresión de origen inglés acuñada por Hugo Gernsback en 1923 (*Scientifiction Issue*) con la que se alude a un tipo de narraciones cortas cuya trama argumental versa sobre acontecimientos fantásticos que ocurren en un mundo futuro, imaginado desde la previsión de sus posibilidades de desarrollo en relación con los avances científicos y técnicos del momento. Se encuentra a medio camino entre el relato de utopía y la novela de aventuras. Los protagonistas suelen estar poco definidos psicológicamente y, en general, no afloran en ellos motivaciones sentimentales: el amor, o no aparece, o adquiere escasa relevancia. Los temas son de actualidad científica o social.

En este subgénero de «ciencia-ficción» se perciben ciertas convergencias temáticas que podrían resumirse en los siguientes puntos: *a)* exploración del espacio a través de relatos de aventuras en otros planetas (J. Verne, Borroughs, Clarke, etc.); *b)* viajes por el tiempo, tanto en su aspecto de retorno al pasado como de desplazamiento al futuro *(La máquina del tiempo,* de H. G. Wells; *Yo, robot,* de I. Asimov, etc.); *c)* el tema de los mundos paralelos *(Crónicas marcianas,* de R. Bradbury); *d)* la idea de la presencia de seres ahumanos, como producto de creaciones artificiales (androides, robots: *La ciudad y las estrellas,* 1953, de A. Clarke) o de evolución extraterrestre (alienígenas), así como de posibles mutaciones de seres humanos *(Mutante,* de H. Kuttner); *e)* la proyección de una utopía política de signo positivo (la obra de E. Bellamy) o negativo *(1984,* de G. Orwell) en ciertos relatos, en los que se sugiere la posibilidad de formas diferentes de organización social, política y de costumbres de la futura sociedad humana.

Ciencia de la literatura. Denominación con la que se conoce una disciplina que tiene por objeto la fundamentación teórica de los estudios literarios con el fin de dotarlos de unos principios y metodología de investigación y análisis y de un metalenguaje preciso, con el que poder designar, relacionar, ordenar, clasificar y definir los fenómenos que constituyen el objeto de dicha ciencia. Los estudiosos de la literatura han tratado de dar una fundamentación científica a la teoría literaria. Aparte del intento positivista (que tuvo su correlato en la crítica historicista de H. Taine), los formalistas rusos hicieron notables esfuerzos por conferir un estatuto científico a los estudios literarios, p. e., en sus trabajos sobre las peculiaridades del lenguaje poético, en la teoría de los géneros (sobre todo, del relato: sientan las bases de la moderna narratología) y en determinados aspectos de la historia literaria. Otros intentos de fundamentación científica se han llevado a cabo posteriormente en el ámbito de distintas escuelas de teoría y crítica literarias, como el *New Criticism,* la estilística, el estructuralismo, la *Nouvelle Critique,* la hermenéutica, semiótica, pragmática, etc., escuelas a las que se dedican las entradas correspondientes en este Diccionario. De lo que se trata es de ir seleccionando y sistematizando las aportaciones más significativas y valiosas de las mencionadas escuelas hasta constituir un corpus de doctrina que pueda organizarse pedagógicamente en un programa abarcador de los principios y aspectos fundamentales de dicha ciencia en sus diferentes ramas: *teoría de la literatura*, encargada de elaborar los aspectos teóricos referentes al texto, los conceptos generales, terminología y modelos con respecto a los cuales deben ser estudiados esos textos; la *crítica literaria*, cuyo cometido es realizar un estudio sincrónico de los elementos formales y temáticos de los mismos; la *historia literaria*, que aborda las obras literarias, proyectando la necesaria información histórica en relación con su autor, la serie literaria, el contexto, etc; y, finalmente, la *literatura comparada*, que estudia las obras (así como cuestiones relativas a temas, géneros, escuelas, estilos, etc.) en su relación con la producción literaria de otros países, áreas lingüísticas y culturales distintas, y se ocupa del estudio sistemático de conjuntos supranacionales.

Deslindados los diferentes campos o ramas de la ciencia literaria, debe, sin embargo, quedar clara la interdependencia y el concurso de unas ramas respecto de otras, de tal forma que no se puede, sin ese concurso, lograr un estudio riguroso y científico de ningún tema en cualquiera de las disciplinas mencionadas. Véanse COMPARADA (LITERATURA), CRÍTICA LITERARIA, HISTORIA DE LA LITERATURA, POÉTICA y TEORÍA DE LA LITERATURA.

Cine y literatura. Definido como «séptimo arte» por Riccioto Canudo, el cine es considerado por este y otros teóricos y realizadores de la época (G. Dulac, S. Eisenstein, etc.) como la síntesis y culminación de las artes tradicionales. Para Eisenstein el objetivo de la cinematografía es incorporar «la pintura y el drama, la música y la escultura, la arquitectura y la danza, el paisaje y el hombre, la imagen y la palabra». Desde sus orígenes, y en su consolidación como arte autónomo, el cine está vinculado a dos géneros literarios: el teatro y la novela. En las primeras obras de G. Méliès aparece clara la idea de que el objetivo del cine es contar historias; para ello acude al teatro, en el que encuentra, además, un modelo para la configuración y encuadre del espacio escénico. Éste es percibido desde un punto de vista fijo, dada la dificultad de movilidad de la cámara, cuyo papel se asemeja a la visión de un espectador teatral. Posteriormente, D. W. Griffith, en *El nacimiento de una nación* (1915), inicia una nueva técnica de narración fílmica, basándose en las formas narrativas de la novela realista del siglo XIX.

Aparte de esta vinculación respecto de las técnicas narrativas, debida al objetivo común de contar historias, el cine ha extraído, además, temas, argumentos y personajes de la literatura de diferentes épocas.

Por otra parte, en lo referente al lenguaje cinematográfico, algunos estudiosos del cine han tratado de encontrar una correspondencia entre los mecanismos de expresión verbal y los específicamente cinematográficos. M. Villegas López, intentando hacer comprensible la técnica del montaje, elaboró un cuadro de correlación analógica entre lo que se podría denominar gramática del cine y los signos de puntuación de la ortografía. Así, el *fundido* o *esfumatura* (oscurecimiento progresivo de la imagen hasta quedar en negro, que sirve para separar secuencias o escenas con un significado completo) sería análogo al punto y aparte; el *encadenado* (desaparición lenta de una imagen, mientras la va sustituyendo suavemente otra) correspondería al punto y seguido; la *cortinilla* (entrada de una imagen por un lado, empujando a la otra, para indicar el cambio de lugar o de tiempo) se asemejaría a la función del punto y coma; finalmente el *paso directo* de una imagen a otra sería como la «coma del cine». Esta explicación, realizada con un objetivo pedagógico, presenta el interés de aludir, por una parte, al constituyente esencial del lenguaje cinematográfico (la imagen), y, por otra, al nivel de correspondencia entre dicho lenguaje y el literario: el de la sintaxis narrativa, que se realiza en el montaje para organizar el desarrollo de la narración, de acuerdo con un ritmo, según el cual se arman los planos en tomas, las tomas en escenas, las escenas en secuencias y las secuencias en obra cinematográfica.

Finalmente, y volviendo sobre las relaciones entre cine y literatura, debe tenerse en cuenta que no sólo el cine es deudor de la literatura, sino también, a la inversa, la creación literaria lo es respecto del cine. Y lo es, tanto en el aspecto de los temas (p. e., P. Salinas dedica un poema al «Cinematógrafo» en *Seguro azar,* 1929; F. G. Lorca titula dos poemas suyos: «El paseo de Buster Keaton» y «Diálogo con Luis Buñuel», etc.) como en determinadas técnicas narrativas, como ocurre, p. e., en la novela norteamericana de los años veinte (de W. Faulkner, E. Hemingway, J. Dos Passos, etc.) y europea (J. Joyce, M. Proust, etc.), con las llamadas técnicas de *contrapunto, fragmentación del relato, construcción en paralelo, ruptura de la temporalidad lineal (*flashback)*, etc.

Círculo de Praga. Véase ESTRUCTURALISMO.

Circunlocución. Véase PERÍFRASIS.

Cita. Es la repetición o copia de una frase, verso o fragmento de un texto perteneciente a un determinado hablante o autor, que se inserta en la comunicación de otro hablante o en la obra de otro autor. Dicha copia o inserción puede ser consciente o inconsciente, exacta o parcialmente modificada. En la Edad Media y en los Siglos de Oro son frecuentes las citas en glosas y comentarios, en utilización de refranes (Santillana, F. de Rojas, el autor del *Lazarillo,* Cervantes, etc.), en la inclusión de coplas y canciones populares en el teatro.

Clasicismo. Término con el que se designa en la historia de la literatura a tres variantes geográficas de un fenómeno literario que presenta rasgos comunes y otros peculiares de cada literatura nacional: el llamado clasicismo *francés* del siglo XVII (Racine, Molière), de tendencia barroca e influencia del clasicismo latino, cuya normativa se apoya en el concepto de *mimesis,* o imitación de la naturaleza (e imitación de los autores grecolatinos, considerados como clásicos); el clasicismo *inglés* de fines del siglo XVII y comienzos del siglo XVIII (Dryden, Pope, etc.), que se enmarca dentro del movimiento de la Ilustración, con influencia del clasicismo latino; y el clasicismo *alemán* del siglo XVIII (Lessing, Goethe, Schiller), que va de la Ilustración *(Aufklärung)* al Romanticismo *(Sturm und Drang)* y cuya influencia es principalmente griega. En la crítica literaria española, la palabra «clasicismo» no ha sido utilizada para designar un período concreto de la propia historia de la literatura. Para la época de producción de los grandes poetas (de Garcilaso de la Vega a Góngora), novelistas (del autor del *Lazarillo* a Cervantes) y dramaturgos (Lope de Vega y Calderón), considerados como verdaderos «clásicos», se ha acuñado la expresión *Siglo de Oro.* No obstante, en la enseñanza académica, el término *clasicismo* se ha referido, en primer lugar, al conjunto de saberes producidos en la antigüedad grecolatina (literatura, historia, filosofía, mitología, arte, etc.), hacia el que se vuelve en el Renacimiento y en la Ilustración. Véanse CLÁSICO, NEOCLASICISMO Y RENACIMIENTO.

Clásico. Término derivado del adjetivo latino *classicus* con el que en Roma se aludía a la clase social más alta de entre las cinco en que Servio Tulio dividió a los ciudadanos romanos según su fortuna y situación económica. En el siglo II d.C., Aulo Gelio (en su *Noctes Atticae)* utilizó el término *classicus* para designar al escritor que, por sus eminentes dotes literarias, podía considerarse modelo en su oficio. Esta denominación de escritores de primera clase *(classici)* se corresponde con otra que existía en Grecia *(hoi enkrithenses:* los elegidos) para mencionar a los autores que, en los diversos géneros, eran considerados maestros o modelos eminentes, p. e., en el género trágico, Esquilo, Sófocles y Eurípides; en el épico, Homero y Hesíodo; en el lírico, Píndaro, Baquílides, Safo, Anacreonte; en la comedia antigua, Aristófanes, etc.

En el Renacimiento reaparece el término «clásico», en unos casos para referirse a los autores grecolatinos, en otros para aplicarlo a escritores modernos, considerados modelos del lenguaje literario en la lengua vernácula correspondiente, p. e., en francés, a La Fontaine, Molière, Racine, etc., que coinciden en la aceptación de los cánones de la retórica grecolatina y de los rasgos estilísticos peculiares de la tradición clásica: orden, claridad, medida, equilibrio, decoro, armonía y «buen gusto». También en la literatura española, a partir del siglo XVIII, comienzan a ser considerados como «autoridades» y «clásicos» ciertos escritores del Siglo de Oro: Garcilaso de la Vega, Fray Luis de León, Cervantes, etc. Véanse: CLASICISMO, NEOCLASICISMO y SIGLO DE ORO.

Clasificación literaria. La clasificación literaria es un objetivo perseguido desde los estudios iniciales de poética en Grecia y Roma. Una clasificación precisa figura ya en la *Poética* de Aristóteles, a quien se debe la primera teoría sobre los géneros literarios y su diferenciación, atendiendo a los *medios, objetos* y *modos* de desarrollo de la *mimesis.* Su discípulo Teofrasto elabora la doctrina sobre los estilos, recogida en Roma por Horacio, el cual, en su *Epistula ad Pisones,* fija la tríada clásica de los géneros (épico, lírico y dramático), cuya distinción y definición se basan en criterios temáticos, métricos y estilísticos. Quintiliano añade un cuarto género: el didáctico. En la actualidad, y en relación con esta clasificación, ciertos autores reservan el término «géneros» para los denominados «fundamentales» (épico, lírico, dramático, didáctico), y «especies» o «subgéneros», para las realizaciones concretas de esos géneros (epopeya, tragedia, ensayo, etc.).

Aparte de esta clasificación en géneros y subgéneros, existen otros criterios de ordenación de los fenómenos literarios, entre los que figura, en primer lugar, el *asociativo:* vinculación de obras y autores por su pertenencia a determinadas formas de agrupación o contexto cultural, artístico, estilo, etc. Los términos más frecuentes en este tipo de clasificación pueden ser *tertulia, cenáculo* (club de escritores que se reúnen regularmente en un local adecuado para intercambiar impresiones, sin un compromiso de unidad artística o literaria), *salón* (reunión de artistas, escritores, políticos, etc., en la que los participantes se sienten vinculados, más por inquietudes intelectuales, ideológicas y políticas que expresamente artísticas o literarias), *academia, escuela* (asociación artística o literaria que supone la existencia de maestros transmisores de unos ideales estéticos y de unos discípulos que aceptan esos ideales y los ponen en práctica, p. e., el Mester de Clerecía, la *Pléiade,* etc.), *corriente* (tendencia intelectual o estética que procede de un período literario anterior y que continúa en el período siguiente, superpuesta o subyacente), *movimiento, *generación, *estilo de época*, etc.

Otro criterio de clasificación es el *cronológico:* los conceptos y términos de demarcación cronológica más usados en los estudios de historia de la literatura para situar la aparición y desarrollo de autores, obras, generaciones, movimientos, etc., son *edad* (Antigua, Media, Moderna y Contemporánea), *época* (época de los Reyes Católicos, época del Emperador Carlos V, etc.), *siglo* (XV, «Siglo de Oro», etc.), *período* o *etapa* (fin de siglo, etapa de las vanguardias), etc.

Finalmente, sobre la clasificación concreta de distintas unidades literarias como, p. e., las citadas formas genéricas (así, clases de novela: de aprendizaje, de aventuras, bizantina, caballeresca, etc.; o de comedia: alta comedia, comedia antigua, *commedia dell'Arte,* etc.), pueden verse las entradas correspondientes de este Diccionario. Véanse: GENERACIÓN, GÉNEROS LITERARIOS, MOVIMIENTOS LITERARIOS y PERÍODOS LITERARIOS.

Cláusula. Término con el que se denomina en la retórica grecolatina la parte final del período o de la frase a la que oradores y escritores solían dotar de especiales efectos rítmicos para lograr una mayor expresividad. El empleo de palabras cuya diferente combinación de sílabas largas o breves conformaba diversas clases de pies (yambo, espondeo, etc.) daba lugar a distintos tipos de cláusulas. Desde el siglo III d. C., esta ordenación de cláusulas, basada en la cantidad, se va perdiendo, y aparece, en su lugar, una distribución rítmica de tipo acentual que da origen al denominado *cursus*, ornato de la prosa que pervive en escritores de la Edad Media y del Renacimiento. El nombre de la cláusula se ha aplicado también en métrica (inicialmente lo utilizó A. Bello) para designar el conjunto de sílabas que forman una unidad rítmica en torno a una sílaba tónica.

Por cláusula se entiende, además, un enunciado del discurso que algunos autores denominan indistintamente con los términos de «frase», «proposición» u «oración». En este sentido, el DRAE define la cláusula como «conjunto de palabras que, formando sentido cabal, encierran una sola proposición o varias íntimamente relacionadas».

Cliché. Palabra francesa (tópico, estereotipo) con la que se designa una expresión «rebuscada que constituye un desvío estilístico con relación a la norma y que se ha convertido en una forma trivial por el uso demasiado frecuente que se ha hecho de ella» (J. Dubois). Ejemplos: «hormiguero humano», «amargas lágrimas», «noches lúgubres», etc. El cliché puede ser utilizado por un escritor como procedimiento mimético para situar a un personaje en el ámbito de unas determinadas actitudes socio-culturales. Puede también cumplir una función humorística.

Clímax. Término procedente del latino *climax* (y éste, del griego *klimax:* escalera) con el que se designa una figura retórica que consiste en una exposición continua, progresiva y encadenada de un tema, en cuya enunciación se procede por escalonamiento. Algunos tratadistas circunscriben el sentido de clímax para designar el estado o escalón en el que culmina el proceso ascendente de la *gradación,* es decir, el momento de máxima tensión que precede al desenlace de la acción en un relato, en un drama e, incluso, en un poema. Ejemplo:

«Acude, acorre, vuela,
traspasa el alta sierra, ocupa el
[llano;
no perdones la espuela,
no des paz a la mano,
menea fulminando el hierro in-
[sano».

(Fray Luis de León)

Véanse: ANTICLÍMAX y GRADACIÓN.

Códice. Término derivado del latino *codex* (que, a su vez, procede de *caudex:* tronco de árbol) con el que se designaba una serie de tablillas enceradas sobre las que se grababa un determinado texto. El mismo nombre de *codex* se aplicaba al conjunto de pliegos de pergamino, material que comienza a utilizarse entre los siglos III y IV d.C. En la actualidad se entiende por códice, en sentido estricto, un manuscrito anterior a la invención de la imprenta.

Código. Término procedente de la ciencia del Derecho, que ha sido aplicado en diversos campos de la ciencia y de la cultura, como la lingüística, el cine, la publicidad, las artes plásticas y la teoría de la comunicación o información. En Lingüística se denomina código al conjunto de signos, normas y procedimientos que regulan y posibilitan el proceso de significación y la composición o producción de mensajes. El código lingüístico se diferencia de otro tipo de códigos (kinésicos, de circulación, etc.) por la clase de signos empleados: signos orales o escritos en la lengua, gestos y mímica en la kinésica, señales (colores, banderas, etc.) en los códigos de circulación. La crítica semiótica considera la literatura como una forma peculiar de comunicación en la que un emisor (autor) transmite a un destinatario (lector), a través de un canal (la escritura), un mensaje (el texto) que ha sido producido de acuerdo con un código, cuyos signos y convenciones son compartidos por emisor y receptor.

Coloquio. Término de origen latino (*colloquium*, de *colloqui*: conversar) con el que se designa una obra literaria dialogada, en prosa o en verso, en la que intervienen personajes reales o imagi-narios que exponen, desde una perspectiva crítica, diferentes opiniones de orden social, filosófico o moral. En el Renacimiento adquirieron gran importancia dos obras consideradas como modelos del género: los *Colloquia familiaria* (1518) de Erasmo y los *Colloquies* (1529) de T. Moro. En la literatura española de los Siglos de Oro aparece un ejemplo clásico en el *Coloquio de los perros,* de Cervantes.

Columna. Véase ARTÍCULO.

Collage. Término francés (significa «encoladura») utilizado inicialmente en artes plásticas para designar una composición pictórica en la que se integran diversos materiales (fragmentos de periódicos, madera, etc.) encolados en la superficie del cuadro, ya sea éste de lienzo o de madera. Dicho término es asumido por los escritores futuristas y dadaístas, que lo aplican a un tipo de escritos en los que se recogen elementos de obras o textos preexistentes, con el fin de elaborar un nuevo texto en el que se trasluce, en forma de disonancia o ruptura, el origen combinatorio de la nueva creación. El *collage* es utilizado con diferentes fines estéticos e ideológicos: crítica desmitificadora de determinadas obras de arte, tratamiento paródico de ciertos temas o, por el contrario, ennoblecimiento de materiales infravalorados por la crítica.

Comedia. Término de origen griego *(komodia,* de *komos* –fiesta con desfile, canciones y danza, o también, banquete– y *ode:* canto), alusivo al festín y coro procesional, con cantos, que se celebraban en las fiestas dedicadas a Dioniso. De hecho, el origen de la comedia, lo mismo que el de la tragedia, tiene relación con los cultos dionisíacos. La comedia surge en Atenas, y su creador es Aristófanes (siglos v-iv a.C.), que la configura en seis partes fundamentales: el prólogo, la entrada del coro *(parodos),* las intervenciones del coro o certámenes entre dos semicoros *(agon),* la **parábasis,* cantada por el coro, los **episodios* (en los que dialogan los personajes) y el *exodo* o desfile final. Los rasgos caracterizadores de la comedia son: temática referente a la vida cotidiana, personajes populares, tono de humor regocijado y satírico y final agradable. Estos rasgos responden a lo que Aristófanes había plasmado en sus obras, dirigidas a un público popular, que se divertía contemplando la «imitación» satírica de costumbres de diversos grupos sociales, profesiones, oficios y personajes (la sátira política alcanza al mismo Pericles) más representativos de la sociedad de la época. La finalidad primordial de esta comedia era la diversión (sin excluir una función moralizadora). Pos-

teriormente, el cultivador más notable de la comedia es Menandro (siglos iv-iii a.C.), iniciador de lo que se denomina **comedia nueva,* que abandona, debido a la censura, la sátira política y se concentra en la de costumbres y defectos individuales de orden moral.

En Roma, las primeras comedias se vinculan a la tradición griega. Así, la llamada comedia *palliata* (nombre derivado del «palio» griego con que se vestían los actores) recoge temas procedentes de la comedia nueva de Menandro. Plauto aprovechó modelos de esa comedia: p. e., su *Cistellaria* y *Stichus* se basan en *Synaristosai* y *Adelphoi* de Menandro, autor en el que se inspira a su vez Terencio, en la composición de cuatro de sus obras. Otro tipo de comedia era la *togata* (llamada así por la toga romana que portaban los actores), en la que se recrean escenas y tipos autóctonos, generalmente de los estratos populares. Finalmente, existe otra creación de la Península Itálica, las *farsas atelanas,* en las que se ha visto un precedente de la *Commedia dell' Arte,* ya que surgen tipos que prefiguran a los de ésta: «Bucco» (el fanfarrón), «Maccus» (el tonto), «Pappus» (el viejo avaro), «Sannio» (el payaso), etc. La comedia latina de Plauto y Terencio sirve de base para el surgimiento de la llamada *comedia humanística* italiana del Renacimiento, escrita en latín (*Philodoxus,* de L. A. Alberti; *Philogenia,* de Pisani, etc.), cuya relación con *La Celestina* fue ya percibida por Menéndez Pelayo. En el Siglo de Oro, el término «comedia» no parece tener una acepción rigurosamente delimitada: así, Lope de Vega engloba, bajo el título de comedia, obras tan diversas como *El mejor alcalde, el Rey* (cuyo final justiciero haría pensar en la calificación de tragicomedia) o *La dama boba,* que conecta más con el modelo de la comedia latina. Y es que, en el Siglo de Oro, el término «comedia» equivalía, más bien, a lo que hoy se entiende por drama. Es Lope de Vega el que, en su *Arte nuevo de hacer comedias para este tiempo* (1609), sienta las bases para este tipo de obras, cuyas características son: *a)* consta de tres actos o jornadas, que responden al desarrollo de la acción en tres fases: exposición, nudo y desenlace; *b)* se aparta de la normativa clásica de las *unidades (aunque se mantiene la unidad de acción) y opta por la libertad de movimiento, concorde con el ritmo espacio-temporal de la vida normal; *c)* por coherencia con lo que sucede en la vida real (principio de verosimilitud) coexisten lo trágico y lo cómico; *d)* los personajes, a excepción de algunos relevantes, responden a

*tipos, que se reiteran en gran parte de las comedias del Siglo de Oro: el galán y la dama, el poderoso, el caballero, el gracioso, el rey y el villano; *e)* los temas recogidos en estas obras son muy variados: históricos (de historia universal, bíblica y española), literarios (épica y romancero, novela pastoril, morisca, etc.), religiosos (vidas de santos, temas litúrgicos), políticos y sociales de la época. Un tema importante es el del *honor, que se convierte en motivo central en obras como *El médico de su honra, El pintor de su deshonra, A secreto agravio, secreta venganza,* de Calderón; *f)* el lenguaje consagrado en la comedia es el del verso, con su variada combinación estrófica, adaptada a las diferentes situaciones y personajes: sonetos, octavas, silvas, décimas, quintillas, redondillas y romances.

La tradición de la comedia grecolatina influye en la renovación del teatro europeo que se produce en los siglos XVI y XVII: cabe destacar la aparición de la *Commedia dell'Arte* italiana, la comedia inglesa de Shakespeare (*Las alegres comadres de Windsor*) y la francesa de Molière, iniciador de la comedia moderna (*El médico a palos, Tartufo, El avaro*), y Marivaux (*Las falsas confidencias*). En España la comedia será cultivada en el siglo XVIII por L. Fernández de Moratín (*El sí de *las niñas)*, creador de la comedia *neoclásica*, y en el XIX por Ventura de la Vega, configurador de la «alta comedia» *(El hombre de mundo)*, que sirve de modelo a las obras de Tamayo y Baus, López de Ayala y Echegaray. En el siglo XX, cabe dentro del marbete de «comedia» buena parte de la producción de Benavente y la llamada «comedia de la felicidad» de ciertos dramaturgos de posguerra, como J. López Rubio, V. Ruiz Iriarte, E. Neville, etc., que utilizan en sus obras elementos de la farsa fantástica, la sátira burlesca, la comedia de costumbres y el sainete.

Comedia (alta). Véase ALTA COMEDIA.

Comedia antigua. Denominación con la que se califica a las comedias representadas en Atenas en el siglo V a.C. De ellas sólo se han conservado completas las de Aristófanes. Sobre la estructura interna de estas obras de Aristófanes, véase: COMEDIA.

Comedia-ballet. Obra dramática cuyo texto dialogado alterna con intermedios de danza o ballet situados entre determinadas escenas como entreactos. Dichos ballets pueden incluir diálogos recitados o cantados, que se insertan en el desenvolvimiento de la trama general de la obra.

Comedia burlesca. Expresión con la que se designa un tipo de obra teatral que en el Siglo de Oro se conocía como «comedia de disparates», la cual se representaba generalmente antes del comienzo de la cuaresma, en las fiestas de carnaval o «Carnes tollendas» y en la que se parodiaban personajes conocidos del público u obras literarias en boga, mediante el procedimiento de la distorsión desmitificadora. Este subgénero continúa cultivándose en la literatura española en épocas posteriores, como ocurre, p. e., en el siglo XX, con *La venganza de don Mendo*, de P. Muñoz Seca, sobre los dramas neorrománticos, etc. Véanse: BURLESCO y PARODIA.

Comedia caballeresca. Denominación, poco precisa, que responde al tema abordado en algunas comedias del teatro del Siglo de Oro, en las que se dramatizan temas heredados de la tradición caballeresca y de los romances. En este sentido, podrían incluirse ciertas obras de Lope de Vega, como *El Marqués de Mantua* y *La mocedad de Roldán*, etc.

Comedia de capa y espada. Es una de las modalidades más importantes de la comedia española del Siglo de Oro. Se denomina así porque los personajes de dichas obras no llevan una indumentaria especial, sino la capa y espada ordinarias que ha de portar cualquier caballero normal fuera de casa. Los lances se reducen a «duelos, a celos, a esconderse el galán, a taparse la dama, y, en fin, a aquellos sucesos más caseros de un galanteo» (F. A. de Bances y López Candamo). Este galanteo deriva normalmente hacia un final feliz, con el matrimonio de los amantes. Ejemplo de este tipo de obras son: *La dama duende* y *Casa con dos puertas, mala es de guardar,* de Calderón.

Comedia de carácter. Obra teatral en la que prevalece, sobre la intriga, el análisis de la psicología de los personajes. Éstos son configurados a partir de un determinado rasgo psicológico o moral predominante en su personalidad, y encarnan una peculiaridad del ser humano o una determinada actitud social. Ejemplo de estos personajes y de este tipo de comedias son los creados por Molière (*El avaro, El misántropo, Tartufo,* el hipócrita), J. Ruiz de Alarcón (*La verdad sospechosa,* el mentiroso), A. Moreto (*El desdén, con el desdén,* la engreída), etc.

Comedia de costumbres. Es la que se centra en la presentación de formas de conducta de los personajes y en la descripción de ambientes sociales. En la comedia del Siglo de Oro se aborda, especialmente, una problemática derivada de los usos y hábitos amorosos: intrigas femeninas, celos, desdenes fingidos, lances entre rivales, etc. Ejemplo de estas comedias podría ser *La moza del cántaro,* de Lope de Vega. Algunas comedias de Molière (*El burgués gentilhombre, Las mujeres sabias,* etc.) responden a esta denominación, lo mismo que las de L. Fernández de Moratín y las de ciertos representantes de la «Alta comedia», de J. Benavente, etc.

Comedia de enredo. Véanse enredo e intriga.

Comedia de fantasía. Denominación utilizada para designar ciertas piezas teatrales cuya acción se desarrolla fuera del escenario de la vida cotidiana, en espacios lejanos o exóticos y en una época imprecisa, con lo que se facilita el vuelo de la imaginación. Ejemplo de este tipo de obras son las llamadas «comedias románticas» de Shakespeare (*El sueño de una noche de verano, Como gustéis*), *El perro del hortelano,* de Lope de Vega, *El vergonzoso en palacio,* de Tirso de Molina, etc.

Comedia de figurón. Expresión con la que se designa una serie de obras del teatro del Siglo de Oro en las que se destaca la caricatura de ciertos personajes, construida a base de intensificar los procedimientos de degradación satírica y burlesca. Un modelo del género podría ser don Lucas del Cigarral, de *Entre bobos anda el juego,* de Rojas Zorrilla, un personaje miserable en su avaricia, tosco, pedante y necio, que, pretendiendo a una muchacha pobre, envía, para concertar las bodas, a un primo joven y apuesto, que se enamora de ella.

Comedia heroica. Denominación dada a un tipo de obras dramáticas producidas en Francia sobre temas de la comedia española de los Siglos de Oro (especialmente de Lope de Vega) importados por Corneille. Se caracterizan dichas obras por el tono y estilo elevados, concordes con la presencia de héroes (el Cid, Sancho de Aragón, etc.) que protagonizan nobles gestas en un marco conflictivo de guerras, tensiones, raptos, etc. Ejemplo de esta comedia heroica sería *Le Cid*, de Corneille.

Comedia de honor. Denominación errónea de lo que debe designarse como drama de honor. Véase: HONOR.

Comedia de intriga. Obra teatral en la que prevalece, sobre el análisis de los caracteres, la serie de incidentes, conflictos y obstáculos que jalonan la trama y las distintas iniciativas y recursos ideados por los personajes para superar dichos obstáculos y lograr sus objetivos. Ejemplo: *Don Gil de las calzas verdes*, de Tirso de Molina. Véase: INTRIGA.

Comedia italiana. Denominación aplicada especialmente a la *Commedia dell'Arte*.

Comedia lacrimosa. Véase COMEDIA SENTIMENTAL.

Comedia de magia. Obra dramática en la que se producen efectos maravillosos, gracias a la intervención de poderes sobrenaturales (ángeles, demonios, hadas, seres mitológicos, etc.) capaces de volar, hacer milagros, aparecer y desaparecer, adivinar el futuro, etc., así como fantasmas, cadáveres, seres monstruosos, etc. Estas comedias de magia gozaban del aprecio del público en los siglos XVI y XVII en Francia (*El vellocino de oro*, de P. Corneille; *Psique*, de Molière), Inglaterra (*El sueño de una noche de verano* de Shakespeare) e Italia (*Commedia dell'Arte*). En España se advierte en las postrimerías del Barroco, ya en el siglo XVIII, una acogida especial a este tipo de obras.

Comedia mitológica. Obra dramática cuyo argumento se basa en un tema de la mitología clásica. Ejemplos eminentes de comedia mitológica son *El Perseo*, *El laberinto de Creta* y *El vellocino de oro*, de Lope de Vega, y *El mayor encanto, amor, Eco y Narciso* y *La estatua de Prometeo*, de Calderón de la Barca. En las tres últimas, concebidas para ser representadas en el teatro de la corte para disfrute de los reyes y del personal palaciego, Calderón combina la palabra, el canto, la música y la danza, anticipándose de esta forma a la idea wagneriana del teatro como espectáculo total y compendio de todas las artes.

Comedia musical. Obra teatral en la que se combinan los elementos del texto (monólogos y diálogos) con el canto y la danza. En la comedia española del Siglo de Oro, la música y el baile adquieren una gran relevancia no sólo en entremeses, *bailes y *mojigangas, sino sobre todo en la *comedia mitológica. Otros ejemplos de combinación de estos elementos son la *comedia-ballet, la *zarzuela y la *ópera.

Con la misma denominación de *comedia musical* se designa un espectáculo, entre revista y opereta, que surge tras la aparición del cine sonoro y que adquiere una extraordinaria relevancia en el cine americano entre la década de los treinta y la de los sesenta del siglo xx.

Comedia nueva. Frente a la llamada *comedia antigua de Grecia, representada por la obra de Aristófanes, se designa como «comedia nueva» la producción dramática de Menandro (siglos IV-III a.C.), renovador de la dramaturgia griega. Aunque recoge elementos de Aristófanes en cuanto a la forma de organizar ciertas escenas, en lo referente a la crítica abandona la sátira política y social para derivar hacia una crítica de vicios individuales y a un análisis de los caracteres y de las motivaciones internas de la conducta. Entre sus rasgos peculiares figuran la perfección y coherencia en el diseño y desarrollo de la acción dramática, la originalidad en la creación de personajes, las constantes referencias al espectador a través de los apartes y monólogos, la desligación del coro respecto de la acción (danza y canto son ya elementos de relleno) y la división de la obra en cinco actos, costumbre que Horacio convertirá en norma.

La influencia ejercida por Menandro en la dramaturgia romana y europea posterior (en Terencio, Plauto, la comedia humanística, Molière, etc.) es notable.

Comedia pastoril. Obra teatral en la que se dramatiza un tema *pastoril, tan en boga en la poesía y novela de los siglos XVI y XVII. A este modelo de obras pertenecen *La Arcadia, Belardo el furioso* y *La selva sin amor*, de Lope de Vega. En algunas de estas obras, y especialmente en *Belardo el furioso* (Belardo es el nombre literario tras el que Lope se enmascara en algunos poemas y dramas), hay referencias a personajes conocidos del dramaturgo, siguiendo la costumbre de otros escritores de novelas pastoriles (p. e., Cervantes en *La Galatea*).

Comedia religiosa. Denominación, imprecisa, que se aplica a una serie de obras teatrales de los Siglos de Oro que abordan, como base del argumento, temas o asuntos extraídos de diversas fuentes religiosas: la Biblia, vidas de santos, leyendas piadosas, etcétera.

Comedia sentimental. Obra dramática en la que sus autores pretenden conmover al público, provocando sentimientos de simpatía y de ternura hacia los personajes que encarnan el bien y la virtud. Una variante de esta comedia sentimental es la llamada comedia «lacrimosa», que se desarrolla en Francia *(comédie larmoyante)* desde comienzos del siglo XVIII a través de las obras de Nivelle de la Chaussée *(Mélanide,* 1741) y del mismo Marivaux *(La mère confidente,* 1735). En España se escribe también este tipo de relatos, entre los que cabe citar *El delincuente honrado* (1773), de Jovellanos.

La comedia sentimental derivará, a finales del XVIII y comienzos del XIX, hacia el drama burgués (Diderot, Beaumarchais) y el melodrama.

Comediantes. Término con el que se denominaba en el Siglo de Oro a los actores de teatro, a quienes se les reconocía, además, con otros nombres: «representantes», «recitantes», «cómicos», etc. En el teatro francés del siglo XVII se utilizaba *comédien* para designar tanto al actor capaz de representar cualquier género (tragedia, comedia, drama, etc.) como la misma profesión de actor. Véase: CÓMICOS.

Comentario de textos literarios. Método de análisis e interpretación de obras literarias (o fragmentos de las mismas) con el que se intenta descubrir y precisar el sentido del texto y las características de la expresión y mostrar la estrecha vinculación que existe entre el contenido y la forma de esa expresión. Como método didáctico, el comentario de textos comenzó a ser utilizado en Francia a finales del siglo XIX por algunos profesores de Literatura, que, tratando de superar las deficiencias de una enseñanza historicista y memorística de dicha materia, trataban de conseguir un doble objetivo: un conocimiento directo de la propia tradición literaria y un aprendizaje y dominio de los recursos expresivos de la lengua.

En España, desde comienzos del siglo XX, investigadores y críticos, como Menéndez Pelayo, A. Castro, P. Salinas, Amado y Dámaso Alonso, etc., propugnaron la necesidad de la lectura y comentario de los textos literarios para un conocimiento adecuado de la literatura. No obstante, es con la aparición del manual *Cómo se comenta un texto literario* (1957), de F. Lázaro Carreter y E. Correa, cuando se inicia una profunda renovación pedagógica en la enseñanza de la literatura en España. En la década de los años sesenta, prestigiosos profesores españoles, como A. Carballo y M. Seco, e hispanoamericanos, como A. Berenguer Carimoso o las profesoras M. H. Lacau y M. M. de Rosetti, contribuyen al perfeccionamiento de la metodología del análisis textual con nuevas aportaciones científicas y didácticas, a las que seguirán posteriormente nuevos enfoques metodológios por parte de R. H. Castagnino, G. Sobejano, J. M. Díez Borque, D. Villanueva, M.ª C. Bobes Naves, etc. En el mencionado manual de F. Lázaro Carreter y E. Correa, se proponen como fases de realización de dicho método: *a)* lectura atenta del texto; *b)* localización; *c)* determinación del tema; *d)* determinación de la estructura; *e)* análisis de la forma, partiendo del tema, y *f)* conclusión. En el método de Lacau y Rosetti (1962 y 1970) se recogen aportaciones del Estructuralismo y de la Semiótica. De acuerdo con esta perspectiva crítica, el análisis textual debe tener en cuenta quién es el hablante o emisor del texto (autor, narrador), el oyente o receptor (lector), el referente (la realidad representada en el mundo de ficción creado por el autor), el código y los recursos a partir de los cuales se organiza el texto (disposición externa: partes, capítulos, etc.; estructura; modos de composición: narración, descripción, exposición, diálogo; recursos lingüísticos, etc.).

Aparte de estos y otros métodos generales (de J. M. Díez Borque, M. García Posada, etc.), algunos críticos opinan que ciertos métodos son más aptos que otros para el análisis específico de un determinado género literario. Así, para el análisis de poemas sería más indicada la aplicación de una metodología derivada de la Estilística, en la línea de la llevada a cabo por D. Alonso, C. Bousoño, A. López Casanova y A. Alonso, etc. En relación con los textos dramáticos, A. Tordera (1978) ofrece un esquema de análisis de dichos textos (aplicado a *La casa de Bernarda Alba,* de F. García Lorca), partiendo de la Semiótica, en tres apartados: *a)* análisis de la dimensión sintáctica (funciones y situaciones, signos no lingüísticos: tono, mímica-gesto, movimiento, maquillaje-peinado, traje, iluminación, accesorios, música, sonido, decorado); *b)* de la dimensión semántica (espacio escénico y sentido, modelos operantes que ayudan a explicar el texto, significado de los personajes, iconos, índices y símbolos); y *c)* de la dimensión pragmática (emisor-mensaje, o relaciones del autor con el texto, y mensaje receptor: relaciones de la obra con el espectador o público). Finalmente, por lo que respecta al análisis de textos narrativos, merecen destacarse los métodos desarrollados por M.ª C. Bobes (1991) y D. Villanueva (1992, 2.ª). Este último propone un método de comentario que habrá de desarrollarse de acuerdo con el siguiente esquema: 1) fase preliminar: primera lectura, movida por un «interés lúdico o estético», pero que supone ya una primera identificación con la obra; segunda lectura, en la que se descubre *la historia* del relato, el *tema* o complejo temático que le da sentido y la estructura o *modelo actancial* que lo configura; 2) fase central: análisis del discurso, comenzando por el *diseño editorial* del texto (disposición externa) y el *paratexto* (título de la obra, de sus capítulos, notas, etc.) y siguiendo por las operaciones compositivas mediante las cuales la *historia* se convierte en *discurso* (los recursos del lenguaje y procedimientos retóricos con los que se ha organizado el discurso); una tercera lectura atendería al descubrimiento del tipo de *modalización* predominante en el texto (características del narrador y del lector implícito, visión, voz, posible presencia del autor implícito, etc.); una cuarta lectura tendría en cuenta la temporalización (formas verbales presentes en el discurso, orden y ritmo temporal, posibles anacronías, etc.) y espacialización (enclaves espaciales que aparezcan en el discurso y su relación con la estructura temporal, los personajes, etc.); 3) fase complementaria: atención a la *pragmática externa* del discurso narrativo, en relación con el autor, los receptores reales en el transcurso del tiempo y el contexto histórico, social, político, religioso, filosófico, artístico o literario en el que surge la obra.

Cómic. Término inglés con el que se designa una historieta ilustrada que se desarrolla en una serie de viñetas en las que los pensamientos, sentimientos y diálogos de los personajes se transcriben en unos globos, situados a la derecha o encima de su cabeza, y que terminan en una delta que sirve para identificarlos como emisores de su mensaje correspondiente. El cómic ha sido definido como una «estructura narrativa formada por la secuencia progresiva de pictogramas en los cuales pueden integrarse elementos de la escritura fonética» (R. Gubern). Se entiende por *pictograma,* o *viñeta,* un conjunto de signos icónicos que representan gráficamente los objetos que se intenta designar. Las viñetas presentan en el cómic una forma secuencial progresiva, y sus componentes gráficos y fonéticos deben ser interpretados a través de una lectura que va de izquierda a derecha y de la tira superior a la inferior. En cuanto a los elementos fonéticos, han de estar integrados en la viñeta, y no siempre constituyen un discurso lingüísticamente articulado: p. e., aparecen en algunos cómics onomatopeyas o sonidos inarticulados. Cada viñeta cuenta con un decorado, un vestuario de los personajes (que les individualiza y les hace reconocibles al lector) y unos determinados gestos (de brazos, piernas, cabeza y, especialmente, el rostro); p. e., el cabello erizado puede mostrar sentimientos de terror o de iracundia; las cejas altas, sorpresa, y las fruncidas, enfado, etc. En cuanto al *ballon*, globo o «bocadillo», puede presentar diversas formas (circular, ovalada, de dientes de sierra: en este caso, significa la cólera del personaje) y se vincula al emisor mediante un delta o «rabo». En el «bocadillo» aparecen los pensamientos, fantasías, recuerdos, etc., de los personajes, en forma de diálogo, de onomatopeya («boom»: estampida), de sonidos inarticulados («uf», «ejem») o de metáforas visualizadas (una bombilla para aludir a una idea luminosa; estrellas, que se ven al recibir un golpe; culebras, como signo de palabrotas o tacos, etc.). Históricamente el cómic, cuya primera serie aparece en 1896 en el *New York World (Yellow Kid:* niño amarillo), encuentra en las primeras décadas del siglo XX una notable acogida en el público hispano, tanto en la traducción de diversas series estadounidenses (*Tarzán, Flash Gordon, Agente Se-*

creto X-9, etc.) como en creaciones españolas (*TBO, Pulgarcito, Pinocho,* etc.). En la segunda mitad de dicho siglo, adquieren especial relevancia ciertos cómics para adultos (p. e. la serie francesa *Asterix,* la argentina *Mafalda,* la española *Mortadelo y Filemón,* etc.) por su calidad estética, su original sentido del humor y su valor cívico y moral.

Cómico (lo). Término que presenta diversas acepciones: actor teatral, categoría estética relativa al fenómeno humano de la risa y la comicidad y género dramático (lo cómico como opuesto a lo trágico: comedia-tragedia). *Lo cómico,* en cuanto categoría estética, es un producto del psiquismo humano que responde a la capacidad de percibir con sentido lúdico los aspectos defectuosos, deformes o insólitos de la realidad física y de los comportamientos sociales del hombre que, por esos rasgos, son interpretados como ridículos o hilarantes. En el transcurso de la historia han surgido diversos intentos de explicación del fenómeno de la comicidad y de la risa, por parte de distintos pensadores, como Aristóteles, Kant, Hegel, Schopenhauer, Bergson, Freud, etc.

Este último, que interpreta lo cómico como un medio de obtención de placer y de superación del dolor, analiza los diversos medios de expresión y creación de comicidad: imitación, *caricatura, *pantomina, *parodia, chiste, etcétera.

Estos medios o recursos son utilizados, como instrumento de creación literaria y de placer estético, en diferentes tipos de textos y géneros. Es en el género dramático donde la comicidad ha logrado un especial desarrollo, por medio de tres modalidades señaladas por los tratadistas clásicos:

– Comicidad de *carácter*: centrada en la parodia o caricatura de un personaje, del que se destacan, por acumulación y distorsión, sus defectos peculiares: p. e., *Tartufo* (hipócrita) de Molière.

– Comicidad de *situación*: cuando los efectos cómicos derivan de unas circunstancias insólitas e hilarantes, en las que se ve inmerso el personaje, p. e., *La dama duende*, de Calderón de la Barca.

– Comicidad *verbal*: cuando la fuente principal (no la única) de lo cómico radica en el juego del lenguaje, p. e., lo que ocurre en los sainetes de C. Arniches o en las comedias de E. Jardiel Poncela. Véanse: CARICATURA, ENTREMÉS, GROTESCO, HUMOR, IRONÍA, MOJIGANGA, PARODIA, SAINETE y SÁTIRA.

Cómicos. Término con el que, en el Siglo de Oro, se designaba a los actores de teatro. Estos profesionales, que gozaban de una gran popularidad en esa época, reciben diversas denominaciones alusivas a su oficio: «representantes», «recitantes», «farsantes», «actores», «comediantes», «histriones» y «faranduleros», aunque ellos preferían llamarse «cómicos» o «representantes». Entre los cómicos, había dos tipos perfectamente diferenciados, según la clase de compañía de teatro a la que pertenecían: la llamada *compañía de título* (Real) y la *de la legua*. La primera, de rango superior, legalmente reconocida, presenta sus actuaciones generalmente en teatros estables (los *corrales) de ciudades importantes, cuenta con un número fijo de actores, mantiene una estructura organizada y jerárquica y formaliza un contrato con sus trabajadores, en el que se especifican derechos y obligaciones. Por el contrario, las llamadas *compañías de la legua*, o *de parte*, no cuentan con licencia real y actúan en pequeñas aldeas y pueblos. Están integradas por personas sin vocación ni aptitudes para el teatro y, a veces, por gentes que, escondiéndose de la justicia, buscan asilo en estas agrupaciones, (p. e., clérigos fugitivos, vagabundos, delincuentes, etc.), trabajan sin contrato previo y no reciben salario fijo después de cada representación. Los fondos recaudados por la compañía se reúnen en una caja común y se distribuyen al fin de temporada. Con ello se trata de asegurar la permanencia de los cómicos y, en consecuencia, la continuidad de las representaciones.

Commedia dell'Arte. Modalidad teatral que surge en Italia (inicialmente se denominaba *Commedia all'improviso),* consistente en la escenificación de un espectáculo elaborado en común por un grupo de actores que improvisan, a partir de un esquema previo, el texto oral de la representación, así como sus actuaciones. La *Commedia dell'Arte,* con su precisa configuración de actores, repertorio de guiones y técnicas de creación y representación colectiva, se desarrolla en Italia entre los siglos XVII y XVIII. El grupo de actores está integrado por dos parejas de enamorados (que viven una historia de amores contrariados), dos ancianos cómicos (Pantalone y el Doctore), el Capitano (estereotipo del «soldado fanfarrón») y los *zanni* o criados, cuyos nombres son Arlecchino, Pulcinella, Scaramuccia, Mezzottino, Scapini, Coviello y Truffaldino. El repertorio de guiones previos era muy variado, ya que los autores solían tomar sus temas de fuentes tan diversas como las comedias y tragedias antiguas o coétaneas (p. e. obras de Marivaux, Goldoni, etc.), novelas cortas, cuentos, etc. En la representación, los personajes utilizan disfraces y máscaras, aparecen mujeres vestidas de hombres, se producen sorprendentes escenas de reconocimiento, etc.

La *Commedia dell'Arte* y otras experiencias teatrales italianas van a influir en el teatro español del siglo XVI (Torres Naharro y Lope de Rueda) y en los grandes autores dramáticos de los siglos XVII y XVIII europeos: Shakespeare, Lope de Vega, Molière y Marivaux.

Compañía. Sociedad de profesionales del teatro, organizada jerárquicamente, que incluye a los actores y al personal directivo y subalterno, cuyas funciones, derechos y obligaciones aparecen delimitados en una reglamentación precisa. Véanse: CÓMICOS, COMMEDIA DELL'ARTE y COMPAÑÍA DE GARNACHA.

Compañía de Garnacha. Es uno de los ocho tipos de compañía de teatro ambulante que en los Siglos de Oro iba, de pueblo en pueblo, representando su repertorio. A. de Rojas Villandrando lo describe así en *El viaje entretenido* (1602): «Compañía de Garnacha son cinco o seis hombres, una mujer que hace la dama primera y un muchacho la segunda; llevan un arca con dos sayos, una ropa, tres pellicos, barbas y cabelleras y algún vestido de la mujer de tiritaña. Éstos llevan cuatro comedias, tres autos y otros tantos entremeses; el arca en un pollino, la mujer en las ancas gruñendo y todos los compañeros detrás arreando...».

Compañía de la legua. Véase CÓMICOS.

Compañía de parte. Véase CÓMICOS.

Comparación. Figura retórica que consiste en relacionar dos términos entre sí por la semejanza o analogía que presentan las realidades designadas por ellos. Esa relación se establece, generalmente, por medio de partículas o nexos comparativos: «como», «igual que», «tan», «semejante a», etc. En toda comparación hay siempre dos términos: uno alude a la realidad de la que se está hablando y el otro (denominado *imagen) designa aquello con lo que se la compara. La comparación es un recurso frecuente en el uso de la lengua ordinaria, y lo es mucho más en el lenguaje literario, ya que está presente en el símil, la metáfora, la alegoría, etc. Ejemplo:

«Y yo siempre dura *como* un alcornoque, conservándome entera *como* la salamanquesa en el fuego, o *como* la lana entre las zarzas, para que este buen hombre llegase ahora con sus manos limpias a manosearme».

(Cervantes)

Véanse: ALEGORÍA, METÁFORA y SÍMIL.

Comparada (literatura). Es una rama de la ciencia de la literatura que se ocupa del estudio de las obras literarias en un marco de relaciones supranacionales. La expresión «Literatura Comparada» aparece ya en una carta de J. J. Ampère a V. Cousin (1826), y es utilizada por A. Villemain en su *Curso de Literatura Francesa* (1828-1829) al referirse a las influencias mutuas de dicha literatura y la inglesa.

La perspectiva comparatista, en el estudio de los fenómenos literarios, lingüísticos y culturales, comienza cuando los poetas latinos se enfrentan con sus modelos griegos y continúa entre los estudiosos de la poética, historia y crítica literarias, desde Cicerón y Quintiliano hasta los cultivadores de estas disciplinas en el siglo XVIII (J. G. Herder, los Schlegel, Mme. de Staël, F. Bouterwek, etc.), que, en sus trabajos sobre literatura nacional o extranjera, se muestran «comparatistas *avant la lettre*». No obstante, es en el siglo XIX cuando aparecen los primeros estudios específicos de literatura comparada, por obra de J. CH. L. Sismonde de Sismondi, Ch. A. de Puibusque, A. Duquesnel, M. Arnold, etc.

La literatura comparada se ha desglosado en dos secciones complementarias: la denominada «literatura general», más relacionada con la teoría literaria, y la «literatura universal», afín a la historia literaria. Los principales aspectos abordados en la primera se refieren al descubrimiento y análisis de posibles influencias, semejanzas, convergencias, etc., entre literaturas de diversas áreas lingüísticas (en cuanto a fuentes, temas y tópicos comunes), al surgimiento y evolución de los distintos géneros literarios, a la coincidencia de estilos y movimientos literarios, etc. La segunda sección de la literatura comparada, conocida con la denominación de «literatura universal», tiene, entre otros objetivos, el de señalar e interpretar aquellas obras maestras de la literatura mundial que constituyen un patrimonio cultural de toda la humanidad: p.e., la *Biblia*, la *Ilíada*, la *Eneida*, la *Divina Comedia*, el *Quijote*, etc. Otro de los cometidos es elaborar una historia de la literatura universal.

En la actualidad, el comparatismo tiene un desafío al que responder: superar la visión occidental y abrirse a una concepción universalista de la cultura. Se han descubierto hechos tan curiosos como éstos: que existe una literatura pastoril china similar a la europea, o un poema lírico análogo al *alba provenzal, también en la literatura china; que una misma imagen poética de la luna («hoz de oro en el campo de las estrellas») aparece en literaturas tan distantes como la árabe, la china o la francesa, etc. Estos y otros ejemplos similares son síntomas de la existencia de mitos, leyendas, temas, símbolos, etc., que trascienden los límites de la cultura occidental y ponen en relación áreas lejanas por su geografía pero unidas por vínculos ancestrales referidos a un fondo mítico-religioso compartido. Véase: CIENCIA DE LA LITERATURA.

Comparsa. Término de origen italiano (de *comparire:* comparecer) que designa un «conjunto de personas que en las representaciones teatrales o en los filmes figuran y no hablan» (DRAE).

Compromiso. Es la actitud del escritor que concibe su creación literaria con el objetivo primordial de influir ideológica y políticamente en la transformación de la sociedad. En la historia de la literatura ha habido épocas en las que la implicación de los intelectuales en la vida social y política ha sido patente, p. e., en el Romanticismo (V. Hugo), Realismo (B. Pérez Galdós, E. Zola), etc. Sin embargo, es a partir de la Primera Guerra Mundial cuando el compromiso político de los escritores se convierte, para algunos, en una cuestión de responsabilidad moral, que llega a condicionar su propia obra literaria. Véanse: ANTIPOEMA, DESHUMANIZACIÓN Y REALISMO SOCIALISTA.

Cómputo métrico. Véase CÓMPUTO SILÁBICO.

Cómputo silábico. Es la medición del número de sílabas que tiene un verso. Para ello hay que tener en cuenta, por una parte, las sílabas *fonológicas* de que consta dicho verso y, por otra, ciertos fenómenos que pueden alterar el número real de sílabas *métricas* del mismo: p. e., la *sinalefa, la *sinéresis, la *diéresis y el *hiato. Además de estos fenómenos, en la medición de las sílabas métricas se ha de contar siempre una sola a partir del último acento del verso.

Comunicación. La literatura, como todo fenómeno cultural, es un acto de comunicación en el que se produce un paso de información desde una fuente (el escritor) hasta un destinatario: el oyente (en el caso de la transmisión oral del mensaje), el lector (en el caso del texto escrito) o el espectador, en la representación dramática. En el escritor convergen las funciones de fuente, codificador, emisor y transmisor. En cuanto a la producción del mensaje, dicho emisor-codificador utiliza los distintos signos del código de la lengua, tanto en su aspecto denotativo como connotativo, lo que confiere al texto un carácter polisémico, peculiar del lenguaje poético. El destinatario puede ser múltiple y, en general, desconocido: unos lectores que, normalmente, no pueden establecer un contacto inmediato con el escritor, sino con su obra. En cuanto al código, además de la lengua, código fundamental, están otros subcódigos propios del lenguaje poético, como la métrica, la retórica, los géneros literarios y los diversos códigos estéticos y culturales en los que se enmarca el texto. Cuando el emisor pertenece a una cultura o época lejana del destinatario, las dificultades de interpretación se incrementan, ya que los códigos mencionados son desconocidos para él, y debe hacer un esfuerzo de descodificación a partir de los supuestos históricos, lingüísticos y culturales propios del autoremisor. En este sentido, tiene especial relevancia el estudio del contexto, entendido como el entorno que condiciona el sentido y función de las distintas unidades del mensaje en relación con otras unidades antecedentes o posteriores dentro de un determinado texto o del entramado intertextual constituido por otras obras del mismo autor o por el conjunto de obras pertenecientes a una escuela o todo un movimiento cultural.

Con el término «comunicación» o «anacenosis» (del griego *anakoinosis:* intercomunicación) se designa también una figura retórica consistente en hacer partícipe al interlocutor de las dudas, cuestiones o problemas que inquietan al emisor, el cual finge pedir ayuda para poder solventarlas. Es un recurso utilizado en la oratoria forense (el orador se dirigía al juez, al adversario o al público), política y religiosa, con el fin de recabar el asentimiento de sus oyentes. Como recurso literario, es un procedimiento frecuentemente empleado por diversos escritores, que interpelan al lector simulando solicitar su opinión sobre el tema de que tratan, sin esperar, naturalmente, su respuesta. Es, por tanto, una figura afín a la *interrogación retórica. Véanse: ACTOS DE HABLA, DISCURSO, ENUNCIACIÓN, FUNCIÓN, INTERLOCUTOR, LOCUTOR, MENSAJE, RECEPTOR y TEXTO.

Concatenación. Término de origen latino (*concatenatio:* concatenación) con el que se designa una figura de dicción consistente en la repetición de una serie de palabras que aparecen conexionadas en una gradación progresiva a través de las diversas frases de un período o de los versos de una estrofa o poema. Ejemplo:

> «¡Oh mi voz condecorada
> con la insignia marinera:
> sobre el corazón un ancla,
> y sobre el ancla una estrella,
> y sobre la estrella el viento,
> y sobre el viento la vela!».
>
> (Alberti)

La concatenación está relacionada con la *anadiplosis* y la *gradación,* de la que podría considerarse una variante. Véanse: ANADIPLOSIS y GRADACIÓN.

Conceptismo. Corriente literaria del Barroco que recibe ese nombre de la importancia que otorgaron los escritores de esa tendencia (Gracián, Quevedo, etc.) al *concepto* como vía de conocimiento y expresión de la realidad. El escritor conceptista ofrece al lector la posibilidad de un conocimiento de las cosas, no a través de una descripción directa de las mismas, sino por un haz de relaciones y correspondencias con otros objetos, percibidas en los conceptos creados por él.

Entre las técnicas de creación de correspondencias entre los objetos heredadas de la tradición retórica, figuran la comparación, la metáfora, la alegoría, la antítesis y contraste, el paralelismo, etc. Recursos de manifestación de la agudeza verbal en los escritores conceptistas son la *paronomasia, el *calambur, el *equívoco, la *anfibología, la *paradoja, la *elipsis y el *zeugma, del que ofrece múltiples muestras Baltasar Gracián en ejemplos como éste: «Es el engaño muy superficial, topan con él los que lo son» (superficiales, se entiende).

Equivocadamente, se ha solido considerar al conceptismo como la antítesis del *culteranismo, la otra vertiente estilística del Barroco. Hoy es opinión común que ambos estilos no son movimientos contrapuestos y que, en el fondo, responden a la misma estética de refinamiento y complicación formal del lenguaje. Véanse: BARROCO y CULTERANISMO.

Concesión. Término de origen latino (*concessio:* concesión; su correspondiente griego sería *synchoresis:* consenso) con el que se denomina una figura retórica consistente en la admisión estratégica de ciertas razones del contrario que, a primera vista, parecen debilitar la propia argumentación y que, sin embargo, terminan por hacer más sólida y convincente la propia tesis.

Confesión o confesiones. Término con el que se designa un tipo de relato autobiográfico, cuyos rasgos característicos (extractados, lo mismo que su denominación, de la obra inicial del género, las *Confesiones* de San Agustín) son los siguientes: narración retrospectiva en prosa (relato analéptico) sobre la historia de una personalidad, contada por ella misma (relato autodiegético) con la intención de hacer públicos los secretos de su propia existencia privada, fijándose especialmente en su evolución o cambio intelectual y moral, al que se concede un valor ejemplar. Véanse: AUTOBIOGRAFÍA, AUTORRETRATO, DIARIO y MEMORIAS.

Confidente. Se dice del personaje que en una obra teatral actúa como consejero y guía del protagonista; suele desempeñar las funciones de ayo, o criado, o amigo de aquél, y ser el portador de sus mensajes. Como el coro de la tragedia clásica, sirve de mediador entre la escena y el público, y llega a ser, en ocasiones, el portavoz o intérprete del sentir y del pensamiento de este último o del mismo autor. Véanse: CORO y GRACIOSO.

Conflicto. Es la tensión u oposición que se produce entre personajes o grupos sociales cuando éstos, en el transcurso de una acción novelesca o dramática, encuentran un obstáculo ante los objetivos que persiguen (amor, dinero, ideales, etc.). En algunos casos, como en *Edipo*, el conflicto está planteado antes de iniciarse la obra. Las raíces del conflicto pueden ser de tipo personal (p. e., las que surgen entre dos rivales por la relación amorosa con una dama) o bien basarse en concepciones contrapuestas de orden social, político, moral, etc., o como consecuencia de dos maneras enfrentadas de ver la vida y organizar la convivencia.

Conmutación. Término de origen latino (*conmutatio:* cambio) con el que se designa una figura retórica consistente en la contraposición de dos enunciados que incluyen las mismas palabras, pero invirtiendo su orden y régimen, de lo que se deriva un sentido también contrapuesto. Así, no es lo mismo «comer para vivir» que «vivir para comer». El ejemplo clásico es el de Quevedo en la *Epístola satírica y censoria contra las costumbres presentes de los castellanos:*

«¿No ha de haber un espíritu va-
[liente?
¿Siempre *se ha de sentir lo que se*
[*dice*?
¿Nunca *se ha de decir lo que se*
[*siente*?».

(Quevedo)

A esta figura se la conoce también con los nombres de *metátesis* e *inversión*.

Connotación. Término introducido en la Lingüística por L. T. Hjelmslev para designar la capacidad que tienen los signos del lenguaje de recibir nuevos significados, añadidos al sentido o acepción que originalmente presentan esos signos o palabras, p. e., al ser definidos en un diccionario. Dicho término ha sido aplicado en crítica literaria por R. Barthes, que lo define así: «Connotación es un sentido segundo, cuyo significante mismo está constituido por un signo o por un sistema de significación primero que es la denotación». Se trata, pues, de dos sistemas de signos interrelacionados.

En síntesis, la *denotación*, o primer sistema de significación, se centra en la función *referencial* del signo, que aporta el significado original y permanente de una palabra. La connotación constituye el sistema segundo de significación e implica los posibles nuevos sentidos o valores que pueden agregarse al significado referencial o denotativo de dicho signo. La connotación es un mecanismo peculiar del lenguaje poético, caracterizado por la polisemia, ambigüedad y capacidad de creación de asociaciones semánticas y contenidos significativos nuevos. Figuras literarias fundamentales como la metáfora, la alegoría, el símbolo, etc., se fundan en el procedimiento de la connotación. Véanse: ALEGORÍA, DENOTACIÓN, METÁFORA, POESÍA y SÍMBOLO.

Consonante. Término de origen latino (*consonans,* participio de *consonare*: estar en armonía, sonar juntamente) aplicado a un tipo de rima que se produce cuando dos o más versos presentan los mismos sonidos vocálicos y consonánticos a partir de la última vocal acentuada. La rima llamada *asonante*, por el contrario, tan sólo reitera los mismos sonidos vocálicos a partir de la última vocal tónica. La rima consonante puede ser *aguda, llana* y *esdrújula*. Véase: RIMA.

Contemplación. Término procedente de la filosofía neoplatónica que es recogido por la literatura ascética y mística para designar una actividad espiritual consistente en la «visión» y gozo de la presencia de Dios en el alma. El mismo término es utilizado en Estética para significar la actividad eminentemente receptiva del espectador o lector ante la obra de arte.

Contenido. Término utilizado generalmente como sinónimo de significado, en contraposición a «forma», que constituiría el significante de una palabra, enunciado o texto. Ciertos críticos literarios entienden por contenido el argumento de una obra o bien el conjunto de motivos, ideas, temas y valores que conforman el mensaje ideológico de la misma. La acepción del término *contenido* ha sido objeto de diversas matizaciones en el campo de la lingüística (en concreto, en la glosemática) y en el de la crítica literaria, especialmente a partir del formalismo ruso. En sus estudios sobre el lenguaje, Hjelmslev distingue un doble plano en la formación del enunciado (expresión y contenido) y un doble estrato en cada plano (sustancia y forma). En el plano de la expresión, la sustancia es la materia acústica de los sonidos, aún no organizada, y la forma, dicha masa acústica estructurada en fonemas. En el plano del contenido, distingue entre la sustancia de ese contenido (que sería el pensamiento amorfo o el sentido de una idea aún no precisada en una determinada lengua: p. e., la idea de mi ser o existir) y la forma, expresada en cada lengua de manera diferente: «Yo soy», «*Io sono*», «*Ich bin*», etc. En esta concepción, el significado sería la forma del contenido, y el significante la forma, de la expresión. Por otra parte, la expresión lo sería siempre de un contenido, y el contenido sería siempre el contenido de una expresión.

En el campo de la crítica, el formalismo ha superado la división forma-contenido, al distinguir entre «materiales» constituyentes del texto literario (sonidos, palabras, imágenes, temas, etc., serían el contenido material) y «procedimientos» estilísticos de conformación de esa obra de arte. La serie de procedimientos o artificios utilizados constituiría el contenido formal: en este sentido, el contenido es parte de la forma y la forma es parte del contenido, ya que todos los elementos constituyentes del texto (fónicos, morfosintácticos, léxicos, etc.) comportan una carga significativa y contribuyen a formar el sentido último del mismo.

Contexto. Término utilizado en Lingüística para designar el entorno de una determinada unidad (palabra, frase, enunciado), constituido por las unidades que la preceden y la siguen (contexto verbal). También se emplea para aludir a las realidades y circunstancias que rodean la emisión de un mensaje (contexto de situación) y para referirse «a los datos comunes al emisor y al receptor sobre la situación cultural y psicológica, las experiencias y los conocimientos de ambos» (J. Dubois). Véanse: INTERTEXTUALIDAD, LINGÜÍSTICA DEL TEXTO y PRAGMÁTICA.

Contrafigura. Término utilizado en el lenguaje teatral para designar al «doble» que sustituye a un actor, cuando éste, por algún motivo (p. e., cambiarse de indumentaria), deba ausentarse de la escena. La contrafigura puede ser otro actor o un maniquí o muñeco que se le asemejen.

Contrapunto. Término musical que alude a una forma de composición en la que se desarrollan líneas melódicas simultáneas y en la que los sonidos se valoran en función de sus distancias respectivas. Desde los inicios del siglo XX, probablemente por influjo de los simbolistas, partidarios de interrelacionar literatura, música y artes plásticas, ciertos escritores utilizan un vocabulario y una técnica musicales en la conformación de sus novelas: A. Gide (*Sinfonía pastoral*, 1919), A. Huxley (*Contrapunto*, 1928), etc. El título de esta obra de Huxley responde a la utilización de la técnica musical del contrapunto para narrar diversas historias que se van entrecruzando sucesivamente.

Copia autógrafa. Véase MANUSCRITO.

Copla. Tipo de composición lírica usada preferentemente en la poesía popular, pero que también aparece en la poesía culta medieval, en la de los Siglos de Oro y en la popularista contemporánea. Aunque presenta diferentes formas estróficas a lo largo de su historia (copla *castellana*: ocho versos octosílabos, divididos en dos grupos de cuatro versos y con cuatro rimas diversas, según el modelo: *abba: cadc;* copla *caudata:* diez versos, ocho de ellos tetrasilábicos, distribuidos en dos grupos simétricos, el quinto y décimo versos son octosílabos y riman entre sí; copla *real* o falsa décima: diez versos octosílabos divididos en dos quintillas o en dos grupos de cuatro y seis versos, etc.), la estrofa que *por antonomasia* se denomina *copla* está constituida por cuatro versos de arte menor, generalmente octosílabos, con rima asonante en los versos pares y sin rima en los impares. Ejemplo:

«¡Oh casa de Alvargonzález,
qué malos días te esperan;
casa de los asesinos,
que nadie llame a tu puerta!».

(Machado)

Aparte de las formas estróficas mencionadas, en la poesía medieval abundan las llamadas coplas de arte mayor y menor y las coplas de pie quebrado. Un ejemplo de las *coplas de arte mayor* (ocho versos con triple rima consonante) aparece en las llamadas octavas acrósticas de *La Celestina*. (Véase: ACRÓSTICO.) La misma forma métrica presenta la *copla de arte menor*, pero con versos octosílabos o de menor número de sílabas. Las *coplas de pie quebrado* son aquellas en que se combinan versos octosílabos y tetrasílabos en forma variable. Las más conocidas son las de Jorge Manrique *(copla manriqueña)*, que constan de doce versos, agrupados en dos sextillas de versos octosílabos, salvo el 3, 6, 9 y 12, que son tetrasílabos, con rima consonante. Ejemplo:

a «Recuerde el alma dormida,
b avise el seso y despierte
c contemplando
a cómo se pasa la vida,
b cómo se viene la muerte
c tan callando:
d Cuán presto se va el placer,
e cómo, después de acordado,

f da dolor,
d cómo, a nuestro parecer,
e cualquiera tiempo pasado
f fue mejor».

(Manrique)

Copla de arte mayor. Véase COPLA.

Copla castellana. Véase COPLA.

Copla caudata. Véase COPLA.

Copla manriqueña. Véase COPLA.

Copla de pie quebrado. Véase COPLA.

Copla real. Véase COPLA.

Corifeo. Término procedente del latín *(coryphaeus,* y éste del griego *korifaios:* el que está en sitio elevado, el jefe) con el que se designaba al que dirigía el coro en la tragedia griega y latina. Véase: CORO.

Coro. Término de origen griego *(koros:* danza) con el que se designaba al grupo de danzantes que en las fiestas de Dioniso cantaban el «ditirambo», dirigidos por un corifeo o solista. El ditirambo está en el origen de la tragedia griega, y del mencionado grupo irán surgiendo los personajes, a partir de Tespis, que convierte al corifeo en primer actor: sus intervenciones alternan con las respuestas del coro. Estas respuestas se van diversificando cuando Esquilo introduce un segundo personaje y Sófocles un tercero, con lo que se configura el diálogo dramático. Es entonces cuando el coro adquiere su forma y funcionalidad definitiva, que es múltiple: ritual (oraciones de plegaria, cantos de acción de gracias, ofrendas, desfile procesional, etc.), demarcadora (del inicio y fin de cada episodio, a través de sus intervenciones), mediadora (entre la acción que se desarrolla en escena y el público, cuyo sentir y pensamiento interpreta y proclama) y narradora (preanuncia los derroteros por los que se va a encaminar la acción, advierte a los personajes del peligro que corren con su conducta). El coro de la tragedia constaba de doce miembros, y el de la comedia, de veinticuatro. En la comedia de Aristófanes el coro interviene frecuentemente en el desarrollo de la acción a través de las *parábasis:* el grupo coral avanzaba hacia el público y, tras un breve canto, el corifeo desarrollaba una serie de ideas que representaban el pensamiento del autor. Posteriormente desaparece la parábasis y, tanto en la comedia griega como en la romana, se reduce el papel de coro a una intervención en los entreactos con un canto lírico. En la Edad Media desciende el papel del coro (adquiere un cometido didáctico), y más aún, en el Renacimiento y Barroco (en el teatro de Shakespeare es suplantado por un actor, que declama el prólogo y el epílogo de la obra; en el teatro español del Siglo de Oro, y en el francés de Racine, la función mediadora es desarrollada por el confidente), pero se recupera en los dramaturgos alemanes Goethe y Schiller, en los románticos franceses V. Hugo y A. de Musset y en ciertos autores contemporáneos, como J. Anouilh *(Antígona),* B. Brecht, F. Dürrenmatt, etc.

Corpus. Término utilizado en crítica literaria para denominar el conjunto de obras de un autor, escuela o movimiento literario, folosófico, etc. Así, se habla del «corpus aristotélico» o del «corpus cervantino» para designar la recopilación de todos los escritos atribuidos a Aristóteles y a Cervantes, respectivamente.

Corral. Término con el que se designa el lugar de representación teatral utilizado en España a partir de la segunda mitad del siglo XVI y que estaba construido en un patio cerrado por casas en tres de sus lados. Los primeros corrales se crearon en Valencia, Toledo y Sevilla y, más tarde, en Madrid. Estos locales constaban de un *escenario* o *tablado,* detrás del cual había dos vestuarios, para hombres y mujeres, respectivamente. El *patio* estaba destinado a los espectadores masculinos: había bancos cerca del escenario y en los laterales del patio, donde se sentaban los comerciantes y sectores del pueblo con más medios económicos. En el centro del patio permanecían de pie los mosqueteros. Las mujeres se acomodaban en la *cazuela, situada al fondo del edificio, en lo que hoy sería el entresuelo, al que accedían por una escalera ubicada en uno de los laterales del corral. A un lado del patio estaba la *alojería,* donde el *alojero* vendía frutas y bebidas, entre ellas la aloja (mezcla de agua y miel con especias). En los balcones y ventanas de las casas que daban al corral se habilitaban unas localidades denominadas «aposentos» (correspondientes a los actuales palcos), que eran ocupados por los nobles. Y, por último, los *desvanes,* situados en la última planta. Véase: COMEDIA.

Correlación. Procedimiento literario consistente en la correspondencia sintáctica o conceptual entre los miembros de dos o más conjuntos estructurados de forma similar. Ejemplos:

«Ni en este monte (A1), este
    [aire (A2), ni este río (A3)
corre fiera (B1), vuela ave (B2),
    [pece nada (B3)...».

(Góngora)

En estos versos de Góngora hay dos conjuntos: (A1, A2, A3) + (B1, B2, B3). «A» designa el contenido conceptual genérico del primer conjunto (circunstancia de lugar), y «B», el del segundo (sujeto y acción verbal). Las letras A y B señalan los conjuntos a que pertenece cada elemento, y los números 1, 2 y 3, los elementos correlacionados. Véase: RECOLECCIÓN.

Corriente de conciencia. Véase MONÓLOGO INTERIOR.

Corriente literaria. Véanse CLASIFICACIÓN LITERARIA y PERÍODOS LITERARIOS.

Cortés (Poesía y amor cortés). Término con el que se alude a un tipo de poesía lírica, de gran perfección formal, surgido en Provenza en el siglo XII, y también al contenido de uno de los poemas más característicos de esta lírica provenzal (la cansó) en el que se canta el *fin'amors* o «amor cortés».

Los trovadores, que son quienes inician esta corriente literaria, crean una lengua poética peculiar, artificiosamente refinada, que tiene como soporte el habla *(langue d'oc)* de una zona del sur de Francia entre Limoges y Toulouse. Dicha lengua poética se constituirá en modelo de creación lírica, también en otras áreas cercanas, como Cataluña, donde algunos poetas la seguirán utilizando hasta el siglo XV. Desde el punto de vista métrico, los trovadores alcanzan gran maestría en el empleo de la rima, preferentemente consonante (también utilizan la asonancia), del cómputo silábico y de la rica y variable organización de las estrofas en el poema. Dentro de la gran variedad de composiciones utilizadas por los trovadores (*sirventés, *tensó, *partimen, *alba, *pastorela, etc.), interesa especialmente el estudio de la cansó por su contenido temático, en el que aparece formulado un original concepto del amor: el amor «cortés». El hecho de que los trovadores pertenecieran a una sociedad y cultura feudales explica que el amor sea concebido como un culto de vasallaje del poeta hacia una dama, de la que está enamorado y a la que considera como *midons* (mi señor). Este vasallaje amoroso es considerado como un «servicio», cuyos rasgos son obediencia y sumisión. Dicho amor exige una suprema discreción en el poeta (la dama es casada), por temor a que cortesanos aduladores *(lauzengiers)* del celoso *(gilós)* señor puedan descubrir y delatar esa relación amorosa. Por eso, precisamente, en los poemas trovadorescos el nombre de la dama aparece encubierto bajo seudónimo *(senhal).*

Esta poesía trovadoresca cortés se introduce en la Península Ibérica a través de tres focos: Cataluña, Castilla y el área gallego-portuguesa, donde se crea una lengua poética en la que se vierte la creación lírica cortés de poetas gallegos, portugueses y castellanos. Véanse: CANSÓ, CANTIGA DE AMOR, DOLCE STIL NOVO Y TROVADOR.

Cortesana (novela). La denominación de «cortesana» se atribuye a un tipo de novela corta (escrita por una serie de narradores del siglo XVII: Alonso Jerónimo de Salas Barbadillo, Alonso de Castillo Solórzano, María de Zayas, etc.) que presenta una estructura formada por relatos yuxtapuestos, narrados en el marco de una tertulia o de un viaje, al estilo de las conocidas obras de Chaucer y Boccaccio en la Edad Media. Un ejemplo de este tipo de relatos lo constituyen las *Novelas amorosas y ejemplares* (1637) de María de Zayas. Como antecedentes de estas novelas cortesanas del XVII podrían considerarse el *Heptamerón* (1546), de Margarita de Navarra, y el relato de los amores de Félix, Felismena y Celia en *La Diana,* de Jorge de Montemayor.

Cortesano. Término procedente del italiano *cortegiano,* el cual, a su vez, deriva de *cortisanus,* palabra utilizada en el bajo latín de Italia para aludir al hombre de corte. Relacionado con dicho término está el de *cortesía,* que implica una doble acepción: como referencia a una cultura surgida en los ambientes palaciegos de la sociedad feudal, caracterizada por unas formas refinadas de relación entre el caballero y la dama, o bien como modelo de conducta para una convivencia social basada en la corrección y buenas maneras. A esta última acepción responde el título (y contenido) del libro de Erasmo, *Cortesía,* publicado en 1526 y que constituye un manual de urbanidad para la educación desde la infancia. El término *cortesano* se impone en su acepción de discreto, avisado y urbano, a partir de la traducción, en 1534, de la obra de Castiglione *El Cortesano* (1528). Entre los aspectos abordados en este libro destacan los relativos al tema del amor platónico, al sentido y arte del humor, al del «bien hablar y escribir» y a otras cualidades que deben adornar al caballero y a la dama de corte. El perfecto cortesano ha de ser avezado tanto en las armas como en las artes y letras (música y poesía), en perfecto equilibrio; estará enamorado del ideal de belleza femenina y abierto, a la vez, a la belleza y sabiduría divinas. El tema de la lengua es capital en la obra, y a él se dedican atinadas reflexiones en el prólogo y en el libro I.

Cosaute. Poema procedente de la poesía popular galaico-portuguesa, al que, por error, también se denomina «cosante». Está formado por una serie de pareados, a los que sigue un verso que se re-pite, intercalado entre ellos, en forma de estribillo. A lo largo de la serie se va desarrollando un tema enunciado en los dos primeros versos, al que se añaden nuevos aspectos en los pareados siguientes, en un «movimiento alterno de retroceso y avance» (T. Navarro). Es una composición apta para el canto: un solista podría cantar los pareados, a los que respondería el coro con el estribillo. Ejemplo:

> «Del rosal vengo, mi madre,
> vengo del rosale.
> A riberas de aquel vado
> viera estar rosal granado:
> vengo del rosale.
> A riberas de aquel río
> viera estar rosal florido:
> vengo del rosale.
> Viera estar rosal florido,
> cogí rosas con sospiro:
> vengo del rosale.
> Del rosal vengo, mi madre,
> vengo del rosale».

En la literatura contemporánea resurgen ecos del antiguo cosaute en Juan Ramón Jiménez («El mar lejano») y en R. Alberti («Se equivocó la paloma...»), entre otros.

Costumbrismo. Término con el que se alude a un tipo de creación literaria desarrollada en España en el siglo XIX, principalmente entre 1830 y 1850, y cuya manifestación más precisa se encuentra en el llamado «artículo de costumbres», que tiene como antecedente remoto el «cuadro de costumbres» del Siglo de Oro, y reciente los «cuadros festivos de la sociedad» de la época: («Una tertulia», «Un baile», «Puerta del Sol», etc.), publicados por R. de Mesonero Romanos en su libro *Mis ratos perdidos* (1822). Sin embargo, el modelo definitivo de dicha composición se encuentra en «El café», artículo de Mariano José de Larra incluido en *El Duende Satírico del Día* (1828). En la revista *Cartas Españolas* (1831, participan Mesonero, Larra y Serafín Estébanez Calderón) y en *La Revista Española* se va perfilando el nuevo artículo de costumbres, cuyos rasgos fundamentales, al igual que sus dos variantes (el tipo y la escena), son los siguientes:

– Composición breve, en prosa o en verso, concebida como un cuadro independiente;

– acción elemental o nula;

– parquedad o escasez de diálogo;

– temática relativa a la descripción de tipos, costumbres, escenas, instituciones, lugares, etc., del entorno social;

– contemporaneidad de lo tratado en el artículo;

– propósito diversificado: didáctico, de reforma moral o social, satírico, humorístico, de puro entretenimiento o evasión, etc.;

– en él se funden, en cuanto al fondo y a la forma, el ensayo y el cuento.

Véanse: REALISMO y TIPO.

Crasis. Término griego (*krasis*: mezcla) con el que se designa una figura retórica consistente en la creación de una nueva palabra mediante la fusión de otras dos y previa contracción de sus componentes, con la consiguiente pérdida de fonemas o sílabas. Sirva, como ejemplo, el término *jerigóngora*, creado por Quevedo para degradar la poesía de Góngora, considerándola como «jerigonza» o jerga incomprensible de rufianes. Véase: JERIGONZA.

Creacionismo. Movimiento poético vanguardista que surge en la segunda década del siglo XX y cuyos representantes más significativos son el francés P. Reverdy, el chileno V. Huidobro y los españoles G. Diego y J. Larrea. Reverdy, amigo de los pintores Picasso y Braque y de los poetas Max Jacob y G. Apollinaire, contribuye a una profunda renovación de la poesía contemporánea a través de la revista *Nord-Sud* (1916-1918, de la que es cofundador), convertida en portavoz de las nuevas tendencias. Para Huidobro el creacionismo no es una escuela sino una teoría estética, cuya premisa fundamental sería la idea de la peculiaridad del lenguaje poético, en el cual las palabras cederían su función representativa primaria para adquirir una significación «más profunda y como rodeada de un aura luminosa que debe elevar al lector del plano habitual y envolverlo en una atmósfera encantada». El objetivo del creacionismo sería lograr una poesía pura, fruto de la invención creadora del poeta («hacer un poema como la naturaleza hace un árbol»), trascendiendo el mundo de los objetos y evitando describir la realidad exterior. El poeta no ha de imitar la naturaleza o el mundo, debe crearlo de la nada:

«Inventa mundos nuevos y cuida
[tu palabra [...]
El vigor verdadero
Reside en la cabeza [...]
El Poeta es un pequeño Dios».

Para lograr este objetivo, el escritor no tiene otros medios que la imaginación y la palabra. En este aspecto, el creacionismo busca nuevos recursos expresivos, que, en la línea de otros movimientos de vanguardia, implican una ruptura con las técnicas heredadas de la tradición, comenzando por ciertas normas relativas a la ortografía, morfosintaxis y semántica: ausencia de puntuación, escritura de letras sueltas, palabras carentes de significado conocido, anacolutos y rupturas sintácticas, neologismos creados por el poeta, metáforas originales, en las que se advierte un deseo de evasión de la realidad de los objetos y de elevación hacia las altas esferas: viento, pájaro, ángel, etc. Se pretende crear una especie de «álgebra del lenguaje», en la que los signos lingüísticos se utilizan no como portadores de significado (de ahí la abundancia de neologismos sin concepto), sino por su capacidad de sugerencia estética y de creación de belleza. Sirva como ejemplo el lenguaje poético elaborado por Huidobro en los libros VI y VII de *Altazor*, al tratar de comunicar éste una experiencia mágica inefable, sentida en su intento de alcanzar la plenitud celeste. Véase la siguiente jitanjáfora, que expresa dolor humano:

«Campanuido lalalí
Auriciento auronida
Lalalí
Io ia
iiio
Ai a i ai a iiii i ia».

G. Diego, abundando en la caracterización de los rasgos diferenciadores del creacionismo, en su libro *Imagen* destaca la ausencia de contenidos ideológicos, la eliminación de lo anecdótico y de los aspectos emotivos y sentimentales, la creación de imágenes autónomas, carentes de referencias al mundo exterior de los objetos, las imágenes yuxtapuestas al modo de la pintura cubista, etc. Véanse: CUBISMO, DADAÍSMO, CUBISMO, GENERACIÓN DE 1927, SURREALISMO, ULTRAÍSMO y VANGUARDISMO.

Crítica literaria. Es una de las ramas que componen la ciencia de la literatura, junto con la teoría literaria, la historia de la literatura y la literatura comparada. Etimológicamente, el término «crítica» procede del griego *kríno* (juzgar), actividad que constituye un cometido fundamental del crítico, el cual parte de los presupuestos conceptuales y del metalenguaje científico proporcionado por la teoría de la literatura y los aplica a la descripción e interpretación de los textos literarios. La crítica *literaria*, en su devenir histórico, ha venido cumpliendo diversas funciones. La primera de ellas, al menos en el plano cronológico, ha sido la *normativa* y prescriptiva, por la que, partiendo de un sistema de principios estéticos elaborados por la poética, enunciaba criterios orientadores a los que debía acogerse el escritor para lograr una perfecta obra de arte. Ese carácter orientador y prescriptivo tienen, p. e., las observaciones y juicios de valor sobre los diversos géneros literarios, que aparecen en la *Epístola a los Pisones,* de Horacio. Dicho rasgo prescriptivo continúa siendo primordial en la crítica desarrollada desde el Renacimiento hasta al neoclasicismo. Con el Romanticismo surge una reacción contra este carácter normativo y contra el mencionado sistema en su conjunto. En el transcurso del siglo XIX se irán sentando las bases para el desarrollo de la crítica moderna, en relación con disciplinas afines como la historia literaria, la literatura comparada, la filología, u otras, como la estética, la filosofía, la antropología, etc.

La segunda y más importante función de la crítica es la de *interpretación*. El crítico literario, en su descripción e interpretación de una obra, ha de dar cuenta de los componentes del texto en sus diferentes niveles (gráfico, fonológico, morfosintáctico, léxico-semántico, estilístico y temático), así como de la interrelación de todos estos elementos que conforman la estructura o el sistema del texto, concebido como signo artístico complejo. Por otra parte, en el transcurso del siglo XX, han ido surgiendo diversas corrientes de teoría y crítica literarias que han enriquecido el metalenguaje científico y los métodos de análisis, interpretación y comentario de textos literarios con las aportaciones de otras disciplinas, como la lingüística, la semiótica, el psicoanálisis, la sociología, etc. A estas corrientes se dedica un apartado específico en este Diccionario: *formalismo, *New Criticism, *estilística, *estructuralismo, *Nouvelle Critique, *psicoanálisis y psicocrítica, *crítica sociológica, *semiótica, *simbólica y mitocrítica, *hermenéutica, *recepción (estética de la), *lingüística del texto, *pragmática, etc.

Una tercera función de la crítica es la de servir de orientación y estímulo de la creación literaria, facilitando a escritores y lectores el conocimiento de las grandes obras del pasado, advirtiendo las deficiencias de los productos literarios del presente y valorando adecuadamente los logros estéticos y el descubrimiento de nuevas formas de expresión artística.

Finalmente, el crítico ha de terminar su análisis con una valoración (imparcial, objetiva y sin prejuicios) de los aspectos positivos o negativos, logros estéticos o deficiencias de la obra analizada, así como sobre la validez de respuesta a las expectativas del público lector. Véanse: CIENCIA DE LA LITERATURA, CRÍTICO, COMENTARIO DE TEXTOS LITERARIOS, COMPARADA (LITERATURA), HISTORIA DE LA LITERATURA, POÉTICA Y TEORÍA DE LA LITERATURA.

Crítico. Es un experto en crítica literaria que tiene la función de realizar un análisis de textos adecuado al público lector al que se dirige. Existe el crítico académico, que elabora con carácter científico un análisis riguroso de las obras literarias en sus diferentes aspectos, de acuerdo con los instrumentos metodológicos elaborados en los medios universitarios a los que se alude en *crítica literaria*. Este tipo de análisis se publica en ensayos y revistas especializadas. Existen, además, otros críticos, cuya función es orientar al gran público sobre las novedades bibliográficas o sobre los estrenos de obras de teatro. La crítica que realizan es de carácter informativo y de valoración de la calidad estética de las obras, de acuerdo con los esquemas culturales vigentes: se trata de la crítica periodística.

Crónica. Modalidad de literatura historiográfica consistente en la narración de acontecimientos correspondientes a un determinado período histórico y según el orden en que han sucedido. Esta modalidad cuenta con una larga tradición, que se remonta a la *Crónica* de Eusebio de Cesarea (s. IV) y que adquiere un notable auge en los siglos XII y XIII en varios países europeos, como Francia (*Grandes Chroniques de France*, 1274), Inglaterra (*Historia regum Britanniae*, 1135, de G. de Monmouth) etc. En España surgen dos tempranos ejemplares en latín: el *Chronicon*, del obispo Idacio (s. V), y la *His-*

toria de regibus Gothorum, Wandalorum et Suevorum (s. VI), de San Isidoro. En el siglo XI aparece la *Chronica Gothorum,* escrita por un mozárabe de Toledo, en la que se recoge la leyenda de la hija del conde don Julián y la pérdida de España. Siguen la *Chronica Silense (c.* 1115) y la *Chronica Najerense (c.* 1160), que abarca, en sus tres libros, desde los comienzos de la humanidad hasta el reinado de Alfonso VI y en la que se prosifican varios *cantares de gesta, como el de Fernán González, la condesa traidora y Garci Fernández. Vienen a continuación el *Chronicon Mundi* (1236), de Lucas de Tuy, y la *Historia Gótica,* llamada también *De rebus Hispaniae,* de R. Ximénez de Rada, en la que se relata la historia de España desde la época visigoda hasta 1243. Con Alfonso X se inicia la prosa histórica en castellano. En su *Primera Crónica General,* el rey pretende hacer una historia de los reinos de la Península, en relación con la historia universal y especialmente europea: el Imperio, el Papado y la monarquía francesa. Es importante la presencia de cantares de gesta prosificados, como los del Cid, los infantes de Lara, el cerco de Zamora, etc. De esta crónica se hicieron refundiciones y continuaciones posteriores, entre las que destaca la *Crónica de Veinte Reyes.* Dependientes de la Crónica de Alfonso X son también la *Tercera Crónica General* y la *Cuarta Crónica General.* Todas ellas, al igual que la de *Alfonso XI,* pertenecen al siglo XIV. De este mismo siglo son las *Crónicas* del canciller Ayala sobre los reinados de Pedro I, Enrique II, Juan I y Enrique III. De las crónicas posteriores, cabe recordar la *Cró-nica de Juan II de Castilla,* escrita por Alvar García de Santa María, la *Crónica de los Reyes Católicos,* por Diego de Valera, y las *Memorias del reinado de los Reyes Católicos, don Fernando y doña Isabel,* por Andrés Bernáldez.

Al período de Carlos V corresponden *Historia del Emperador Carlos V,* del cronista oficial Pedro Mexía, y la *Corónica istoria* de Francesillo de Zúñiga, bufón de Carlos V, en la que se narran, de forma burlesca, diversos aspectos escandalosos de la corte. A la época de Felipe II pertenecen la *Crónica,* de Ambrosio de Morales, y la *Historia de las guerras de Granada,* de Diego Hurtado de Mendoza. Mención especial merecen las llamadas *Crónicas de Indias,* escritas en el siglo XVI. Sin contar las grandes obras relativas al descubrimiento de América (de G. Fernández de Oviedo, Bartolomé de las Casas, F. López de Gómara y Bernal Díaz del Castillo), cabe recordar la *Crónica del Perú,* de Pedro de

Cieza; los *Naufragios,* de Alvar Núñez Cabeza de Vaca, etc.

Aparte de estas crónicas reales y de Indias, se escriben entre los siglos XIII y XV una serie de crónicas particulares de personajes no pertenecientes a la realeza, como la *Crónica de don Álvaro de Luna, El Victorial, Crónica de don Pero Niño, Conde de Buelna,* de Gutierre Díez de Games, etc. Véanse: BIOGRAFÍA Y MEMORIAS.

Crónica periodística. Véanse LITERATURA Y PERIODISMO.

Cuaderna vía. (Del latín *quaterna,* de *quatuor,* «cuatro», y *via,* «camino», «vía».) Estrofa compuesta por cuatro versos de catorce sílabas cada uno, con la misma rima consonante. Dichos versos están divididos en dos hemistiquios de siete sílabas. Esta estrofa se denomina también *tetrástrofo (estrofa de cuatro versos) monorrimo* (de una única rima). La cuaderna vía es utilizada especialmente por los poetas del *Mester de Clerecía. Ejemplo:

«Mester trago fermoso, non es de
[ioglaría,
mester es sen pecado, ca es de
[clerezía,
fablar curso rimado por la qua-
[derna vía
a sílabas cuntadas, ca es grant
[maestría».

(Libro de Alexandre)

Dicha estrofa aparece también en las obras de Juan Ruiz *(Libro de Buen Amor),* Pedro López de Ayala *(Rimado de Palacio),* etc.

Cuarta pared. Expresión utilizada en el lenguaje teatral para designar un tipo de representación realista en la que se pide a los actores que actúen con tal naturalidad como si no existiera un público de espectadores que les estuviera observando, como si en realidad existiera una «cuarta pared» que les separara del público y estuvieran solos, fuera del teatro, viviendo una escena de la vida real. Véase: EMBOCADURA.

Cuarteta. Estrofa de cuatro versos de arte menor que riman en consonante el primero con el tercero y el segundo con el cuarto. Ejemplo:

a   «Luz del alma, luz divina,
b   faro, antorcha, estrella, sol...
a   Un hombre a tientas camina,
b   lleva a la espalda un farol...».

(A. Machado)

Cuando sólo riman los versos pares, se denomina cuarteta imperfecta. Existe también una cuarteta asonantada, de larga tradición en la métrica española. Ejemplo:

«Por una mirada, un mundo;
por una sonrisa, un cielo;
por un beso...¡yo no sé
qué te diera por un beso!».

(Bécquer)

Esta cuarteta asonantada tiene la misma estructura métrica que la copla octosilábica. Véase CO-PLA.

Cuarteto. Estrofa de cuatro versos de arte mayor con rima abrazada (ABBA) o cruzada (ABAB); en este último caso se denomina *serventesio.

El nombre de «cuarteto» se ha aplicado también a otras modalidades métricas de dicha estrofa: el llamado *cuarteto-lira* (combinación de cuatro versos de once y siete sílabas: AbAb, AbaB, AbBa, etc.) y el *cuarteto monorrimo*. Ejemplos:

A «Suelta mi manso, mayoral
[extraño,
B pues otro tienes tú de igual de-
[coro;
B deja la prenda que en el alma
[adoro,
A perdida por tu bien y por mi
[daño.»

(Lope de Vega)

A «Era un aire suave, de pausa-
[dos giros;
B el hada Harmonía ritmaba
[sus vuelos,
A e iban frases vagas y tenues
[suspiros
B entre los sollozos de los vio-
[loncelos».

(Rubén Darío)

Cubismo. Término aplicado, en un principio, a la producción artística de una serie de pintores (Picasso, Braque, Juan Gris, etc.) caracterizada por un arte de «descomponer y recomponer la realidad» en formas geométricas, a la manera de Paul Cézanne, de acuerdo con los siguientes principios: «bidimensionalismo, compenetración de planos, simultaneísmo de visión, color local» (G. de Torre). El cubismo literario tiene su principal desarrollo entre 1917 y 1920, fechas de mayor auge de las revistas en las que publican los escritores más significativos de este movimiento, Max Jacob, Guillaume Apollinaire, Pierre Reverdy, Jean Cocteau, etc. (*Nord-Sud, L'Elan, Sic, Littérature*), y de las obras clave de los mismos: *Le cornet à dés* (*El cubilete de los dados*, 1917, de Max Jacob), *Calligrammes* (*Caligramas*, 1918, de Apollinaire), *La guitare endormie* (*La guitarra dormida*, 1919, de P. Reverdy), etc. Los rasgos fundamentales de la estética literaria cubista son los siguientes: creación del poema como un objeto artísticamente autónomo, con una estructura sólida y concentrada; supresión de lo anecdótico y descriptivo; presentación de impresiones discontinuas, en forma de fragmentos e instantáneas; eliminación de nexos lógicos y de continuidad temporal, lo que conlleva una presencia simultánea («simultaneísmo») de recuerdos del pasado y sensaciones del presente; ausencia de elementos sentimentales, especialmente amorosos; rechazo del patetismo y aparición de un sentido lúdico y del humor, que rompe con la monotonía de la vida y hace aflorar la alegría en un mundo cambiante y, por ello, más divertido. Finalmente, en el plano del lenguaje, estos escritores pretenden transformar los recursos expresivos heredados de la tradición: prescinden de ciertas normas ortográficas (puntuación), sintácticas y métricas; recurren al juego de palabras sin sentido, a la paradoja, a la busca permanente de la sorpresa; inician la técnica del caligrama, etc.

En España se sigue con interés el desarrollo de este movimiento literario y hay datos que hacen pensar en la influencia ejercida por algunos de estos poetas (p. e., P. Reverdy) en Gerardo Diego, Jorge Guillén y Luis Cernuda. Véase: CREACIONISMO.

Cuento. Relato breve, oral o escrito, en el que se narra una historia de ficción (fantástica o verosímil), con un reducido número de personajes y una intriga poco desarrollada, que se encamina rápidamente hacia su clímax y desenlace final. Se ha dicho que el cuento se distingue «por la brevedad, la tendencia a la unidad (de lugar, tiempo, acción, personajes); la concentración en algún elemento dominante que provoque un efecto único (con frecuencia un objeto-símbolo o una palabra clave); y la suficiente capacidad para excitar desde un principio la atención del lector y sostenerla hasta el fin» (G. Sobejano). En cuanto a su origen, el cuento constituye una de las formas primitivas de la expresión literaria transmitida por tradición oral. Se encuentra en todas las culturas conocidas y aparece estrechamente vinculado a los mitos, de tal manera que algunos antropólogos lo consideran como un «mito en miniatura» (C. Lévi-Strauss).

Con respecto a la clasificación de los cuentos, ha habido varias tentativas: unas, tratando de precisar los diferentes tipos de relato (maravilloso, mítico, heroico, etc.); otras, a partir de la temática y protagonista del cuento (religioso, satírico, de niños, de animales, etc.), o bien según el modo de transmisión: oral o escrita. Al relato de transmisión oral se le denomina generalmente *cuento popular,* y sus características son el anonimato de autor y la posible reiteración temática y argumental en diferentes versiones y culturas, dado su origen ancestral, vinculado en muchos casos a tradiciones míticas y folclóricas. El cuento de transmisión escrita, aunque pudiera tener sus antecedentes en un relato popular, se diferencia de éste en que el texto aparece ya fijado por la escritura y, por tanto, está más libre de ser alterado o deformado en diferentes versiones o interpolaciones. Algunos críticos aplican a estos relatos el calificativo de literarios; otros, en cambio, reservan dicho apelativo a los cuentos surgidos a partir del Romanticismo (cuentos de evasión al mundo de lo fantástico y maravilloso, escritos por A. de Musset, E. T. A. Hoffmann, E. A. Poe, etc.) y del *Realismo: relatos breves de G. Flaubert, Ch. Dickens, L. Tolstoi, Clarín, etc., que son los verdaderos creadores del *cuento literario*. Véanse: APÓLOGO, FÁBULA, FOLCLORE, LEYENDA, MARCO, MITO, NOVELA CORTA y ORAL (LITERATURA).

Culteranismo. Término atribuido al preceptista Bartolomé Patón, quien lo habría acuñado para designar la tendencia a utilizar neologismos y cultismos. Por el abuso en la introducción de neologismos en el idioma por parte de algunos poetas «cultos» (imitadores extravagantes del estilo de Góngora), dicho término pasó a utilizarse como sinónimo de estilo oscuro y afectado, por la inclusión de expresiones extrañas al idioma y el exceso de ornamentación.

En su acepción positiva de enriquecimiento del léxico y de las técnicas expresivas del lenguaje poético, el culteranismo se sirve de los siguientes procedimientos: *a)* utilización de los recursos lingüísticos que influyen en la eufonía y musicalidad del texto poético: elección de palabras que, por su contextura fónica, potencian la sonoridad y ritmo del verso; ordenación rítmica del período (aprovechando el *hipérbaton*) para lograr la eufonía buscada, creando recurrencias fónicas, aliteraciones, etc.; *b)* cuidada selección del léxico e inclusión de neologismos con el doble objetivo de abandonar un vocabulario poético desgastado y enriquecer el aspecto fónico de la lengua española (en la que predominan las palabras llanas) con esdrújulas de origen latino: «purpúreo», «diáfano», «cítara», «grávida», «pórfido», etc.; *c)* transmutación estética de la realidad incorporada al texto poético e intensificación de la capacidad de percibir los aspectos de esa realidad más gratificantes a los sentidos, especialmente al oído (la musicalidad) y a la vista: Góngora utiliza un léxico que resalta la belleza y luminosidad de los objetos a través de sustantivos que aluden al color rojo («púrpura», «carmesí», «escarlata»), blanco («lino», «nieve», «perlas»), azul («zafiro», «cerúleo») y de una adjetivación colorista («brillante», «luciente», etc.); *d)* presencia frecuente de alusiones mitológicas, que reinciden en la veta cultista y ennoblecen el mensaje poético del texto. Un ejemplo clave en el Barroco es el *Polifemo* de Góngora, en el que aparecen los rasgos peculiares del estilo culterano: hipérbaton retorcido, metáforas audaces, cultismos, hipérboles, profusa adjetivación cromática, etc. Véanse: BARROCO y CONCEPTISMO.

Cultismo. Préstamo de una lengua clásica, generalmente del latín, que se ha introducido en el idioma por la vía culta (ciencia, literatura, religión, etc.) y ha conservado sus rasgos fonéticos y semánticos originales, por no haber sufrido los cambios normales de las voces populares o tradicionales. Aunque el cultismo se puede producir en los distintos niveles de la lengua (fonético, gramatical y semántico), el más abundante es el que se refiere al léxico, que abarca todas las voces nuevas procedentes del latín, que, en diferentes épocas, han entrado en la lengua española y, por presión culta, han mantenido su forma originaria, salvo las modificaciones o adaptaciones exigidas por la estructura del idioma. En una serie de casos, las voces se han mantenido intactas como *cultismos puros*, p. e., «filosofía», «música», «gimnasia», etc. En otros casos, se trata de una elemental adaptación a la estructura fonética y gramatical romance: así las palabras *virgine, angelus* o *regnum* dieron «virgen», «ángel» y «reino», y no «verzen», «anlo» o «reño», como habría sido lo lógico de no haberse frenado su evolución (R. Lapesa). A estos casos se los denomina *semicultismos*. En ocasiones, una misma palabra latina se presenta en dos versiones en romance, una culta y otra popular: es lo que los lingüistas denominan *dobletes*. Unas veces, ambos términos pueden tener un mismo significado (p. e., «fosa» y «huesa»), pero otras han dado origen a una diferenciación semántica: «regla» y «reja».

Aparte de los cultismos léxicos, en la historia de la literatura, y especialmente en ciertos períodos, como en el siglo XV y en los Siglos de Oro, se producen abundantes *cultismos gramaticales* (construcción de frases con el verbo al final, frecuentes oraciones con el verbo en infinitivo, abundancia de hipérbatos, etc.) y *cultismos semánticos* (uso de un término castellano con un significado o acepción que tenía en latín pero que no es usual en el lenguaje coetáneo del escritor que lo emplea); p. e., en Garcilaso («Aplacase la ira / del animoso viento»), el adjetivo «animoso» se usa con el sentido de «impetuoso».

Cultura. Término de origen latino *(cultura,* cultivo del campo) utilizado, por analogía, en el sentido de *cultura animi,* entendida como desarrollo de las facultades espirituales del hombre y, en especial, del intelecto. En la filosofía contemporánea (Hegel, F. Nietzsche, W. Dilthey, Max Scheler, etc.) se ha desarrollado una amplia teoría de la cultura en relación con el concepto de naturaleza. En este sentido, y en oposición a las realidades o productos naturales, se consideran objetos de cultura aquellos que están formados o transformados por el espíritu. Dentro de esta corriente filosófica se entiende por cultura la objetivación del espíritu, que implicaría tanto el proceso de humanización del individuo como el conjunto de instituciones (sociales, políticas, religiosas, etc.) y productos humanos (técnicos, científicos, artísticos, etc.) que conforman la vida de la persona y de la sociedad en el curso de la historia.

Desde el punto de vista de la Semiótica, se ha definido la cultura como un conjunto de sistemas (antropológico, político, filosófico, estético, etc.) que hacen posible la organización, convivencia y cohesión entre los miembros de una determinada sociedad. Los semiólogos soviéticos (I. M. Lottman, B. A. Uspensky, etc.), que analizan la cultura en relación con la teoría de la comunicación y de la literatura, consideran el fenómeno cultural bien como un conjunto jerarquizado de sistemas semióticos particulares, bien como una suma de textos a los que va unido un conjunto de funciones, bien como el mecanismo que genera dichos textos. Dentro de estos sistemas o códigos conformadores de la cultura, la lengua ocuparía un lugar prioritario al desempeñar, alternativamente, la doble función de vehículo transmisor de esa cultura y de intérprete de los demás sistemas constituyentes de la misma. Gracias a estos sistemas y, especialmente, a la lengua, la realidad del mundo resulta inteligible a los miembros de una determinada sociedad.

D

Dadaísmo. Término derivado del onomatopéyico *dadá,* con el que se denomina un movimiento artístico y literario que aparece en el transcurso de la Primera Guerra Mundial en la ciudad suiza de Zúrich, a través del cual sus integrantes (H. Ball, T. Tzara, H. Arp, H. Richter, etc.) reaccionan contra la guerra, que significa para ellos el fracaso de toda la cultura basada en los principios de la razón y del progreso indefinido, en los que se había sustentado la sociedad burguesa anterior. Los orígenes del movimiento se sitúan en Zúrich, a donde llega en 1915 H. Ball poco después de estallar la guerra, quien en febrero de 1916 funda, en un bar popular de dicha ciudad, un cabaret artísticoliterario al que denomina *Cabaret Voltaire.* En él se celebran unas veladas de presentación de poemas, relatos y canciones, con la colaboración de escritores y pintores, como T. Tzara, A. Segall, H. Arp, M. Janco, etc., en las que se va configurando la ideología y características del movimiento. Pronto se proyecta la edición de una revista, *Cabaret Voltaire,* a la que sucede en mayo de 1916 una nueva, *Dadá,* dirigida por Tzara y que inicialmente está abierta a las aportaciones de futuristas y expresionistas. Sin embargo, a partir del número 3, en el que se publica el *Manifiesto Dadá,* de Tzara, se produce una ruptura con las manifestaciones artísticas anteriores y comienza un cambio revolucionario, compartido por un pintor francés de origen español, F. Picabia, que mantenía ideas similares en su revista *391.* En seguida, Tzara entra en contacto con los escritores franceses de vanguardia: Apollinaire, Reverdy, Breton, etc. A finales de 1919, Tzara llega a París, donde se le acoge con expectación, pero el talante provocador manifestado por los dadaístas en sucesivas veladas que se celebran en el transcurso de 1920 (Palacio de Fiestas, Salón de los Independientes, etc.) va originando un clima de rechazo entre el público. No obstante, el movimiento dadaísta se va extendiendo por otros países: p. e., en Alemania, Huelsenbeck funda un *Dada Club* en Berlín; otros centros similares surgen en Colonia, Hannover, etc. Aspectos originales del dadaísmo alemán son su apertura al expresionismo y su capacidad innovadora en las formas de expresión plástica: inician el fotomontaje, a la vez que utilizan el *collage*, etc. Sin embargo, la división interna del grupo, a partir del enfrentamiento entre Breton y Tzara, y la desconfianza surgida entre éste y Picabia aceleran la disolución del movimiento dadaísta, cuyo espíritu «revolucionario» será recogido por el Surrealismo.

El dadaísmo había surgido como una reacción moral y estética, a la vez, frente a las circunstancias históricas que vivían sus autores: en plena guerra mundial, una sensación de desastre moral había invadido las conciencias más lúcidas. Se consideraba que los valores de la cultura occidental estaban en crisis. Los dadaístas representaron una reacción subversiva contra los valores en que se apoyaba esa cultura. Una palabra mágica brotó entonces de este movimiento de rebeldía: *Dadá*. Esta palabra no significa nada, es un balbuceo, es como el símbolo de un movimiento que se propone, a través del arte y la literatura, destruir el corrompido sistema creado por la sociedad burguesa, incluidos su arte y su expresión literaria. Es un intento de retorno a la infancia, con su falta de lógica, y a la pureza originaria del mundo, pero no para instaurar nuevos valores o un nuevo orden, como pretendía el *futurismo. Es una reacción anarquizante que pugna por liberar las energías de una creatividad desarrollada al margen de toda norma, es un dinamismo permanente, basado en la reducción al absurdo de la cultura existente. Para realizar este «diluvio», pretende destruir la función semántica y lógica del lenguaje, ya que la racionalidad es la base del positivismo burgués.

El interés del dadaísmo como movimiento literario no radica en su valor creativo, sino en cuanto signo de una protesta contra la degradación existente y como germen y acicate de las nuevas literaturas de vanguardia, sobre todo el Surrealismo. Véase: SURREALISMO.

Dama. Personaje-tipo del teatro nacional del Siglo de Oro, que, junto al *galán, constituye el centro de la acción dramática. Los rasgos peculiares de la dama son: belleza, linaje, amor intenso y audacia. Véanse: GALÁN y PERSONAJE.

Danzas de la muerte. Expresión con la que se designa una serie de representaciones artísticas y literarias surgidas al final de la Edad Media en algunos países europeos (Francia, Alemania, Suiza, España, etc.) en las que figura una *danza macabra,* integrada por personas de diferente condición, edad, estamento y jerarquía social, que, interpeladas por la Muerte, en forma de esqueleto, se ven empujadas a entrar en su fúnebre cortejo. Entre las primeras representaciones artísticas conocidas de dicha danza destacan el fresco que existía en el claustro de la iglesia de los Santos Inocentes, de París (1424), las pinturas de la Chaise-Dieu en Auvernia, las de la capilla de Santa María de Lübeck en Alemania, etc., todas ellas aparecidas en el transcurso del siglo XV. En cuanto a su expresión escrita, ya en 1485 fue publicada en París, por Guyot Marchant, una *Dance macabre,* en cuyo texto figura una treintena de personajes (el Papa, el emperador, un cardenal, un rey, un patriarca, etc.) que van apareciendo en la ronda fúnebre convocados por la Muerte.

Por lo que se refiere a España (donde no se conocen representaciones pictóricas de dicha danza), surge, en el transcurso del siglo XV, una obra literaria anónima, de notable calidad, titulada *Dança general de la muerte,* en la que figuran treinta y tres personajes, siguiendo un orden jerárquico, desde el Papa hasta el rabino y el alfaquí, tipos peculiares de la danza castellana. En 1520 aparece en Sevilla una refundición y ampliación del mencionado texto, publicado por J. Varela de Salamanca y titulado *Dança de la muerte.*

El tema de la danza de la muerte pervive, como objeto de reflexión ascética y tratamiento artístico, en la literatura española del Renacimiento y del Barroco, bajo distintas formas (danza macabra, diálogos con la muerte, barcas y cortes de la muerte, teatro del mundo), en textos como las *Coplas de la muerte como llama a un poderoso cavallero,* de Juan del Encina, la *Barca de la Gloria,* de Gil Vicente, el *Auto de las cortes de la muerte,* atribuido a Lope de Vega, *el Entremés de la muerte,* de Luis Quiñones de Benavente, *El gran teatro del mundo,* de Calderón, etc. Dicho tema, que ya figuraba en algún texto musical de la Edad Media (p. e., el *Dies irae,* en canto gregoriano y centrado en el juicio final), es recogido por compositores contemporáneos como F. Liszt (*Danza macabra*, 1850), Ch. C. Saint-Saëns (*Danza macabra*, 1874), A. Honegger (*Danza de los muertos*, 1938), etc. Véanse: CARNAVAL, ELEGÍA, PLANTO y UBI SUNT?

Debate. Texto literario que presenta la forma de una controversia entre diversos personajes (o seres inanimados o abstractos, personificados) sobre un determinado tema. El desarrollo del debate suele acomodarse al siguiente orden: presentación del tema en su contexto, confrontación de posiciones y exposición de argumentos y datos pertinentes y conclusiones. Los asuntos más frecuentes de discusión suelen ser: el amor (controversia entre dos amantes sobre las excelencias de sus respectivos amigos), la moral (oposición entre el bien y el mal), aspectos filosófico-religiosos (disputa entre el alma y el cuerpo), sociales, etc. El debate, entendido como composición poética según los rasgos anteriormente definidos, adquiere una forma precisa en la literatura provenzal, y en dos modalidades: *partimen* y *tensó*. Se trata de diálogos en verso: p. e., un poeta inicia una polémica sobre un tema (ventajas de amar o ser amado, cuál es el perfecto amador, etc.) y le responde otro con argumentos en contra.

Decadentismo. Término utilizado por algunos poetas y críticos franceses (T. Gautier, Ch. Baudelaire, P. Verlaine) que se consagra con el título de la revista *Le Décadent* (1886), para significar un movimiento literario que se desarrolla a finales del siglo XIX y cuyos representantes más significativos son los ya mencionados Ch. Baudelaire (con su libro clave *Las flores del mal*, 1857), S. Mallarmé, Verlaine y J. K. Huysmans, cuya novela *À rebours* (1884) (su protagonista, el aristócrata Des Esseintes, tipo morboso, es el símbolo del personaje decadente) es como el manifiesto de dicho movimiento. Otros escritores que siguen la huella de esta tendencia son el inglés O. Wilde, el italiano G. D'Annunzio y, en España, Valle-Inclán. Rasgos caracterizadores del decadentismo son: *a)* la convicción, por parte de dichos escritores, de estar viviendo en una sociedad depravada (la burguesa), frente a la que se comportan como marginados. De hecho, los colaboradores de *Le Décadent* son bohemios, con una fuerte carga de nihilismo y actitudes anárquicas; *b)* la lucidez crítica frente a esa degradación, y al mismo tiempo una especie de complacencia estética morbosa en los signos de esa decadencia: corrupción moral, crueldad, exaltación de la fuerza y atracción por lo enfermizo, degenerado y perverso; *c)* culto del arte por el arte, y por lo que tiene de oposición a la naturaleza y a la sociedad. Primacía de lo estético, valor al que se deben subordinar todos los demás, incluidos los religiosos y morales: no existe moral para el arte; *d)* conciencia de que la realidad humana es problemática, y aceptación, entre resignada y gozosa, de que el hombre se mueve en perpetua contradicción: entre el bien y el mal, entre la carne y el espíritu, entre el paganismo y el cristianismo, entre lo humano y lo sobrenatural. Baudelaire dirige sus plegarias a Satán («Gloria y alabanza a ti, Satán en las alturas») con fragmentos de salmos cantados a Dios; *e)* tendencia a una sensualidad enfermiza, a un erotismo decadente: sadismo, masoquismo, tema de la mujer fatal (la vampiresa de Poe y de Baudelaire). En algunos de sus representantes, sobre todo en los de la corriente simbolista, el decadentismo supone un espíritu cultivado hasta el refinamiento.

El estudio del decadentismo es importante para entender mejor determinados aspectos de las *Sonatas* de Valle-Inclán: la sensualidad enfermiza, el satanismo y la religiosidad, el refinamiento aristocrático, evidente hasta en el lenguaje, etc. Véanse: BOHEMIA, DANDISMO y SIMBOLISMO.

Decasílabo. Verso de diez sílabas cuyos acentos varían de posición según los distintos tipos, aunque en todos ellos la novena sílaba va acentuada. T. Navarro Tomás (1974) distingue las siguientes modalidades de decasílabo: *trocaico simple:* cuando los acentos recaen en las sílabas impares («Manos que sus manos estrechasteis», M. González Prada); *trocaico compuesto:* formado por dos pentasílabos trocaicos que llevan el acento en la segunda y cuarta sílabas de cada uno («Cendal flotante de leve bruma», G. A. Bécquer); *dactílico simple:* con acentos en la tercera, sexta y novena sílabas («Del salón en el ángulo oscuro», G. A. Bécquer); *dactílico compuesto*: integrado por dos pentasílabos dactílicos, con acentos en la primera y cuarta sílabas de cada uno («Yo soy ardiente, yo soy morena», G. A. Bécquer); *dactílico esdrújulo:* decasílabo simple, cuyos acentos van en primera, sexta y novena sílabas («Sílabas las estrellas compongan», Sor Juana Inés de la Cruz); *decasílabo mixto:* cuando lleva acentos en segunda, sexta y novena sílabas («Destruye una tormenta la calma», Sinibaldo de Mas); *decasílabo compuesto polirrítmico:* combinación de decasílabos dactílicos y trocaicos compuestos («De orgullo olímpico sois el resumen / oh, blancas urnas de la armonía. / Ebúrneas joyas que anima un numen / con su celeste melancolía», R. Darío).

Décima. Estrofa de diez versos que presenta distintas modalidades o formas de construcción, según los diferentes tipos de versos utilizados o la distinta combinación de la rima. Las más conocidas son la llamada décima *espinela* y la *italiana,* o décima aguda. La *décima espinela* se llamó así no porque Vicente Espinel fuera el primero en utilizarla, sino porque fue el que más contribuyó a divulgarla. Se trata de una estrofa de diez versos octosílabos con rima consonante distribuida de esta forma: *abbaaccddc.* Aparece frecuentemente utilizada en el teatro de los Siglos de Oro. De ella decía Lope de Vega en el *Arte Nuevo de hacer comedias:* «Las décimas son buenas para quejas». Ejemplo:

a   «Apurar cielos pretendo,
b   ya que me tratáis así,
b   qué delito cometí
a   contra vosotros naciendo;
a   aunque si nací, ya entiendo
c   qué delito he cometido;
c   bastante causa ha tenido
d   vuestra justicia y rigor,
d   pues el delito mayor
c   del hombre es haber nacido».

(Calderón de la Barca)

La décima *italiana* o aguda consta de diez versos octosílabos, de los que el quinto y décimo presentan una rima aguda. La combinación de las rimas varía según los autores.

Decir. Composición cultivada por los poetas del siglo xv que solía constar de una serie de coplas de arte menor (o mayor), al final de las cuales figuraba una breve estrofa, ligada por la rima a la última copla, y se designaba con el nombre de «finida». El decir se diferenciaba de la canción, o cantiga coetánea, en que carecía de estribillo. Los temas de estas composiciones eran de tipo didáctico, político o cortesano y, raramente, amoroso. Entre los cultivadores del decir debe citarse a Francisco Imperial («Dezir de las siete virtudes»), Alfonso Álvarez de Villasandino, el marqués de Santillana, etc. Véase el siguiente decir (de tema amoroso), del que se extracta la última estrofa y la finida o fin:

«De claridat emicante
Aurora dotar vos quiso
ca vivo sol coruscante
es centro del vuestro viso.
La gentil fija de Niso
del rey de Creta enartada,
nunca fue tan adonada
ni tan fermoso Narciso».

FIN

«El vuestro angélico viso
por cierto no deve nada
al que la sancta embaxada
descendió del paraíso».

(Marqués de Santillana)

Declamación. Recitación expresiva de un texto teatral por parte de un actor. La declamación tenía pleno sentido en la dramaturgia grecolatina, en la que los textos de la tragedia eran recitados en una forma cercana al canto. Sin embargo, ya desde el siglo XVII dicho término adquiere un sentido peyorativo, denotando un carácter enfático y artificial. En ese aspecto, Racine consideraba la declamación como sinónimo de afectación. En la actualidad, sin embargo, se está replanteando la conveniencia de encontrar el tono adecuado para la recitación del texto teatral en verso, que pide un distanciamiento de la naturalidad del lenguaje cotidiano. Se trata de buscar la dicción, el ritmo y el tono adecuados a la presencia de la palabra en el teatro, que es voz en acción. De hecho, en el teatro contemporáneo ha habido dos grandes directores de escena, C. Stanislavski y V. Meyerhold, que han conseguido recuperar el valor de la voz como elemento corporal y psíquico, que, lo mismo que el gesto, es un elemento clave de la representación.

Deconstrucción. Término con el que se denomina una corriente crítico-literaria surgida a mediados de los años sesenta del siglo XX, que tiene su origen en las obras de J. Derrida (*L'Écriture et la différence*, 1967) y R. Barthes y su continuación en los representantes del llamado Grupo de Yale (Estados Unidos): P. de Man, H. Bloom, etc. Derrida parte de una reflexión filosófica que hunde sus raíces en la fenomenología y en la interpretación de Nietzsche por Heidegger, para realizar una «deconstrucción» o desmontaje de la metafísica occidental, en la que se fundamenta la literatura de esa área cultural. Trata de mostrar la inconsistencia de una serie de conceptos en los que se ha basado la reflexión filosófica occidental: la oposición entre lo sensible y lo inteligible, entre significante y significado, la presencia de un centro y origen de ser, los conceptos de *logos* y de estructura o las dicotomías: naturaleza-cultura, esencia-apariencia, etc.

Por lo que se refiere a la noción de estructura, se trataría de un concepto metafísico que, con distinta nomenclatura, habría estado presente en diversas concepciones filosóficas vinculadas, desde la cultura grecolatina, a la noción de centro, origen o fundamento del ser (el *eidos, arche* y *telos* de la filosofía griega, «esencia» y «substancia» de la escolástica, «sujeto transcendental», «conciencia», etc., del idealismo contemporáneo), noción que sería un presupuesto sin base objetiva, lo mismo que la idea de un *logos* como punto de referencia y origen de significación. Basándose en la teoría saussuriana del signo (el significado se apoya en las diferencias entre los términos, y cada término consiste en sus relaciones de oposición con otros términos), cree desmontar la posibilidad de llegar a conocer la «verdad» y de construir un lenguaje científico, ya que las palabras (signos) no remitirían a una realidad objetiva, sino a otros signos: palabras. Todo lo que se podría investigar o interpretar serían palabras o signos que producirían la apariencia ilusoria de los objetos. En definitiva, el intento de descubrir el origen de la realidad, el *logos* o la estructura de los objetos sería vano; no existiría otra posibilidad que la de realizar un «libre juego» del lenguaje: la lengua se reduciría a una estructura de referencias, en la que cada palabra remite a otra palabra, cada texto a otro texto, donde únicamente habría «huellas» de «huellas». Desde esta perspectiva, Derrida propone un nuevo concepto de reflexión crítica: el de *escritura*. Para él, la tradición filosófica, desde Platón, ha concedido una prevalencia al *logos*, a la oralidad frente a la escritura, que ha sido reducida a un mero instrumento de transmisión de ese *logos*. Con su concepto de «escritura» rompe con una idea clave en la consideración del *logos*, del lenguaje: la vinculación entre sonido y sentido, entre significante y significado. La consecuencia inmediata de esta desvinculación entre significante y significado (el significante no tiene un sentido permanente) sería la imposibilidad de encontrar un fundamento válido para una interpretación adecuada de los textos y, menos aún, definitiva. No es sólo que los textos estén abiertos a lecturas diferentes, es que no se podría hablar de una lectura correcta o incorrecta.

La crítica deconstruccionista ha sometido a revisión otras nociones fundamentales en Teoría literaria: los conceptos de mimesis, verdad y ficción, sentido literal y metafórico del lenguaje poético, etc. En esta revisión ha desempeñado un papel importante, además de Derrida, R. Barthes, que pone en cuestión el concepto de «mimesis» (entendida como representación de una realidad exterior al lenguaje) y las nociones de «verdad» y «significado último». La escritura propondría sin cesar «un significado que continuamente se diluye» y se negaría a asignar un último significado al texto. En consecuencia, la lectura crítica o interpretación de un texto no sería ya encontrar su sentido, sino constatar su pluralidad. Estos presupuestos de la teoría de la deconstrucción iniciados por Derrida y Barthes encuentran en los críticos del Grupo de Yale su confirmación al subrayar que el lenguaje no es estructuralmente representativo, es decir, que no hay adecuación entre signo y referente, por lo que no es posible el significado. Por otra parte rechazan la oposición entre lenguaje figurado y no figurado, por lo que toda lectura vendría a ser figurativa y, más en concreto, alegórica y, por tanto, tergiversadora y deconstructiva.

Decorado. Término procedente de las artes plásticas y aplicado al teatro para significar la ambientación del espacio escénico por medios arquitectónicos, plásticos y pictóricos. En el teatro griego, en tiempos de Esquilo, parece que había al fondo del proscenio un telón y, a los lados, unos *periactios* o bastidores rotatorios, en los que aparecían figuraciones alusivas al espacio en el que se desarrollaba la acción: palacios, montañas, etc. En Roma, en un principio, las representaciones teatrales se realizaban sobre tablados provisionales, con un decorado elemental. El teatro mandado construir por Pompeyo (55 a.C.) y el de Marcelo, en la época de Augusto, eran ya de piedra, y el muro posterior de la escena presentaba una decoración fija.

En la Edad Media las representaciones de teatro religioso se celebraban en las iglesias, y, para la escenificación, se aprovechaban el presbiterio, púlpitos, naves (para el cortejo), etc. Posteriormente, se trasladan al pórtico o a las plazas, donde surgen nuevas formas de escenificación, como la del paso de carros, en la que se iban presentando ante los espectadores las sucesivas escenas asignadas a cada uno en el conjunto del espectáculo, o la de los espacios escénicos yuxtapuestos (son los *loci,* o moradas), a lo largo de los cuales se representaba una historia, que era seguida por el público a través de letreros orientadores.

A finales del siglo XVI el teatro «profano» comienza a desarrollarse en nuevas sedes, concebidas expresamente para la representación, como el Teatro Olímpico en Vicenza (1585), la Casa de las Comedias en Valencia (1589), etc., en los que aparece ya un decorado a base de telones pintados, alusivos al espacio de la acción dramática, y otros artificios tendentes a crear una «ilusión de realidad».

En el teatro español del Siglo de Oro existen diversos decorados, correspondientes tanto a escenarios móviles (p. e. en el teatro ambulante, sobre el mismo carro que los cómicos utilizan en sus traslados) como a los teatros fijos de los corrales, en los que se desarrolla considerablemente la tramoya (con uso de máquinas para levantar, hacer descender o desaparecer actores y objetos de la vista del público, etc.) y un decorado sofisticado en el que figuran bosques, ciudades, murallas y hasta «un mar en perspectiva con sus naves y peces que fluctuaban», como ocurre en la representación de *La selva sin amor* (1629), de Lope de Vega.

A fines del XVIII se introduce en los teatros de París un telón de fondo, que se extendía en curva por los laterales y cuya decoración pictórica, con una adecuada iluminación, producía una sensación de «panorama». En España, L. Fernández de Moratín propuso por entonces la creación de una escuela de arte dramático en la que se enseñaran, entre otras materias, técnicas de montaje teatral: decoración, maquinaria y trajes.

En el siglo XIX, al «decorado fantástico» de los románticos seguirá en la etapa del naturalismo un decorado tan real «como la vida», que «ilustra» y «describe» el desarrollo de la acción. Es lo que pretende Zola, con «su decorado exacto», y el Teatro Libre de André Antoine, en el que aparecen objetos «realistas»: paredes, ventanas, gallinas, etc. Contra este teatro naturalista reacciona Paul Fort, fundador del *Teatro de arte* (1890-1893), que propugna una escenografía de tipo simbolista en la que se potencien la palabra poética, la gestualidad, la música, las luces y un cromatismo de tonos suaves y apagados en telones y demás decoración de fondo. En esta corriente simbolista se encuadran H. von Hofmannsthal, G. Hauptmann, M. Maeterlinck, P. Claudel y las obras últimas de H. Ibsen y A. Strindberg.

La introducción, a lo largo del siglo XX, de nuevas técnicas para el montaje teatral en los aspectos de tramoya (escenario giratorio, decorados móviles, etc.), la participación de arquitectos y pintores, músicos. etc., han hecho posible escenificaciones de una extraordinaria calidad plástica. Por el contrario, otros directores de escena, como los del llamado *teatro pobre, prescinden, en lo posible, del decorado, con lo que la ambientación del espacio está sujeta, como en el teatro grecolatino o en algunos textos del Siglo de Oro, a lo que se ha denominado «decorado verbal», sugerido por los comentarios o alusiones de los personajes. Véanse: BAMBALINAS, DIRECTOR DE ESCENA, ESCENARIO, ESCENOGRAFÍA, MONTAJE, TELÓN, UTILERÍA Y VESTUARIO.

Decoro. Concepto que tiene su origen en la literatura grecolatina y que consiste en el respeto a las convenciones artísticas y literarias vigentes en una determinada sociedad, que condicionan la creación de una obra literaria. Según Aristóteles, el decoro (*prepon*) exige que, en una obra de teatro, los comportamientos del protagonista sean correctos, que se evite mostrar la realidad en sus aspectos más vulgares, que no se representen acciones que puedan atentar contra la sensibilidad del público, en especial las relativas a la sexualidad, la violencia y la muerte. El mismo estilo literario no debe ser ni vulgar ni grandilocuente, sino decoroso. Entre los latinos, Cicerón y Horacio recogen esta concepción aristotélica del decoro, en relación con el estilo. Cicerón aplica dicho concepto a la oratoria, advirtiendo que el fundamento de la elocuencia está en el buen sentido para descubrir qué es lo más apropiado o decoroso (*quid deceat*) en cada situación, en las sentencias y en las palabras, de acuerdo con el asunto de que se trata y las circunstancias y condiciones de los oyentes. La noción clásica de decoro presenta, por lo tanto, una doble acepción: de respeto a la sensibilidad moral del público y de adecuación a las exigencias estéticas del «buen gusto» desde el punto de vista del estilo. Por otra parte, el término «decoro» implica un requisito de congruencia en la configuración de los personajes de una obra literaria, según el cual debe existir una correspondencia entre su índole psicológica y moral o su condición social y los comportamientos y lenguaje con que se les configura en un texto narrativo o dramático. A esta congruencia aludía Lope de Vega en el *Arte nuevo de hacer comedias en este tiempo* (1609):

«Si hablare el rey, imite cuanto
[pueda
la gravedad real; si el viejo ha-
[blare,
procure una modestia senten-
[ciosa [...]».

Dedicatoria. Breve escrito con el que un autor ofrece su obra en homenaje o como muestra de admiración, gratitud o afecto a una personalidad política relevante, a otro escritor, o un familiar o amigo. Dicho escrito suele figurar al comienzo del libro.

Definición. Figura retórica de pensamiento que consiste en explicar el significado de un término acudiendo a su raíz etimológica. Por definición, se entiende también la presentación breve, abarcadora y precisa del contenido de un concepto o de los elementos y características esenciales de una determinada realidad.

Deíctico. Véase DEIXIS.

Deixis. Término griego que significa «indicación», acción de mostrar o señalar, y que se viene utilizando en lingüística como palabra técnica para designar los rasgos orientativos de la lengua relativos al tiempo y al lugar de la expresión. Toda comunicación lingüística supone un hablante que se dirige a un oyente en unas determinadas circunstancias de tiempo y de lugar. Son los términos deícticos los que señalan esas circunstancias espacio-temporales en las que se desarrolla la enunciación y concretan la posición de los interlocutores con respecto al referente. En el ejemplo «Ayer llegamos aquí», «ayer» y «aquí» señalan el tiempo y el lugar en los que el hablante sitúa el hecho de su llegada. Se consideran términos deícticos los pronombres personales («yo», «tú»), los demostrativos («este», «ese», «aquel»), los adverbios de tiempo y lugar («ahora», «aquí», «allí») y otras expresiones de referencia espacio-temporal. Evidentemente, también los nombres propios cumplen una función deíctica.

Si la deixis es un elemento imprescindible en toda comunicación, lo es, lógicamente, en el texto literario, y, en especial, en un género cuya realización textual va destinada fundamentalmente a la deixis, en un sentido originario de mostración: el teatro. El espectáculo teatral es un acto de presentación, ante los espectadores, de una acción que se sitúa en el espacio y en el tiempo gracias a las diferentes formas de la deixis. Forman parte de esta representación no sólo los personajes (que en su discurso establecen deícticamente sus relaciones con los demás en unas coordenadas espacio-temporales), sino también sus gestos, actitudes, miradas, etc., y la misma escenografía, que contribuye a concretar esas coordenadas.

Denotación. Es la relación que se establece entre un signo lingüístico (la palabra) y su referente o *denotatum* (el objeto). En esta relación se funda el sentido primero, objetivo y estable de una palabra, tal como es definida en los diccionarios. En el esquema de la comunicación de Jakobson, la denotación responde a la función referencial del lenguaje. Así, la palabra «ardilla», en su primer sentido, hace referencia –o denota– a un roedor; pero, en un sentido metafórico, se utiliza para calificar a una persona como «vivaracha». La primera acepción responde al uso *denotativo* y a la función *referencial* del lenguaje; la segunda acepción, metafórica, responde al uso *connotativo* y a la función poética del lenguaje. Véase CONNOTACIÓN.

Deprecación. Del latín *deprecatio, -onis*: súplica. Figura poética que en la oratoria clásica se utilizaba en la defensa del reo, cuando éste, tras aceptar su culpabilidad, suplicaba clemencia, aduciendo una serie de méritos y padecimientos sufridos y dando a entender que, al menos en parte, había ya expiado sus culpas y se había hecho acreedor a la condonación de la pena. Esta figura retórica se utiliza en la épica y tragedia grecolatinas y en la poesía amorosa del Renacimiento cuando el poeta o alguno de los personajes dirige una súplica a otro personaje, a la mujer amada o a Dios («Misericordia de mí, /Señor, si a juzgarme vienes…», ruega a Dios Lope de Vega), para conmoverles y obtener su gracia o su perdón.

Derivación. Figura literaria consistente en la utilización, dentro de un determinado texto, de palabras procedentes de un mismo lexema o raíz. Ejemplo:

> «Y a solas su vida pasa,
> ni *envidiado* ni *envidioso*».
>
> (Fray Luis de León)

Descripción. Figura consistente en la presentación de personajes, sensaciones, sentimientos, objetos, paisajes, etc., en el marco de un texto del que pueden formar parte otras modalidades discursivas, como la narración, el diálogo y el monólogo. La retórica tradicional distingue diversos tipos de descripción: del aspecto físico de un personaje (*prosopografía*), de su índole psicológica y moral: pasiones, costumbres, virtudes, etc. (*etopeya*), de la personalidad física y moral de un individuo (*retrato*), de un lugar físico o paisaje (*topografía*) y de los rasgos conformadores de un período histórico (*cronografía*). Una forma especial de descripción es la denominada en la retórica grecolatina *hipotiposis*, entendida como la presentación viva y pormenorizada de un personaje, objeto o paisaje.

La descripción puede presentar diferentes modelos, p. e., la simple enumeración (visión rápida, como de panorámica), la descripción objetivista, la interpretación subjetiva, la descripción impresionista o la que aparece cargada de connotaciones simbólicas.

Desenlace. Término con el que se alude a la fase final de una obra dramática, en la que se desenreda o desenlaza el nudo de los conflictos planteados en su desarrollo. Tanto la comedia como la tragedia clásicas están configuradas en tres momentos fundamentales: planteamiento o exposición de la historia *(prótasis)*, nudo o presentación de conflictos *(epítasis)* y desenlace *(catástrofe)*. La resolución de esos conflictos debía ser verosímil y natural, no forzada. Sólo cuando una acción era irresoluble por procedimientos normales podía intervenir excepcionalmente una fuerza superior (los dioses: *Deus ex machina*) para dar una salida al conflicto. De esta forma, los espectadores encontrarían una respuesta razonable a sus interrogantes sobre el desenlace de la intriga y la posición y destino de los personajes. En el teatro contemporáneo, ciertas obras dejan al espectador sin respuesta definida a estos interrogantes. En ellas queda abierta la posibilidad de diversas interpretaciones sobre la conducta de los personajes y el desenlace del drama. Un ejemplo: *En la ardiente oscuridad*, de Buero Vallejo.

Deshumanización. Término utilizado por José Ortega y Gasset en su ensayo *La deshumanización del arte* (1925) para caracterizar el arte nuevo, surgido de las vanguardias, al que se considera deshumanizado, en el sentido de que en él se elude reflejar la realidad de la vida (se pretende, incluso, deformarla, romper su «aspecto humano» y evitar las «formas vivas») y la intimidad del artista. Se intenta, además, crear un mundo (de «ultraobjetos») y una vida nuevos, surgidos a través del arte, considerado como «juego» intrascendente, como poesía pura. En definitiva, se trataría de una nueva forma de contemplar e interpretar la realidad y la vida.

Esa estética «deshumanizada» sería compartida, a juicio de Ortega, tanto por los pintores y escultores como por los poetas vanguardistas (Gerardo Diego, Pedro Salinas, Jorge Guillén, etc.). Este último reacciona contra esta interpretación del arte de vanguardia, por considerarla desacertada e injusta. No obstante, otros escritores aceptaron implícitamente dicha visión: Rafael Alberti, p. e., confiesa que, en la etapa de escritura de *Cal y canto*, la obsesión por lo estético llegó casi a «petrificarme el sentimiento». La influencia posterior del Surrealismo y el compromiso social y político de algunos de estos escritores les llevan a una «rehumanización» de la obra de arte.

Destinatario. En la teoría de la comunicación, es el oyente, receptor y descodificador del mensaje. En el caso de la comunicación literaria, el destinatario es aquel a quien va dirigida la obra. Este destinatario puede ser *interno* al texto: en unos casos es un personaje de ficción (p. e., Joaquín Barrera, a quien Pascual Duarte dirige sus memorias en *La familia de Pascual Duarte*, de C. J. Cela); en otros, puede ser una personalidad histórica: p. e., Julio César Caracciolo, nombre con el que Garcilaso inicia su soneto XIX. El destinatario puede ser *externo* al texto, p. e., el conde de Lemos, a quien Cervantes dedica la II parte del *Quijote*. En el prólogo a esa II parte se alude expresamente a otro destinatario externo: el lector «ilustre o quier plebeyo», cuyas expectativas tiene en cuenta el novelista.

Deus ex machina. Expresión latina que alude a un instrumento mecánico («Dios que llega o desciende de un artefacto») utilizado en la «puesta en escena» de la tragedia clásica para hacer posible la entrada de un dios o un ser sobrenatural que, con su intervención, diera un giro a la acción dramática, con el fin de encontrar una salida a un conflicto humanamente irresoluble. Este procedimiento del *Deus ex machina* fue criticado por Aristóteles, para quien la acción ha de desenvolverse de forma natural, desde los mecanismos internos de la propia intriga.

Deuteragonista. En la tragedia griega representa el segundo personaje, después del protagonista o personaje principal. El deuteragonista aparece por primera vez en las tragedias de Esquilo; habrá que llegar a Sófocles para que surja el tercer personaje, denominado «tritagonista».

Diacronía. Término contrapuesto al de *sincronía,* utilizados ambos por F. de Saussure en el análisis de los fenómenos lingüísticos. Si el estudio sincrónico de una lengua se atiene a la descripción de dichos fenómenos en un determinado estado de la misma (p. e., la *Gramática* de Port-Royal intenta describir el estado del francés en tiempos de Luis XIV), un estudio diacrónico tendría en cuenta «las fases de evolución de la lengua».

Diáfora. Término de origen griego *(diaphora:* diferencia) con el que se denomina una figura retórica consistente en repetir una misma palabra en un mismo enunciado pero con distinto sentido. Ejemplo:

> «Algún día los *hierros*
> de tus balcones
> presenciaron a solas
> *yerros* mayores».
>
> (Anónimo)

En estos versos anónimos se juega con el doble sentido de hierros (barras metálicas) y yerros (errores y fallos).

Dialefa. Término con el que se denomina un procedimiento métrico consistente en pronunciar por separado, en sílabas diferentes, la vocal final de una palabra y la inicial de la palabra siguiente. Es el fenómeno contrario al de la *sinalefa. Ejemplo:

> «de / áspera corteza se cubrían».
>
> (Garcilaso de la Vega)

Véase: HIATO.

Dialogismo. Figura retórica consistente en la enunciación, por parte del hablante, de un pensamiento o reflexión interior expuesto en forma de diálogo consigo mismo. También se aplica dicho término a la reproducción de un discurso real o imaginado que un personaje atribuye a otro y, como tal, recrea ante el lector.

Los términos «dialogismo» y «polifonía» han sido utilizados por M. Bajtin para aludir a la mezcla de voces y diversos tipos socioculturales de discurso (diferentes estilos y sociolectos) que conviven y se interfieren en una obra literaria.

Diálogo. Término de origen griego (*dialogos:* conversación entre dos) con el que se designa una forma de discurso consistente en el intercambio de mensajes entre dos o más personas que, alternando los papeles de emisor y receptor, realizan una mutua comunicación. Por relación a otras formas discursivas, el diálogo presenta un estilo «directo», según el cual los enunciados son transmitidos por los personajes sin mediación de un presentador o de elementos subordinantes, como ocurre en la narración, en la que predomina el estilo «indirecto». En este sentido, así como la narración es la forma predominante del relato épico y novelesco, el diálogo es la forma característica del discurso dramático. No obstante en la narrativa contemporánea se produce en algunos novelistas la incorporación del estilo directo a algunas de sus obras. Éste es el caso de Galdós con su novela dialogada *Realidad,* que terminará adaptándola a la escena.

Por otra parte, el diálogo constituye un subgénero literario que surge en la cultura grecolatina, vinculado a la exposición de doctrinas filosóficas, políticas, retóricas, etc., p. e., los *Diálogos* de Platón, el *Diálogo de los oradores,* de Tácito. etc. En el Renacimiento resurge este subgénero en obras como los *Diálogos de amor,* de León Hebreo, los *Coloquios,* de Erasmo, el *Diálogo de la lengua,* de Juan de Valdés, etc.

Diario. Escrito autobiográfico en el que se mezcla el discurso narrativo y el descriptivo y en el que el autor deja constancia de los acontecimientos, relativos a su persona y a su entorno, ocurridos en cada jornada, a lo largo de un determinado período de su vida. Este subgénero literario presenta dos modelos fundamentales: el diario íntimo y el diario de viajes. En ocasiones, ambas modalidades coexisten en un mismo texto. El diario puede ser reflejo de una existencia histórica real (p. e., el *Diario de Ana Frank*) o de una vida de ficción: *Diario de un cura de aldea,* de G. Bernanos.

Las características estructurales y formales de este tipo de escritos son: relato en primera persona, uso preferente de los tiempos de presente y pretérito perfecto (dada la cercanía entre el momento de la narración y el acontecimiento narrado), lenguaje coloquial con frecuentes elisiones y frases cortas (sobre todo en el diario de viajes), inclinación por el apunte rápido, motivado por la economía de tiempo, anotaciones de tipo impresionista, abundancia de datos cronológicos, geográficos, etc. Véanse: AUTOBIOGRAFÍA, AUTORRETRATO, CONFESIÓN y MEMORIAS.

Diástole. Término de origen griego (*dias-tole*: alargamiento, dilatación) con el que se designa una licencia poética consistente en el cambio de lugar del acento de una palabra, acento que, por razones de rima o ritmo, pasa a una sílaba posterior a la que normalmente le corresponde. Su contrario es la *sístole*. Ejemplo:

«Vi luego los montes iperbor*e*os
[...]
dexo más otros rincones ebreos,
de los capadoçes e los amorreos».

(Juan de Mena)

En «iperbóreos» se pasa el acento a la sílaba siguiente, para poder rimar con «ebreos» y «amorreos». Véase: SÍSTOLE.

Diatriba. Término de origen griego (*diatribe*: discurso) con el que inicialmente se designaban las lecciones de tema moral que impartían en Grecia ciertos filósofos estoicos y cínicos. Algunas de estas disquisiciones fueron recogidas en libros, p. e., las *Diatribai* de Epicteto, cuyas ideas influirán en el pensamiento de Marco Aurelio. Es un filósofo afín a los cínicos, Bión de Borístenes (s. IV a.C.), quien introduce en la diatriba la acepción de discurso o escrito agresivo y, en ocasiones, injurioso, que mantendrá en adelante. Sus críticas a los defectos morales de carácter social, lo mismo que las de Menipo, servirán de modelo a la sátira grecolatina posterior: la de Luciano de Samosata (*Diálogos de los muertos*), la de Horacio y la de Varrón (*Sátiras menipeas*).

El verdadero iniciador de la diatriba en el sentido moderno del término (en el que se incluye la mordacidad y sutil dilaceración de personas, instituciones o ideas) es Voltaire, el cual titula expresamente con dicho término algunos de sus opúsculos, p. e., *Diatriba del doctor Akakia* (1751), etc. Véase: SÁTIRA.

Didáctica. Término de origen griego (*didaktike*, de *didasko*: enseñar) con el que se alude a un género literario al que pertenecen aquellas obras cuyo cometido principal es impartir, o favorecer, una enseñanza moral, religiosa, científica o de otra índole. Véanse: APÓLOGO, COMPROMISO, DEBATE, DIÁLOGO, ENSAYO, EXEMPLO, FÁBULA, ILUSTRACIÓN, PAREMIOLOGÍA, PROVERBIOS y REFRANES.

Diégesis. Término griego, que significa «relato» o «exposición», con el que se designa la sucesión cronológica de las acciones y acontecimientos que constituyen una historia narrada o representada. En la narratología contemporánea, G. Genette considera la diégesis como el contenido narrativo constituido por los acontecimientos: en ese sentido, *diégesis* sería sinónimo de *historia*. La *diégesis* se diferencia del *relato* (conjunto de palabras que forman el discurso o enunciado del narrador) y de la *narración,* que es el «acto narrativo», productor del relato. Véanse: NARRACIÓN, RELATO y VOZ.

Diéresis. Término de origen griego (*diairesis:* división) con el que se designa un tipo de licencia poética consistente en separar, por razones métricas, dos vocales que normalmente forman diptongo, por lo que se computan, en consecuencia, como dos sílabas diferentes. Ejemplo:

«Con un manso ru-i-do».

(Fray Luis de León)

Un fenómeno contrario a la diéresis es la *sinéresis.

Digresión. Figura retórica consistente en la interrupción del tema o del hilo del discurso para introducir un aspecto que, a primera vista, parece no tener conexión con dicho tema, al que, no obstante, se vuelve al finalizar el inciso. Los tipos más frecuentes de digresión suelen ser las comparaciones, anécdotas, recuerdos y ejemplos en la oratoria y en la literatura didáctica (p. e., las parábolas o los relatos «ejemplares» serían un tipo de digresión reiterada en la literatura ascética y en la oratoria religiosa), ciertas descripciones de espacios, personajes, indumentaria, etc. Las anticipaciones o prolepsis, retrospectivas, intercalación de relatos metadiegéticos, etc., son otras tantas formas de digresión en la narrativa.

Dilogía. Término de origen griego (*dis,* dos, y *logos,* palabra) con el que se denomina una figura de dicción que consiste en utilizar una palabra con dos sentidos o acepciones diferentes dentro de un mismo enunciado. Esta figura es conocida también con los nombres de antanaclasis y diáfora. Como ejemplo, véase el que aparece en DIÁFORA.

Diplomática. Véase EDICIÓN.

Director de escena. Es el responsable de la «puesta en escena» de una obra teatral. Esta función implica una dirección *expresiva,* centrada fundamentalmente en la preparación de los actores (formación, técnicas de interpretación, expresión corporal, movimientos en el espacio escénico, etc.), y una dirección *plástica,* que incluye la atención a la escenografía, iluminación, vestuario, maquillaje, efectos especiales, música, etc. En la historia del teatro ha habido grandes directores de escena (algunos de ellos directores de sus propias obras: Shakespeare y Molière), como el francés F. J. Talma, en el siglo XVIII, E. Kean y Antoine en el XIX y C. Stanislavski, V. Meyerhold, E. Piscator, B. Brecht, A. Artaud, G. Strehler, G. Craig, A. Apia, J. Copeau, Max Reinhardt, J. Grotowski, etc., en el siglo XX. Véanse: ACTOR, CÓMICOS, COMPAÑÍA, DECORADO, ESCENOGRAFÍA, TEATRO DE LA CRUELDAD, TEATRO POBRE, etc.

Discurso. Término polisémico utilizado, preferentemente, en dos sentidos: como exposición oral o escrita de un determinado tema (p. e., el discurso forense de la oratoria clásica, o un ensayo filosófico: el *Discurso del método*, de Descartes) y como acto de enunciación de un mensaje o de comunicación lingüística. En esta segunda acepción, E. Buysens utilizaba el término *discours* (en oposición a *parole:* «flujo sonoro que sale de la boca del emisor») para significar las combinaciones (de signos lingüísticos) mediante las cuales el sujeto hablante utiliza el código de la lengua. Para E. Benveniste el discurso es una enunciación integrada por un hablante y un oyente y que supone en el primero la intención de influenciar de alguna manera al segundo. El discurso cumple, pues, con una doble función: la de ser portador de un mensaje e instrumento de acción. Dentro de esta definición del discurso, caben toda clase de textos: orales o escritos, de cualquier género o modalidad (narrativos, dramáticos, memorias, obras didácticas, etc.); en definitiva, «todos los géneros donde alguien se dirige a alguien enunciándose como locutor y organizando lo que dice bajo la categoría de persona» (E. Benveniste). En una valoración jerarquizada de las unidades de comunicación, el discurso es la máxima unidad lingüística y supone una «situación comunicativa totalmente desarrollada» (C. Segre). Dicha unidad máxima se compone de unidades menores que son los *enunciados,* los cuales, a su vez, se descomponen en *frases.*

Es difícil lograr una clasificación convincente de los diferentes tipos posibles de discurso. Ciertos lingüistas han adoptado como criterio el posible predominio, en un determinado texto, de alguna de las funciones lingüísticas enunciadas por Bühler y Jakobson para establecer las diferencias entre unas y otras modalidades de discurso. En este sentido se designa como discurso *expresivo* aquel en el que se centra el interés sobre el emisor, que expresa su actitud con relación al mensaje del texto; *referencial,* si se dirige hacia el contexto; *persuasivo* o conativo, si se orienta hacia el receptor con el propósito de influir en él; *poético,* si vuelve hacia el mensaje como signo artístico; *metalingüístico,* si se orienta hacia el funcionamiento del código; y de *contacto,* si se centra en la comunicación con el receptor.

Por lo que respecta al discurso poético o literario, véanse: ENUNCIADO, FRASE, FUNCIÓN, LENGUA LITERARIA, LINGÜÍSTICA DEL TEXTO, ORATORIA, PRAGMÁTICA, REMA y TEMA.

Diseminación. Véase RECOLECCIÓN.

Disfraz. Artificio utilizado para desfigurar un objeto o a una persona. Es un recurso frecuente en el teatro para intensificar la intriga, facilitando informaciones, descubriendo secretos, provocando situaciones equívocas, etc. El disfraz puede consistir en una máscara, un maquillaje, un cambio de indumentaria; cambio físico que debe ir acompañado de una transmutación de gestos, lenguaje, maneras de pensar, etc. La presencia del disfraz es algo consustancial al teatro, ya que, en definitiva, todo actor se disfraza de un personaje.

Disonancia. Véase CACOFONÍA.

Disposición. Término de origen latino *(dispositio, -onis)* con el que se designa una de las cinco partes en que los tratadistas grecolatinos dividían el discurso retórico: *inventio, dispositio, elocutio, memoria* y *actio.* En la preparación de ese discurso, la *inventio* consistía en la búsqueda y recopilación del material que había de servir al orador para elaborarlo (pruebas, documentos, argumentos, «tópicos», etc.); a la *dispositio* compete la organización de este material, de acuerdo con unas fases de desarrollo del discurso, perfectamente delimitadas: 1) el *exordio,* o introducción *(exordium),* cuyo cometido era establecer el primer contacto con el auditorio, tratando de captar su atención y simpatía; 2) la *narratio* es la parte informativa, consistente en el relato de los hechos, situándolos en el espacio y en el tiempo; 3) en la *confirmatio* se presentaban las pruebas y argumentos a favor o en contra de la causa, según se tratara de acusación o defensa; 4) la *peroratio* constituye el epílogo o parte final del discurso, en la que se sintetizan las ideas básicas desarrolladas a lo largo de la intervención, al tiempo que se apela a los sentimientos del público para lograr su adhesión a las tesis propuestas (en el caso de los discursos deliberativo y epidíctico), o de petición de justicia rigurosa o de piedad en el discurso forense. Véanse: ELOCUCIÓN, ORATORIA y RETÓRICA.

Distanciamiento. Véase ÉPICO (TEATRO).

Dístico. Estrofa de dos versos con autonomía significativa. Se utiliza generalmente al final de una composición, aunque también puede ir al comienzo. Un ejemplo conocido son los dos versos con los que don Juan Manuel termina cada uno de sus cuentos en el *Libro de los exemplos del Conde Lucanor:*

«Si al comienço non muestras
[qui eres,
nunca podrás después quando
[quisieres».

Ditirambo. Término de origen griego *(dithyrambos:* dos veces nacido) utilizado como sobrenombre de Dioniso y como denominación de una composición lírica que en la primitiva Grecia era interpretada y bailada por un grupo de coristas dirigidos por un corifeo. Se ha creído ver en la estructura dialogal del ditirambo el origen de la tragedia. De hecho, en algunas tragedias, p. e., en las *Bacantes,* de Eurípides, aparece este tipo de composición. Entre los autores conocidos de esta clase de poemas figuran Simónides, Píndaro y Baquílides.

Fuera ya del mundo griego, la palabra «ditirambo» ha servido para designar una composición en la que se manifiestan sentimientos exasperados o en la que se elogia de manera desmedida a alguien. Véase TRAGEDIA.

Doble. Se dice de un actor que sustituye a otro en determinados momentos de una representación teatral, o bien que interpreta dos papeles diferentes en una misma función, en cuyo caso se denomina también *doblete.*

Dodecasílabo. Verso de doce sílabas que puede presentar diferentes modelos según la distinta composición interna de los hemistiquios de que consta y la diversa distribución de sus acentos. T. Navarro Tomás distingue los siguientes tipos de dodecasílabo: 1) *trocaico:* formado por dos hexasílabos trocaicos, lleva acentos en las sílabas impares («Tejen las arañas cual las hilanderas», S. Rueda); 2) *dactílico:* compuesto por dos hexasílabos dactílicos, con acentos en la segunda y quinta de cada hexasílabo («Donceles latinos de rítmica tropa», A. Nervo); 3) *polirrítmico:* se produce cuando se combinan las dos variedades anteriores, dactílica y trocaica («Las luces, la hora, la noche, profundo»..., J. de Espronceda); 4) *ternario:* formado por tres tetrasílabos (4-4-4) y con acentos en las sílabas tercera, séptima y undécima («Es el verso luminoso que encandila», S. Rueda); 5) el dodecasílabo de 8-4, compuesto de un hemistiquio polirrítmico y otro trocaico («presentando les demando tal quistión», Anónimo); 6) dodecasílabo de 7-5, denominado también *dodecasílabo de seguidilla:* consta de dos hemistiquios de siete y cinco sílabas («Metro mágico y rico que el alma expresas», R. Darío); 7) dodecasílabo de 5-7, cuyo primer hemistiquio suele ser dactílico y el segundo trocaico («Guerrero fuiste con que Yupanqui un día...», J. Santos Chocano). Históricamente, el dodecasílabo aparece en estrofas de arte mayor en los siglos XIV y XV. Reaparece en el neoclasicismo, en el Romanticismo y en el modernismo, donde figuran todos los modelos de dodecasílabos mencionados en las modalidades de dactílico, ternario y polirrítmico.

Dolce Stil Novo. Marbete con el que se reconoce a un grupo de poetas italianos de la región de Toscana que, en la segunda mitad del siglo XIII, constituyen una escuela literaria en la que se recogen elementos de la tradición trovadoresca, a la vez que se distancian de ella en su nuevo concepto del amor y en la fijación de nuevas formas métricas, como la *ballata* y el *sonetto*. Esta escuela literaria está formada por G. Guinizelli, G. Cavalcanti, Cino da Pistoia y Dante.

Desde el punto de vista del contenido, los poetas de esta escuela presentan una serie de ideas o *topoi* compartidos, que son los siguientes: *a)* una concepción del amor, basada no en la vieja idea trovadoresca del vasallaje, correspondiente a la cultura feudal de los poetas provenzales, sino en un concepto más acorde con la sociedad burguesa de las ciudades italianas, el de la «gentileza», según el cual el amor sólo puede aparecer en un corazón «noble»: la gentileza es una cualidad del espíritu («nobleza espiritual») que no se transmite con el linaje, sino que se funda en la virtud individual; *b)* una nueva visión de la «dama», no ya como «señora» que domina el corazón del poeta, sino como «angélica criatura», un «ángel» enviado de Dios, una «estrella» *(lucente stella)* que provoca con su mirada, en el corazón del hombre, un deseo de belleza, bondad y perfección moral, un deseo de «gentileza» y elevación espiritual hacia el Sumo Bien; *c)* una descripción del estado de ánimo del poeta enamorado, que báscula entre el dulce arrobamiento del ensueño (al recordar la belleza y excelencias de la imagen angélica de la dama a la que adora) y el temor a verse abandonado o privado de su «gracia».

La vigencia de este modelo poético se mantiene hasta finales del siglo XIII y comienzos del XIV. El *Canzoniere* de Petrarca señala el momento del declive del *Dolce Stil Novo* y el punto de arranque de una nueva estética que servirá de modelo en el Renacimiento poético europeo y, en concreto, en el español, gracias a la obra de Boscán y Garcilaso. Véanse: CORTÉS y PETRARQUISMO.

Dolora. Tipo de composición poética creada por R. de Campoamor y definida por él como «una humorada convertida en drama», en la que se unen «la ligereza con el sentimiento y la concisión con la importancia filosófica». De extensión y métrica variables, es ampulosa y razonadora. La ironía suave, el sentido del humor y un tono de melancolía, a veces amarga, son sus rasgos peculiares.

Donaire. Véase GRACIOSO.

Drama. Término griego (*drama*: acción) utilizado a partir del siglo XVIII para designar un subgénero teatral en el que se produce una síntesis de comedia y tragedia. En el teatro español del Siglo de Oro, ciertas obras, a las que se reconoce con el nombre de *tragicomedia* (Lope de Vega califica como tal, p. e., a *Peribáñez y el Comendador de Ocaña*) y aun con el más impreciso de *comedia*, responden a este concepto; de ahí que se les aplique en la actualidad el marbete de *drama barroco*. Lo mismo puede decirse de gran parte de la producción teatral de Shakespeare. Pero son los iniciadores de lo que se ha denominado el *drama burgués* (Diderot, Voltaire, etc.) quienes ponen en circulación dicho término, al atribuirlo a sus propias obras, caracterizadas por esta simbiosis de elementos de la tragedia y de la comedia. Dentro de la tradición del *drama burgués* se incluyen las obras de autores realistas y naturalistas, como Ibsen, Strindberg, Pérez Galdós, etc. Otras denominaciones en las que se utiliza el mencionado término son las de *drama social* (p. e., *Los tejedores*, de G. Hauptmann, o *Juan José*, de J. Dicenta), *drama histórico* (*Un soñador para un pueblo*, de A. Buero Vallejo), *drama lírico* (M. Maeterlinck: *El pájaro azul*, 1908), etc. Finalmente, se podría aplicar el término «drama» a diversas obras del teatro contemporáneo, pertenecientes a autores tan diversos como L. Pirandello, J. Anouilh, F. García Lorca, J.-P. Sartre, E. Ionesco, S. Beckett, etc.

Dramática (poesía). Véanse COMEDIA, DRAMA, GÉNEROS LITERARIOS, POEMA DRAMÁTICO, TRAGEDIA y TRAGICOMEDIA.

Dramatis personae. Expresión latina («personajes o máscaras del drama») con la que, en las ediciones del teatro clásico, se designaba la lista de personajes que iban a intervenir en la representación de la obra. Véase: PERSONAJE.

Dramaturgia. Término griego (*dramatourgia*: composición de un drama) utilizado en tres acepciones: la primera, para designar la técnica de realización de obras teatrales de acuerdo con un sistema de convenciones, principios y recursos establecidos por la preceptiva vigente. Desde la *Poética* de Aristóteles, diversos autores (Lope de Vega, Lessing, Brecht, etc.) han tratado de sistematizar unos principios orientadores para la creación de obras dramáticas.

En una segunda acepción del término, se entiende por dramaturgia el planteamiento ideológico y formal implícito en una obra dramática que condiciona su puesta en escena. En este aspecto se puede pretender, desde una concepción tradicional concorde con el concepto clásico de la mimesis, crear en el espectador una ilusión de realidad, o bien buscar unos procedimientos narrativos que provoquen en el público un distanciamiento y conciencia críticos respecto de la realidad social representada, tal como pretende B. Brecht en su «teatro *épico».

En tercer lugar, puede entenderse por dramaturgia la tarea de interpretación de un texto teatral con vistas a su puesta en escena y a la búsqueda de los elementos más adecuados para el montaje del espectáculo teatral. Véanse: DIRECTOR DE ESCENA y DRAMATURGO.

Dramaturgo. Término de origen griego (*dramaturgos*: autor de dramas) aplicado al escritor de obras de teatro. En la década de los años sesenta del siglo XX, ha surgido una nueva figura en el ámbito del teatro, cuyas funciones son: selección del texto teatral, estudio documentado, interpretación, adaptación y modificación (si es preciso) de dicho texto para adecuarlo a la puesta en escena y seguimiento de los ensayos, así como del conjunto del montaje y espectáculo teatral. En francés, a la figura que cumple con estas funciones se la denomina *dramaturge,* mientras que en español es el *director de escena* el que viene cumpliendo con el mencionado cometido.

E

Ecfonema. (Del griego *ek:* fuera de, y *phonema:* sonido.) Exclamación que, en forma de inciso, se inserta en un determinado discurso para expresar, en un tono emotivo, los sentimientos del emisor y provocar el interés y la conmoción del oyente o lector por el contenido del mensaje. Ejemplo:

«Estos, Fabio, *¡ay dolor!,* que ves
[ahora
campos de soledad, mustio colla-
[do [...]».
(Rodrigo Caro)

Este fenómeno se denomina también *ecfonesis*. Véase: EXCLAMACIÓN.

Eco. Composición poética en la que las sílabas finales de cada verso, sobre las que descansa la rima, se repiten en el verso siguiente, formando una palabra que sirve de resonancia:

«Aunque yo triste me seco,
  eco
retumba por mar y tierra;
  yerra,
que a todo el mundo importuna;
  una
es la causa sola dello.
  Ello...».

(Juan del Encina)

En algunos poemas se produce lo que se denomina *eco encadenado* cuando se repite la última palabra de cada verso (o sus sílabas finales) al comienzo del siguiente.

Edad de Oro. Tema procedente de la literatura grecolatina. Hesíodo y Virgilio aluden en sus obras a una etapa primitiva de la humanidad en la que los habitantes de la tierra gozaban de perpetua juventud y vivían en comunidad de bienes en medio de una naturaleza pródiga en frutos, con los que se alimentaban sin necesidad de trabajar. La paz y la concordia reinaban entre los hombres, que desconocían el robo, la violencia, la injusticia y la guerra. A este período se le denominaba en la cultura latina «época dorada» y «Reino de Saturno». Algunos poetas, como Virgilio (en su égloga IV), idealizaron esta supuesta época primitiva, en la que la tierra, con su eterna primavera, contribuía a mantener la prosperidad, felicidad y juventud de los humanos. En la literatura española del Renacimiento, el mito de la Edad de Oro aparece reiteradamente a través de la idealización de realidades que sugieren la pervivencia de una pureza primigenia, p. e., en los temas del *buen salvaje, menosprecio de corte y alabanza de aldea,* la idealización de la vida natural en la *literatura pastoril,* el cultivo de los *refranes* como trasunto de la sabiduría primitiva de la humanidad, etc. Dichos temas constituyen un elemento recurrente en las obras de Fray Antonio de Guevara, Jorge de Montemayor, Cervantes, Lope de Vega, etc. En el cap. XI del *Quijote,* el protagonista proclama las excelencias de la supuesta «época dorada» en su *Discurso de la edad de oro.*

Edición. Término utilizado en una doble acepción: como actividad de reproducción de una obra, a través del manuscrito o de la imprenta, o bien como conjunto de ejemplares que integran una misma impresión tipográfica. Antes de la invención de la imprenta, la reproducción de textos se realizaba a través de un trabajo organizado de copistas: en la Edad Media había centros especializados en los monasterios y, a partir del siglo XIII, en las universidades. A este tipo artesanal de edición manuscrita sucede, con la invención de la imprenta, un medio de reproducción, de mucha mayor capacidad difusora, y con mayores garantías de transmisión fiel del texto original, al poder controlar errores de transcripción, omisiones, posibles interpolaciones, etcétera.

En los estudios bibliográficos y en la crítica textual existe una terminología muy precisa referente a los diferentes tipos de edición, tanto manuscrita como de impresión tipográfica: *princeps* (la primera edición de una obra), *original* (la primera edición en volumen hecha con el permiso o la aprobación del autor, para distinguirla de la edición furtiva o clandestina), *definitiva* (la que presenta el texto revisado por última vez por su autor), *anotada* (la que ofrece notas referentes al léxico, datos históricos, rasgos estilísticos, etc., que ayudan a la correcta comprensión del texto), *crítica* (en la que, a las notas de la anterior, precede una revisión cuidada del texto, e incluye posibles variantes), *facsímil* (reproducción íntegra y exacta de una edición anterior, a ser posible con sus características tipográficas), *paleográfica* (reproducción de un manuscrito, generalmente, con las características gráficas del texto originario), *diplomática* (reproducción del manuscrito, respetando no sólo las grafías, sino también la disposición espacial del texto, los signos diacríticos, etc.), *modernizada* (edición de un texto antiguo en la que se actualizan aspectos lingüísticos del texto original, respetando el léxico y la estructura sintáctica del texto primitivo), *moderna* (la que se prepara para hacer accesible la lectura de un texto antiguo a un público no profesional, reconstruyendo dicho texto con un lenguaje moderno en todos los aspectos: gráfico, fonético, morfosintáctico, semántico, etc.).

Editorial. Véase ARTÍCULO.

Égloga. Término de origen grecolatino *(ekloge, ecloga:* texto «seleccionado») que se utilizó en un comienzo para designar poemas breves, razón por la que se aplicó a los poemas pastoriles de Virgilio *(Bucolica* o *Eclogae)*. Dichos poemas fueron escritos a imitación de los *Idilios* de Teócrito, que tratan, en concreto los once primeros, de temas bucólico-pastoriles. El término *ecloga* es utilizado definitivamente con esa connotación temática por Tito Calpurnio (s. I) y se recoge en el Renacimiento para denominar poemas escritos sobre el asunto mencionado, a imitación de Virgilio. De éste proviene el contenido y los aspectos formales de la tradición poética bucólico-pastoril en cuanto a su estructura dialogal, al tipo de personajes (pastores), tópicos (amores no correspondidos, etc.), espacio (naturaleza idealizada), etcétera.

El tema pastoril es objeto de un tratamiento literario de gran calidad en determinadas obras de la literatura italiana como el *Bucolicum Carmen,* de Petrarca, el *Ninfale D' Ameto* de Boccaccio, y *La Arcadia,* de Sannazaro.

En España, aunque habían utilizado ya el término *égloga* Juan del Encina y Lucas Fernández, sin embargo, quien conecta más directamente con la tradición bucólico-pastoril representada por Virgilio es Garcilaso de la Vega. A las églogas de éste hay que sumar las de otros escritores del Siglo de Oro y del siglo XVIII. En el siglo XX, al menos L. Cernuda y M. Hernández titulan «égloga» sendos poemas, combinando heptasílabos y endecasílabos como en las églogas garcilasianas y compartiendo un similar tono melancólico y sensual.

Elegía. Término de origen griego (*e-legeia:* lamentación) con el que se alude al sentimiento que encierra esta composición lírica y a la estructura métrica, que era lo que inicialmente caracterizaba a este tipo de poemas. Estaban compuestos por una serie de *elegeion* o dísticos: dos versos formados por un hexámetro y un pentámetro. En cuanto a los temas, podían responder a un sentimiento de tristeza por la muerte de una persona o por una calamidad pública (una guerra, una catástrofe natural, etc.), o bien podían centrarse en la exaltación patriótica o en una evocación amorosa, ya fuera gratificadora o de desengaño. En Roma, es Ovidio quien crea en sus *Tristes* y *Pónticas* el modelo más perfecto de la elegía latina: en estos poemas, escritos desde el destierro a distintas personalidades romanas, cuenta sus desgracias personales, al tiempo que solicita ayuda para conseguir el regreso a la patria.

En la literatura española medieval los poemas de tipo elegíaco presentan un emotivo tono de tristeza, motivada generalmente por la muerte de un ser querido al que se dedican dichas composiciones, a las que se da el expresivo título de *plancto* (llanto), entre las que descuellan, por su calidad estética y emoción lírica, las *Coplas* de J. Manrique a la muerte de su padre.

En el Renacimiento, la elegía europea encuentra su inspiración no sólo en las fuentes clásicas mencionadas, sino también en el *Canzoniere* de Petrarca y en los dísticos latinos de Sannazaro. Con esta doble tradición conecta Garcilaso de la Vega en sus elegías *A Boscán* y *Al Duque de Alba en la muerte de Don Bernaldino de Toledo*. Este tipo de composiciones son cultivadas igualmente en la literatura portuguesa (Camoens), italiana (Sannazaro), francesa (Ronsard: *Elegías, mascaradas y poemas pastoriles*), inglesa (Milton: *Lycidas)*, etc. En la elegía del Barroco español la sección del poema destinada a la lamentación se acorta o es reemplazada por la consolación y el elogio: van desapareciendo los «signos de duelo», y la muerte, por razones religiosas, es presentada como «posibilidad de entrada a una vida mejor». Entre los ejemplos más notables, cabe recordar la *Canción a la muerte de Carlos Félix*, de Lope de Vega; *En la muerte de Don Rodrigo Calderón*, de Góngora, etc.

En el siglo XVIII, el prerromanticismo inglés y alemán confiere un tono de gravedad y dignidad a la composición elegíaca a través de los grandes poemas de Young (*Elegía a la muerte de la Reina Ana, Las noches*) y, especialmente, de Goethe, que con sus *Elegías romanas* configura un modelo de poema caracterizado por un tono melancólico y nostálgico, que aparece también en otros románticos del siglo XIX: Shelley, Musset, Lamartine, Leopardi, etc. En España siguen cultivándose estos poemas en los siglos XVIII al XX, p. e., *Elegía a las Musas,* de L. Fernández de Moratín; *Canto a Teresa,* de J. de Espronceda; *En la muerte de un hijo* (Unamuno), *Elejía estival* (J. R. Jiménez), *Llanto de las virtudes y coplas por la muerte de Don Guido y El crimen fue en Granada* (A. Machado), *Llanto por Ignacio Sánchez Mejías* (F. García Lorca), etc. Véanse: ENDECHA y PLANTO.

Elipsis. Término de origen griego *(elleipsis:* carencia) con el que se designa una figura de construcción o recurso estilístico que consiste en la supresión de palabras o expresiones que, desde el punto de vista gramatical y de la lógica, deberían estar presentes pero sin las cuales se puede comprender perfectamente el sentido del enunciado o del texto. Desde el punto de vista estilístico, este recurso es de gran utilidad para evitar reiteraciones innecesarias, para incitar la atención del lector, estimular su ingenio, provocar expectativas y dar mayor agilidad y viveza al texto. En el lenguaje poético es muy frecuente el uso de la elipsis en sus diferentes formas: *asíndeton, *zeugma* y *braquiloquia:* expresión elíptica

por la que se abrevia todo un enunciado, deducible o no por el contexto, p. e., «¡Qué pena!».

En narratología, se denomina también elipsis a una técnica narrativa consistente en suprimir en el relato ciertos acontecimientos de la historia, que pueden ser recuperados o narrados más tarde por una vuelta retrospectiva o «analepsis».

Elisión. Pérdida de la vocal final de una palabra, situada ante otra palabra que empieza por vocal. En ocasiones, es esta vocal inicial la que se pierde. Este fenómeno lingüístico, del que existe constancia en textos medievales a partir de los siglos XII-XIII, llega hasta el Renacimiento. Su uso va decreciendo a lo largo del siglo XVI. Ejemplos:

«[...] y en tanto qu'l cabello que'n [la vena [...]».

(Garcilaso de la Vega)

«[...] mas no, de *esotra* parte, en [la ribera [...]».

(Quevedo)

En la actualidad quedan restos de elisión en palabras surgidas de contracción, como *al, del, entrambos,* etc.

Elocución. En la retórica grecolatina, la *elocutio* era la tercera de las cinco fases de preparación del discurso oratorio. Tras la *inventio* (fase de recogida de argumentos, testimonios y otros materiales importantes para la defensa de la causa) y la *dispositio* (organización de este material correspondiente a las distintas partes del discurso), venía la estrategia de elaboración verbal, consistente en la búsqueda de procedimientos expresivos, adecuados para la transmisión del mensaje *(electio:* selección del léxico y de los recursos del *ornatus:* tropos y figuras retóricas) y la acertada disposición y combinación sintáctica y rítmica de los diversos enunciados del discurso *(compositio).* En la retórica clásica se daba gran importancia a esta fase de la *elocutio:* el arte del bien hablar *(bene dicendi).* Véanse: CLARIDAD, CORRECCIÓN, DISPOSICIÓN, INVENCIÓN, ORNATO y RETÓRICA.

Elogio. Composición literaria surgida en la literatura griega, que tenía por objeto el reconocimiento y exaltación de los méritos de una personalidad pública relevante. Inicialmente presenta carácter lírico (p. e., las *Odas triunfales* o *Epinicios,* de Píndaro); posteriormente aparece en el tratamiento de temas políticos *(Elogio de Helena,* de Isócrates), filosóficos (exaltación del amor en *El Banquete,* de Platón) e, incluso, de realidades irrelevantes descritas en tono paródico y burlesco, como el *Elogio de la mosca,* de Luciano de Samosata. En relación con este último podría situarse, en el Renacimiento, el *Elogio de la locura,* de Erasmo. En la literatura española hay testimonios de «elogio», p. e., en *El Libro de Buen Amor* (alabanza de las «dueñas chicas»), en Jorge Manrique (elogio-panegírico de su padre, el maestre don Rodrigo), etc. En el Siglo de Oro, algunos escritores ponen al frente de sus obras ciertas dedicatorias a sus mecenas que constituyen auténticos *elogios.* En el siglo XVIII se aplica el título de elogio tanto al panegírico de una eminente personalidad fallecida (Jovellanos: *Elogio de Carlos III)* como al tratamiento encomiástico de un tema de valor científico o literario y de interés general (elogios *académicos:* p. e., la *Oración apologética por la España y su mérito literario,* de J. P. Forner, 1786). Véanse: APOLOGÍA, LOA y PANEGÍRICO.

Emblema. Término de origen griego *(emblema:* incrustación, símbolo) con el que se designa un «jeroglífico, símbolo o empresa en que se representa alguna figura, y al pie de la cual se escribe algún verso o lema que declara el concepto o moralidad que encierra» (DRAE). Se ha creído ver en los jeroglíficos egipcios un antecedente de esta modalidad de composición literaria, cuya primera muestra surge en Italia, con los *Emblemata* (1531) de Andrea

Alciato, a los que siguen los de La Perrière (1539), las *Empresas morales* (1581), de Juan de Borja; los *Emblemas morales* (1589), de Juan de Horozco y Covarrubias; los *Emblemas morales,* de Sebastián de Covarrubias y Orozco; los *Emblemas moralizados* (1599), de Hernando de Soto, las *Empresas* (1640), de Saavedra Fajardo, etc. El emblema consta de tres elementos: una imagen o figura *(pictura),* un título en forma de breve sentencia *(inscriptio)* y una explicación más amplia del contenido implícito en la imagen y en el título *(suscriptio).* El tema o sentencia recoge, a veces, un adagio o refrán, como sucede en los citados *Emblemas morales* de Sebastián de Covarrubias, con lo que se evidencia la relación existente entre los emblemas y la literatura de la que se sirven y a la que nutren.

Embocadura. Término teatral con el que se alude a la «boca» del escenario, también llamada «boca-escena» o «arco de proscenio», que es por donde los espectadores ven la escena. De esta primera abertura del escenario forma parte el llamado «telón de boca».

Enálage. Término grecolatino *(enallage:* cambio) con el que se designa una figura de construcción gramatical consistente en la ruptura de la función normal que deben cumplir determinadas palabras dentro de una oración al ser utilizadas, p. e., como adverbios siendo adjetivos («Habla muy lento», por «muy lentamente») o al sustituir una forma verbal por otra, un tiempo por otro («Llega mañana», por «llegará»), un género por otro («Su Majestad está ocupado»), etc.

Encabalgamiento. Es el desajuste producido en una estrofa al no coincidir la pausa morfosintáctica con la pausa métrica de un verso. Esto ocurre cuando el sentido de una frase no queda completo en el marco de dicho verso (al que se denomina *encabalgante)* y continúa en el verso siguiente *(encabalgado),* de forma que la pausa versal del primero rompe unidades sintácticas estrechamente vinculadas. Ejemplo:

«Yo voy soñando *caminos*
de la tarde. Las *colinas*
doradas, los verdes pinos,
las polvorientas encinas».

(A. Machado)

En esta estrofa, la pausa versal del primer verso y la del segundo rompen dos unidades sintácticas que en español normalmente no admiten ruptura o pausa interior: sustantivo y complemento determinativo, sustantivo y adjetivo. Otras unidades que tampoco la admiten son verbo y adverbio, auxiliar y participio en los tiempos compuestos, perífrasis verbales, palabras con preposición, oraciones adjetivas especificativas, pronombres átonos, preposiciones, conjunciones, artículos y los elementos que les siguen.

Existen diversos tipos de encabalgamiento: según el *lugar* del verso donde se produce, la *unidad morfosintáctica* que se rompe o la *amplitud* de espacio que abarca en el verso encabalgado: *a)* en el primer aspecto, el encabalgamiento puede ser *versal* o *medial,* según dependa de la pausa final del verso (como en la citada estrofa de Machado) o de la cesura de un verso compuesto de dos hemistiquios. Ejemplo:

«... fue el abad solitario / de un ig-
[noto convento».

(Rubén Darío)

b) en cuanto a la ruptura de la *unidad morfosintáctica,* se produce un encabalgamiento *léxico* cuando una palabra se escinde entre el final del verso encabalgante y el comienzo del verso encabalgado. Ejemplo:

«Y mientras *miserable-
mente* se están los otros abra-
[sando...».

(Fray Luis de León)

c) por lo que se refiere a la amplitud del espacio que el encabalgamiento ocupa en el verso encabalgado, si termina antes de la quinta sílaba de este último el encabalgamiento se denomina *abrupto;* si termina después de la cuarta, se denomina encabalgamiento *suave.* Ejemplos:

«Mas luego vuelve en sí el enga-
[*ñado*
ánimo y, conociendo el desatino
[...].

(Fray Luis de León)

Mario, el ingrato amor como *tes-
[tigo
de mi fe pura y de mi gran firmeza
[...].*

(Garcilaso de la Vega)

Endecasílabo. Verso simple de once sílabas, con acentos interiores variables, salvo el de la décima sílaba, que lo lleva siempre. El endecasílabo fue utilizado ya por los trovadores gallegos y catalanes, así como por el Arcipreste de Hita y don Juan Manuel. Pero la incorporación a la métrica española de las diversas modalidades desarrolladas en Italia, aunque había sido ensayada de forma imperfecta en el siglo xv por Francisco Imperial y el marqués de Santillana, sólo se logra en el Renacimiento con Juan Boscán y, sobre todo, con Garcilaso de la Vega. De los variados tipos de endecasílabo que entonces se imponen, destacan: el *enfático,* con acentos en las sílabas primera, sexta y décima («Nise, que en hermosura par no tiene», Garcilaso de la Vega); el *heroico,* con acentos en la segunda, sexta y décima sílabas («El dulce lamentar de dos pastores», Garcilaso); el *melódico,* con acentos en tercera, sexta y décima («¡Oh serpiente nacida en dulce seno», Garcilaso); el *sáfico,* acentuado en las sílabas cuarta, octava y décima («Dulce vecino de la verde selva», E. M. de Villegas). Desde entonces, este verso, que es uno de los de más larga tradición y vigencia de la métrica española, se ha empleado en numerosas combinaciones estróficas: liras, estancias, silvas, tercetos, cuartetos, octavas reales, etc. Muchos poetas del siglo XX se han servido con frecuencia del endecasílabo suelto.

Endecha. Composición poética de carácter luctuoso sin estructura métrica prefijada, aunque tradicionalmente aparece en forma de romance, redondilla o verso suelto. Está compuesta por versos que van de cinco a siete sílabas. La endecha más conocida es la dedicada a la muerte de Guillén Peraza (1433), que comienza así:

> «Llorad las damas,
> sí Dios os vala,
> Guillén Peraza
> quedó en la Palma,
> la flor marchita
> de la su cara [...]».
>
> (Anónimo)

A finales del siglo XVI aparece una variante culta, denominada la endecha *real,* constituida por una estrofa de cuatro versos, heptasílabos los tres primeros y endecasílabo el último. Sor Juana Inés de la Cruz, la poetisa mexicana del siglo XVII, introdujo nuevos modelos de endecha, entre los que destaca una estrofa de cinco versos compuesta por cuatro heptasílabos y un decasílabo, con rima asonante en el segundo, cuarto y quinto.

Eneasílabo. Verso simple de nueve sílabas, con acentos interiores variables, salvo el de la octava sílaba, que es imprescindible. La distribución de los acentos en el interior del verso configura los distintos tipos de eneasílabo, que pueden ser: *dactílico:* acentuado en segunda, quinta y octava sílabas («Y luego el estrépito crece», J. Espronceda); *trocaico:* acentuado en cuarta, sexta y octava sílabas («En el castillo, fresca, linda, / marquesita Rosalinda», R. Darío); *mixto:* que puede ser de tres tipos, según se acentúe en segunda, sexta y octava; en tercera, quinta y octava; o en tercera, sexta y octava sílabas; y *polirrítmico:* cuando en una estrofa aparecen mezclados o combinados los diferentes tipos de eneasílabo mencionados. El eneasílabo aparece en la métrica castellana en el siglo XV, tanto en la poesía culta (*Can-*

cionero de Baena) como, sobre todo, en la popular (villancicos y cosautes: «Al alba venid buen amigo»), y llega a su mayor auge con el modernismo.

Enredo. Situación peculiar de las comedias de intriga en la que los personajes se encuentran confusos por lo enmarañado de la trama y lo extraño de ciertos comportamientos y sucesos, lo que da lugar a malentendidos e incertidumbres que provocan la impaciencia de aquéllos y la búsqueda ingeniosa de soluciones para lograr sus objetivos. En el teatro del Siglo de Oro abunda la comedia de enredo, de la que fue maestro Lope de Vega, p. e., en su obra *El acero de Madrid,* en la que su protagonista, Belisa, se finge enferma para lograr que su enamorado, Lisardo, también médico fingido, venga a visitarla.

Ensalada. Composición, a la que también se denomina «ensaladilla», destinada al canto, en la que se mezclan asuntos dispares y diversos tipos de versos, estrofas, formas discursivas y lenguas, según la libre voluntad del autor. Aparece ya en el *Romancero General* y es cultivada por poetas cultos del Siglo de Oro, p. e., Góngora, en el romance «Apeóse un caballero». Mención especial merecen los villancicos-ensalada de Sor Juana Inés de la Cruz, en los que figuran diferentes tipos de versos (octosílabos, hexasílabos, etc.), de discurso (narración, exposición, diálogo) y distintas lenguas (castellano, náhuatl y habla de los negros).

Ensayo. Escrito en prosa, generalmente breve, de carácter didáctico e interpretativo, en el que se abordan, desde un punto de vista personal y subjetivo, temas diversos con gran flexibilidad de métodos y clara voluntad de estilo. Aunque se considera a Montaigne como el iniciador del género con sus *Essais (Ensayos,* 1580), el también ensayista Francis Bacon *(Ensayo de moral y de política,* 1597) cree que dicho género comienza con los *Diálogos* de Platón, las *Epístolas* de Séneca y las *Meditaciones* de Marco Aurelio. Sin embargo, es en el Renacimiento cuando se encuentran las primeras muestras de este tipo de escritos con sus rasgos más peculiares. En la literatura hispánica destacan los ensayos de Fray Antonio de Guevara *(Epístolas familiares),* Juan y Alfonso de Valdés y Fray Luis de León en el siglo XVI, Saavedra Fajardo, Quevedo y Gracián en el XVII, Feijoo y Jovellanos en el XVIII, Larra, Valera, L. Alas y Giner de los Ríos en el XIX. Sin embargo, es en el siglo XX (Unamuno, Ortega y Gasset, Américo Castro, P. Salinas, E. Martínez Estrada, J. C. Mariátegui, O. Paz, etc.) cuando el ensayo adquiere una gran relevancia en dicha literatura y se configura en sus características peculiares como género literario. Esas características son: 1) *brevedad:* el ensayista no pretende ser exhaustivo en el tratamiento de los temas; 2) *carácter sugeridor e interpretativo:* el ensayista no es un creador ni un especialista en la materia: reflexiona sobre los conocimientos y valores establecidos, insinuando una revisión o interpretación original; 3) *carácter confesional:* el ensayo está lleno de apreciaciones subjetivas, a través de las cuales el autor comunica su propia visión del mundo, sus impresiones y sentimientos surgidos al contacto con la realidad; 4) *intención dialogal:* el ensayista pretende comunicarse con sus lectores; 5) *carencia de una estructura prefijada:* el ensayo, al contrario del tratado científico, no tiene un orden sistemático, lo que explica las frecuentes digresiones que aparecen en el texto, que responden también al carácter coloquial anteriormente mencionado; 6) *variedad temática,* que da origen a diferentes tipos de ensayo: histórico, político, sociológico, autobiográfico, literario, etc.; 7) *voluntad de estilo:* ésta es una característica imprescindible del ensayo. El ensayista es consciente de que se espera de él una calidad estética en la expresión de sus ideas. El ensayo no es un tra-tado científico sino una obra de arte, en la que aparecen materiales de construcción y técnicas afines a otras formas de expresión, como la carta, el diálogo, la confesión, el diario, la prosa didáctica y el tratado científico.

Entonación. «Línea de altura musical descrita por la serie de los tonos que corresponden a los sonidos sucesivos que componen una palabra, una frase o un fragmento cualquiera del discurso» (F. Lázaro Carreter). La entonación puede ser ascendente o descendente, aguda o grave, etc., según la dirección de la línea descrita por la voz. Entre las funciones de la entonación destacan la demarcativa (señala la continuidad o la terminación de las frases: la entonación ascendente marca la continuación; la descendente, la conclusión) y la informativa: la entonación señala el tipo de oración de que se trata (interrogativa, afirmativa, exclamativa) y también el estado de ánimo del emisor: seguridad, alegría, preocupación, desánimo, etc.

Entrega. Término utilizado en plural para designar un tipo de publicación denominado «novela por entregas», de gran difusión y consumo en el siglo XIX, y consistente en la edición semanal de un cuadernillo («entrega») que formaba parte de una novela («novela de folletín») que el lector tendría completa al coleccionar todas las entregas de que se componía la obra. Este mecanismo de difusión tiene como precedente la edición, en periódicos y revistas, de novelas por capítulos: de esta forma publican, entre otros, Valera y Galdós, respectivamente, novelas como *Pepita Jiménez* y *Doña Perfecta* en la *Revista de España*. Véase: FOLLETÍN.

Entremés. Término (posiblemente relacionado con el latino *intermisus:* puesto en medio) con el que se designaba, a mediados del siglo XVI, una breve escena cómica (con personajes populares, en tono humorístico) inserta en una comedia, de la que podía desglosarse sin problema, ya que constituía un pasaje heterogéneo respecto del asunto principal de la misma. Aunque estas escenas breves podían aparecer como entrada a la obra o como pieza final, la costumbre de intercalarlas en los entreactos de la comedia (a partir de Lope de Rueda) podría explicar que se impusiera el nombre de entremés, según se deduce del testimonio de A. de Rojas Villandrando: «porque iban entremedias / de la farsa, los llamaron entremeses».

Históricamente, esta forma de teatro breve conecta con un tipo de literatura carnavalesca expresada en diferentes modalidades de la farsa del teatro medieval. El primer autor de piezas cómicas, a las que se puede, con rigor, considerar entremeses, es Lope de Rueda, entre cuyas piezas cabe recordar *La tierra de Jauja, Las aceitunas,* etc. Pero habrá que llegar a Cervantes para encontrar ya definitivamente perfilados los rasgos fundamentales del entremés, en cuanto al tratamiento de los temas y de los personajes (repertorio más variado, mayor número de tipos, algunos ya del ámbito urbano) y en cuanto a los objetivos: divertir al público, reflejar ciertas formas de conducta y costumbres populares desde la óptica de la caricatura y de la sátira y complementar el espectáculo global de la representación teatral, aportando un contrapunto de humor a la obra de carácter serio y también un enfoque diverso y desmitificador de la conducta de los personajes y de sus valores. Entre sus entremeses más conocidos figuran *El retablo de las maravillas, El juez de los divorcios, La cueva de Salamanca,* etc.

Otro autor clave en el desarrollo del entremés es L. Quiñones de Benavente, que lleva este subgénero a su más lograda perfección artística. Cuando comienza a escribir, el llamado teatro menor ha desarrollado diversas formas: la *loa, la *jácara, el *baile, la *mojiganga y el entremés. Quiñones recoge estas formas y las enriquece con nuevas aportaciones y, en algunos casos, llega a fusionar elementos de unas y otras, creando formas híbridas como la *loa entremesada*, la *jácara entremesada*, el *baile entremesado*, el *entremés cantado*, etc.

Después de un período de abandono, esta pieza del teatro menor renace en las nuevas formas del sainete de Ramón de la Cruz, en el siglo XVIII, del llamado género chico en el siglo XIX y del sainete de Carlos Arniches, los hermanos Álvarez Quintero, Vital Aza, etc., en el XX, e influye, junto con otras formas de teatro cómico menor (farsa, jácara, títeres, etc.), en algunas piezas de Valle Inclán (p. e., *Farsa italiana de la enamorada del Rey*), Max Aub (*Entremés del director*), A. Casona (*Entremés de Sancho Panza en la Ínsula Barataria*), F. Nieva (concibe su *Combate de Ópalos y Tasia* como un «entremés satírico»), etc. Véanse: BAILE, COMEDIA, FARSA, GÉNERO CHICO, JÁCARA, LOA, MOJIGANGA, PASO y SAINETE.

Enumeración. Término con el que se designa una figura retórica que consiste en la adición o presentación sucesiva de realidades vinculadas entre sí como elementos integrantes de un conjunto (objetos o sus partes, cualidades, acciones, aspectos, etc.) o una serie de conjuntos relacionados de forma polisindética o asindética. Si la adición es de elementos integrantes de un conjunto, se denomina enumeración *simple;* si es de conjuntos, enumeración *completa.* Véanse un ejemplo de la primera y otro de la segunda:

«Destas el Padre Eterno
fortificó su nave:
timón, entena, mástil, popa y
[frente...».

(Lupercio Leonardo
de Argensola)

«... agravios que pensaba deshacer, tuertos que enderezar, sinrazones que enmendar, abusos que mejorar y deudas que satisfacer».

(Cervantes)

La enumeración puede ser parcial o exhaustiva (en el segundo caso se denomina *inventario),* amplificadora o sintética, ordenada y progresiva o acumulativa, desordenada y caótica. El recurso de la *enumeración caótica* es frecuente en escritores de todas las épocas. La enumeración se utiliza, sobre todo, en las diversas formas de *descripción, y es un recurso que, junto a la *acumulación, es empleado en el procedimiento retórico de la *amplificación.

Enunciación. Es el acto de utilizar la lengua para la emisión de un mensaje en un contexto determinado. En dicho acto se advierten algunas marcas deícticas (uso de pronombres personales y demostrativos, adverbios de lugar y tiempo, etc.), a través de las cuales se manifiesta la posición del emisor frente al receptor del mensaje, al contexto espacio-temporal en el que se produce la enunciación y al contenido del propio enunciado (p. e. «He venido hoy aquí a pediros...»). Véanse: DISCURSO Y PRAGMÁTICA.

Enunciado. Es una secuencia de palabras transmitidas, de forma oral o escrita, por un emisor a un destinatario, a través de las cuales se realiza una comunicación dotada de sentido y que se considera concluida. Un enunciado puede constar de una o varias frases o, incluso, de una sola palabra («¡Cuidado!»).

A veces se utilizan indistintamente los conceptos de enunciado y discurso: en realidad, el discurso es una unidad superior al enunciado, como éste lo es respecto de la frase, aunque, en ocasiones, el discurso pudiera estar formado por un solo enunciado y éste por una sola frase. Véase: DISCURSO.

Enxiemplo. Véase EXEMPLO.

Epanadiplosis. Término procedente del griego (*epanadiplosis*: reduplicación) con el que se designa una figura retórica consistente en la repetición de una o más palabras al comienzo y al final de una frase o de un verso o de frases o versos correlativos. Ejemplo:

«Ricos de fortaleza y de fe ricos.»

(Góngora)

Esta figura se conoce también con el nombre de *epanástrofe* (del griego *epanastrophe*: vuelta atrás, inversión).

Epanáfora. Término de origen griego (*epanaphora*: repetición), sinónimo de anáfora, con el que se alude al recurso estilístico de la repetición de una o más palabras al comienzo de sucesivos enunciados. Véase: ANÁFORA.

Epanalepsis. Término de origen griego (*epanalepsis*, de *epanalambano*: reasumir, repetir) con el que se denomina una figura retórica, llamada también *geminación*, consistente en la reiteración de una expresión al comienzo, al medio o al final de un enunciado con el fin de resaltar enfáticamente su contenido. Cuando la repetición se produce al comienzo de enunciados sucesivos es una forma de *anáfora. Ejemplo:

«Cuando morir es ir donde no hay
[nadie, nadie, nadie;
caer, no llegar nunca, nunca».

(Blas de Otero)

También se produce cuando se utilizan las primeras palabras de un texto (p. e., de un poema) como título del mismo.

Epanástrofe. Véase EPANADIPLOSIS.

Epéntesis. Término procedente del griego (*epenthesis*, de *epentithemi*: interponer) con el que se denomina un metaplasmo producido por la intercalación de un fonema en el interior de una palabra. Ejemplos: *Ingalaterra, corónica*, etc. Cuando, como en estos casos, se inserta una vocal entre una consonante líquida o nasal y otras consonantes o viceversa, la epéntesis se denomina *anaptisis*. En la evolución del latín al castellano se han producido numerosas epéntesis, p. e., *stella* (estrella), *restuculo* (rastrojo), *regestu* (registro), *tuo* (tuyo), etc.

Épica. Término de origen griego (*epos*: noticia, narración) aplicado a un tipo de relatos en los que se narran acciones de «héroes» que representan los ideales de una clase guerrera o aristocrática y de toda una sociedad, que asocia a dichos héroes con sus orígenes y destino como pueblo. Transmitidas por vía oral, estas narraciones han sido relacionadas con ciertos relatos cosmogónicos y mitológicos, cuya estructura narrativa y funciones de sus protagonistas (dioses-héroes) presentan notables afinidades, tal como se muestran en mitos y relatos épicos de diferentes culturas: indias, grecorromanas, célticas, germánicas, etc. No obstante, existe una clara diferencia: en la poesía épica los protagonistas no son dioses, sino seres humanos, elevados a la categoría de héroes, que intervienen en acontecimientos importantes para el destino de una sociedad, acontecimientos, en algunos casos, históricos, en otros, legendarios, pero considerados como verídicos por los destinatarios del relato.

Por lo que respecta a la épica románica, su fuente hay que buscarla en las epopeyas grecolatina y germánica. En Grecia, una serie de cantores anónimos (los aedos) configuran la materia básica de la narración que un poeta posterior (en torno al siglo VII, sea o no Homero) desarrolla en su forma definitiva: La *Ilíada* y la *Odisea*. En ambos poemas se sientan las bases de la epopeya culta grecorromana en cuanto a la estructura y contenidos (temas, relación historia-mito, modelo del héroe, etc.) y en cuanto a la forma: versificación en hexámetros, estilo solemne, técnica de descripción de batallas y de personajes, etc. En la épica latina, Virgilio vuelve sobre el modelo de los poemas homéricos, de tal forma que se ha llegado a interpretar la *Eneida* como una *Ilíada* romana en sus últimos seis cantos o una *Odisea* en sus seis primeros, escritos en hexámetros latinos.

En la Edad Media resurge la épica bajo la influencia de los pueblos germánicos, extendidos por una gran parte de Europa, que aportan un fondo de leyendas y tradiciones que serán transcritas en diversos poemas épicos surgidos en Escandinavia, Inglaterra y Alemania. De este fondo de leyendas germánicas procede el *Cantar de los Nibelungos*, escrito a comienzos del siglo XIII por un poeta austríaco. Por otra parte, la epopeya germánica transmite una serie de temas y leyendas, como las de *Parsifal*, *Tristán e Iseo*, *Walter* y otros, que serán recogidos en la literatura caballeresca posterior, los romances, etc. La épica románica se configura en Francia sobre este fondo tradicional de temas, dando origen a los cantares de gesta y a poemas breves surgidos en torno a la corte de Carlomagno (ciclo carolingio: Mainet, Fierabrás, Roland) y a los caballeros de la *Table Ronde* (ciclo artúrico o bretón: Artús, Lancelot, Perceval). Uno de esos personajes es el protagonista del cantar más importante de la épica francesa, la *Chançon de Roland* (s. XI).

Sobre el origen, formación y características de la épica española pueden verse *cantar de gesta y *mester de juglaría.

Con el Renacimiento se vuelve al modelo virgiliano, al tiempo que en Italia Boiardo y Ariosto rememoran el material épico francés de los ciclos carolingio y bretón desde una perspectiva desmitificadora y fantástica: *Orlando enamorado* y *Orlando furioso*. La nueva épica culta logra ejemplares de gran valor estético en *Os Lusíadas*, de Camoens, en la *Araucana*, de Ercilla, y en *La Franciada*, de Ronsard. En Italia aparece una versión épico-religiosa con *La Jerusalén libertada*, de T. Tasso, centrada en la primera cruzada a Tierra Santa (1096-1099). Como ejemplo de epopeya estrictamete religiosa, cabe citar *El paraíso perdido* (1667), de J. Milton, y *La Cristíada* (1611), de Diego de Hojeda. Véanse: CANTAR DE GESTA, EPOPEYA, MESTER DE JUGLARÍA, ORAL (LITERATURA), ROMANCE y ROMANCERO.

Épico (teatro). Modalidad teatral en la que interviene un narrador que ofrece su punto de vista sobre lo que se está representando en la escena o en la que los personajes exponen los hechos en vez de «vivirlos». Esta conversión del drama en relato, o la coexistencia de escenas representadas y narración de acontecimientos, es iniciada por Piscator y Brecht, que rompen con la «ilusión» del teatro naturalista y sustituyen la pura representación de los acontecimientos por una exposición de los mismos, en una serie de escenas-relato, tratando de provocar una posición crítica y distanciada de los espectadores sobre lo que en escena se está relatando o representando. A lograr este distanciamiento crítico contribuye tanto la estructuración de la historia relatada como la intervención de los actores y la configuración del escenario. La historia no seguirá una progresión lineal ininterrumpida hasta su final, sino que se fragmentará en cuadros narrativos autónomos. El desarrollo de la acción alternará con relatos del narrador. El conjunto de la representación será análogo al de un montaje de secuencias cinematográficas. Los actores representarán su personaje con cierta distancia, para no facilitar la «identificación» de los espectadores con ese personaje; de esta forma, se les ayuda a que asuman una posición crítica frente a él y se logrará un teatro al mismo tiempo «entretenido e instructivo» y útil al hombre de nuestro siglo, «sediento de libertad y de sabiduría» (Brecht).

Epifonema. Término de origen griego (*epiphonema:* expresión o juicio último) con el que se designa la exclamación final, en forma de sentencia, con la que el hablante o el escritor cierra su enunciado y emite un juicio o consideración personal sobre las enseñanzas que se deducen del mensaje que acaba de transmitir:

> «Solitario, triste y mudo
> hállase aquel cementerio;
> sus habitantes no lloran...
> *¡Qué felices son los muertos!*»

(Bécquer)

Epífora, epístrofe. Términos procedentes del griego (*epiphora:* conclusión; *epistrophe:* retorno) con los que se designa una figura retórica consistente en la reiteración de una o más palabras al final de una frase o frases de un período o, si se trata de un texto versificado, al final de un verso o de una estrofa. Es lo contrario de la *anáfora. Ejemplos:

> «No duerme nadie por el cielo.
> [Nadie, nadie.
> No duerme nadie.
> [...]
> No duerme nadie por el mundo.
> [Nadie, nadie.
> No duerme nadie».

(García Lorca)

Epígono. Término de origen griego (*epi-gonos:* nacido después) con el que designó Esquilo a los siete héroes que vengaron a sus padres muertos frente a Tebas. Dicho término se utiliza en filosofía y en crítica literaria para designar a los seguidores de un maestro, una escuela o un estilo. Se puede considerar, en este sentido, epígonos a los dramaturgos del siglo XVIII, Zamora y Comellas, seguidores de Calderón y representantes de un Barroco degradado.

Epígrafe. (Del griego *epigraphe:* inscripción). Es un texto breve que, en forma de cita, aparece al comienzo de un libro, de un capítulo o de una composición poética y en el que se resume un pensamiento o se expone una máxima que anticipa la idea directriz o el espíritu y tono que anima la obra.

El término *epígrafe* se utiliza también para designar inscripciones conmemorativas y para denominar el título de las partes y capítulos en los que se divide una obra.

Epigrama. Término griego *(epigramma:* inscripción) con el que se designaba, inicialmente, una inscripción o un escrito breve, generalmente en verso, grabado en piedra (en estatuas, tumbas, etc.), metal u otras materias. Su temática era, en un principio, de carácter épico o elegíaco (p. e., en Arquíloco). El epigrama fue muy cultivado en la época alejandrina por Calímaco, y, en Roma, por Ennio, Catulo, Virgilio y, sobre todo, Marcial. Este poema presenta, en la literatura latina, una gran diversidad de temas (eróticos, morales, políticos, etc.) y de tonalidad: frívola y desenfadada, irónica, mordaz y satírica e, incluso, obscena. Ejemplo: «Danlo era cirujano. Ahora se ha hecho enterrador. En realidad empezó siendo lo que es ahora» (Marcial).

El epigrama fue cultivado en la literatura española por Hurtado de Mendoza, Lope de Vega, Góngora, Quevedo, T. de Iriarte, L. Fernández de Moratín, etc. En estos autores, lo que caracteriza a dicho poema no es una forma métrica definida, ya que presenta formas diferentes (copla real, pareados, tercetos, cuartetas, redondillas, quintillas, dobles quintillas, rima consonante o asonante, etc.), sino su agudeza festiva o satírica y su brevedad.

Epílogo. Del latino *epilogus (conclusión),* es la parte final de un texto. En la retórica clásica constituía la conclusión del discurso, en la que se resumía el contenido o la argumentación básica del mismo, a la vez que se apelaba a los sentimientos del oyente. El epílogo puede aparecer tanto en textos narrativos como poemáticos, de teatro o de ensayo. En él suelen despejarse las incógnitas e interrogantes planteados a lo largo del texto que precede. A veces, presenta una enseñanza o moraleja final.

Epinicio. Término de origen griego *(epinikion:* canto después de la victoria) con el que se denomina una composición poética cuyo tema es el elogio del vencedor en los juegos que se celebraban en Olimpia, Delfos, Corinto y Nemea. Píndaro es el gran cantor de los triunfadores en estas competiciones deportivas, a los que dedica sus *Odas,* reunidas en cuatro libros cuyos nombres responden a los cuatro centros mencionados: *Olímpicas, Píticas, Ístmicas* y *Nemeas.* La estructura métrica de estas odas era muy precisa: una sucesión de conjuntos de tres estrofas denominadas: estrofa, antistrofa y epodo. Esta estructura métrica fue imitada en la literatura española por Quevedo y algunos poetas afines. Un ejemplo de este tipo de poema es el *Elogio al Duque de Lerma, don Francisco,* del mismo Quevedo, que consta de dos conjuntos de estrofa, antistrofa y epodo. Como una forma de epinicio puede considerarse, además de la *canción pindárica,* la oda, cuando su tema es la exaltación de un triunfo, ya sea éste de tipo militar, político, religioso, etc. Véase: EPODO.

Episodio. Término de origen griego *(epeisodos:* entrada, acción secundaria) con el que se designaba en el teatro clásico cada una de las partes o escenas dialogadas de la tragedia que estaban separadas por los cantos del coro *(stasima).* Dicho término se utiliza también en Narratología para designar los relatos intercalados en una novela que se desvían de la acción principal de ésta y constituyen un elemento de «diversión» o diversificación que puede conferir una mayor complejidad e interés a la trama narrativa en su conjunto. Esto es lo que ocurre con algunos relatos intercalados en el *Quijote,* p. e., las historias de Ricote y de Claudia Jerónima, en la segunda parte. Desde otra perspectiva, se habla de estructura episódica de una novela cuando está construida a base de relatos dotados de cierta autonomía y que, gracias a la presencia continuada de la figura del protagonista de los mismos, se integran en una trama unitaria, como ocurre en el *Lazarillo de Tormes.*

En el siglo XIX, el término «episodio» ha sido utilizado por B. Pérez Galdós para denominar una serie de novelas de trasfondo histórico y técnica realista en las que se proyecta, en una simbiosis artística de realidad y ficción, la historia de España de dicho siglo. La organización de episodios autónomos en torno a un eje temático o a unos determinados personajes que aparece en este conjunto de novelas históricas de Galdós figura en ciclos narrativos contemporáneos, como los de P. Baroja *(Aviraneta),* Martin du Gard *(Los Thibault),* etc.

Epístola. Término de origen griego y latino con el que se designa un escrito en forma de carta, dirigido a una persona conocida, a lectores indeterminados o a personajes de ficción. Esta forma epistolar de escritura procede tanto de la tradición grecolatina (la *Epistula ad Pisones,* de Horacio, las cartas de Varrón y Cicerón, etc.) como de la Biblia: las epístolas de los apóstoles Pablo, Santiago, Juan y Pedro a sus discípulos residentes en distintas regiones de Asia y Europa. En la literatura española, la epístola ha gozado de gran predicamento, sobre todo en el Siglo de Oro. Se escribían en prosa o en verso.

La escritura epistolar, por el contenido, tono, destinatarios y propósito, puede presentar diferentes modelos. En primer lugar, las *cartas personales* de escritores eminentes, que se constituyen por ello, aparte de su valor documental, en muestras ejemplares del estilo epistolar: p. e., las *Cartas* de Teresa de Ávila, las *Cartas* de Lope de Vega (epistolario al duque de Sessa, al conde de Saldaña, etc.), de Quevedo, etc. Este género epistolar ha sido abundante entre los escritores de los tres últimos siglos: p. e., en la llamada Generación de 1868 los *Epistolarios* de Clarín, Pereda, Galdós, Pardo Bazán y, sobre todo, Valera (a Estébanez Calderón, a Gumersindo Laverde, a Menéndez Pelayo, etc.) son una fuente de información y de valores estéticos. Otro tipo de cartas frecuentes son las *cartas-ensayo,* en las que el tema literario, social, político o didáctico constituye su contenido fundamental: p. e., las *Cartas eruditas y curiosas,* de

Feijoo; las *Cartas marruecas,* de Cadalso; las *Epístolas,* de Jovellanos, *Cartas desde mi celda,* de G. A. Bécquer, etc.

Por otra parte, existe una serie de obras en la literatura española escritas en forma de *narración epistolar* como son el *Proceso de cartas de amores,* de Juan de Segura; el *Lazarillo de Tormes;* la primera parte de *Pepita Jiménez,* de Valera («Cartas de mi sobrino»); *La incógnita,* de B. Pérez Galdós, etc. Véase: CARTA.

Epistolario. Véase CARTA.

Epitafio. Término de origen griego (*epitaphion:* sobre la tumba) con el que se alude a un tipo de poema elegíaco o fúnebre, escrito con ocasión de la muerte de una persona. En algunos casos se grababa en la lápida sepulcral. Aunque generalmente son poemas breves, los hay más extensos y de gran perfección formal, p. e., el soneto de Góngora titulado «Inscripción para el sepulcro de Domínico Greco».

Epitalamio. Término de origen griego (*epithalamios:* sobre el tálamo o lecho nupcial) con el que se designaba en la literatura grecolatina una canción que solía ser cantada por jóvenes y muchachas en la noche de bodas, a la puerta o en las inmediaciones del dormitorio de los recién casados. Se conservan textos de epitalamios de Safo (sólo fragmentos), de Teócrito (*Epitalamio de Me-*

nelao y Helena), Píndaro, Anacreonte, Catulo *(Bodas de Tetis y Peleo)*, Ausonio, etc. En la Biblia, algunos salmos y el *Cantar de los Cantares* presentan aspectos cercanos al epitalamio. A partir del Renacimiento escriben epitalamios Tasso, Ronsard, Sidney, etc. En la literatura española del siglo XVII aparecen el *Epitalamio a las bodas de Anfriso y Filis*, de S. J. Polo de Medina, y una serie de canciones de bodas, tanto en la poesía popular como en la culta (Góngora, p. e.). Algunos autores de teatro insertan en sus obras este tipo de canciones que solían ir acompañadas con música: p. e., en *Peribáñez* y en *Fuente Ovejuna*, de Lope de Vega. En los siglos XVIII y XIX, N. Fernández de Moratín, F. Martínez de la Rosa *(Himno epitalámico)*, etc., presentan muestras de este tipo de canciones. En el siglo XIX es conocido el *Epithalamium* de Coleridge, y en el XX el «Poema leído en la boda de André Salmon», de G. Apollinaire.

Epítasis. Término griego *(epitasis:* intensidad) con el que se designaba la segunda de las cuatro partes o fases en las que se desarrollaba la tragedia. Es la parte central de la acción dramática, en la que sobrevienen los acontecimientos de mayor trascendencia y se intensifican los conflictos, que constituyen el «nudo» de la trama. Véase: TRAGEDIA.

Epíteto. Término de origen griego *(epitheton:* sobrepuesto, añadido) con el que se designa el adjetivo explicativo que expresa una cualidad del sustantivo. «Es epíteto todo adjetivo morfológicamente tal que acompaña inmediata o mediatamente a un sustantivo, sin intermedio de cópula, para expresar una cualidad propia o accidental del mismo sin necesidad lógica de expresarla» (G. Sobejano). Un rasgo esencial del epíteto es precisamente el no ser necesario para el conocimiento del objeto al que califica. Sin embargo, la manera de utilizarlo indica la capacidad de observación y expresión del hablante, su visión imaginativa y afectiva de la realidad y ciertas peculiaridades de su personalidad.

Hay diferentes clases de epíteto. Se habla de epíteto *típico* cuando el adjetivo denota una cualidad propia o esencial al sustantivo: «helada nieve», «noche oscura», «ardiente fuego». A veces se confunde este adjetivo con el llamado epíteto *constante*, que se asocia de manera fija a un sustantivo («manso cordero»); su empleo puede ser un signo de pobreza expresiva y de carencia de originalidad. En la literatura grecolatina y en la medieval se designa como epíteto *épico* a ciertos adjetivos con los que, de forma ritualizada, se exalta una cualidad del héroe o se fustiga un vicio de sus enemigos: «buen Campeador», «fardidas lanzas», «burgalés cumplido», etc. Se habla también de epíteto *metafórico* (cuando el adjetivo implica una metáfora, p. e., «nevadas plumas»: por blancos cisnes) y *sinestésico:* cuando denota una cualidad sensorial que, lógicamente, no correspondería al sustantivo al que califica, p. e., «salada fragancia» (Rubén Darío).

Epítome. Término de origen griego (de *epitemno:* abreviar) con el que se alude al resumen o compendio de una materia o también a un procedimiento retórico consistente en repetir, de forma recurrente en el transcurso de un párrafo, una palabra o una expresión que aparecía al comienzo del mismo, con el fin de mantener la atención sobre ese aspecto relevante del enunciado, al tiempo que se dota a todo el conjunto de una mayor coherencia.

Epodo. Término de origen griego *(epodos:* «después del canto»*)* con el que se designa la tercera de las estrofas (tríada epódica) de la llamada *canción pindárica,* que presenta (el epodo) un número y combinación de versos (heptasílabos y endecasílabos) diferentes de los de las dos primeras estrofas, así como una distinta organización de las rimas. En el *Elogio al Duque de Lerma, Don Francisco,* de Quevedo, la estrofa y la antistrofa constan de dieciséis ver-

sos, y el epodo, de veintiuno, organizados en la siguiente formación de la rima: ABabaCCD-DeEFGGFhIHiJJ. Véanse: ANTISTROFA y CANCIÓN PINDÁRICA.

Epopeya. Término de origen griego (*epopoiie* o *epopoiia:* relato versificado de acciones heroicas) con el que se designa un tipo de poema transmitido por tradición oral, probablemente destinado al canto o a la recitación acompañada de instrumento musical y en el que se relatan acciones extraordinarias de héroes (legendarios o históricos) asociados con los orígenes y destino de sus respectivos pueblos. El término «epopeya» es «equivalente de poema épico» (R. Lapesa), por lo cual se explica la libertad (o disparidad de criterios) de los estudiosos del tema a la hora de abordar la materia en cuestión, ya sea englobándola íntegramente bajo el título de *épica,* o bien en el de *epopeya.* Otros investigadores han optado por reservar este último término para aquellos poemas de tradición oral que hunden sus raíces en un fondo primigenio de relatos cosmogónicos o mitológicos como son, p. e., el *Gilgamesh* asiriobabilonio, la *Ilíada* y la *Odisea* entre los griegos y los dos poemas de la India: el *Mahâbhârata* y el *Râmâyana.* Véase: ÉPICA.

Equívoco. Término de origen latino (*aequivocus,* de *aequa-vox:*

igual voz, pero diversos sentidos) con el que se designa una figura retórica consistente en la utilización de palabras homónimas que se pronuncian de la misma manera («yerro» - «hierro») o que se escriben igual («vela» de barco y «vela» de cirio) y que, sin embargo, presentan un significado distinto. Este recurso literario, que se funda en la ambigüedad y polisemia de las palabras, se presta a un juego de humor y de ironía. Ha sido muy utilizado en la tradición teatral (comedias, pasos, entremeses, sainetes, etc.) y en la poesía satírica y burlesca. Véanse: CALAMBUR y DILOGÍA.

Erasmismo. Nombre con el que se conoce un movimiento de renovación religiosa y cultural que se produce en la primera mitad del siglo XVI en varios países europeos, entre ellos España, donde ejercerá una profunda influencia en determinados medios intelectuales, en la corte de Carlos V y en ciertos estratos populares dirigidos por una parte del clero, afín a dicho movimiento. En el origen de esta corriente renovadora se encuentra la personalidad y doctrina de Erasmo de Rotterdam (1469-1536), religioso agustino, especialista en lenguas clásicas, cuyo conocimiento le sirve para el estudio del Nuevo Testamento, como medio de acercamiento al mensaje cristiano en su fuente original, aún no «contaminada» por las categorías de la filosofía escolástica. Con un sólido conocimiento de los textos bíblicos y de la literatura clásica, Erasmo da forma a un pensamiento filosófico-religioso en el que intenta conciliar la sabiduría de la cultura grecolatina y la religiosidad evangélica, configuradoras de un nuevo humanismo cristiano. El objetivo de este pensamiento humanista, que transmite en sus libros, es la renovación espiritual de la Iglesia, la búsqueda de concordia entre los cristianos, enzarzados en querellas de religión, y la dignificación de la Teología y de las expresiones del culto, de acuerdo con las formas del cristianismo primitivo. Este programa de renovación intelectual y de regeneración moral encuentra una extraordinaria acogida en países como Francia (donde Erasmo cuenta con las simpatías de humanistas, como G. Budé, miembros del Parlamento de París e incluso del Rey), Italia (donde su doctrina es acogida con interés por los cardenales Contarini, Sadoleto, Pole e incluso el papa Paulo III), Inglaterra (de 1509 a 1514 explica griego y Nuevo Testamento en Cambridge), Alemania (desde 1519 los luteranos intentan atraerle a su causa; en 1529 se instala en Friburgo), Bélgica (enseña en Lovaina; en Brujas conoce a J. L. Vives, cuyo pensamiento presenta concomitancias con el de Erasmo), etc. Pero es en España donde su doctrina consiguió una audiencia más amplia y una implantación más duradera, debido a unas circunstancias políticas (Erasmo, consejero de Carlos V, goza del apoyo del canciller Gattinara y del secretario de Estado, Alfonso de Valdés), culturales (adhesión de diversos profesores de la Universidad de Alcalá y de la de Salamanca a dicha doctrina) y religiosas: simpatía de los arzobispos de Toledo (Carranza) y Sevilla (Manrique), así como de ciertos grupos religiosos (judíos «conversos», «alumbrados», etc.) hacia el erasmismo. La influencia de este pensamiento en la cultura española se extiende, además, a la creación literaria en obras como *De los nombres de Cristo*, de Fray Luis de León (referencias al cristianismo interior, defensa de la lengua romance para el estudio de la Biblia), *Guía de pecadores*, de Fray Luis de Granada, *El viaje de Turquía*, de Andrés Laguna, y, especialmente, en el *Quijote* (Cervantes fue discípulo del erasmista López de Hoyos en el Estudio de Madrid), obra en la que se manifiestan ideas y actitudes de raigambre erasmiana, como la evocación de dicho cristianismo interior, centrado en la comprensión del prójimo, en la sencillez y humildad; la crítica de la superstición y del culto a las reliquias, de la conducta antievangélica de eclesiásticos, de las prescripciones legalistas que Sancho llama «tologías»; el deseo de vuelta a la naturaleza y al cristianismo sencillo e ingenuo de los *Evangelios* y el común rechazo de las novelas caballerescas, de las que *El Quijote* constituye una genial parodia. Por todo ello, adquiere pleno sentido la afirmación de Bataillon: «Si España no hubiera pasado por el erasmismo, no nos habría dado el *Quijote*».

Escena. Término de origen griego (*skene*: tienda de campaña) con el que se designaba inicialmente el espacio reservado a los actores para poder cambiarse en el transcurso de la representación. El lugar donde ellos actuaban se denominaba *proscenio*, y estaba situado entre el muro frontal y la *orquesta*, destinada al coro. En el teatro romano, dicho término se aplicaba a un tablado de madera (luego de piedra) utilizado en los *ludi* o juegos escénicos, sobre el que los actores representaban la obra. En el teatro renacentista italiano se habla de *escena ilusionista* (para referirse al decorado del escenario, que estaba formado por un telón de fondo pintado para dar la impresión de perspectiva) y de *escena vitruviana*, constituida por un fondo y por dos edificios a derecha e izquierda. (Sobre la configuración de la escena en el teatro español del Siglo de Oro, tanto el ambulante como el de los corrales, véase *decorado.)* En la actualidad el término «escena» presenta diversas acepciones: sirve para significar el lugar de representación o escenario, el fenómeno teatral en su conjunto (en sentido traslaticio), la «puesta en escena» o, finalmente, para delimitar una determinada unidad temporal de la obra dramática. Véanse: DECORADO, DEUS EX MACHINA, DIRECTOR DE ESCENA y ESCENARIO.

Escenario. Término procedente del griego *skene* (tienda de campaña) con el que se alude a la parte del teatro destinada a la representación y al decorado o *escenografía*. Dos son las formas más frecuentes con las que se ha solido diseñar dicho espacio a lo largo de la historia: el escenario *frontal,* que presenta tan sólo una cara abierta al público (escena «a la italiana»), y el *circular,* rodeado en su mayor parte por los espectadores. Este segundo tipo aparece en el teatro grecolatino y medieval. En este último se desarrolla, además, lo que se denomina escenario múltiple *longitudinal,* constituido por una serie de espacios escénicos yuxtapuestos (los *loci* o moradas) en los que se iba representando una historia, que era contemplada por los es-

pectadores, sucesivamente, siguiendo las indicaciones de un actor o de los carteles orientadores que figuraban en dichos espacios. En algunas representaciones del teatro contemporáneo, se ha situado el escenario en medio del público, con el fin de lograr una mayor participación de los espectadores. Véase: DECORADO.

Escenografía. Término procedente del griego *(skene,* escena, y *grapho:* describir) con el que se designaba el decorado teatral. Hasta hace pocos años, la función atribuida a dicho decorado y a la escenografía era la de ambientar plásticamente un espacio escénico para que los espectadores pudieran reconocer un lugar determinado (un bosque, un castillo, un palacio), en el que se desarrollaba la acción, espacio que habría de servir a diferentes situaciones posibles. En nuestros días, el objetivo de la escenografía no acaba en esta tarea de ilustración, sino que pretende dar un sentido global a la «puesta en escena» del texto. A través del dispositivo (medios arquitectónicos, plásticos, sonoros, iluminación, etc.) trata de interpretar y desarrollar todas sus virtualidades: la configuración y la ubicación del espacio escénico, el control de la iluminación para crear la atmósfera y el ambiente deseados, el diseño del decorado atendiendo a las necesidades de los actores, la organización de dicho espacio en función de la movilidad de los mismos, la atención al vestuario y al utillaje, la coordinación de los efectos sonoros con el ritmo del texto, etc. Véanse: DECORADO, DISPOSITIVO ESCÉNICO, ESCENA, ESCENARIO, MONTAJE, UTILERÍA y VESTUARIO.

Escritor. Término de origen latino *(scriptor)* con el que se designaba tanto al copista *(scriptor librarius:* copista de libros) como el autor de obras literarias: Quintiliano denomina *scriptor tragediarum* y *scriptor veteris comediae* al creador de tragedias y de la antigua comedia respectivamente. En castellano existen dos palabras con idéntico lexema para referirse a las dos acepciones mencionadas: *escribiente* (copista o transcriptor) y *escritor* (autor).

Desde el punto de vista profesional la valoración social del escritor ha variado según las distintas sociedades y épocas de la historia. Véase: PÚBLICO.

Escritura automática. Véase SURREALISMO.

Escuela literaria. Véanse CLASIFICACIÓN LITERARIA, MOVIMIENTOS LITERARIOS y PERÍODOS LITERARIOS.

Eslabón. Verso llamado también *volta* (vuelta) o *chiave* (llave) con el que se inicia la *sirima* de la estancia, estrofa de la *can-*

ción italiana. Sirve para unir las dos partes de la estancia: *fronte* y *sirima.* Suele ser un verso heptasílabo, y rima con el último verso de la fronte. Véase: ESTANCIA.

Espacio. Categoría filosófica utilizada entre los griegos para designar el receptáculo vacío (Platón) o el *topos* o lugar (Aristóteles) donde se sitúan los objetos y en virtud del cual éstos son percibidos como tales objetos. Dicha categoría es una condición subjetiva imprescindible para poder «representar» mundos imaginarios (sustitutorios del mundo real) que la fantasía creadora del escritor es capaz de poner en pie gracias al lenguaje literario. Tanto en la ficción narrativa como en el teatro, acción, personajes y objetos comienzan a adquirir consistencia cuando son concebidos y enmarcados en un espacio y tiempo determinados. El narrador de un relato de ficción intenta dar forma a un espacio imaginario a través de la descripción y disposición de los objetos que configuran el escenario en el que se han de mover los personajes, formando parte de él, en un entramado de relaciones de proximidad o lejanía, pero, en definitiva, de interdependencia con respecto a esos objetos. Por otra parte, el narrador puede estimular la imaginación del lector suscitando una serie de sensaciones visuales, auditivas, táctiles, olfativas (luz, colores, ruidos, voces, aromas, etc.) que contribuyen a crear una impresión de ambiente, atmósfera y espacio determinados.

En lo que respecta al teatro, se advierten dos modos fundamentales de considerar el espacio: el dramático y el de la escenificación. Por espacio dramático se entiende el que es fruto de la ficción creadora de su autor, cuyas indicaciones y acotaciones sirven al director de escena para imaginar el marco posible de desarrollo de la acción y los movimientos de los personajes. El espacio escénico es el que se concreta en el desarrollo de un espectáculo, de acuerdo con las posibilidades que ofrece la sala o el edificio en el que se pone en escena, o representa la acción enunciada en un texto dramático. Véanse: ESCENARIO, ESCENOGRAFÍA e IMAGINACIÓN.

Esparza. Término de origen provenzal (equivale a «copla suelta») con el que se designa, en los cancioneros de los siglos XV y XVI (*esparça, esparsa*), una composición poética de una sola estrofa que normalmente es una copla de arte menor, real o mixta. Su amplitud y formas son variables: el número de versos oscila entre cuatro y diez. Su temática suele ser amorosa, aunque en algún caso figura un pensamiento religioso. Véase: COPLA.

Espectador. Se dice del que «mira con atención un objeto» y del que «asiste a un espectáculo público» (DRAE). Entre los diversos espectáculos posibles, es el teatro el que ha mantenido, desde sus orígenes, una más estrecha relación con la creación literaria, ya que una parte fundamental del mismo lo constituye el texto, pero un texto destinado a la representación escénica. Por tanto, el público al que va dirigido ese texto no es, en principio, un público lector, sino espectador. Dado que el teatro, además de arte, es juego, el espectador puede y debe participar en él activando sus capacidades de comprensión, interpretación, valoración crítica y disfrute del espectáculo. El espectador consciente no puede olvidar que el espectáculo teatral es re-presentación, ficción de realidad, farsa. De hecho, frecuentemente el dramaturgo lanza ciertos guiños al público para que se percate de esa dualidad ficción-realidad en la que está inmerso.

Espinela. Véase DÉCIMA.

Esperpento. Término polisémico («persona o cosa notable por su fealdad, desaliño o mala traza; desatino, absurdo», según el DRAE) elegido por Valle-Inclán para designar una categoría estética, una forma teatral y una visión de la vida humana y de la historia, representada desde una óptica sistemáticamente deformadora de la realidad.

La estética del esperpento conecta con la tradición hispánica de la literatura paródica y del teatro de farsa, vigente desde la Edad Media tanto en Castilla (desde el Arcipreste de Hita hasta Cervantes y Quevedo: recuérdense sus caricaturas grotescas del tipo del Dómine Cabra) como en Galicia, de la que procede Valle, cuyas obras recogen elementos del folclore popular de esa región y del mundo de las ferias y romerías, «con su teatrillo de fantoches, con pregonero embadurnado a la entrada, a base de palo y puñal, cuernos, marido vengado y responso bufo en el entierro...» (V. Paz-Andrade). Por otra parte, extrae muchos recursos expresivos del sainete coetáneo y de ciertas formas de subliteratura, siguiendo un proceso de depuración de un idioma suburbial madrileño. No hay que descartar, además, la posible influencia de ciertas representaciones de lo grotesco en algunos cuadros del Museo del Prado (*El jardín de las delicias* y *El infierno*, de El Bosco, los «caprichos y disparates» y los «desastres» de Goya), así como los grabados de L. Alenza y los lienzos de J. Gutiérrez Solana, «esperpentizador» de un mundo miserable.

La aparición definitiva del esperpento, como realización estética, habría que situarla en *Luces de bohemia*, obra en la que el protagonista, Max Estrella, promete inmortalizar al «grotesco personaje» don Latino en una farsa trágica: el «esperpento».

Esta obra y otras que escribe hasta 1936 (*Los cuernos de don Friolera, Tirano Banderas, La corte de los milagros*, etc.) presentan características comunes en cuanto a temas, estructura, técnicas de construcción y recursos lingüísticos. En el primer aspecto, destaca un tema recurrente, la historia (del periodo isabelino, la guerra de Cuba, la dictadura de Primo de Rivera, etc.), que, si en la etapa modernista de las *Sonatas* atraía a Valle como «leyenda», para evadirse de la vulgar realidad, en la etapa de los esperpentos la percibe como folletín, lo que implica una degradación de esa realidad histórica, de sus héroes y valores, que, convertidos en caricatura, terminan siendo «grotescos». Otros temas recurrentes son los mitos heredados de la tradición (el honor, don Juan, etc.), la corrupción de los valores morales, el encanallamiento de la sociedad, el problema social, etc.

En el diseño de estas piezas, Valle-Inclán utiliza elementos procedentes del sainete, la farsa, el guiñol, el romance de ciegos, etc., para configurar esa farsa trágica, en la que lo *grotesco* es una categoría estética fundamental. Rasgos comunes en estos esperpentos son: la reducción de la personalidad a fantoche, la aparición del personaje colectivo y una configuración similar del espacio (principalmente urbano) y del tiempo, que discurre de forma discontinua, por el encadenamiento de cuadros autónomos. En cuanto a las técnicas de plasmación de lo grotesco, pertenecen al campo de la parodia, de la sátira y de la caricatura, a través de un uso especial de la perspectiva, desde la que los personajes (y los objetos) son deformados por una exageración y abultamiento de rasgos físicos y psicológicos, por una difuminación de los perfiles y por la creación de una sensación de irracionalidad y de caos en situaciones y conductas. En la configuración de los personajes destaca la utilización de la «máscara» y de la «mueca», así como la degradación zoomórfica, de la que es un ejemplo la descripción de Zaratustra, «abichado», habitando en su «cueva» con el loro, el gato y el can.

Un recurso fundamental de dicha estética es la utilización de ciertas figuras retóricas, como la *ironía, *hipérbole, *oxímoron, etc. El uso de esta última (que consiste en una oposición y síntesis de contrarios) afecta a todos los planos del texto. Así, en el plano lingüístico, el léxico culto puede aplebeyarse por el tono o gesto vulgares con que se emite o por la situación innoble en que se enmarca, y viceversa; y en el plano de los sentimientos, valores, etc., cualquier entidad positiva puede ser neutralizada por su contrario: la emoción, por la burla, la historia, por la anécdota intrascendente o por su reducción a folletín, etc. Véanse: ABSURDO, CARICATURA, EXPRESIONISMO, FARSA, GROTESCO y PARODIA.

Estancia. Estrofa compuesta por un número variable de versos endecasílabos y heptasílabos, combinados libremente por el poeta, de forma similar a lo que ocurre con la *silva. Se diferencia de ésta en que no quedan versos libres, ya que todos riman en consonante, y en que, además, al formar parte de un poema, la estructura de la primera estancia sirve de modelo obligatorio para el resto de las estrofas. Frecuentemente la estancia se estructura en dos conjuntos (la *fronte* y la *sirima*), vinculados por un *eslabón* o llave *(volta o chiave)*, que suele ser un verso heptasílabo que rima con el último de la *fronte*, según puede verse en el siguiente ejemplo:

A «Si a la región desierta,
              inhabitable   F
B por el hervor del sol de-
              masïado   R

C y sequedad d'aquella are-
          na ardiente, O
B o a la que por el hielo
          congelado N
A y rigurosa nieve es intra-
          table, T
C del todo inhabitada de la
          gente, E
c por algún accidente ← ESLABÓN
D o caso de fortuna desas-
          trada S
d me fuésedes llevada, I
E y supiese que allá vuestra
          dureza R
e estaba en su crüeza, I
F allá os iría a buscar como
          perdido, M
F hasta morir a vuestros
          pies tendido». A

(Garcilaso de la Vega)

La estancia, de origen provenzal, se reestructura en Italia, donde adquiere sus características básicas en la obra de Dante: combinación de endecasílabos y heptasílabos, extensión variable y cierta libertad en la conformación de las rimas. En el Renacimiento español se introdujo dicha estrofa en la composición de églogas y canciones, y, en cuanto a la métrica, su número de versos oscila entre diez y veinte.

Estereotipo. Término con el que se alude a expresiones verbales en clichés, a tipos o personajes heredados de la tradición, cuyos gestos, comportamientos y lenguaje se repiten mecánicamente, y a temas y situaciones tipificadas que reaparecen reiterativamente en diferentes épocas. Ejemplos de estereotipos dramáticos son el *miles gloriosus* o rufián valiente, el bobo, el viejo celoso, etc. Véanse: PERSONAJE y TIPO.

Estética. Término de origen griego (*aisthetikos,* derivado de *aisthesis:* sensación) utilizado por A. G. Baumgarten para designar la parte de la gnoseología dedicada al conocimiento sensitivo y por E. Kant para denominar la «ciencia de todos los principios a priori de la sensibilidad». Este filósofo, con su *Crítica del juicio* (1790), y Hegel, con la *Introducción a la Estética* (1835), contribuyeron a la formación de esta disciplina (con carácter autónomo respecto de la gnoseología) como una ciencia cuyo objeto es la enunciación de una teoría de la belleza y del arte, el estudio de las diversas manifestaciones y objetos artísticos y el análisis del proceso de creación y de las diversas experiencias estéticas. Previamente, determinados conceptos y categorías esenciales de esta disciplina (belleza, arte, lo sublime, lo trágico, etc.) habían sido ya definidos en la filosofía y retórica grecolatinas y reelaborados por los tratadistas de retórica y poética medievales, renacentistas y del Barroco, como se indica en la entrada sobre *belleza.* La base fundamental de la reflexión sobre estos conceptos está en la *Poética* de Aristóteles y en la preceptiva horaciana expuesta en la *Epistula ad Pisones:* el concepto de arte como «mimesis» de la realidad, la unidad de composición de la obra artística, la armonización de las formas métricas con el tema de la composición, los diversos fines del arte (pragmático, ético y estético), la relación entre poesía y artes plásticas *(ut pictura poesis),* etc. Estas ideas y principios estéticos son convertidos en preceptiva y código reguladores de toda obra artística y llegan a su culminación con el clasicismo francés y la obra normativa de Boileau. No obstante, en el Barroco italiano y español surgen tendencias de liberación de este encorsetamiento clasicista, tanto en la creación dramática (Lope de Vega y su escuela) como en las artes plásticas, con la aparición de nuevas técnicas *(maniera)* y categorías (lo *grottesco)* que significan un distanciamiento de la rígida interpretación de la preceptiva grecolatina.

El interés mostrado hacia estas cuestiones por diversos pensadores de los siglos XVIII y XIX contribuirá al resurgimiento de la estética como disciplina autónoma. Son importantes, en este sentido, las aportaciones de Diderot (critica el supuesto de la «mimesis» y de la «ilusión» de realidad como base de la creación artística) y Rousseau, que confiere a la naturaleza la primacía sobre el arte, al tiempo que destaca el principio de la intuición y de la originalidad en la génesis de la obra de arte, fruto no de la imitación de una realidad exterior sino de la expresión de la subjetividad del artista. Este presupuesto está en la base del análisis de E. Kant sobre el valor estético, en su *Crítica del juicio.* El juicio estético es un juicio de valor que se diferencia de otros juicios axiológicos en que la percepción de la forma pura, que suscita placer en el receptor, como forma «bella», no implica la satisfacción de un bien moral (por eso se diferencia «lo bello» de «lo bueno») ni de un deseo (lo que supondría voluntad de poseerlo como útil o gratificante), sino que es un placer desinteresado. Este desinterés caracterizaría la actitud estética de la creación artística (rasgo en el que coincide con el juego, actividad desinteresada), que no puede someterse a otros fines (utilidad, moralidad, etc.) extraños al carácter lúdico y creativo de la obra de arte. Frente a esta visión de la experiencia estética desde la subjetividad, el pensamiento alemán posterior propone una concepción de la estética a partir del objeto, al considerar lo bello como la manifestación de lo divino en el universo (Schelling).

Para Hegel, la belleza es una manifestación del espíritu en la Naturaleza y en el mundo del arte. En oposición a la tesis aristotélica del arte como «mimesis», cree que la función del artista no es imitar o representar la forma externa de los objetos, sino intuir la *idea* latente en la naturaleza y en el mundo interior de los sentimientos y pasiones del espíritu humano. La función del arte es expresar ese mundo y crear mundos de ficción. De acuerdo con Kant, propugna la autonomía del arte: su única finalidad es la creación de belleza. Por su parte, F. Schlegel aplica los preceptos de la estética romántica a la crítica y creación literaria, y presenta como modelo de obra poética la producción dramática de Shakespeare y de Calderón frente a la tradición clásica y la neoclásica.

Entre los pensadores posteriores al Romanticismo, Schopenhauer confiere al arte la función de consuelo de una vida humana carente de sentido y que se desarrolla entre el aburrimiento y el dolor. Las artes y, especialmente, la literatura y la música son medios de evasión del tedio de la vida. En conexión con la filosofía de Schopenhauer, Nietzsche (para quien el mundo puede ser percibido estéticamente como obra de arte) distingue en sus estudios sobre la tragedia griega dos elementos que pueden considerarse como constituyentes de toda creación y experiencia estéticas: lo dionisiaco (se manifiesta en la música, el coro y la danza), que expresa una desenfrenada afirmación de la vida, y lo apolíneo, que significa orden y armonía. Ambas expresiones son como dos «instintos de arte» que proceden de la Naturaleza, de la que todo artista es «imitador», como lo fueron los griegos.

En el transcurso del siglo xx la reflexión estética se ha ido enriqueciendo con sucesivas aportaciones procedentes del campo de la filosofía (los trabajos de Dilthey, Bergson, Croce, Ortega y Gasset, Cassirer, Heidegger, etc.), de la psicología y el psicoanálisis (Freud, Jung, Lacan, etc.), la sociología (G. Lukács, W. Benjamin, etc.), la arquitectura (Le Corbusier, Loos, etc.), la historia del arte y de la cultura (Wölfflin, Panofsky, A. Hauser, E. H. Gombrich, etc.), de la creación y crítica literarias (Rilke, P. Valéry, Sartre, Eliot, Shklovski, Barthes, etc.) y de los historiadores de esta disciplina: M. Menéndez Pelayo, R. Bayer, R. K. Gilbert, E. de Bruyne, W. Tatarkiewicz, etc., a los que, por razones de espacio, tan sólo cabe mencionar aquí. Al estudio de esta disciplina corresponde también el análisis de las llamadas «categorías estéticas», cuya enumeración varía según los autores. Aparte de lo *be-*

llo y de su valor opuesto, lo *feo*, se han señalado otras categorías como *lo sublime* (frente a *lo grotesco* y *lo esperpéntico*), *lo trágico* y *lo cómico, lo paródico* y *lo burlesco*, etc. Véanse: BELLEZA, ESPERPENTO, GROTESCO, PARODIA y TRÁGICO.

Estética de la recepción. Véase RECEPCIÓN.

Estilística. Término con el que se designa una disciplina que tiene por objeto estudiar las características de la expresión lingüística individual o de un grupo y, especialmente, del estilo literario de un escritor, de una obra, escuela e, incluso, de una época. El estilo, entendido como manera de hablar o de escribir, constituía, en la cultura clásica grecolatina, objeto de estudio de la retórica. Esta disciplina, si en un principio era una ciencia de la expresión o discurso oratorio, se fue convirtiendo (y en tiempos de Cicerón y de Quintiliano hay ya constancia de ello) en una ciencia de la elocución, en la que ocupaban un lugar prevalente la expresión figurada y el ornato verbal propios del discurso literario. En el siglo XIX y a comienzos del XX, se conocía como estilística una asignatura académica en la que ocupaba una parte fundamental el inventario de recursos figurados y del ornato verbal. Sin embargo, en la actualidad, dicho término se utiliza para designar diversas corrientes de análisis de la expresión lingüística y literaria, como la llamada *estilística genética* (propugnada por L. Spitzer, que trata de analizar ambas formas de expresión con respecto al individuo o la colectividad que la crea), la *estilística descriptiva* (desarrollada por Ch. Bally, que estudia los valores estilísticos propios de la lengua común, con sus matices afectivos, volitivos, estéticos, etc.), la *estilística funcional* (de R. Jakobson, que estudia los valores estilísticos en función de las necesidades de la comunicación), la *estilística textual*, utilizada por M. Cressot, J. Marouzeau, etc., en la explicación de textos, con el objetivo de describir e interpretar los efectos de estilo en un contexto determinado, la *estilística estructural* y la *generativa*. Respecto a la *estilística genética*, denominada también «estilística idealista», tiene como iniciadores a K. Vossler y Leo Spitzer y como continuadores a H. Hatzfeld, G. Devoto, Dámaso y Amado Alonso, etc. La metodología de la crítica estilística propuesta por Spitzer se puede sintetizar en los siguientes principios: *a)* el punto de partida del análisis estilístico lo constituye la obra literaria. Si cada obra es única e irrepetible (B. Croce), el crítico debe elaborar las categorías y criterios de análisis a partir del texto, donde encontrará las claves de su interpretación; *b)* en cada texto hay un *etymon espiritual,* que es el núcleo de cohesión interna de la obra y que se manifiesta en su composición, en la configuración del tema y en las formas de expresión lingüística, en las que se descubren las marcas del estilo de su autor; *c)* por medio de la *intuición* de rasgos característicos, de detalles expresivos (palabras, giros, formas peculiares, etc.), el crítico puede descubrir la clave del texto, partiendo de lo exterior a lo interior, de la forma lingüística al contenido. Los rasgos lingüísticos que ofrecen la «clave» de interpretación son, a su vez, los peculiares del autor, en los que se aparta del *uso normal* del lenguaje. Por ellos, el crítico puede descubrir la estructura interna de la obra y el pensamiento y cosmovisión del autor, reflejo, a su vez, de la cultura de su época.

La *estilística descriptiva o de la expresión,* iniciada por Ch. Bally (discípulo de Saussure), se basa en los siguientes puntos: *a)* su objetivo es el estudio de los valores expresivos e impresivos (intencionales: estéticos, éticos, didácticos) de la «lengua común hablada y espontánea, al margen de sus formas literarias»; *b)* cada palabra, cada expresión lingüística, pertenece a un estado de lengua preciso, relacionado con una época, una región, una clase social (con sus peculiaridades de léxico, sintaxis y estilo), una institución o grupo profesional, una edad y condición de sexo (lenguaje de los niños, ancianos, mujeres), un tono (familiar, culto, enfático, irónico, etc.) y unos géneros precisos (lírico, oratorio, dramático), etc. El lenguaje está condicionado por todas esas circunstancias, que la estilística debe tener en cuenta, dada la múltiple variedad de la lengua hablada; *c)* el ámbito de estudio de la estilística descriptiva se centra en los valores afectivos que acompañan toda situación de lengua hablada y espontánea. Trata de analizar la *expresividad* (concepto clave) de la lengua y las relaciones de ésta con el pensamiento.

A partir de la década de los años sesenta del siglo XX, han surgido numerosos estudios en los que una serie de críticos, a los que se considera como creadores de la mencionada estilística estructural (M. Riffaterre, J. Cohen, L. Dolezel, etc.), funcional (R. Jakobson) y generativa (S. R. Levin, S. Saporta, R. Ohmann, etc.), han tratado de aplicar métodos de análisis lingüístico al estudio del lenguaje poético. Véanse: ESTILO, ESTRUCTURALISMO Y LENGUA LITERARIA.

Estilo. Término de origen latino (*stilus:* punzón con el que se escribía sobre tablillas de cera) que, utilizado metafóricamente, vino a significar la manera peculiar de expresarse un hablante o un escritor, así como la serie de rasgos lingüísticos distintivos de una obra o de un conjunto de obras pertenecientes a un determinado género. En ambos sentidos es utilizado dicho término por los preceptistas latinos cuando exigen, con carácter normativo, ciertas cualidades al «bien decir» del orador (la *puritas* o corrección y propiedad, la *perspicuitas* o claridad, la *concinitas* o elegancia, etc.) o hablan de *stilus atticus, stilus asianicus,* etc. La reflexión clásica sobre el estilo se enmarca dentro de la *elocutio,* parte de la retórica en la que los tratadistas clásicos y medievales realizaron un amplio inventario de recursos expresivos (tropos y figuras) relacionados con el *ornatus* o adorno del lenguaje literario. La *electio* de estos recursos constituía una tarea primordial del escritor, que trataba de seleccionar un léxico apropiado a los diversos asuntos, géneros, personajes, etc., y que prefería la expresión depurada y la figura retórica al término común. Del uso peculiar de estos recursos del *ornatus* en un determinado discurso dependía la caracterización del estilo de un orador o de un texto determinado.

Por otra parte, en la retórica clásica y medieval el concepto de estilo aparece vinculado al de género literario. En este sentido se habla de estilo trágico, cómico, elegíaco, etc. En relación con los géneros literarios, la tradición clásica (Cicerón: *De oratore*) y medieval distingue tres tipos de estilo (*gravis* o sublime, *mediocris* o medio y *humilis:* sencillo), que, según los comentaristas de Virgilio, tendrían su perfecta realización en las tres obras de este poeta latino (*Eneida, Geórgicas* y *Bucólicas*), en las que habría adecuada correspondencia entre los asuntos tratados, los personajes, etc. Así. p. e., una obra como la *Eneida,* dado el carácter grave del asunto (el pasado épico y legendario de los orígenes de Roma) y de los personajes que intervienen en la acción (dioses, héroes, reyes), exigía un estilo «grave» o sublime.

En el lenguaje académico dicho término viene utilizándose en diversas acepciones: *a)* como expresión de los rasgos lingüísticos peculiares de un escritor (estilo *individual*) o de un movimiento o período literarios (estilo de *época):* se habla, así, de estilo gongorino, modernista o romántico; *b)* como conjunto de rasgos caracterizadores de determinadas expresiones estéticas en ciertas artes plásticas: p. e., estilo gótico, barroco, etc.; *c)* como sinónimo del «tono» asumido por un autor al escribir su obra: estilo amanerado, retórico, confidencial, etc.; *d)* como expresión del modo del enunciado en el discurso narrativo o de las diversas formas de intervención del narrador en el desarrollo del relato, a la hora de introducir la voz de los personajes. En este sentido, se habla de discurso, modo o estilo *directo, indirecto, indirecto libre*, etc. Para mayor precisión, véase MODO. Véanse, además: ESCRITURA, ESTILÍSTICA, ESTRUCTURALISMO y RETÓRICA.

Estrambote. Conjunto de versos que aparecen añadidos al final de un poema de estructura fija. Generalmente figuran como complemento de sonetos; p. e., en el dedicado por Cervantes al túmulo de Felipe II («Voto a Dios que me espanta esta grandeza»…), al final se añaden tres versos a los catorce del soneto.

Estribillo. Verso o conjunto de versos que figura como introducción al comienzo de ciertos poemas y que se repite total o parcialmente, de forma regular, después de cada estrofa. El estribillo aparece en diferentes tipos de poemas, como la *cantiga de amigo, el cosaute, el villancico de los siglos XV y XVI, la *letrilla, el *romance y otras formas de poesía, tanto popular como culta, que han seguido cultivándose hasta la actualidad. Para ejemplos de estribillo véanse: COSAUTE y VILLANCICO.

Estribote. Término con el que se denomina primitivamente, desde Berceo hasta el *Cancionero de Baena,* lo que después se conocerá como estribillo. En el siglo XV, se utiliza también dicho término para designar al *zéjel, sobre todo cuando esta estrofa figura en poemas satíricos. Véase: ESTRIBILLO.

Estrofa. Conjunto de versos combinados y articulados en una estructura simétrica fija que se repite en el transcurso del poema. La estrofa se configura y define según el número y la clase de versos de que consta y según el tipo y ordenación de su rima. Normalmente, constituye una unidad o período sintáctico con sentido pleno. Pueden distinguirse diversos tipos de estrofa, atendiendo a la regularidad (o no) del número de sílabas de cada verso, al número de versos de que consta la estrofa y a la distribución de ellos en posibles partes de la misma. En cuanto al *número de sílabas* de cada verso, si todos los versos de la estrofa tienen el mismo número de sílabas, se denomina estrofa *isométrica* o isosilábica (p. e., los tercetos, cuartetos, octava real, etc.); si es diverso, se llama *heterométrica* o anisosilábica: p. e, la lira, la estancia y la silva, que constan de heptasílabos y endecasílabos. Atendiendo al *número de versos,* las estrofas pueden ser de dos versos (*pareado), de tres (*terceto), de cuatro (*cuarteto, *serventesio, *redondilla, *cuarteta, *seguidilla, *estrofa sáfica y *cuaderna vía o tetrástrofo monorrimo), de cinco (*quinteto, *quintilla y *lira), de seis (*sextina, *sexteto-lira, *sexta rima, *sextilla), de siete (séptima y *seguidilla compuesta), de ocho (copla de Juan de Mena o *copla de arte mayor, *octava real u octava rima, *octava italiana, *octavilla), de diez (*copla real, *décima o espinela y *ovillejo), etc.

Estructura. En crítica literaria, es la configuración interna de un texto, cuyos elementos constituyentes están interrelacionados, formando un todo sistemático. Aplicado a la narrativa, estructura sería la organización, diseño o composición, según la cual aparecen ordenados los elementos constituyentes de un relato. El concepto de estructura implicaría un proceso de construcción. En el análisis de la estructura de ciertas novelas, algunos críticos han acuñado una terminología procedente de otras ciencias o artes, como la geometría, la óptica, la música, etc. En este sentido, hablan de una estructura *lineal* (cuando los elementos del relato se suceden en una progresión continua: p. e., si no hay saltos en el tiempo, desplazamientos, reiteraciones, etc.), *circular* (cuando el final de un relato vuelve sobre el comienzo del mismo: p. e., *La región más transparente*,

de Carlos Fuentes, termina con tres frases que ya habían aparecido en el primer párrafo de la obra), *concéntrica* (cuando los diversos elementos giran en torno a un núcleo central: p. e., la figura de Paco y su muerte constituyen el eje central de *Réquiem por un campesino español*, de Ramón J. Sender) y en *espiral* (cuando a lo largo de la narración se vuelve sobre ciertos elementos, considerados desde una perspectiva más elevada, p. e., *En busca del tiempo perdido*, de Marcel Proust). Véase: ESTRUCTURALISMO.

Estructuralismo. Nombre con el que se designa una metodología científica surgida a comienzos del siglo xx en dos disciplinas, la lingüística y la psicología, que más tarde da origen a un movimiento científico y filosófico que abarca diferentes campos de investigación: psicoanálisis, antropología, sociología, etc. Un concepto clave de esta corriente de pensamiento es, lógicamente, el de *estructura, que puede definirse como «la totalidad de elementos constitutivos de un objeto, que están relacionados entre sí y con el todo, y subordinados a unas leyes de composición, transformación y autorregulación que caracterizan a ese objeto como un *sistema* de relaciones» (J. Piaget). La modificación de uno de los elementos cambiaría sus relaciones con los demás y con el todo. Este concepto aparece ya en el *Curso de Lingüística General,* de F. de Saussure (1916), donde se sugiere la posible aplicación de la noción de «sistema» a otros campos del saber afines a la lingüística. En dicha obra diversos investigadores han encontrado modelos de análisis estructural que han aplicado a sus respectivas disciplinas científicas: antropología (C. Lévi-Strauss), psicoanálisis (J. Lacan), filosofía (M. Foucault, L. Althusser), etc. De manera análoga, conceptos, técnicas y modelos de análisis extraídos de la lingüística estructural han sido aplicados al campo de la literatura por una serie de estudiosos de la teoría literaria, p. e., ciertos miembros del llamado Círculo de Praga (J. Mukarovsky, R. Wellek, etc.), determinados representantes de la *Nouvelle Critique* francesa (R. Barthes, G. Genette, T. Todorov, L. Goldmann, etc.) y algunos lingüistas partidarios de una estilística estructural (M. Riffaterre, P. Guiraud, etc.).

R. Barthes ha formulado el sentido y alcance de la mencionada metodología en el análisis de obras literarias. El punto de partida del análisis sería describir las unidades constituyentes de un texto determinado *(decoupage)* para poder establecer después las reglas de su funcionamiento interno, su «forma» y «funciones».

El objetivo sería no tanto lograr una «explicación» o descubrir el significado definitivo, algo así como la «verdad» de la obra (ello no es posible, ya que su sentido es, en todo caso, «plural»), sino, más bien, entrar, mediante el análisis, «en el juego del significante, en la escritura», para hacer surgir ese sentido «plural del texto», que deriva de las diversas posibilidades de lectura, de acuerdo con la capacidad crítica de cada lector, de la «situación» desde la que se realiza dicha lectura y del mismo carácter «simbólico» (capacidad de plurisignificación) inherente al lenguaje literario. En el acercamiento a la obra literaria, Barthes distingue tres tipos: la simple *lectura,* la *crítica* literaria, abordada desde diferentes perspectivas (historicista, psicoanalista, sociológica, etc.), y la *ciencia de la literatura,* cuyo cometido es elaborar modelos generales de análisis que sirvan para estudiar todas las obras susceptibles de ser incluidas en esa tipología de modelos.

Uno de los campos en los que se ha aplicado el método de análisis estructural ha sido el del texto narrativo. Entre los críticos que más han contribuido al estudio estructural del relato figuran A. J. Greimas, C. Bremond, T. Todorov, G. Genette, etc.; sobre la aportación sistematizadora de este último, véase *NARRATOLO-

GÍA. Relacionado con la teoría del relato, más en concreto con el relato novelesco, aparece el iniciador del llamado *estructuralismo genético,* L. Goldmann, discípulo de Lukács, que vincula la crítica sociológica, de influencia marxista, al método estructuralista.

Otro campo en el que ha sido aplicada la metodología de análisis estructural es el de los estudios sobre el lenguaje y estilo literarios. En esta dirección se desarrolla la estilística estructural de M. Riffaterre.

Finalmente, se ha relacionado con el Estructuralismo una corriente lingüística y literaria denominada *glosemática,* cuyos representantes (L. T. Hjelmslev, S. Johansen, A. Stender-Petersen, etc.) han sido conocidos en España, especialmente, por los estudios de E. Alarcos y G. Salvador. Véanse: ESTILÍSTICA, FORMALISMO, NARRATOLOGÍA y NOUVELLE CRITIQUE.

Etopeya. Término de origen griego (*ethopoiia,* de *ethos:* costumbre, y *poieo:* hacer) con el que en la retórica clásica se aludía a la descripción del carácter y costumbres de una persona, así como de sus virtudes o cualidades morales, vicios y otras maneras de conducta. Forma parte, junto con la cronografía (descripción de circunstancias de tiempo), la topografía (de lugar), *prosopografía, *retrato, etc., de la hipotiposis o descripción. La etopeya es una figura muy frecuente en determinados géneros, como el teatro y la narrativa, y especialmente en la novela, la biografía, etc.

Eufemismo. Término de origen griego (*euphemismos:* buen decir) con el que se designa una figura retórica que consiste en la sustitución de una palabra o expresión que se considera hiriente, inoportuna o «peligrosa» por otra que atenúe su significado molesto. Expresiones como «último viaje», «viaje eterno», «pasó a mejor vida», etc., son formas eufemísticas de ocultar la realidad de la muerte.

Eufonía. Término griego (*euphonia:* buen sonido) con el que se denomina la sonoridad melódica producida por la acertada combinación de los elementos acústicos de las palabras y su adecuada ordenación rítmica en el decurso de la frase o del período. Poetas y creadores de la llamada «prosa poética» han sido especialmente sensibles en la búsqueda de esta cualidad armónica del lenguaje. Véanse: CACOFONÍA y MELODÍA.

Eufuismo. Término derivado de *Euphues* (del griego *euphues:* bien nacido) con el que tituló el escritor inglés J. Lyly dos obras suyas de carácter narrativo, *Euphues, or the Anatomy of Wit* (1578) y *Euphues* *and his England* (1580), en las que se manifiesta un estilo artificioso y refinado que estuvo de moda a finales del siglo XVI en la corte de Isabel de Inglaterra, y que ha sido relacionado con otras tendencias literarias europeas inmediatamente posteriores: el *marinismo italiano, el gongorismo y *culteranismo español y el *preciosismo francés del siglo XVII. Las características de esta modalidad de estilo afectan a los diferentes niveles de la lengua literaria: el nivel fónico (uso abundante de recurrencias fónicas, aliteraciones, asonancias, etc.), sintáctico (paralelismos, oposiciones, hipérbaton, etc.), léxico (vocabulario selecto, cultismos, términos mitológicos, etc.), semántico y estilístico (figuras retóricas: metáforas, antítesis, etc.).

El eufuismo constituyó durante un período de unos quince años el estilo aristocrático de la corte y de un grupo de escritores que siguieron esta moda, como R. Greene, Ph. Sidney, etc. Se ha indicado que W. Shakespeare, a pesar de haber satirizado directamente dicho estilo en *Enrique IV,* no logró escapar del todo a su influencia. El eufuismo representó un momento de transformación y dignificación de la lengua inglesa que contribuyó, a su modo, a la configuración de ese idioma moderno, preciso y rico que se manifiesta ya en las obras de Ben Jonson y de Shakespeare. Véanse: CULTERANISMO, MARINISMO y PRECIOSISMO.

Exclamación. Expresión enfática con la que una persona exterioriza los propios sentimientos en un tono emocionado:

«¡Ay que la muerte me espera, antes de llegar a Córdoba!».

(García Lorca)

Véase: APÓSTROFE.

Execración. Véase IMPRECACIÓN.

Exemplo o enxiemplo. Arcaísmo léxico, procedente del término latino *exemplum,* con el que se designaba en la literatura medieval un tipo de *cuento o *apólogo con función didáctica y moral. Dicho término aparece en el título de dos obras medievales, una de carácter ascético-moral y otra fundamentalmente literaria: la primera es el *Libro de los exemplos por abc,* de un clérigo del siglo XV (Clemente Sánchez de Vercial), que consta de una colección de 438 cuentos o ejemplos morales, destinados a los predicadores, a quienes podrían servir como fuente de inspiración de sus sermones; la segunda es el *Libro de los enxiemplos del Conde Lucanor et de Patronio,* de don Juan Manuel, escrito entre 1325 y 1335.

Existencialismo. Movimiento filosófico que se desarrolla en Europa durante el período de entreguerras (1918-1939) y en la etapa inmediatamente posterior a la Segunda Guerra Mundial, del que son representantes M. Heidegger y K. Jaspers en Alemania, J.-P. Sartre y G. Marcel en Francia, N. A. Berdiáiev y L. I. Chestov en Rusia, N. Abbagnano en Italia, etc. Con esta corriente de pensamiento se ha relacionado a una serie de escritores en cuya producción literaria se ha venido manifestando un «sentimiento trágico de la vida» (F. Dostoievski, M. de Unamuno, F. Kafka, L. Pirandello, etc.), que, a partir de la última guerra mundial, desemboca en la denominada «literatura de la desesperación» y en el «teatro del absurdo», de los que serían exponentes A. Camus, A. Malraux, J. Green, H. Böll y los dramaturgos S. Beckett, E. Ionesco, etc. Gran parte de los conceptos básicos del pensamiento existencialista (autoconciencia de nihilidad o de nada, vivencia de la angustia y de la desesperación, sentido del absurdo, etc.) aparecen ya analizados en la obra del escritor danés S. Kierkegaard. Pero lo que le convierte en iniciador de esta corriente filosófica es la afirmación de la primacía del individuo concreto frente a lo universal, y de la existencia frente a la esencia.

El existencialismo se configura fundamentalmente como un humanismo, término que aparece expresamente en el título de dos textos clave al respecto: *Carta sobre el humanismo* (1946), de M. Heidegger, y *El existencialismo es un humanismo* (1946), de J.-P. Sartre. Las ideas de esta filosofía humanista son las siguientes: *a)* la existencia humana precede a su posible esencia, lo cual significa que el hombre, cuando surge en el mundo, «comienza por no ser nada» hasta que él se vaya haciendo y definiendo a sí mismo: «El hombre no es otra cosa que lo que él se hace. Éste es el primer principio del existencialismo» (Sartre). Él es, primordialmente, un «proyecto» o, como insiste Heidegger, un «poder ser» un «salto» (*Aufsprung*). Por tanto, no depende, en su devenir, de lo que una idea eterna (Platón) o el espíritu (Hegel) o la voluntad de un Dios (y en esto se apartan de Kierkegaard) le hayan impuesto ser, sino de lo que él mismo decida ser, de su «autodeterminación»; *b)* el ser humano comporta una conciencia desgraciada, ya que se encuentra dominado por un sentimiento de soledad, angustia y desamparo. Para Heidegger, estos sentimientos radican en el hecho de que el hombre no puede llegar a ser, en la historia, el dueño de su existencia, marcada por la finitud: el hombre es «un ser para la muerte». Para Sartre, la angustia radica en el hecho de la «total y profunda responsabilidad» que supone tener que eligir un proyecto de vida, una moral; el hombre se siente desamparado, ya que, al no existir Dios, no hay una fuente o norma de valores a la que poder aferrarse: está radicalmente «solo» y condenado a ser libre; *c)* el hombre está abocado a la desesperación, en la medida en que es consciente de que vive en un mundo absurdo y que su proyecto no tiene sentido, ya que, en último término, la muerte lo reducirá a la nada; *d)* sin embargo, el humanismo existencialista no es necesariamente una doctrina «quietista» o «pesimista»: el hombre sabe que por su *compromiso* (Sartre) puede dar sentido a su vida (es absurdo que todo sea absurdo) y contribuir a «crear una comunidad humana».

Las relaciones entre existencialismo y literatura han sido muy estrechas desde los inicios de esta corriente filosófica, ya que buena parte de estos pensadores ha realizado un trasvase de la reflexión filosófica de sus ensayos a sus obras de ficción. Es lo que ya hizo Unamuno al trasladar la temática de obras como *El sentimiento trágico de la vida* y *La agonía del cristianismo* a sus novelas *San Manuel Bueno, mártir* y *Niebla*, que son, probablemente, las primeras muestras de la novela existencial en Europa. Otros novelistas y dramaturgos europeos (Kafka, Malraux, Beckett, Ionesco, etc.) han utilizado igualmente la novela o drama como instrumento de indagación filosófica: *La náusea,* de Sartre, sería un modelo de ese tipo de literatura.

En la literatura española, se produce, en la etapa inmediatamente posterior a la Guerra Civil, una creación literaria en la que se percibe una actitud análoga a la que se acaba de describir. Escritores como C. J. Cela, M. Delibes, C. Laforet, G. Torrente Ballester, etc., que han participado en la contienda o han vivido sus dramáticas consecuencias, proyectan en sus personajes de ficción la sensación de angustia y sentimiento del absurdo que caracteriza a la filosofía existencialista. En este sentido, varios críticos (E. de Nora, M. Durán y G. Sobejano) hablan de *novela existencial* al referirse a la obra narrativa de los mencionados escritores. Véase: ABSURDO.

Exordio. Es la parte preliminar o introductoria de un texto. En la oratoria clásica, el exordio era la primera de las cuatro partes en que se dividía el discurso, y tenía por objeto la *captatio benevolentiae,* es decir, provocar el interés del público ante la causa que se va a plantear y predisponerlo a una acogida favorable. El exordio se desarrollaba en tres fases: la *propositio* (o exposición sumaria del tema), la *divisio* (adelantar el orden en que se van a tratar cada uno de los aspectos de dicho tema) y la *insinuatio*, o influencia psicológica sobre el ánimo del público o de los jueces para inclinarles, ya desde el principio, a favor de la causa o en contra del encausado.

El exordio, como introducción preliminar y síntesis del tema o de la acción que se va a tratar o relatar, puede formar parte de todo tipo de textos: poéticos, dramáticos y narrativos. Función de exordio cumplen, p. e., la primera estrofa de la égloga I de Garcilaso, el «argumento» que antecede a *La Celestina* y el prólogo del *Lazarillo.*

Éxplicit. Término latino con el que se designan, en una descripción bibliográfica, las últimas palabras de un escrito. Véase, como ejemplo, el éxplicit con el que finaliza el *Poema de Mio Cid:*

«Quien escribió este libro ¡dél
                    [Dios paraíso, amen!
Per Abbat le escrivió en el mes de
                                   [mayo
en era de mill e·ccxlv· años».

(Poema de Mio Cid)

Exposición. Véase PLANTEA-MIENTO.

Expresionismo. Término con el que se designa una categoría estética y un movimiento artístico-literario que se desarrolla en Alemania entre 1905 y 1925 y que es considerado como una variante de los movimientos europeos de vanguardia, surgidos en las dos primeras décadas del siglo XX. Como categoría estética, el término «expresionismo» ha sido interpretado como una cualidad de ciertas obras artísticas y como un modo de «expresión» que es recurrente a lo largo de la historia, y del que se han creído ver manifestaciones, p. e., en el arte rupestre, egipcio, gótico, barroco, etc. Dado que un aspecto importante en el expresionismo es la deformación de la realidad con intención significativa (estética de lo grotesco), se han señalado, como precursores de esta corriente, ciertos cuadros del Bosco, Grünewald, Goya, etc. Sin embargo, el mencionado término se relaciona, primordialmente, con el movimiento artístico-literario que se desarrolla en Alemania entre las fechas indicadas, y cuyos representantes más significativos son, en pintura, E. Kirchner, O. Kokoschka, W. Kandinski, P. Klee, etc.; en música, Schönberg; en cine, R. Wiene, F. Lang, etc.; y, en literatura, F. Werfel, E. Stadler, Max Brod, G. Kaiser, J. R. Sorge, etc. Desde el punto de vista de la historia de los movimientos artísticos y literarios, el expresionismo (en oposición al naturalismo e impresionismo) pretende ir más allá de la realidad aparente ofrecida en la sensación visual; trata de trascenderla, en busca de la esencia interior de los objetos; cree que es en el interior del alma, en su fantasía, donde el artista configura la realidad y da forma al universo, convencido de que «el mundo comienza en el hombre» (F. Werfel). Se trata de lograr una especie de iluminación intuitiva y una visión de la fantasía que se convierta en expresión de la realidad metafísica del hombre y del universo.

En las obras de los escritores expresionistas se advierte una recurrencia de *temas* comunes, que son los siguientes: *a)* crítica de la sociedad burguesa (y sus valores predominantes: dinero, poder, progreso basado en el culto a la máquina y a la técnica) y del Estado, responsables de la miseria de las masas trabajadoras y de una crisis profunda de civilización; *b)* la lucha de generaciones (protesta de los jóvenes contra el mundo y modelo de sociedad de sus padres), tema desarrollado en *Der Sohn (El hijo,* 1914), de W. Hasenclever, *Vatersmord (Parricidio,* 1920), de A. Bronnen, etc.; *c)* rechazo de la vida urbana, a la que culpan de los frecuentes desequilibrios de los habitantes de las ciudades; *d)* crítica de cualquier forma de esclavitud social y de represión política, frente a la que oponen un arte comprometido al servicio de los ideales de justicia y solidaridad; *e)* la guerra, que motiva descripciones del horror y de las ruinas, rechazo de los valores militares y de las ideas convencionales y anhelos de paz; *f)* la muerte, abordada unas veces al constatar su presencia en los campos de batalla, otras ante la realidad patética de las «hordas nocturnales de suicidas...», a las que se refiere G. Heym; *g)* lo religioso: las situaciones límite de la guerra y de la muerte provocan en algunos expresionistas una vuelta a la temática religiosa, que en F. Werfel, E. Stadler y G. Trakl adquiere, en ocasiones, un tono apasionado; *h)* lo absurdo y lo grotesto: la experiencia de la guerra, con sus consecuencias de muerte, destrucción y caos, hace pensar a estos escritores en la carga de brutalidad e irracionalidad de la existencia humana.

Aparte de las innovaciones técnicas, relativas a los distintos géneros (por obra de grandes poetas como E. Stadler, F. Werfel, A. Stramm, O. Zur Linde, dramaturgos como J. R. Sorge, G. Kaiser y F. Wedeking o narradores como Max Brod, F. Werfel y A. Döblin, etc.), los expresionistas tienen conciencia de la necesidad de abordar los aspectos estrictamente formales de la *lengua literaria.* Buscan una expresión desnuda de todo adorno, unas frases adensadas y ceñidas a lo esencial del mensaje, centrado en sustantivos y verbos. Optan por la supresión de los nexos lógicos, para adecuar la lengua a la compleja realidad de la vida, que conlleva un fuerte componente de irracionalidad y de caos. La descripción ha de restringirse a lo imprescindible, para entrar de lleno en el meollo de los asuntos. Estas innovaciones del expresionismo son análogas a las que por esas fechas realizan los futuristas en Italia y se anticipan a los experimentos posteriores del dadaísmo, influido por estas primeras iniciativas de la vanguardia alemana. Con relación a la literatura española, son evidentes las concordancias entre la estética de lo grotesco en los expresionistas y la presencia de dicha estética en los esperpentos de Valle-Inclán Véanse: DADAÍSMO, ESPERPENTO, FUTURISMO, GROTESCO, SURREALISMO y VANGUARDISMO.

Extrañamiento. Véanse FORMALISMO y TEATRO ÉPICO.

Extratexto. Término divulgado por la crítica semiológica con el que se alude al conjunto de circunstancias históricas, culturales, biográficas y, sobre todo, de códigos artísticos y literarios de los que depende la creación de una determinada obra literaria. En relación con esos códigos y circunstancias, el texto deviene plenamente significativo. De hecho, el conocimiento de la tradición literaria, de sus fuentes, temas y motivos recurrentes, géneros, etc., es imprescindible para un análisis riguroso de toda obra literaria.

F

Fabla. Lenguaje arcaizante que consiste en el empleo de formas expresivas ya en desuso: rasgos fonéticos y morfológicos, léxico y giros sintácticos anticuados. Este recurso puede ser utilizado por un escritor para caracterizar a un determinado personaje cuyo pensamiento y formas de conducta resulten desfasados en su contexto social coetáneo. Un ejemplo de este tipo se encuentra en Quijote (I, 2) cuando el protagonista, en su primera salida, recrea en su interior sentimientos, tópicos y lenguaje de los antiguos caballeros enamorados:

«–¡Oh princesa Dulcinea, señora deste cautivo corazón! Mucho agravio me *habedes fecho* en despedirme y reprocharme con el riguroso *afincamiento* de mandarme no parecer ante la *vuestra fermosura*. Plégaos, señora, de *membraros* deste vuestro sujeto corazón, que *tantas cuitas por vuestro amor padece».*

(Cervantes)

Fabliau. Es una modalidad de relato que surge en el norte de Francia a mediados del siglo XII y al que sus autores, clérigos y, más frecuentemente, juglares, denominan también *exemple, dit* e, incluso, *lai,* del que sería una versión paródica. Se conservan unas ciento cincuenta narraciones en verso octosilábico, de extensión variable (de cincuenta a mil quinientos versos), escritas entre los siglos XII y XIV. La temática es muy diversa, el tono es jocoso, satírico y burlesco. Entre los temas abordados, figura el del amor, pero tratado desde una posición irónica y ridiculizadora de sus manifestaciones literarias en esa época. En este sentido, se realiza en estos *fabliaux* una parodia del amor cortés sublimado en el *lai*, en la *chançon* amorosa y en el *roman courtois*. Protagonizado, a veces, por animales, recuerda los procedimientos de la fábula clásica. Destinado a un público popular, el *fabliau* utiliza diferentes recursos de humor, especialmente juegos del lenguaje, equívocos, etc., así como una deformación caricaturesca y paródica de tipos, conductas, etc. Entre los autores conocidos de *fabliaux* figuran Gautier le Leu, Jean Bodel, Rutebeuf, etc.

Fábula. Término de origen latino (*fabula*: conversación, relato) con el que se designaban en esa lengua diversos tipos de creación literaria, como cuentos, mitos, obras teatrales (*fabula praetexta*: drama de tema histórico romano; *fabula paliata*: adaptación de una comedia griega; *fabula atellana*: farsa, etc.) y, sobre todo, relatos con moraleja, protagonizados por animales, a los que se dota de comportamientos humanos. Esta clase de relatos, que cuenta con antecedentes en la cultura oriental, adquiere su configuración como subgénero narrativo, tal como hoy lo conocemos, en la literatura grecolatina, a través de un conjunto de piezas breves que se conocen como *Fábulas de Esopo* (siglos IV-III a.C.). Estas fábulas serán recogidas por Fedro (s. I) y adaptadas al contexto latino; a ellas añadirá otra serie de fábulas y cuentos de animales, obras a las que confiere un doble carácter: aleccionador y de entretenimiento. Muchas de estas fábulas fueron conocidas en la Edad Media, p. e., la del lobo y el cordero, la de la zorra y las uvas, etc. Esta tradición fabulística encuentra eco en obras como el *Libro de Buen Amor*, de Juan Ruiz, o *El conde Lucanor*, de don Juan Manuel. En la literatura española coexiste dicha tradición con apólogos o fábulas de procedencia oriental, como los que aparecen en el *Calila e Dimna*. A partir del Renacimiento se producen nuevas adaptaciones de Esopo y Fedro, especialmente en la literatura francesa, en la que aparecen grandes fabulistas, como Rabelais y, sobre todo, La Fontaine. En España deben destacarse, en el siglo XVIII, las obras de Iriarte y Samaniego.

Un segundo significado de fábula es el que la asocia al *mito, de donde surge la denominación de *fábula mitológica*, aplicada a una serie de poemas aparecidos en la literatura española que recrean temas y episodios de la mitología clásica o elaboran, según un modelo similar, nuevos asuntos. En esta línea, se pueden recordar «Fábula de Polifemo y Galatea», de Góngora; «Fábula de Apolo y Dafne», de Quevedo, etc.

Un tercer significado de fábula (que procede de Aristóteles) es el conjunto de acontecimientos que constituyen el componente narrativo de una obra, hechos o episodios que están vinculados por unas relaciones de causalidad y de continuidad en la sucesión temporal. A través de estos hechos se desarrolla la historia narrada en un novela o representada en un drama. El formalismo ruso distingue entre *fábula* («los hechos», tal como han sucedido) y *trama* o asunto («la forma y el orden en el que el narrador los cuenta o en la que el lector toma conocimiento de ellos»).

Facecia. Relato breve, de tema normalmente cómico, que termina con un refrán, una frase aguda o un dicho ingenioso y que, en su aspecto formal, puede presentarse tanto en prosa como en verso. El DRAE la define como «chiste, donaire o cuento gracioso».

Por lo que atañe a la temática de estas facecias, es muy variada: crítica irónica y jocosa sobre diversas profesiones (médicos, mercaderes, alguaciles, barberos, clérigos, verdugos, etc.), sobre mujeres y casamientos, convidados y banquetes, robos y estafas, sobre viajes, caminos, posadas y venteros, etc. Ejemplo: «Ahorcaban en Toledo a un hombre, y al tiempo de arrojarlo de la escalera, pidió que le diesen a beber. Trujéronle un copón de vino, y, en tomándole, sopló el espuma que tenía. Preguntóle el verdugo que por qué le soplaba. Díjole el que ahorcaban que porque era muy mala para los riñones».

(Garibay, *Cuentos*).

Facsímil. Véase EDICIÓN.

Falsificación. Fraude artístico o literario consistente en la atribución de determinadas obras a autores o artistas de reconocida fama o en la introducción o supresión de pasajes de las mismas con el fin de servir a intereses políticos, religiosos, etc. Así en el cristianismo primitivo se escribieron evangelios apócrifos atribuidos a los apóstoles. A lo largo de la historia, se han producido múltiples ejemplos de falsificación y adulteración de textos. Uno de los más conocidos es la atribución a Ossián de baladas escocesas compuestas por J. Macpherson. En la literatura española cabe citar el *Buscapié*, escrito por Adolfo de Castro y atribuido a Cervantes.

Fantasía. Véase IMAGINACIÓN.

Fantoche. Títere que se mueve por medio de hilos. Véanse: ESPERPENTO y TÍTERES.

Farándula. Nombre con el que se designaba, en el Siglo de Oro, a una de las compañías de teatro ambulante, a las que se refiere A. de Rojas Villandrando en su *Viaje entretenido: «Farándula* es víspera de compañía; traen tres mujeres, ocho y diez comedias, dos arcas de hato, caminan en mulos de arrieros y otras veces en carros, entran en buenos pueblos, comen apartados, tienen buenos vestidos, hacen fiestas de Corpus a doscientos ducados [...]». Véase: COMPAÑÍA.

Farsa. Pieza teatral, generalmente breve, de carácter cómico y satírico, cuyos antecedentes se encuentran en el teatro clásico (Aristófanes, Plauto y los mimos latinos) pero que no se configurará, como tal género, hasta la Edad Media. En Francia se cultiva este subgénero dramático con obras como *Le Garçon et l' Aveugle* (s. XIII), *La farce de Maître Pathelin* (s. XV), etc. En la literatura española, el término «farsa» es aplicado por Lucas Fernández a piezas de temática religiosa (*Farsa del nascimiento de Nuestro Redemptor Jesucristo*) y amorosa (*Diálogo para cantar*), englobada esta última en un conjunto de tres «farsas o cuasi comedias». Es Gil Vicente, en la *Farsa dos físicos* y la *Farsa llamada das Fadas*, quien más se acerca al sentido original de la farsa, con su sentido del humor y sátira de los aspectos ridículos y grotescos de ciertos comportamientos humanos. Éste es el aspecto fundamental de la farsa: la pintura satírica de costumbres, realizada en un tono de bufonada carnavalesca, aspecto que se remonta a la citada tradición latina y medieval y que, en la literatura española, continúa en los *pasos, el *entremés, la *mojiganga, etc. En el siglo XVII, Molière recogerá este tono satírico y bufonesco de la farsa y lo insertará en la comedia de intriga, de manera similar a como harán E. Ionesco y S. Beckett en el siglo XX con su teatro del *absurdo. En la literatura española contemporánea pueden incluirse en dicho subgénero *La marquesa Rosalinda, Farsa infantil de la cabeza del dragón, Farsa italiana de la enamorada del rey* y *Farsa y licencia de la Reina Castiza*, de Valle-Inclán, así como dos piezas para guiñol (*Tragicomedia de don Cristóbal y la señá Rosita* y *Retablillo de don Cristóbal*) y *Amor de don Perlimplín con Belisa en su jardín* y *La zapatera prodigiosa*, de F. García Lorca. En estas piezas, la farsa, que utiliza con profusión elementos grotescos, recupera una función que tuvo en sus orígenes: la de crítica y revulsivo frente a la opresión del poder, de la moral (tabúes) o de las presiones religiosas y políticas. Véanse: CARNAVAL, ESPERPENTO y PARODIA.

Fática. Es una de las seis funciones asignadas al lenguaje por R. Jakobson, junto a la referencial, expresiva, conativa, poética y metalingüística. La función fática atañe al mantenimiento de la comunicación entre emisor y receptor, a través del canal, para comprobar que éste sigue abierto y que el mensaje llega a su destinatario. Esta función se concreta en una serie de expresiones con las que, p. e., en una llamada telefónica se inicia («¡Oiga!», «¡Diga!», etc.), se trata de restablecer («¿Me oye?») o se finaliza la comunicación («¡Adiós!», «¡Hasta pronto!»). Otras formas de relación de la función fática son las fórmulas de cortesía, o las que corresponden a ciertas expresiones rituales y religiosas de búsqueda de contacto con la divinidad («¡Escucha, oh Dios!», «Atiende nuestras súplicas», etc.) o con fuerzas ocultas. Véase: FUNCIÓN.

Feo (lo). La categoría de *lo feo*, sugerida en algunas observaciones de Lessing en el *Laocoonte*, es reclamada como realidad estética por los románticos alemanes (F. Schlegel, Novalis) y franceses: V. Hugo aboga por los derechos de dicha categoría y su inserción en el mundo del arte: personajes como Quasimodo o Triboulet son un testimonio de la representación artística de lo feo. K. Rosenkranz, en su *Estética de lo feo* (1857), analiza los distintos estadios de manifestación de dicha categoría en la naturaleza (la deformidad en ciertas especies de transición), en el hombre (fealdad física, enfermedad, taras de herencia, pasiones, locura, embriaguez; fealdad moral: vicio o perversión) y en el arte. Especifica también las distintas modalidades de lo feo: deformación (amorfia, asimetría y desarmonía), desfiguración (lo repugnante y la caricatura) y las que se englobarían en lo que denomina el «infierno estético»: lo criminal, lo espectral, lo diabólico, la hechicería, lo satánico, etc. Escritores como Poe o Baudelaire cultivan la estética de lo feo. *Les fleurs du mal* (p. e., los poemas «Une charogne», «Le vampire», «Dance macabre», etc.), de este último, es un ejemplo eminente de una concepción artística de lo feo.

Festival. Nombre con el que se alude a una celebración cultural en la que se ofrece al público la posibilidad de conocer en un mismo espacio y en un tiempo relativamente breve diversas manifestaciones del arte y del espectáculo y, especialmente, en sus nuevas tendencias o experimentos. Hay festivales de cine, de la canción, festivales de teatro. Éstos recuerdan las celebraciones de la antigua Grecia, con ocasión de las fiestas religiosas, en las que se representaban obras dramáticas. Véase: JUEGOS.

Ficción. Término de origen latino (*fingere*: plasmar, formar con el pensamiento o la fantasía) con el que se alude al hecho de la simulación o ilusión de realidad y, en concreto, a la que se produce en la invención literaria, especialmente en narrativa y teatro, al presentar seres y acontecimientos que se desarrollan en un mundo imaginario.

Históricamente, el concepto de «ficción», desde la cultura grecolatina hasta el siglo XX, ha sido entendido en una concepción realista, en la línea de lo ficcional verosímil, de forma que el valor estético, tanto de los textos narrativos y teatrales como de las obras pictóricas, radicara en su capacidad de crear ilusión de realidad y en el hecho de que la representación de la obra poética o de la imagen plástica pudiera considerarse un reflejo de la realidad natural. Sin embargo, en la moderna concepción de la ficcionalidad, teniendo en cuenta los referentes textuales de la literatura fantástica, se engloban en el concepto de ficción literaria tanto las representaciones artísticas verosímiles como las basadas en modelos del mundo de lo ficcional no verosímil, que configuran representaciones ilusorias de corte irrealista. Véanse: IMAGINACIÓN, REALISMO y VEROSIMILITUD.

Figurante. Se dice del comparsa de teatro, personaje irrelevante que interviene en la representación como acompañante, miembro de un grupo o figura decorativa, generalmente sin participar en el diálogo, p. e., soldados que acompañan a un capitán, huéspedes de una posada, criados que sirven en un banquete, etc. Véase: COMPARSA.

Figuras. Término con el que se designan, desde la retórica clásica, ciertos procedimientos expresivos a través de los cuales el orador o el escritor, desviándose del lenguaje ordinario, trataba de captar la atención del oyente o del lector impresionándole por el ornato con que esas figuras resaltaban el lenguaje del texto. A partir de Quintiliano, se consideró como rasgo peculiar de la lengua y del texto literarios esta desviación del lenguaje ordinario, a través del *ornatus*, deliberadamente buscado con fines estéticos. Los tratadistas clásicos de la Retórica intentaron precisar y catalogar los distintos procedimientos o figuras utilizados por oradores y escritores en la creación de ese *ornatus*. Dichos procedimientos respondían a los siguientes modos de desviación del uso normal del lenguaje o de transformación del mismo: la *adjectio* o adición de elementos verbales, la *detractio* o supresión, la *transmutatio* o cambio en el orden de dichos elementos y la *innutatio* o sustitución de unos términos verbales por otros. Basándose en estos cuatro modos de transformación, los retóricos distinguieron dos tipos de procedimientos figurativos: las llamadas propiamente *figuras* (surgidas de la adición, supresión o del cambio de orden de los elementos verbales) y los *tropos,* consistentes en la sustitución de una palabra por otra. A su vez, y en relación con los *niveles* lingüísticos en los que se realizan las figuras, éstas se subdividían en figuras de *dicción* (las que afectan al significante en su nivel fónico, morfológico y sintáctico) y figuras de *pensamiento* (que inciden directamente sobre el significado y la concepción y expresión de pensamientos o conceptos). Sintetizando la clasificación de los procedimientos figurativos estudiados por la retórica clásica y su reordenación posterior en los Siglos de Oro, en el neoclasicismo y en la época contemporánea, se pueden distinguir los siguientes tipos:

– Figuras de *dicción:* atañen a la forma y a la pronunciación de las palabras y se realizan en el nivel fónico-fonológico de la lengua: *apócope, *prótesis, *paragoge, *aféresis, *síncopa, *metátesis, *sinalefa, *hiato, *diéresis, *aliteración, *onomatopeya, *paronomasia, *similicadencia, etc.

– Figuras de *construcción:* afectan al orden de las palabras en el discurso y se desarrollan en el nivel morfosintáctico. Se pueden producir por omisión de palabras (*elipsis, *zeugma, *asíndeton), por adición y repetición (*anáfora, *epanadiplosis, *acumulación, *pleonasmo, *enumeración, *gradación, *polisíndeton, *reduplicación, etc.) o por modificación del orden sintáctico: *hipérbaton, *anástrofe, *isocolon, *paralelismo, etc.

– Figuras de *pensamiento:* conciernen a la forma de concebir y expresar las ideas o conceptos y se realizan en el nivel semántico de la lengua. Unas surgen de la oposición o duplicación de conceptos (*antítesis, *quiasmo, *paradoja, *dilogía, *oxímoron, etc.), otras por ocultación, simulación, alteración o supresión del contenido real del pensamiento en la expresión del mismo (*ironía, *preterición, *reticencia, etc.), otras repercuten en la forma afectiva de la comunicación: son las llamadas figuras «frente al público», como el *apóstrofe, la *exclamación, *imprecación, *interrogación, *conminación, *concesión, *eufemismo, etc.

– Figuras verbales o *tropos:* se realizan también en el nivel semántico, pero sustituyendo una palabra por otra u otras, dando origen a nuevos significados o asociaciones de sentido. La retórica clásica menciona, entre los tropos, constituidos por la *inmutatio verborum* (cambio de palabras), la *metáfora, *metonimia, *sinécdoque, *antonomasia, *hipérbole, *litotes e *ironía. La retórica tradicional considera la *alegoría como una forma especial de metáfora o conjunto interrelacionado de metáforas, basadas en una serie de comparaciones relacionadas término a término. Dentro de la conformación metafórica se incluirían también otros tipos figurativos como el *símbolo, mientras que la *hipálage y la sinécdoque presentarían rasgos afines a la metonimia.

En la etapa contemporánea, han surgido varios intentos de reordenación y clasificación tipológica de las figuras y recursos estilísticos, heredados de la tradición retórica, teniendo en cuenta distintos procedimientos surgidos en el lenguaje literario y en las modernas técnicas de comunicación y de la publicidad. En este sentido, destacan las tipologías de T. Todorov, K. Spang, J. Dubois y el Grupo de Lieja, G. Genette, A. López García, etc. Véanse: CONNOTACIÓN y LENGUA LITERARIA.

Figurón. Dícese del protagonista de una *comedia de figurón. Véase: COMEDIA DE FIGURÓN.

Fiinda. Véase FINIDA.

Filología. Es la disciplina que trata de recuperar el texto exacto de una obra literaria mediante procedimientos científicos de fijación y restauración del mismo (ecdóctica) y de analizar su forma y contenido, apoyándose en el estudio e interpretación del material lingüístico y del contexto histórico y cultural del que forma parte dicho texto (hermenéutica). La filología cuenta con una larga tradición que se remonta a la escuela helenística de Alejandría, donde un grupo de gramáticos del siglo III a.C. (Aristófanes de Bizancio, Aristarco, etc.), en su interpretación de Homero, trataron de establecer críticamente, entre las diversas variantes, glosas e interpolaciones de pasajes apócrifos, el texto originario auténtico. En Roma es conocida esta metodología por estudiosos como Varrón, Servio (en su comentario a los poemas de Virgilio), etc. Con la llegada del cristianismo, el interés por la exégesis bíblica prima sobre el estudio de los clásicos, que será reiniciado por los filólogos bizantinos de los siglos VIII (Focio) al XII (Eustacio). Con la llegada de los sabios bizantinos a Italia en el siglo XV comienzan las primeras ediciones de textos griegos y latinos que, si inicialmente fueron una reproducción acrítica de los manuscritos recibidos, a partir del siglo XVI se realizan ya con criterios científicos sobre los manuscritos juzgados más fieles al texto original: esta edición va acompañada de un incipiente aparato crítico de consignación de variantes, etc. Nace así la moderna metodología de investigación filológica, continuada por los grandes filólogos holandeses (G. J. Vossius y H. Grotius) e ingleses (R. Bentley) de los siglos XVII y XVIII y alemanes del XIX: M. Heyne, F. A. Wolf y K. Lachmann, cuyos estudios sobre la obra de Lucrecio instauran una metodología rigurosa de estudio y clasificación de manuscritos para reconstruir la morfología y disposición gráfica del texto original. En el siglo XX, la Filología, en su rama especializada que atañe a la restauración de textos (ecdóctica), ha contado con eminentes cultivadores como A. Klotz, A. Clark, A. Dain, D. H. Quentin, A. Dearing, J. Bédier, G. Pascuali, etc. Por lo que respecta a España, ha sido R. Menéndez Pidal el iniciador y sistematizador de la moderna investigación filológica, con su edición y estudio sobre el *Cantar de Mio Cid*, donde sienta las bases de esta metodología, que abarca la mencionada edición de textos, el estudio de la lengua (grafías, sistema fonológico, gramática histórica, léxico, aspectos estilísticos, etc.) y de la literatura en relación con los diversos fenómenos de la cultura y la historia del país en el que surgen dichos textos. La filología se configura, así, como una disciplina que se solapa con la lingüística, pero sin confundirse con ella. Si ambas disciplinas abordan el estudio del lenguaje, lo hacen desde diversas perspectivas: la lingüística se centra en la descripción de la lengua (sonidos, fonemas, palabras, sistema) como tal, y, si acude a los textos escritos, es para analizar el modelo de lengua que se manifiesta en ellos: es lo que hace Menéndez Pidal en su *Manual de Gramática Histórica Española*. La filología estudia el lenguaje para lograr una mejor fijación del texto, interpretación de su contenido y análisis de la lengua literaria y como testimonio de las realidades de tipo histórico y cultural de la época. Véanse: CÓDICE, EDICIÓN, MANUSCRITO, TRADICIÓN DIPLOMÁTICA y STEMMA.

Fin de siglo (crisis de). Expresión con la que se alude a un período histórico que abarca desde los comienzos de los años noventa del siglo XIX hasta la Primera Guerra Mundial y que, en España, se caracteriza por una profunda crisis político-social que se agudiza a raíz de la pérdida de las últimas colonias (1898). Esta crisis, que genera un sentimiento de frustración colectiva, da pie a una reflexión crítica sobre la realidad nacional coetánea y pasada, reflexión que coincide con un momento de renovación artística y literaria conocida bajo la denominación de *modernismo*. La conciencia de esta crisis finisecular, y los fenómenos que la motivan, no son exclusivos de España (de hecho, fracasos políticos importantes, incluso coloniales como el del 98 español, ocurren por esas fechas en Italia –derrota frente a los etiopes en Adua, 1896–, Francia –crisis del canal de Panamá– e incluso Inglaterra, en su lucha contra los bóers sudafricanos, etc.), sino que es análoga a la que aparece en estos y otros países europeos ante el fracaso de determinadas instituciones (p. e., los viejos partidos políticos) y la pérdida de fe en ciertos valores tradicionales e, incluso, en un soporte, clave de la modernidad, defendido por el positivismo burgués: la utopía de un progreso indefinido basado en el primado de la ciencia. Esta realidad internacional del fenómeno aludido explica la coincidencia terminológica en la denominación del mismo: la expresión *fin de siglo*, que aparece ya utilizada como título de una pieza de *boulevard* de Jouvenot y Micard (*Fin de siècle*, 1888), se convirtió en seguida en expresión de moda y, si en un principio presentaba una acepción negativa (corrupción o degradación), pronto terminó aplicándose, elásticamente, a cualquier realidad o aspecto alusivos a la «modernidad». En Inglaterra se recoge el galicismo *fin de siècle* y como tal aparece, p. e., en *El retrato de Dorian Gray*, de O. Wilde. En Alemania, H. Bahr titula *Fin de*

siècle (1891) una colección suya de relatos breves. En España y en los países de lengua castellana dicha expresión figura en escritos de J. Valera, P. Baroja, M. Machado, J. del Casal, J. E. Rodó, etc.

La mencionada expresión coexiste, en algunos países europeos (Francia, Inglaterra, etc.), con el término «decadencia».

En la crítica literaria española, el concepto historiográfico correspondiente a la expresión «fin de siglo», relativamente reciente (J. C. Mainer, 1979), parece ir ganando terreno frente al de *Generación del 98*, marbete acuñado por J. Ortega y Gasset para presentar a su propia generación y apropiado y divulgado, de forma oportunista, por Azorín para designar a la supuestamente representada por él y su grupo. Véanse: BOHEMIA-BOHEMIO, GENERACIÓN DEL 98, DECADENTISMO, MODERNISMO y REGENERACIONISMO.

Final de verso. Se dice del segmento final del verso, integrado por la última sílaba tónica (lleva el acento estrófico), las sílabas átonas que la siguen (sean una o más, se computan métricamente como una sola) y la pausa. Véase: CÓMPUTO SILÁBICO.

Finida. Es el conjunto de versos con los que finaliza el *decir* o la *cantiga* medievales. Ejemplo:

«[...] Por tanto, señora mía,
usad de piadosas leyes

por estos tres sanctos Reyes
e por el su sancto día.
Por bondat o fidalguía
o por sola humanidat,
vos plega mi libertad,
o por gentil cortesía.

FINIDA

Ca vuestra filusumía
deniega ferocidad
e muestra benignidad
sin ninguna villanía».

(Marqués de Santillana)

Éstas son la última estrofa y la finida de un *decir*. Como se puede observar, el primero y cuarto versos de la finida concuerdan en la rima con el verso final de la última estrofa del *decir,* con la cual enlazan.

Flash back. Expresión inglesa (*flash:* imagen, y *back:* atrás) con la que se designa, en teoría cinematográfica, una técnica de narrar en retrospectiva acontecimientos vividos por un personaje en un período anterior al momento de la historia que se está relatando. Esta técnica ha sido muy utilizada en la novela contemporánea (A. Huxley, J. Joyce, etc.) y en el teatro (A. Miller, J. B. Priestley, etc.). Es un procedimiento habitual en la llamada «novela policíaca», que suele comenzar *in medias res* con el relato de un crimen o de un juicio, para investigar posteriormente los acontecimientos y circunstancias que precedieron a esa situación delictiva. La utilización de *flash back* y la superposición de pasado, presente y futuro constituyen un procedimiento utilizado por varios narradores españoles e hispanoamericanos contemporáneos, como M. Vargas Llosa, J. Cortázar, C. Fuentes, M. Delibes, Max Aub, E. Sábato, etc. Véase: RETROSPECCIÓN.

Flor, flores y floresta. Denominaciones con las que se han designado en la historia de la literatura española, especialmente durante el Siglo de Oro, diversas colecciones antológicas de poemas, relatos, sentencias, etc. La más antigua es una colección de sentencias traducidas del árabe en el siglo XIII, conocida como *Flores de filosofía* y que constituyó una fuente de materiales que fueron utilizados por los moralistas cristianos de la época, a pesar de que su enfoque era, con frecuencia, pragmático y materialista. En los siglos XVI y XVII aparecen antologías de romances, villancicos, glosas, cuentos, etc., con las denominaciones mencionadas, p. e., *Flor de enamorados* (Barcelona, 1562), de Juan de Linares; *Floresta española* (1574), de Melchor de Santa Cruz; *Flores de baria poesía* (México, 1577), de Pedro Moncayo; *Primera parte de las Flores de poetas ilustres de España* (1605), de Pedro Espinosa, etc. Véase: ANTOLOGÍA.

Florales (juegos). Véanse CERTAMEN y JUEGOS.

Floresta. Véase FLOR.

Florilegio. Véase ANTOLOGÍA.

Focalización. Véase PUNTO DE VISTA.

Folclore. Término de origen inglés (*folk:* pueblo, y *lore:* saber) con el que se designa, por una parte, los diferentes aspectos de la vida tradicional de un pueblo (saberes, usos, costumbres, fiestas, leyendas, etc.) y, por otra, la ciencia que observa, documenta, describe, analiza, clasifica, estudia, compara y explica los fenómenos folclóricos propiamente dichos. Dicha ciencia comienza a desarrollarse como tal a finales del siglo XIX, compartiendo su campo de investigación con otras disciplinas afines, como la etnología, antropología, mitología, historia, lingüística, etc.

Dada la amplitud temática de esta disciplina, ha habido varios intentos de distribución por secciones. En todos figura, naturalmente, la literatura popular; sobre ésta realiza Van Gennep (1924) una distinción entre lo que llama literatura «fija» (dichos, proverbios, sentencias, etc.) y literatura «móvil» (cuentos, leyendas), en cuanto que estos últimos presentan diferentes versiones o variantes según las diversas épocas y países.

Uno de los aspectos más estudiados por los comparatistas es la presencia de motivos folclóricos heredados de la tradición popular (mitos, fábulas, cuentos, proverbios, refranes, etc.) en la literatura culta de diferentes países. Véase: BALADA, COMPARADA (LITERATURA), CUENTO, LEYENDA, MITO, ORAL (LITERATURA) y POPULAR (LITERATURA).

Folía. Composición poética destinada al canto y formada por tres o cuatro versos en forma de copla, cantar o redondilla. Ejemplo:

«Riñen dos amantes;
hácese la paz;
si el enojo es grande,
es el gusto más».

(Cervantes)

Folletín. Término que corresponde al francés *feuilleton* (de *feuille:* hoja, cuadernillo de hojas) con el que, en el siglo XIX, se designaba una forma de edición seriada de novelas, artículos, etc., en la prensa periódica y que, por su amplitud, habían de ser publicados de manera fragmentada en días sucesivos. Las primeras muestras de esta modalidad de publicación se desarrollaron en Francia a comienzos del siglo XIX, y estaban dedicadas especialmente a la crítica teatral y de libros. En la década de los años treinta, esta fórmula se aplicó a la edición de relatos novelescos, dando así origen al *roman-feuilleton* o «novela de folletín».

La narrativa folletinesca presenta dos formas de edición y distribución: la primera es la que se conoce como *novela de folletín,* que, como sección fija, aparecía generalmente en la parte inferior de la primera página de algunos periódicos. La segunda es la denominada *novela por entregas,* que respondía a la distribución por fragmentos o «unidades de extensión variable de una obra acabada o en vías de creación, con arreglo a una periodicidad mensual, bimensual o semanal» (J. F. Botrel). Esta literatura presenta un tipo de obras que responde a las expectativas de un público en el que predominan las capas populares. Se trata de relatos de corte melodramático en los que se narra la historia de unas heroínas bondadosas, que viven una serie de aventuras y desdichas, víctimas de unos personajes «malvados», de los que, al fin, podrán librarse gracias a la aparición del «bueno», que colmará las ansias de ensoñada felicidad de la desventurada joven, al tiempo que hará triunfar los ideales del bien y de la justicia. En estas novelas, de carácter pretendidamente realista, adquieren especial relevancia las descripciones de espacios y ambientes; los personajes están sometidos a un tratamiento esquemático y maniqueo; se amplía y complica desmesuradamente la trama y se explotan los aspectos emotivos y sentimentales para responder a los gustos y expectativas del público.

En España, la etapa de mayor auge de esta narrativa de folletín es la comprendida entre 1845 y 1868; sus autores más destacados son W. Ayguals de Izco, M. Fernández y González, E. Pérez Escrich, etc.

Fonema. Es la unidad fonológica mínima de una lengua. El concepto de fonema no coincide estrictamente con el de sonido, sino con sus unidades fonológicamente diferenciadas. Los sonidos son la realización de un fonema, ya que contienen los rasgos diferenciales de éste. Pero, mientras el fonema es el conjunto, solamente, de las características distintivas o rasgos diferenciados del sonido, los sonidos engloban tanto los rasgos diferenciales como los no distintivos. Por otra parte, los sonidos pertenecen al habla, mientras que los fonemas pertenecen a la lengua.

Forma. En la crítica literaria del siglo XX la dicotomía entre la forma y el fondo ha sido rechazada por la estilística, la glosemática, el formalismo y la crítica semiótica. Para Hjelmslev, que distingue un doble plano en la formación del enunciado (contenido y expresión) y un doble estrato en cada plano (sustancia y forma), el concepto de forma está incluido tanto en el plano del contenido como de la expresión: el significado sería la forma del contenido, y el significante, la forma de expresión. Pero es que, además, la expresión es siempre expresión de un contenido, y el contenido es siempre contenido de una expresión. En cuanto al formalismo, toda la serie de procedimientos o artificios utilizados en la configuración de un texto constituyen el contenido formal del mismo. Y es que para los formalistas el contenido es parte de la forma y la forma es parte del contenido, ya que todos los «materiales» constituyentes de un texto (fónicos, morfosintácticos, léxicos, temáticos, etc.) son significativos: hay una plena compenetración entre significante y significado. La misma posición se mantiene en la crítica semiótica, que considera el texto poético como un sistema organizado en distintos niveles que se interrelacionan según sus diferentes funciones. De hecho, en todo texto poético, tanto los elementos fonológicos como los morfológicos y sintácticos adquieren en el conjunto estructural una función semántica y estilística precisas.

Formalismo ruso. Movimiento renovador de la teoría literaria surgido en Rusia durante la Primera Guerra Mundial (como reacción frente a la decadencia de dicha disciplina en los estudios académicos y en la crítica periodística) en el que convergen el llamado Círculo Lingüístico de Moscú y el OPOIAC. El primero aparece en 1915 y está formado por jóvenes estudiosos de Lingüística (R. Jakobson, B. Tomachevski, G. D. Vinokour, P. Bogatirev, etc.) en estrecha relación con escritores de la vanguardia futurista, a la que pertenece el poeta V. V. Maiakovski; el segundo, la Sociedad para el Estudio de la Lengua Poética (OPOIAC), surge en San Petersburgo (1616) y está integrado por investigadores y críticos de literatura (V. Sklovski, B. Eichembaum, O. Brik) y por lingüistas: L. Jakubinski y E. D. Polianov.

Los formalistas comienzan oponiéndose a una enseñanza académica de la literatura que concebía la historia literaria como una historia del pensamiento social y de la cultura (en la línea positivista de Veselovski) y a una crítica periodística basada en un subjetivismo estético e influenciada por el simbolismo. Frente a la primera, centrada en el estudio extrínseco de las obras, los formalistas propugnan una crítica inmanente de los textos literarios; frente a la segunda, pretenden crear una «poética» liberada del subjetivismo estético y encaminada a un estudio científico y objetivo de las obras literarias.

Entre 1920 y 1925 el formalismo logra consolidarse como método de investigación literaria e introducirse en los medios académicos a través de algunos de sus representantes (V. Sklovski, B. Eichembaum, J. Tinianov, B. Tomachevski, etc.), a quienes se debe el desarrollo de los principios teóricos y la publicación (en una serie titulada *Problemas de Poética*) de sus trabajos más importantes en el campo de la teoría de la literatura. En síntesis, sus principales aportaciones a la teoría literaria son:

– *Una concepción precisa de la lengua poética y de la literariedad:* la lengua poética se diferencia del lenguaje «práctico» en una función que le es peculiar y que consiste en que «la palabra es sentida como palabra y no como simple sustituto del objeto nombrado ni como explosión de emoción» (Jakobson). Esta función poética funda la literariedad de un texto, convirtiéndolo en obra de arte.

– *Teoría del verso y de la prosa.* Para Jakobson y Tinianov, el ritmo es un elemento configurador de un poema y fuerza dinamizadora de los componentes fónicos y léxicos del verso; el ritmo es un rasgo distintivo y organizador del lenguaje poético.

– *Teoría de la historia literaria.* Tinianov considera la «evolución» de la historia literaria como una «sustitución de sistemas» que supone «no una renovación y reemplazo súbito y completo de los elementos formales, sino la creación de una nueva función de esos elementos formales». Por otra parte, el estudio de la obra como «sistema» y el de la serie literaria en su evolución histórica ha de ser a la vez inmanente y abierto a otras «series o sistemas (entre ellos, la vida social) por los que está condicionada».

– *Teoría de los géneros literarios.* Los géneros se van configurando evolutivamente en la historia como series literarias o clases de obras, caracterizadas por un conjunto de procedimientos o rasgos constructivos dominantes.

– *Teoría del relato.* Con el formalismo se sientan las bases de la moderna narratología, a través de los estudios de Sklovski sobre la narración corta y la novela, de B. Tomachevski sobre la distinción «fábula»-«trama», el análisis de «temas» y «motivos» como unidades constituyentes del relato, etc., y con los análisis de V. Propp sobre la estructura funcional («funciones») del relato. Están relacionados también con el formalismo ruso, por continuidad con algunos de sus presupuestos, J. Mukarovski, del Círculo de Praga, e I. Lotman, de la Escuela de Tartu, y, por oposición, autores como M. Bajtin, a quien, lo mismo que a Lotman, se le asocia con lo que ha dado en llamarse el posformalismo. Véanse: ESTRUCTURALISMO, GÉNEROS LITERARIOS, LITERARIEDAD, MOTIVO y TRAMA.

Foro. Es la parte del escenario o de los decorados teatrales opuesta a la embocadura y que, por tanto, es la más alejada del público. Se denomina *telón de foro* al que forma el frente de la decoración del escenario y que sirve para cubrir el fondo de la escena.

Foso. Espacio o cavidad situado en el piso inferior del escenario teatral que, históricamente, ha servido para realizar cambios en la escenografía, ascensos o descensos de personajes (p. e., a través del escotillón en los corrales de comedias del Siglo de Oro) o de artefactos, así como para la producción de determinados efectos de escena, como, p. e., la salida de humo, etc.

Fotonovela. Producto de literatura de masas consistente en la edición de un texto en el que aparece una serie sucesiva de escenas fotografiadas, acompañadas de un pie, en el que se relata una historia amorosa que recuerda los esquemas tradicionales en la novela de folletín o en el melodrama del siglo XIX. Como en éste, los personajes, buenos y malos, son figuras estereotipadas. La protagonista femenina suele ser una muchacha de origen modesto que sueña con un amor que está lleno de obstáculos y dificultades. Al final, los buenos consiguen su objetivo o se sacrifican por el bien de los demás, y los malos fracasan y son perdonados. En España, a finales de los años sesenta del siglo XX, la fotonovela contaba ya con un amplio público de lectores, en colecciones como *Corín Tellado, Selene, Sayonara, Desirée,* etc. Véanse: CÓMIC y PARALITERATURA.

Fronte. Es la primera parte de la estancia, estrofa utilizada en la canción italiana. La fronte consta de dos pies, formados generalmente por tres versos cada uno, con la siguiente estructura de rima entrelazada: abC: abC, o bien ABC:BAC. Véase: ESTANCIA.

Función. Término con el que se designa en lingüística y en teoría literaria el papel que desempeña un elemento lingüístico o literario en relación con el conjunto de elementos que constituyen un determinado texto, concebido como sistema. Dentro de la teoría de la literatura, dicho concepto ha adquirido especial relevancia en el estudio de la lengua literaria, la narratología y la teoría teatral. R. Jakobson, que considera la teoría literaria como parte integrante de la lingüística y el texto literario como un acto de comunicación verbal, construye un esquema global de las funciones del lenguaje en el marco de los factores que conforman cualquier acto de comunicación verbal. En el desarrollo de un acto de comunicación, entran en juego seis factores: un *emisor,* que envía un *mensaje* a un destinatario o *receptor* a través de un *canal,* que sirve de *contacto* entre ambos, de acuerdo con un *código* (común o conocido por emisor y receptor, para que sea posible la codificación y descodificación del mensaje y, en consecuencia, la mutua relación y comprensión) y dentro de un *contexto* de referencia, que define las relaciones del mensaje con el objeto al que alude o representa. Cada uno de estos seis factores «determina una función diferente del lenguaje». En un mismo texto puede desarrollarse más de una función, pero las que concurren se relacionan en un orden jerárquico, de forma que «la estructura verbal de un mensaje depende, primariamente, de la función predominante» en dicho texto. Las seis funciones que corresponden a los seis factores enunciados son las siguientes: *referencial, expresiva, conativa, fática, metalingüística* y *poética.* En esta última la atención del emisor se centra sobre el *mensaje* por el mensaje: en la «forma» peculiar que convierte el mensaje en un texto «literario», en el que la función poética es dominante, aunque no excluya otras funciones.

En narratología se entiende por *función* la relación existente, dentro de un relato, entre un elemento y los demás del texto, concebido como un sistema. Para Propp, la función narrativa es «la acción de un personaje definido desde el punto de vista de su significación en el desarrollo de la intriga». De sus análisis de múltiples cuentos, Propp constata que el número de funciones no se corresponde con el de personajes, y que una misma función puede ser compartida por varios personajes y, a veces, uno mismo puede desarrollar diversas funciones. El crítico ruso delimita el número de funciones (treinta y una), cuya representación se reparte entre siete personajes posibles que se repiten en los diversos cuentos: el héroe, el agresor, el donante, el auxiliar, la princesa y su padre, el mandatario y el falso héroe. Este concepto de *función narrativa* ha sido abordado por otros estudiosos del relato, como J. Greimas, C. Brémond, R. Barthes, etc. Véanse: LENGUA LITERARIA y NARRATOLOGÍA.

Fundido. Véase CINE Y LITERATURA.

Futurismo. Nombre con el que se designa un movimiento artístico y literario de vanguardia surgido en Europa en torno a 1910. Su iniciador es el italiano F. T. Marinetti, que en 1905 comienza a publicar en Milán la revista *Poesía,* en la que adelanta algunas de las posiciones críticas que serán características del futurismo. Pero la obra con la que llama la atención hacia el movimiento naciente es *Mafarka el futurista*, novela que causa un gran escándalo por la carga de erotismo sin trabas que comporta. En 1909, Marinetti publica en *Le Fígaro* de París (22 de febrero) el llamado *Primer Manifiesto del futurismo*, cuyas ideas fundamentales son las siguientes: *a)* oposición frontal a la literatura anterior y, en especial, a la «poesía enfermiza, el sentimentalismo, la obsesión de la lujuria» de G. D'Annunzio y al simbolismo de poetas como Ch. Baudelaire, S. Mallarmé y P. Verlaine, a los que considera «últimos adoradores de la luna»; *b)* frente a esta poesía sentimental, estática y ensoñadora, postula una creación artística basada en una concepción dinámica de la vida, con la exaltación de valores como el coraje, el amor al riesgo, la revolución, etc. Desde esta perspectiva, entiende la obra poética como un intento de descubrir nuevas formas de belleza, basada no en la armonía en quietud, sino en la acción, en la velocidad y en la agresividad; *c)* este carácter agresivo se muestra arrollador y destructivo con las antiguas formas estéticas, como subraya Marinetti en dos frases que provocaron el escándalo: «Deseamos demoler los museos y las bibliotecas», «Un automóvil de carreras [...] es más bello que la Victoria de Samotracia»; *d)* el Futurismo cree haber superado el concepto clásico de espacio y tiempo, en virtud del predominio del concepto de velocidad; *e)* por último, en dicho manifiesto se percibe una exaltación de la violencia y de la guerra («única higiene del mundo») que preanuncia la posterior evolución política de Marinetti hacia el fascismo.

Después del primer manifiesto, Marinetti escribe dos obras de tema bélico: *La batalla de Trípoli* (1912) y *Zang-Tum-Tumb* (1914), en las que aparecen ya algunos de los recursos literarios más usados por los futuristas: variada tipografía, onomatopeyas, las llamadas «palabras en libertad», etc. Por estas fechas, publica un segundo manifiesto en el que se proclaman las innovaciones estético-literarias iniciadas por esta corriente: *Manifiesto técnico de la literatura futurista* (1912). Los rasgos característicos de este movimiento, tal como se desprenden de dichas obras y de los citados manifiestos, son los siguientes: *a)* en el aspecto ideológico y estético, se observa un vitalismo desenfrenado y una actitud casi idolátrica respecto del mito de la modernidad, una exaltación de la máquina y de la velocidad, etc.; *b)* en la tipografía de las obras literarias, Marinetti propugna una presentación pictórica de la página, con diversos colores, diferentes tipos de letras («cursiva para las sensaciones análogas, negritas para las onomatopeyas violentas, etc.»), cambios en la dirección de las líneas (verticales, circulares, interrelacionadas con paréntesis, con grandes letras mayúsculas, etc.). En cuanto a las grafías, sustituye los signos de puntuación por signos matemáticos (+ – × : >, etc.) y musicales; *c)* en relación con la lengua literaria, en el plano morfológico y sintáctico se advierten yuxtaposiciones de sustantivos, en las que el segundo cumple una función individualizadora («hombres-torpedero»), propia del adjetivo, que él trata de suprimir. Por otra parte, elimina de la expresión poética el adverbio, los adjetivos, las conjunciones, etc., a los que juzga innecesarios, basándose en la idea de que «la velocidad aérea [...] ha hecho que la percepción por analogía sea natural al hombre». Utiliza preferentemente el verbo en infinitivo «para que se adapte elásticamente al sustantivo y que pueda dar el sentido de continuidad a la vida». Finalmente, propugna la destrucción de la sintaxis, «disponiendo los sustantivos al azar de su nacimiento»; *d)* en el plano estilístico, pide la superación y abandono de las «imágenes-cliché» y anhela que la poesía sea una creación permanente de imágenes nuevas. *e)* En cuanto a los temas, desea que los poetas sumerjan su imaginación en el curso de la naturaleza, hasta descubrir la «psicología intuitiva de la materia». Como objeto de su glorificación poética figuran las estaciones, las fábricas, los puentes, las locomotoras, los aeroplanos, «las grandes multitudes agitadas por el trabajo, el placer o la rebeldía», etc.

El movimiento futurista tuvo cierta resonancia en el resto de Europa, especialmente en Rusia (en cuya capital, Moscú, estuvo Marinetti), entre escritores jóvenes como B. Pasternak, N. Asseiv y, sobre todo, V. V. Maiakovski, que será el gran divulgador del futurismo en dicha nación. En Portugal el influjo del futurismo se percibe en las revistas *Orpheu* y *Portugal Futurista*. En cuanto a España, la influencia del futurismo es evidente en el *ultraísmo (obsesión por las máquinas y el léxico científico y técnico, tendencia a la supresión, en el plano lógico y sintáctico, de nexos, mediaciones, adjetivos, fórmulas de equivalencia –«como», «parecido a»–, juegos tipográficos en la presentación de los textos, etc.) y en algunas composiciones de P. Salinas, como las dedicadas a la bombilla eléctrica y a la máquina de escribir («Urderwood girls»), o en la de R. Alberti a un futbolista («A Platko»), etc.

G

Gacela o gacella. Breve poema arábigo-andaluz, de contenido generalmente erótico, compuesto por un número limitado, aunque no fijo, de versos (entre cuatro y quince), de los cuales los dos primeros tienen la misma rima, que reaparece en los versos pares del resto de la composición. Al final del poema figuraba el nombre del poeta. En el *Diván del Tamarit,* de F. García Lorca, aparecen varios poemas bajo el epígrafe de «gacelas»; no obstante, la estructura métrica no se corresponde con la de la composición árabe.

Gaceta. Término de origen italiano (*gazzeta:* moneda veneciana del siglo XVI) con el que se designaba una publicación noticiera y de avisos cuyo precio era precisamente una *gazzeta,* razón por la que terminó por ser reconocida con tal nombre. Esta denominación se extendió a otros países para designar, desde comienzos del siglo XVII, ciertas publicaciones periódicas que surgieron en Francia, Inglaterra, Holanda, Alemania, etc., en la modalidad de «gacetas hebdomadarias», que en el transcurso de dicho siglo y del siguiente se convertirán en órganos oficiales de información de los diferentes Estados. En España, la primera de este tipo de publicaciones que se edita con carácter regular (mensualmente) es la *Relación o gaceta de algunos casos particulares así políticos como militares,* aparecida en Madrid en 1661 y que en 1697 se convertirá en *Gaceta de Madrid;* en 1761, Carlos III la incorpora a la Corona y, desde 1762, se hace cargo de su edición la Secretaría de Estado; en 1834 se convierte en diario oficial, manteniendo su antiguo nombre hasta 1936, año en que recibe su actual denominación: *Boletín Oficial del Estado*. Durante el siglo XVIII, surgieron publicaciones similares en diversas ciudades de la América de habla hispana: *Gaceta de México y noticias de Nueva España* (1732-1739), *Gaceta de Guatemala* (1729), *Gaceta de Lima* (1776), *Gaceta de Buenos Aires* (1781), etc.

Aparte de estas publicaciones oficiales de carácter informativo sobre temas políticos, administra-tivos, etc., el término «gaceta» se utilizó también para designar ciertas revistas dedicadas a la creación artística y literaria. Véanse: PERIODISMO y REVISTA.

Gacetilla. Parte de un periódico reservada para insertar noticias cortas. Denominación aplicada también a estas noticias.

Gag. Término inglés («broma») utilizado especialmente en el lenguaje del cine y del *music-hall* para designar un efecto cómico surgido de una breve escena (un *sketch* humorístico) a base de gestos y diálogo o de sólo gestos de efecto visual instantáneo, que tienden a provocar la carcajada de los espectadores. Es un recurso utilizado en el teatro de humor, y se produce, p. e., cuando un acontecimiento normal deriva hacia una salida inesperada, que, frecuentemente, deja en ridículo a uno de los personajes que intervienen en la escena.

Galán. Uno de los personajes-tipo de la comedia del Siglo de Oro. El galán y la dama son los personajes fundamentales en el desarrollo de la intriga, movidos por un juego de relaciones amorosas en las que tienen especial importancia, como ingredientes psicológicos, los celos y el sentido del honor. Los rasgos caracterizadores del galán son la apostura, el linaje, el valor y la audacia, la generosidad, cierta dosis de idealismo y la tenacidad en la prosecución de sus objetivos. Véanse: DAMA y PERSONAJE.

Galicismo. Término con el que se alude a ciertas construcciones francesas que se han introducido en la sintaxis española («avión a reacción») y a los préstamos lingüísticos que se han producido en nuestra lengua en diversas épocas de la historia.

Gangarilla. Es uno de los ocho tipos de compañía de teatro ambulante que se desarrollan en España en el siglo XVI y que son descritos en *El viaje entretenido* (1603) de Agustín de Rojas Villandrando: «Gangarilla es compañía más gruesa; ya van aquí tres o cuatro hombres; uno que sabe tocar una locura, llevan un muchacho que hace la dama, hacen el auto de la Oveja Perdida, tienen barba y cabellera, buscan saya y toca prestada (y algunas veces se olvidan de volvella), hacen dos entremeses de bobo, cobran a cuarto, pedazo de pan, huevo y sardina y todo género de zarandaja (que se echa en una talega); éstos comen asado, duermen en el suelo, beben su trago de vino, caminan a menudo, representan en cualquier cortijo». El *Auto de la oveja perdida*, al que se alude, es de J. de Timoneda y se publicó incluido en su *Ternario* en 1558.

Garnacha. Véase COMPAÑÍA DE GARNACHA.

Gauchesca. Término asignado a un tipo de literatura popular surgida en Argentina y Uruguay a comienzos del siglo XIX, realizada por escritores cultos que adoptan el personaje del gaucho (y tratan de recrear su lengua popular) para potenciar un movimiento de autonomía cultural paralelo al de la independencia política que se inicia a partir de 1810. Los primeros escritores gauchescos (Bartolomé Hidalgo e Hilario Ascasubi) son poetas urbanos que escriben sus composiciones imitando la manera de los payadores (cantores populares gauchos) para poder hacerse entender de los criollos pero confiriendo a las estrofas cierta corrección literaria de la que, sin duda, carecía la copla de los cantores analfabetos.

Cuando Hidalgo y Ascasubi escriben los primeros poemas gauchescos no emplean el habla gauchesca de los peones de estancia en los campos ganaderos de la llanura sino una elaboración de la misma a partir de su lengua española urbana, aunque con rasgos fonéticos, sintácticos y semánticos dialectales. De esta forma, su obra resulta, por una parte, más asequible a ese público criollo al que va dirigida y, por otra, se configura como un signo de oposición a la lengua del español culto, propia de los «dominadores».

Las obras que representan los hitos básicos del desarrollo de esta literatura gauchesca son: *Cielitos* (1811-1818) y *Diálogos* (1821-1822), de Hidalgo; *Paulino Lucero* (1853), *Aniceto el Gallo* (1853-1859) y *Santos Vega* (1859-1872), de Ascasubi; *Poemas* (1861), de Estanislao del Campo, *El gaucho Martín Fierro* (1872) y *La vuelta de Martín Fierro* (1879), de José Hernández, etc.

Los rasgos caracterizadores de la poesía gauchesca son los siguientes: en primer lugar, es una poesía oral y destinada al canto; en segundo lugar, se trata de una poesía narrativa. Así, dice Martín Fierro al comienzo del poema, vinculando cantar y narración: «Me siento en el plan de bajo / a cantar un argumento». Un tercer rasgo, que aparece ya en los *Diálogos* de Hidalgo, es su carácter dramático: Martín Fierro se comporta como un personaje que se dirige a un público que le escucha. Otro rasgo fundamental es el del contenido político: revolucionario en B. Hidalgo, partidista en H. Ascasubi y E. del Campo y social en J. Hernández: el lamento social del gaucho marginado y expoliado. En cuanto a la métrica, responde a sus orígenes de tradición oral y del canto: coplas, canciones para bailes, marchas, etc. Se utiliza una gran variedad estrófica, desde la cuarteta y redondilla a la décima, pasando por el romance. Hay, no obstante, dos modalidades originales: el *cielito* (consta de versos octosílabos compuestos por dos hemistiquios de tres y cinco sílabas y con acentos en 2, 4 y 7: «Cielito, cielo que sí / cielito, locos están...») y la *media caña*, en la que alternan octosílabos con tetrasílabos pareados en forma de pie quebrado, con su ritmo consecuente del baile en el que tiene su origen. Véase: INDIGENISMO.

Gaya ciencia. Título con el que se reconoce un movimiento poético, especializado en el «arte de trovar», que se desarrolla en la corte de Castilla durante el siglo xv, desde el reinado de Juan II hasta el de los Reyes Católicos. Bajo los auspicios del primero se inicia un período de creación literaria promovido por la misma corte, donde se celebran veladas y certámenes poéticos de los que surge un nuevo tipo de poesía profesional y cortesana, definida por el marqués de Santillana en estos términos: «E qué cosa es la poesía, que en nuestro vulgar *Gaya Ciencia* llamamos, sino un fingimiento de cosas útiles cubiertas o veladas con muy fermosa cobertura, compuestas, distinguidas, escandidas por cierto cuento, peso e medida» *(Carta-Prohemio)*. En este movimiento se advierten influencias de la poesía gallega, provenzal (el término *gaya* es de origen provenzal: *gay*, alegre) e italiana, a través de la corte de Aragón, que mantiene una presencia política y cultural en el sur de Italia. En Castilla, los poetas de la *Gaya ciencia* dedican su esfuerzo a la elaboración de un nuevo tipo de verso que suplanta al alejandrino, el verso de arte mayor (destinado, fundamentalmente, a poemas concebidos para la lectura), y a la depuración del octosílabo, metro que tradicionalmente se había utilizado para poemas cantados. Por otra parte, en el marco de esta escuela comienza a utilizarse el nombre de *poeta* para designar al vate dotado de cultura literaria, perfección técnica y elevación de pensamiento, y los de *trovador* y *decidor* para los que elaboran, en verso, composiciones ingeniosas o de galantería y sátira. En este período aparecen tres «poetas» eminentes: Juan de Mena, el marqués de Santillana y

Jorge Manrique. Aparte de ellos, y de una larga nómina de trovadores y decidores, hay que recordar a algunos tratadistas de la «gaya ciencia», «gay trovar» o «gay saber»: Enrique de Aragón, Pedro Guillén de Segovia, Juan del Encina y el marqués de Villena, cuyo *Arte de trovar* refleja esta corriente de creación literaria.

Generación. Término relacionado con la llamada «teoría de las generaciones», esbozada en el siglo XIX por L. von Ranke y W. Dilthey y aplicada en el siglo XX al campo de la sociología (K. Mannheim), del arte (W. Pinder) y de la literatura, por J. Petersen, cuyos principios recogerá P. Salinas en su estudio de la «Generación del 98». A J. Ortega y Gasset se debe un estudio sobre el concepto de generación y su utilidad en el campo de la historia de la cultura. Para Ortega, la historia de la humanidad se desarrolla a través de generaciones, que conforman sistemas de creencias, ideas y valores que regulan la vida de los hombres en cada época. La generación sería como el «órgano visual con que se ve en su efectiva y vibrante autenticidad la realidad histórica». Basándose en el desarrollo de la vida humana en sus diferentes etapas (infancia, juventud, madurez, ancianidad), Ortega alude al ritmo de evolución y sucesión de las generaciones, así como a la posible duración y vigencia de las mismas. En las dos primeras etapas (infancia y juventud) estos grupos generacionales mantendrían una actitud de iniciación a la vida social y de receptividad frente a los valores vigentes. Tras esta fase receptiva aparecería otra activa, subdividida, a su vez, en dos períodos que conforman sendos grupos generacionales: uno, que aportaría una carga de innovación y consiguiente oposición al grupo dirigente establecido, y otro, de mayor edad, que sería el detentador del poder y que trataría de defender la permanencia del esquema de valores y formas de vida impuestos por él anteriormente. En torno a los sesenta años, dicho grupo, normalmente, habría de ceder el paso a la siguiente generación innovadora, que trataría de imponer sus propias formas de cultura y concepción de las relaciones sociales. Las generaciones se irían sucediendo en períodos de quince años.

Por lo que atañe a la utilización de dicho concepto en la periodización de la historia de la literatura, ha sido J. Petersen quien ha concretado los factores constituyentes de una generación literaria. P. Salinas ha precisado dichos factores en su estudio «El concepto de generación literaria aplicado a la del 98». Son los siguientes: *a)* coincidencia en la fecha de nacimiento; *b)* homogeneidad de educación recibida, «en el sentido más lato, de fuerzas concurrentes a la especial modelación mental, en que se desarrolla un grupo nacido en los mismos años»; *c)* la convivencia o las «relaciones personales» entre los miembros de ese grupo generacional, así como la participación conjunta en diversas instituciones culturales, revistas, etc; *d)* «experiencia generacional» de un hecho histórico clave que provoque una toma de conciencia y movilice a los integrantes del grupo para una acción común; *e)* aparición de un guía intelectual del grupo; *f)* comunidad de «lenguaje generacional», que denote una propia forma de expresarse y unas peculiaridades de sensibilidad y estilo literarios; *g)* «anquilosamiento o parálisis de la generación anterior». Véanse: CLASIFICACIÓN LITERARIA y PERÍODOS LITERARIOS.

Generación de 1868. Véanse NATURALISMO y REALISMO.

Generación del 98 (1898). Denominación acuñada por J. Ortega y Gasset para referirse a los jóvenes de su generación (cuya entrada en la adolescencia había coincidido con el desastre colonial de 1898) y de la que se apropió Azorín, en sus cuatro artículos titulados «La generación de 1898», para designar a un grupo de escritores (M. de Unamuno, P. Baroja, R. de Maeztu, Rubén Darío, R. M.ª del Valle-Inclán, J. Benavente, M. Bueno y él mismo) que, sensibilizados ante «el espectáculo del desastre» y atentos a la «evolución del pensamiento literario de fuera de España», habrían iniciado por esas fechas un movimiento de protesta social y de «renovación de las letras» españolas. Refiriéndose a dichos escritores, Azorín alude a una serie de rasgos comunes, que, a su juicio, les configuraban como miembros de tal generación: espíritu de «rebeldía» frente a las corruptelas políticas y sociales de la Restauración, apertura hacia la cultura europea coetánea e interés por algunos de sus intelectuales y escritores más significativos (F. Nietzsche, P. Verlaine, etc.), simpatía por los románticos, especialmente por Larra, deseo de redescubrir valores olvidados o aspectos abandonados de la realidad española (el paisaje, los viejos pueblos y ciudades, etc.) y de su tradición literaria primitiva (Berceo, Juan Ruiz, Jorge Manrique, etc.) y una atención y cultivo acendrado del idioma para «agudizarlo» y enriquecerlo con la recuperación de las «viejas» y «plásticas» palabras, capaces de «aprisionar menuda y fuertemente la realidad».

En relación con esta hipótesis de la posible generación proclamada por Azorín, la crítica se muestra dividida en torno a la existencia o no de la misma, a la nómina de integrantes y, sobre todo, a sus posibles relaciones con el modernismo, que fue, en realidad, la corriente estética y literaria dominante a finales del siglo XIX y comienzos del XX. Esta división se concreta en dos posiciones contrapuestas: la primera, representada por P. Salinas, que, aplicando la teoría sobre las generaciones de J. Petersen (véase *generación)*, afirma la existencia de la generación del 98 como grupo autónomo y claramente diferenciado del modernismo; la segunda, representada por escritores como Juan Ramón Jiménez y L. Cernuda y críticos como F. de Onís y R. Gullón, niega la existencia de tal generación, ya que lo que se considera como rasgos peculiares de la misma responderían a un cambio de sensibilidad y actitudes estéticas, fruto y expresión de un fenómeno artístico y cultural más amplio conocido con el nombre de modernismo.

Sin prejuzgar la validez de estas posiciones críticas contrapuestas, se pueden ofrecer, con las lógicas reservas, las siguientes líneas de interpretación del problema: *a)* es evidente que los escritores mencionados por Azorín y considerados posteriormente como «noventayochistas» (Baroja, Maeztu, Unamuno, etc.) forman parte de una misma generación histórica, a la que pertenecen los llamados «modernistas»: conviven en las mismas tertulias y escriben en las mismas revistas (*Germinal, La vida literaria,* etc.); *b)* por otra parte, noventayochistas y modernistas coinciden en el punto de partida de su posición estética: el rechazo de la narrativa realista y naturalista, del prosaísmo de la poesía de Campoamor y Núñez de Arce y del drama neorromántico; *c)* las diferencias entre los supuestos representantes de una y otra corriente habría que buscarlas, pues, no en el campo de la creación literaria, sino en el de una determinada opción ideológica: cierta sintonía de carácter regeneracionista (en Baroja, Azorín y Maeztu, al fundar la revista *Juventud,* al publicar su *Manifiesto* o al apoyar el estreno de *Electra,* de Galdós, en 1901; sintonía compartida por Unamuno) en torno al presente y el porvenir de España, su tradición cultural, sus instituciones políticas, etc., juzgadas críticamente desde una posición ética y estética; *d)* en torno a 1903 se advierte un progresivo distanciamiento entre estos escritores, que habrían de seguir en el futuro un camino diferente, en su ideología y en los presupuestos estéticos de su creación literaria. Por otra parte, carecería de sentido asociar al marbete del 98 a Valle-Inclán (su producción anterior a 1905 es claramente modernista y su evolución posterior hacia el esperpento confirma su autonomía respecto del 98) o Machado, modernista igualmente (las confluencias temáticas –España, Castilla, problemática existencial, etc.– con dicho grupo son de raigambre regeneracionista, compartidas por otros escritores que traspasan los límites del 98); *e)* desde el punto de vista de la creación literaria, y por lo que atañe a los géneros, es evidente que dicho grupo de escritores (Unamuno, Azorín, Maeztu y Baroja) utiliza, como género dominante, en la primera época, el artículo periodístico y el ensayo, como medios de divulgación de sus ideas. Por lo que respecta a la narrativa, las novelas de Baroja, Unamuno y las primeras de Azorín giran en torno a un personaje central, del que se traza la evolución de su personalidad en la línea de los *Bildungsroman*. Se nota, además, cierto «parecido de familia» entre los protagonistas de estas novelas: Fernando Osorio y Andrés Hurtado, de Baroja; Antonio Azorín, de J. Martínez Ruiz; Apolodoro Carrascal y Augusto Pérez, de Unamuno: se trataría de «héroes casi trágicos en un contexto que es menos trágico que desesperanzado». En cuanto a la poesía, se advierten coincidencias entre Unamuno y Machado y otros poetas modernistas: rechazo de la ampulosidad, banalidad y

convencionalismos de los poetas de la Restauración, al tiempo que resalta su distanciamiento de la estética del arte por el arte, al considerar la poesía como un elemento que sirve no sólo para producir placer estético, sino, sobre todo, «para agitar los espiritus» (D. Shaw); *f)* por lo que respecta a la lengua literaria, es evidente la preocupación de estos escritores por crear un «lenguaje natural y antirretórico, ceñido a la realidad de las cosas que evocan» (G. Díaz Plaja). Véanse: FIN DE SIGLO, MODERNISMO Y REGENERACIONISMO.

Generación de 1914. Véase NOVECENTISMO.

Generación de 1927. Título con el que se reconoce a un conjunto de escritores españoles cuya producción literaria más importante se desarrolla entre 1920 y 1935 y a los que, a partir de 1924, se les considera miembros de una nueva generación literaria, a la que se refiere un representante de la misma, J. Guillén: «Éramos amigos, y con una comunidad de afanes y gustos que me ha hecho conocer por la vía directa la unidad llamada *"generación"*. Pedro Salinas y yo, Gerardo Diego, Federico García Lorca, Dámaso Alonso, Vicente Aleixandre, Rafael Alberti y Pepe Bergamín, y Melchor Fernández Almagro». Los dos últimos, junto con Juan Larrea y Pedro Garfias, son citados como asistentes a las «mesas» amistosas e intelectuales del grupo, del que forman parte, además, Luis Cernuda, Emilio Prados y Manuel Altolaguirre. Entre los escritores mencionados, destacan seis poetas (Salinas, Guillén, D. Alonso, G. Diego, Lorca y Alberti), que constituyen el grupo dinamizador de toda esta generación, cohesionada no sólo por vínculos intelectuales y estéticos, sino, además, por una gran amistad. Juntos convocan un homenaje a Góngora en 1927 (por celebrarse el centenario de la muerte de dicho poeta, al que consideran modelo precursor de sus ideales estéticos) y realizan una excursión a Sevilla, con actuaciones en su Ateneo que constituyen una especie de manifiesto generacional. Los seis están, a su vez, en el origen o en relación con los principales grupos y revistas regionales que surgen en este momento en España: G. Diego con el de Santander (*Revista de Santander, Carmen, Lola*), Guillén con el de Levante (*Verso y prosa*, en Murcia), Salinas con el de Sevilla (*Mediodía*), Lorca con los de Granada y Málaga (*Gallo* y *Litoral*, respectivamente), etc. Las especiales relaciones de amistad entre los seis, y de éstos con Aleixandre, Cernuda, Prados y Altolaguirre, explican posiblemente el hecho de que el marco de la ge-

neración del 27 se haya restringido, entre ciertos críticos, a estos diez poetas mencionados.

En cuanto a las fases de desarrollo de esta generación, G. de Torre relaciona sus inicios con el período de la «revolución ultraísta». El grupo se va configurando en un clima de renovación estética coincidente con el aparecer de las vanguardias y con la fundación, en Madrid, de la Residencia de Estudiantes, en la que viven internos J. Guillén (1911-1915), F. García Lorca, (1918-1928), Emilio Prados, Buñuel y Dalí, y adonde acuden con frecuencia R. Alberti, M. Altolaguirre, G. Diego, Salinas y D. Alonso. La primera etapa de creación literaria de este grupo, marcada por el influjo de las vanguardias, ha sido designada con el término orteguiano de «deshumanización», y se caracteriza por una búsqueda de perfección formal, el predominio de la metáfora, cierta actitud clasicista y especial influencia gongorina. Esta fase culmina con la celebración del centenario de Góngora en 1927, año en que surge *La Gaceta Literaria,* que, según G. de Torre, se constituye en «verdadero órgano de expresión de la generación de 1927». A partir de 1928, se desarrolla una nueva fase, caracterizada por la «entrada de lo social» y el interés por el surrealismo (inicialmente provocado por poetas afines, como Hinojosa o Larrea): en 1929 publica Alberti *Sobre los ángeles;* de 1929 es *Un río, un amor,* de Cernuda; de 1930 *Poeta en Nueva York,* de Lorca; y de 1932 *Espadas como labios,* de Aleixandre.

En cuanto a las influencias recibidas, unas pertenecen a las vanguardias y otras a la tradición literaria anterior. En este sentido, aceptan inicialmente el magisterio de Juan Ramón (búsqueda de una poesía pura, tendencia a la creación de nuevas imágenes y metáforas, uso del versolibrismo, etc.) y de Gómez de la Serna. Reconocen, igualmente, la función renovadora que en su tiempo ejercieron los poetas modernistas: Rubén Darío, Unamuno y M. Machado. Reciben, en los comienzos de su creación, la influencia de la obra de Bécquer (reconocida expresamente por Aleixandre, Alberti, Cernuda y D. Alonso), pero, sobre todo, de Góngora, cuyo «descubrimiento», ya iniciado por Mallarmé y Rubén Darío, adquiere su pleno desarrollo con ocasión del tercer centenario de la muerte del poeta. De ello son prueba los estudios de D. Alonso (*La lengua poética de Góngora* y la edición de *Soledades,* 1927), de G. Diego (*Antología poética en honor de Góngora,* 1927), etc. En esta vuelta a la literatura clásica, los poetas del 27 redescubren, además, la rica tradición lírica, tanto culta (poemas de R. Alberti a Garcilaso, de Aleixandre a Fray Luis de León y a San Juan de la Cruz, etc.) como popular: el Romancero, las canciones populares de Gil Vicente, Lope de Vega, etc. En consonancia con esta lírica popular, surgirá esa «especie de popularismo recién creado» en los versos de Lorca y Alberti, enraizados en la tradición folclórica de su Andalucía natal. La confluencia armónica de esta rica tradición culta y popular con la asimilación de las innovaciones técnicas derivadas de los movimientos de vanguardia será un rasgo peculiar de los escritores del 27.

En definitiva, tratando de sintetizar los presupuestos estéticos y los rasgos característicos de los escritores del 27, podrían señalarse, entre otros, el de la autonomía del arte (se busca un lenguaje poético autónomo, una poesía «pura»), el hermetismo, el cultivo preferente de la imagen y la metáfora, la concepción de la poesía como «creación» (el poema es como un «quintaesenciado mundo»), la intrascendencia del arte: «la poesía y el arte, desnudos de toda finalidad extraestética, moral o social, es juego ingenioso de palabras y conceptos» (P. Salinas). Por lo que se refiere a la trayectoria posterior de los miembros de esta generación, ya se dijo que en torno a 1928 se inicia un proceso de «rehumanización», al que sigue un compromiso social y político en algunos integrantes del grupo (Alberti, E. Prados, L. Cernuda, etc.), intensificado con el advenimiento de la República, irrupción de los fascismos, etc., y, en el aspecto literario, con la presencia de Neruda en España a partir de 1935, que, a través de su revista *Caballo verde para la poesía* (1935), proclama la necesidad de una «poesía impura». La Guerra Civil acentúa la urgencia del compromiso (la casi totalidad del grupo se alinea a favor de la República), que influye en las características de su producción literaria. Al terminar la contienda, el grupo se disgrega definitivamente: unos parten al destierro (Salinas, Guillén, Alberti, Cernuda, Prados y Altolaguirre), Lorca ha muerto, Aleixandre, G. Diego y D. Alonso continúan en España y van a servir de puente entre las vanguardias y las nuevas generaciones de poetas. En este sentido, *Sombra del paraíso* (V. Aleixandre) e *Hijos de la ira* (D. Alonso), publicadas en 1944, marcan la reaparición de este movimiento poético «rehumanizador» que «no cesó, sino que precisamente se intensificó después de la sacudida trágica de 1936 a 1939» (D. Alonso). Véanse: CREACIONISMO, CUBISMO, DESHUMANIZACIÓN, FUTURISMO, NEOPOPULARISMO, POESÍA PURA, SURREALISMO, ULTRAÍSMO Y VANGUARDISMO.

Generación de 1936. Denominación con la que se designa a un grupo de escritores españoles nacidos en torno a 1910 que publican sus primeras obras en la década de los treinta y que viven en su juventud una situación dramática que les marca como «acontecimiento generacional»: la Guerra Civil de 1936. A pesar de las diferencias ideológicas que separan a algunos de los integrantes de dicho grupo, se puede hablar de generación, no sólo por las vivencias históricas comunes, sino también por las coincidencias en aspectos formales de su creación literaria, así como por la vuelta a determinados modelos clásicos (Garcilaso, Quevedo) y por el influjo recibido de autores contemporáneos como Unamuno, A. Machado y algunos poetas de la Generación del 27.

Las manifestaciones literarias iniciales de este grupo generacional se producen en una serie de revistas, entre las que destacan *Nueva Revista* (1929), publicada por L. Panero y J. A. Maravall; *Brújula* (1934), dirigida por R. Gullón e I. M. Gil; *Hoja literaria* (1935), promovida por A. Sánchez Barbudo, A. Serrano Plaja y E. Azcoaga, etc. En 1935 aparece el libro de L. Rosales *Abril*, considerado como el primer exponente de ciertos temas y rasgos formales característicos de la nueva generación: amor y relación armónica del hombre con el mundo (en consonancia con el tema guilleniano del «mundo bien hecho» y del panteísmo cósmico de ascendencia aleixandrina, aunque desde una perspectiva religiosa), predominio de la imagen y de la metáfora y clasicismo en el uso de la métrica: décimas, sonetos, romances, etc. En 1936, año del desencadenamiento de la Guerra Civil, se celebra el cuarto centenario de la muerte de Garcilaso de la Vega, al que se suman poetas del 27 como Altolaguirre, R. Alberti, Cernuda, etc., y representantes de la nueva generación, como Rosales y Vivanco, G. Bleiberg, J. A. Muñoz Rojas y otros. M. Hernández escribe ese mismo año su égloga en recuerdo de Garcilaso y *El rayo que no cesa*, obra en la que destaca, en lo formal, el dominio de la métrica clásica en sus veinticinco sonetos y en los tercetos encadenados endecasílabos de la «Elegía» a R. Sijé.

Desde el punto de vista temático y de las opciones ideológicas respectivas, la Generación del 36 está integrada (o «escindida») por dos grupos de poetas: uno, en el que predominan los contenidos de índole metafísica y religiosa y de corte intimista (L. Rosales, L. F. Vivanco, Leopoldo y Juan Panero), a los que se vinculan, por lo que respecta a la renovación clasicista, G. Bleiberg, J. A. Muñoz Rojas y D. Ridruejo,

poetas que en la inmediata posguerra participarán (salvo Bleiberg) en la revista *Escorial*. El otro grupo, en el que predominan, junto al tema amoroso, el contenido y compromiso sociales, está representando por M. Hernández, A. Serrano, Plaja, J. Gil-Albert (los dos últimos, animadores de la revista *Hora de España)*, G. Celaya e I. M. Gil. Otros temas comunes a los miembros de esta generación son la rehumanización de la poesía (en consonancia con ciertos poetas del 27), la revalorización del sentimiento, una vuelta a lo elemental humano (amor, vinculación a la tierra, etc.) y una búsqueda de valores primordiales con los que dar sentido a una vida zarandeada por circunstancias dramáticas que han generado en los más una conciencia desgarrada. Por otra parte, junto a los poetas mencionados, forman parte de esta generación una serie de ensayistas e investigadores entre los que cabe mencionar a J. A. Maravall, E. Azcoaga, M. Zambrano, A. Sánchez Barbudo, R. Gullón, J. Ferrater Mora, A. Rodríguez Moñino, J. L. López Aranguren, P. Laín, J. Marías, etc.

En cuanto a las influencias recibidas por los miembros de esa generación, sobresalen, entre los clásicos, las de Garcilaso y Quevedo; el influjo de este último es más patente en escritores como

M. Hernández, Serrano Plaja e I. M. Gil. Entre los contemporáneos, son Unamuno y Machado los poetas con los que más conectan los escritores jóvenes, que comparten la inquietud religiosa y metafísica del primero (Vivanco, los Panero, etc.) y las preocupaciones cívicas y filosóficas del segundo. Del 27, Aleixandre y Neruda influyen especialmente en M. Hernández, así como en los demás poetas que comparten con él una visión neorromántica y humanizada de la poesía y una peculiar sensibilidad hacia la problemática sociopolítica. Desde el punto de vista filosófico, el magisterio de Ortega y Gasset es fundamental en varios pensadores miembros de esta generación, como M. Zambrano, P. Laín, J. Marías, Rodríguez Huéscar, Aranguren y Ferrater Mora.

Generación de la inmediata postguerra. (1939-1950.) Véanse EXISTENCIALISMO, GENERACIÓN DE LOS AÑOS CINCUENTA, GENERACIONES DE LOS SESENTA Y SETENTA, POESÍA SOCIAL y TREMENDISMO.

Generación de los años cincuenta. La llamada generación del medio siglo o de los cincuenta está formada por un grupo de escritores nacidos entre 1925 y la Guerra Civil, en la que no participaron y a la que evocan como testigos críticos de sus consecuencias deplorables. Preparado ya el camino del resurgimiento literario por la obra de poetas (B. de Otero, G. Celaya, V. Crémer, J. Hierro), novelistas (C. J. Cela, M. Delibes y G. Torrente Ballester) y dramaturgos (A. Buero Vallejo, A. Sastre) surgidos en la primera década de la postguerra, se va consolidando este impulso creador a lo largo de los años cincuenta, intensificando la línea de compromiso moral a través de la nueva estética del objetivismo y del realismo social, que será imperante en la década del medio siglo.

Los rasgos caracterizadores de esta nueva generación se manifiestan de forma similar en los diversos géneros. Así, p. e., en *poesía*, entre 1950 y 1955 van apareciendo obras de J. M. Caballero Bonald (*Las adivinaciones*, 1952), C. Rodríguez (*Don de la ebriedad*, 1953), J. A. Goytisolo (*El retorno*, 1955), J. A. Valente (*A modo de esperanza*, 1955), etc., así como las de otros poetas que escriben por esas fechas: A. González, A. Crespo, J. Gil de Biedma, E. Cabañero, F. Brines, C. Sahagún y, algo más tarde, J. Marco y F. Grande. A este grupo pertenece también C. Barral, aunque no comparta algunos de los rasgos de esta poesía: abandono de la subjetividad y actitud testimonial. Los integrantes de este grupo tienen conciencia, frente a la poesía garcilasista y religiosa de los cuarenta, de adoptar un nuevo «canto» al hombre «pidiendo paz, pidiendo patria, pidiendo aire verdadero» (J. A. Goytisolo). Al igual que B. de Otero, conciben la poesía como un arte de comunicación con «la inmensa mayoría», una poesía social en la que es evidente «su sentido ético, su afán de justicia, su solidaridad con el oprimido, su clamor contra el opresor» (J. Hierro). Este contenido moral impone unas exigencias temáticas y estéticas determinadas: atención prioritaria a los problemas del hombre dentro del contexto social y político de la época, búsqueda de un lenguaje sencillo, sin ornamentos, un tono predominantemente narrativo que, en ocasiones, deriva hacia el prosaísmo; en definitiva, una estética de la sobriedad. No obstante, en la trayectoria del grupo se advertirá un cambio progresivo hacia una mayor atención al lenguaje poético, como medio no sólo de comunicación, sino también de «conocimiento» (F. Grande, J. A. Valente, etc.).

Por lo que respecta a la *narrativa*, la década de los cincuenta se abre con tres novelas: *La colmena,* de C. J. Cela (1951), *Las últimas horas* (1950), de J. Suárez Carreño, y *La noria* (1952), de L. Romero, que preanuncian un nuevo enfoque, tono y técnicas narrativas. El objetivismo y la implícita presentación documental de la vida del Madrid de postguerra de *La colmena* constituyen una primera muestra de algunas de las características de la futura novela neorrealista y social de esta generación del medio siglo. Hacia 1954 parece consolidarse dicha tendencia a través de las obras de J. Fernández Santos (*Los bravos*), I. Aldecoa (*El fulgor y la sangre*), A. M.ª Matute (*Pequeño teatro*), J. Goytisolo (*Juegos de manos*) y, en 1956, con *El Jarama*, de R. Sánchez Ferlosio, considerada como obra modélica del grupo por sus técnicas narrativas: objetivismo, conductismo, tratamiento del lenguaje, etc. En la nómina de este grupo de narradores hay que citar, aparte de los ya mencionados, a López Salinas, C. Martín Gaite, J. M. Caballero Bonald, J. López Pacheco, D. Sueiro, L. Goytisolo, J. García Hortelano, J. Marsé, L. Martín Santos, etc., a los que hay que añadir excelentes cultivadores del relato corto: J. Campos, M. Fraile, A. Zamora Vicente, R. Doménech, F. Grande, etc.

También en el *teatro* surge un grupo de dramaturgos, a los que se les ha asignado el rótulo de «generación realista», que, precedidos por A. Buero Vallejo y A. Sastre, estaría representada por J. Martín Recuerda (*La llanura*, 1954; *Los pueblos del sur*, 1956), C. Muñiz (*El grillo*, 1957; *El tintero*, 1961). J. M.ª Rodríguez Méndez (*Vagones de madera*, 1959; *Los inocentes de la Moncloa*, 1961), L. Olmo (*La camisa*, 1962), etc. La temática de estas obras se centra en las injustas condiciones de vida del proletariado y clase media baja (su alienación, miseria y discriminación social), la hipocresía social y moral de los representantes de la sociedad establecida y la desmitificación de su mundo de valores, etc. En lo relativo a las formas dramáticas, prevalecen el realismo y el neoexpresionismo crítico, así como la farsa «popular» de tipo esperpéntico (Valle-Inclán) o la tragedia grotesca derivada de C. Arniches, con influencias de F. García Lorca y R. Alberti. Los protagonistas son frecuentemente colectivos; el tono, amargo, pesimista y desesperanzado; y el lenguaje, bronco, directo, provocador, atento a recrear las formas populares y la expresión coloquial. Por otra parte, en esta década de los cincuenta se inicia el teatro de raíz surrealista de Arrabal (*Picnic, El triciclo, El laberinto*, 1952 a 1957), al que sigue la producción de su teatro «pánico» (*La princesa*, 1957; *La primera comunión*, 1958, etc.). Cabe recordar, igualmente, la comedia de tradición benaventina y de evasión en autores como A. Paso (*Una bomba llamada Abelardo*, 1953), J. Salom (*El mensaje*, 1955), etc. Véanse: NEORREALISMO y REALISMO SOCIAL.

Generaciones de los sesenta y setenta. En el transcurso de los años sesenta se advierte una reacción frente a la literatura testimonial anterior, tanto en la crítica (J. M. Castellet y C. Barral revisan su posición anterior favorable a la literatura de compromiso) como en la misma creación literaria de ciertos escritores, como L. Martín Santos (*Tiempo de silencio*, 1962), J. Benet (*Volverás a Región*, 1968), e incluso en la de autores que habían militado anteriormente en la narrativa testimonial, como J. Goytisolo (*Señas de identidad*, 1966), J. Marsé (*Últimas tardes con Teresa*, 1961), etc. En estos escritores, lo mismo que en los maestros de la postguerra, como C. J. Cela (*San Camilo 1936*, 1969), M. Delibes (*Cinco horas con Mario*, 1966) y G. Torrente Ballester (*La saga/fuga de J. B.*, 1972), se constata una experimentación formal, tanto en la composición de las obras como en el lenguaje. Estas tentativas innovadoras se producen en los tres géneros literarios. Por lo que atañe a la *poesía*, J. M. Castellet publica en 1970 una antología con el título *Nueve novísimos*, en la que figuran nueve poetas nacidos entre 1936 y 1950 que serían los representantes de esta renovación producida desde mediados de los sesenta: M. Vázquez Montalbán, A. Martínez Sarrión, J. M. Álvarez, L. M. Panero, F. de Azúa, P. Gimferrer, V. Molina Foix, G. Carnero y A. M.ª Moix. Sobre las características intelectuales y estéticas de esos poetas (oposición al realismo anterior, conexión con las vanguardias, experimentación formal, apertura a los *mass-media*, etc.), puede consultarse la entrada correspondiente a *novísimos*. Algunas de estas características perviven en un grupo de poetas más jóvenes, cuya obra se desarrolla a partir de la década de los setenta (M. R. Barnatán, A. Colinas, L. A. de Cuenca, L. A. de Villena, J. L. Giménez Frontín, J. L. Jover, J. Munárriz, J. Siles, J. Talens, J. M. Ullán y otros), en algunos de los cuales se advierte una fuerte presencia de referencias culturales y literarias y un refinamiento estético evidente.

En cuanto a la *narrativa*, Martín Santos trasciende el realismo social e inicia una nueva estética, tanto en los aspectos de composición (utilización del monólogo interior y de la narración en segunda persona, etc.) como en el cultivo de la forma: riqueza de léxico, sintaxis compleja y barroquizante, referencias literarias, filosóficas e históricas, etc. En esta línea de renovación formal destacan igualmente J. Goytisolo (*Reivindicación del Conde don Julián*, 1970; *Juan sin Tierra*, 1975), J. Benet (*Una meditación*, 1970; *Un viaje de invierno*, 1972), J. Marsé *(La oscura historia de la*

prima Montse, 1970), etc. En la experimentación de técnicas narrativas surge una narrativa de corte intelectual, bajo la influencia de Joyce, Kafka, Gide, etc., en la que figuran F. de Azúa (*Las lecciones de Jena*, 1972), J. M. Guelbenzu (*El mercurio*, 1968), J. Marías (*Travesía del horizonte*, 1972), V. Molina Foix (*Museo provincial de los horrores*, 1970), etc. Deben citarse, además, las obras de M. Vázquez Montalbán (*Recordando a Dardé*, 1969) y la serie del detective privado Pepe Carvalho (*Yo maté a Kennedy*, 1972; *La soledad del manager*, 1972, etc.) y a F. Umbral, con sus relatos sobre la vida social y cultural de la postguerra (*La noche que llegué al Café Gijón*, 1977) y de tono lírico: *Mortal y rosa* (1975). En la narrativa del exilio, en torno a los años sesenta surgen algunas de las grandes novelas de F. Ayala (*Muertes de perro*, 1958, *El fondo del vaso*, 1962), Max Aub (*La calle de Valverde*, 1961), R. J. Sender (*La aventura equinoccial de Lope de Aguirre*, 1964). Por otra parte, la concesión de los premios Biblioteca Breve y Nadal a varios novelistas hispanoamericanos (*La ciudad y los perros*, de M. Vargas Llosa, 1962; *Tres tristes tigres*, de G. Cabrera Infante, 1967; *Cambio de piel*, de C. Fuentes, 1967; etc.) promueve en los lectores españoles un interés por el nuevo realismo mágico.

En el *teatro* se produce a lo largo de la década de los sesenta y primeros años setenta una reacción similar frente a la «generación realista» anterior por parte de un grupo de dramaturgos portadores de una nueva estética: J. Ruibal, A. Martínez Ballesteros, J. M. Bellido, J. A. Castro, J. López Mozo, M. Romero Esteo, M. Martínez Mediero, L. Matilla, A. García Pintado, J. Martín Elizondo, F. Nieva, A. Miralles, L. Riaza, etc. Las innovaciones aportadas por estos dramaturgos no atañen al contenido temático, sino a su tratamiento (simbólico y alegórico) y a la concepción del texto literario y su puesta en escena, para lo que recogen elementos del *teatro de la crueldad (A. Artaud), *épico (B. Brecht), del *absurdo (S. Beckett, E. Ionesco), teatro *pobre (J. Grotowski) y, por supuesto, de la tradición nacional de la farsa y del esperpento de Valle-Inclán. Aparte de los autores mencionados surgen en el transcurso de los años setenta diversos grupos de actores, directores y dramaturgos que, al margen de la organización empresarial de las salas destinadas al gran público, crean un «teatro independiente», sobrio en medios pero original, y abierto a jóvenes, intelectuales y ambientes populares: *Els Joglars, Els Comediants, Tábano, Los goliardos, Ditirambo, Aquelarre, La Cuadra, Corral de Comedias,* etc. Al tiempo, se consolida un autor independiente, A. Gala, cuya producción, caracterizada por un tono lírico, una reflexión sobre el sentido de la vida y los valores humanos y cierta crítica social, consigue una notable acogida del público con *Los verdes campos del Edén* (1963), *Los buenos días perdidos* (1972), *Anillos para una dama* (1973), etc. Véanse: NOVELA HISTÓRICA, NOVELA POLICÍACA, NOVÍSIMOS y TEATRO INDEPENDIENTE.

Género chico. Expresión con la que se designa un tipo de obra teatral, en un solo acto, a medio camino entre el sainete y la zarzuela: como el sainete, es una pieza breve, de carácter popular y cómico, centrada en el tratamiento evasivo de costumbres de la época y en la recreación de tipos peculiares (el hortera, el organillero, el viejo verde, el chulo, etc.), como ocurría con los antiguos pasos de Lope de Rueda en el siglo XVI o los sainetes de don Ramón de la Cruz en el XVIII; de la zarzuela imita el canto para algunas partes de la representación. Este tipo de obras consigue una notable acogida del público a finales del siglo XIX y comienzos del XX, con autores como R. de la Vega, J. López Silva y C. Arniches y músicos como R. Chapí, F. Chueca y T. Bretón. Entre las obras del género chico más sobresalientes cabe citar *La Gran*

Vía, *La verbena de la Paloma*, *La Revoltosa*, *Agua, azucarrillos y aguardiente*, etc. Véanse: SAINETE y ZARZUELA.

Géneros literarios. Expresión con la que se denomina un modelo estructural que sirve como criterio de clasificación y agrupación de textos (atendiendo a las semejanzas de construcción, temática y modalidad de discurso literario) y como marco de referencia y expectativas para escritores y público. El término «género» (del griego *genos:* origen, especie, clase) se utiliza, desde la cultura clásica, como categoría gramatical (referencia al sexo) y lógica (definida por Aristóteles como «el atributo esencial aplicable a una pluralidad de cosas que difieren entre sí específicamente»). Dicho término es utilizado por Cicerón para designar una forma artística ideal que sirve de modelo en la elaboración de textos: «cualquier asunto que se aborde con un método racional debe tener como punto de referencia la última forma y la imagen de su género» (*Orator*).

La teoría de los géneros literarios (origen y caracteres de los mismos, evolución, interrelación y número) cuenta con una larga tradición en la cultura occidental. Pueden distinguirse tres etapas fundamentales en el surgimiento y desarrollo de dicha teoría: la conocida como etapa clásica (que abarca desde Platón y Aristóteles hasta el neoclasicismo del siglo XVIII), la etapa de oposición crítica al clasicismo, iniciada con la teoría romántica de los géneros (*Estética* de Hegel), y el período de reelaboración de la mencionada teoría a partir del formalismo ruso. Para un estudio preciso y pormenorizado sobre la formación de esta teoría de los géneros literarios en las etapas mencionadas y en los tratadistas más importantes, puede verse la entrada correspondiente en el *DTL*, cuyas conclusiones se enuncian a continuación: *a)* es innegable la persistencia del concepto de género en todas las épocas de la historia y crítica literarias, en las que ha servido como criterio de clasificación y de referencia ideal, tanto en el campo de la enseñanza como en el de la recepción (editoriales, público) y creación; *b)* es cierto que ha habido, desde el Romanticismo, autores que han negado la validez crítica de dicho concepto (B. Croce) o han apuntado su escasa «fecundidad». No obstante, en la crítica actual se acepta la validez de dicha clasificación, entendida con carácter descriptivo, como una «institución» que posibilita unos «tipos de organización o estructura específicamente literarios» (R. Vellek y A. Warren); *c)* los géneros se han entendido desde la etapa grecolatina en dos acepciones: como *géneros teóricos* (los «modos» de relato en Platón) y como *géneros históricos* o realizaciones concretas de esos modelos o «tipos»: epopeya, tragedia, comedia, etc. En la crítica actual prevalece la tendencia a concebir los géneros en esta acepción histórico-descriptiva; *d)* desde esta concepción, el género puede definirse como un conjunto indivisible de rasgos de composición que atañen a la forma, estructura, temática, modos y tono, elementos que lo constituyen como modelo estructural imitable y como norma histórico-literaria, que sirve de punto de mira a los escritores y de horizonte de expectativas al público lector; *e)* en la historia de la crítica literaria, aparte de los géneros históricos, se habla también de unos «géneros naturales» (épico, lírico y dramático), que responderían a la triple modalidad de emisión o actitud del emisor en la comunicación literaria (la *enunciación,* correspondiente a la lírica, la *representación,* a la dramática, y la *narración* o modalidad expresiva mixta, a la epopeya y a la novela) y a las tres maneras fundamentales de participación del receptor en esa comunicación literaria (*identificación,* o simpatía con las emociones y sentimientos del emisor –lírica–, *conmoción* trágica o cómica –dramática– y *admiración* ante lo narrado y la forma de contarlo –epopeya y novela–); *f)* la inclusión de determinadas obras dentro de un género se basa en su «afinidad genérica», que se concreta no en la mera similitud argumental o temática, sino en el «reconocimiento de funciones análogas», dispuestas según un «cierto orden y tensión mutua» y que, en el plano del contenido, están desempeñadas por «ciertos elementos significativos (personajes, lugares de acción, orientaciones afectivas, etc.) que, aunque puedan ser diversos en las distintas obras del género, «permiten su reducción a unas pocas categorías funcionales bien diferenciadas» (F. Lázaro Carreter); *g)* entre los rasgos del género, en su realización histórica, figuran su carácter evolutivo, el posible hibridismo (p. e., la novela dialogada), el pluralismo o coexistencia de géneros en un mismo texto (p. e., en el *Quijote* aparecen poemas, discursos, novelas intercaladas, cartas), etc.; *h)* en cuanto al número de géneros, desde el período clásico ha sido constante la alusión a tres modalidades: *épica* (con sus formas genéricas épico-narrativas: epopeya, saga, leyenda, cantar de gesta, novela, cuento, etc.), *lírica* (elegía, égloga, oda, epitalamio, etc.) y *dramática* (tragedia, comedia, drama, farsa, entremés, etc.), a las que se une, desde Quintiliano, la *didáctica* (diálogo, tratado, ensayo, artículo, refrán, etc.). Véanse: CLASIFICACIÓN LITERARIA, COMEDIA, DIDÁCTICA, ENSA-

YO, ÉPICA, LÍRICA, MIMESIS, PARE-
MIOLOGÍA, PERIODISMO, POESÍA,
POÉTICA, TEATRO Y TRAGEDIA.

Germanía. Término de origen
latino (*germanus:* hermano) con
el que se designa el lenguaje de
ciertos grupos marginales de la
sociedad del Siglo de Oro, constituidos por gentes del *hampa:* pícaros, prostitutas, delincuentes,
rufianes, etc.

A este lenguaje marginal se le reconoce, además, con los nombres
de «jerga» y «jerigonza». Véanse:
JÁCARA, JERGA Y JERIGONZA.

Gesto. Movimiento del cuerpo
a través del cual una persona
manifiesta o exterioriza un contenido interior de la conciencia
(sentimiento, actitud, estado de
ánimo, etc.) a un interlocutor o
espectador. En el teatro, donde
el gesto constituye un elemento
esencial, los actores tratan de reproducir los comportamientos y
sentimientos de sus personajes a
través de unos gestos perfectamente inteligibles por los espectadores. Algunos críticos y directores de teatro (p. e., Meyerhold)
utilizan el término latino *gestus*
para significar la actitud fundamental de un personaje, como
«congelada» en forma de «postura». Véanse: ACTOR, DECLAMA-
CIÓN, DIRECTOR DE ESCENA Y
TEATRO POBRE.

Gitanismo. Palabra o giro perteneciente al idioma que hablan
los gitanos, el caló, emparentado
con lenguas de la India. La presencia de gitanismos es una característica del llamado «flamen-
quismo», entendido como influjo
cultural de lo gitano-andaluz en
las formas del lenguaje y en los
modos de conducta de determinados grupos de la sociedad española, que en el siglo XVIII llega,
incluso, a ciertos representantes
de la nobleza, según apunta Jovellanos en la *Sátira II a Arnesto*.
Este influjo va en aumento a lo
largo del siglo XIX y llega a convertirse en moda durante la Restauración. Ecos de esta presencia
de lo gitano llegan a la literatura a
través de dos grandes artistas del
lenguaje: Valle-Inclán y Arniches.

Glosa. Término de origen latino
(*glosa:* palabra oscura que nece-
sita ser interpretada) con el que
se designa una composición poética formada por una estrofa inicial (una redondilla, un estribillo
popular, etc.), en la que se formula
el tema, seguida de una serie de
estrofas (décimas, coplas castellanas, octavas italianas, liras, etc.)
en las que se «glosa», comenta o
interpreta dicho tema. La estructura métrica más frecuente en este
tipo de poemas es la que está formada por una redondilla (el texto
que va a ser glosado) y cuatro décimas, en las que se comenta el
tema enunciado en aquélla; el verso final de cada décima es, sucesivamente, uno de los de la redondilla. Véase: MOTE.

Glosemática. Véanse CONNOTACIÓN, CONTENIDO y ESTRUCTURALISMO.

Gnómica. Término de origen griego (de *gnome:* pensamiento, sentencia) aplicado a un tipo de literatura didáctica en la que se incluyen aforismos, refranes, proverbios y sentencias que expresan ejemplos y modelos relacionados con la conducta moral del hombre. Este tipo de literatura gnómica fue cultivado en Grecia y Roma: de Hesíodo (*Los trabajos y los días*) y de Homero arranca esta tradición, seguida, entre otros, por el comediógrafo Menandro. En Roma circulaban colecciones de aforismos de estos escritores griegos a las que se añadían sentencias de autores latinos, como Virgilio. La literatura gnómica española, y, en concreto, la medieval, se nutre, más que de esta tradición grecolatina, de otras dos fuentes que han ejercido gran influencia en ella: la literatura árabe y la hebrea (los libros sapienciales de la Biblia, uno de los cuales se titula *Proverbios*), de las que han quedado ejemplos en Juan Ruiz (refranes y sentencias) y, sobre todo, en Sem Tob de Carrión, cuyos *Proverbios morales* contienen un fondo que procede de dichas fuentes y de la propia experiencia del autor. A esta obra de Sem Tob alude el marqués de Santillana, cuyo libro *Refranes que dicen las viejas tras el fuego* es la primera colección castellana de refranes, a la que seguirán las de Blasco de Garay, P. Valdés, Hernán Núñez, Mal Lara, Sebastián de Horozco y Correas, que atestiguan el interés de un público lector por esta literatura aforística, que tanta cabida tiene en obras como *La Celestina,* el *Lazarillo* o el *Quijote.* En la época contemporánea la poesía gnómica y didáctica encuentra un egregio cultivador en A. Machado, que inserta «Proverbios y cantares» y «Parábolas» en *Campos de Castilla.* Véanse: PROVERBIO y REFRÁN.

Goliardo. Denominación, de procedencia dudosa (se han sugerido, como posible origen etimológico, los términos *gula* y Golías, obispo legendario que los goliardos imaginaban su antepasado), con la que se alude a un grupo de poetas medievales, estudiantes y clérigos que han dejado una obra, generalmente anónima, versificada en latín y en estrofas destinadas al canto. Los poemas más conocidos de este grupo de clérigos goliardescos son los *Carmina Burana.* Este tipo de poetas surge en los siglos XII y XIII en facultades universitarias de artes y en ambientes eclesiásticos: en sus poemas aparecen frecuentes alusiones y citas de Horacio, Ovidio y textos de la liturgia cristiana. Hay testimonios de su existencia en diversas partes de Europa: en Alemania (los *Carmina Burana,* el «Archipoeta» de Colonia), Inglaterra (*Cancionero* de Cambridge), Francia (texto manuscrito de Charlons-sur-Marne) y España (el manuscrito de Ripoll, *Carmina Rivipullensia, Garcineida* y ciertos poemas del *Libro de Buen Amor*).

En lo que se refiere a la temática, uno de los tópicos recogidos por este grupo de poetas es el **carpe diem,* con su correspondiente exaltación de los placeres que hacen amable la vida, tan corta: el amor (un erotismo exuberante), el vino, el juego, el ocio divertido, la comida (elogio de la gula). Otro tema es el tópico medieval del *Contemptus mundi* (desprecio del mundo), idea socorrida en los sermones y tratados ascéticos de la época y que ellos relacionan con el mencionado tema del *carpe diem:* puesto que los bienes de esta tierra son perecederos, han de ser aprovechados antes de que sea tarde. Pero el tema preferido de estos poetas clérigos es el de la crítica de las instituciones eclesiásticas: así, la utilización lúdica, y a veces burlesca, de temas religiosos, de referencias bíblicas y litúrgicas, profanadas y aplicadas al goce divertido de las realidades humanas. En este sentido, emplean, p. e., fórmulas de glorificación de la Virgen (*Ave fermosisima:* te saludo, bellísima) o el himno eucarístico *Pange lingua,* para cantar las glorias de la amada. Otros temas frecuentes son: la primavera, la taberna, la fortuna y, sobre todo, el amor, del que surgen múltiples canciones.

Gongorismo. Véase CULTERANISMO.

Gozo. Término derivado del latino *gaudio,* con el que se designa un tipo de poema religioso dedicado a la Virgen en el que se evocan ciertos episodios de su vida, relacionados con la de Cristo, su Hijo, que fueron para Ella motivo de alegría y satisfacción «gozosa». Se han relacionado estos poemas con ciertas composiciones del latín medieval, los *gaudia,* término que respondería a la fórmula de saludo («ave», «salve» o *gaude,* en versión de *jaire,* del evangelio griego) con la que el ángel Gabriel se habría dirigido a María en el momento de la «anunciación» (de su maternidad), acontecimiento que, precisamente, habría constituido su primer «gozo». Entre los textos que aparecen con esta denominación en la literatura española destacan dos poemas de Juan Ruiz, titulados «Gozos de Santa María».

Gracioso. Personaje-tipo del teatro nacional del Siglo de Oro cuya función básica es la de servir de confidente del galán y de intermediario entre la escena y el público. Como rasgos caracterizadores de este personaje-tipo sobresalen su deseo de bienestar (descanso, gusto por el vino y la buena comida), la huida del riesgo, el sentido del humor, la búsqueda del amor (se enamora y se desenamora al mismo tiempo que su señor), el pragmatismo y la fidelidad. Junto a estos rasgos aparece otro de mayor trascendencia: el de complemento del galán (para dar una visión contrapuesta de la realidad y, en ocasiones, complementaria) y, en alguna obra, el de voz enunciadora de una moral universal, en contraste con los presupuestos de la conducta de aquél, función análoga a la del coro en el teatro griego.

Gradación. Es la presentación progresiva y escalonada de una serie de elementos interrelacionados que siguen un orden *ascendente* (cuando van en dirección del *clímax*, momento culminante que responde a la máxima tensión del relato o de la enumeración) o *descendente* (cuando derivan hacia el *anticlímax*). Ejemplo:

> Porque allí llego sediento,
> pido vino de lo nuevo,
> mídenlo, dánmelo, bebo,
> págolo y voyme contento».
>
> (Baltazar de Alcázar)

En este ejemplo se percibe una gradación que llega a su punto culminante en «bebo» (donde se satisface el objetivo primario del «sediento»); a partir de ese momento se inicia la gradación descendente. Véanse: ANTICLÍMAX y CLÍMAX.

Gramática del texto. Véanse LINGÜÍSTICA DEL TEXTO y TEXTO.

Greguería. Término que significa «lenguaje incomprensible», elegido por R. Gómez de la Serna para denominar un tipo de composición literaria creado por él, en el que se combinan la agudeza conceptual, la expresión metafórica y el sentido del humor. Dicho escritor la define como una síntesis de metáfora y humor, y también como «el atrevimiento de definir lo indefinible». Por su parte, G. Torrente Ballester la interpreta como «el resultado de una intuición que adivina la singularidad absoluta de los objetos y la expresa en un aforismo por medio de una comparación, de una imagen o de una metáfora sustantiva o adjetiva, destacando ante todo el matiz humorístico del objeto». Ejemplos:

- «De la nieve caída en los lagos nacen los cisnes».
- «El rayo es una especie de sacacorchos encolerizado».
- «Al cerrar una puerta cogemos los dedos al silencio».
- «El arco iris es la cinta que se pone la naturaleza después de haberse lavado la cabeza».

– «Las espigas hacen cosquillas al viento».

A propósito de las posibles fuentes en las que pudo haberse inspirado, el mismo Gómez de la Serna advierte que una forma de escritura análoga se encuentra ya en algún texto grecolatino (p. e., en Luciano de Samosata: «Cuando graniza en la tierra es que tiemblan las vides de la Luna»), en Shakespeare, Quevedo, V. Hugo, etc. También alude a posibles analogías con el *haiku japonés o con la kasida árabe, e igualmente con ciertas técnicas vanguardistas en la creación de imágenes y metáforas. En este sentido, algunos versos de G. Diego («La guitarra es un pozo / con viento en vez de agua») y de Rivas Panedas («Los espejos son lagos / puestos en pie») hacen pensar en la greguería. Véanse: AFORISMO, COMPARACIÓN, HAIKU y METÁFORA.

Grotesco. Término derivado del italiano grottesco (de grotta: gruta, cueva), aplicado a ciertas figuras caprichosas o extravagantes (quimeras, hombres con cuerpo de animal, etc.) encontradas en las pinturas de monumentos romanos excavados en la época renacentista. Con dicho término se ha designado posteriormente una categoría estética y literaria con la que se alude a un tipo de descripción o tratamiento deformador de la realidad mediante «una exageración premeditada, una reconstrucción desfigurada de la naturaleza, una unión de los objetos imposible tanto en la naturaleza como en nuestra experiencia cotidiana» (M. Bajtin). Entre los subgéneros literarios más frecuentemente utilizados en la deformación grotesca de la realidad (ya se trate de seres humanos, instituciones, valores, etc.) figuran la caricatura, la farsa, la parodia burlesca, etc., cuya finalidad puede ser el mero goce estético provocador de la risa o también la crítica de carácter moral, político, etc. Esta categoría estética fue tomada en consideración especialmente por los románticos (V. Hugo, T. Gautier, etc.), para quienes el arte, lo mismo que la naturaleza, debe representar tanto lo bello como lo feo y lo deforme.

En la sociedad contemporánea, marcada por la irrupción de fuerzas irracionales que han llevado a una situación de caos y de muerte provocados por dos guerras mundiales, la utilización de lo grotesco pasa de ser un mero artificio estético-literario a convertirse en una concepción sobre la vida y en una especie de radiografía de la sociedad. En este sentido debe entenderse la presencia reiterada de dicha estética en determinados movimientos de vanguardia como el *dadaísmo y el *expresionismo, en el teatro *épico, en el *esperpento valleinclanesco, en el teatro del *absurdo, etc. Véanse: ABSURDO, CARICATURA, ESPERPENTO, EXPRESIONISMO, FARSA, PARODIA y SÁTIRA.

Grupo fónico. Es la parte del discurso que se encuentra comprendida entre dos pausas, al articular el enunciado. En el lenguaje versificado, el grupo fónico se corresponde con el verso, aun en el caso de que exista encabalgamiento y a pesar de la no coincidencia entre la pausa versal y la que se exigiría por razones de unidad sintáctica.

Guiñol. Nombre de un personaje popular del teatro de marionetas que se hizo famoso en la ciudad de Lyon, donde L. Mourget creó, a finales del siglo XVIII, el primer teatro de Guignol, a imitación del cual surgieron posteriormente otros en Lyon y diversas ciudades de Europa. La peculiaridad de esta forma de teatro es que los muñecos mueven sus brazos y busto, accionados no por hilos, como en el de marionetas, sino por las manos de un artista oculto bajo el elevado soporte sobre el cual está situado el escenario abierto al público. El guiñol es, pues, una variante del teatro de marionetas. Tuvo un gran florecimiento en la Europa medieval y en el Renacimiento, época en la que surgen los nombres de personajes consagrados en este tipo de representación dramática, como Polichinelle, Pierrot y Dame Cigogne, en Francia. En el Siglo de Oro español hay constancia de este teatro de marionetas, y de ello deja un testimonio Cervantes en el *Quijote*, en el episodio del retablo de Maese Pedro (II, 25 y 26). En la etapa contemporánea este tipo de teatro se reserva fundamentalmente para un público infantil. Precisamente para ese público compuso F. García Lorca *Los títeres de Cachiporra* («Farsa guiñolesca...») y *Retablillo de don Cristóbal* («Farsa para guiñol»).

Guión. Término utilizado primordialmente en el cine para designar el texto que sirve de base a un director en la realización de una película, en el que están recogidos los diálogos, planos, secuencias y demás orientaciones técnicas para el «rodaje» del filme. El uso de dicho término se ha extendido a otro tipo de espectáculos sin texto fijo y que se han de acomodar con elasticidad a un esquema previo, al que se denomina también guión.

Guirnaldilla o escaleruela. Es una ingeniosa estrofa de ocho versos endecasílabos, de rima interna, en la que el final del primer verso rima con las dos primeras sílabas del segundo, el final de éste con las sílabas segunda y tercera del tercero; éste, a su vez, con la tercera y cuarta del cuarto, y así hasta el final, formando una rima en escalera, de forma que coincidan las rimas finales de los últimos versos. Constituye, por tanto, una de las varias posibilidades de jugar con la rima interna (*encadenada* o *enlazada, leonina,* etc.). Ejemplo:

«Dos amantes más firmes que
[Cupi*do*

Vi*do* jamás heridos de su fle*cha,*
estre*cha* aquí su rigurosa es*trella;*
también s*ella* la rara herm*osura*
que vio nat*ura,* en único dech*ado.*
Aquí Amor ha junt*ado* sus tro-
[ph*eos*
y en los dichosos Elis*eos* po*ne*
las almas que en mayor *deidad*
[trasp*one».*

(Agustín de Tejada y Páez)

H

Hagiografia. Término procedente del griego (*hagios:* santo, y *grafia:* escrito) aplicado a aquellas obras en las que se relatan vidas de santos, ya sea en prosa o en verso, en narrativa o en teatro. La *Vida de San Antonio Abad,* escrita en griego por San Atanasio hacia el año 357, es el texto hagiográfico más antiguo. De las recopilaciones de santos posteriores destacan dos obras del siglo XIII: el *Speculum Historiale,* de Vicente de Beauvais, y la *Leyenda áurea,* de Jacobo de Vorágine. Este tipo de escritos abunda en la literatura española durante la Edad Media (*Vida de Santa María Egipciaca,* asimismo del s. XIII, *Vida de Santo Domingo de Silos,* de Berceo, etc.) y en el Siglo de Oro: *Vida de Santa Teresa de Jesús,* de D. de Yepes, *Vida de Santo Tomás de Villanueva,* de F. de Quevedo, etc.

Haikai **o hai-kai.** Véase HAI-KU.

Haiku. Término japonés formado por el cruce de dos palabras, *haikai* y *hokku,* con el que, desde Shiki Masaoka (1867-1902), se denomina un breve poema formado por diecisiete sílabas, distribuidas en tres versos (5-7-5 sílabas), que constituye una forma de expresión poética popular y característica de la literatura japonesa. Históricamente, el haiku encuentra su configuración definitiva en la obra de quien es considerado como el mayor poeta japonés: Matsuo Bashoo (1644-1694). Sin embargo, dicha composición está relacionada, en cuanto a su estructura métrica y rasgos expresivos, con formas poéticas anteriores, como el *katauta,* y, en cuanto a su sentido y temas, con la tradición cultural y religiosa representada por el taoísmo, confucionismo y budismo zen.

Se ha definido el *haiku* como una especie de *satori* o iluminación por la que se produce una visión instantánea e intuitiva de la realidad, al sobrevenir una imagen profundamente sentida, en la que se refleja, como en un espejo, la íntima realidad de las cosas. Cuando esa experiencia logra fundirse en una forma expresiva adecuada es cuando se realiza el *haiku,* capaz de provocar en la mente del lector la verdadera imagen de la naturaleza. El fin del haiku no es reflejar simplemente la belleza de las cosas, sino su significado profundo, su valor simbólico: el poeta percibe e interpreta los objetos naturales como símbolos de estados anímicos o de otras realidades personales: p. e., el cerezo, cuya flor cae sin haberse marchitado, simboliza el amor de los samuráis, el pino es símbolo de vitalidad y longevidad, etc. En cuanto al tono, el *haiku* puede ser grave o ligero, religioso o satírico, triste o humorístico, etc. Y, desde el punto de vista de los contenidos, se advierte un claro predominio del tema de la naturaleza (son escasas las descripciones de emociones amorosas), vista desde la óptica de una estación del año (p. e., el ciruelo o el ruiseñor se evocan en referencia a la primavera) en la que se sitúan las distintas plantas, animales y objetos. En el *haiku* se percibe una profunda admiración y cuidado por la naturaleza, cuya vida hay que respetar y vivificar en el plano del arte. Véase, como ejemplo, este *haiku* de Bashoo:

Furuike / ya
kawazu / tobikomu
mizu / no oto.

«Viejo estanque /:
rana / zambullirse
agua / (= posesor) / ruido».

«Un viejo estanque; / al zambullirse una rana, / ruido del agua.»

(Trad. de F. Rodríguez-Izquierdo)

Entre los rasgos estilísticos de esta modalidad poética, destacan la sobriedad, contención, sencillez y naturalidad, que implica el uso del lenguaje cotidiano pero liberado de toda vulgaridad y descuido.

A finales del siglo XIX y comienzos del XX, este tipo de poesía es conocido en Occidente gracias a las primeras traducciones al inglés, francés, español, etc. El conocimiento de esta poesía entre los hablantes de español se debe, inicialmente, al poeta mexicano J. J. Tablada, que visitó Japón en 1900, y, entusiasmado por este tipo de poemas, compuso una serie de ellos, a la que pertenece el siguiente ejemplo:

«Jirones de espuma
de las olas rotas
tórnanse gaviotas».

Entre los poetas hispanoamericanos cultivadores de *haiku* figuran C. Pellicer, J. Gorostiza, O. Paz, etc.

Hamartía. Palabra griega (*amartia:* error, desvío) con la que se designa, en la tragedia clásica, el error cometido por el héroe, cuya conducta pone en marcha un proceso que le conducirá a su perdición: es el desenlace fatal de la «catástrofe». Véase: TRÁGICO.

Hápax o hapaxlegómeno. Helenismos (*hapax:* una sola vez, y *legomenon:* lo que se dice) con los que se denomina una palabra, expresión o construcción que aparece una sola vez en la lengua de un autor, escuela, obra literaria, etc. P. e., en el *Lazarillo de Tormes* se documenta una sola vez la palabra «trebajando» o «trebejando» (en las ediciones de Amberes y Alcalá), con el sentido de juguetear, o la expresión «tanto por contadero» (con cuentagotas).

Happening. Término de origen inglés (*to happen:* suceder, ocurrir) aplicado a un tipo de espectáculo teatral realizado al margen de los esquemas convencionales, en salas reducidas, o en un café, y en medio del público, al que se le invita a participar juntamente con los actores. Se trata de una representación espontánea de un acontecimiento vivido o improvisado y, en todo caso, sin texto previo. Se ha afirmado que el *happening* es la respuesta americana a los aspectos más radicales de la vanguardia y, en concreto, del dadaísmo y el surrealismo. Esta experiencia teatral pone al servicio de la representación escénica unos recursos estéticos derivados de otras modalidades artísticas, como el mimo, la danza, la música, el cine, etc., y otros medios ofrecidos por la moderna tecnología. El *happening* influirá en ciertos grupos americanos como The Living Theatre, Open Theatre, Bread and Puppet y en diferentes grupos europeos de teatro experimental.

Hebraísmo. Término con el que se alude, especialmente, a la presencia de léxico, construcciones y giros propios de la lengua hebrea en otra lengua, en este caso el español. La influencia de la cultura hebrea en la española es importante, debido a la convivencia, prolongada durante siglos, de una amplia comunidad judía en distintas poblaciones españolas (Toledo, Córdoba, Granada, etc.) hasta su expulsión en 1492. En el transcurso de esa convivencia, los judíos realizan valiosas aportaciones de tipo científico y filosófico a la cultura española a través de pensadores como Avicebrón, Bahya Ibn Paquda, Maimónides, etc., y de colaboradores en las escuelas de traductores, p. e., la de Toledo, al tiempo que participan en la creación literaria en el primitivo romance poetas como Abraham Ibhn Ezra, Jehuda Halevi, Don Todros Halevi Abulafia, etc., autores de jarchas. Esta participación continúa en el transcurso de la Edad Media y en el Siglo de Oro con escritores tan notables como Dom Sem Tob, Fernando de Rojas, Mateo Alemán, etc. Al igual que estos escritores, los miembros de la comunidad hebrea sentían una íntima vinculación a la cultura hispana, de la que formaban parte; lo cual explica que, al ser expulsados de España por los Reyes Católicos, se llevaran consigo, junto a la lengua, un acerbo literario del que son un testimonio las canciones y romances mantenidos durante siglos por tradición oral.

Un medio fundamental de influencia del pensamiento hebreo en la literatura hispánica ha sido la Biblia, fuente de inspiración en el tratamiento de determinados temas religiosos, didáctico-morales, ascéticos, etc., p. e., en la literatura ascética y mística del Siglo de Oro, en las comedias y autos sacramentales, etc. En este sentido, no deja de ser significativo el hecho de que, a pesar de la larga permanencia de la comunidad judía en España, apenas han pasado al español hebraísmos que no sean de procedencia bíblica. Véanse: ALJAMIADO, ERASMISMO, JARCHA, PARÁBOLA, ROMANCERO, SALMO y SEFARDÍ.

Helenismo. Término polisémico con el que se alude, por una parte, a las formas de expresión y construcciones peculiares de la lengua griega, así como a la presencia de dichas construcciones y léxico griego en otros idiomas, y, por otra, al influjo que la cultura helénica ha ejercido en distintas civilizaciones. Se ha afirmado, con razón, que Grecia ocupa en la historia de las civilizaciones una posición «singular» en lo que se refiere a realizaciones artísticas religiosas y políticas, y que la «cultura», en rigor, «no comienza antes de los griegos» (W. Jaeger). Esta cultura aporta una nueva concepción del hombre (valorado como individuo y como miembro de la sociedad) y del mundo, entendido bajo las ideas de «cosmos» y de «naturaleza», como un todo ordenado en el que cada cosa ocupa una posición determinada y adquiere un sentido. En la misma línea, aparece un nuevo concepto de Estado, en el que la *paideia* aborda la educación del niño desde esa concepción del hombre, concorde con los ideales marcados por la comunidad. Todas las actividades educativas están pensadas en relación con este ideal cívico-humanista: la gimnasia y la medicina (al servicio de cuerpos vigorosos y de mentes sanas), la retórica, la filosofía (especialmente la ética, tan importante en Sócrates, Platón, Aristóteles y los estoicos), la política, la matemática, el arte y la música, etc. En cuanto a la literatura, era considerada en la *polis* griega como el medio más importante en el desarrollo de esta *paideia*. Por otra parte, en Grecia surgieron los principales géneros literarios desarrollados en la cultura occidental: épica (Homero, Hesíodo), lírica (amorosa, con los epitalamios de Safo; elegíaca, con Calino, Teognis, etc; la oda, con Alceo, Píndaro, etc.), dramática (tragedias de Esquilo, Sófocles y Eurípides; comedia de Aristófanes y Menandro) y didáctica (fábulas de Esopo, oratoria de Demóstenes, historia de Herodoto, Tucídides, etc.)

La lengua griega se convierte en vehículo transmisor de esta cultura a las distintas lenguas. En lo que se refiere al español, en el transcurso de su historia se han ido incorporando diversos helenismos por diferentes caminos. Se han documentado «más de 17.000 vocablos españoles derivados del griego» (C. Eseverri Hualde).

Hemistiquio. Las partes en que se divide un verso, y que están separadas por una *cesura, se denominan «hemistiquios». Esta cesura cumple una función similar a la de la pausa final de un verso; por ello no se produce *sinalefa (entre la vocal final del primer hemistiquio y la vocal inicial del segundo) en el interior de un verso separado por dicha cesura. En el cómputo silábico, a partir del último acento de cada hemistiquio sólo se cuenta una sílaba, además de la acentuada. Generalmente los hemistiquios tienen el mismo número de sílabas; sin embargo, en la épica medieval, tanto el número de sílabas de cada verso (en el *Cantar de Mio Cid* oscilan entre 10 y 20 sílabas) como el de cada hemistiquio es irregular. Al contrario, en las obras del Mester de Clerecía (Berceo, *Libro de Alexandre*, *Libro de Apolonio*) se utiliza el verso alejandrino con gran regularidad: 14 sílabas divididas en dos hemistiquios de 7-7. Ejemplo:

«Avié y grand abondo / de bue-
[nas arboledas,
milgranos e figueras, / peros e
[manzanedas,
e muchas otras fructas / de diver-
[sas monedas,
Mas non avié ningunas / podri-
[das nin azedas».

(Berceo)

Heptadecasílabo. Verso de diecisiete sílabas. Presenta tres formas métricas diferentes, según la distinta distribución de sus acentos rítmicos. La primera es la llamada *dactílica*, con acentos en las sílabas 1.ª, 4.ª, 7.ª, 10.ª, 13.ª y 16.ª («Ínclitas razas ubérrimas, sangre de Hispania fecunda», Rubén Darío); la segunda es la del verso compuesto por dos hemistiquios: uno heptasílabo y otro decasílabo. Los acentos van en la 2.ª, 6.ª, 9.ª, 12.ª y 15.ª («En busca de quietud / bajé al fresco y callado jardín...», Rubén Darío); la tercera presenta un verso formado por un heptasílabo y dos pentasílabos, sin acentuación regular en sílabas fijas («Dios salve al rey del verso / que con su canto/ de bronce impera», José Santos Chocano).

Heptasílabo. Verso de siete sílabas. En la métrica española se producen diferentes tipos de heptasílabo, según la diversa posición de sus acentos rítmicos internos. De todas formas, lleva siempre acento en la sexta sílaba. Los tipos más frecuentes en que se presenta el heptasílabo son el *dactílico,* con acentos en 3.ª y 6.ª sílabas («Eres puro elemento», Jorge Guillén); el *trocaico,* que lleva acentos en 2.ª, 4.ª y 6.ª («El humo al cielo sube», Manuel Machado); el heptasílabo *mixto:* con acentos en 1.ª, 4.ª y 6.ª («Madre del alma mía», Salvador Rueda); el heptasílabo *polirrítmico:* se produce en ciertas estrofas en las que se combinan versos trocaicos, dactílicos y mixtos.

Históricamente, el heptasílabo tiene una larga tradición en la literatura española: aparece en las jarchas, en los hemistiquios de los cantares de gesta y de la cuaderna vía, y pervive hasta el siglo XX en numerosos poemas de Lorca, Guillén, Alberti, etc.; figura en cuartetas, redondillas, liras, romances, etc.

Hermenéutica. Término de origen griego *(ermeneia:* explicación; *ermeneutike techne:* arte de la interpretación) con el que se designa un método de interpretación de textos, y también una teoría filosófica contemporánea (abierta a la crítica literaria), de la que el francés P. Ricoeur y el alemán H. G. Gadamer son los representantes más conocidos y cuyos precursores inmediatos serían W. Dilthey, E. Husserl y M. Heidegger. Para Ricoeur, la hermenéutica, entendida como metodología de interpretación de textos, se remonta a la exégesis bíblica y a la explicación de mitos y oráculos en la antigua Grecia. Sin embargo, el surgimiento de la hermenéutica, como disciplina filosófica, se debe, especialmente, a W. Dilthey, que en un ensayo de 1909 *(El nacimiento de la hermenéutica),* la concibe como un intento de búsqueda, en una época dominada por el positivismo, de una metodología científica capaz de conferir a las ciencias históricas una validez equiparable a la de las ciencias de la naturaleza. Se trata de elaborar una crítica del conocimiento histórico similar a la crítica kantiana del conocimiento de la naturaleza, que sería un método de interpretación del espíritu en todas sus manifestaciones y formas. En cuanto a Heidegger, son conocidas sus indagaciones filosóficas sobre el ser, y sus preferencias, en la última época, por el análisis del lenguaje (en particular, el poético) como horizonte de aparición del ser. Éste, que en el lenguaje científico se presenta forzado como objeto descrito, y en el técnico aparece modificado para su utilización pragmática, en el poético se manifiesta en su realidad originaria, ya que sólo él es capaz de «conmemorar» el ser, que es «presencia» y es «historia» y se manifiesta a través del lenguaje. La hermenéutica es una forma de pensar el ser «conmemorándolo», que es un modo de pensar «originariamente» todo en el «decir». Heidegger concibe, pues, esta disciplina como una metodología hermenéutico-histórica, fundamentada en el enguaje. Por su parte, H. G. Gadamer conecta con los planteamientos filosóficos de Dilthey, Husserl y Heidegger. En relación con el primero comparte su preocupación por el tema de la validez de las ciencias históricas y culturales. Frente a la pretensión positivista de que el método de las ciencias naturales sea el único capaz de garantizar un riguroso conocimiento científico, Gadamer cree que es posible obtener una «experiencia de la verdad» por otros métodos de acercamiento a la realidad, y en concreto a través de la experiencia estética puesta en relación con la conciencia histórica. Esta conciencia histórica es capaz de trasladar toda obra de arte a las condiciones de su producción y de situarla en su mundo originario. Cada acto de interpretación de las obras del pasado supone situarlas en el marco de una tradición en la que es posible el descubrimiento hermenéutico de su ser histórico por medio del lenguaje. Es en el lenguaje donde se hace presente esa tradición, y en el que las obras de esa tradición continúan viviendo y actuando. Y es que el lenguaje no es un mero instrumento intelectual para designar y comprender la realidad, sino que es el medio fundamental de la experiencia y de la significación que el mundo tiene para el hombre: es su forma de experimentar la verdad del mundo. El lenguaje es constitutivo del mundo del hombre: hay una identificación entre ser y lenguaje. Desde esta perspectiva, la hermenéutica es una disciplina filosófica que trata de investigar la realidad del mundo tal como se manifiesta en la tradición del lenguaje. En el lenguaje el hombre realiza, con conciencia histórica, su propia experiencia del mundo y su descubrimiento de la verdad.

En relación con esta tradición hermenéutica, de la que se siente continuador, P. Ricoeur muestra especial interés por investigar ciertos aspectos y recursos de la comunicación y de la lengua literaria en los que está en juego la donación del sentido del ser y del mundo: p. e., el símbolo, la metáfora, el mito y el relato, en general. En cuanto a la metáfora, P. Ricoeur la pone en relación con el relato para destacar ciertos rasgos comunes: en ambos se produciría una innovación semántica consistente en la aproximación lógica entre elementos heterogéneos: dos términos distintos en la metáfora (con una nueva pertinencia de predicación y un nuevo sentido) y una «puesta en intriga» de diversos acontecimientos en el relato para configurar una historia dotada de sentido. Al mismo tiempo, se produce una transfiguración de la realidad mediante una «redescripción metafórica» de la misma en el tropo mencionado y una configuración mimética de dicha realidad en la ficción narrativa del relato. P. Ricoeur advierte que en esa redescripción metafórica y configuración mimética de la realidad se ponen al descubierto aspectos inéditos, cualidades y valores de esa realidad, que no aparecen en el lenguaje referencial. Desde este supuesto, debería revisarse la pretensión positivista de identificar experiencia y verdad con experiencia y verificación empíricas. La hermenéutica filosófica y literaria, teniendo en cuenta esta capacidad de transfiguración de lo real mediante el lenguaje poético, puede hablar también de una «verdad metafórica».

Héroe. Es el protagonista de la «historia» en el relato épico-narrativo o en una obra dramática. G. W. F. Hegel y N. Frye han realizado sendas tipologías del héroe, que pueden complementarse. N. Frye (1957) distingue los siguientes tipos de héroe, que corresponden a otros tantos modelos de relato: un primer modelo es el de los relatos míticos, cuyo héroe es un dios; el segundo es el de los cuentos maravillosos, leyendas, relatos fantásticos, etc., en los que el protagonista es un ser superior a los hombres que se mueve en un entorno de hadas, magos, personajes encantados, etc.; el tercer tipo correspondería al héroe de los poemas épicos de Homero y de la tragedia griega: es de sangre real, o de procedencia aristocrática, y de unos poderes y cualidades extraordinarios. Su conducta debe ser ejemplar, para que los espectadores, identificados con él, puedan ser alcanzados por la *catarsis*, provocada por un sentimiento de admiración hacia su grandeza de ánimo o de piedad por su desgracia. Este personaje lucha contra un destino aciago, ante el cual, fatalmente, acaba sucumbiendo: Edipo encarnaría este modelo, que, en la tipología de Hegel, se conoce como «héroe trágico». Otro modelo de dicha tipología es el denominado «héroe dramático», que es capaz de conciliar la fuerza de sus pasiones con el medio social en que se desenvuelve, con lo que evita su fracaso: p. e., el protagonista de *La vida es sueño*, Segismundo, que, después de una experiencia desafortunada, aprende, «desengañado», que «obrar bien es lo que importa», con lo que termina venciendo a «la inclemencia del hado». En la literatura medieval aún subsisten modelos de héroe superior en los relatos caballerescos (el caballero noble o hijo de reyes: Valtario, p. e.) o hagiográficos (el santo), que responden al esquema de valores del estamento aristocrático y religioso, respectivamente. A partir del Renacimiento, en los ámbitos de la emergente cultura burguesa, los protagonistas, tanto de la novela «realista» como de la comedia, son seres normales, no superiores a los demás hombres ni a su ambiente. Este modelo corresponde al cuarto tipo de héroes analizado por N. Frye. En ciertos relatos se parodia al anterior héroe caballeresco medieval (es el caso de *El Quijote)* o se convierte al antihéroe en protagonista de la historia, p. e., Lázaro de Tormes. En la tragedia neoclásica y en el Romanticismo reaparece la figura del héroe perseguido por el destino, que sucumbe ante él (don Álvaro, p. e.). En cuanto a los protagonistas de la novela realista y naturalista, algunos son víctimas del medio social, p. e., Pepe Rey *(Doña Perfecta)* sucumbe ante una sociedad conservadora y puritana. En la novela y el teatro del siglo XX la figura del héroe va a ser puesta en entredicho desde una perspectiva social (para Brecht no son las personalidades, sino los grupos sociales los que marcan la marcha de la historia) o filosófica: no son posibles los héroes en un mundo en el que el hombre aparece como un ser desquiciado, absurdo (*La náusea*, de Sartre; *Esperando a Godot*, de Beckett), o que no puede comportarse como un héroe en una sociedad degradada, ante la cual se siente inerme y grotesco, p. e., Max Estrella, protagonista de *Luces de bohemia*. Véanse: PERSONAJE y PROTAGONISTA.

Heterodiegético. Véase VOZ.

Hexadecasílabo. Verso de dieciséis sílabas (llamado también *octonario*: 8+8) que presenta diversos tipos, según la distinta distribución de sus acentos rítmicos. El primero es el hexadecasílabo *trocaico compuesto*, formado por dos hemistiquios octosílabos con acento en las sílabas impares («Y *al* fulg*o*r de perla y *o*ro de *u*na l*u*z extr*a*terr*e*stre», Rubén Darío); el hexadecasílabo *dactílico simple,* con acentos en 3.ª, 6.ª, 9.ª, 12.ª y 15.ª («Y encend*i*da mi m*e*nte, insp*i*r*a*da con férv*i*do ac*e*nto...», G. Gómez de Avellaneda); el hexadecasílabo *dactílico compuesto,* que consta de dos hemistiquios octosílabos, acentuados ambos en 1.ª, 4.ª y 7.ª («M*a*nes del héroe cant*a*do, s*o*mbra sol*e*mne y aust*e*ra...», A. Reyes); el hexadecasílabo *polirrítmico,* que se produce en estrofas en las que se combinan versos trocaicos y dactílicos.

Hexámetro. Verso de la métrica grecolatina, utilizado en poemas cuyo tema exige un ritmo grave y solemne, como el de la poesía épica. Está compuesto por seis pies, de los que los cuatro primeros pueden ser dáctilos (una sílaba larga y dos breves) o espondeos (dos sílabas largas); el quinto es generalmente un dáctilo y el sexto un espondeo o troqueo (larga y breve). Desde el siglo XVI (E. M. de Villegas en el s. XVII y Sinibaldo de Mas en el XIX) se ha intentado adaptar el hexámetro latino a la métrica castellana a través de diferentes procedimientos, entre los que destaca el considerar como sílabas tónicas las sílabas largas latinas y, como átonas, las breves, pero cuando dicho verso ha contado con más imitadores ha sido en la etapa modernista.

Hexasílabo. Verso de seis sílabas que presenta diversos tipos según la posición que ocupan sus acentos rítmicos. La quinta sílaba siempre va acentuada. T. Navarro Tomás distingue tres tipos de hexasílabos: el *trocaico,* que lleva acento en sus sílabas impares («Linda zagaleja», J. Meléndez Valdés); el *dactílico,* acentuado en la 2.ª y 5.ª («la v*i* tan graci*o*sa», marqués de Santillana); y el *polirrítmico:* combinación de versos dactílicos y trocaicos.

Históricamente, el hexasílabo procede de la métrica latina medieval: fue utilizado en la poesía gallego-portuguesa, aparece en la literatura castellana ya en el *Libro de Buen Amor* («Serrana de Tablada»), continúa en el siglo XV con las serranillas de Santillana, etc.

Hiato. Se produce cuando dos vocales que, al ir contiguas, podrían formar diptongo se pronuncian como dos sílabas distintas. Ejemplo:

«Con un manso ru-i-do».

(Garcilaso de la Vega)

El hiato se puede producir dentro de una palabra, como en el caso anterior, o entre la vocal final de una palabra y la inicial de la otra, con lo que se hace imposible la *sinalefa. Esto puede ocurrir por exigencias métricas cuando entre ambas vocales media la cesura que separa dos hemistiquios o cuando lo pide el cómputo silábico de un verso, p. e., «*De áspera corteza se cubrían*». Este verso de Garcilaso (soneto XIII) presenta hiato entre la primera y segunda sílabas porque, de pronunciarse con sinalefa, no sería verso endecasílabo, exigido en dicho soneto.

Himno. Término de origen griego *(imnos,* de *imneo:* exaltar, cantar, celebrar) con el que se designa una composición poética destinada a cantar la gloria de un dios, un héroe o un personaje relevante, una victoria o un acontecimiento memorable, objeto o situación que provoca la admiración de un poeta. Este tipo de cantos es una de las más antiguas formas de creación poética, y de ella hay testimonios en la cultura sumeria, acádica, egipcia *(Himnos a Aton,* el *Himno al Nilo,* etc.), griega *(Himnos homéricos* a Apolo y Deméter; fragmentos de Alceo y Píndaro, destinados al canto coral) y romana, p. e., el *Carmen saeculare,* de Horacio. Esta tradición del himno religioso se renueva con los escritores cristianos a partir de San Ambrosio y pervive a lo largo de la Edad Media *(Ave maris stella,* etc.). En el Renacimiento aparecen poemas dedicados ya a temas no religiosos, p. e., el *Himno a la Filosofía,* de Ronsard. En la literatura española del Siglo de Oro, la temática del himno y sus formas de expresión parecen haberse desplazado hacia la oda: así, ciertas composiciones de Fray Luis de León («A Santiago», «A nuestra Señora», etc.). A partir del siglo XVIII las referencias religiosas ceden paso a motivos de exaltación de la naturaleza y del cosmos *(Himno al sol* y *A la luna,* de J. de Espronceda), de un país, de una comunidad de cultura *(Salutación del optimista,* de Rubén Darío), etc.

Hipálage. Término de origen griego *(hypalage:* conmutación) con el que se designa una figura retórica que consiste en aplicar a un objeto una cualidad o una actividad que corresponde a otro que se encuentra próximo dentro del mismo texto. La hipálage se entiende principalmente como un fenómeno de desplazamiento de la relación gramatical (y también semántica) de un adjetivo que, en vez de concordar sintácticamente con el sustantivo al que está vinculado en el nivel semántico, concuerda con otro sustantivo del contexto. Ejemplo:

«En el cielo rápido,
entre dos portazos,
chorreando dardos
del yunque de ocaso,
abría el relámpago
sus sinfines trágicos».

(J. R. Jiménez)

En estos versos, el poeta aplica el adjetivo «rápido» al cielo, cuando, lógicamente, esa característica corresponde al relámpago, que se proyecta con gran velocidad por el firmamento. Véase: ENÁLAGE.

Hipérbaton. Es un procedimiento expresivo que afecta al nivel sintáctico, alterando el orden normal de las palabras (ruptura de sintagmas: «formidable de la tierra bostezo» por «formidable bostezo de la tierra»; verbo al final, como en latín: «sus quejas imitando», etc.) tanto en prosa como, sobre todo, en verso. Este procedimiento era frecuente en los escritores del siglo XV, que imitaban, por hipercultismo, el hipérbaton latino. En los siglos XVI y XVII se emplea, sobre todo, en poesía por motivos estéticos, tratando de potenciar la belleza y sonoridad de ciertos vocablos o de intensificar el valor semántico y la posición de algunas palabras. A veces, responde a exigencias de ritmo y de construcción métrica.

Hipérbole. Figura retórica consistente en ofrecer una visión desproporcionada de una realidad, amplificándola o disminuyéndola. La hipérbole se concreta en el uso de términos enfáticos y expresiones exageradas. Este procedimiento es utilizado con frecuencia en el lenguaje coloquial y en la propaganda. En la historia de la literatura española hay períodos y autores en los que se produce una marcada tendencia a la desmesura e, incluso, a la estridencia: Quevedo («Érase un hombre a una nariz pegada...») en el Barroco y Valle-Inclán en el siglo XX, con sus caricaturas grotescas, reflejan, en el plano del arte, una concepción hiperbólica de la realidad.

Hipocorístico. Término de origen griego (de *hipo-korisomai*: empequeñecer, balbucir como un niño) con el que se alude a los diminutivos afectuosos y a ciertos apelativos formados por abreviación o modificación de ciertos nombres propios en el habla coloquial. Ejemplos: Cris (Cristina), Nacho (Ignacio), etc.

Hipóstasis. Utilización de una palabra en una función sintáctica diferente de la que le corresponde, dada su categoría gramatical. P. e., emplear un sustantivo en función de adjetivo o viceversa. Ejemplo:

«Era un clérigo *cerbatana* [...] era archipobre y *protomiseria*».

(Quevedo)

Hipotiposis. Término de origen griego (de *hipo-tipoo*: diseñar) con el que se denomina la presentación o descripción de una persona o de un objeto, hecha con gran riqueza plástica de anotaciones y matices sensoria-

les, de forma que pueda producir, al lector o receptor, la sensación de presencia o evidencia de
dicho objeto. En ocasiones, se
utiliza para expresar aspectos de
naturaleza abstracta a través
de los mencionados rasgos sensoriales. Ejemplo:

«Este señor era uno de los que
Cristo llamó sepulcros hermo-
sos, por defuera blanqueados y
llenos de molduras, y por de dentro pudrición y gusanos».

(Quevedo)

Hispanismo. Entre las diversas
acepciones del término figura, en
primer lugar, la referida al léxico: se entiende por *hispanismo*
cualquier vocablo o giro de la
lengua española introducido o
empleado en otro idioma. El
mencionado término, en su versión latina *(hispanismus),* aparece ya utilizado en el siglo XVII por
el alemán Kaspar von Baarth,
en el sentido de «lengua española». La época en que dicha lengua
alcanza mayor difusión y prestigio internacional, el Siglo de Oro
(época en la que se traducen al
francés, inglés, italiano y alemán
grandes obras españolas como
*Amadís de Gaula, La Celestina,
Lazarillo de Tormes, El Quijote,*
etc.), coincide con la introducción del mayor número de hispa-
nismos en dichos idiomas.
En una segunda acepción, el tér-

mino «hispanismo» alude a una
disciplina científica cultivada por
especialistas extranjeros que se
dedican al estudio e investigación sistemáticos de la cultura
española, preferentemente la lengua y la literatura, el arte, la historia, el derecho, la economía, las
formas de vida, etc. También se
aplica dicho término a la asociación de estudiosos de la mencionada materia, a los que se conoce
con el nombre de *hispanistas.*
Esta denominación es comúnmente aceptada desde los años
treinta del presente siglo. Con
anterioridad, algunos críticos españoles utilizaban los vocablos
«hispanólogo» e «hispanófilo»,
sobre todo este último.

Historia de la literatura. Título con el que se designa una
disciplina que, junto con la teoría
de la literatura, la crítica literaria
y la literatura comparada, constituye una de las cuatro ramas en
las que se subdivide la ciencia de
la literatura. Frente a la crítica literaria, que se centra en un análisis sincrónico de los elementos
formales y temáticos de los textos, la historia de la literatura tiene por objeto el estudio diacrónico de los mismos en relación con
su pasado (posibles fuentes) y
con su devenir: influencias y derivaciones. Más concretamente,
el cometido de la historia de la literatura es el estudio de las obras,
situadas en la serie de la tradi-

ción literaria y en el marco de unos géneros, de unos movimientos o escuelas y del contexto histórico y cultural de la época. El historiador de la literatura, utilizando el metalenguaje científico elaborado por la teoría y crítica literarias y una metodología de investigación que le es propia, aborda el estudio de dichas obras, comenzando por los aspectos referidos a la autoría, génesis y evolución de las mismas (problemas de datación, fecha de composición del texto, influencias recibidas, utilización de fuentes, etc.), transmisión (posibles transformaciones o corrupciones del texto, modificaciones de una edición a otra, etc.), clasificación (inclusión en géneros, escuelas, estilos, etc.), descripción y análisis de la obra en sus diferentes aspectos (estructura, temas, forma y tono) y, finalmente, la recepción de la misma.

La historia de la literatura, que en el siglo XIX gozó de un elevado reconocimiento como disciplina científica gracias a una tradición investigadora prestigiada por figuras como M. Menéndez Pelayo en España, A. Villemain y J. J. Ampère en Francia, los Schlegel en Alemania, F. P. Veselovsky en Rusia, G. Ticknor en Estados Unidos, etc., en la primera mitad del siglo XX comienza a perder interés y prestigio entre los representantes del *New Criticism*, de la estilística, de la *Nouvelle Critique*, etc. No obstante, desde los años setenta de dicho siglo, se advierte una recuperación del interés por esa disciplina, especialmente desde la aparición de los estudios de H. R. Jauss y la Escuela de Constanza, que proponen construir una historia literaria basada en la recepción de los textos. La teoría de la recepción permite comprender el sentido y la forma de las obras literarias a partir del estudio de la variedad de interpretaciones que sobre ellas se han ido produciendo en el decurso de la historia. Véanse: CLASIFICACIÓN LITERARIA, COMENTARIO DE TEXTOS LITERARIOS, COMPARADA (LITERATURA), ESCRITOR, GENERACIÓN, GÉNEROS LITERARIOS, MOVIMIENTOS, PERÍODOS LITERARIOS y RECEPCIÓN.

Historieta. Véanse CÓMIC y FACECIA.

Histrión. Término de origen latino (*histrio, -onis:* cómico) con el que se aludía a un actor cuya función era divertir al público durante la representación teatral en los juegos escénicos latinos (*ludi scaenici*). Parece que, en un principio, se trataba de actores de *mimos, que imitaban acciones o historias por medio de gestos. Más tarde, por influencia de los actores etruscos llegados a Roma, los histriones acompañaban su actuación mímica con textos cantados, sin una precisa conexión argumental entre ellos (las *saturae)*, al son de la música que modulaba un flautista. Dicho término se ha abierto, en el transcurso del tiempo, a una rica polisemia: actor del teatro clásico, artista que realiza distintos ejercicios para divertir al público (acróbata, poeta, titiritero, etc.), bufón (personaje que asume comportamientos grotescos para hacer reír), etc. Finalmente, al margen del espectáculo, termina aplicándose a la persona «que se expresa con afectación o exageraciones propias de un actor teatral» (DRAE).

Hokku. Véase HAIKU.

Homeoteleuton u *homoteleuton.* Términos de origen griego (*omoios:* semejante, y *teleute:* final) con los que se alude a la igualdad o semejanza fónica en la terminación de dos o más palabras seguidas o próximas en el discurso, o a la semejanza del final de aquellas palabras con las que terminan los miembros de una frase o con las que acaban dos o más frases en un período. Ejemplo:

«Así que esperan galar*dón*, sacan bal*dón*; esperan salir cas*adas*, salen amengu*adas* [...]. Oblíganse a darles mar*ido*, quítanles el ves*tido*».

(La Celestina)

Homilía. Término de origen griego (*omileo:* reunirse, conversar) con el que se designa la alocución o plática religiosa que dirige el sacerdote a los fieles al terminar la lectura de los textos bíblicos en una celebración cultual. La homilía, lo mismo que el sermón, forma parte de la denominada *oratoria sagrada,* de larga tradición en la historia de las iglesias cristianas, desde los primitivos Padres de la Iglesia (Ambrosio de Milán, Agustín de Hipona, etc.) a los grandes predicadores del Medievo y Renacimiento, como Alberto Magno, Savonarola y Fray Luis de Granada. Durante el Siglo de Oro abundan textos de oratoria sagrada, algunos de ellos recogidos en libros de los grandes escritores ascéticos. En la actualidad, la homilía vuelve a su primitiva sencillez, de comentario de los textos sagrados con una proyección hacia la realidad y el contexto social en el que viven los creyentes. Véase: ORATORIA.

Homodiegético. Véase VOZ.

Honor. Tema clave del teatro del Siglo de Oro y, especialmente, de ciertas obras de Calderón de la Barca y Lope de Vega. Éste era consciente del gran interés que dicho tema despertaba en su público, según advierte en el *Arte nuevo de hacer comedias:* «Los casos de honra son mejores / porque mueven con fuerza a toda gente».

La conducta de los personajes, en los dramas que se centran en el mencionado tema, se rige por un complejo e implacable *Código del honor,* que recuerda el concepto de fatalidad de la tragedia clásica. Dicho tema está relacionado con otros dos términos que completan su significado (el de fama u «opinión» y el de honra) y se utiliza en tres acepciones: en primer lugar, existe lo que se ha dado en llamar el *honor estamental,* propio del rey y de la nobleza; está vinculado al concepto de sangre y, por tanto, es un valor hereditario. En la sociedad estamental, el honor sintetiza la posición que un miembro de dicha sociedad ocupa en su conjunto. Este *honor* estamental implica, en quien lo posee, una especie de «imperativo categórico» que le mueve a comportarse como caballero, según la expresión «soy persona de honor». En la mujer, este sentido del honor se convierte en obsesión por su honestidad, y por la «opinión», que hay que conservar como un bien superior a la vida. Con ello se entra en su segunda acepción: el *honor como «opinión» y fama.* En la sociedad del Siglo de Oro «el sentido total de la existencia se cifraba en la opinión ajena» (A. Castro). Ésta es la impresión que producen los personajes de los dramas del honor: viven obsesionados por mantener, a toda costa, su buen

nombre, que puede empañarse con gran facilidad ante la más leve sospecha. La idea de «que el honor es cristal puro / cualquiera golpe le basta» (*La estrella de Sevilla*) se repite en diversas formulaciones. La tercera acepción del término «honor» es el llamado *caso de honra.* En el Siglo de Oro la lengua literaria distingue entre honor y «caso de honra»; mientras esta cualidad no se haya perdido, se habla de honor; cuando éste se siente derruido o mermado, comienza a hablarse de honra, que sería, en definitiva, «la vivencia del honor ya maltrecho» (A. Castro). Por eso, en ciertos títulos de los dramas del honor se utiliza dicho término: *El médico de su honra, El pintor de su deshonra,* etc.

En estos dramas de honor, las *pautas de conducta* de los protagonistas siguen un mismo esquema, que responde a los requisitos del *código del honor.* Los maridos comienzan albergando sospechas sobre la fidelidad de la esposa. A partir de ese momento se inicia una etapa de vigilancia, poniendo especial cuidado en disimular su desconfianza y en reprimir sus celos como indignos de un «hombre de honor», y en ser deferentes con su mujer. Sin embargo, en los soliloquios se manifiestan turbados por una íntima lucha frente a las exigencias del código del honor, que llega a parecerles cruel e inhumano. Cuando creen haber descubierto la infidelidad culpable de la esposa, se enfrentan primero al ofensor; después, la mujer es eliminada secretamente para que el deshonor no se haga público («... porque dijo la venganza / lo que la ofensa no dijo»).

El tema del honor ha seguido presente en el teatro español (también en la novela) del período romántico (p. e., en *Don Álvaro o la fuerza del sino,* del Duque de Rivas), posromántico (*Un drama nuevo,* de M. Tamayo y Baus; *Realidad,* de B. Pérez Galdós, etc.) y posteriormente con *El curandero de su honra,* de R. Pérez de Ayala, y *Los cuernos de don Friolera,* de R. M.ª del Valle-Inclán, obra en la que se configura una visión esperpéntica del honor.

Horizonte de expectativas. Véase RECEPCIÓN.

Humanidades. Véase HUMANISMO.

Humanismo. Término utilizado para designar diversas corrientes contemporáneas de pensamiento («Humanismo existencialista», «Humanismo cristiano», «Humanismo socialista», etc.) que coinciden en convertir al hombre en el tema clave de su reflexión filosófica y de su visión del mundo. Sin embargo, dicho término se aplica primordialmente a un movimiento cultural surgido en Italia a mediados del siglo XIV que se proponía crear una nueva cultura, basada en la educación del hombre según el modelo de la *paideia* clásica, con el fin de lograr su perfecta formación como persona y como ciudadano. Esa educación se apoyaba en el dominio de la lengua y literatura grecolatinas y en la asimilación de un esquema de referencias intelectuales y valores morales que conformaban un tipo de hombre y un estilo de vida inspirados en el citado modelo clásico. Aunque, en la actualidad, a dicho movimiento se lo conoce como «humanismo renacentista» o, simplemente, «humanismo», en sus orígenes se le designa como *studia humanitatis* y *humanitas,* marbetes alusivos al conjunto de disciplinas a través de las cuales se transmitían los saberes de esa cultura grecolatina: gramática, retórica, poesía, historia y filosofía moral. Del término *Humanitas* deriva el español «humanidades», palabra que alternaba con los sintagmas «letras de humanidad», «ciencias de humanidad», etc.

En los orígenes del humanismo renacentista aparece una figura clave, Petrarca (1304-1374), que consigue canalizar en su obra los incipientes conatos de restauración de la antigua cultura romana y abre camino al naciente humanismo en dos aspectos: *a)* la recuperación de textos y autores clásicos latinos: descubre y hace copiar una serie de códices de obras ignoradas, comenta y anota la *Eneida* de Virgilio, etc.; *b)* el rechazo de la cultura vigente, la de los escolásticos, que habían degradado u olvidado la admirable tradición de los saberes recibidos de la Roma clásica: letras y artes liberales, ciencias de la naturaleza, derecho, etc.

L. Valla (1407-1457) recoge este legado humanista de Petrarca, a quien le unen opiniones y objetivos comunes: rechazo de la escolástica, alejada del progreso de las ciencias y de las realidades de la vida; restauración de la cultura clásica mediante los *studia humanitatis* y la recuperación del latín (para enriquecer las letras y las artes, el derecho, etc., y alumbrar una nueva civilización); conciliación de la sabiduría de los clásicos con la fe cristiana, aspecto que será compartido por los humanistas de la siguiente generación: Erasmo, J. L. Vives, etc.

A finales del siglo XV y comienzos del XVI, cuando el humanismo se encontraba ya consolidado en Italia, se produce una acogida excepcional en algunos países europeos, en los que el apoyo de ciertos mecenas (Carlos VIII en Francia, Isabel la Católica y Cisneros en España, Federico de Sajonia en Alemania, etc.) contribuyó a su expansión en la corte,

en las universidades y en algunos sectores del clero y de la burguesía. Hay tres personalidades que destacan en el desarrollo de esta fase ascendente del humanismo europeo: Erasmo, J. L. Vives y G. Budé. De los tres, es Erasmo el que mejor representa la continuidad con el pensamiento de Petrarca y Valla y el que ejerce mayor influjo en la cultura y en la vida social y religiosa de la época. Sobre el pensamiento erasmista y su influjo, puede verse *erasmismo.

Por lo que respecta al humanismo español, desde finales del siglo XV determinadas personalidades políticas y religiosas como la citada reina Isabel, el cardenal Mendoza, el duque de Alba, etc., se rodearon de humanistas italianos (L. Marineo Sículo, P. Mártir de Anglería y los Geraldini) que contribuyeron a crear un ambiente favorable al estudio de las humanidades en algunos sectores de la nobleza. Pero el verdadero iniciador y promotor del humanismo fue E. A. de Nebrija, que en 1481 escribe sus *Introductiones latinae*, obra considerada «como la piedra angular del Renacimiento español» (F. Rico). Lo mismo que hicieran Petrarca y Valla, Nebrija esperaba facilitar, con el dominio del latín (su modelo preferido es Cicerón), el desarrollo de las letras y las «artes que dicen *de humanidad*».

Véanse: ERASMISMO, ILUSTRA-CIÓN, POÉTICA, RENACIMIENTO y RETÓRICA.

Humanista. Véase HUMANIS-MO.

Humor. Término latino *(humor:* líquido) utilizado en la medicina clásica para designar ciertas secreciones internas del cuerpo humano descritas por Hipócrates (s. V a.C.), a quien se atribuye una doctrina fisiológica conocida como «teoría de los humores» según la cual en el cuerpo humano se distinguen cuatro humores (sangre, atrabilis o humor negro, bilis y flema): del predominio de uno de ellos en cada ser humano depende su temperamento: sanguíneo, atrabiliario o melancólico, colérico y flemático. Esta teoría de los humores es utilizada por un dramaturgo inglés del siglo XVII, Ben Jonson (autor de dos comedias de éxito: *Cada cual según su humor* y *Cada cual fuera de su humor,* 1599), para la configuración de personajes en la comedia de caracteres, iniciando así un modo de utilización cómica de los *humores.* Esta vinculación de dicho término con la comicidad no era desconocida en la lengua inglesa, en la que *humour* se asociaba a cierta excentricidad de carácter, y *humours,* a chanzas y extravagancias divertidas. A lo largo del siglo XVIII, se pasa de una concepción del *humorist* como su-

jeto pasivo (el excéntrico y, consecuentemente, risible) a sujeto activo, que posee el *sense of humour,* al representar una excentricidad calculada. Entre los escritores que introducen en su obra esta faceta de lo cómico figuran J. Swift, H. Fielding, W. M. Thackeray, Ch. Dickens, etc. En la literatura francesa, el término *humour* aparece en el transcurso del siglo XVIII; Voltaire y madame de Staël aluden a su origen y sentido: «La alegría producida por la combinación del ingenio y la jovialidad que los ingleses llaman *humour*» (Staël). Por lo que respecta a la lengua y literatura españolas, entre las acepciones que el término «humor» presenta en los escritores del Siglo de Oro destacan la de su sentido original latino (líquido, sangre: p. e., en los conocidos versos de Quevedo: «Venas que humor a tanto fuego han dado») y la relacionada con las peculiaridades del temperamento. En el *Diccionario de Autoridades,* además de las acepciones apuntadas aparece la de carácter agudo y festivo; se dice «hombre de humor» al que posee «genio jovial, festivo y agudo». Pero el moderno concepto de humor, entendido como forma de expresión estética y literaria, se vincula primordialmente al término *humorismo* que en la edición del DRAE, de 1992, es definido como «manera de enjuiciar, afrontar y comentar las situaciones con cierto distanciamiento ingenioso, burlón y, aunque sea en apariencia, ligero. Linda a veces con la comicidad, la mordacidad y la ironía, sin que se confunda con ellas...». Véanse: CARICATURA, CÓMICO (LO), ENTREMÉS, GROTESCO, IRONÍA, PARODIA, SAINETE y SÁTIRA.

Humorada. Término utilizado por Ramón de Campoamor para denominar una modalidad de sus poemas breves (doloras, cantares y humoradas) en los que aparecen «pensamientos adolorados» de carácter filosófico y moral con clara intencionalidad didáctica, en clave de humor y con un trasfondo sentimental de resignado pesimismo. Están escritos en versos «deliberadamente prosaicos» y en estrofas que,

como el pareado, cuarteto y serventensio, son fáciles de recordar. Ejemplo:

«Todo en amor es triste,
mas, triste y todo, es lo mejor que
                    [existe» (10).

Hybris. Término griego («soberbia») con el que se alude al orgullo arrogante y obstinado del héroe de la tragedia griega, que se mantiene en sus decisiones y se niega a claudicar a pesar de las indicaciones y advertencias en contrario. El héroe es consciente de que, al entrar en conflicto con los poderes superiores, se encamina hacia su perdición. En esto consiste la condición de lo trágico: se trata de un conflicto irremediable e insoluble, de un destino fatal que conduce al héroe, inevitablemente, al fracaso. Véase: TRAGEDIA.

I

Icono. De los tres tipos de signos estudiados por C. Peirce (icono, índice y símbolo), el primero es definido como «un signo que está determinado por su objeto dinámico en virtud de su naturaleza interna». En el icono aparece la misma configuración de cualidades que en el objeto al que se refiere. Es, pues, como una imagen del objeto, p. e., un retrato, una radiografía, los planos de una casa. Por eso, se habla de lenguaje icónico en todos aquellos medios en que aparece la imagen: el cine, la televisión, los carteles de publicidad, los cómics, etc. En la literatura hay textos poéticos, como los caligramas, en los que la presentación gráfica de dicho texto puede ofrecer un marcado carácter icónico a través de una imagen figurativa del mensaje del texto. Véase: CALIGRAMA, EMBLEMA y METAGRAFO.

Idealismo. Término puesto en circulación por el filósofo alemán G. W. Leibniz para calificar como *idealistas* a Platón y otros pensadores partidarios de su doctrina, según la cual las «ideas» constituyen la realidad primera y el origen de todo ser. Con más precisión, el término «idealismo» designa una corriente filosófica que, aunque tiene sus antecedentes en el platonismo, se manifiesta de manera plena a partir de la Edad Moderna con R. Descartes, G. Berkeley, Leibniz, D. Hume, I. Kant, J. G. Fichte, F. W. J. von Schelling y G. W. F. Hegel. Descartes representa el inicio del idealismo gnoseológico de la Edad Moderna; el núcleo central de su pensamiento idealista radica en la tesis de que es en el interior de la conciencia y en la in-tuición de las «ideas claras y distintas» donde se funda la certeza del ser de las cosas. Para Berkeley, la existencia de los seres se reduce a estar en la conciencia (*esse est percipi*); para Kant, los objetos sólo podrían ser conocidos como» fenómenos», los cuales no existen en sí mismos sino en la conciencia. Por su parte, Fichte cree que la realidad del mundo se reduce a pura «representación» del sujeto pensante, cuyo espíritu es el verdadero creador del ser. En cuanto a Hegel, considera a la *idea* como el *origen* del ser, que se desarrolla dialécticamente en el devenir, exteriorizándose en la naturaleza, la cual, a su vez, constituye un progresivo desenvolvimiento del espíritu en sus diversas formas. A partir de Hegel se producen varias corrientes de pensamiento en las que reaparece una concepción idealista: el llamado neokantismo (H. Cohen, P. Natorp, E. Cassirer, H. Rickert), el neohegelianismo (D. F. Strauss, B. Bauer, K. Fischer, K. Rosenkranz, etc.), el idealismo fenomenológico de E. Husserl, etc.

Por otra parte, el término «idealismo» ha sido utilizado por algunos críticos españoles como contrapuesto a «realismo», al considerar ambos rasgos como característicos de la literatura española, en la que estarían presentes con cierta recurrencia una vena «popular realista» y una «corriente idealista culta». Como ejemplos de la primera podrían citarse, p. e., el *Cantar de Mio Cid*, el *Libro de Buen Amor*, *La Celestina*, el *Lazarillo*, etc; como ejemplos del «idealismo» culto: Garcilaso de la Vega, la novela pastoril, Góngora, Juan Ramón Jiménez, etc. (más que de idealismo, convendría hablar en este caso de «idealización»). Finalmente, se ha aplicado el término «idealista» a una corriente de *crítica literaria* (la *estilística) que tiene como iniciadores al italiano B. Croce, al alemán L. Spitzer y a los españoles Amado y Dámaso Alonso.

Identificación. Actitud del lector de un relato o del espectador de una obra teatral al sentirse representado en la manera de pensar (ideología) o de actuar de un personaje e imaginarse viviendo ese papel desde el interior de dicho personaje. Esta identificación puede ser: *a)* de admiración ante el héroe «perfecto»; *b)* de compasión ante el héroe «imperfecto»; *c)* de emoción trágica (catártica) ante el héroe «oprimido»; *d)* de sorpresa ante el héroe «desaparecido»; o de pesar frente al «antihéroe», etc.

La identificación de los espectadores en una obra teatral responde a un concepto de la representación como «imitación» e «ilusión» de realidad. Frente a este juego de ilusión reacciona B. Brecht, proponiendo un distanciamiento como medio de activar la capacidad de percepción lúcida del espectador, que ha de pasar de una actitud conformista y aprobatoria, propia de la identificación, a una posición crítica. Véase: ILUSIÓN.

Idilio. Término de origen griego (*eidyllion*: imagen o cuadro pequeño) con el que se denomina una composición poética de tema pastoril, cultivada en Grecia por Teócrito (*Idilios*) y en Roma por Virgilio (*Bucólicas*) y Ausonio. Aunque no todos los poemas de Teócrito versaban sobre asunto pastoril, el título de «idilio» se ha reservado para aquellas composiciones de tipo eglógico cuyas características quedan fijadas en su obra: en cuanto al contenido (tema amoroso, sensualidad, idealización del campo y de la apacible vida rural) y la forma: poemas cortos, en hexámetros. Dado que en Virgilio el término con el que se reconocen estos poemas es el de «égloga», a veces se han confundido ambos tipos, que tratan, además, el mismo asunto. Sin embargo, el idilio en la literatura española se diferencia de la égloga por su mayor brevedad y por su métrica (versos cortos). Así, en el Siglo de Oro, Villegas utiliza el heptasílabo, y en el neoclasicismo, Meléndez Valdés heptasílabos o hexasílabos («La ausencia») y Jovellanos el heptasílabo.

Idiolecto. Término de origen griego (*idios*: propio, y *lecto*: habla) con el que se alude a los rasgos que caracterizan el lenguaje peculiar de un hablante o, en su caso, el estilo de un escritor, estilo que se configura como una «variedad personal» del uso de la lengua respecto de los demás miembros de su comunidad. Dicho término es correlativo de *sociolecto*, entendido como conjunto de peculiaridades del lenguaje correspondientes a un determinado grupo social.

Idiotismos. Expresiones y giros peculiares que rompen con las leyes del sistema de construcción gramatical y, especialmente, con la concordancia de género y número. P. e., «a pie juntillas», «a ojos vistas». Se entiende también por idiotismo todo giro o modismo, propios de una lengua, que no encuentra traducción literal con sentido o estructura sintáctica equivalente en otra lengua: p. e., «a tontas y a locas», «a troche y moche», etc.

Ilocutivo. Véase ACTOS DE HABLA.

Ilusión. Término procedente del latín (*illusio, -onis*: engaño, imagen o representación sin verdadera realidad) con el que se alude a una forma de ironía, consistente en la simulación de conformidad con la opinión del contrario, cuando por el contexto se deduce que se está en desacuerdo con ella. En teoría del teatro se aplica dicho término para designar el autoengaño conscientemente aceptado por los espectadores que asisten a una representación dramática dispuestos a tomar como realidad lo que es mera imitación de un acontecimiento o situación de vida. Ha sido en el teatro realista y naturalista donde más intencionadamente se ha pretendido crear esa sensación de «vida real», mediante la configuración de un decorado a base de objetos de la realidad cotidiana, y una atención especial a los temas, lenguaje, indumentaria e interpretación de los personajes que intensifique esa «ilusión de realidad» en los espectadores. En el teatro contemporáneo, por el contrario, se ha buscado un mayor distanciamiento respecto de la acción representada, de forma que el público sea más consciente de que está asistiendo a una imitación de la realidad misma. Dos personalidades tan distintas como V. E. Meyerhold y B. Brecht coinciden en que se debe devolver al teatro su condición de artificio y de juego dramático, con el fin de que los espectadores puedan descubrir las reglas de ese juego de ficción y para que, en opinión de Brecht, puedan ofrecerse imágenes reales de la vida. Véase: ÉPICO (TEATRO).

Ilustración. Término de origen latino (*illustratio, -onis:* acción de iluminar) con el que se alude en español a un movimiento cultural producido en toda Europa a lo largo del siglo XVIII y que se conoce con los nombres de «Siglo de las luces», *les Lumières, Enlightenment, Aufklärung,* etc. Sus puntos de referencia son el pensamiento filosófico de I. Kant, las ideas políticas y sociales de Montesquieu y Rousseau, las teorías económicas de los fisiócratas franceses y del liberalismo de Adam Smith, los planteamientos pedagógicos de J. Locke y J. H. Pestalozzi y, en crítica literaria, la retórica grecolatina, actualizada por Boileau en Francia, L. A. Muratori en Italia e I. Luzán en España; pero, sobre todo, la *Enciclopedia* o *Diccionario razonado de las ciencias, artes y los oficios,* publicada en Francia de 1750 a 1780 y convertida en símbolo de esta corriente ilustrada en toda Europa. Este movimiento cultural europeo es seguido en España con vivo interés a través del intercambio de libros, como recuerda M. J. Quintana, al evocar el surgimiento, por esas fechas, de la llamada «Escuela Iluminista» de Salamanca:

«Empezaba ya a formarse aquella escuela de literatura, de filosofía y de buen gusto que desarraigó de pronto el ceño desabrido y gótico de los estudios escolásticos, y abrió la puerta a la *luz* que brillaba a la sazón en toda Europa», gracias a «los buenos *libros* que salían de todas partes y que iban a Salamanca como a centro de aplicación y de saber».

Quintana apunta varios de los rasgos fundamentales de ese pensamiento ilustrado: *a)* el cultivo de la *razón* como vía de acercamiento a la verdad, al margen de prejuicios escolásticos de autoridad y de tradición; *b)* el estudio de las *ciencias* (matemáticas, física) y la observación de la naturaleza; *c)* la atención a las *humanidades* clásicas y a las lenguas modernas, así como a las doctrinas jurídicas y políticas; *d)* el interés por la *difusión de la cultura* a través del libro, una de las grandes preocupaciones de los ilustrados españoles, empeñados en promover la felicidad del pueblo mediante la educación. Véase: NEOCLASICISMO.

Imagen. Término de origen latino (*imago*: semejanza, retrato, copia) que sugiere la idea de representación sensible de un objeto o de una persona. La literatura opera con imágenes creadas por la fantasía del escritor. Estas imágenes cumplen la función de representar, de dar forma sensible a ideas, conceptos, intuiciones, sensaciones que el poeta desea transmitir. Con el fin de plasmar una realidad en su corporeidad sensible, el poeta tiende a suscitar en el lector idénticas sensaciones a las que él experimenta ante esa realidad o ante el objeto de su imaginación. Esto lo intenta creando una serie de imágenes que van dirigidas a los diferentes sentidos (vista, oído, olfato, gusto, tacto).

a) Imágenes cromáticas:

«Entonces tú, panadera, apare-
[ciste,
blanca de luna, de flores y de ha-
[rina».

(J. R. Jiménez)

b) Imágenes auditivas:

«Cabalgaba por agria serranía,
una tarde entre roca cenicienta.
El plomizo balón de la tormenta
de monte en monte rebotar se
[oía».

(A. Machado)

c) Imágenes olfativas:

«El olor agrio y almizclado se iba transformando en otro olor más ligero, como de violetas animales».

(R. Sánchez Ferlosio)

d) Imágenes gustativas:

«La nuez sabrosa en cuatro partes presa, / y, disfrazando en agrio, la manzana...».

(Lope de Vega)

e) Imágenes táctiles:

«Como rápida caricia:
pie desnudo sobre el camino,
dedos que ensayan el primer
[amor,
sábanas tibias sobre el cuerpo so-
[litario».

(Cernuda)

f) Imágenes sinestésicas: se dan
cuando se realiza un trasvase de
sensaciones de un sentido a otro:

«Que el alma que hablar puede
[con los ojos
también puede besar con la mi-
[rada».

(Bécquer)

Véanse: COMPARACIÓN, METÁ-
FORA, SÍMIL y SINESTESIA.

Imaginación. Término de origen latino *(imaginatio)* con el
que se traduce el vocablo griego
«fantasía» (de *phantasein:* representar, imaginar), utilizado por
Aristóteles para designar una facultad gnoseológica consistente
en la posibilidad de suscitar o
combinar imágenes o representaciones de la realidad. Los filósofos escolásticos utilizan indistintamente los términos «fantasía» e
«imaginación», uso que se mantiene hasta el siglo XVIII, cuando comienzan a distinguirse dos
funciones en dicha facultad: una,
productora y creadora de imágenes; otra, meramente reproduc-

tora y combinatoria. En unos casos, se atribuye a la fantasía la
función creadora y a la imaginación la reproductora; en otros
aparece una atribución inversa, y
en el caso de Kant, se concede a la
imaginación la doble función:
reproductora, en cuanto síntesis
unificadora de la diversidad de lo
dado en la intuición, y productora, cuando se considera al entendimiento como la unidad de
la «apercepción» en relación con la
síntesis trascendental de la imaginación. Con respecto al mundo
del arte, varios pensadores, entre
ellos Dilthey y Croce, han des-
tacado el carácter creador de la
fantasía frente a la función básicamente combinatoria de la imaginación.
En el campo de la literatura y crítica literarias se ha mantenido,
generalmente, la indiferenciación
de sentido entre ambos términos.
Véanse: FICCIÓN, PSICOANÁLISIS
Y PSICOCRÍTICA LITERARIA, REA-
LISMO Y SIMBÓLICA (CRÍTICA).

Imaginismo. Término con el
que se conoce un movimiento literario de carácter vanguardista
surgido entre 1908 y 1912 e integrado por un grupo de escritores
ingleses y norteamericanos (Ezra
Pound, R. Aldington, F. S. Flint,
D. H. Lawrence, Amy Lowell,
Hilda Doolitle, J. Gould Fletcher
y T. E. Hulme, a los que se asocian, marginalmente a veces, S.
Eliot e, incluso, J. Joyce) cuyos

planteamientos estéticos se dan a conocer entre 1912 y 1917 a través de revistas como *Poetry, The Egoist, Poetry and Drama,* etc., y de selecciones antológicas de sus respectivos trabajos. En los orígenes de este movimiento se sitúa la fundación de una especie de asociación poética conocida como The poet's Club, iniciada en 1908 por Hulme, Flint y otros poetas jóvenes, a los que se asoció en 1909 Ezra Pound, a quien se considera portavoz inicial del ideario del grupo. En 1914, E. Pound publica la primera antología de textos pertenecientes a escritores de dicho grupo: *Des Imagistes, an Anthology.* En 1915, Amy Lowell, poetisa norteamericana, pone en marcha la publicación de una nueva antología *(Some Imagist Poets)* con un prefacio de R. Aldington, que constituye un verdadero manifiesto, en el que se enuncian los principios de orden estético-literario que animan a los imaginistas en la creación de sus obras:

«1.º Usar el lenguaje de la conversación ordinaria, pero empleando siempre la palabra *exacta,* no la aproximada o decorativa.

2.º Crear nuevos ritmos como expresión de nuevos estados de ánimo [...]. Luchamos por el verso libre como por un principio de libertad, pues estimamos que la individualidad del poeta puede ser expresada mejor en esa forma que con las formas convencionales [...].

3.º Conceder libertad absoluta en la elección del tema. No significa hacer buen arte escribir malamente en torno a aeroplanos y automóviles; no es necesariamente mal arte escribir bien sobre el pasado [...].

4.º Presentar una imagen –de aquí el nombre de imaginistas–. No somos una escuela de pintores, pero creemos que la poesía debe reflejar exactamente lo particular y no tratar de vagas generalidades, por muy magnificentes y sonoras que sean [...].

5.º Hacer una poesía que sea precisa y clara, nunca borrosa o indefinida.

6.º Finalmente, la mayoría de nosotros creemos que la concentración es la verdadera esencia de la poesía».

(cit. G. de Torre)

Al igual que otros movimientos de vanguardia, el imaginismo tiene una corta vigencia: se puede decir que con la última antología publicada por A. Lowell finaliza su existencia, como grupo, a pesar de que en 1930 volverá a aparecer una antología final *(Imagist Anthology),* preparada por Aldington, pero ya como recapitulación evocadora.

Imitación. Término de origen latino (*imitatio:* reproducción, semejanza) que en teoría de la literatura se utiliza en una doble acepción: la primera, referida a la formación del estilo (imitación de modelos), y la segunda, a la representación estética de la realidad en las obras de arte. En el primer sentido, la imitación de modelos tuvo una gran importancia en las escuelas latinas de retórica: Quintiliano, en el libro X de su *Institutio Oratoria*, presenta una lista de poetas y prosistas griegos y latinos cuya lectura aconseja a los futuros oradores y describe una serie de ejercicios basados en la imitación de esos modelos. Petrarca (lo mismo que los humanistas del Renacimiento: L. Valla, P. Bembo, Erasmo, etc.) sigue esta pedagogía de la *imitatio,* pero no de manera servil sino como una forma de estímulo o de *aemulatio.* Esta imitación de los modelos clásicos será especialmente notoria en el neoclasicismo, tanto en lo referente al estilo como en temas y géneros. En la segunda acepción, el término *imitatio* responde al concepto aristotélico de *mimesis,* aplicado a las artes y, en especial, al teatro. En determinadas épocas y movimientos de la historia literaria (Renacimiento, neoclasicismo, realismo, naturalismo) el principio de la «imitación de la naturaleza», y su correlato, la «verosimilitud» de la acción representada (o narrada), han sido considerados como norma de creación artística y criterio de valoración de la calidad estética de una obra. En esa línea, los realistas y naturalistas del siglo XIX trataban de presentar personajes, situaciones y espacios «sacados del natural», para dar la impresión de estar ante una escena que podría haberse producido en la realidad de la «vida misma». Sin embargo, este concepto de imitación «ilusoria» es combatido por ciertos autores y críticos contemporáneos, para quienes esa reproducción o representación de la realidad no es sino el fruto de una «convención», ya que lo que se imita o representa son las imágenes que se tienen sobre la realidad, de acuerdo con el «código» estético con el que cada autor se acerca a ella. Véanse: ÉPICO (TEATRO), FICCIÓN, IMAGINACIÓN, MIMESIS, NATURALISMO, REALISMO y VEROSIMILITUD.

Imprecación. Recurso expresivo con el que una persona manifiesta el deseo de que sobrevenga un mal a quien ha sido el causante de su desgracia:

«Villanos mátente, Alfonso,
villanos, que no hidalgos. [...]
Mátente con aguijadas,
no con lanzas ni con dardos».

(*Romancero:* «Jura de Santa Gadea»)

Otra figura retórica que está relacionada con la imprecación es la *execración, que consiste en desear uno el mal para sí mismo:

«Si eso sabía vuestra merced –replicó Sancho– mal haya yo y toda mi parentela».

(Cervantes)

Impresionismo. Movimiento artístico surgido en Francia en el último cuarto del siglo XIX y constituido inicialmente por un grupo de pintores, entre los que sobresalen Monet, Pisarro, Degas, Renoir, Manet, Cézanne, Sisley, Bazille y Morisot. Las *características* de esta corriente pictórica son: *a)* concepción subjetiva de la percepción de la realidad, frente al objetivismo de la pintura «realista» anterior. *b)* consideración de la realidad como un continuo fluir y, en consecuencia, disolución de la imagen del objeto como algo estático y acabado para dar paso a una impresión de realidad en proceso y no terminada; *c)* sensación de pintura improvisada, como consecuencia de pinceladas rápidas, trazos sueltos, puntos parpadeantes, que tratan de plasmar esa realidad cambiante; *d)* sustitución de la imagen táctil por la visual, con un esfuerzo por conseguir la representación de la luz, del aire y de la atmósfera, y descomposición de las superficies de color en manchas y puntos; *e)* sustitución de la forma espacial y lineal de los objetos por una visión armónica de luz y de color que ha de percibirse a cierta distancia; *f)* utilización de los colores, no como cualidades vinculadas a los objetos, sino como «fenómenos cromáticos abstractos incorpóreos».

El impresionismo tiene en Francia y en el resto de Europa su reflejo en la literatura. Se ha relacionado con dicho movimiento a una serie de escritores que reaccionan contra la estética del naturalismo y se consagran a la creación de un mundo de belleza, producto artificioso de la imaginación artística. Estos escritores sienten especial atracción por aquellas etapas de la historia de la cultura en las que ha prevalecido un gusto refinado y artificioso: el helenismo, la última etapa de la literatura latina, etc., períodos que coinciden con un cierto cansancio de formas anteriores y una sensación otoñal de decadencia. En los escritores «decadentes» (Baudelaire, Verlaine, Huysmans, Oscar Wilde, etc.) se percibe una mezcla de refinamiento artístico, espiritualidad y hedonismo, rasgos que también aparecen en autores españoles como Valle-Inclán (en las *Sonatas* hay muestras de hedonismo, espiritualidad y decadentismo), G. Miró, en el que se ha creído ver signos de «un decadentismo mórbido y neorromántico al tiempo que de una técnica descriptiva de pintor impresionista» (E. de Nora), lo mismo que Azorín: sus descripciones de paisajes (*Castilla, Los pueblos)* muestran un estilo «impresionista», cargado de plasticidad y lirismo.

El adjetivo «impresionista» se ha aplicado también a un tipo de crítica literaria basada especialmente en la sensibilidad y en la percepción subjetiva de los valores estéticos. Véanse: DECADENTISMO y SIMBOLISMO.

Imprimátur. Forma pasiva del verbo latino *imprimere* (3.ª persona del singular del presente de subjuntivo pasivo: «sea impreso») con la que una autoridad eclesiástica concede a alguno de sus súbditos la licencia para imprimir un escrito. El *imprimátur* supone un control por parte de la Iglesia para preservar la ortodoxia del dogma católico. Una forma de *imprimátur* era la «aprobación» o licencia para imprimir que necesitaban los escritores en el Siglo de Oro para poder publicar sus obras. Véase, como ejemplo, la que antecede a la II parte del *Quijote:*

«Por comisión y mandado de los señores del Consejo, he hecho ver el libro contenido en este memorial; no tiene cosa contra la fe ni buenas costumbres, antes es libro de mucho entretenimiento lícito, mezclado con mucha filosofía moral; puédese dar *licencia para imprimirle.* En Madrid, a cinco de noviembre de mil seiscientos y quince».

(Gutierre de Cetina)

In medias res. Expresión procedente del *Arte Poética* de Horacio (*Semper ad eventum festinat et in medias res ...auditorem rapit:* «Siempre tiene priesa por llegar al acontecimiento e... introduce al oyente en el centro del asunto») con la que se alude a la técnica de iniciar un relato en el momento crucial o en el acontecimiento central de la historia, es decir, en la mitad de la obra, si ésta comenzara linealmente desde el principio (*ab ovo).* Un ejemplo de esta técnica narrativa, que ya se encuentra en la *Ilíada* y en los romances viejos, lo ofrece gran parte de las novelas policíacas, que inician el relato con la narración de un crimen, con la detención del delincuente o el juicio en el que se va a reconstruir todo el proceso de la historia. Véanse: FLASH BACK y RETROSPECCIÓN.

Íncipit. Término latino (3.ª persona del singular del presente de indicativo del verbo *incipere:* empezar) con el que se designa el comienzo de un escrito. El *íncipit* constituye una forma de presentación del libro. Juan Ruiz antepone al *Libro de Buen Amor* una oración precedida de este *íncipit:* «Esta es oración qu'el açipreste fizo a Dios quando començó este libro suyo». Véase: ÉXPLICIT.

Incunable. Término procedente del latín (*incunabula:* cuna) con el que se designa los primeros libros «nacidos» de la imprenta, desde su invención (mediados del siglo XV) hasta finales de dicho siglo. Véase: LIBRO.

Indicadores. Término aplicado a los deícticos de espacio y tiempo. Véase: DEÍCTICO.

Índice. Véase SIGNO.

Índice de libros prohibidos. Desde que en 1502 los Reyes Católicos prohíben la impresión y venta de libros sin previa licencia, comienza la persecución de libros heréticos, que se hará más intensa a partir de la aparición de las doctrinas de Lutero y de la celebración del Concilio de Trento (1545-1563). En 1545 se elabora un primer catálogo de libros prohibidos que se envía a los inquisidores para el debido control de la impresión, venta y distribución de dichas obras, con los consiguientes castigos a los infractores. En 1551 se elabora el primer Índice de libros prohibidos sobre la base del catálogo de Lovaina (1546), al que se añaden ochenta títulos españoles. Dicho índice se conoce como «el de Valdés», por haber sido realizado con la auto-

rización del inquisidor general F. de Valdés. En 1559 se publica el primer *Index* de Roma. Ese mismo año se publica el segundo de Valdés, de un gran rigor, pues se incluyen en él libros de escritores tan venerables como Fray Luis de Granada o el P. Juan de Ávila. En 1570 el duque de Alba encarga a Arias Montano redactar un índice (el de Amberes) para los Países Bajos, en el que determinadas obras no son prohibidas sino «expurgadas» de pasajes que podían afectar a la doctrina católica o a su moral, con lo que se podían seguir leyendo, una vez eliminados los fragmentos correspondientes: esto es lo que ocurrió con el *Lazarillo* expurgado. En 1583 se edita el llamado Índice de Quiroga, y en 1612 el de Sandoval, en el que aparece una ordenación alfabética de los autores por sus nombres. Por lo que respecta a la literatura, en este índice se incluye *La Celestina* (que ya había sido introducida en el índice de Almeida, 1581). Otros índices del siglo XVII son los de Zapata (1632) y Sotomayor (1640). En el siglo XVIII se publican los índices de D. S. Valladares y V. Marni (1707) y el Índice de A. Rubín de Cevallos (1790). En el siglo XIX la Inquisición continúa vigente (salvo los dos paréntesis de 1813-1814 y de 1820-1823) hasta 1834, en que es definitivamente abolida. Aún se publicarán dos suplementos más al Índice de 1790: en 1844 y 1848. Véase: CENSURA.

Indigenismo. Término con el que se designa un tipo de novelas hispanoamericanas surgidas en la primera mitad del siglo XX que presentan en común una temática, referente espacial, estructura narrativa y personajes similares. En estas obras se describe un marco geográfico rural (la pampa, la selva, la sierra y la costa) en el que se desarrolla la vida de unos grupos raciales marginados y explotados (el gaucho, el indio, el negro, el mestizo) cuyas tradiciones, costumbres, formas de vida y situación socioeconómica y cultural se trata de reflejar. El tratamiento de esta temática da origen a dos tipos de relato: la «novela regionalista» y la «novela indigenista». Modelos de la primera son *La vorágine*, de E. Rivera (su escenario es la selva colombiana y sus tipos son los gaucheros, aprisionados por una naturaleza avasalladora y explotados por las compañías comerciales de ese producto), *Doña Bárbara*, de R. Gallegos (centrada en la sabana de Venezuela), y *Don Segundo Sombra*, del argentino R. Güiraldes, en la que el personaje central es el gaucho, enmarcado en su entorno natural: la pampa. Modelos de la segunda (cuyo espacio se sitúa en el entorno de la cordillera andina, donde el tipo racial prepon-

derante es el indio) son *Raza de bronce* (1919), del boliviano A. Arguedas; *Huasipungo* (1934), del ecuatoriano J. Icaza, y *El mundo es ancho y ajeno* (1941), del peruano C. Alegría.

Desde el punto de vista ideológico, estas novelas responden a un deseo de búsqueda de identidad nacional y de afirmación de las propias raíces y tradiciones culturales autóctonas, incardinadas en su entorno físico, al tiempo que implican cierto carácter documental y de toma de conciencia de la propia marginación y explotación social. Por lo que respecta a las técnicas narrativas, son relatos de narrador omnisciente, en tercera persona, aunque en el de C. Alegría aparecen frecuentes cambios de perspectiva y puntos de vista. Estéticamente se evidencian ciertas técnicas del naturalismo junto a otras procedentes de la narrativa vanguardista, especialmente en C. Alegría.

Información. Véase PERIODISMO.

Inquisición y literatura. Véanse CENSURA e ÍNDICE DE LIBROS PROHIBIDOS.

Insinuación. La *insinuatio* era en la retórica grecolatina un procedimiento indirecto mediante el cual el orador pretendía ganarse la benevolencia del público o de los jueces a favor de la causa defendida, ya desde el comienzo de su discurso. Se dice también de un tipo de enunciado sugerente en el que se da a entender, sin manifestarlo expresamente, algo que va implícito en el propio mensaje.

Inspiración. Término procedente del latín (*inspirare:* soplar, comunicar) utilizado en el campo de la teología y en el de la estética para designar un estado del espíritu en el que el profeta cree percibir una comunicación divina y el artista un estímulo de creación espontánea y de invención sin esfuerzo. En sentido literario, se denomina «inspiración» al estado sobrevenido a un escritor en el que se siente como iluminado interiormente para encontrar la clave y los recursos expresivos de su creación literaria. Ciertos escritores hablan de momentos de inspiración y de momentos de «sequedad», lenguaje que recuerda el de los místicos. En algunas épocas de la literatura se ha dado más importancia al propio esfuerzo y a la técnica (recuérdese el Mester de Clerecía: «A sílabas cuntadas, ca es grand maestría») que a la inspiración; en otras, a esta última, p. e., en el Romanticismo. Los grandes poetas, sin embargo, han combinado inspiración y técnica.

Institución literaria. Expresión imprecisa con la que se alude al conjunto de normas, códigos estéticos y literarios, organismos, etc., que regulan la creación, transmisión y recepción de las obras literarias. Por lo que respecta a la creación, el escritor parte de una larga tradición cultural, constituida por distintas escuelas y movimientos estéticos, empeñados en la confección de una lengua literaria sujeta a distintos códigos de referencia normativa, tanto gramatical como retórica, y en la demarcación de tipos de estilo, de géneros literarios, de estructuras métricas en el verso, etc. En cuanto a la transmisión, la institución literaria abarca fenómenos tan diversos como el mundo editorial (el libro, las revistas, la prensa periódica, la publicidad, etc.), la institución escolar (con sus textos, programas, seminarios, congresos, etc.), los establecimientos de difusión de la cultura (salones, academias, ateneos, bibliotecas, etc.), mecanismos de control político o religioso (censura, órganos de promoción y apoyo, sociedades literarias, premios: Nobel, Goncourt, Cervantes), etc. Por lo que atañe a la recepción, forman parte fundamental de dicha institución los distintos tipos de lectura, interpretación y crítica literaria, así como los mecanismos relacionados con la promoción del «consumo» de la obra literaria entre los lectores. La historia de las sucesivas formas de recepción de las obras literarias (la historia de la literatura) forma parte también de la así llamada «institución» o «instituciones literarias». Véanse: ACADEMIA, BIBLIOTECA, CENSURA, CERTAMEN, CLASIFICACIÓN LITERARIA, CRÍTICA LITERARIA, GÉNEROS LITERARIOS, JUEGOS, LECTOR, MOVIMIENTOS LITERARIOS, RECEPCIÓN y TERTULIA.

Interlocutor. Es el receptor o destinatario del mensaje. En un relato o en un texto dramático, lo mismo que en cualquier otra situación comunicativa, son interlocutores todas las personas que participan en un diálogo.

Interludio. Término procedente del latín (*interludere*: jugar a intervalos) utilizado en teoría musical (lo mismo que «preludio») como título de piezas del tipo de la suite o de las sonatas. Con él se designa también una composición musical que se tocaba en el intermedio de los actos en una obra teatral, mientras se cambiaba el decorado. Este interludio preparaba el tono en el que se iba a desarrollar el resto de la representación. Se denomina también «intermedio», aunque este nombre engloba toda pieza musical, coro, ballet, danza o, incluso, sainete, interpretados, cantados o ejecutados en los entreactos de la obra. En el teatro español del Siglo de Oro, el «intermedio» que solía representarse entre la primera y segunda jornadas de la comedia era un *entremés*.

Interpolación. Inserción, en un determinado texto, de elementos que no pertenecen a la edición original del mismo. Esta interpolación ha podido ser realizada por el propio autor de la obra con ánimo de corregirla o perfeccionarla, o bien por alguna persona extraña al texto que, por razones ideológicas, estéticas o de otra índole, ha pretendido reorientar el sentido de la misma. En el caso del *Lazarillo*, la edición de Alcalá presenta varias adiciones o interpolaciones que intensifican el carácter amargo y pesimista del texto.

Interpretación. Término procedente del latín (*interpretatio, -onis*: explicación, traducción) con el que se designaba en la retórica clásica una figura consistente en la explicación o aclaración, mediante uno o más sinónimos (*glosa sinonímica*) o enunciados equivalentes (*paráfrasis interpretativa*), una palabra o expresión difícil, ambigua o polisémica, o bien un cultismo, arcaísmo o extranjerismo, o una idea o tema complicados. Dicho término presenta, además, otra acepción, relacionada con el concepto correspondiente al término griego *ermeneutike*, con el que se alude a un arte o método de interpretación de textos que cuenta con una larga tradición histórica, desde la explicación de oráculos y mitos en la antigua Grecia hasta la exégesis bíblica realizada por los rabinos o los apóstoles y Padres de la Iglesia. Relacionada con esta tradición, surge, posteriormente, una disciplina filosófica conocida como *hermenéutica*, cuyo planteamiento se debe a W. Dilthey y cuyo objetivo sería enunciar los principios en los que se fundamentan las «ciencias humanas». Sin embargo, el mencionado término se utiliza especialmente en el campo preciso de la interpretación de textos literarios, aspecto que se trata en otras entradas de este Diccionario, p. e., en *comentario de textos literarios y en *crítica literaria.

Finalmente, en teoría del teatro se entiende por interpretación la determinación del sentido de un texto dramático mediante la acción conjunta del director de escena y de los actores (en el marco de un dispositivo escénico adecuado: *iluminación, *decorado, efectos teatrales, etc.) o, también, la representación de un personaje por parte de un actor. Véase: HERMENÉUTICA.

Interrogación retórica. Figura literaria cuya finalidad no es indagar sino poner en evidencia y resaltar, con cierto énfasis y solemnidad, algo de lo que previamente se está seguro. Es un recurso expresivo que tiene por ob-

jeto provocar el asentimiento del oyente al mensaje que se le comunica. Ejemplo:

«¿Qué se hizo el Rey Don Juan?
Los infantes de Aragón,
¿qué se hicieron?
¿Qué fue de tanto galán,
qué fue de tanta invención
como trayieron? [...]
¿Fueron sino devaneos?».

(J. Manrique)

Intertexto. Véase INTERTEXTUALIDAD.

Intertextualidad. Término utilizado por una serie de críticos (J. Kristeva, A. J. Greimas, R. Barthes, etc.) para referirse al hecho de la presencia, en un determinado texto, de expresiones, temas y rasgos estructurales, estilísticos, de género, etc., procedentes de otros textos y que han sido incorporados a dicho texto en forma de citas, alusiones, imitaciones o recreaciones paródicas, etc.

Intratexto. Véase TEXTO.

Intriga. Término de origen latino (de *intricare*: enredar, intrigar) utilizado en teoría narrativa y dramática en una doble acepción: como núcleo o entramado fundamental de un relato y como serie de conflictos u obstáculos que se producen en el desarrollo de una acción y que los protagonistas han de superar hasta lograr sus objetivos, obstáculos que contribuyen a mantener la curiosidad («suspense») de los espectadores o lectores hasta el desenlace final. De acuerdo con el tema central del relato, se pueden producir diversos tipos de intriga: de descubrimiento del culpable (relato policíaco), de reconocimiento del héroe (relatos o dramas en los que el tema clave es la *anagnórisis), de puesta a prueba del protagonista (el caso de Segismundo en *La vida en sueño*), etcétera.

En el teatro español existe un tipo de obras denominadas precisamente *comedias de intriga* o *comedias de enredo* (los dos significados del verbo *intricare*) en las que abundan disfraces, simulación de situaciones para justificar encuentros ocultamente convenidos, aparición de personajes con el mismo nombre en sitios diferentes, malentendidos, etc. También en narrativa se provoca una situación análoga en los lectores: p. e. la novela policíaca, novela de suspense y de misterio, novela negra y novela de espionaje. Véanse: ENREDO, NOVELA DE ESPIONAJE, NOVELA NEGRA Y SUSPENSE.

Introito. Pieza breve que, en el teatro del Siglo de Oro, servía de introducción a la obra dramática y en la que se adelantaba una síntesis del argumento o del tema y se pedía el beneplácito del público. Cumplía la misma función introductoria que la loa.

Invención. Término procedente del latino *inventio* (acción de inventar o encontrar) con el que se designa la primera de las cinco partes de la retórica (junto a la *dispositio, elocutio, memoria* y *actio o pronuntiatio*) destinada a la búsqueda de argumentos con los que defender una determinada causa o tesis. La *inventio* surge vinculada a la oratoria y se desarrolla fundamentalmente en el campo jurídico, ya desde la *Retórica* de Aristóteles. A la invención corresponde el hallazgo de las pruebas y argumentos que el orador habrá de organizar en la *dispositio*, de acuerdo con las distintas fases del discurso. El material sobre el que opera la *inventio* es de tres tipos: intelectual (datos, pruebas y argumentos en los que se fundamentará el orador para convencer por la razón), moral (basado en la garantía de honestidad que ofrece la conducta ejemplar del propio orador) y afectiva (los recursos con los que el orador cuenta para pulsar la emotividad y pasiones del público, dadas las peculiares circunstancias que presenta la causa y el encausado). Véanse: DISPOSICIÓN, ELOCUCIÓN, LUGAR COMÚN, ORATORIA Y RETÓRICA.

Ironía. Es un procedimiento ingenioso por el que se afirma o se sugiere lo contrario de lo que se dice con las palabras, de forma que pueda quedar claro el verdadero sentido de lo que se piensa. La ironía es un recurso fundamental en la literatura humorística. Está en relación con la sátira y el sarcasmo. De hecho, el sarcasmo no es más que una ironía llevada a un grado de dureza, crueldad o cinismo amargos. En general, la expresión irónica va acompañada de una determinada entonación para que sea percibida como tal. En la lengua escrita, el lector debe descubrirla a través del contexto.

Irregular (métrica). Se dice del tipo de versificación que no se rige por el isosilabismo (igual número de sílabas en cada verso). Sin embargo, no debe considerarse como irregular la estructura de algunas estrofas compuestas de forma sistemática por dos tipos de versos: p. e., endecasílabos y heptasílabos (lira, sexteto lira, silva, estancia) y octosílabos y tetrasílabos (copla manriqueña o de pie quebrado), etc. Ejemplos de versificación irregular se producen ya en los comienzos de la literatura castellana con el Mester de Juglaría. Véanse estos versos del *Cantar de Mio Cid:*

«I estava doña Ximena con cinco
[dueñas de pro
rogando a San Pedro e al criador:
¡Tú que a todos guías, val mio
[Çid el Campeador».

Ismos. Término utilizado, entre otros, por G. de Torre para designar una serie de movimientos artísticos y literarios de vanguardia que se desarrollan en las primeras décadas del siglo XX y cuyas denominaciones terminaban con el sufijo -*ismo,* razón por la cual se los agrupa con ese marbete. El mismo crítico aporta un inventario de «ismos» literarios y artísticos señalados en *Documents internationaux de l'Esprit Nouveau* (1929): *futurismo, *expresionismo, *cubismo, *ultraísmo, *dadaísmo, *surrealismo, purismo, *constructivismo, neoplasticismo, abstractivismo, babelismo, zenitismo, simultaneísmo, suprematismo, primitivismo y panlirismo. A este inventario hay que añadir otros ismos importantes: *creacionismo, *imaginismo, *neorrealismo, *existencialismo, *objetivismo, letrismo, iracundismo, frenetismo, personalismo, vorticismo, fauvismo, rayonismo, concretismo, etc., algunos de los cuales no corresponden estrictamente a la cronología de los movimientos de vanguardia más significativos. Entre los rasgos comunes a dichos movimientos, Torre señala el «internacionalismo» (varios de estos movimientos trascienden las fronteras del país en que surgieron: p. e., el futurismo, surrealismo, cubismo, etc.), el «antitradicionalismo» (rechazo de normas y gustos vigentes y búsqueda de nuevas formas de expresión artística), el sucederse vertiginoso y la escasa duración (salvo el surrealismo), etc. Véase: VANGUARDISMO.

Isocolon. Figura retórica consistente en la correspondencia simétrica entre dos o más miembros de un conjunto, ya sea éste una frase, una oración, un período o una estrofa. Existen diversos tipos de isocolon: atendiendo al número y extensión de sus miembros, puede ser bimembre (dicolon), trimembre (tricolon), cuatrimembre (tetracolon), etc. Por lo que respecta a su estructura y significado, el isocolon puede presentarse, p. e., en estos fragmentos del *Lazarillo,* en forma de *antítesis* («... Mi trabajosa *vida* pasada y mi cercana *muerte* venidera»: dicolon) o de *gradación* («... por lo cual fue preso y confesó y no negó y padeció persecución por justicia...»: tetracolon) o, también, de *acumulación* («... allí se me representaron de nuevo mis fatigas y torné a llorar mis trabajos; allí se me vino a la memoria la consideración que hacía cuando me pensaba ir del clérigo... Finalmente allí lloré mi trabajosa vida pasada...»: tricolon), etc.

Isosilabismo. Se dice de los versos que tienen el mismo número de sílabas. En la literatura castellana de la Edad Media, a la irregularidad métrica del Mester de Juglaría sucede el isosilabismo o regularidad del Mester de Clerecía.

El isosilabismo es preponderante hasta el siglo XX, época en que la irregularidad silábica, la polimetría y la ametría parecen ser la nota precominante en la llamada «poesía vanguardista». No obstante, en los grandes poetas del 27 y de las generaciones de postguerra pervive el cultivo del isosilabismo y de las formas métricas tradicionales.

Isotopía. Término introducido por Greimas, que define la isotopía como «conjunto de categorías semánticas redundantes que hace posible la lectura uniforme de una historia tal como resulta de las lecturas parciales de los enunciados después de resolver sus ambigüedades». Según esta definición, existe una isotopía cuando, a lo largo de un texto, se constata una recurrencia de elementos semánticos jerárquicamente organizados sobre uno o más ejes semánticos, que conforman dicho texto como un todo unitario y coherente y posibilitan una lectura uniforme a partir de las lecturas parciales de los enunciados. Junto a estas isotopías de contenido, se habla también de isotopías de la expresión, entre las cuales figurarían las recurrencias sintácticas, fonemáticas, métricas: la rima, p. e., podría ser considerada como una forma de isotopía.

J

Jácara. Composición escrita en forma arromanzada, en la que se relatan hechos de personajes del mundo del hampa, rufianes, pícaros, etc. Se trata de una pieza breve, integrada en el espectáculo teatral del Siglo de Oro, al igual que las loas y los entremeses, y que, generalmente, constituía la parte final de la representación. Podía ser recitada o cantada por un solo actor; en otros casos estaba concebida en forma de diálogo: es lo que se denomina *jácara entremesada*. La temática más frecuente de estas piezas se relaciona con el mencionado mundo del hampa: pendencias entre rufianes, o broncas entre éstos y sus compañeras, y alusiones a su final desgraciado: castigos corporales, condena a galeras o a la horca. El público debía ser muy aficionado a estas piezas, que, en algunos casos, eran cantadas por actores situados en diversas zonas del teatro, con lo que los espectadores se sentirían más implicados aún en el espectáculo. Entre los escritores de jácaras más conocidos figuran Quiñones de Benavente, Calderón y Quevedo. Véanse: BAILE, ENTREMÉS, LOA y MOJIGANGA.

Jarcha. Término árabe (*harğa o jarŷa*: salida, final) utilizado por los poetas de Al-Andalus para designar una especie de estribillo (*markaz*), compuesto en dialecto mozárabe o bien en árabe, con el que terminaba la última estrofa de la *moaxaja*, poema en árabe o en hebreo, que se escribía en el sur de España entre los siglos XI y XII. Parece que la jarcha, o «cancioncilla mozárabe», formada por un número variable de versos (aunque predomina el de cuatro), constituía la base de dicho poema, que, a juicio de

E. García Gómez, se componía para «encuadrar una jarcha preexistente». Estas cancioncillas aparecen con una estructura métrica variada: más de la mitad presenta la forma de una cuarteta, de cuyos versos, generalmente, sólo riman los pares, aunque hay ocho casos con rima abrazada *abab* y uno de rima común *aaaa*. Otras constituyen un pareado, o bien un tríptico; hay dos casos de sextina, y uno de quintilla, septina y octava, respectivamente. El tipo de versos más frecuente en estas cancioncillas es el hexasílabo, seguido por el octosílabo, heptasílabo y pentasílabo (J. Solá Solé).

La temática de las jarchas es, principalmente, amorosa: el sufrimiento de la amada por la ausencia del amigo, que se encuentra enfermo o que ha partido a otro lugar, etc.; la doncella se lamenta de esta ausencia, a veces con exclamaciones de dolor y de angustia. Otros temas son el panegírico de un amigo, o de un personaje político, o el tema del vino como liberación del sufrimiento causado por la pena amorosa, etc.

Los personajes que aparecen o se mencionan en estos poemas son, aparte de la doncella (es la que, generalmente, enuncia los versos de la jarcha), el confidente, que normalmente es la madre («mamma») y, en algún caso, las hermanas o amigas («yermanelas») o incluso el amigo («el que mima»).

Un problema abordado por la crítica ha sido el de la relación de estas cancioncillas mozárabes con el resto de la tradición lírica peninsular y de la románica. En el primer aspecto, D. Alonso resaltó las «múltiples coincidencias» (p. e., la figura de la madre o las hermanas de la enamorada hechas copartícipes de su pena amorosa, etc.) entre la jarcha, la canción de amigo gallega y el villancico castellano, de lo que infiere la idea de que el núcleo lírico popular en la tradición hispánica sería el villancico. En el segundo aspecto, sigue siendo válido el juicio de A. Deyermond (1979): «parece casi seguro que las jarchas son parte de una tradición románica común y fuertemente arraigada, así como que constituyen la base de la *moaxaja* (y, por tanto, también del *zéjel*)». Ejemplos:

SERIE ÁRABE:

XXI

YĀ MAMMĀ, ME-W L-ḤABĪBE
BAISÊ E NO MÀS TORNARĀḌE.
GĀR KÉ FARÉYO, YA MAMMĀ:
¿NO UN BEẒYĒLLO LĒSÂRĀḌE?

«Madre, mi amigo / se va y no tornará más. / Dime qué haré, madre: / ¿no me dejará [siquiera] un besito?».

SERIE HEBREA:

IV

Garīd boš, ay yermanēllaš,
kóm kontenēr-hé mew mālē,
Šīn al-habīb non bibrēyo:
¿ad ob l'iréy demandāre?

(Yehūdā Halevī)

«Decid vosotras, ay hermanillas, / cómo he de atajar mi mal. / Sin el amigo no puedo vivir: / ¿adónde he de ir a buscarlo?».

(Trad. de E. García Gómez)

Véanse: cantiga de amigo, casida, moaxaja, villancico y zéjel.

Jerga. Variedad lingüística (sobre todo, el léxico) especial que utilizan los miembros de ciertos grupos sociales (toreros, estudiantes, grupos marginales) y determinadas profesiones y oficios (médicos, deportistas, etc.) en el ámbito de su propia actividad. Una forma peculiar de jerga es la conocida con los nombres de *germanía* y *jerigonza,* con la que en la literatura de los Siglos de Oro se designa el habla de los ladrones, tahúres y demás gentes del hampa. Se suele identificar jerga con *argot,* y, sin embargo, hay una diferencia notable: este último (entendido como lenguaje del hampa) implica una precisa intención críptica: se trata de un lenguaje cuyo sentido es reservado y sólo accesible a los iniciados.

Tanto el argot como las jergas de oficios y profesiones se han incorporado, con fines estéticos, a determinadas obras literarias: en este tratamiento han sido maestros F. de Rojas, Cervantes, los autores de la picaresca, Galdós, Valle-Inclán y C. Arniches. Véanse: germanía y jerigonza.

Jerigonza. Término procedente del occitano *gergons* (préstamo, a su vez, del francés antiguo *jargon:* gorgeo de los pájaros, según Corominas) que habría dado en el castellano antiguo «girgonz» y «gingonça». Aparece ya en su forma definitiva (jerigonza) en el *Lazarillo.* S. de Covarrubias ofrece la siguiente definición: «Gerigonza. Un cierto lenguaje particular de que usan los ciegos con que se entienden entre sí. Lo mesmo tienen los gitanos, y también forman lengua los rufianes y los ladrones, que llaman germanía». El término «jerigonza» como «sinónimo de «jerga» y de «germanía» aparece en *Rinconete y Cortadillo,* de Cervantes, para designar la lengua secreta de los marginados del hampa sevillana. Quevedo utiliza, además, el término «jerigonza» en el sentido de expresión retorcida y extraña, para referirse, con intención paródica y burlesca, al lenguaje culterano de Góngora y, más aún, a sus epígonos, a los que dedica su «Receta para hacer Soledades en un día»:

«Quien quisiere ser culto en sólo
[un día,
la *jeri* (aprenderá) *gonza* siguiente:
fulgones, arrogar, joven, presiente,
candor, construye, métrica ar-
[monía [...]».

Jitanjáfora. Término aplicado
por A. Reyes a un tipo de composición poética constituida por
palabras o expresiones, las más
de las veces inventadas, carentes
de significado en sí mismas, y
cuya función poética radica en
sus valores fónicos, que pueden
cobrar sentido en relación con el
texto en su conjunto. Aunque
comúnmente se atribuye la creación de la jitanjáfora al poeta cu-
bano M. Brull (traductor de Valéry), se han encontrado testimonios de este tipo de expresión poética en la poesía popular o en escritores influidos por
ésta.
La jitanjáfora fue cultivada por algunos representantes de las vanguardias, especialmente por los
dadaístas. Entre los poetas españoles, aparece en algún texto de
R. Alberti, y en la literatura hispanoamericana la utilizan E. Ballagas, L. Palés Matos, N. Guillén,
V. Huidobro, etc. Puede aparecer
como jitanjáfora pura o en forma
de onomatopeya. En N. Guillén se
construyen, a veces, a base de topónimos africanos o con voces
afronegroides, que actúan como
puros significantes y confieren al

texto una melodía de ecos africanos:

«Yombe soy, soy lucumí,
mandinga, congo, carabalí».
«¡Mayombe-bombe-mayombe!»

Véanse: CREACIONISMO y ONO-
MATOPEYA.

Jocoserio. Véase JOCOSO.

Jocoso. (Del latín *iocosus*: gracioso, chistoso, festivo.) Cualidad de ciertas obras literarias escritas en clave de humor y tono
festivo cuya finalidad es divertir
a los posibles lectores o espectadores. Es un tipo de obras destinadas especialmente al teatro
(pasos, entremeses, jácaras, piezas del llamado «género chico»,
etc.), aunque también aparece
dicho tono en poemas evasivos,
de sátira de costumbres (en el
Libro de Buen Amor, de Juan
Ruiz, en la *Gatomaquia,* de Lope
de Vega, en las *Fábulas* de T. de
Iriarte, etc.) y en textos narrativos como la *Autobiografía* de D.
Torres Villarroel, el *Fray Gerundio* del P. Isla, etc. G. Bleiberg designa con el término «jocoserio»
o tragicómico un tipo de escritos
frecuentes en la literatura española, en los que se percibe una
coexistencia de aspectos festivos
y graves.

Jornada. Nombre con el que se
designaban en el Siglo de Oro los
actos en que se dividían las comedias. De hecho, se alternaban
ambas denominaciones, como

puede constatarse en *El viaje entretenido,* de A. de Rojas Villandrando, cuando, al mencionar las partes de que constaba un espectáculo teatral, advierte: «Hacían cuatro *jornadas,* / tres entremeses en ellas, / y al fin con un bailecito / iba la gente contenta». Véase: ACTO.

Jôruri. Con la denominación de *Ningyo Jôruri* se conoce un teatro de marionetas que a finales del siglo XVI comienza a desarrollarse en Japón gracias a la obra conjunta de un titiritero (Hikita Awaji-nojô) y un cantor de *Jôruri* (Menukiya Chôzaburô), que acompañaba su canto con la música de un *shamisen,* una especie de laúd de tres a cinco cuerdas. En Japón existía una antigua tradición de titiriteros ambulantes que recorrían el país con su caja de títeres (*Ningyo,* en japonés) de trapo y madera. Por otra parte, existían también cantores o recitadores de relatos extraídos de las epopeyas de los samuráis. Uno de los relatos más conocidos era el que narraba la triste historia de la joven *Jôruri,* que, después de encontrar a su esperado amigo, lo volvía a perder de nuevo. Este relato, cantado y escuchado a lo largo de generaciones, terminó por convertirse en la denominación del nuevo arte dramático que estaba a punto de nacer. Efectivamente, a fines del siglo XVI, los mencionados titiritero (Hikita) y cantor (Menukiya) decidieron conjuntar sus respectivas funciones, de forma que mientras Menukiya cantaba su relato acompañando el texto con su *shamisen,* Hikita movía las marionetas de acuerdo con lo que se contaba en el relato. Dada la gran aceptación del naciente espectáculo por parte del público y la acogida del mismo en la corte del emperador, el *Nyngio Jôruri* termina convirtiéndose en una forma de teatro popular estable, en competencia con el kabuki, otra modalidad teatral japonesa. Véanse: HAIKU, KABUKI y KYÔGEN.

Jota. Copla popular que acompaña al baile del mismo nombre, el cual se danza en Aragón y en otras regiones de España. Dicha composición, en el aspecto métrico, aparece generalmente en estrofas de cuatro versos, preferentemente octosílabos, que riman en asonante los pares. Se conoce algún caso en el que se ha añadido un quinto verso, que rima en consonante con el tercero. Ejemplo:

> «Si mi madre fuera mora
> y yo nacido en Argel,
> renegara de Mahoma
> sólo por venirte a ver,
> hermosa y blanca paloma».

Juegos. Término con el que se designaban en Grecia (*agones*) y en Roma (*ludi*) unos espectáculos públicos celebrados periódicamente con motivo de festividades, o de otro orden, y en los que ocupaban un papel importante, junto a las competiciones deportivas, las representaciones y el canto o la declamación de himnos a los dioses o de poemas a los vencedores en dichas competiciones. Entre los juegos vinculados a festivales religiosos en Grecia destacan los Olímpicos (en honor de Zeus), los Píticos (dedicados a Apolo, en Delfos; había competiciones musicales de himnos al dios), Ístmicos (dedicados a Poseidón, en el istmo de Corinto), Nemeos (en honor a Zeus, se realizaban en Nemea). Aparte de estos juegos, había dos grandes festivales: uno (las Panateneas), dedicado a la diosa Atenea, en el que se desarrollaban competiciones gimnásticas, concursos musicales, coreográficos, etc., y otro, el de las fiestas Dionisias, dedicadas al dios Dioniso: se celebraban en primavera, durante seis días, de los cuales en el tercero y el sexto había concursos de ditirambos y representaciones teatrales. En el siglo v a.C. cada concursante presentaba una trilogía trágica y un drama satírico. En Roma se celebraban igualmente festivales y competiciones; el término *ludi* (juegos) se utilizaba tanto para referirse a las actividades deportivas como a las representaciones teatrales celebradas en las fiestas dedicadas a los dioses.

En la Edad Media existía una forma peculiar de festejos en los llamados *juegos escolares*, algunos de los cuales consistían en representaciones de tema religioso, en latín, realizadas por clérigos o estudiantes. Aparte de esto, se inician en la baja Edad Media los denominados «Juegos florales», cuya primera manifestación ocurre en Toulouse (Francia) en 1323 y en los que participan diversos poetas con sus composiciones para competir en dicho concurso. Este tipo de «juegos florales» se introducen en España a través de Cataluña a finales del siglo XIV. En el siglo XV aparecen en Castilla en forma de *justas* literarias. En las *academias renacentistas y en los colegios de jesuitas continuó esta práctica de los concursos literarios. En el siglo XIX, M. Milà y Fontanals, V. Balaguer y J. Rubio y Ors restauran en Barcelona (1859) los *Jocs florals;* posteriormente, se extiende ese modelo de certamen por otras ciudades españolas. Véanse: CERTAMEN y FESTIVAL.

Juglar. Véase MESTER DE JUGLARÍA.

K

Kabuki. Palabra japonesa que significa «canción, danza y facultades artísticas». El *kabuki,* que constituye una de las manifestaciones más importantes del teatro clásico japonés, surge a comienzos del siglo XVII, por iniciativa de la sacerdotisa Okuni, bailarina del templo sintoísta de Izumo, en Kioto, que organizó una serie de actuaciones de danza ritual y canto en diversos lugares de la capital para recaudar fondos destinados a la reconstrucción de dicho templo, asolado por el fuego. Más tarde, dada la favorable acogida que encontró esta experiencia, Okuni comenzó a ensayar, con unas muchachas, breves escenas dialogadas, acompañadas de música, canto y danza, que representaban en un parque público de Kioto. En 1607 se trasladó a Yedo, actual Tokio. Esta danza ritual, a la que se habían ido incorporando elementos dramáticos del *Nô* y del *Kyôgen,* fue evolucionando hacia una forma teatral autónoma y definida gracias a la intervención de diversos actores como Nakamura (s. XVII), Sakata Tôjûrô (1647-1709, actor y creador, a su vez, de obras dramáticas), etc., y sobre todo del dramaturgo Chikamatsu Monzaemon (1635-1725), creador de diversas obras dramáticas destinadas al teatro de marionetas *(Jôruri)* y de una modalidad del *kabuki* conocida como *Sewamono,* teatro de costumbres cuya trama y personajes se sitúan en el estrato popular de comerciantes, artesanos, etc. De acuerdo con la función atribuida al teatro en la sociedad japonesa, de educar al pueblo mediante la presentación de modelos de conducta, Chikamatsu coloca a sus personajes en situaciones conflictivas entre las apetencias de la naturaleza y la ley moral, en las que termina venciendo el sentido del deber y el cumplimiento de las exigencias de la moral pública. En el siglo XVIII, el *kabuki,* que ya se había consolidado como forma teatral, pasa por una etapa de esplendor (a pesar de la competencia del teatro de marionetas, que gozaba de una gran simpatía), y ha seguido manteniendo el interés del público hasta la actualidad. Entre las obras más importantes de este teatro suele citarse *Las batallas de Coxinga,* de Takeda Izumo y Namiki Sozuke. Véanse: KYŌGEN y JŌRURI.

Kasida. Véase CASIDA.

Katauta. Véase HAIKU.

Kathakali. Nombre con el que se designa una forma de representación teatral india, acompañada de música y danza, en la que los personajes desarrollan un mimo siguiendo el recitado del texto, cuya temática se inspira en los libros de *Rāmayana* y del *Mahābhārata.* En este teatro, los gestos y posiciones *(mudrâ),* sus esplendorosos vestidos y el maquillaje (de gran diversidad, con un simbolismo cromático diferenciador de cada personaje), joyas, collares, etc., están perfectamente codificados.

Kitsch. Palabra alemana (usada en el sentido de baratija de bisutería e imitación artística cursi y de mal gusto) con la que, en la primera mitad del siglo XIX, se designaba un tipo de arquitectura cuyas formas imitaban las del pasado medieval (gótico), renacentista o barroco. Este modelo de construcción lo utilizó en Alemania la alta burguesía, tratando de emular el lujo de la arquitectura palaciega de la antigua nobleza (a la que había suplantado en el poder) para sus mansiones y quintas de recreo. Esta moda arcaizante del *Kitsch* se extenderá por otros países europeos, entre ellos España, donde se producirá una gran floración de edificios neogóticos, sobre todo en construcciones eclesiásticas. A finales del siglo XIX se desarrolla, gracias a las posibilidades de reproducción en serie, una industria de imitación de obras de arte, especialmente en escultura y pintura: las imitaciones «de pacotilla», que constituyen una de las manifestaciones peculiares del «arte *Kitsch*». Dicho término se aplicó también en Alemania a un tipo de literatura sentimental (las obras de E. Marlitt, H. Courths-Mahler, etc.) y patriótica (K. May y ciertas obras de exaltación del amor a la tierra y a la raza de la época nazi) cuyas características serían: *a)* un mimetismo, degradador, de obras del pasado, que se produce por falta de originalidad creadora; *b)* copia reiterativa de técnicas empleadas en modelos anteriores y de temas de grandes autores, cuyas obras trivializa, p. e., en libros con llamativas declaraciones de amor a la tierra (que recuerdan el vínculo profundo con la naturaleza de las obras de K. Hamsun) o en los que aparece una seudoconciencia religiosa que hace pensar en la intensa búsqueda de Dios de un Dostoievski; *c)* desfiguración de la realidad en un intento de fuga hacia lo idílico, lo irracional y sentimental, en una vuelta al mundo de los antepasados, que se evoca con nostalgia, etc. En la misma línea, aparece en Francia un tipo de literatura sentimental (M. Dekobra, *Delly: Esclava o reina,* 1909; *La infiel,* 1921, etc.) y de tono épico y patriótico (P. Déroulède: *Cantos del soldado,* 1872), junto a novelas de gran tirada, con trama estereotipada y temática similar (evocación nostálgica del pasado, glorificación de la naturaleza, etc.; a las que se ha calificado igualmente como *kitsch).* En la época de las vanguardias, el *kitsch* llega a utilizarse como material de recreación artística, por distanciamiento irónico, respecto de determinados temas y obras de arte. Ejemplos de este tratamiento serían los realizados por los surrealistas sobre el personaje de Fantomas (*La Complainte de Fantomas*) o, en artes plásticas, la utilización de un cromo de la Gioconda por parte de M. Duchamp. Véase: PARALITERATURA.

Krausismo y literatura. Corriente filosófica surgida del pensamiento de K. C. Krause, filósofo alemán del siglo xix, cuya obra es continuada por sus discípulos en Alemania (H. Leonhardi), Bélgica (H. Ahrens) y España (J. Sanz del Río, F. Giner de los Ríos, etc.). El krausismo original responde a un deseo de recuperación del pensamiento kantiano, deformado, a juicio de Krause, por las incorrectas interpretaciones hechas por Fichte, Schelling y Hegel. El pensamiento krausista es conocido en España a través de la obra de Sanz del Río, que adaptó a las necesidades intelectuales y al contexto cultural del país *El ideal de la Humanidad para la vida* (1860), de Krause. Ese mismo año Sanz del Río publica *Sistema de la Filosofía Metafísica* en el que sintetiza su pensamiento, denominado «racionalismo armónico». Este sistema consta de dos partes: la analítica y la sintética. En la *analítica* se estudian las condiciones del conocimiento humano, en la línea del pensamiento de Kant. Según Krause, el entendimiento humano parte de un conocimiento de lo múltiple, distinto y parcial, para ir elevándose posteriormente a lo simple, idéntico y total, que finaliza con el conocimiento intuitivo del ser absoluto. En la *sintética,* utilizando el procedimiento deductivo, inicia el descenso, desde el ser absoluto hasta las esencias finitas. En este sistema, lo absoluto y la humanidad constituyen los dos términos del proceso descendente en el que el mundo y el hombre están inmersos en una comunidad de esencias, de las que Dios es la suprema esencia. Y así como espíritu y naturaleza forman una unidad en el hombre, así mundo y Dios forman una comunidad de esencias, pero entendida no como puro panteísmo, sino como «panenteísmo» («todo en Dios»). En el sistema es importante dicho concepto de la unidad de espíritu y naturaleza, como símbolo de la armonía entre los seres y entre las instituciones humanas, a través de las cuales la humanidad camina hacia su destino de perfección y de unidad universal. Este caminar tiene como guía lo absoluto, hacia el que converge la humanidad a través de las distintas fases de la historia de los pueblos y por medio de las diversas culturas, instituciones y asociaciones. Entre éstas, cobran especial trascendencia las asociaciones naturales de finalidad universal (familia, nación) frente a las que limitan la libertad (Iglesia y Estado), para conseguir «la perfección armónica de todo el hombre». Los krausistas se oponen a la concepción absolutista del Estado y a las distintas formas de tiranía del poder estatal sobre los pueblos; son partidarios de una asociación federativa mundial de países e instituciones.

En el pensamiento krausista se atribuye gran importancia a la moral, al derecho, al Estado, a la religión y a la ciencia, como medios de perfección del hombre. Pero tan importante como la ciencia para el progreso de la humanidad es el arte, cuyas obras son «una viva y progresiva revelación de la divinidad entre los hombres». Las diferentes formas de arte (escultura, pintura, música, coreografía, arte dramático, etc.) responden a las características originales de la vida de los países en los que surgen. En cuanto al tema de la literatura y su influencia en el desarrollo de las naciones, apenas es abordado por Krause y Sanz del Río. Serán los krausistas españoles F. Giner de los Ríos, M. de la Revilla, Clarín, etc., los que realicen una reflexión precisa sobre estética, crítica y creación literarias. F. Giner concibe el arte y la literatura como medios para lograr la armonización social y el progreso humano de los pueblos. Dado que, a su juicio, las creaciones literarias son la expresión más viva del «espíritu» y la psicología de los pueblos, en ellas se pueden descubrir las «aspiraciones», «grandezas» y «extravíos» que explican las profundas mutaciones operadas en la historia de cada comunidad: «Suprímase la literatura de un pueblo y en vano se apelará para reconstruir su pasado a su historia política».

Los krausistas españoles dedicados al estudio de las cuestiones estéticas y de crítica literaria pretenden un mayor rigor en el análisis de dichos temas y promover un renacimiento de la creación literaria. En este sentido, son un modelo los artículos orientadores de Giner de los Ríos sobre *La Fontana de Oro* y *La familia de León Roch*, de B. Pérez Galdós, y los de Clarín sobre teoría literaria (p. e. «Del naturalismo») y crítica de textos narrativos, p. e., de Pereda, Valera, Galdós, etc.

Por otra parte, el krausismo es objeto de tratamiento literario por ciertos escritores que asumen una posición crítica frente a dicho fenómeno cultural (p. e., Valera, en *El racionalismo armónico*, 1873) y frente al tipo social del krausista, del que ofrecen una caricatura degradadora, de la que podría ser modelo la que realiza Pereda en «Un sabio» (*Tipos trashumantes*, 1877). Frente a esta imagen caricaturesca, se ha creído ver en las figuras galdosianas de Pepe Rey *(Doña Perfecta)* y León Roch una exaltación del krausista, como hombre culto, modesto, equilibrado, amante de la ciencia y de la investigación, racionalista y creyente a la vez,

pero no adscrito a una confesión religiosa, y de gran rectitud moral. Por su parte, Clarín recrea la figura de un krausista en un cuento, *Zurita*, en el que su protagonista vive una peripecia existencial que podría considerarse como una transposición mimética, en el plano de la ficción literaria, de la trayectoria histórica del krausismo español. Finalmente, es obligado resaltar la labor intelectual de krausistas eminentes como Azcárate, Sales y Farré y, sobre todo, Giner de los Ríos, autor de valiosos estudios de filosofía del derecho, pedagogía y sociología y fundador de la Institución Libre de Enseñanza e inspirador de otras instituciones como el Museo Pedagógico Nacional (1882), la Junta para la Ampliación de Estudios (1907), la Residencia de Estudiantes (1910), etc., de las que surgirá un verdadero renacimiento científico y cultural en la España de 1920 a 1936.

Kyôgen. Nombre con el que se designa una breve pieza cómica del teatro japonés, representada como entreacto en un espectáculo de *Nô*. El *Kyôgen* cumple una función similar a la del entremés en el teatro español del Siglo de Oro, ya que sirve de contraste humorístico frente a la seriedad de los asuntos abordados en los dramas del *Nô*. Véanse: HAIKU, JÔRURI y KABUKI.

L

Laberinto. Término de origen griego *(labyrinthos:* lugar de encrucijadas de difícil orientación y salida) con el que se alude en la mitología griega al enredo de caminos que el rey Minos mandó construir a Dédalo, en el interior del palacio de Creta, para encerrar al Minotauro, el monstruo mitad hombre y mitad toro que se alimentaba de carne humana y al que había que entregar todos los años siete doncellas y siete muchachos atenienses a los que daba muerte. Este monstruo será vencido por Teseo, que, condenado con sus trece compañeros de infortunio a tan desgraciado final, logra eliminar al Minotauro mientras éste dormía, gracias a la ayuda de Ariadna, hija del rey Minos y enamorada del héroe. Esta imagen del laberinto evoca una angustiosa sensación de claustrofobia, de sentirse atrapado sin posible salida, en una situación desesperada que confina con la locura o la muerte. Tal imagen ha sido utilizada frecuentemente en los textos literarios como metáfora relativa a la vida humana, considerada como un enigma, una encrucijada o emboscada o como signo del sinsentido y absurdo de la misma: «laberinto de errores» es la vida para Pleberio, en *La Celestina,* al contemplar, desesperado, el cadáver de su hija; espacio laberíntico, con una atmósfera opresiva: esto es el mundo para Franz Kafka.

El término «laberinto» es utilizado en métrica para denominar un tipo de poema elaborado con tal ingenio y artificio que sus versos pueden leerse al derecho y al revés o en otras direcciones sin que dejen de tener sentido.

Latinismo. Véase CULTISMO.

Lay. Breve poema amoroso, de origen franco-provenzal, compuesto en sextillas, en versos hexasílabos y con dos rimas consonantes agudas: una en los versos primero, segundo, cuarto y quinto y otra en el tercero y el sexto. Véase el siguiente ejemplo de un poeta del siglo XV:

«Ay, triste de mí,
¿por qué padescí
sin lo merescer?
Pues siempre serví
leal fasta aquí
a mi entender».

(Juan de Torres)

Lector. En la teoría de la «recepción» de la obra literaria se ha elaborado una precisa tipología del lector, de manera análoga a lo ocurrido con el narrador en la teoría del relato. En este sentido, se habla de un *lector real* o empírico (el que, de hecho, se acerca a un determinado texto), de un *lector supuesto* (el que un escritor imagina que va a ser su lector, dados el nivel cultural, los gustos e ideas del público al que se dirige), un *lector ideal,* capaz de comprender todas las posibilidades de sentido de un texto, y un *lector implícito* concebido como estrategia textual: el autor o el narrador dan por supuesta su existencia, aunque no le nombren. Véanse: LECTURA, NARRA-TARIO Y RECEPCIÓN (ESTÉTICA DE LA).

Lectura. En la moderna crítica literaria, la figura del lector ha adquirido una especial relevancia, sobre todo a partir de la llamada «estética de la recepción». Previamente, en las reflexiones de algunos estructuralistas y semiólogos se hacía hincapié en la consideración del texto literario como una realidad y un mensaje abiertos, que necesitan del lector para que se desarrollen todas sus virtualidades de significación. Tal es la posición de R. Barthes y de U. Eco. Para el primero, existen textos «cerrados» (su sentido es patente y delimitado) y otros en los que se invita al lector a utilizar distintos «códigos» para descubrir las diversas «voces» que pueden surgir de dicho texto. Desde este punto de vista, el lector se convierte en auténtico «productor» de sentido al dar su interpretación de la obra. Algo similar apunta U. Eco a propósito de sus conocidas definiciones de obra «abierta» y «cerrada», según el texto exija la colaboración del lector en la producción del sentido o en la explicitación de las potencialidades significativas del mismo.

La teoría de la recepción formulada por W. Iser y H. R. Jauss presenta ciertas vinculaciones con la fenomenología de E. Husserl y H. G. Gadamer. Para Husserl, la mente humana es el origen del sentido que tenemos sobre toda la realidad. Para Gadamer, aplicado dicho principio a un texto literario, la realidad significativa de éste depende de la mente de su intérprete y de las coordenadas históricas y culturales en que se encuentra y que condicionan su percepción del sentido. En la misma línea, W. Iser cree que las «experiencias» de vida de cada intérprete o lector son las que dan origen a diferentes lecturas de un determinado texto literario. Y es que los mismos textos se prestan, a su vez, a esas diversas lecturas, ya que presentan, en su enunciación, «huecos» o «lagunas» que el intérprete debe rellenar. Así, cuando alguien se va adentrando en la lectura de un texto el sentido del relato se va transformando paulatinamente. Los juicios o expectativas formados sobre los personajes y su conducta deben modificarse ante nuevos comportamientos. En definitiva, el lector ha de ir completando el sentido del texto a medida que avanza en su lectura, y ha de irlo recreando en su conciencia. Su interpretación es, pues, una creación de sentido, tanto por lo que se refiere a las «lagunas» como por la adecuación de perspectivas y, sobre todo, por la conversión del texto en propia «experiencia». Véanse: HERMENÉUTICA, LECTOR y RECEPCIÓN (ESTÉTICA DE LA).

Leitmotiv. Palabra alemana («motivo recurrente») procedente del campo de la música con la que designa un tema melódico que va apareciendo de forma recurrente a lo largo de una pieza musical. En la literatura se denomina *leitmotiv* a una determinada palabra, expresión, verso o figura literaria (metáfora, símbolo) que reaparece a intervalos a través de una obra. Se emplea tanto en poesía como en narrativa o en teatro.

Leixa-pren, lexaprén o leixaprende (deja y toma). Expresiones con las que se denomina una peculiaridad métrica de la poesía gallego-portuguesa (también se encuentra en la provenzal y en la castellana) consistente en la repetición de una o varias palabras de un verso en el comienzo del verso siguiente o del último verso de una estrofa en el primero de la estrofa siguiente. Esta repetición puede presentar otras modalidades, como las de reiterar todo un verso con la misma o con distinta ordenación en el siguiente o bien la de repetir el primer verso como primera parte del segundo, o bien, en cantigas de más de dos estrofas, comenzar la tercera estrofa repitiendo el segundo verso de la primera y completándola con otro verso de igual rima. Véase, a continuación, un ejemplo de leixapren, perteneciente a una cantiga de amigo gallega, de Bernal de Bonaval (es un diálogo en el que se pregunta a una muchacha que a quién ha venido a esperar lejos de la ciudad, y ella responde que a su amigo) en la que la tercera estrofa se abre, reiterando el segundo verso de la primera y se completa con otro de la misma rima, y la cuarta estrofa se abre, a su vez, con el segundo verso de la segunda estrofa y se completa igualmente con otra de idéntica rima:

«Ay, fremosinha, se ben ajades!
Longi de vila quen asperades?»
«Vin atender meu amigo.»

«Ay, fremosinha, se gradoedes!
Longi de vila quen atendedes?»
«Vin atender meu amigo.»

«Longi de vila quen asperades?»
«Direy-vo-l'eu, poys me pregun-
[tades:
vin atender meu amigo.»

«Longi de vila quen atendedes?»
«Direy-vo-l'eu, poi-lo non sabe-
[des:
vin atender meu amigo».

Lengua literaria. Los hablantes de un idioma tienen la posibilidad de relacionarse entre sí por medio de la lengua común o estándar, aceptada por todos como vehículo normal de comunicación. Aparte de esta modalidad lingüística, en determinados campos de la ciencia y de la cultura existen los denominados «lenguajes especiales» (científico y técnico, jurídico, literario, etc.), que presentan unas características peculiares. En este aspecto, p. e., el lenguaje científico y técnico es fundamentalmente denotativo, monosémico y sin ambigüedad, rasgo que dificultaría la claridad y precisión de conceptos exigidas en estas disciplinas. Por eso, no tendría sentido utilizar, en un texto científico, recursos expresivos peculiares del lenguaje poético, como la rima, el hipérbaton o la polisemia, que, además de improcedentes, entorpecerían la transmisión y comprensión del mensaje. Es, precisamente, en estos niveles (fónico, sintáctico y semántico) donde se perciben con más claridad las diferencias que separan el lenguaje literario de los demás lenguajes especiales y de la lengua de uso cotidiano.

Teniendo en cuenta las nociones sobre lengua poética de los formalistas rusos y de estudios posteriores realizados en teoría de la literatura y en disciplinas como la semiótica y la pragmática, se pueden señalar ciertos rasgos observados en la tradición literaria, que pueden considerarse como caracterizadores de la lengua y los textos literarios:

- La *recurrencia*, evidente en las reiteraciones fónicas (aliteración, paronomasia, etc.), en el verso (metro y rima), en las simetrías y paralelismos, en figuras como la anáfora, reduplicación, concatenación, retruécano, anadiplosis, etc. Otro elemento recurrente, en el verso como en la prosa, es el ritmo, que es una marca literaria explícitamente reconocida en la tradición poética y crítico-literaria.

- La *perdurabilidad* del mensaje poético, destinado a su reproducción literal: «Esta capacidad de reiteración [...], esta conversión de un mensaje en algo duradero [...] representa, en verdad, una propiedad inherente y efectiva de la poesía» (R. Jakobson).
- La *ambigüedad* y *plurisignificación*, características del lenguaje literario frente a otros lenguajes monosémicos (científico, lógico, jurídico) y que convierten a aquél en portador de una carga significativa múltiple.
- La *connotación*, peculiaridad del lenguaje literario por la que la configuración representativa del signo verbal no se agota en un contenido intelectual, ya que presenta un núcleo informativo impregnado de valores afectivos, expresivos y evocativos que se añaden al valor denotativo del signo lingüístico (Ch. Bally).

- La *semantización* global del mensaje, rasgo por el cual, gracias a la interdependencia e interacción de sentido que se produce entre significante y significado, todos los constituyentes de un texto se «semantizan» (I. Lotman).
- La *ficcionalidad*, entendida por los estudiosos de la pragmática (J. L. Austin, J. R. Searle, R. Ohmann, etc.) como un rasgo de la lengua literaria que supone un uso desviado del lenguaje, en el sentido de que el narrador ficcional simula realizar actos ilocutivos. La ficcionalidad, entendida, además, como capacidad de creación de mundos posibles en la esfera de la imaginación poética, mediante el arte verbal, constituye un criterio para sancionar si un texto es o no literario (K. Hamburger).
- La *autonomía* del lenguaje literario, destinado a crear una obra de arte verbal. El lenguaje literario no responde a una finalidad práctica (la mera comunicación), sino *estética*. A este objetivo se encamina el realce de la forma expresiva a través de los «artificios» o recursos, conocidos como figuras, que afectan a todos los niveles de la lengua (R. Jakobson).
- El *lenguaje figurado* es un rasgo fundamental de la lengua literaria. Se puede afirmar que

«el lenguaje poético es siempre un lenguaje figurado [...] y que sin figuras no hay poesía». (J. A. Martínez).

Véanse: ALEGORÍA, AMBIGÜEDAD, CORRELACIÓN, FICCIÓN, FIGURAS, LÍRICA, LITERATURA, METÁFORA, METONIMIA, PARALELISMO, POESÍA, POLISEMIA, SÍMBOLO, TROPO, etc.

Lenguaje. Véanse CÓDIGO, DISCURSO, FONEMA, FUNCIÓN, LÉXICO, NORMA, etc.

Leonina. Se dice de la rima consonante que se produce al final del primer hemistiquio de dos o más versos seguidos. Ejemplo:

«En la fresca *flor,* el verso sutil:
el triunfo de Am*or* en el mes de
[abril:
Amor, verso y *flor,* la niña gen-
[til».

(Rubén Darío)

Letrilla. Composición poética formada por estrofas de versos octosílabos o hexasílabos que pueden rimar en consonante o en asonante y van acompañadas de estribillo. Presenta la forma de un villancico o de romance con estribillo, y, a veces, está compuesta por redondillas o quintillas dobles. Los temas de que trata son generalmente de carácter festivo o satírico, pero también las hay de asunto religioso y erótico. Históricamente, las letrillas aparecen en el Renacimiento en

forma de villancicos, diferenciándose de éstos por la nota satírica que las caracteriza. En el Siglo de Oro, aparecen algunas letrillas de gran perfección, como «Poderoso caballero es don dinero» (F. de Quevedo), «Da bienes Fortuna» y «Ande yo caliente y ríase la gente» (L. de Góngora). Ejemplo:

«Da bienes Fortuna
que no están escritos,
cuando pitos flautas,
cuando flautas pitos.
¡Cuán diversas sendas
se suelen seguir
en el repartir
honras y haciendas!
A unos da encomiendas,
a otros sambenitos.
Cuando pitos flautas
cuando flautas pitos [...]».

(Góngora)

Léxico. Es el sistema o conjunto de unidades léxicas que componen una determinada lengua. Dejando a un lado la semántica, que se ocupa indirectamente de los lexemas en cuanto unidades lingüísticas portadoras de rasgos semánticos (semema sería el conjunto de semas o rasgos semánticos presente en un lexema), hay dos ciencias que se centran específicamente en el estudio del léxico: la *lexicología,* que tiene por objeto determinar el origen, forma y significado de las palabras, y la *lexicografía,* cuyo cometido es la técnica o el arte de elaboración de un diccionario, en el que se ofrecen informaciones de orden etimológico, categorial, combinatorio, semántico y contextual sobre cada uno de los términos censados. Aparte de los diccionarios, la lexicografía se ocupa del estudio de otras obras en las que se recogen determinados «corpus léxicos», cerrados o abiertos, como son los glosarios, vocabularios, concordancias, «tesoros», diccionarios enciclopédicos, enciclopedias, etc.

Lexicografía. Véase LÉXICO.

Leyenda. Relato transmitido inicialmente por tradición oral, en prosa o en verso (en algunos casos, se basa en acontecimientos históricos y, en otros, es fruto de la fabulación popular), en el que prevalecen elementos fantásticos o maravillosos, frecuentemente de origen folclórico. Puede tener como protagonista un personaje, un espacio misterioso («El monte de las ánimas», de Bécquer) o un acontecimiento. Buena parte de los poemas épicos conocidos tienen como base una leyenda previa, lo cual es evidente en la literatura española, donde varios cantares de gesta, romances y obras dramáticas de tema histórico legendario incluyen o se apoyan en este tipo de relatos. Efectivamente, en la épica castellana aparecen estas leyendas en torno a héroes, cuya existencia histórica, a veces, no puede ser comprobada, como es el caso de Bernardo del Carpio (protagonista de romances), o en torno a personajes históricos de los que apenas quedan en el relato más que sucesos puramente legendarios, como ocurre con el rey visigodo don Rodrigo, del que los romances viejos evocan hechos fantásticos, (p. e., sus amores con la Cava). Incluso una figura histórica tan conocida como Rodrigo Díaz de Vivar es objeto de diversos relatos legendarios. Algunas secuencias del *cantar* son pura leyenda: la de las arcas de arena, el episodio del león, la afrenta de Corpes, etc. Otro tipo de leyendas son las hagiográficas, que abundan en la literatura medieval y en el teatro del Siglo de Oro: p. e., en los *Milagros de Nuestra Señora,* de Berceo, en las *Cantigas* de Alfonso X, etc. Un período de especial creatividad es el Romanticismo, tanto en verso (poemas legendarios del duque de Rivas, Zorrilla, etc.) como en prosa: entre las más originales figuran las *Leyendas* de G. A. Bécquer, de las que cabe destacar, por su calidad estética y mayor acogida de los lectores, *Maese Pérez el organista, El monte de las ánimas, La rosa de pasión,* etc.

Libelo. Véase PANFLETO.

Libreto. Escrito de carácter dramático que sirve como texto de una ópera, una zarzuela o un sainete del llamado «género chico». En el caso de la ópera, toda la letra del libreto viene anotada con música; en la zarzuela y el sainete solamente algunas partes están destinadas al canto o a la interpretación musical, el resto es recitado por los actores. Libretistas españoles importantes han sido Ricardo de la Vega, Carlos Arniches, M. Ramos Carrión, José López Silva, etc. Véanse: ÓPERA y ZARZUELA.

Libro. Procedente del término latino *liber*, J. Corominas precisa el sentido original: «Parte interior de la corteza de las plantas que los romanos emplearon a modo de papel, de donde luego la acepción libro». En la cultura judeocristiana el «libro» por excelencia era la *Biblia*, plural del griego *biblion*, correspondiente al *liber* latino. De hecho, cuando se alude a determinadas partes de la Biblia se designan con el término «libro»: «Libro de Job», «Libros sapienciales», etc. Esta forma de designación pasó a ciertas obras de la literatura española, y no es extraño que fueran precisamente las de tema religioso o escritas por clérigos las que se denominaron así: *Libro de Alexandre, Libro de Apolonio*, fórmula que fue seguida por otros autores: *Libro de los enxiemplos del Conde Lucanor, Libro del Caballero et del escudero*, etc.

Hasta 1474, año en que se edita en una imprenta de Valencia *Trobes en lohor de la Verge María*, primer incunable español, el libro aparecía siempre manuscrito. En algunos casos, estos códices, escritos por copistas especializados, presentan una riqueza ornamental y artística notable: dibujos, miniaturas, orlas decorativas, oro. A partir de la citada fecha comienza la imprenta a producir los primeros incunables. Entre éstos figuran algunos clásicos de la literatura como *Tirant lo Blanc*, de J. Martorell, en 1490; *Las Siete Partidas*, en 1491; las *Coplas* de J. Manrique, en 1492; el *Cancionero* de Juan del Encina, en 1496; *La Celestina*, de F. Rojas, en 1499, etc.

Hay imprentas importantes instaladas en España desde finales del siglo XV, como las de Fadrique de Basilea en Burgos, P. Hagenbach en Toledo, J. Rosenbach en Barcelona, S. Polono en Sevilla, etc. En el siglo XVI surgen imprentas en Alcalá de Henares, Madrid y Granada, y mantienen su auge las ya existentes. En el siglo XVII las imprentas españolas sienten la competencia de las que han surgido en Flandes, en Venecia y en Basilea. Tal vez eso explique el descenso de calidad del papel y la presentación de los libros, escritos en letra romana e itálica, con tintas de escaso realce, que, a veces, calan la hoja, lo que hace más difícil su lectura. Por el contrario, en el siglo XVIII se percibe una evidente mejora en la elaboración del libro, y una tipografía más cuidada. Grandes imprentas de la época son las de J. Ibarra (impresor de la Real Academia Española) y A. de Sancha, en Madrid, B. Monfort en Valencia y Piferrer en Barcelona. Como modelo de calidad en este período, se cita la edición del *Quijote*, de Sancha (1780). En el siglo XIX, durante la primera mitad, se advierte un auge tanto en la cantidad de producción bibliográfica (numerosas ediciones del *Quijote*, novelas históricas, libros de viaje, de escritores costumbristas, etc.) como en la riqueza tipográfica (letra gótica, romana, inglesa, redonda, negrita, etc.) y en la originalidad de las ilustraciones, según diversos procedimientos (calcografía, xilografía y litografía: en este último aspecto colaboran pintores como F. Madrazo, J. Pérez-Villamil, etc.). En la segunda mitad del siglo comienzan a aparecer empresas editoriales con proyectos de gran alcance, como la de Rivadeneyra-Aribau, que inicia la publicación de la *Biblioteca de Autores Españoles* (BAE), de gran interés para la historia de la literatura española. En Barcelona surge la Casa J. Espasa y Cía. (1861) y la editorial Montaner-Simón (1864). A partir de entonces, y a lo largo del siglo XX, los clásicos de la literatura española han ido apareciendo en ediciones dirigidas al gran público (Espasa Calpe, Losada, Aguilar, Noguer, Destino, Plaza y Janés, Seix y Barral, Planeta, Taurus, Alianza Editorial, etc.) o acompañadas de una cuidadosa introducción, notas y, en su caso, del pertinente aparato crítico especializado (Anaya, Castalia, Cátedra, Crítica, etc.). Véanse: BIBLIOGRAFÍA, BIBLIOTECA, CÓDICE, EDICIÓN, INCUNABLE y MANUSCRITO.

Libros de caballerías. Denominación aplicada en el Siglo de Oro a un tipo de relatos novelescos (*Amadís de Gaula, Esplandián, Palmerín de Oliva*, etc.) que tienen como protagonistas caballeros andantes, cuya vida de ficción transcurre en tierras lejanas o exóticas y en un pasado remoto. Dichos personajes participan en aventuras fantásticas, en las que, frecuentemente, intervienen seres extraños o maravillosos (encantadores, magos, gigantes, endriagos, etc.), enmarcados en unos espacios de misterio ínsulas desconocidas, el fondo de un lago habitado, mansiones que aparecen y desaparecen por arte de magia, etc. Sobre las características de estos libros de caballerías, así como sobre su evolución y recepción hasta la llegada de la gran parodia de los mismos realizada por Cervantes en *El Quijo-*

te, puede verse CABALLERESCA (NOVELA).

Licencia poética (o licencia métrica). Posibilidad que tiene el poeta de transgredir ciertas leyes fonéticas y morfosintácticas o de alterar la forma de determinadas palabras para superar las dificultades o responder a las necesidades métricas de un poema. Entre las licencias más frecuentemente tomadas por los poetas cabe citar la *sinalefa,* la *diéresis,* la *sinéresis* y la *apócope.* Véanse: AFÉRESIS, DIÁSTOLE, ELISIÓN, EPÉNTESIS, PARAGOGE, PRÓTESIS, SÍNCOPA, SÍSTOLE, etc.

Lied. Palabra alemana (en plural, *lieder:* canciones) con la que se designa un breve poema, de carácter lírico y temática variada (amorosa, espiritual, religiosa, anacreóntica, etc.) compuesto por estrofas regulares de versos rimados. También se conoce con dicho término una pieza musical cultivada en diferentes formas según las épocas y que en el Romanticismo obtuvo un gran desarrollo gracias a compositores tan conocidos como Schumann, Beethoven, Brahms, etc. Como texto literario, aparece en la Edad Media con los *Minnesinger,* siempre acompañado de música. La importancia de la música se acrecienta, con menoscabo del texto, en los conocidos como *Volkslieder,* cantos populares, que abundan en los siglos XIV y XV. A partir del siglo XVI, comienza a recuperarse el valor del texto en un tipo de canciones cultas conocidas como *Kunstlieder* (cantos artísticos). Durante el siglo XVII se cultiva una modalidad de canción (los *Gesellschaftslieder:* cantos de sociedad) de temática anacreóntica en la que se exalta la naturaleza, la amistad, el vino, el amor, etc. En los poetas del *Sturm und Drang* y en el Romanticismo se desarrollan breves poemas centrados, igualmente, en el canto a la naturaleza y en sentimientos como el amor, la nostalgia, la soledad, etc. Grandes creadores de *lieder* en esta época son Goethe, Heine, etc.

Lingüística del texto. Expresión con la que se designa una disciplina que tiene por objeto el estudio del texto, entendido como unidad comunicativa fundamental del lenguaje y como «discurso» o «acto de habla» completo. El desarrollo de esta disciplina se funda en el supuesto de que el estudio del lenguaje no ha de limitarse al dominio de la estructura fraseológica u oracional, sino que debe trascenderlo, ya que la comunicación plena no se desarrolla en el nivel del enunciado, sino en unidades superiores denominadas «textos». En este nivel del texto o del discurso es donde los enunciados, a través de una articulación coherente, establecida jerárquicamente, adquieren su plenitud significativa. Históricamente, los primeros trabajos realizados sobre esta materia aparecen vinculados a la gramática generativa, cuando sus cultivadores tratan de explicar fenómenos sintácticos y semánticos (p. e., la coordinación de oraciones) que, a su juicio, han de ser estudiados no en frases aisladas sino en el conjunto de la sucesión de oraciones, es decir, en un nivel transfrásico o textual. En esta primera etapa, los investigadores creían que bastaba ampliar los límites de la gramática oracional para solventar estas y otras cuestiones planteadas, y concebían, en este sentido, el texto como el último de los estratos lingüísticos, formados por unidades del estrato inferior (oraciones), de forma similar a como las oraciones están integradas por sintagmas, y éstos, a su vez, por palabras y morfemas. Sin embargo, el problema está en que el «salto» de la frase al texto es de diferente tipo que el del sintagma a la frase, etc. Y es que, mientras que los estratos anteriores al texto pueden explicarse de acuerdo con unos principios y métodos estrictamente sintácticos, el texto precisa, además, de unas referencias de índole semántica y pragmática, ya que se trata de un fenómeno comunicativo que trasciende las posibilidades de explicación de

la gramática tradicional, estructural o generativa. Gracias a los estudios de los iniciadores de la nueva disciplina (S. Schmidt, H. Isenberg, J. S. Petöfi, T. A. Van Dijk, H. Weinrich, etc.), el texto deja de ser considerado como un simple conjunto de frases y pasa a convertirse en la unidad comunicativa fundamental del lenguaje y objeto de estudio específico de la nueva disciplina conocida como lingüística del texto.

En el desarrollo de esta ciencia han tenido especial importancia los tempranos estudios de la Escuela de Praga (relativos a la articulación funcional de la frase en «tema» y «rema», a la progresión temática producida en la sucesión de frases integradas en un texto coherente, aspectos abordados por F. Danès, B. Palek, etc.), los trabajos de investigadores rusos sobre el texto como unidad comunicativa, sobre coherencia textual, modelos formales, etc. (Vigotsky, A. N. y A. A. Leont'ev, Martem'janov, etc.), los de estudiosos alemanes como H. Isenberg (sobre el concepto de texto, tipología textual y modelo de texto), Schmidt, Weinrich, Petöfi, etc., los de los narratólogos franceses A. J. Greimas, C. Bremond, T. Todorov, G. Genette, etc. Uno de los investigadores citados, H. Isenberg, en un trabajo sobre tipología textual (1983), hacía un repaso de las principales aportaciones realizadas en esta disciplina y citaba, entre otros aspectos, el estudio y conocimiento de las propiedades de los textos (coherencia, coordinación, conclusividad comunicativa, relaciones semánticas diversas entre las frases de un texto, estructuración, macroestructura, etc.), el análisis de determinados tipos de textos (narración, comentario político, texto argumentativo, decisión judicial, etc.), la creación de modelos de clasificación textual y la elaboración de tipologías textuales, etc. A las aportaciones mencionadas habría que añadir la de la creación de un metalenguaje científico y la precisión de una serie de conceptos de gran utilidad tanto para la lingüística como para la teoría literaria, p. e., la definición de *texto (y su relación con los conceptos de *enunciado y *discurso) y *contexto*, los de *cohesión* y *coherencia*, los de *tema* y *rema*, la diferenciación entre *textura* y *estructura, etc. En lo que atañe a la teoría literaria, hay ciertas cuestiones abordadas por la lingüística del texto que presentan especial importancia, p. e., la mencionada clasificación o tipología textual, la creación de modelos de lingüística textual y el estudio de las relaciones entre estilística y lingüística del texto, etc. Véanse: CONTEXTO, ESTILÍSTICA, PRAGMÁTICA, REMA, TEMA y TEXTO.

Lira. Estrofa de cinco versos en la que se combinan heptasílabos (1.º, 3.º y 4.º) y endecasílabos (2.º y 5.º) que riman en consonante (el 1.º con el 3.º y el 2.º con el 4.º y 5.º). La estructura más frecuente es la de *aBabB*. Esta estrofa surge en Italia (B. Tasso: *Amori*, 1534) y es incorporada a la poesía española por Garcilaso en la Canción V *(Ode ad florem Gnidi)*, en cuya primera estrofa («Si de mi baja lira») se alude al instrumento musical (la lira), nombre con el que, a partir de entonces, se designará dicha estrofa. La lira tuvo una gran acogida entre los poetas españoles del Renacimiento (H. de Acuña, Fray Luis de León, San Juan de la Cruz, etc.), pero decae durante el Barroco; en el neoclasicismo renace el gusto por dicha estrofa (J. Meléndez Valdés y L. Fernández de Moratín), que adquiere mayor auge durante el Romanticismo (duque de Rivas, J. Zorrilla, E. Echeverría, etc.). La lira garcilasiana ha sufrido tres variaciones a lo largo de su historia: la primera, el llamado *cuarteto lira*, combinación de cuatro versos heptasílabos y endecasílabos, utilizada, según el modelo *AbAb*, por Fray Luis de León, J. Meléndez Valdés, J. Espronceda, Rubén Darío, etc. La segunda modalidad es el llamado *sexteto lira*, cultivado por Fray Luis de León con la estructura métrica *aBaBcC* y por San Juan de la Cruz con el modelo *abCabC*. Ejemplos:

a) *Lira*

a   «Si de mi baja lira
B   tanto pudiese el son que en un
[momento
a   aplacase la ira
b   del animoso viento
B   y la furia del mar y el movi-
[miento».

(Garcilaso de la Vega)

b) *Cuarteto lira*

A   «¡Cuán solitaria la nación que
[un día
b   poblara inmensa gente,
A   la nación cuyo imperio se ex-
[tendía
b   del Ocaso al Oriente!»

(Espronceda)

c) *Sexteto lira*

a   «¡Oh llama de amor viva,
b   que tiernamente hieres
C   de mi alma en el más profun-
[do centro!
a   Pues ya no eres esquiva,
b   acaba ya, si quieres;
C   rompe la tela de este dulce en-
[cuentro!»

(S. Juan de la Cruz)

Lírica. Término de origen griego *(lyrikos:* relativo a la *lyra,* instrumento musical de cuerdas) con el que se designa un género literario que se caracteriza por ser cauce de expresión de la subjetividad del hombre, de sus sentimientos y emociones al observarse a sí mismo y al contemplar el mundo en el que está inmerso. La expresión poética de ese mundo de sentimientos y emociones se realizaba en la cultura griega en un tipo de composiciones que, en forma de canto, iban acompañadas por el sonido de la lira y con una doble modalidad: coral y monódica. La primera era cantada por un coro y acompañada por la lira. Homero menciona diversos tipos de composición (himnos, epitalamios, himeneos, etc.), que serán cultivados por Alcman, Simónides, Píndaro y Baquílides. En cuanto a la lírica monódica, también cantada y acompañada por la lira, sus creadores más conocidos son Anacreonte, Safo y Alfeo. De Roma apenas se conservan restos de lírica coral: algunos fragmentos de himnos religiosos en latín y el *Carmen Saeculare,* de Horacio. La lírica monódica no se destina al canto, sino a la lectura. Es cultivada por Horacio, Catulo, Propercio, Ovidio, Virgilio, Marcial, Ausonio, etc. En conjunto, tanto en la tradición poética popular como en la creación culta de Grecia y Roma se desarrolla una amplia tipología de poemas que, por su temática, tonalidad y rasgos formales están en el origen de la posterior lírica occidental: encomio o *panegírico, *epitalamio, *epigrama, *himno, *oda, etc.

En la Edad Media, la poesía popular románica produce nuevas formas líricas, como la cantiga de amigo gallega, el villancico castellano, la jarcha mozárabe, el *refrain* provenzal o los *refrains* del norte de Francia, que surgen al margen de la tradición clásica. Por otra parte, la poesía de los trovadores provenzales inicia, independiente de dicha tradición, un tipo de lírica con nuevas formas poemáticas como la *cansó, el *sirventés, la *pastorela, la *tensó, el tornejamen, etc. Otro tanto ocurre en la poesía gallega con la *cantiga de amor, o en la castellana con la *serranilla, el *romance épico-lírico, la *canción castellana, la *glosa, el *planto, etc.

En el Renacimiento, se fija la denominación del género lírico, que en la obra de S. Minturno (*Arte poetica,* 1564) se designa como poesía «mélica o lírica». En este período, se actualizan algunas de las formas líricas de la tradición clásica, como la *oda, la *égloga, el *himno, la *elegía, el epigrama, etc., y se crean, o se consolidan, otras nuevas como la *canción petrarquista, el *soneto, el *madrigal, etc. Además del gran maestro de la lírica renacentista, Petrarca (s. XIV), aparecen en los siglos XVI y XVII eminentes poetas como J. Sanna-

zaro, P. de Ronsard, Ben Jonson, J. Milton, W. Shakespeare, Garcilaso de la Vega, San Juan de la Cruz, Lope de Vega, L. de Góngora, F. de Quevedo, etc., que cultivan dicho género.

Pasada la etapa neoclásica, en la que tanto la reflexión teórica como la creación literaria (cultivo del *idilio, la *anacreóntica, la poesía *bucólica, la *fábula, etc.) siguen de cerca los tratados y modelos grecolatinos, en el Romanticismo y, sobre todo, en la *estética* de Hegel se encuentran una definición, delimitación y encuadre específicos de la lírica en el marco de los géneros literarios. Para Hegel, la lírica representa la expresión de la autoconciencia del hombre y responde a la necesidad de manifestar «lo que sentimos y contemplamos en la manifestación de nuestros sentimientos». Por otra parte, en el Romanticismo se percibe un profundo cambio que afecta a la conciencia que el poeta tiene de sí mismo y de sus relaciones con el mundo, que se torna problemático y extraño, como problemáticas son las relaciones del hombre consigo mismo y con la sociedad, en la que se siente como «ajeno» y «desterrado». De ahí el cultivo predominante de formas de poesía lírica (en verso y prosa poética: *balada, elegía, himno, romance, *leyenda, etc.), en las que se advierte la huida de una realidad adversa y la búsqueda de evasión nostálgica en las ficciones de la fantasía, el ensueño, lo misterioso, lo exótico, el pasado, etc. Grandes poetas románticos cultivadores de la lírica son, entre otros, Byron, S. T. Coleridge, M. G. Shelley, J. Keats, V. Hugo, A. de Lamartine, A. de Musset, F. von Schiller, F. Hölderlin, Novalis, H. Heine, A. S. Pushkin, G. Leopardi, J. de Espronceda, G. A. Bécquer, etc.

Ya en el siglo XX, y en el marco de la reflexión teórica sobre los géneros literarios, adquieren especial relevancia los estudios de los formalistas rusos. R. Jakobson pone en relación las peculiaridades de los distintos géneros con las funciones del lenguaje y las tres personas gramaticales. Desde esta perspectiva, la lírica se caracteriza por la modalidad enunciadora en primera persona y por el predominio de la función emotiva y expresiva, lo cual explica la frecuente presencia de formas exclamativas, vocativos, interjecciones, como manifestación del estado de ánimo del poeta, de sus sentimientos y emociones.

En la creación literaria aparecen nuevas formas de expresión poética (que suponen cierta ruptura con la lengua literaria tradicional) cargadas de sugerencias, símbolos y connotaciones metafóricas de difícil acceso y en las que adquiere gran importancia la musicalidad y la magia de la palabra poética. Esta ruptura se inicia ya en escritores como Ch. Baudelaire, J. N. A. Rimbaud, S. Mallarmé, los parnasianos y los simbolistas franceses, que influyen en los modernistas españoles e hispanoamericanos: Rubén Darío, Juan Ramón Jiménez, A. y M. Machado, Valle-Inclán, etc. Dicha ruptura y la creación de nuevas formas de expresión lírica se manifiestan de manera más intensa y radical en los poetas representativos de los movimientos de vanguardia: F. T. Marinetti y V. Maiakovski, T. Tzara, F. Werfel y G. Trakl, V. Huidobro, G. Diego y J. Larrea, G. Apollinaire, Max Jacob y P. Reverdy, A. Breton, P. Éluard, R. Alberti, F. G. Lorca, V. Aleixandre, L. Cernuda, etc. Las características de esta lírica contemporánea son, a juicio de H. Friedrich: *a)* la «descomposición» del mundo exterior («inerte obstáculo que se opone al hombre») para crear, «en lo profundo del alma», un «mundo nuevo»; *b)* la búsqueda de una *poesía pura,* como acercamiento a la «esencialidad» de las cosas y el rechazo de lo cotidiano, utilitario, didáctico y de «todo sentimiento vulgar»; *c)* con este rasgo se relacionan el intelectualismo y la *deshumanización»; *d)* la potenciación del carácter mágico y sugestivo de la lengua poética: el poema debe esbozarse a partir del poder sonoro y sugeridor del lenguaje, como vía previa para conferir a un texto su pleno significado; *e)* el carácter de «poesía alógica», hermética y oscura, etc. A propósito de esta oscuridad, cree Friedrich que es una característica de la poesía moderna española (en consonancia con su tradición: Romancero –con su estilo lacónico y oscuro–, Góngora, etc.), de la que hace un merecido elogio: «Desde principios del siglo XX florece en España una lírica de tal abundancia y calidad que los críticos del país hablan de un segundo Siglo de Oro de su literatura, y los del extranjero se ven obligados a darles la razón. La obra de Antonio Machado, Juan Ramón Jiménez, García Lorca, Rafael Alberti, Gerardo Diego, Vicente Aleixandre y otros es quizá el tesoro más valioso de la lírica europea contemporánea». Véanse: GÉNEROS LITERARIOS, LENGUA LITERARIA, LITERATURA, METÁFORA, POEMA EN PROSA, POESÍA y las entradas correspondientes a los diferentes tipos de poema lírico enumerados en el transcurso de esta exposición.

Literariedad. Término con el que se ha vertido en español un vocablo empleado por los formalistas rusos (*literaturnost*) con el cual se alude a aquellas características que convierten un tex-

to, por su estructura y funcionamiento, en obra literaria. Tinianov considera la obra literaria como un «sistema de factores en correlación» y de procedimientos jerarquizados en dependencia de un elemento «dominante». Este elemento configura, de manera primordial, un determinado escrito como obra literaria. Para J. Mukarovski, este factor dominante es la «función estética», que hace que su componente básico, que es la lengua, deseche su carácter utilitario para convertirse en signo autónomo volcado sobre su propio mensaje artístico. Para Jakobson esta función dominante es la *función poética*. Véanse: LENGUA LITERARIA, LITERATURA y POESÍA.

Literatura. Derivado del latino *littera*, el término *litteratura* es, según Quintiliano, un calco del griego *grammatiké*, relacionado con el arte de leer y escribir y con dos disciplinas básicas de la cultura grecolatina: la gramática y la retórica. Hasta el siglo XVIII, se alude con dicho término a la ciencia en general, y más propiamente a la del hombre de letras. Sin embargo, a finales de este siglo, cuando el término «ciencia» se especializa para abarcar los dominios de las ciencias experimentales, el de «literatura» se va orientando hacia lo que consituirá su propio campo, el de la creación estética. En los siglos XIX y XX se reafirma esta significación, aunque el término sigue abierto a otras acepciones: conjunto de obras relacionadas entre sí por la pertenencia a un determinado género o subgénero, por su temática u objetivos comunes, etc. («literatura picaresca», «literatura mística»), producción literaria de una época, estilo, escuela, movimiento, etc. («literatura del siglo XVI», «literatura barroca», «literatura de vanguardia»), una rama de la ciencia literaria («literatura», por historia de la literatura), etc. Entre las diferentes acepciones mencionadas, importa destacar, en primer lugar, la que se refiere al concepto de creación estética y al conjunto de obras que pueden considerarse como específicamente literarias. Ahora bien, ya en la delimitación de este último aspecto surgen diversos interrogantes: ¿Qué se entiende por «específicamente literario»? ¿Con qué criterios se puede discernir un texto literario de otro que no lo es? Y, en definitiva, ¿qué es literatura? Considerando la literatura como un acto de comunicación, la respuesta a los interrogantes planteados habrá de venir de una reflexión sobre los tres pilares de esa comunicación literaria: el emisor (autor), el mensaje (texto) y el receptor (público). Comenzando por este último, hay que subrayar que entre los cultivadores de la

estética de la recepción, de la semiótica y de la ciencia empírica de la literatura, se atribuye al *público* receptor un papel capital en la determinación de qué textos deben ser considerados como literarios. Según S. J. Schmidt, es la sociedad la que, de acuerdo con unas determinadas convenciones estéticas, señala «qué objetos deben ser valorados y tratados como objetos literarios». De forma similar, J. M. Ellis afirma que «en un sentido importante es la comunidad quien convierte los textos en literatura, no los autores. Ciertamente éstos les confieren las calidades que son la causa de que la comunidad los trate así. Pero lo que los convierte en literatura es el acuerdo de la comunidad». El segundo criterio de discernimiento atañe al mensaje. Es un hecho que la obra literaria presenta una forma determinada de mensaje verbal, y que es, en el plano de la *expresión verbal*, donde se manifiesta más propiamente el carácter de «literariedad» del texto considerado como poético en relación con el lenguaje cotidiano. Los formalistas rusos (Jakubinski, Jakobson, Sklovski, etc.), en sucesivos estudios sobre la lengua poética, llegan a la conclusión de que su carácter peculiar radica en el valor «autónomo» de ese lenguaje poético, que trasciende la mera finalidad práctica de comunicación, a la que se reduce la lengua cotidiana. Este valor autónomo consiste en el relieve o realce que toma la «forma» de la expresión poética gracias a la mayor presencia de artificios o recursos (fonéticos –recurrencias, aliteraciones, ritmo, rima, etc.–, morfológicos, sintácticos y semánticos: anáforas, paralelismos, metáforas, símbolos, etc.) que «desautomatizan» y convierten esa expresión, como tal, en el centro de la atención del discurso (véase *lengua literaria). El tercer pilar sobre el que se basa el texto literario, como hecho de comunicación, es el *emisor* o *autor*. Aunque no es criterio válido de discernimiento la intencionalidad artística del escritor para conferir la categoría de literario a un texto, debe advertirse, no obstante, que es la pieza fundamental en la enunciación del mensaje, y que el significado del mismo depende, en primer lugar, de la «intención del autor».

En cuanto a las *funciones de la literatura*, desde que Horacio asignó a la poesía la doble finalidad de *aut prodesse aut delectare* (instruir, deleitar), en la poética occidental se ha atribuido a la literatura esa doble función: pedagógico-moral y placentera. Sin embargo, en la *Crítica del juicio* (1790), de I. Kant, se afirma la idea de la autonomía de lo bello y de que el sentimiento estético no responde a las exigencias del orden práctico. Por su parte, los románticos conciben la obra de arte como un universo autónomo, y el arte y la belleza como un valor absoluto. No obstante, en distintas etapas de la historia de la cultura y en diversas escuelas y autores literarios, se han asignado a la literatura (aparte de su objetivo primordial de crear obras de arte del lenguaje) las siguientes funciones: *a)* la de ser *fuente de conocimiento:* en el Romanticismo aparece la idea del poeta como desvelador de los secretos y el misterio del mundo; *b)* servir de *instrumento de identificación* con el propio grupo mediante la transmisión de valores, normas y sistemas de una comunidad a sus miembros, a través de los textos literarios. De hecho la lengua y la creación literaria constituyen la base fundamental sobre la que se configuran la tradición de un pueblo, su cultura y la propia identidad nacional; *c)* la *catarsis, término utilizado por Aristóteles para referirse a la situación anímica que se produce en el espectador, que durante la representación dramática se identifica con el héroe trágico y, movido a «compasión y temor», experimenta una «purgación» de sus pasiones (*Poética,* 1453b); *d)* la *función liberadora y gratificadora,* tanto en el escritor como en los lectores, al poder dar rienda suelta a la facultad de creación o evocación de mundos posibles y a la ensoñación de situaciones placenteras, denegadas con frecuencia por una realidad áspera y prosaica; *e)* la *evasión* en el tiempo (vuelta a la infancia, a un pasado histórico recreado con nostalgia de paraíso perdido o proyección sobre un futuro de utopía) y en el espacio (naturaleza, culturas y paisajes lejanos y exóticos); *f)* una función de *compromiso* por parte del escritor que crea su obra con el objetivo de influir ideológica y políticamente en la transformación de la sociedad; *g)* servir de base para el *aprendizaje* de la lengua a través de la lectura de obras de grandes escritores, que son, en definitiva, maestros en el dominio del lenguaje (riqueza de vocabulario, recursos lingüísticos, corrección idiomática y sensibilidad estética).

Finalmente, la literatura, entendida como creación estética o arte del lenguaje, es tema específico de una ciencia cuyo objeto material son los textos literarios y cuyo objeto formal es la reflexión teórica sobre el sistema de conceptos generales y modelos con los que poder describir, analizar y clasificar dichos textos. Sobre este tema véanse *ciencia de la literatura* y *teoría de la literatura*. Véanse, además: COMPARADA (LITERATURA), CRÍTICA LITERARIA, HISTORIA DE LA LITERATURA, LENGUA LITERARIA y POESÍA.

Literatura comparada. Véase COMPARADA.

Literatura oral. Véase ORAL.

Literatura sefardí. Véase SEFARDÍ.

Litote. Término griego (*litotes:* sencillez, de *littos:* pequeño) con el que se designa una figura retórica de atenuación consistente en decir menos de lo que se piensa para dar a entender, por el tono y el contexto, que se quiere expresar más de lo que se ha dicho. Ejemplos: «No es tan ingenuo como parece» (es astuto), «es muy poco educado» (es un grosero), etc. Con razón, se ha relacionado esta figura con la hipérbole y con la ironía.

Loa. Pieza breve con la que solía comenzar la representación teatral en el Siglo de Oro. Servía para iniciar el contacto con el público y prepararlo para el espectáculo: la representación de una comedia y unos entremeses intercalados entre los actos o jornadas. En dicha pieza se hacía un breve avance del tema de la comedia o bien se aludía a las virtudes y méritos de la persona a quien se dedicaba la obra o a la calidad de los actores y del drama que iba a comenzar. En algunos autos sacramentales de Calderón la loa que los precede sirve para adelantar una breve síntesis del contenido y para presentar el elenco de personajes alegóricos que van a intervenir en el auto. A este tipo de loa se la denomina *loa sacramental*. Véanse: BAILE, COMEDIA, ENTREMÉS, JÁCARA y MOJIGANGA.

***Locus amoenus* (lugar ameno).** Tópico heredado de la literatura clásica, especialmente cultivado en la medieval y renacentista y que, en diversas formas, ha estado presente en la literatura posterior. Se trata de un bello y umbrío paraje en el que no pueden faltar, como elementos esenciales, uno o varios árboles, un prado y una fuente o arroyo, a los que pueden unirse el canto de las aves, la brisa refrescante del verano y la presencia de las flores, regalando los sentidos con su perfume y diversificado cromatismo.

Locutivo. Véase ACTOS DE HABLA.

Locutor. En la teoría de la comunicación, es el codificador y emisor del mensaje, el sujeto hablante.

Lugar común. Expresión con la que se han vertido al castellano las correspondientes expresiones griega *(koinos topos)* y latina *(communes loci)* con las que se designan ciertos temas o motivos convencionales que utilizaban, como recursos, los oradores y también los poetas en la elaboración de sus discursos y poemas. Algunos de estos temas o «tópicos» de la literatura grecolatina han pasado a la literatura española, como, p. e., el **carpe diem* (aprovecha el tiempo o la ocasión: es un tema utilizado por Garcilaso en el soneto XXIII), el de la Edad de Oro (Cervantes lo evoca en el cap. XI del *Quijote),* etc. E. R. Curtius ha estudiado los principales *topoi* de la literatura grecolatina; son los siguientes: 1. Tópico de la *consolación* ante el hecho de la muerte: aceptación del destino ineludible. 2. *Tópicos históricos:* relativos a tiempos y espacios de ensoñada perfección: Edad de Oro, paraíso terrenal, Campos Elíseos, etc. 3. Tópico de la *falsa modestia,* utilizado por los oradores al comienzo de sus discursos (V. Fortunato: «me abruma el tema y la lengua me falla»). Otros tópicos mencionados por Curtius son el de la invocación a la naturaleza, el del mundo al revés, el del niño y el anciano, los tópicos del exordio y conclusión de los discursos, etc.

La expresión «lugar común» se utiliza también con la acepción peyorativa de «expresión trivial y vulgar» (DRAE), aludiendo con ello a temas, formas de expresión y recursos estilísticos que en algún tiempo fueron originales pero que, con el uso, han venido a convertirse en fórmulas o clichés envejecidos.

M

Macrotexto. Obra compuesta por un conjunto de composiciones autónomas. Los *cancioneros* medievales, las series de cuentos reunidos y entroncados en un *marco narrativo (p. e., *Las mil y una noches*, el *Decamerón*, de Boccaccio, etc.), los epistolarios, etc., constituyen ejemplos de macrotexto. Por macrotexto se entiende, también, la serie de textos pertenecientes a una escuela, corriente literaria o período cultural determinados.

Madrigal. Término de origen italiano *(madrigale)*, de etimología dudosa (tal vez proceda del latino *matricalis)*, con el que se designa un breve poema lírico formado por un número variable de versos (generalmente entre ocho y quince) heptasílabos y endecasílabos, distribuidos libremente por el poeta, a la manera de la *silva, y que riman en consonante; puede quedar algún verso suelto. El tema suele ser amoroso; a veces, enmarcado en un ámbito pastoril, y, en todo caso, tratado graciosa y delicadamente. Este poema, lo mismo que su denominación, surge en Italia, en el siglo XIV, y aparece asociado al canto. Entre sus grandes cultivadores figuran Petrarca, Ariosto y Sannazaro en Italia, V. Voiture, L. des Bensserade en Francia y L. Barahona de Soto, P. de Espinosa y, sobre todo, G. de Cetina en España. A este último pertenece el siguiente poema, considerado como un modelo perfecto:

«Ojos claros, serenos,
si de un dulce mirar sois alaba-
[dos,
¿por qué, si me miráis, miráis ai-
[rados?
Si cuanto más piadosos

más bellos parecéis a aquel que
[os mira,
no me miréis con ira
porque no parezcáis menos her-
[mosos.
¡Ay, tormentos rabiosos!
Ojos claros, serenos,
ya que así me miráis, miradme al
[menos».

(Gutierre de Cetina)

Véase: ANACREÓNTICA.

Maldición. Término con el que se designa una figura retórica consistente en una manifestación vindicativa por la que se desea un mal a alguien, al que se cree responsable de la desgracia en que uno se encuentra. Se denomina también *imprecación*. Cuando es uno mismo el que se convierte en objeto de la propia maldición, ésta se designa con el nombre de *execración*. Ejemplos:

(Imprecación)
«Que nuestra vergüenza común
[caiga en él,
se marque en su frente nuestra
[maldición [...]».

(Espronceda)

(Execración)
«Infierno, abre tu boca y trága-
[me».

(Duque de Rivas)

Manierismo. Término derivado del italiano *maniera*, con el que los estudiosos del arte de ese país, a mediados del siglo XVI, designaban las peculiaridades de un artista y, de manera especial, el estilo o *maniera* de Miguel Ángel, que se convierte en el prototipo imitado por otros pintores (Pontormo, B. Cellini, etc.) y en el punto de partida del movimiento manierista europeo que se desarrolla entre la segunda mitad del siglo XVI y la primera del XVII. Una versión francesa de dicho movimiento la representa la Escuela de Fontainebleau (Primaticcio, Rosso, Fiorentino, etc.), en la que se han observado, como rasgos característicos, el gusto por las formas geométricas, por la deformación de perspectivas, por la línea «serpentina», etc. En España, el pintor más representativo del manierismo sería el Greco. Este movimiento artístico responde a una situación de cambio y crisis cultural producidos en Europa hacia mediados del siglo XVI, que tendría su expresión plástica en una especie de tensión espiritual y agitación, perceptible en las formas distorsionadas de un Tintoretto o en las figuras alargadas y angulosas del Greco, en contraste con la sensación de equilibrio armónico que trasluce la pintura del Renacimiento, p. e., los cuadros de Rafael.

El concepto de «manierismo» se ha aplicado también al campo de la literatura para designar un estilo que se produce en Europa en un período de transición del Renacimiento al Barroco y cuyas fechas de desarrollo varían según los diferentes países (Italia, entre 1530 y 1570; España, entre 1570 y 1600; Francia entre 1590 y 1640), a juicio de H. Hatzfeld. Representantes de este manierismo literario serían, según el mismo crítico, T. Tasso y G. Marino en Italia, F. de Malherbe en Francia, J. Donne y T. Middleton en Inglaterra y Góngora en España. Las diferencias entre Renacimiento y manierismo serían notables a juicio de E. Carilla, para quien, si el primero se caracteriza por su clasicismo, búsqueda del equilibrio y de la armonía, por su objetividad y propensión al didactismo, el manierismo supondría cierta reacción frente a lo clásico, una potenciación de la subjetividad y de la fantasía y una concepción aristocrática del arte, cuyos rasgos más salientes serían el intelectualismo, el refinamiento y el culto a la ornamentación. Por el contrario, las fronteras entre Manierismo y Barroco no aparecerían bien delimitadas (el Manierismo podría llegar hasta 1620), e, incluso podrían coexistir ambas tendencias en un mismo autor, p. e., en Góngora y Quevedo o, en pintura, en el Greco. Los rasgos caracterizadores de este manierismo literario se-

rían, a juicio de H. Hatzfeld, «una retórica de fuegos artificiales, un eludir lo decisivo y evitar lo dramático, un virtuosismo y preciosismo estilístico, una búsqueda de metáforas raras e innovadoras, el gusto por la expresión aguda, la sutileza intelectual y el contraste, la tendencia (también en los pintores) a destacar en sus obras un asunto en detrimento de los demás, etc.». Véanse: BARROCO, CULTERANISMO y RENACIMIENTO.

Manifiesto. Término de origen latino (*manifestare*: dar a conocer) con el que se alude a la publicación de un texto breve (en una hoja suelta, folleto, periódico, revista, etc.) por parte de una personalidad, un grupo o un movimiento político, religioso, filosófico, artístico o literario, en el que se exponen y defienden unas determinadas doctrinas o programas de acción que, en la mente de sus promotores, conllevan novedosas o revolucionarias formas de progreso respecto a lo anteriormente establecido en los respectivos campos. Aunque esta acepción del término «manifiesto», al menos en lo que se refiere a la crítica literaria, es relativamente reciente, la noción de surgimiento y afirmación de una nueva escuela que da a conocer su programa, supuestamente más progresivo que lo anteriormente consolidado, es ya antigua: en la literatura española, un propósito de estas características es el que parece animar al autor del *Libro de Alexandre* (s. XIII) cuando manifiesta, ufano: «Mester trayo fermoso, non es de joglería: / mester es sin pecado, qua es de clerecía: / fablar curso rimado por la quaderna vía, / a sílabas contadas, qua es grant maestría». Sin embargo, al estudiar aquí el concepto de manifiesto, hay que circunscribirse a la noción específica del término, que hay que situar en los inicios del siglo XIX. Parece que es en el campo de lo político-social donde el mencionado término adquiere un mayor auge en torno a las fechas indicadas. En la historia española, a raíz de la invasión del país por las tropas de Napoleón, se constata una efervescente floración de manifiestos, en distintas ciudades de España (p. e., «Manifiesto del *español* ciudadano y soldado», Madrid, 1808, «Manifiesto dirigido a los franceses», 1808, etc.). En el transcurso del siglo XIX se suceden escritos de esta índole, entre los que destaca, por su proyección internacional, el «Manifiesto comunista» (1848), de K. Marx y F. Engels. Desde el punto de vista de la literatura, se han considerado como manifiestos *avant la lettre* el «Prefacio» de *Cromwell* (1827), de V. Hugo, texto de afirmación del movimiento romántico; *La*

novela experimental, de É. Zola, para el naturalismo, etc. Sin embargo, el término «manifiesto» sólo comienza a utilizarse, con el significado preciso apuntado al comienzo, desde finales del siglo XIX, y tendrá su período de esplendor en las dos primeras décadas del siglo XX con la aparición de los movimientos de vanguardia: en 1909 surge el primer «Manifiesto del futurismo», de Marinetti, en 1918 el «Manifiesto dadá», en 1919 «*Ultra*, un manifiesto a la juventud literaria», de R. Cansinos-Assens, en 1924 el primer *Manifiesto surrealista*, de A. Breton, etc. Véanse: ISMOS, MOVIMIENTO LITERARIO y VANGUARDISMO.

Manriqueña (copla). Véase COPLA.

Manuscrito. Término de origen latino (*manu-scriptus*) con el que se designan unos textos «escritos a mano», de manera especial aquellos que presentan algún valor histórico, artístico o literario, y, sobre todo, los surgidos antes de la aparición de la imprenta, a los que se denomina, con más propiedad, *códices*. La importancia del manuscrito en el estudio de los textos literarios es fundamental, ya que toda la producción grecolatina, bíblica y medieval se ha transmitido en dicha forma de escritura. Incluso después de establecerse la imprenta, muchos textos poéticos, en la etapa del Renacimiento español (diversos poemas de Gutierre de Cetina, D. Hurtado de Mendoza, etc.), siguieron transmitiéndose por vía manuscrita. Históricamente, la primera manifestación del manuscrito (dejando aparte las grabaciones en madera, piedra o metal) se produce en los llamados «rollos» de papiro *(rotulus)*, formados por tiras entrecruzadas y prensadas (sobre cuya superficie se escribía en columnas) que se enrollaban alrededor de un bastoncillo *(volumen)*. Entre los siglos III y IV d. C. comienza a utilizarse el códice de pergamino *(codex)*, formado por pliegos encuadernados a la manera del libro posterior. Un tipo especial de códice lo constituye el *palimpsesto*, nombre aplicado a aquellos manuscritos en los que el copista, debido a la escasez o carestía del pergamino, borraba un texto escrito y superponía uno nuevo en el mismo códice. Un ejemplo: A. Mai descubrió una obra de Cicerón *(De Republica)* encima de cuyo texto se había escrito un comentario de San Agustín sobre los *Salmos.*

Por lo que respecta a la autoría del manuscrito, éste puede ser *autógrafo* (procede de la mano del autor de la obra) o *copia.* Con relación a esta última, desde la antigüedad ha habido personas especialmente dedicadas a la escritura y transcripción de textos:

p. e., los «escribas» egipcios, los *librarii* latinos, los monjes medievales (a cuyo trabajo en los *scriptoria* de los monasterios de Bobbio, Saint-Gall, etc., se debe la conservación de muchos textos clásicos), los copistas de oficio de los siglos XIV y XV, antes de la aparición de la imprenta. En cuanto a los autógrafos, pueden presentar diversas formas: *borrador* (en el que previsiblemente habrá frecuentes correcciones, dato de especial relevancia para descubrir la evolución del texto), *original autógrafo* (copia hecha por el autor sobre el borrador) y *copia autógrafa* (realizada sobre el original o sobre otra copia). Las copias no autógrafas pueden haberse realizado en forma de *apógrafo*, es decir, un manuscrito de un copista que ha contado con el autógrafo e, incluso, en algún caso, ha podido ser supervisado por el autor (A. Blecua). Desgraciadamente, se conservan pocos manuscritos autógrafos de textos literarios anteriores al siglo XVIII: p. e., se desconoce el paradero o se han perdido todos los autógrafos de la obra de Shakespeare, Corneille, Molière, Cervantes, etc. Sin embargo, por lo que atañe al teatro español, se encuentran en la Biblioteca Nacional de Madrid varios autógrafos de obras dramáticas de Lope de Vega, Tirso de Molina, Calderón, etc. Véanse: AUTÓGRAFO,

BIBLIOTECA, CÓDICE, EDICIÓN, LIBRO Y TRADICIÓN DIPLOMÁTICA.

Maravilloso. Categoría estética alusiva a un mundo fantástico en el que pueden ocurrir fenómenos que escapan a las leyes espacio-temporales a las que están sujetos la naturaleza y el hombre. La irrupción de lo maravilloso es una constante en la historia de la literatura universal, desde los relatos míticos de las culturas primitivas hasta los mitos grecolatinos, pasando por los «milagros» bíblicos, tanto del Antiguo como del Nuevo Testamento (el derrumbamiento de los muros de Jericó al sonido de las trompetas o el cese de las tempestades, dóciles a la voz de Cristo, que increpa a los vientos), las *Metamorfosis* de Ovidio o *El asno de oro* de Apuleyo; desde *Las mil y una noches* («Aladino y la lámpara maravillosa») hasta los cantares de gesta medievales (el episodio del león sometido mansamente al Campeador en el *Cantar de Mio Cid*), etc. En la etapa contemporánea, el romanticismo vuelve sobre el sentido de lo maravilloso (menos cultivado en el período anterior) mediante la evocación de un mundo misterioso y un pasado legendario (V. Hugo, G. A. Bécquer, J. Zorrilla, etc.) y la búsqueda de realidades exóticas en las culturas aborígenes y mediterráneas (Chateaubriand, V. Hugo, Byron).

Esta categoría es reivindicada por el *surrealismo con su teoría del «azar objetivo» y los encuentros fortuitos con lo prodigioso en momentos inesperados de la vida. Otra forma de búsqueda de lo maravilloso se produce en la literatura de ciencia-ficción (J. Verne) y de las llamadas «ciencias ocultas» (F. Lieber, J. Vance, C. Moore, etc.) y, por supuesto, en ciertos relatos de la narrativa contemporánea hispanoamericana conocida con los rótulos de «realismo mágico» (G. García Márquez) y de «lo real-maravilloso» (A. Carpentier). Véase: REALISMO MÁGICO.

Marco. Término utilizado en pintura para designar el cerco en el que se encierra un cuadro y recogido en teoría literaria para aludir a un conjunto narrativo en el que «la historia principal se ve interrumpida en su desarrollo por la inserción de relatos contados por los personajes de la narración inicial» (M. J. Lacarra). La historia principal sirve de «marco» en el que se engastan las historias secundarias, a las que se denomina, por ello, «relatos con marco» o enmarcados. El relato marco o historia principal generalmente se mantiene inalterado, mientras que las narraciones insertadas pueden intercambiarse por otras. Los relatos engastados suelen situarse en un tiempo pasado, y en ellos se narran acontecimientos vividos o presentados por el narrador, o bien leídos o escuchados a otro relator. Este procedimiento narrativo figura ya en las colecciones de cuentos orientales, como la del *Panchatantra,* y en versiones occidentales como las castellanas del *Calila e Dimna,* el *Sendebar* y el *Barlaam* o en *Las mil y una noches,* en *El conde Lucanor,* de don Juan Manuel, los *Cuentos de Canterbury,* de Chaucer, el *Decamerón* de Boccaccio, etc. Por lo que respecta a estos dos últimos, el relato marco viene constituido por el hecho de que una serie de personajes, que se han encontrado por diversos motivos (la peste, un viaje, la peregrinación, etc.), comienzan a narrar historias para evadirse o divertirse en el transcurso de dichos acontecimientos o situaciones. Véase: CUENTO.

Marinismo. Corriente literaria surgida en Italia a fines del siglo XVI y comienzos del XVII bajo la inspiración de Giambattista Marino (de donde le viene el nombre a dicha corriente), rodeado de un grupo de imitadores (G. Petri, G. Fontanella, F. della Valle) y de adversarios (T. Stigliani y L. de Capua), enfrentados en una áspera polémica sobre la literatura del Barroco. El marinismo representa una versión italiana del Barroco europeo, con el que comparte el culto a la profusión imaginística, la fascinación por

lo sensorial, la tendencia a la asociación de elementos contradictorios (espiritualismo y sensualidad, religiosidad y erotismo) y el culto por la hipérbole. Esta tendencia a la exageración va unida a una riqueza de imágenes y metáforas que tienden a promover en el lector la sorpresa y la fascinación, objetivo fundamental del poeta, según Marino: causar *meraviglia.* Esta extrañeza se provoca no solamente a través de esplendorosas manifestaciones de belleza, sino también prestando atención a ciertas realidades de la existencia que la estética renacentista había marginado: lo feo, lo deforme, lo grotesco. Véanse: BARROCO Y MANIERISMO .

Marionetas. Véanse GUIÑOL y TÍTERES.

Máscara. Palabra procedente del árabe *(másjara:* antifaz) con la que se designa el disfraz utilizado para ocultar o desfigurar el rostro de una persona. En la cultura mediterránea las máscaras eran utilizadas inicialmente en los servicios religiosos: los sacerdotes egipcios usaban máscaras de animales (león, ibis, toro); entre los griegos, en los ritos dionisíacos, tanto el dios como los miembros de su séquito iban enmascarados; los latinos conservan la costumbre, heredada de los etruscos, de venerar máscaras funerarias que representan a los antepasados. En la literatura grecolatina la máscara se utilizaba, además, en todas las representaciones teatrales, ya fuesen tragedias, comedias o farsas de carácter satírico; dentro de la representación, cada personaje era reconocido por su máscara peculiar: para la tragedia, se han encontrado alrededor de treinta tipos diferentes. En España, al final de la Edad Media, el uso de la máscara aparece atestiguado en un canon del Concilio de Aranda (1473), en el que se prohíben representaciones de «máscaras, monstruos, espectáculos y otras ficciones deshonestas» en los «juegos escénicos» que se celebraban en las iglesias. El uso de las máscaras vuelve a tener plena vigencia en la *Commedia dell'Arte* italiana (siglos XVI al XVIII): a los *zanni* o criados (Arlecchino, Pulcinella, Scaramuccia, etc.), se les reconocía por sus máscaras grotescas. Por esas mismas fechas existe en Inglaterra un espectáculo teatral denominado *Masque*, realizado sobre textos poéticos recitados por unos actores enmascarados que los interpretaban en un marco de música y danza. En las farsas de Molière aún perviven las máscaras. En el siglo XX, autores y directores de escena como B. Brecht, J. Grotowski, J. Copeau, etc., han redescubierto el valor de la máscara para realzar el carácter «teatral» de toda representación dramática. A veces, la máscara es suplantada por el maquillaje; la autodisciplina del actor, que inmoviliza sus gestos faciales y consigue, en ese caso, suplir la materialidad física, logrando un objetivo similar: convertir el rostro humano en caricatura. En esta línea, Valle-Inclán emplea una serie de términos para caracterizar a sus personajes esperpénticos, constituidos en forma de «máscara» psicológica, a los que designa como «fantoches», «peleles», «muñecos», «títeres» y «marionetas». Véase: MASCARILLA.

Mascarilla. «Máscara que sólo cubre el rostro desde la frente al labio superior» (DRAE). Es un tipo de máscara utilizado especialmente en la *Commedia dell'Arte* italiana. Con el nombre de *mascarille* se conoce un tipo de ballet francés, recogido por Molière de dicha *Commedia,* en el que los actores utilizaban la mencionada mascarilla o *loup* y del que aparecen algunos ejemplos en obras del citado dramaturgo, como *Las preciosas ridículas* (1659), etc.

Masque. Véase MÁSCARA.

Máxima. Es la expresión de un pensamiento moral en el que se sintetiza una norma de conducta. La máxima presenta carácter de validez universal. Es (como el *adagio, el *aforismo, el *proverbio o el *refrán) una variedad concreta de la *sentencia, que sería su término genérico. Ejemplos:

«La sangre se hereda y la virtud se aquista, y la virtud vale por sí sola lo que la sangre no vale».
«No te ciegue la pasión propia en la causa ajena».

(Cervantes)

Véanse: PAREMIOLOGÍA y SENTENCIA.

Mecenas. Cayo Cilnio Mecenas (69 a.C.-8 a.C), consejero del emperador Augusto y amante de la cultura y de las letras (él mismo escribió algunos poemas y diálogos), se rodeó de un grupo de escritores (Horacio, Virgilio, Propercio, Vario, etc.), a quienes protegió y ayudó generosamente. Algunos de estos poetas dejaron en sus obras constancia de su gratitud hacia el benefactor: «De claros reyes claro descendiente, / Mecenas, mi honra toda y grande amparo», dice Horacio (*Oda* I). El nombre de Mecenas ha llegado a ser sinónimo de quienes protegen y ayudan económicamente a escritores, artistas y sabios para el desarrollo de la cultura y de la ciencia. A lo largo de la historia ha habido mecenas famosos, como Carlomagno, Francisco I o Richelieu en Francia, los Médicis y los papas Alejandro VI, Julio II y León X en Italia, los Wittelsbach en Alemania, etc. En España ejercieron esta función de mecenazgo algunos monarcas (Alfonso X, Juan II, Carlos V, Felipe IV y Carlos III), ciertos nobles, como los duques de Alba (Juan del Encina y Lope de Vega tuvieron relación con la Casa de Alba) o el conde de Lemos (Cervantes, Góngora) y dignatarios eclesiásticos (Cisneros, etc.). Algunos de estos escritores buscaban en este mecenazgo, aparte de ayuda económica, protección frente a posibles suspicacias por parte de la Inquisición.

Medida. Véanse CÓMPUTO SILÁBICO y METRO.

Melodía. «Dulzura y suavidad de la voz o del sonido de un instrumento músico» (DRAE). Dicho término es utilizado en teoría literaria para designar la cualidad musical de un poema o de un fragmento en prosa, cualidad que surge de la organización rítmica de los sonidos mediante la distribución de los acentos y, en su caso, de la rima, así como de la alternancia de las fases ascendente y descendente que marcan la curva tonal de la frase o de la estrofa. Véanse: MÚSICA Y LITERATURA y TONO.

Melodrama. Es un drama musical, de procedencia italiana, conocido en el resto de Europa por las obras de P. Metastasio y C. W. von Gluck, cuyo *Alceste* (1776) puede considerarse como prototipo de esta modalidad de piezas. A finales del siglo XVIII, desprendiéndose de la música, se transforma en un texto dramático que conserva el fuerte tono sentimental de sus orígenes y se adapta al modelo del drama burgués iniciado en Francia por D. Diderot. Dirigidos a un público popular, estos dramas presentan unos personajes estereotipados, ejemplos de bondad o de malicia, que se enfrentan a situaciones extremas en las que la desgracia o la dicha sobrevienen de manera fatal. Esta situación provoca una actitud compasiva en los espectadores, que se conturban ante el destino aciago del héroe o bien se entusiasman con su triunfo, signo de la virtud recompensada. Desde el punto de vista sociológico, el auge de estas obras coincide en Francia con el fracaso de la Revolución y el asentamiento de la nueva burguesía, cuya mentalidad política se va transmitiendo a las capas populares a través de una propaganda que encuentra en estos melodramas una forma de sublimación alienante de los conflictos sociales del momento.

Este género de obras ha seguido cultivándose a lo largo de los siglos XIX y XX; primero, a través del llamado *teatro de bulevar* (en el teatro del Boulevard du Temple, de París, se representaban melodramas y comedias sentimentales durante el siglo XIX), posteriormente, por medio de relatos folletinescos y, en nuestros días, a través de los seriales radiofónicos y de televisión, que son objeto de consumo del gran público. Véase: FOLLETÍN.

Memorias. Relato autobiográfico, escrito en retrospectiva, en el que una persona real narra acontecimientos relevantes de su vida, enmarcados en el contexto de otros eventos de orden político, cultural, etc., en los que ha participado o de los que ha sido testigo. El género autobiográfico abarca diversas modalidades (*confesión, *autorretrato, *diario, *autobiografía, etc.), y antes de que este último término se convirtiera en la designación técnica de un preciso subgénero literario, cualquier relato de recuerdos de la propia vida recibía el nombre de «memorias». No obstante, aunque las fronteras entre ambas modalidades narrativas sean difíciles de marcar, se perciben notables diferencias: mientras en la *autobiografía* se hace hincapié en la narración y descripción de la vida privada y del desenvolvimiento de la personalidad del autor, en las *memorias* adquiere especial relevancia la atención a los acontecimientos y al contexto social, político, cultural, etc., en el que se ha desenvuelto la vida del memorialista. Véanse: AUTOBIOGRAFÍA, CONFESIÓN Y DIARIO.

Mensaje. Conjunto de signos o señales, estructurados según un código determinado, que un emisor transmite a un destinatario por mediación de un canal. Existen diferentes tipos de canales (sonidos, colores, luces, música, etc.) y de códigos, tanto lingüísticos como paralingüísticos: lenguaje oral, escritura alfabética, morse, braille, alfabeto digital de los sordomudos, sistema marinero de señales con banderas, códigos kinésicos, gestuales, etc. Del uso combinado de canal y código depende la forma del mensaje, que, en todo caso, es una cadena de signos codificados. En la comunicación lingüística, emisor y receptor conocen la correlación del doble plano de esos signos (expresión y contenido) y gracias a ese conocimiento es posible el acto comunicativo mediante la codificación del mensaje por parte del emisor y la decodificación o interpretación por parte del destinatario. En el caso del mensaje literario, los signos pueden cumplir una doble función: denotativa y connotativa. Dichos signos, en efecto, presentan, junto al significado inmediato, objetivo y primario de la lengua (denotación), unos valores semánticos subjetivos y secundarios (connotación) que responden a un código artístico propio del lenguaje poético o literario. En este plano connotativo todos los elementos del signo literario (fonológicos, morfosintácticos, métricos, etc.) adquieren un valor semántico que deriva de sus relaciones entre sí y con el texto en su conjunto. Véanse: CÓDIGO, CONNOTACIÓN, DENOTACIÓN y TEXTO.

Mester de Clerecía. Título con el que se denomina a un conjunto de obras poéticas de la literatura española de los siglos XIII y XIV (las de Berceo, el *Libro de Alexandre,* el *Libro de Apolonio,* etc.) que presentan, como rasgos comunes, una configuración predominantemente narrativa, un tratamiento didáctico de los temas y una renovación del lenguaje poético y de las formas métricas, entre las que sobresale, como característica, la *cuaderna vía. Estos poemas de clerecía, y, en concreto, las obras de Berceo, surgen en el entorno de ciertos monasterios y de la recién creada Universidad de Palencia, a la que se considera como foco inicial de esta corriente literaria, vinculada a las tendencias renovadoras que en esa época se producen en Francia y otros países románicos. Esta renovación se manifiesta, en lo literario, en el florecimiento de una nueva poesía latina basada en el ritmo y en los acentos (p. e., la de los goliardos, que presentan, además, una ordenación en estrofas de cuatro versos monorrimos de 7×6) y de una poesía narrativa y lírica en lengua romance. La llegada a España de esta renovación literaria se produce lo mismo en el campo de la poesía neolatina que en el de la poesía lírica y narrativa romance. Esta última tendría su manifestación en los mencionados poemas de clerecía. Precisamente, G. de Berceo aparece vinculado a la citada Universidad de Palencia, en la que algunos de sus primeros profesores eran de procedencia francesa, lo que explicaría ciertas coincidencias temáticas, de métrica y estilo entre los poemas del Mester de Clerecía españoles y la poesía didáctica francesa coetánea. Estos poemas son fruto de un nuevo estilo literario que se manifiesta casi al mismo tiempo en países como Francia, Italia y España, donde el «Mester de Clerecía» se articula como tal «mester» a partir de una obra clave, *Libro de Alexandre,* que habría servido de modelo estilístico y de repertorio enciclopédico de motivos y temas para el resto de los autores y, en concreto, Berceo. Es en este *Libro de Alexandre* donde se alude por primera vez a dicho mester y sus características:

Mester trayo fermoso, non es de
[joglería;
mester es sin pecado, qua es de
[*clerecía:*
fablar curso rimado por la *qua-*
[*derna vía,*
a sílabas contadas, qua es grant
[maestría.

Este *mester* (ministerio, servicio) es realizado por clérigos (sinónimo de hombres de cultura) que viven en torno a los monasterios o a las nacientes universidades y que, frente a los juglares no eruditos, tratan de aportar su saber al pueblo, marcando las distancias respecto a sus competidores y presentando un tipo de poesía cuyos rasgos serían la belleza y la perfección formal («mester trayo fermoso», «mester es sin pecado») derivadas de unas técnicas estilísticas más cuidadas y una nueva estructura métrica. Por medio de esta nueva técnica y de los temas que van a tratar, estos clérigos esperan divertir al pueblo («solaz», «grant plazer») y cultivarlo al mismo tiempo. La renovación métrica de la que habla el autor del *Alexandre* consiste en la composición regular de cuatro versos isosilábicos (catorce sílabas) llamados alejandrinos (nombre que se deriva del poema francés *Roman de Alexandre,* en el que se utiliza el verso largo 6 + 6, que equivale al 7 + 7 castellano), con una misma rima consonante en los cuatro, formando la estrofa denominada «cuaderna vía» o también tetrástrofo o tetrástrico monorrimo. El conjunto de obras escritas en cuaderna vía en castellano ronda la treintena, aunque de algunas de ellas, hoy perdidas, sólo se tiene noticia de su título o tema. Entre las conservadas, pertenecen al siglo XIII las obras de Berceo (*Vida de San Millán*, *Vida de Santo Domingo de Silos*, *Milagros de Nuestra Señora*, etc.), el *Libro de Alexandre*, el *Libro de Apolonio* y el *Poema de Fernán González*, y al siglo XIV el *Libro de Buen Amor*, de Juan Ruiz, el *Rimado de Palacio*, del canciller Ayala, y la *Vida de San Ildefonso*, del Beneficiado de Úbeda.

Mester de Juglaría. Expresión con la que se denomina el arte (*mester,* del latino *ministerium:* oficio) de los juglares (del latino *jocularis:* el que divierte), personajes que en la Edad Media «se ganaban la vida actuando ante un público, para recrearle con la música, con la literatura o con la charlatanería, o con juegos de manos, de acrobatismo, de mímica, etc.» (R. Menéndez Pidal). Dicho «mester» tiene su mayor desarrollo entre los siglos XII y XIV, época en la que surgen las obras más significativas del género épico, cuya recitación constituía una de las posibles actividades de ciertos juglares. Se conserva un precioso documento de un trovador del siglo XIII, Giraut Riquier, de Narbona, referente a los distintos tipos y funciones de juglar existentes en esa época, así como a sus relaciones con las figuras del trovador, segrel, etc. En ese texto dicho trovador se dirige al rey Alfonso X de Castilla, de reconocido prestigio en la materia, quejándose de que hombres «sin cultura, de vil conducta» y escasa preparación estén degradando la función de la juglaría, que «nació para mover a los buenos hacia la alegría y el honor». En el mencionado documento se delimitan los nombres y funciones de cuantos se dedican al arte de divertir al público con su creación literaria (trovadores), música instrumental (juglares), mimo y pantomima (remedadores), etc. Aparte de estas figuras mencionadas por el Rey, en algunos textos citados por Menéndez Pidal se habla de otros tipos de juglares: los «zaharrones» o «zamarrones» (disfrazados o enmascarados que se mezclaban como comparsa entre el público en las fiestas, para divertirlo), «trasechadores» (prestidigitadores), «juglares de cuchillos» (jugadores de esgrima), «nigromantes», etc. Se resalta igualmente la presencia de mujeres «juglaresas», «soldaderas», «cantaderas» y «danzaderas». Finalmente, en el texto de Riquier se cita a los «cazurros», que van cantando por las calles y plazas una poesía popular chabacana, compuesta de versos sin concierto, con el único objeto de ganarse la vida «vilmente» y con «deshonor». Un tipo de juglar no citado con su nombre preciso por Riquier (habla del que es capaz de contar «novas» y relatos poéticos) es el llamado «juglar de gesta», al que se le reconoce también como «juglar de boca» y «juglar de voz». La aceptación de la que gozan los cantares de gesta recitados por juglares es certificada en las *Partidas* de Alfonso X y en el *Libro de Apolonio*, donde se dice que «no cabie en las plaças» la multitud que se agolpaba para escuchar a la juglarera Tatiana. En las crónicas se valoran y se utilizan como documentos estos cantares de gesta, que son designados con distintos nombres. Así en la *Primera Crónica General* se habla de «cantares de las gestas», «fablas de gesta», «cantares», «romances» y «fablas».

Entre los *temas* abordados por estos juglares en los cantares de gesta primitivos destaca el de las luchas internas entre las familias nobles castellanas (venganzas, amor y honra, infidelidad y traición); hasta la invasión almorávide y la conquista de Valencia por parte del Cid no aparecen temas alusivos a la guerra nacional de reconquista, entendida como empresa épica colectiva. En esta línea estarían el *Cantar de Mio Cid* (vencedor del rey de Marruecos), el de *Fernán González* (batalla de Lara y Hacinas) y el del *Abad Juan*, vencedor de Almanzor.

Uno de los méritos del Mester de Juglaría es haber creado una nueva tradición de poesía narrativa y lírica en lengua romance (cuyos mecanismos expresivos tratan de descubrir) para unos pueblos de la Edad Media que ya no entendían la lengua de los «clérigos», el latín. Véanse: CANTAR DE GESTA, ÉPICA, JUGLAR y ORAL (LITERATURA).

Metábola o metábole. Término griego (*metabole:* cambio) utilizado en retórica para designar cualquier cambio o alteración del código lingüístico en sus diferentes niveles: fono-morfológico (*metaplasmo*), sintáctico (*metataxis*) y semántico (*metasemema*), así como aquellos cambios que afectan al plano de la lógica (*metalogismos*). Dentro de la acepción general de metábola caben, pues, todas las figuras retóricas, las cuales suponen un cambio, alteración o desvío con respecto al código o a la «norma», alteraciones que se producen especialmente cuando se desarrolla la función poética de la lengua. Estas alteraciones surgen en virtud de cuatro operaciones básicas: supresión, adición, supresión-adición y permutación. Sobre la definición de las cuatro formas de metábola consignadas anteriormente y la correspondiente incardinación de las distintas figuras en dichas formas, véase FIGURAS.

Metáfora. Es un procedimiento lingüístico y literario consistente en designar una realidad con el nombre de otra, con la que mantiene alguna relación de semejanza. Así, p. e., en estos versos de J. Manrique:

> «Nuestras vidas son los ríos
> que van a dar en la mar,
> que es el morir...»

se denomina «ríos» a la vida y «mar» a la muerte porque se percibe semejanza entre río y vida (el fluir, la vida pasa como el agua del río) y entre el mar y la muerte: la vida desaparece en la muerte, como el río en el mar.

Desde la retórica grecolatina (Aristóteles, Quintiliano) se viene considerando la metáfora como una comparación implícita, fundada sobre el principio de la analogía entre dos realidades, diferentes en algunos aspectos y semejantes en otros. En toda comparación hay un *término real* que sirve de punto de partida, y un término evocado al que se designa generalmente como *imagen*. Así, en las siguientes comparaciones («el agua es como un cristal»; «la boca es como una fresa»; «los pajaros son como cítaras de pluma»), el término real sería agua, boca y pájaros, y la imagen: cristal, fresa y cítaras de pluma. Según la retórica tradicional, todas estas comparaciones se convertirían en metáforas con sólo suprimir el nexo comparativo («como») y asociar dicho término real al de la imagen correspondiente. De hecho, todos estos términos e imágenes han sido utilizados como metáforas por algunos poetas: «corrientes aguas, puras, *cristalinas*» (Garcilaso de la Vega); «los suspiros se escapan de su *boca de fresa*» (Rubén Darío); «*cítaras de pluma*» (Góngora).

El fundamento de esas metáforas radicaría en la semejanza o analogía entre la realidad significada por el término real y la de la imagen evocada, es decir, entre el agua y el cristal (la transparencia), la boca y la fresa (cromatismo rojo), las cítaras y los pájaros (el sonido musical). Partiendo de esta similitud, la retórica contemporánea, a la hora de explicar los mecanismos lingüísticos que están en la base de la construcción metafórica, centra su interés, más que en el aspecto comparativo, en el hecho previo de la *semejanza*, en virtud de la cual se hablaría de comparación implícita en la retórica tradicional. Según esto, la metáfora consistiría no en un proceso de comparación, sino de transposición, traslación o desplazamiento de significado de un término a otro por la *semejanza* existente entre las realidades designadas por ambos términos. Esta traslación de significado se opera, en unos casos, mediante un proceso de asociación de ambos términos y, en otros, de sustitución. En el primer caso se producirá lo que se viene llamando *metáfora impura,* en la que el poeta conserva el primer término (lo que la retórica tradicional llama «término real») y la imagen: «El jinete se acercaba / tocando el *tambor* del *llano*» (F. García Lorca). En este ejemplo, «llano» sería el término real, y «tambor», la imagen metafórica. Se produce una *metáfora pura* cuando se sustituye el término real por la imagen: «Poco a poco las hojas secas van cayendo / de mi corazón mustio, doliente y amarillo» (Juan Ramón Jiménez). En estos versos se ha sustituido el término real (árbol) por la imagen (corazón: que también tiene ramificaciones arteriales; de ahí su semejanza); tras las «hojas secas», se intuyen las esperanzas e ilusiones perdidas.

Se han realizado diversos intentos de clasificación de la metáfora desde el punto de vista gramatical y semántico:

1. Desde una perspectiva morfosintáctica se pueden distinguir los siguientes tipos:

a) *Metáfora nominal:* cuando la imagen poética se concreta en un sustantivo en forma de aposición («Amapola, *sangre* de la tierra», Juan Ramón Jiménez), de sustitución («Su *luna* de pergamino / Preciosa tocando viene», F. García Lorca; en este caso, «luna» sustituye a «pandero»), sintagma proposicional («Sierpe de plata», Calderón de la Barca; se refiere al arroyo que serpentea) o de acumulación:

«Sobre *trastes* de guijas
cuerdas mueve de *plata*
Pisuerga, hecho *cítara* doliente,
y en robustas *clavijas*
de álamos las ata
hasta Simancas que le da su
                    [*puente*».

(Góngora)

(El río Pisuerga sería como una cítara cuyas cuerdas de plata –agua– están sujetas a las clavijas –los álamos– hasta el puente de la cítara, que sería Simancas), etcétera.

b) *Metáfora adjetival:* «De túnica impalpable y *níveo* seno» (M. Reina).

c) *Metáfora verbal*: «... volvía por el campo *balando* mi amargura» (Juan Ramón Jiménez).

d) *Metáfora adverbial:* «*Viscosamente* fuiste sólo un instante mía, / y pasaste, pasaste, inexorable y larga» (V. Aleixandre). Aquí se alude a una mujer a la que se describe con rasgos de culebra.

2. Desde el punto de vista *semántico,* S. Ullman distingue dos tipos de metáfora: a) *antropomórfica,* si se atribuyen características humanas a seres inanimados, plantas y animales («Las hojas son murmullos de la car-

ne», V. Aleixandre) y b) *zoomórfica,* si se asignan comportamientos o realidades del mundo animal al hombre:

«Desnuda está la tierra,
y el alma aúlla al horizonte pálido
como loba famélica».

(A. Machado)

Finalmente, en relación con el *léxico,* existe una serie de metáforas en el lenguaje ordinario que presentan una forma cristalizada: «boca-manga», «brazo de mar», «valle de lágrimas», «fondo de la cuestión», etc. A este tipo de expresiones se las denomina *metáforas lexicalizadas.*

Metáfrasis. Término griego *(meta-frasis:* interpretación) con el que se denomina, en el comentario de un texto, el hecho de explicar, en términos más sencillos, una frase, verso o pasaje difícil de entender, al tiempo que se procura no alterar el contenido de dicho texto. Véase: PARÁFRASIS.

Metagrafo. Término de origen griego *(meta-grafo:* escribir de manera diferente, y *meta-gramma:* transposición de letras) con el que se designan ciertos metaplasmos o figuras de dicción que operan en el nivel gráfico del discurso y consisten en la *sustitución* de letras, con el fin de producir un efecto de arcaísmo («dezir» por «decir»), vulgarismo e

incultura («bino» por «vino»); o bien en un *cambio de orden* de dichas letras (p. e., en la *metátesis, o en el *anagrama); o en una especial *distribución* de las letras en el espacio, de tal manera que formen el dibujo de una figura alusiva al significado del texto escrito. En este último aspecto, caen de lleno en el concepto de metagrafo los *caligramas y los textos poéticos del letrismo.

Metalepsis. Término griego *(meta-lepsis:* cambio, transposición) con el que se designa una especie de metonimia consistente en la transposición de un término a otro mediante un concepto sobreentendido con el que guarda una relación de contigüidad (de causa a efecto, de antecedente a consiguiente, o viceversa, etc.): «Ganarás el pan con el sudor de tu frente». En este ejemplo el sudor es la consecuencia de un esfuerzo físico, de un trabajo fatigoso; el término «sudor» es, pues, la transposición de otro sobreentendido, el de «trabajo», con el que guarda una relación de efecto a causa. Con la metalepsis se traslada, en ocasiones, el sentido no de una sola palabra, como en la metonimia, sino de toda una oración, p. e., *Recuerda lo que prometiste,* por *cúmplelo.* Véanse: METÁFORA, METONIMIA y SINÉCDOQUE.

Metalogismo. Véanse FIGURAS y METÁBOLA.

Metanovela. Discurso narrativo en el que se relata la forma en que se está elaborando el relato: novela dentro de la novela. Véase: ANTINOVELA.

Metaplasmo. Término en el que se engloban las llamadas «figuras de dicción», por las que se modifica la estructura de las palabras, ya sea por adición de elementos que no les pertenecen por etimología (*prótesis, *epéntesis, *paragoge), ya sea por supresión (*apócope, *aféresis, *elisión, *síncopa), por contracción (*sinéresis, *contracción) o transposición (*metátesis). Se denomina también metaplasmo al cambio de género de una palabra: p. e., el término latino *locus* (lugar) era masculino en singular y neutro en plural *(loca)*.

Metasemema. Véanse FIGURAS y METÁBOLA.

Metataxis. Véanse FIGURAS y METÁBOLA.

Metateatro. Término con el que suele designarse una serie de obras dramáticas en las que el tema central es la tesis de que el mundo es un escenario donde se desarrolla el gran drama de la vida humana. Este tema, llamado *teatro en el teatro,* encuentra sus grandes exponentes en Shakespeare *(Hamlet)* y Calderón de la Barca. Este último, en *El gran teatro del mundo,* parte de una tesis según la cual Dios es el gran autor y dramaturgo y los hombres no son más que actores a quienes se les ha asignado un «papel» que representar en la vida: «Pero yo, Autor Soberano, / sé bien qué papel hará / mejor cada uno, así va / repartiéndolos mi mano: / haz tú el Rey...». Esta técnica «metateatral» ha sido utilizada, al margen ya de este planteamiento filosófico y religioso, por P. Corneille, P. C. Marivaux, M. Tamayo y Baus *(Un drama nuevo),* L. Pirandello *(Seis personajes en busca de autor,* obra que puede considerarse como arquetipo de la ruptura de fronteras entre el teatro y la vida), B. Brecht, etc. En la actualidad se incluye también bajo esta denominación todo el trabajo de reflexión y elaboración de la «puesta en escena», que implica una interpretación del texto dramático en todos sus aspectos: espacio, personajes, gestos, dispositivo escénico, etc.

Metátesis. Término de origen grecolatino *(metathesis,* de *meta,* en otro lugar, y *thesis:* colocación) con el que se alude a un fenómeno prosódico y gráfico consistente en la alteración del orden de los fonemas que constituyen una palabra, p. e., «Grabiel», «prejudica», «cocreta», etc. En la historia de la lengua es un fenómeno que aparece ya en textos medievales y persiste en *La Celestina* y *el Lazarillo,* al que pertenecen los siguientes ejemplos: «tomalde», «castigaldo», «dejaldo», etc.

Metonimia. Es la sustitución de un término por otro, fundándose en relaciones de causalidad, procedencia o sucesión (relaciones de contigüidad, las denomina R. Jakobson) existentes entre los significados de ambos términos. Según los diferentes modos de contigüidad, se producen diversos tipos de metonimia. Ésta aparece: *a)* cuando se designa una *causa* por medio de su *efecto* («Ana fue la alegría de la fiesta»: fue la causa de la alegría de la fiesta); *b)* cuando se alude al *efecto* por medio de la *causa* («Le hizo daño el sol»: le hizo daño el calor producido por el sol); *c)* cuando se denomina un *objeto* por medio del *lugar* donde se produce o de donde procede («Un rioja»: un vino de Rioja); *d)* cuando se designa a un pintor, soldado, torero, etc., por medio del *instrumento* que maneja («Es un gran pincel»; «es el corneta del regimiento»; «es un buen espada»); *e)* cuando se menciona una *obra* por el *autor* de la misma («En el Museo del Prado hay varios Rubens»: varios cuadros de Rubens); *f)* cuando se designa una característica *moral* por medio de una realidad *física* («No tiene corazón»: es una persona sin sentimientos); *g)* cuando se emplea el *signo* para designar la cosa *significada*: «La media luna dominó España» (los árabes). Véanse: METÁFORA y SINÉCDOQUE.

Métrica. Es una disciplina que trata de investigar la organización rítmica del discurso literario estructurado en forma de poema, teniendo en cuenta los principios y normas que rigen la versificación en sus diferentes modalidades. Dicha disciplina tiene por objeto el estudio teórico de los mencionados principios y normas, la definición y análisis de los elementos constituyentes del ritmo y de la versificación (acento, pausa, rima, complementos rítmicos, etc.), la clasificación de los diferentes tipos de versos y sus combinaciones estróficas, los usos métricos de una determinada literatura en el decurso de su historia, etc. Esta diversidad de temas de estudio ha motivado el surgimiento y desarrollo (dentro de esta disciplina) de tres ramas, que ya fueron enunciadas por el investigador ruso V. Zirmunskij: métrica teórica, descriptiva e histórica. A éstas habría que añadir una cuarta: la métrica comparada. En la métrica *teórica* se abordan los principios que sirven de fundamento al análisis descriptivo de los fenómenos métricos y al estudio histórico de los mismos: la definición del verso frente a la prosa, los conceptos de ritmo, metro, verso, etc. La métrica *descriptiva* se ocupa de la definición y clasificación de los diferentes tipos de versos (regular e irregular, de arte mayor y menor, libre, etc.), estrofas (pareado, estrofas de tres, cuatro, cinco y seis versos, septeto, etc.) y series no estróficas (serie épica, romance, etc.). Exposiciones descriptivas de los distintos tipos de versos y estrofas de la métrica española pueden encontrarse en las correspondientes entradas de este Diccionario. La métrica *histórica* se centra en el estudio del origen, desarrollo y evolución (períodos de mayor cultivo, decadencia y posible reaparición o transformación) de las formas métricas en el decurso histórico de una literatura. Por lo que atañe a la literatura española, sigue siendo una obra fundamental la *Métrica española* (1956) de T. Navarro Tomás, en la que se estudia la aparición y cultivo de los diferentes versos y estrofas en las sucesivas escuelas, movimientos o corrientes: Juglaría, Clerecía, Gaya ciencia, Renacimiento, Siglo de Oro, etc. La métrica *comparada* trata de investigar las relaciones de semejanza o diversidad, influencias, trasvases o préstamos de formas métricas de unas literaturas nacionales a otras. Véanse: ACENTO, CESURA, CÓMPUTO SILÁBICO, ENCABALGAMIENTO, ESTROFA, HEMISTIQUIO, POEMA, RIMA, RITMO, VERSÍCULO y VERSO.

Metro. Es la estructura rítmica de un verso o de una composición poética; se basa en un «orden fijo de acentos, pausas y rimas» (A. Bello). Así, para componer un *hexasílabo* dactílico, el verso debería constar de seis sílabas con acento en la 2.ª y 5.ª («Busqué los atajos / angostos los pasos...»); si se pretende elaborar un cuarteto, habrá que unir cuatro versos de arte mayor, con la estructura *ABBA;* si, por el contrario, la estructura presenta la distribución de rima *ABAB,* ya no será un cuarteto sino un serventensio. Cuando en una composición poética los versos sólo coinciden en tener igual número de sílabas, pero presentan una acentuación irregular, se habla de metro *polirrítmico* o *libre.* No obstante, todos los versos deben respetar el acento en la penúltima sílaba.

El metro es, por otra parte, el rasgo distintivo del verso en relación con la prosa. En este sentido, dice T. Navarro Tomás que «la línea que separa el campo del verso del de la prosa se funda en la mayor o menor regularidad de los apoyos acentuales. El lenguaje adquiere forma versificada tan pronto como tales apoyos se organizan bajo proporciones semejantes de duración y sucesión». En algunos autores se identifica el concepto de metro con el de verso, de manera que ambos términos vienen a ser sinónimos: así, se habla de metro alejandrino, endecasílabo, etc. Finalmente, también se ha identificado metro con medida o cómputo silábico: en ese caso, preguntar por el metro de un verso sería preguntar por su número de sílabas.

Milagro. Término con el que inicialmente se denominaba en la literatura francesa medieval (*miracle,* del latín, *miraculum)* un pequeño texto donde se narraba la vida de algún santo, en la que había intervenido milagrosamente la Virgen (u otro santo), que le había liberado de un peligro grave para su salvación. Ya desde el siglo XI comenzaron a surgir colecciones de milagros de la Virgen, escritas en latín o destinadas a predicadores, para que pudieran ilustrar sus sermones con estos ejemplos. En los siglos XII y XIII aparecen colecciones en lengua vernácula, como los *Miracles de Notre-Dame* (1218), de Gautier de Coincy, y los *Milagros de Nuestra Señora,* de Berceo (*c.* 1252). En el transcurso del siglo XIII se configura el *milagro* como subgénero dramático. Se conserva una colección de *Cuarenta milagros de Nuestra Señora* que debieron de ser representados en París a lo largo del siglo XIV. También en la literatura catalana medieval hay datos sobre la existencia de este tipo de obras. Parece que en el transcurso del siglo XV el subgénero del «milagro» es suplantado por otra modalidad afín, la del *mis-

terio*. En la literatura castellana no hay constancia de que existiera una versión teatral del «milagro», a pesar de la importancia que adquiere la versión narrativa y poética de estos relatos en las obras de Berceo y Alfonso X. El milagro se escribe tanto en verso como en prosa.

Miles gloriosus. Véase PERSONAJE.

Mimesis. Término de origen griego (*mimesis,* de *mimeomai:* imitar, representar) utilizado en un principio para designar la imitación de una persona, o de cualquier otra realidad, a través de la palabra o del gesto. Dicho término adquirió posteriormente una acepción más precisa en el campo de la reflexión estética para significar la imitación o representación de la realidad a través de los procedimientos peculiares de las diversas artes. El concepto de mimesis en la obra de arte del lenguaje fue objeto de un tratamiento específico en las obras de Platón y en la *Poética* de Aristóteles. El primero concibe la mimesis, en referencia al arte poético, como forma de representación de la realidad. En este sentido, distingue tres formas genéricas: la primera, fundamentalmente mimética, es la representación teatral (tragedia y comedia); la segunda, básicamente expositiva o narrativa (el ditirambo); la tercera es aquella en la que conviven mimesis y narración o «diégesis» (epopeya) (*República*, lib. III,7). Aristóteles concibe la mimesis poética no como una reproducción fiel de la realidad (tarea que compete al científico o al historiador con respecto a la realidad «fáctica»), sino como una «imitación» o representación de lo que verosímilmente puede acaecer. El poeta es un imitador (*mimetes*), por medio del lenguaje, de las acciones humanas «como son, o bien como se dice o se cree que son, o bien como deben ser» (*Poética*, 1451a y 1460b).

El pensamiento aristotélico sobre la mimesis (y la verosimilitud) es compartido por los tratadistas latinos Horacio y Quintiliano, así como por la estética clasicista del Renacimiento, del Barroco y del neoclasicismo del siglo XVIII. Por el contrario, en la segunda mitad del siglo XVIII, a partir del *Sturm und Drang* y del Romanticismo, dicho principio de «imitación» es sustituido por el de «creación». En consonancia con el pensamiento filosófico de Fichte y Hegel, el poeta romántico se considera dotado de una capacidad ilimitada para crear, en su imaginación, mundos posibles que han de tomar forma en expresiones artísticas originales. Sin embargo, el realismo y *naturalismo del siglo XIX, así como las diversas expresiones de realismo social del siglo XX, volverán a poner de actualidad el principio de la mimesis, del que se apartarán de nuevo las corrientes estéticas del *simbolismo, *modernismo, *creacionismo, etc. En la crítica literaria contemporánea, el concepto de la mimesis aristotélica ha sido objeto de sucesivos análisis, entre los que cabe citar los de E. Auerbach, R. Wellek, P. Ricoeur, etc. Este último insiste en que el concepto de mimesis en Aristóteles no es el de copia o reproducción de la realidad, sino el de creación artística de una nueva realidad o recreación metafórica de la misma. Véanse: FICCIÓN, IMITACIÓN, REALISMO y VEROSIMILITUD.

Mímica. Es el arte de expresar un mensaje mediante movimientos faciales y gestos del cuerpo. Puede servir para apoyar una comunicación verbal o contradecirla, y puede realizarse al margen y con total independencia de la palabra: en esto consiste precisamente el *mimo. En aquellas representaciones teatrales en que se utiliza la *máscara, la mímica se reduce a los gestos corporales, que adquieren una gran virtualidad expresiva.

Mimo. Término de origen griego (*mimos:* imitador) con el que en un principio se designaba una pequeña pieza dramática (sobre escenas de la vida diaria, sobre un mito, etc.) cuya primitiva forma teatral habría sido iniciada por Sofrón de Siracusa (s. V a.C.) y perfeccionada por

Herodas (s. III a.C.), el verdadero maestro de este subgénero. En Roma el *mimus* surge hacia el siglo III aC. como una breve pieza, que, con el tiempo, irá suplantando a las farsas atelanas como complemento final del espectáculo teatral en el que se representaban las tragedias. En el *mimus* (texto en prosa) se imitaban, al igual que en Grecia, escenas de la vida diaria, especialmente de tema amoroso, en relación, p. e., con el adulterio, tratado de forma frívola y desvergonzada: en este contexto surgen los consabidos tipos de la esposa infiel, el marido burlado, el amante y la criada. Durante la Edad Media el mimo es uno de los elementos de actuación de los juglares y del teatro ambulante. En el siglo XVI, la *Commedia dell'Arte* italiana revitaliza esta forma de representación mímica, sobre la que volverá en el siglo XIX J. G. Deburau. Pero es en el siglo XX cuando se produce su verdadera revalorización por obra de E. Decroux, que se convierte en el gran maestro del mimo y de la pantomima, el cual será llamado para dar cursos a las compañías del Actor's Studio de Nueva York, el Piccolo Teatro de Milán, etc. De su escuela han surgido grandes virtuosos del mimo, como J. L. Barrault, etc. A pesar de que frecuentemente se confunde el mimo con la pantomima, ambas formas de representación (coincidentes en la ausencia de la palabra) son diferentes en su origen y en su concepción actual. Se entiende por pantomima la representación gestual que trata de reproducir con cierta exactitud una historia tal como podría expresarse en palabras. Por el contrario, el mimo no se pliega a una historia determinada, sino que juega con las posibilidades creativas de la expresión corporal con plena autonomía y dejando al espectador la libertad de interpretación del espectáculo mímico. De acuerdo con estas diferencias se pueden distinguir tres formas de mimo: el llamado *mimo puro* (el gesto «abstracto y depurado», no sujeto al relato de una historia), el *mimo-danza* (gesto estilizado que, acompañado de música, se asemeja al ballet) y el *mimodrama*, que supone la creación de una historia por medio del gesto; es lo que entenderíamos, en realidad, por pantomima (P. Pavis). Véase: PANTOMIMA.

Mimodrama. Pieza dramática en la que la palabra ha sido sustituida por gestos, mímica, danza y música y cuyo texto se reduce a un conjunto de anotaciones y notas útiles para la puesta en escena. Véanse: MIMO y PANTOMIMA.

Minnesinger. Véase TROVADOR.

Miscelánea. Término de origen latino *(miscere:* mezclar) con el que se alude a un escrito en el que se tratan diferentes materias sin una aparente conexión o relación entre ellas. Ejemplos de este tipo de obras son la *Silva de varia lección* (1540), de P. Mexía (en la que se abordan diversos temas: científicos, históricos, morales, etc., extraídos de autores clásicos y de humanistas italianos del siglo XV), *Miscelánea* (1592), de L. Zapata (colección de escenas sobre la vida de la época, anécdotas y dichos, escritos sin aparente concierto, como surgidos en una tertulia), etc.

Misterio. Pieza dramática medieval en la que se representan episodios de la Biblia (especialmente acontecimientos de la vida de Cristo: nacimiento, pasión, muerte y resurrección) y biografías de santos. Se celebraban estos misterios en las fiestas de la Navidad y de la Pascua en el ámbito de las iglesias, y actuaban, como intérpretes, gentes del pueblo y aun los mismos clérigos. Ejemplos de este tipo de piezas serían el *Auto de los Reyes Magos* (siglos XII al XIII) y el *Misterio de Elche* (s. XV), sobre la muerte y asunción de la Virgen.

Mística. Término de origen griego *(mystikos:* cerrado, oculto) con el que se designa un estado espiritual consistente en la experiencia directa de la divinidad, que le puede sobrevenir al hombre no en virtud del propio esfuerzo, sino como don gratuito de Dios. Esta experiencia, que, en ocasiones, pudiera estar acompañada de visiones, éxtasis, etc., es inefable, aunque puede ser sugerida por medio de expresiones aproximativas y translaticias de carácter metafórico y simbólico. Dicha experiencia mística sobreviene, según los teólogos, al final de un largo itinerario de acercamiento a Dios («camino de perfección»), en el que el alma va pasando por tres etapas: vía purgativa, iluminativa y unitiva. A las dos primeras corresponden dos formas de relacionarse con Dios a través de la oración: el recogimiento y la quietud. La práctica de estas formas de acercamiento a Dios mediante la oración, acompañada de una purificación moral y una práctica de las virtudes, constituye el objeto de una disciplina llamada *ascética. El final de ese «camino de perfección» está representado por la vía unitiva, a la que corresponde también una forma o estado de oración denominado de «unión» con Dios. Esta etapa mística es, a su vez, objeto de estudio de otra disciplina conocida con el nombre de mística.

En la historia de la cultura española, y especialmente a lo largo del siglo XVI, ha surgido una abundante literatura espiritual ascética y mística. Esta literatura se desarrolla en cuatro períodos, según la cronología establecida por P. Sainz Rodríguez:

– Período de importación e iniciación: desde el Medievo hasta 1500.

– Período de asimilación: desde 1500 hasta 1560. En esta etapa las doctrinas místicas recibidas son expuestas por ciertos religiosos considerados como los «precursores» de la creación mística autóctona: Fray Francisco de Osuna, Fray Bernardino de Laredo, el beato Juan de Ávila, etc.

– Período de plenitud y de producción nacional característica de la mística española (1560-1600), del que son prototipos Santa Teresa de Jesús (1515-1582) y San Juan de la Cruz (1542-1591).

– Período de decadencia y compilación doctrinal, que se desarrolla a lo largo del siglo XVII.

Las *características* de la mística española son: *a)* aparición tardía: se produce lo más original a partir del Renacimiento, cuando en Europa había sido un fenómeno medieval; *b)* carácter armonizador: entre platonismo y tomismo, entre razón y sentimientos, entre acción y contemplación, entre expresión popular y lenguaje cuidado en aras del buen gusto, etc.; *c)* rigor doctrinal y sólido contenido de origen bíblico, teniendo como centro la figura de Cristo. Aceptación de la Contrarreforma en los místicos del período de plenitud: San Juan de la Cruz y Santa Teresa; *d)* valoración de la ascética: sobriedad y contención en el plano de los sentimientos; *e)* afán vulgarizador; *f)* activismo y sentido realista de la vida en algunos de los místicos más destacados: Santa Teresa, San Juan de la Cruz, el beato Juan de Ávila. Éste fundó quince colegios universitarios, que mantuvo (al igual que Santa Teresa sus conventos) gracias a sus dotes administrativas y a su habilidad para encontrar ayudas; *g)* cultivo de la calidad expresiva, con logros literarios de alto valor en los grandes ascetas y místicos: fray Luis de León, Fray Luis de Granada, San Juan de la Cruz y Santa Teresa.

Mito. Término de origen griego (*mythos*: fábula) con el que se aludía a ciertos relatos primitivos cuya historia servía de fuente de inspiración a los poetas en sus cantos y a los autores dramáticos en la elaboración de sus tragedias. Para Aristóteles, el mito, entendido como el conjunto y «ordenación de los sucesos» de la historia dramatizada, constituye «lo supremo y casi el alma de la tragedia». El mito aparece vinculado no sólo a las primeras creaciones literarias, sino también a la filosofía en sus inicios y, sobre todo, al marco ritual de las religiones primitivas. Es en este campo donde se descubre el sentido originario del mito, entendido como relato de una historia sagrada, de unos acontecimientos ocurridos en el comienzo de los tiempos, en los que participan seres divinos o héroes. Mitos son, pues, los relatos donde se cuentan las diversas irrupciones de lo sagrado en el mundo, irrupciones que provocan la aparición del cosmos o de ciertas realidades primordiales del mismo: la vida vegetal o la humana, p. e., en los mitos cosmogónicos de creación del mundo, del hombre, o los de la fecundidad de la tierra. En la actualidad, el término «mito» presenta múltiples acepciones: se dice de personalidades relevantes convertidas en mito (García Lorca, los Beatles), de un personaje literario considerado como arquetipo y encarnación de ideales (don Quijote), de una realidad u objetivo utópicos (la «Edad de Oro», el «progreso»), de una forma prelógica de pensamiento propia de los pueblos primitivos, etc. Por otra parte, el mito ha sido abordado desde diferentes disciplinas: la historia de las religiones, la antropología, el psicoanálisis, la filosofía y, por supuesto, la crítica literaria. Dentro de esta última, ciertos investigadores, como A. J. Greimas, N. Frye, G. Dumézil, etc., han tratado de establecer analogías entre la estructura narrativa del mito y ciertas formas literarias, como cuentos, leyendas, relatos novelescos, etc. En este sentido, N. Frye cree ver en los relatos mitológicos de los oráculos y de los ritos de las religiones primitivas (p. e., los relativos al ciclo solar y la fertilidad de la tierra) el origen de determinadas formas narrativas y géneros literarios (el cuento heroico, la tragedia, la comedia, la sátira, etc.) con los que comparten notables semejanzas en el modelo de configuración del protagonista, en la presencia de personajes auxiliares u oponentes del mismo, en las fases fundamentales del desarrollo de la historia relatada, etc. Véase SIMBÓLICA.

La relación entre mito y literatura es una constante en la historia de la creación literaria popular y culta. En cuanto a la literatura grecolatina, la presencia de los grandes mitos clásicos es evidente en la epopeya (Homero y Virgilio) y la tragedia, así como la persistencia de esos mitos clásicos en las literaturas románicas y, en concreto, en la española, en la que aparecen también mitos bíblicos como el del «paraíso perdido», el «satanismo», el «cainismo», etc. A su vez, la literatura posterior ha ido generando nuevos mitos en personajes de ficción elevados a la categoría de héroes míticos: don Quijote, don Juan, Fausto, Robinson Crusoe, etc. Al mismo tiempo, determinados escritores han recreado una serie de símbolos poéticos que, sorprendentemente, coinciden con elementos míticos de las primitivas religiones agrarias: recuérdense los símbolos telúricos de Lorca y su evocación de la luna, la fecundidad, la sangre, el toro, etc. Véanse: CUENTO, FOLCLORE, ORAL (LITERATURA) y PSICOANÁLISIS Y PSICOCRÍTICA.

Mitocrítica. Véase SIMBÓLICA.

Moaxaja o *muwaššaha*. Es un tipo de canción amorosa, escrita en árabe o hebreo, formada por varias estrofas de cinco, seis o más versos cortos; su estructura métrica se configura siguiendo el modelo establecido en la última de las estrofas, cuyos versos finales constituyen una *jarcha* o cancioncilla, escrita total o parcialmente en lengua romance (las hay también en lengua árabe).

Sobre los orígenes de la moaxaja, véase: JARCHA.

Modalidad. Categoría lingüística mediante la cual se expresa la actitud de un sujeto frente a un enunciado, cuyo contenido puede ser considerado por él como cierto, probable, dudoso, inaceptable, imposible, etc. Para indicar esta posición subjetiva, el emisor cuenta con unos *modalizadores* determinados: los adjetivos valorativos («dudoso», «incierto», «discutible», «magnífico», etc.), los verbos de actitud («yo creo», «le aseguro», «espero que», etc.), los adverbios («posiblemente», «quizá», «seguramente»), etc. La frecuencia de aparición, en un texto, de estos modalizadores incide en una mayor o menor carga de subjetividad en el discurso.

Modalizador. Véase MODALIDAD.

Modelo. Construcción teórica o esquema de representación de una serie de fenómenos o procesos de realidad que han de ser interpretados y expresados bajo forma de operaciones deductivas. El concepto de modelo ha sido aplicado al estudio de las relaciones internas de distintos tipos de obras literarias: Lévi-Strauss lo utiliza en el estudio del origen («modelos genéticos») y estructura de los mitos. Para T. Todorov, en el estudio de un texto literario el último paso del análisis de la significación será la reconstrucción del modelo de la obra. El modelo da cuenta, en forma esquemática, de las relaciones estructurales existentes en el interior del texto y del modo en que se conectan sus elementos constituyentes para configurarlo como obra de arte del lenguaje. Véase IMITACIÓN.

Modernismo. Término con el que se designa un movimiento literario surgido en diversos países de lengua española a finales del siglo XIX, al tiempo que se produce en Europa una renovación estética en las artes plásticas (*Art nouveau, Modern style*) y en la literatura. En este campo se desarrollan en Francia dos corrientes que van a influir en la aparición del modernismo español e hispanoamericano: el parnasianismo y el simbolismo. El objetivo fundamental del movimiento modernista es la ruptura con el prosaísmo y vulgaridad de la cultura burguesa anterior y la búsqueda de un lenguaje poético basado en el culto supremo a la belleza y en una exigencia artística depurada.

Esta nueva estética aparece ya entre 1875 y 1882 en la prosa juvenil de José Martí y M. Gutiérrez Nájera, en la que se advierte la influencia del parnasianismo y del simbolismo. Sin embargo, la figura clave de dicho movimiento es Rubén Darío, creador de un nuevo lenguaje poético y de una verdadera revolución en los ritmos y formas métricas. En cuanto al modernismo español, su comienzo y final se sitúan entre los inicios de los años ochenta del siglo XIX y 1916, año de la composición del *Diario de un poeta recién casado*, de Juan Ramón Jiménez, y de la muerte de Rubén Darío. Este largo período presenta dos etapas diferenciadas: la primera, de mayor influjo parnasiano (S. Rueda), y la segunda, de carácter simbolista, representada por la obra poética de A. Macha-

do y Juan Ramón Jiménez. Los escritores modernistas aportan una *nueva temática*: *a)* búsqueda de un mundo exótico, como medio de evasión de la realidad prosaica, a través de la introspección en la conciencia («galerías del alma» de A. Machado), del descubrimiento de realidades insólitas cercanas (mundo misterioso de la Galicia campesina en Valle-Inclán) o distantes (el París versallesco de Rubén Darío); *b)* el erotismo, concebido como anhelo de liberación (P. Verlaine) o como tendencia decadentista de *autodestrucción* (Baudelaire); *c)* el indigenismo, visto por los poetas hispanoamericanos desde la nostalgia de un pasado legendario, cuyos héroes (Caupolicán, Moctezuma), dotados de cualidades primigenias (inocencia, fortaleza, valor), contrastan con la artificiosidad y degradación de la sociedad contemporánea; *d)* sincretismo filosófico y religioso: de los griegos recogen la idea del ritmo como constitutivo del universo (Pitágoras), la exaltación de la música, del erotismo y del vino (religión órfico-dionisíaca) y de la armonía entre la mente y la sensibilidad (Sócrates); del budismo reciben la idea de la concepción cíclica de la existencia y la de la ascesis que conduce a la serenidad y paz interior; *e)* ocultismo: interés por conocer misterios y enigmas que rodean al hombre; con el simbolismo comparten los modernistas la idea de que la realidad misteriosa e inefable del universo es asequible a través de un lenguaje poético cargado de musicalidad y de símbolos sugerentes (Juan Ramón y A. Machado); *f)* vuelta a los mitos clásicos como fuente de inspiración y de respuesta a algunas preocupaciones temáticas de estos escritores: p. e., la mencionada recurrencia de lo erótico (Venus, Adonis, ninfas, sátiros, etc.) en Rubén Darío, etc. Pero, más que en el contenido, es en el nivel del *lenguaje poético* donde mejor se muestra la ruptura del modernismo con la tradición literaria anterior, en concreto en el culto a la palabra como portadora de belleza, vehículo de sonoridades y evocación de sensaciones: cromatismo, olor, tacto, musicalidad. Esa aportación de belleza a través de la palabra explica el uso de un vocabulario alusivo a realidades exóticas o exquisitas, de nombres de héroes, dioses y personajes mitológicos, de obras de arte y tipos que evocan realidades misteriosas o aristocráticas (pagodas, castillos, salones versallescos), la frecuencia de palabras esdrújulas seleccionadas por razones de ritmo y musicalidad, etc. Esta renovación formal es evidente también en la métrica, con la recuperación de metros olvidados o poco utiliza-

dos (alejandrino, dodecasílabo, eneasílabo, etc.) y la creación de otros nuevos (versos de dieciséis a veintiuna sílabas), la utilización del verso libre y la alternancia de metros, asonancias internas, consonancias intermitentes, etc. Véanse: DECADENTISMO, FIN DE SIGLO (CRISIS DE), GENERACIÓN DEL 98, PARNASIANISMO y SIMBOLISMO.

Modismo. «Expresión fija, privativa de una lengua, cuyo significado no se deduce de las palabras que la forman» (DRAE). El modismo está compuesto por varias palabras que se insertan, como un bloque, en la comunicación de un mensaje y que no constituyen, de por sí, una oración completa. A este tipo de expresiones corresponderían los idiotismos (giros peculiares en los que se rompen las leyes de concordancia y construcción gramatical, p. e., «a pie juntillas», «a ojos vistas», etc.), ciertas locuciones adverbiales como «sin ton ni son», «a tontas y a locas» o construcciones que cumplen función de adjetivo («de armas tomar»), preposición («en aras de») o conjunción («como quiera que»), etc.

Modo. Categoría narrativa con la que se alude a las diferentes formas de discurso o modos de contar que pueden ser utilizados por un narrador al relatar una historia. Entre las distintas clasificaciones de modos narrativos presentadas por los críticos destaca la de G. Genette, que distingue los siguientes: el llamado estilo directo, el indirecto o «discurso transpuesto», del que sería una variante el «indirecto libre», y el denominado «discurso contado» o relatado. A éstos podría añadirse el denominado «discurso directo libre». Tratando de precisar las formas de realización de estos modos de discurso en un texto como *La Regenta,* de Clarín, se pueden ofrecer las siguientes definiciones y ejemplos: *a)* el modo del *discurso relatado:* se produce cuando el narrador informa sobre el acto de habla (discurso exterior) o de pensamiento (discurso interior) de un personaje, pero sin especificar o sin desarrollar el contenido de su mensaje. Ejemplo: «Le recordó (Ana) mil episodios de la vida conyugal siempre tranquila y armoniosa»; *b)* el *discurso indirecto* ocurre cuando se enuncia el contenido del discurso (exterior o interior) de un personaje pero sin reproducir su forma de expresión. Ejemplo: «Ana confesó al cabo que habían dormido juntos pero que había sido sin querer»; *c)* el discurso *indirecto libre* aparece cuando el narrador reproduce tanto el contenido de la intervención del personaje (oral o de pensamiento) como su peculiar forma de expresión (en todo o en parte); para ello se suprimen los signos gramaticales de subordinación, de forma que el discurso del personaje aparece como fundido con el del narrador, que se ha contaminado de las expresiones de aquél. Ejemplo: «Don Álvaro no se apresuraba. Esta vez estaba seguro. Pero no quería "brusquer", según pensaba él en francés, un ataque»; *d)* el *discurso directo:* surge cuando se reproduce textualmente el discurso del personaje (o el diálogo entre dos o más) con sus mismas palabras. El narrador tan sólo interviene, previamente, para introducir dicho discurso mediante los llamados «verbos de lengua» («dijo», «contestó», «pensó»). Ejemplo:

«–¿Quiere usted verle? –dijo Ana volviéndose al magistral.
Don Fermín contestó:
–Con mucho gusto».

e) el discurso *directo libre* consistiría en la reproducción textual del discurso del personaje, pero sin que medie la introducción del narrador. Ejemplo: «¡Qué miserable soy en estas horas de desaliento! ¡Qué infamias estoy pensando...!».

Mojiganga. Término con el que se denominaba inicialmente una mascarada popular que se celebraba en los días de Carnaval y que en el siglo XVII pasó a designar una breve pieza cómica emparentada con el *entremés y la *jácara. Dicha pieza está constituida por secuencias rápidas en las que se desarrolla una intriga caracterizada por el juego de la doble intención y las alusiones satíricas, los gestos provocativos y un clima de caos al que, en ocasiones, se pone fin con la irrupción de una sarta de golpes o la alegría de un baile con aire carnavalesco. Véanse: BAILE, CARNAVAL, ENTREMÉS y JÁCARA.

Monólogo. Término de origen griego (*mono-logos*: palabra de uno sólo, soliloquio) con el que se designa el acto de exteriorizar un personaje sus pensamientos y sentimientos sin esperar respuesta de un posible interlocutor. El monólogo se utiliza tanto en poesía como en teatro o en novela. En el teatro, los monólogos cumplen unas funciones precisas: rememorar acontecimientos imprescindibles para la comprensión de la intriga, descubrir el mundo interior de un personaje, etc. En el teatro del Siglo de Oro son frecuentes dos formas de monólogos: el denominado *aparte y el monólogo dubitativo y razonador.

En narrativa se produce el monólogo cuando un personaje exterioriza en sus palabras el contenido de su mundo interior, sin interferencia del narrador y en ausencia de posibles interlocutores. De los diferentes tipos de monólogo, han merecido especial atención de la crítica el *soliloquio* y el llamado *monólogo interior*. El primero consiste en una «transcripción directa» de contenidos de conciencia analizados de manera lógica por un personaje, en forma de autoanálisis o de confesión, lo que implica cierta relación dialógica consigo mismo o con un supuesto receptor. Sobre el segundo, véase MONÓLOGO INTERIOR.

Monólogo interior. Expresión traducida del francés (*Le Monologue intérieur*, 1931, de E. Dujardin) cuyo contenido viene a ser análogo al de otra expresión utilizada originalmente por W. James (*Stream of consciousness: corriente de conciencia*) para designar el proceso mental de la conciencia que, a su juicio, se desarrolla en forma de «río» o «corriente», ya que «los pensamientos fluyen». Rasgos peculiares de este monólogo interior son, aparte de la no interferencia del narrador, la afluencia incontrolada del inconsciente y de sus formas de manifestación en el campo de la conciencia, la emergencia desorganizada y confusa de imágenes, sensaciones, sentimientos e ideas expuestas sin ilación lógica, por medio de libres asociaciones, con la consiguiente alteración o disolución del tiempo y del espacio.

El monólogo interior logra su mayor perfección en las novelas de J. Joyce, W. Faulkner, V. Woolf, etc. En la narrativa hispánica ha sido especialmente cultivado por F. Ayala, Max Aub, E. Sábato, J. Lezama Lima, M. Vargas Llosa, C. Fuentes, G. Cabrera Infante, L. Martín Santos, etc.

Monorrimo. Término de origen griego (*monos,* único y *rithmos,* ritmo, rima) con el que se designa una estrofa o poema cuyos versos llevan la misma rima. Esto ocurre con el pareado, la cuaderna vía, las series asonantadas de los cantares de gesta, etc.

Montaje. Término utilizado inicialmente en el lenguaje cinematográfico para designar el proceso de estructuración de un filme a partir de una serie de secuencias que, una vez conexionadas según un determinado ritmo y orden narrativo, dan a la obra su configuración definitiva. Dicho término, aplicado al teatro, se utiliza en tres acepciones: *a)* Como sinónimo de puesta en escena. *b)* Como conjunto de actividades que hacen posible esa puesta en escena: elección de un proyecto escénico, a partir de una determinada obra; reparto de papeles a los actores, ensayos, preparación del *vestuario, *utilería y *decorado; disposición de la luminotecnia, efectos especiales, maquillaje, etc. *c)* Composición de la estructura y ritmos narrativos de un espectáculo teatral a partir de escenas fragmentarias o cuadros autónomos que constituyen la obra dramática, con el fin de conferir al conjunto una determinada dirección.

Por lo que respecta a la novela, el término «montaje» equivale a la «sintaxis mediante la que se estructuran los episodios de la historia en un discurso narrativo» (D. Villanueva).

Moraleja. «Lección o enseñanza que se deduce de un cuento, fábula, ejemplo, anécdota, etc.» (DRAE). Se trata de una breve reflexión que recoge y resume, al final de un texto, la consecuencia moral que se deriva del ejemplo abordado en el mismo.

Este tipo de enseñanza condensada en forma de máxima es frecuente en aquellas épocas en que abunda la literatura didáctica en sus diferentes formas: apólogos, cuentos, ejemplos, fábulas, etc. Esto ocurre, p. e., en la cultura grecolatina con las obras fabulísticas de Esopo y Fedro o en la Edad Media con las recopilaciones de sermones, sentencias, fábulas, etc. En este sentido destacan tres obras importantes: el *Libro de los ejemplos por abc,* de Sánchez de Vercial, el *Libro de Buen Amor,* de Juan Ruiz, y *El Conde Lucanor,* de Don Juan Manuel. Con respecto a este último, en los dos versos con que terminan sus cuentos se resume un mensaje aleccionador en forma de moraleja: «Faz siempre bien et guárdate de sospecha, / et siempre será la tu fama derecha», etc. La moraleja es, igualmente, un recurso utilizado en los textos de literatura parenética y ascética del Siglo de Oro, así como en determinadas obras de teatro: p. e., en *La vida es sueño*:

«... Mas sea verdad o sueño, / obrar bien es lo que importa».

(Calderón de la Barca).

También en la literatura del siglo XVIII se cultiva el mencionado recurso, especialmente en las fábulas de T. de Iriarte y F. M.ª de Samaniego.

Moralidad. Género dramático surgido, probablemente, en Francia al final de la Edad Media. Presenta la forma de un diálogo entre personificaciones alegóricas (a través del cual se realiza un comentario satírico sobre las costumbres y la actualidad política y religiosa de la época) y ciertos rasgos y recursos teatrales análogos a los de la farsa. A este tipo de obras pertenecen, en la literatura francesa, *Le Concile de Bâle* (1432), *Bien avisé et mal avisé* (1439), etc., y, en la española, ciertos *debates* en los que surgen figuras alegóricas como la fe, el pecado, la virtud, el buen consejo, etc. Aunque el nombre de «moralidad» no aparece expresamente mencionado, a este género de obras pertenecen textos como la *Farsa mo-*

ral (que representa a la prudencia, justicia, fortaleza y templanza dirigiendo las conductas de los hombres) de D. Sánchez de Badajoz. Estas farsas y moralidades preanuncian el modelo de personificación alegórica de los futuros autos sacramentales.

Morisca (novela). Véase MORISCO.

Morisco. Término con el que se alude a un tipo de creaciones literarias, en verso (*romance morisco*) y en prosa (*novela morisca*), que se desarrollan en España, principalmente entre los siglos XV al XVII, y que se centran en la figura del «moro», convertido en héroe caballeresco, aureolado por su nobleza y sus costumbres refinadas. Este motivo literario tiene su contexto histórico en la existencia del reino de Granada como último reducto de la presencia árabe en España. En el siglo XV surge en Castilla una especie de fascinación por la vida y costumbres de los árabes granadinos, de quienes se admira la belleza y lujo de su arquitectura, el buen gusto en el vestir, sus modos exquisitos de relación, su elegancia y destreza en la equitación y en el combate y hasta el desarrollo de sus técnicas agrarias. Esta admiración por el moro granadino es especialmente notable en una serie de romances moriscos surgidos tras la conquista de

Granada (centrados en personajes ficticios que lo representan como caballero y galante: el «gallardo Abén Humeya», «el valiente moro Tarfe», etc.) y, sobre todo, en la novela morisca: *Historia del Abencerraje y de la hermosa Jarifa* (1561), *Historia de los bandos de los Zegríes y Abencerrajes* (más conocida como *Guerras civiles de Granada*, 1595), de G. Pérez de Hita, y *Ozmín y Daraja*, intercalada en el *Guzmán de Alfarache* (1599), de Mateo Alemán. Véanse: CASIDA, GACELA, MOAXAJA, ROMANCE y ZÉJEL.

Morisco (romance). Véase MORISCO.

Mote. Es un tipo de glosa cultivada por algunos poetas de los siglos XV y XVI que consta de tres partes: un verso inicial o «mote» (en el que se enuncia el lema de dicha composición), una redondilla o una quintilla (que acaba con el verso del mote) y una copla castellana o real, que finaliza igualmente con el mote y en la que se glosa o comenta, lo mismo que en la estrofa anterior, el lema propuesto en el primer verso del poema. Entre los autores de este tipo de composiciones figuran J. Manrique, C. de Castillejo, J. del Encina, etc. A este último pertenece el siguiente ejemplo de «glosa con mote»:

«MOTE
Olvidé por acordarme.

GLOSA
Consintiendo cativarme
de vuestra gracia y beldad,
mi vida y mi libertad
olvidé para acordarme.
Para acordarme de vos
amor manda, quiere y pide
que de mí mismo me olvide
pues que tal os hizo Dios.
Cativo sin libertarme
de fuerça y de voluntad,
mi vida y mi libertad
olvidé para acordarme».

Véase: GLOSA.

Motivo. Es la unidad mínima en que pueden descomponerse los elementos constituyentes de la fábula o el tema de una obra narrativa o dramática. Para B. Tomachevski, los motivos, combinándose entre sí, forman la estructura temática de una obra. Como ejemplo de motivos cita los siguientes: «Declinó la tarde», «Raskolnikov asesinó a la vieja», «El héroe murió», etc. Son fracciones temáticas mínimas, no descomponibles. Hay diversos tipos de motivos: *libres* (si pueden suprimirse sin afectar al entramado causal-temporal de la fábula), *obligados* (si no se pueden omitir), *dinámicos* (los que modifican una situación o la transforman) y *estáticos* (si no modifican la situación).

En teoría dramática el concepto de motivo aparece vinculado al de tema: p. e., la lucha contra el destino, el amor contrariado por la sociedad, etc. Determinados motivos pueden influir, además, en la caracterización de ciertos personajes y constituir el tema central de la obra: la avaricia, los celos, la venganza, etc. Cuando un motivo concreto aparece de forma recurrente a lo largo de una obra puede constituir lo que se denomina un *leitmotiv.*

Movimiento literario. Expresión con la que se alude a una corriente ideológica, artística y literaria y al conjunto de autores y obras integradas en dicha corriente, la cual implica un cambio (o ruptura) en relación con el sistema establecido. Todo movimiento supone la agrupación de unos escritores o artistas comprometidos de alguna forma con los objetivos y principios sustentados en el ideario del grupo, así como en su desenvolvimiento y propagación. En el transcurso de la historia del arte y de la literatura han aparecido diferentes formas de agrupación designadas con diversos nombres: academia, círculo, capilla, cenáculo, salón, tertulia, grupo, generación, escuela, etc. Algunas de estas denominaciones (academia, tertulia y generación) se estudian en su entrada correspondiente de este Diccionario; de otras se habla en *clasificación literaria.

La noción de *movimiento* no supone la idea de doctrina establecida, a la que deben someterse sus miembros, ya que, en principio, se trata de una corriente que se va abriendo paso y que se manifiesta en unos supuestos ideológicos y estéticos compartidos por autores coincidentes en el rechazo de la escuela previamente asentada. Por otra parte, en la configuración de un movimiento es importante la presencia de un guía, rasgo que puede aparecer también en otros tipos de asociación, p. e., en una generación literaria.

Mozárabe. Término de procedencia árabe (*mustà rib,* de ahí mozárabe) con el que se designaba en ese idioma a los que practicaban la lengua romance, denominada en árabe *al ayamiya* (*aljamía,* en castellano), es decir, lengua extranjera. El término «mozárabe» vino a aplicarse al ciudadano que, «sin ser árabe, se hacía semejante a los árabes» (A. Galmés de Fuentes). A medida que fue avanzando la reconquista, entre los siglos XI y XIII, en las ciudades conquistadas seguían los mozárabes manteniendo elementos de cultura árabe. Su actitud frente a la duplicidad de cultura en la que estaban inmersos (la de su lengua y tradición hispanorromanas y la árabe oficial) fue evolucionando en el transcurso de los siglos desde una posición inicial de defensa heroica de la cultura, religión y lengua romance frente a las presiones del árabe (siglos VIII-X) hasta un repliegue a la vida privada (el mozárabe se mantiene como habla familiar) a partir de la invasión almorávide (s. XI). Ésta provoca la huida en masa de cristianos hacia el norte, con la consiguiente decadencia de la comunidad mozárabe de Al-Andalus. Sobre la creación literaria en mozárabe, véanse: JARCHA y MOAXAJA.

Mudanza. Estrofa que en el villancico, zéjel y canción medieval sigue a la cabeza o estribillo. En el villancico está formada generalmente por una redondilla, y en el zéjel por los tres versos monorrimos. Ejemplos:

Villancico:

«Partir quiero yo,   *(Estribillo)*
mas no del querer,
que no puede ser.
El triste que quiere   *(Mudanza)*
partir y se va,
adonde estuviere
sin sí vevirá:
mas no que porná   *(Verso de enlace)*
en otra el querer,
que no puede ser».

(Cartagena)

Zéjel:

«Dizen que me case yo: *(Estribillo)*
no quiero marido, no.
Mas quiero vivir segura   *(Mudanza)*
n' esta sierra a mi soltura
que no estar en ventura

si casare bien o no.   *(Verso de vuelta)*
Dizen que me case yo:
no quiero marido, no [...]».

(Gil Vicente)

Véanse: VILLANCICO y ZÉJEL.

Muletilla. Palabra o expresión que, por hábito defectuoso, se repite innecesariamente en la conversación o emisión de un texto («¿no entiendes?», «Va y dice...», «¿Verdad?») y que constituye una especie de «tic» lingüístico que sirve de apoyatura a la comunicación. Ciertos escritores utilizan con especial destreza este recurso para caracterizar a determinados personajes: p. e., el «pa chasco» que B. Pérez Galdós pone en boca de los Izquierdo, en *Fortunata y Jacinta,* como muletilla familiar que se repite en tío y sobrina.

Musas. Término de origen griego *(mousai,* en latín *musae)* con el que se designa en la mitología a un grupo de divinidades femeninas relacionadas con la música, la danza, las ciencias y la literatura en sus diversos géneros. Su número queda definitivamente establecido en la *Teogonía* de Hesíodo, donde aparecen mencionadas las nueve musas. En lo referente a sus funciones, parece que ya en los últimos tiempos de Roma cada musa presidía una faceta del arte: Calíope, la poesía épica; Clío, la historia; Polimnia, la pantomima; Euterpe, la flauta; Terpsícore, la danza; Erato, la poesía lírica (especialmente la erótica) y el canto coral de tipo lírico; Melpómene, la tragedia; Talía, la comedia y la poesía bucólica; y Urania, la astronomía. Estas funciones aparecen enunciadas en el siguiente soneto de Moratín:

«Sabia Polimnia en razonar sonoro
verdades dicta, disipando errores,
mide Urania los cercos superiores
de los planetas y el luciente coro.
Une en la historia al interés decoro
Clío, y Euterpe canta los pastores;
mudanzas de la suerte y sus rigores
Melpómene feroz, bañada en lloro;
Calíope victorias; danzas guía
Terpsícore gentil; Erato en rosas
cubre las flechas del Amor y el arco:
pinta vicios ridículos Talía
en fábulas, que anima, deleitosas,
y ésta le inspira al español Inarco».

(L. Fernández de Moratín)

Música y literatura. Las relaciones entre música y literatura son evidentes en los textos poéticos sujetos a una métrica, en los que el ritmo acentual, la rima (cuando existe), las recurrencias fónicas y paralelismos comportan un valor melódico indudable. Pero es que, además, música y poesía han coexistido como partes integrantes del canto desde los inicios de las literaturas bíblica y grecolatina, que constituyen el sustrato de la literatura europea posterior. Así, p. e., en los himnos y epitalamios de la poesía griega, el verso formaba parte del canto, que iba acompañado de música con la cítara y con la lira. Otro tanto ocurría con los salmos bíblicos y los cantos litúrgicos de la Iglesia, en los que la música servía de apoyo al canto, resaltando el contenido del texto poético-religioso. En la *literatura española,* ya desde la *lírica* primitiva, las jarchas, las canciones de amigo gallegas y los villancicos castellanos eran textos poéticos destinados al canto. En la poesía trovadoresca aparecen numerosos poemas acompañados de música; p. e., en las *Cantigas de Santa María* de Alfonso X el Sabio, salvo una, todas las composiciones poéticas vienen igualmente acompañadas de música. La música figura también en los inicios del teatro con los dramas litúrgicos de Navidad y de Pasión *(Autos)* y en los «Misterios» catalanes y valencianos. Al final de la Edad Media y en los comienzos del Renacimiento aparece una serie de composiciones musicales que sirven de acompañamiento a textos poéticos del mismo nombre: el *madrigal,* el *villancico,* la *canción* y los *romances.* Entre los romances con música para vihuela resultan los más conocidos el «Conde Claros», «Paseábase el rey moro» y «Triste España sin ventura», este último de Juan del

Encina. En el Siglo de Oro, es en el teatro donde la música obtiene su mayor acogida. En las listas de miembros de las compañías de teatro se incluían músicos que a lo largo de la representación teatral participaban en los entremeses, bailes, jácaras y mojigangas. En los autos sacramentales la música era igualmente un elemento fundamental. Hay, no obstante, dos formas de representación dramática en las que la música está íntimamente vinculada al texto: la *ópera* y la *zarzuela*. Los dos primeros creadores de ópera en España son Lope de Vega (con *La selva sin amor)* y Calderón (con *La púrpura de la rosa,* 1660). La primera zarzuela de la que se conserva la partitura es *Los celos hacen estrellas,* de J. Vélez de Guevara con música de Juan Hidalgo.

En el siglo XVIII la música adquiere un auge excepcional en las representaciones dramáticas. Surgen nuevas piezas que consiguen una gran acogida del público, p. e., *La espigadera* (1788), de Ramón de la Cruz, con música de P. Esteve; *Los menestrales,* de C. M.ª Trigueros, con música de B. de Laserna, y *Las bodas de Camacho,* con letra de J. Meléndez Valdés y música de Esteve. Por su parte, Ramón de la Cruz introduce en sus sainetes composiciones musicales como los «coros», «minués», «pastorelas», «villancicos», etc. Entre sus zarzuelas más conocidas figura *Las segadoras de Vallecas* (1768), con música de A. Rodríguez de Hita. También la ópera tuvo un gran cultivo en esta época, gracias a la llegada de Farinelli y P. Metastasio a Madrid. Durante el siglo XIX continúa el gusto por la ópera. Existen intentos de creación autóctona por parte de músicos y escritores relevantes. Larra escribió en 1832 el libreto para una ópera de estilo «rossiniano» cuya música era de T. Genovés; G. A. Bécquer compuso también el libreto de la ópera de J. Espín, titulada *Esmeralda,* etc. En el siglo XX, la interrelación entre música y literatura se incrementa notablemente. Un hecho llamativo es la presencia de piezas musicales que toman su asunto de textos literarios: p. e., M. de Falla compuso la música para *El retablo de Maese Pedro,* adaptación escénica de un episodio del *Quijote,* y utilizó textos de Verdaguer para la *Balada de Mallorca* y *La Atlántida,* que dejó inconclusa; J. Turina compuso *Rima* (1911) sobre un poema de G. A. Bécquer; I. Albéniz escribió una ópera sobre *Pepita Jiménez,* de J. Valera, y P. Sorozábal compuso otra (*Adiós a la bohemia,* 1933) con libreto de Pío Baroja, etc.

En la literatura contemporánea la música se ha convertido, a su vez, desde el simbolismo y los movimientos de vanguardia, en fuente de inspiración para la búsqueda de recursos melódicos y de nuevos ritmos (en Rubén Darío y los modernistas) y en modelo de composición del poema para escritores como G. Diego, para quien «la más pura e inaccesible poesía empieza donde concluye la palabra y nace la música [...]». Véanse: ÓPERA y ZARZUELA.

Mutis. Voz de origen latino (*mutare:* cambiar de sitio; *mutus:* mudo, silencioso) «que emplea el apuntador en la presentación teatral o el autor en sus acotaciones para indicar que un actor debe retirarse de escena» (DRAE). En el teatro del Siglo de Oro, la demarcación de las escenas se realiza a través de las acotaciones en las que se especifican las entradas y salidas de los personajes. La salida o retirada de escena se indica con las expresiones «vase» (si es un personaje), «vanse» (si son varios), «vase y calla», etc. El término «mutis» se utiliza en diversas expresiones peculiares del lenguaje teatral: «hacer mutis» (salir de escena), «hacer mutis por el foro» (salida del personaje por el fondo o foro del escenario), «medio mutis»: cuando un actor simula retirarse de la escena y entra nuevamente.

N

Narración. Término con el que se designa el acto de contar una historia. En todo hecho narrativo se pueden distinguir tres aspectos esenciales: la *historia* (el contenido narrativo constituido por los acontecimientos), el *relato* (que es el texto narrativo o el conjunto de palabras que forman el discurso o enunciado del narrador) y, finalmente, la *narración* (que es «el acto narrativo productor» del relato).

Desde el punto de vista de la historia que se cuenta, y a la hora de determinar el tiempo en el que se realiza, la narración o acto de narrar puede ser ulterior, anterior, simultánea e intercalada. La narración *ulterior*, que es la más frecuente, es aquella en la que el narrador emplea el tiempo pasado; p. e., en el *Lazarillo*, el pícaro adulto narra su pasado de pícaro niño y adolescente: «Pues, siendo yo niño de ocho años, *achacaron* a mi padre ciertas sangrías...». Una narración es *anterior* cuando se realiza un relato «predictivo», tal como ocurre en los libros proféticos, en los sueños premonitorios, etc. La narración *simultánea* es aquella en la que coinciden los tiempos de la historia contada y de la narración, p. e., en los diarios autobiográficos. El tiempo de estos relatos es el presente. Finalmente, la narración *intercalada* es aquella en la que la historia y la narración pueden enredarse o entrecruzarse, de manera que la narración influye en el desarrollo de la historia, p. e., en el relato epistolar, en el que la carta es a la vez el *medium* de la narración y elemento de intriga.

Narrador. Es el sujeto primordial e imprescindible en la configuración de un relato. Si todo relato es narración de una historia, el productor del mismo es el narrador, que es quien cuenta los hechos de esa historia, presenta a los personajes, los sitúa en un espacio y tiempo determinados, observa sus hechos externos y su mundo interior y describe sus reacciones y comportamientos, y, todo ello, desde una perspectiva determinada que condiciona la comprensión de esta historia narrada por parte del receptor de ese relato. El narrador es, además, el elemento que distingue al género narrativo del dramático o el lírico. Al narrador le competen unas funciones básicas que, de acuerdo con G. Genette, serían las siguientes: *a)* narrativa: el hecho de contar la historia; *b)* organizativa: articulación interna del texto; *c)* comunicativa: el diálogo que el narrador puede mantener con el *narratario presente, ausente (el caso de la novela epistolar) o *lector supuesto; *d)* testimonial: cuando el narrador sugiere cuáles son las fuentes de información de que parte, la posible fiabilidad de sus recuerdos, etc.; *e)* ideológica: consistente en las intervenciones o comentarios explicativos o justificativos del narrador sobre el desarrollo de la acción. Véanse: MODALIZACIÓN, PUNTO DE VISTA y VOZ.

Narratario. Personaje al que el narrador de una historia de ficción destina su relato. Este personaje es aludido directamente por el narrador y se encuentra integrado en el texto. Existe, además, otro tipo de destinatario, exterior al texto, al que G. Genette (1972) denomina «narratario extradiegético», que se identificaría con el llamado «lector virtual» supuesto por el autor. Ejemplo de «narratario intradiegético» (interior al texto) es el destinatario de la carta que dirige el protagonista-narrador del *Lazarillo:* «... Pues vuestra merced escribe se le ecriba muy por extenso...». Las funciones del narratario son las siguientes: «Constituye un nexo entre el narrador y el lector, ayuda a precisar el marco de la narración, sirve para caracterizar al narrador, pone de relieve determinados temas, hace progresar la intriga, se convierte en portavoz de la moral de la obra» (G. Prince).

Narrativa. Término polisémico utilizado en diversas acepciones: acción o facultad de narrar; género literario (épico, en oposición a lírico y dramático), circunscrito normalmente a la novela y al cuento; conjunto de relatos vinculados por razones temáticas, de técnica narrativa, de escuela, geográficas, etc. («narrativa hispanoamericana», «narrativa del exilio», etc.); ciencia que tiene por objeto el estudio de textos narrativos que mantienen, como estructura básica común, el relato y que abarcan desde el mito a las tiras cómicas o al cine. En esta última acepción, dicha ciencia se reconoce bajo diferentes denominaciones: «Gramática narrativa», «Semiología del texto narrativo», «Semiótica narrativa», «Semiología del relato», «Narrativa», «Teoría de la narración» y, finalmente, *narratología*, designación que se va imponiendo en los estudios de los últimos años. Véase: NARRATOLOGÍA.

Narrativa hispanoamericana. Véanse ANTINOVELA, GAUCHESCA, INDIGENISMO, NATURALISMO, NEGRISMO, NOVELA HISTÓRICA, NUEVA NOVELA, REALISMO MÁGICO y ROMANTICISMO.

Narratología. Término con el que se denomina una ciencia que abarca y sistematiza los conocimientos de teoría del relato en sus diferentes aspectos. Dicha ciencia se divide en dos partes fundamentales: narratología *temática* (centrada en la «historia» del relato) y narratología *formal* o modal, en la que se analizan los relatos en cuanto modos de representación de esa historia. A la narratología, como ciencia global, corresponde el estudio de la teoría del relato con sus diferentes elementos de composición (unidades narrativas, acción y función, fábula y trama, estructura, niveles narrativos, etc.) y otras categorías fundamentales como las de focaliza-

ción, voz, aspectos, modos, tiempo, espacio, personajes, etc. Estos elementos de composición y las mencionadas categorías del relato han sido estudiados sistemáticamente por diferentes investigadores, entre los que destacan los formalistas rusos (V. Sklovski, B. Tomachevski, etc.), V. Propp, C. Lévi-Strauss, M. Bajtin, T. Todorov, R. Barthes, G. Genette, etc. Ha sido este último quien ha logrado sistematizar una sólida y bien estructurada teoría del relato, recogiendo eclécticamente las aportaciones de los investigadores precedentes.

Para ello, Genette comienza definiendo los tres elementos esenciales en la configuración de un texto narrativo: la *historia (los acontecimientos) el *relato (el «enunciado verbal» de esa historia: el texto) y la *narración (el acto de narrar). A continuación estudia las relaciones entre relato e historia, entre relato y narración y entre historia y narración, teniendo como punto de partida las tres categorías siguientes:

a) el *tiempo: «donde se expresa la relación entre el tiempo de la historia y el del relato»; *b)* el *aspecto: «la manera como la historia es percibida por el narrador»; *c)* el *modo: «el tipo de discurso utilizado por el narrador».

De acuerdo con este esquema estudia las peculiaridades del tiempo del relato (*anacronía, *analepsis, *prolepsis, *elipsis, etc.), los aspectos y modos (*punto de vista, *focalización o perspectiva, distancia, alternancias, *mimesis y *diégesis, etc.), la *voz como instancia narrativa múltiple, *niveles narrativos, *funciones del narrador, *narratario, etc. Para el estudio de todos estos conceptos se remite al lector a las entradas correspondientes en este Diccionario. Véanse: CUENTO, EPISODIO, FÁBULA, NARRACIÓN, NARRADOR, NARRATARIO, NARRATIVA, NOVELA, RELATO, SECUENCIA, TIEMPO, TRAMA y VOZ.

Naturalismo. Término con el que se designa un movimiento literario surgido en Francia en la segunda mitad del siglo XIX y extendido por varios países de Europa, entre ellos España, donde se desarrolla en la década de los años ochenta. Dicho término es utilizado por É. Zola, iniciador de este movimiento, con un significado nuevo, procedente del campo de las ciencias «naturales», que entonces gozaban de gran prestigio. En la formación del naturalismo, como estética literaria y como doctrina, influyen, en cuanto a las técnicas narrativas, Balzac, Stendhal y G. Flaubert, y, en su transfondo antropológico y social, las obras del Dr. Lucas (*Traité de l' hérédité naturelle*, 1850), de H. Taine (*Essais de critique et d'histoire*, 1857),

de Ch. Darwin (*El origen de las especies*, 1859) y de C. Bernard (*Introduction à l'étude de la médicine expérimentale*, 1865). El principio de que las leyes de la herencia condicionan la conducta del hombre (Dr. Lucas) forma parte de la concepción determinista de la vida que late en la obra de Zola, principio reforzado por la aceptación de otros condicionantes formulados por Taine: los de raza, medio y momento. Este determinismo se consolida con el magisterio de C. Bernard (cuyo método experimental, aplicado a la fisiología, intentará Zola trasladar a la literatura) y con el concepto darwiniano de la lucha por la vida como móvil de conducta de los individuos y grupos sociales. Esta lucha por la vida origina una selección natural de los mejor dotados (por su vigor, inteligencia y creatividad) y prescribe el puesto que el hombre va a tener en la sociedad. Sin embargo, la actual organización social ha provocado que la selección ya no sea natural, sino producto artificial de las condiciones socioeconómicas y sociales por las que una minoría, que ha concentrado los resortes del poder, explota al resto y lo reduce a condiciones de existencia embrutecedoras. El novelista ha de describir en sus obras estas formas sociales y las circunstancias (trabajo, vivienda, etc.) degradadoras de la vida de los individuos, sin ocultar las realidades más repulsivas.

De estos presupuestos estéticos e ideológicos derivan los rasgos del naturalismo: *a)* concepción determinista de la vida, antropología materialista (los instintos, sexual, de posesión y de poder, condicionan la conducta del hombre) y un pesimismo fatalista respecto al destino del ser humano en la actual organización social; *b)* en cuanto a técnicas narrativas: objetivismo, basado en la observación, experimentación y documentación; descripciones minuciosas de ambientes, espacios y personajes, con prevalente atención a los grupos humanos (personaje colectivo: la mina, la fábrica, etc.); presentación de tipos individuales dominados por el «temperamento» y el medio y en muchos casos embrutecidos; *c)* la acción de estas novelas, muy extensas, es de escasa complejidad; *d)* en relación con el lenguaje y estilo, sencillez y vigor expresivos, abundancia de léxico científico y de vocablos de argot, utilización del estilo indirecto libre (herencia de Flaubert), etc.

El movimiento naturalista, consolidado en Francia en la década de los setenta, comienza a conocerse en España a finales de esa misma década y provoca una agria polémica entre escritores partidarios (Clarín, E. Pardo Bazán, B. Pérez Galdós) y quienes lo rechazan: P. A. Alarcón, J. M.ª de Pereda y J. Valera. E. Pardo Bazán publica, en 1883, su ensayo sobre el naturalismo: *La cuestión palpitante*. Desde comienzos de los ochenta aparecen las primeras novelas naturalistas de Galdós: *La desheredada* (1881), *El doctor Centeno, Lo prohibido* (1885), etc. En cuanto a las novelas de Pardo Bazán (*Los Pazos de Ulloa*, 1886, *La Madre Naturaleza*, 1887), el influjo de la herencia, la degradación bestial de ciertos personajes, la presión de los instintos, etc., responden más bien a los tópicos de un naturalismo «aparente», utilizado como instrumento literario incluso en alguna novela de Pereda (*La Montálvez*), de Palacio Valdés (*La Espuma*, 1891), etc.

A comienzos de la década de los noventa se produce un cambio en los gustos de escritores y público en Europa. En Francia, a raíz de la publicación de *La tierra* (1887), de Zola, surge una crispada reacción entre jóvenes escritores (*Manifiesto de los cinco*) que critican la vulgaridad y la pseudoexperimentación científica presentes, a su juicio, en la narrativa de Zola. Por esas fechas, en España, a excepción de V. Blasco Ibáñez (que se autoproclama discípulo de Zola y cuyo influjo es evidente en varias de sus novelas, como *Cañas y barro*, 1902, etc.), los grandes novelistas, como Clarín *(Su único hijo*, 1891), Galdós (desde *Ángel Guerra*, 1890-1891), E. Pardo Bazán *(Una cristiana*, 1890), etc., han abandonado ya los métodos y temática naturalistas. Véanse: NOVELA EXPERIMENTAL y REALISMO.

Negrismo. Término con el que se reconoce un movimiento literario surgido en la segunda década del siglo XX en Centroamérica y América del Sur que convierte al negro y su problemática humana –especialmente social– en tema fundamental de sus preocupaciones y de su creación estética. Aunque este tema del negro tiene antecedentes en algunos poetas del Siglo de Oro (Gil Vicente, Lope de Vega y Quevedo) y en escritores hispanoamericanos de los siglos XVII al XIX (Silvestre de Balboa, 1563-1649; y los cubanos Domingo del Monte, 1804-1853, y J. F. Manzano, 1797-1854, que era negro y esclavo), es ahora cuando se desarrolla en plenitud dicho movimiento. Su expresión literaria, aunque aparece en la modalidad narrativa (p. e., la novela *Ecue-Yamba-O*, de A. Carpentier), logra su mayor desarrollo en la llamada *poesía negra, mulata* o *afroamericana*. Entre sus cultivadores figuran L. Palés Matos *(Canción festiva para ser llorada* y *Tuntún de pasa y grifería*, 1937), E. Ballagas (autor de *Cuaderno de poesía negra*, 1934,

y de una antología: *Mapa de la poesía americana*, 1946), N. Guillén *(Motivos de son*, 1930; *Sóngoro Cosongo*, 1931), el citado A. Carpentier, Rosa-Nieves, M. del Cabral, etc. La temática predominante gira en torno a los problemas de afirmación social del negro y de sus peculiaridades culturales: mestizaje, esclavitud, rechazo de la civilización europea, descubrimiento del «alma negra», de la mujer mulata, vuelta a las raíces folclóricas y culturales del pueblo negro, etc.

Entre los rasgos estéticos peculiares de esta poesía negra sobresalen una expresividad evocadora de los ritmos de la danza negra, la sencillez de recursos estilísticos, la relevancia de los valores acústicos de la lengua, con sus virtualidades sugeridoras y rítmicas, la presencia de léxico afronegroide («Yoruba soy, soy lucumi,' mandinga, congo, carabalí») y de topónimos africanos; la rima aguda, en la métrica, lo que intensifica las resonancias rítmicas de la danza negra; y, como figuras literarias peculiares, la *onomatopeya y la *jitanjáfora. En cuanto a los motivos, además de los apuntados, el de la mujer mulata («mulata, mora, morena», de N. Guillén), la serpiente («Sensemayá», de Guillén), la magia, los hechizos, etc.

Némesis. Término griego *(nemesis*: indignación, venganza) que en la tragedia clásica evoca la acción de la justicia divina que irrumpe fatalmente sobre el héroe en castigo de su error (*amartia:* pecado, error), consistente en haberse excedido en sus atribuciones o en el orgullo u obstinación (*hybris*) en persistir en su propósito a pesar de las advertencias para que desista de su empeño. Este comportamiento suscita la ira de los dioses, que aplastan el orgullo del protagonista trágico y provocan su inmediata caída.

Neoclasicismo. Corriente literaria que se produce en España y en el resto de Europa en el siglo XVIII en la que se propugna una vuelta a la estética literaria del clasicismo, que presenta, como notas peculiares, la imitación de los escritores grecolatinos, a los que se considera como modelo, y la aceptación de las normas estilísticas de la preceptiva clásica: verosimilitud, imitación de la naturaleza, respeto a las reglas de cada género (entre ellas, las tres unidades de acción, tiempo y lugar), exigencias del decoro, etc. Dicha estética clasicista se desarrolla y perfecciona en Italia a lo largo del siglo XVI, es asumida en Francia en el siglo XVII y sistematizada en el *Arte poética* (1674) de Boileau y se expande nuevamente, bajo el influjo cultural de Francia, por el resto de los países latinos a lo largo del siglo XVIII

con la denominación de «neoclasicismo».

Por lo que respecta a España, aunque con la *Poética* (1737) de I. Luzán culmina la ruptura con el Barroco (iniciada con la publicación del I volumen del *Teatro Crítico Universal,* 1726, de Feijoo) y se va imponiendo la Ilustración (una expresión estética del movimiento ilustrado sería, según J. Arce y J. Caso, el *rococó, predominante entre 1765 y 1780), es el período que va de 1780 a 1808 el que podría considerarse como propiamente *neoclásico,* ya que, por una parte, en él se afirma dicha corriente desde el punto de vista de los principios (segunda edición de la *Poética* de Luzán) y, por otra, se produce lo más significativo de la creación neoclásica en poesía y, sobre todo, en teatro a través de la comedia de Leandro Fernández de Moratín. En sus cinco obras (*El viejo y la niña,* 1790; *El Barón,* 1803; *La mojigata,* 1804; *La comedia nueva,* 1792, y *El sí de las niñas,* 1806), sobre todo en esta última, consigue elaborar el modelo de una comedia neoclásica que respeta, sin forzar, las tres unidades y demás exigencias de la comedia clásica, incluidas la verosimilitud, el decoro y la sencillez y naturalidad en los comportamientos y expresión de los personajes. A ello se une la armonía de lo intelectual (visión satírica de los errores y vicios sociales) con la manifestación de los sentimientos, que sustentan el desarrollo de la trama y provocan su desenlace, en el que quedan a salvo la verdad y la virtud. Véanse: CLASICISMO, ILUSTRACIÓN, PRERROMANTICISMO y ROCOCÓ.

Neoclásico. Término acuñado por la moderna historiografía mediante la amalgama de dos voces: *neo* (del griego *neos*: nuevo) y *clásico*, del latino *classicus*, con el que se designaba a la clase social más alta y, en el plano del arte, a aquellos autores selectos *(classici)* considerados como modelo de imitación por la perfección de su estilo. La palabra «clásico» es utilizada por los escritores del siglo XVIII para designar, especialmente, a los autores de la cultura grecolatina elegidos como modelos, pero también a aquellos escritores españoles del Siglo de Oro que comenzaron a ser considerados como tales en el llamado «neoclasicismo». En dicho siglo, autores como Garcilaso, Boscán, Fray Luis de León, Lope de Vega, Góngora, Quevedo, Calderón, etc., son considerados modelos «clásicos» por los miembros de la Academia del Buen Gusto de Madrid (1749-1751), considerada como «el primer cenáculo poético al que es lícito llamar *neoclásico*» (D. T. Gies y R. P. Sebold). Véanse: CLÁSICO, ILUSTRACIÓN y NEOCLASICISMO.

Neologismo. Palabra nueva que surge en una lengua, ya sea por creación, composición, derivación o imitación de otras existentes en dicha lengua o bien por préstamo de vocablos procedentes de otros idiomas. La aparición de neologismos se debe a necesidades de designación de nuevos conocimientos científicos, técnicos, usos y realidades sociales y a la búsqueda de mayores posibilidades expresivas de un idioma en el campo de la creación estética y literaria. El neologismo puede ser *léxico*, si es un término nuevo en su significante y significado (p. e., «glosemática»), o *semántico*, en el caso de que un vocablo, ya existente, adquiera con el transcurso del tiempo un nuevo significado; p. e. «afeitar» designaba en el siglo XVII no rasurar la barba, sino «quitarse los hombres el cabello», según S. de Covarrubias (1611).

En la historia de la lengua y de la literatura españolas ha habido épocas en las que se advierte una mayor afluencia de neologismos, coincidente con grandes cambios de tipo cultural y estético. Esto ocurre, p. e., al final de la Edad Media (abundancia de neologismos de procedencia latina en J. de Mena), en el Barroco (tendencia cultista en Góngora y creatividad lingüística en Quevedo), en el siglo XVIII (afluencia de galicismos) y en la transición del

XIX al XX: proliferación de helenismos y voces de otros idiomas en los poetas modernistas, creación de neologismos por derivación en Unamuno y, ya en el siglo XX, incorporación, con fines estéticos, de léxico jergal y caló en textos de Valle-Inclán, etc. La creación de neologismos es también abundante en la experimentación verbal de ciertos novelistas hispanoamericanos, como J. Cortázar, G. Cabrera Infante, S. Sarduy, etc.

Neopopularismo. Corriente literaria que se manifiesta en algunos poetas de la Generación del 27, especialmente en F. G. Lorca y R. Alberti, y que responde a una tendencia recurrente en la literatura española a volver sobre las fuentes de la tradición oral, el folclore y la poesía popular como base de inspiración temática y formal. Dicha tendencia se advierte ya a finales del siglo XV, en la etapa de los Reyes Católicos, en la que músicos y poetas (J. del Encina, Gil Vicente, etc.) se interesan por cantos populares, villancicos y romances. Este gusto por lo popular se muestra igualmente en el culto a los dichos y refranes (como muestra de sabiduría del pueblo) por parte de los humanistas, que seguían en ello el magisterio de Erasmo. Grandes escritores del Siglo de Oro, como Lope de Vega, L. de Góngora, F. de Quevedo, etc., participan en este culto a las formas métricas de la poesía tradicional (romance, coplas, villancicos, zéjel), y, en el teatro, Lope de Vega, Tirso de Molina, etc., los insertan en sus obras teatrales. Esta tendencia reaparece con los románticos (uso frecuente del romance), pero es en el siglo XX, con poetas como Machado, Lorca, Alberti, etc., cuando el cultivo de las diversas formas de poesía popular adquiere gran relevancia.

Neorrealismo. Término con el que se designa una corriente literaria y cinematográfica que se produce en Italia entre 1940 y 1950 y que ya había sido utilizado por el crítico A. Bocelli hacia 1930 para clasificar un conjunto de obras surgidas como reacción a la literatura esteticista y formalista de la época y que se distinguían por su tendencia a la objetividad en el análisis de la conducta de los personajes y de los ambientes sociales, al estilo de *Los indiferentes* (1929), de A. Moravia. La aplicación del término mencionado a la escuela cinematográfica italiana ocurre con la aparición de la película *Obsesión* (1942), de L. Visconti, denominación que asume el mismo director. Obras clave en la consolidación de dicha escuela son *Roma, ciudad abierta,* de R. Rossellini; *Ladrón de bicicletas,* de V. de Sica, etc. El *neorrealismo literario* propugnado por los novelistas E. Vittorini, C. Pavese, I. Calvino, V. Pratolini, C. Cassola, P. P. Pasolini, etc., tiene en sus inicios un compromiso *(impegno)* social y político. Conciben la obra de arte como una forma de cultura y de responsabilidad cívicas y como una búsqueda de interpretación crítica de las realidades sociales. Rasgos peculiares de esta narrativa de la *Resistenza* son la abundancia de diarios, crónicas, memorias y relatos inspirados en dicha realidad política, la atención a la tradición narrativa popular a la que se sienten ligados, la importancia concedida a las realidades colectivas, la objetividad como técnica narrativa (el atenerse a las cosas «que hablan por sí solas»), la preponderancia de elementos nominales, congruente con el objetivismo, y la coexistencia de niveles lingüísticos diferentes: regionalismos, jergas, etc.

En España se conoce también con el nombre de «neorrealismo» un movimiento literario surgido hacia 1950 (al igual que en Italia, coincide en su aparición con una corriente cinematográfica del mismo signo: p. e., la película de J. A. Bardem, *Muerte de un ciclista,* surge en 1955, año en que se publica la novela de R. Sánchez Ferlosio *El Jarama)* y protagonizado por escritores como I. Aldecoa, R. Sánchez Ferlosio, J. Fernández Santos y C. Martín Gaite. Véase: NEORREALISMO SOCIAL.

Neorretórica. La expresión «nueva retórica» aparece con el título de una obra de Ch. Perelman y L. Olbrechts-Tyteca (*Traité de l'argumentation: la nouvelle Rhétorique*. 1958) en la que se produce una revalorización de la retórica grecolatina y, en concreto, de la de Aristóteles, de la que recoge el tratamiento que dicho filósofo dedica a la argumentación.

A partir de los años sesenta del siglo XX, una serie de lingüistas y estudiosos de la teoría de la literatura (R. Barthes, T. Todorov, G. Genette, J. Dubois, etc.) han contribuido a recuperar el conocimiento y valor de la retórica clásica y a relacionar, desde los presupuestos de la lingüística contemporánea, los mecanismos expresivos de la lengua literaria correspondientes con las figuras y tropos que en la retórica grecolatina se integraban en la *elocutio.* Uno de los grupos que más ha contribuido a potenciar el valor de la retórica ha sido el llamado Grupo de Lieja, o Grupo M. dirigido por J. Dubois, que trata de recuperar, desde la lingüística contemporánea, los valores de la antigua retórica con respecto al lenguaje literario. Éste es concebido como un «desvío» de la norma; diferentes formas de expresión de este «desvío», conocidas como *metáboles, se estudian desde los diversos planos (expresión-contenido) y niveles lingüísticos (morfológico: *metaplasmos; sintáctico: *metataxis; semántico: *metasememas); hay un cuarto tipo de metáboles que pertenecen a la lógica y afectan a la relación signo-referente: los *metalogismos. Los metaplasmos y metataxis son figuras de la expresión; los metasememas y metalogismos lo son del contenido. De acuerdo con este esquema, ordenan y definen el funcionamiento de las figuras y tropos, reproduciendo, en definitiva, las cuatro operaciones de la retórica clásica: supresión, adjunción, supresión-adjunción y permutación. Véase: *FIGURAS. En el último cuarto del siglo XX, desde distintos campos de la lingüística y de la crítica literaria (*pragmática, *lingüística del texto, *semiótica, sociolingüística, etc.), la retórica se ha ido convirtiendo en punto de convergencia de dichas disciplinas, lo mismo que ocurriera en la época grecolatina con la *Retórica* de Aristóteles, en la que confluían conceptos procedentes de la poética, de la dialéctica, de la ética, etc. En esta convergencia, la neorretórica se concibe como una disciplina abierta, por su método, a distintos campos del saber y entendida como una ciencia general de los discursos. Ampliando su reflexión, más allá de la *elocutio,* a las demás partes de la antigua retórica (*inventio, dispositio, memoria* y *actio),* dicha ciencia se perfila como una retórica general, conformadora de mecanismos de análisis de los diferentes textos y, en especial, de los textos literarios. La retórica se convertiría, de esta forma, en una ciencia del texto. Por lo que respecta a la pragmática, entendida como práctica de la comunicación y mutua influencia entre emisor y receptor, esta rama de la semiótica concuerda con la retórica clásica en su concepción del lenguaje como medio de actuación sobre el receptor. La pragmática ha contribuido a revalorizar dos partes de la retórica antigua olvidadas hasta ahora y que atañen a la dimensión práctica de esta ciencia, entendida como arte de la representación: la *memoria* y la *actio.* Por otra parte, se ha subrayado la estrecha relación existente entre la pragmática y la *dispositio.* En definitiva, la neorretórica trata de recuperar el material conceptual de la retórica clásica y de reorganizar los esquemas de las «partes» de la misma, en sus mutuas relaciones de sucesión e interdependencia y en su posible correspondencia con los niveles de descripción lingüística. Véanse: FIGURAS, PRAGMÁTICA y RETÓRICA.

New Criticism. Denominación con la que se alude a una corriente de crítica literaria que se produce en Estados Unidos a partir de los años treinta del siglo XX y cuyos representantes más conocidos son J. C. Ransom, A. Tate, C. Brooks, R. P. Warren, etc. Inicialmente, este grupo de críticos concuerda en su oposición a la crítica anterior, lastrada, a su juicio, de psicologismo, moralismo e historicismo y carente de rigor científico, al utilizar un vocabulario cargado de expresiones emotivas y de impresiones subjetivas en vez de analizar los textos con un léxico apropiado a la especificidad del objeto poético como obra de arte. Entre las influencias recibidas por dicho grupo, se apuntan las de A. Richards (al que siguen en su distinción entre lenguaje referencial y lenguaje emotivo y su afirmación del carácter polisémico y ambiguo del lenguaje literario), y las de Eliot, que propone un análisis de la obra literaria como «estructura verbal autónoma» al margen de las indagaciones de tipo histórico, biográfico, del autor o de posibles fuentes, aspectos irrelevantes, a su juicio, para analizar los valores estéticos en dicha obra.

Ransom, en su libro *The New Criticism*, expone los criterios que informan esta corriente de crítica literaria: 1) necesidad de una crítica «ontológica» del texto literario, considerado como una estructura (*pattern* o esquema subyacente) en la que todos sus elementos se interaccionan. Objetivo prioritario del crítico es descubrir dicha estructura y la organización retórica de un texto en sus diferentes niveles de significado. En el análisis de los textos poéticos, hay que tener en cuenta tanto esa estructura (que revela el componente racional) como la *textura*, consistente en los elementos no relevantes lógicamente (metro, rima, etc.), que son específicos de la lengua poética; 2) rechazo de la separación clásica entre fondo y forma, aspecto en el que concuerdan con el formalismo ruso, con el que comparten, además, la insistencia en dar prioridad a los valores estrictamente formales y estéticos de la obra literaria y en la búsqueda de una crítica inmanente, al margen de referencias al autor y contexto; 3) el método de análisis ha de ser descriptivo y pormenorizado, atendiendo a los diversos niveles (función de determinados elementos gramaticales, ritmo, simetrías y contrastes, recursos retóricos, etc.), pero especialmente al semántico, para descubrir la estructura interna del poema: valores denotativos y connotativos, ironía, ambigüedad, paradojas, juegos de palabras, imágenes, símbolos y, sobre todo, las metáforas, a cuyo estudio dedican estos críticos una atención primordial; 4) no existe un método uniforme para el análisis de todos los textos: cada obra, por su originalidad y características peculiares, exige un acercamiento específico y un método inductivo. Para llevar a cabo ese acercamiento y análisis de las diferentes obras, se han de evitar ciertas ilusiones o «falacias»: *a)* la falacia «intencional» (la «intención» del autor), consistente en buscar la interpretación de un texto tratando de indagar su génesis y los rasgos psicobiográficos de su autor; *b)* la *falacia* «afectiva», consistente en querer determinar los valores de un poema por los efectos que la lectura del mismo produce en sus lectores; *c)* la falacia «experimental» o creencia de que un texto sólo llega a la plenitud de su forma cuando se cree haber logrado una interpretación correcta de los contenidos conceptuales del mismo, siendo así que los aspectos lógicos y racionales no constituyen el elemento esencial en la significación de un poema. De hecho, el significado de un texto poético viene marcado por sus rasgos de ambigüedad, polisemia y su carácter simbólico y metafórico, rasgos que serían los distintivos de la lengua poética.

El *New Criticism,* en último término, trata de resaltar la autonomía de la obra literaria, insistiendo en la especificidad del hecho literario como fenómeno estético, regido por unas estructuras verbales que le son peculiares y le diferencian del resto de los lenguajes no literarios.

Norma. Término utilizado en lingüística en una doble acepción: prescriptiva y descriptiva. En el primer caso, el carácter normativo incumbe especialmente a la Real Academia de la Lengua, que admite y sanciona un uso que se ha generalizado entre los hablantes y lo convierte en «norma». En sentido descriptivo, se entiende por norma el conjunto de usos comunes y constantes que constituyen la realización estándar de la lengua hablada. Los lingüistas (a partir de Coseriu) ponen en relación el concepto de norma con el de *habla* (cualquier actualización posible de la lengua por parte de los parlantes de la misma) y *sistema:* el conjunto de leyes que rigen las relaciones entre las unidades constituyentes de una lengua y que permiten su funcionamiento. La *norma* es la que sanciona la posible corrección o incorrección de los actos del habla.

En crítica literaria se entiende por norma el conjunto de reglas y procedimientos expresivos que se han de seguir para conformarse a un ideal estético representado por las obras de los escritores considerados como «modelo» de estilo. En el Renacimiento y en el neoclasicismo este modelo normativo se encuentra en los *clásicos* grecolatinos. El modelo normativo va cambiando de acuerdo con la evolución de las tendencias y gustos estéticos a través de los diferentes períodos y movimientos literarios, que generan su propia estética y códigos estilísticos.

Noticia. Véase PERIODISMO.

Nouveau roman. Véase OBJETIVISMO.

Nouvelle Critique. Denominación con la que se conoce una corriente de crítica literaria que se desarrolla en Francia en el transcurso de los años sesenta del siglo XX y que implica una profunda renovación en la metodología de investigación y análisis de textos literarios, basada, sobre todo, en el estructuralismo lingüístico y en el conocimiento de la teoría del formalismo ruso. Participan en el surgimiento de dicha corriente lingüistas y antropólogos (R. Jakobson y C. Lévi-Strauss), psicoanalistas (J. Lacan), semiólogos (A. J. Greimas, J. Kristeva, etc.), escritores (J. Ricardou, Ph. Sollers, etc.) y estudiosos de teoría y crítica literarias: R. Barthes, T. Todorov, G. Genette, L. Goldmann, Ch. Mauron, J.P. Weber, etc. El maestro y portavoz de esta nueva crítica es R. Barthes, que, en respuesta a la crítica conservadora, que había tachado de falta de base y de rigor su estudio sobre Racine (*Sur Racine)*, somete a una revisión implacable no-

ciones y presupuestos básicos de la antigua crítica académica, como verosimilitud, objetividad, gusto y «claridad». Tras desmontar los presupuestos de dicha crítica, expone su propia concepción de la literatura y de la crítica en los siguientes puntos, que podrían constituir una especie de manifiesto programático de la *Nouvelle Critique:* 1. Hay que partir del respeto a la «especificidad de la literatura» y del lenguaje literario, que es esencialmente simbólico. 2. Esta especificidad de la literatura no es puramente estética, como pretende la antigua crítica. La especificidad global de la literatura implica un dominio de la lógica, la historia y el psicoanálisis. 3. La lengua simbólica en la que están escritas todas las obras literarias tendría múltiples sentidos. Las reglas a las que se acomoda el lenguaje literario son lingüísticas, por las que el crítico trata de comprender las ambigüedades del lenguaje y de dar un «estatus científico» a las fluctuaciones del sentido. 4. Hay que distinguir entre *crítica literaria* (búsqueda del «sentido particular» de una obra) y *ciencia de la literatura*, que consiste en un «discurso general» cuyo objeto sería la pluralidad de los sentidos de la obra. 5. El objeto de estudio de esta ciencia de la literatura no serían tanto los autores y sus obras (que han de analizarse como punto de partida), sino el lenguaje en sus dos niveles: el de los signos inferiores a la frase (figuras, fenómenos de connotación, etc.) y los signos del discurso superiores a la frase: las diversas unidades de las que puede «inducirse una estructura del relato, del mensaje poético, del texto discursivo», etc. 6. Hay que crear una gramática del texto y una lingüística del discurso, «una verdadera ciencia de la literatura, conforme a la naturaleza verbal de su objeto». 7. Mientras tanto, existen ya ciertos modelos de análisis del lenguaje literario heredados de la antigua retórica y enunciados también por el moderno psicoanálisis y que permiten explicar, p. e., cómo «se establecen las cadenas de símbolos». Así, se conocen ciertos modelos de transformación lingüística como la sustitución (metáfora), omisión (elipsis), desplazamiento (metonimia), etc., en las distintas «cadenas de símbolos, homología de relaciones», etc. En este desvelamiento de los símbolos que constituyen una obra es en lo que consistiría el descubrimiento del sentido de la misma. Los representantes de la *Nouvelle Critique* mencionados al principio han coincidido en los siguientes presupuestos críticos, metodológicos y temáticos: oposición a la anterior crítica académica, apertura al formalismo

ruso, aplicación de un contenido conceptual y una terminología derivados de la lingüística contemporánea, consideración del texto literario como un sistema de signos, inserción de la poética en la lingüística, considerada como una rama de la semiología o semiótica, aceptación de la metodología de análisis estructural en el estudio de las obras literarias, etc.

Finalmente, dos campos en los que se ha producido un gran avance en esta corriente críticoliteraria son el de la narratología (con los estudios de R. Barthes, A. J. Greimas, C. Brémond, G. Genette, T. Todorov, etc., sobre el relato, en continuidad con los estudios del formalismo ruso) y el de la revalorización de la retórica grecolatina como punto de partida para la creación de una nueva retórica, concebida como una «ciencia general de los discursos» (Todorov). Véanse: ESTRUCTURALISMO, FORMALISMO, LINGÜÍSTICA DEL TEXTO, NARRATOLOGÍA y NEORRETÓRICA.

Novecentismo. Término con el que se alude a una generación surgida en España en torno a 1914, de la que forman parte J. Ortega y Gasset (líder intelectual del grupo), R. Pérez de Ayala, G. Marañón, S. de Madariaga, A. Castro, C. Sánchez Albornoz, M. Azaña, etc., y a la que algunos críticos asocian a Juan Ramón Jiménez,

G. Miró y E. D'Ors, portavoz del *Noucentisme* catalán, cuyos planteamientos filosóficos y estéticos concuerdan en diversos aspectos con los de este grupo de escritores. Dicho grupo es designado también con el marbete de *Generación de 1914* por J. Marichal, que considera a esta generación como la «más importante de la historia intelectual de la España moderna». Una y otra denominaciones vienen siendo utilizadas por los críticos para aludir a los mencionados escritores, que, en su época, aportaron una nueva sensibilidad intelectual y estética y constituyeron una generación puente entre el modernismo y las vanguardias. Los rasgos de tipo intelectual, estético y literario que caracterizan a esta generación de escritores son los siguientes:

– Superación de la tendencia autodidacta y un tanto anárquica de los escritores del 98 y búsqueda de la especialización en un determinado campo del saber: p. e., A. Castro, Sánchez Albornoz y Madariaga son historiadores, Ortega y D'Ors son filósofos, Cajal y Marañón, médicos, Menéndez Pidal, Navarro Tomás y A. Alonso, lingüistas y estudiosos de crítica literaria.

– Rechazo de la actitud pesimista del 98, respecto de las posibilidades de recuperación de España. Los intelectuales novecentistas aparecen animados por una nueva esperanza en el porvenir del país y se muestran dispuestos a transmitir al pueblo la cultura elaborada por las minorías, a través de instituciones educativas y de los medios de comunicación.

– Marcada actitud europeísta, comenzando por el mentor de esta generación, Ortega, abierto a las corrientes del pensamiento filosófico alemán (discípulo de H. Cohen en Marburgo y educado en la tradición neokantiana, deriva luego hacia un pensamiento perspectivista y «raciovitalista»).

– Por lo que respecta a la creación artística y literaria, se percibe un cultivo complementario de los valores intelectuales y de la sensibilidad en la línea pedagógica auspiciada por la Institución Libre de Enseñanza. Esa idea es evidente en el pensamiento de Ortega y de Azaña (necesidad de la educación estética y moral del individuo como requisito para una adecuada iniciación política) y en la narrativa de Pérez de Ayala.

– Valoración de la literatura como medio de influencia y de transmisión de cultura, sobre todo a través de un género especialmente cultivado por los escritores de esta generación, el ensayo: Ortega, Castro, Madariaga, Marañón, D'Ors, etc., son maestros en la elaboración de esta literatura ensayística. Modelo de este tipo de obras son las dedicadas por Ortega al tema de España (*España invertebrada*), al de la crisis de la sociedad occidental en los años veinte (*La rebelión de las masas*), al arte de vanguardia (*La deshumanización del arte*), etc.

– Desde el punto de vista de la lengua y del estilo literarios, frente a la preponderancia, en el modernismo, de la sensación, la metáfora y el símbolo, se afirma la imagen como entidad creada o recreada; frente a la tonalidad subjetiva y el predominio del sentimiento, se consolida el plano conceptual. Hay que destacar, además, la excepcional riqueza lingüística de estos escritores. Véanse: FIN DE SIGLO (CRISIS DE), GENERACIÓN DEL 98, MODERNISMO y REGENERACIONISMO.

Novela. Término procedente del italiano *novella* (derivado, a su vez, del latino *nova:* noticias) con el que se denomina en aquel idioma un relato de ficción intermedio entre el cuento y el *romanzo* o narración extensa. La palabra «novela», que en el castellano del Siglo de Oro mantuvo su acepción original de relato breve (en este sentido la utiliza Cervantes en sus *Novelas ejemplares)*, posteriormente servirá para designar la narración extensa (correspondiente al italiano *romanzo* y al francés *roman)*, mientras que el relato breve será denominado **novela corta*.

Dada la gran diversidad de modelos que presenta la novela a lo largo de su historia, es comprensible el hecho de la multiplicidad de definiciones ofrecidas por autores y críticos sobre esta modalidad narrativa. Véanse como ejemplos indicativos los siguientes: «Obra fabulosa compuesta a partir de las más singulares aventuras de la vida de los hombres» (marqués de Sade, s. XVIII); «una novela es un espejo que se pasea a lo largo de un camino» (Stendhal, s. XIX); «imagen de la vida es la novela, y el arte de componerla estriba en reproducir los caracteres humanos...» (B. P. Galdós, 1898); «fusión de objetividad y fantasía, de mito e historia, de experiencia soñada y experiencia vivida» (M. Vargas Llosa), etc. En estas definiciones dispares se perciben ciertos rasgos coincidentes con los que es posible aproximarse a la noción de novela, que, en definitiva, se concibe como el *relato de una historia de ficción* en el que se cuentan hechos supuestamente ocurridos en un mundo imaginario, rasgo que la distingue de otros subgéneros narrativos como la biografía, el diario de viajes, etc., en los que se relatan acontecimientos realmente sucedidos. Este carácter de historia de ficción no impide que el novelista pueda utilizar materiales extraídos de la realidad, transmutados por la fantasía para crear un mundo imaginario, en el que se funden «experiencia soñada y experiencia vivida», rasgo que diferencia a la novela («imagen de la vida») del cuento maravilloso, donde el narrador puede, p. e., hacer hablar a los animales o a los objetos, etc. Es evidente que en este concepto de novela caben tanto la *novela* (extensa), como la *novela corta* y el *cuento*. La diferencia entre los dos últimos y la novela dependería, más que de la mayor o menor extensión, de la construcción, el ritmo y el tono que presenta. Así, el cuento y la novela corta suponen una técnica de condensación y concentración sobre la acción básica del relato, mientras que la novela supone un ritmo más lento y una amplitud congruente con el diseño de un mundo más complejo, la configuración progresiva de los personajes, intriga más complicada, mayor recurrencia de diálogos, descripciones y análisis psicológicos pormenorizados, etc., por lo que podría definirse la novela como un *relato extenso y demorado de una compleja historia de ficción*. En cuanto a la clasificación de la novela, W. Kayser distingue tres grandes tipos, de acuerdo con el predominio de uno de estos tres elementos fundamentales en todo relato:

– Novela de *acción:* aquella en que predomina el interés por la intriga frente al estudio de la psicología de los personajes. Ejemplo: las novelas de W. Scott.

– Novela de *personaje:* aquella en que el desarrollo de la acción y la descripción del entorno están supeditados al análisis psicológico del personaje, p. e., *Werther,* de J. W. Goethe.

– Novela de *espacio:* aquella en que la descripción de los ambientes o del marco histórico constituye el eje central sobre el que se desarrolla la trama: *Germinal,* de É. Zola.

De la variada gama de novelas conocidas, buena parte puede encuadrarse en alguno de los tres tipos mencionados. Así, dentro de las novelas de acción caben las de aventuras, viaje, policíaca, espionaje, etc.; a las novelas de personajes corresponderían, entre otras: la picaresca, autobiográfica, psicológica, sentimental, etc.; a la de ambiente: la novela social, la pastoril, la de costumbres, etc. Sin embargo, hay otros tipos de novelas que pueden clasificarse según la temática, la técnica narrativa y la confluencia con otros géneros, cuando estos aspectos caracterizan la escritura de la obra: p. e., en el apartado de la *técnica* cabrían la novela epistolar, la experimental, el llamado *Nouveau roman,* etc. Véanse: ANTINOVELA, AVENTURAS, BIZANTINA (NOVELA), CABALLERESCA (NOVELA), CUENTO, DESCRIP-

CIÓN, EPISODIO, ESPACIO, FÁBULA, HISTORIA, MODO, MOTIVO, NARRACIÓN, NARRADOR, NOVELA DE APRENDIZAJE, NOVELA CORTA, etc., PERSONAJE, PUNTO DE VISTA, RELATO, SECUENCIA, TIEMPO, TRAMA y VOZ.

Novela de aprendizaje (o *Bildungsroman*). (De *bildung*: educación, y *roman*: novela.) Es un tipo de relato cuyo protagonista va desarrollando, a lo largo de la historia narrada, su personalidad en esa etapa clave que va desde la adolescencia y juventud hasta la madurez. En dicho período se modela su carácter, concepción del mundo y destino, en contacto con la vida, que le sirve de escuela de aprendizaje a través de las más diversas experiencias. Estas experiencias de su itinerario existencial (obstáculos, riesgos, soledad, encuentro de maestros, descubrimiento del amor, etc.) constituyen hitos importantes en esa carrera de aprendizaje y desarrollo del héroe hasta alcanzar la madurez. Como antecedente de esta novela de formación se han citado las novelas picarescas: p. e., Lázaro considera a sus amos, y, en concreto, al ciego, como maestros. Sin embargo, las obras que representan con mayor precisión el modelo de *Bildungsroman* son el *Wilhelm Meister*, de Goethe, el *Émile*, de Rousseau, *L'Éducation sentimentale*, de G. Flaubert, *David Copperfield*, de Ch. Dickens, etc., y, en la literatura española, la primera serie de los *Episodios Nacionales*, de B. P. Galdós (en los que el protagonista, G. Araceli, va logrando, a través de su trayectoria, una personalidad madura y un prestigio social), *Pedro Sánchez*, de J. M.ª Pereda; *Amor y pedagogía*, de M. de Unamuno; *Camino de perfección*, de P. Baroja, etc.

Novela de aventuras. Véase AVENTURAS.

Novela bizantina. Véase BIZANTINA.

Novela caballeresca. Véase CABALLERESCA.

Novela corta. Expresión utilizada en la crítica literaria española para significar un tipo de relato que, en extensión y estructura narrativa, se diferencia del cuento y de la novela extensa. El término *novela*, procedente del italiano *novella* (de *nova*: noticias), al incorporarse al español mantuvo inicialmente el sentido que tenía en su lengua de origen: un relato breve, en contraste con la narración larga del *romanzo* (*roman*, en francés), término del que carece el español. Cervantes, en su prólogo a las *Novelas ejemplares*, se muestra convencido de haber sido el primero en escribir obras de este tipo en castellano, al crear una novela corta, original en sus argumentos, en el dominio del diálogo, en la perspectiva múltiple, etc. No obstante, a lo largo del siglo XVI había surgido ya una serie de relatos que podían ser clasificados como novela corta: *El Abencerraje,* de autor anónimo; *El Tuzaní de la Alpujarra,* de G. Pérez de Hita; *Ozmín y Daraja,* de M. Alemán, etc. En el siglo XVII se produce un amplio cultivo de esta modalidad de novelas, entre las cuales cabe citar *La casa del placer honesto* (1620), de A. J. de Salas Barbadillo, *Novelas amorosas y ejemplares* (1637), de María de Zayas, *La garduña de Sevilla* (1642), de A. de Castillo Solórzano, etc.

Por lo que respecta a las relaciones entre cuento, novela corta y novela *(roman),* los dos primeros presentan ciertos rasgos comunes: predominio del argumento sobre la descripción de tipos y ambientes, ausencia o escasa relevancia de personajes secundarios, una sola o preponderante vibración emocional. Sin embargo, hay una primera diferencia externa, la extensión: un relato de diez o quince páginas difícilmente podría considerarse una novela corta uno de cuarenta o cincuenta no puede ser un cuento. La novela corta implica más extensión, más descripción de caracteres y ambiente y más diálogo que el cuento, y en relación con la novela, ésta, aparte de la mayor extensión, constituye un intento de reflejar un «mundo con toda su diversidad y comple-

jidad», mientras que la novela corta se centra tan sólo en un fragmento de la realidad, en una parte de ese mundo. Véanse: CUENTO, NOVELA y PATRAÑA.

Novela cortesana. Véase COR-TESANA.

Novela de costumbres. Denominación aplicada a una serie de novelas de carácter realista en las que se presentan conductas humanas de personajes y tipos analizados en su contexto histórico y social como representantes significativos de un grupo humano y de su esquema de valores en el marco de una sociedad concebida como totalidad. A este tipo de obras pertenece gran parte de las novelas del realismo del siglo XIX, p. e., la extensa producción de H. de Balzac, B. Pérez Galdós, etc. Véanse: COSTUMBRISMO, NATURALISMO y REALISMO.

Novela documental. Expresión aplicada a una serie de relatos en los que aparecen documentos de tipo sociológico, periodístico, jurídico, etc., deliberadamente insertos en el universo novelesco. Ejemplo de este tipo de novelas serían las de T. Capote (*A sangre fría,* 1966, narrada con técnica de reportaje periodístico), O. Lewis (*Los hijos de Sánchez,* 1961) y, en la literatura española, las de E. Mendoza (*La verdad sobre el caso Savolta,* 1975), J. Semprún (*Autobiografía de Federico Sánchez,* 1977), etc.

Novela por entregas. Véanse ENTREGA Y FOLLETÍN.

Novela epistolar. Relato de ficción escrito en forma de carta que un emisor (el narrador) envía a un destinatario interno al relato (*narratario) para contarle aspectos referentes a su propia vida. En la literatura española este tipo de relato encuentra en la novela *picaresca su modelo arquetípico. La primera de estas novelas, el *Lazarillo de Tormes*, conecta con una tradición coetánea de escritura similar: las llamadas «cartas-confesión», *lettere volgari* y *carte messaggiere*. A partir del siglo XVIII, el relato epistolar es utilizado por J. Cadalso (*Cartas marruecas*, 1793), J. Valera (*Pepita Jiménez*, 1875), B. Pérez Galdós, (*La incógnita*, 1889), C. J. Cela (*Mrs. Caldwell habla con su hijo*, 1955), etc. En la literatura francesa, la novela epistolar cuenta, entre sus manifestaciones más conocidas, con *Las cartas persas* (1721), de Montesquieu, *La nueva Eloísa* (1761), de J.-J. Rousseau, y *Las amistades peligrosas* (1782), de P. Ch. Laclos. Véase: CARTA.

Novela erótica. Véase NOVELA GALANTE.

Novela de espionaje. Subgénero narrativo relacionado con la novela policíaca, la de suspense y la de aventuras, con las que comparte el interés por la acción, el viaje y la descripción de distintos espacios y ambientes. Este tipo de relato se desarrolla, sobre todo, en el área anglosajona a partir de la Primera Guerra Mundial, durante la Segunda y en la etapa llamada de la «guerra fría». Los temas más frecuentes son la búsqueda de secretos militares, políticos y de nuevas tecnologías, el secuestro de científicos, etc. Los personajes son espías y contraespías, que tratan de neutralizar los comportamientos delictivos de aquéllos. Aunque una buena parte de estas novelas figura entre los productos de la llamada *paraliteratura (las obras de J. Buchan, P. Nord, E. Ambler, etc.), sin embargo también han sido cultivadas por escritores eminentes como E. A. Poe (*La carta robada*), J. F. Cooper (*El espía*), C. Doyle (*La última aventura*), J. Conrad (*El agente secreto*), G. Greene (*El agente confidencial*), J. Le Carré (*El espía no vuelve*), etc. En la literatura española actual, A. Muñoz Molina ha utilizado recursos narrativos de la novela de espionaje en *El invierno en Lisboa* (1987) y en *Beltenebros* (1989).

Novela existencialista. Véase EXISTENCIALISMO.

Novela experimental. Título de un ensayo en el que É. Zola (1880) expone los principios ideológicos en los que se funda la estética naturalista, así como referencias a la técnica y recursos metodológicos propios de dicha estética, que tratará de llevar a la práctica en sus propias novelas, consideradas por él como «experimentales». En el naturalismo español, algunos novelistas, como E. López Bago, A. Sawa, etc., intentando ser consecuentes con los preceptos teóricos de Zola, produjeron ciertas novelas de «estudio» médico y social, lastradas por una parcialidad de perspectiva, circunscribiéndose a presentar la parte «enferma» de la sociedad, que aparece en distintas novelas como «esencialmente fea, monstruosa», según apuntó A. Sawa a propósito de dos obras de López Bago: *La prostituta* y *La pálida*. Véase: NATURALISMO.

Novela galante (o erótica). El término «galante», que aparece en la denominación de una revista (*Vida Galante*, 1898) y de una colección de novelas eróticas (*Galante*), dirigidas por E. Zamacois, se utiliza aquí para designar un tipo de literatura erótica que se escribe en España a finales del siglo XIX y durante las tres primeras décadas del siglo XX y que se manifiesta en las novelas del citado Zamacois (*Incesto*, 1900; *El seductor*, 1902; *Memorias de una cortesana*, 1904, etc.) y F. Trigo (*La sed de amar*, 1902; *Las Evas del Paraíso*, 1909; *El médico rural*, 1912, etc.), considerados los maestros de este subgénero. Otros autores que han merecido la atención de una crítica de tipo socio-lógico son A. Hoyos y Vinent, A. Insúa, J. Belda y P. Mata, que, en realidad, fue quien supo «aclimatar plenamente al gusto burgués medio la fórmula erótico-naturalista» (E. de Nora). Para ello se sirve de un erotismo insinuante e incitador, pero exento de toda crudeza para no escandalizar, unido a una tendencia al melodrama de la novela de folletín. Entre sus obras de mayor éxito figuran *Corazones sin rumbo* (1916), *Muñecos* (1920), *El hombre que se reía del amor* (1924), etc. La acogida, por parte del público, de esta literatura erótica parece que fue muy notable gracias a la difusión realizada por ciertas publicaciones periódicas como *El cuento semanal, El cuento galante, La novela semanal, Biblioteca erótica, Biblioteca galante*, etc. Una situación análoga se produjo en la década de los ochenta del siglo XX, en la que lograron un éxito considerable ciertas novelas eróticas del tipo de *Las edades de Lulú* (1989), de A. Grandes.

Novela de folletín. Véase FOLLETÍN.

Novela gótica. Nombre con el que se reconoce una serie de novelas pertenecientes al tipo de relatos de misterio y de terror cuya intriga se desarrolla en un viejo castillo gótico en el que suceden acontecimientos extraños e inquietantes. Elementos esenciales de estas novelas son la situación angustiosa de la protagonista (una joven en grave riesgo), el amor y una atmósfera de misterio, potenciada por la intervención de seres fantásticos o espeluznantes que provocan la ansiedad y el terror. Ejemplos de este tipo de obras son las de A. W. Radcliffe (*La novela del bosque*, 1791, *Los misterios de Udolfo*, 1794), H. Wal-Pole (*El castillo de Otranto*, 1764, etc.), de W. Godwin (*Aventuras de Caleb Williams*, 1794), M. Lewis (*Ambrosio o el monje*, 1795), Ch. R. Maturin (*Melmoth el errabundo*, 1820), etc.

Novela histórica. Aunque la historia ha sido base frecuente en la elaboración de relatos literarios (epopeya clásica, cantares de gesta, dramas del Siglo de Oro, etc.), es con el Romanticismo cuando mayor interés cobra dicho tema, especialmente en el género narrativo y, en concreto, en un tipo de novela surgida con W. Scott, a la que se conoce, precisamente, como «novela histórica». En la literatura francesa, el elemento histórico aparece en la obra de P. Mérimée (*Crónica del reinado de Carlos IV*), V. Hugo (*Nuestra Señora de París*), A. Dumas (*Los tres Mosqueteros*), Stendhal (*El rojo y el negro*, crónica de 1830), etc. En España tiene una considerable floración durante el Romanticismo, de forma que viene a ser la novela característica de ese período. Sus muestras más significativas son las obras de R. Húmara (*Ramiro, conde de Lucena*, 1823), R. López Soler (*Los bandos de Castilla*, 1830), J. Espronceda (*Sancho Saldaña*, 1834), M. J. de Larra (*El doncel de don Enrique el Doliente*, 1834), E. Gil y Carrasco (*El señor de Bembibre*, 1844), etc. La aparición de este modelo de obras responde a un deseo de evasión hacia el pasado (consecuente con su rechazo de un presente ingrato) recreado desde un punto de vista arqueológico, proyectando sobre una época lejana (Edad Media; o, en los escritores hispanoamericanos, la América primitiva) los esquemas culturales de la ideología y estética románticas. Se trata de una recreación fantástica en la que abundan lo maravilloso, las apariciones de fantasmas, alucinaciones, etc., seguidas de una posterior aclaración lógica. La novela histórica española llega hasta la etapa del realismo, donde se va a producir la obra ingente de B. Pérez Galdós, cuyos *Episodios Nacionales* van a ser una simbiosis de novela histórica y de costumbres, pero con el tratamiento peculiar de la estética realista.

En la literatura hispanoamericana surge una abundante producción de novelas históricas, escritas, las más de ellas, con propósito didáctico, al menos en su fase inicial: recordar a los distintos pueblos de América su tradición nacional. A este tipo de novelas históricas «indianistas» pertenecen las obras del mexicano E. Ancona (*La cruz y la espada*, 1864, y *Los mártires de Anáhuac*, 1870), de G. Gómez de Avellaneda (*Guatimozín, último emperador de México*, 1846), del dominicano M. de J. Galván (*Enriquillo*, 1882), etc. Relevantes novelas de tema histórico se escriben, además, en el transcurso de la primera mitad del siglo XX, como las de P. Baroja (*Aviraneta o la vida de un conspirador*, 1913-1935), J. Díaz Fernández (*El blocao*, «Novela de guerra marroquí», 1928), R. J. Sender (*Mister Witt en el Cantón*, 1935; *La aventura equinoccial de Lope de Aguirre*, 1964, etc.), Max Aub (la serie *Campos* sobre la Guerra Civil de 1936, escrita entre 1943 y 1965), etc. Desde finales de los años setenta y durante la década de los años ochenta (época en la que se traducen ciertos *best-sellers* de tema histórico: *Yo Claudio*, de R. Graves, *Memorias de Adriano*, de M. Yourcenar, *Juliano el Apóstata*, de G. Vidal, *El nombre de la rosa*, de U. Eco, etc.) aparece nuevamente un marcado interés por las novelas de tema histórico, de las que son ejemplo *Extramuros* (1978) y *Cabrera* (1981), de J. Fernández Santos; *Urraca* (1982) de L. Ortiz; *Las naves quemadas* (1982), de J. J. Armas Marcelo; *Pamela* (1983), de J. Pe-

rucho; *Mansura* (1984), de F. de Azúa; *El embajador* (1988), de A. Prieto, etc.

Novela de lenguaje. Véase NUEVA NOVELA.

Novela lírica. Marbete con el que se alude a un tipo de relatos en los que la narración está dominada por la afirmación de la subjetividad y en los que se percibe un especial cuidado de la forma, en la línea de la tradición marcada por la prosa poética. Como antecedentes de esta novela lírica se recuerdan ciertos relatos de G. de Nerval (*Aurelia*), Huysmans (*À rebours*), O. Wilde (*El retrato de Dorian Gray*), etc., y, como ejemplos más notables, algunas obras de T. Mann (*La muerte en Venecia*), H. Hesse (*Sidharta*), V. Woolf (*Las olas*), A. Gide (*Sinfonía pastoral*), M. Proust (*En busca del tiempo perdido*), etc. En la literatura española, la novela lírica se desarrolla en las tres primeras décadas del siglo XX, gracias a algunas obras de Azorín, Valle-Inclán, R. Pérez de Ayala, G. Miró, B. Jarnés, A. Espina, R. Chacel, F. Ayala, J. Chabás, etc., en las que se descubren importantes coincidencias temáticas, técnicas y estilísticas con los mencionados novelistas extranjeros. Valle-Inclán, autor de relatos de esta naturaleza (*Sonatas*), resaltó el carácter lírico en *La pata de la raposa*, de R. Pérez de Ayala, en la que el protagonista manifiesta a su amada una «ternura íntima y contenida» que se acerca a la «poesía lírica y amatoria».

Entre los rasgos técnicos y formales más significativos de esta novela «poemática» figura la utilización del relato autobiográfico (en forma epistolar o de *memorias, *diario, *autorretrato, etc.), el carácter intelectual de los diálogos entablados entre los personajes (diálogos en los que el tema artístico y literario es relevante, p. e., en las obras de Jarnés), la ausencia de un desarrollo ordenado y pormenorizado de la intriga, así como la visión fragmentaria de la realidad y de la vida (momentos significativos en los que se intensifica el lirismo y la sensibilidad poética) y el predominio de la retrospectiva como medio de evocación y rememoración de un pasado (al estilo de Proust), y, también, la fijación estática de un momento que se vive contemplativamente con sensación de eternidad. En esto es modelo Azorín. En Miró la descripción lírica del espacio contribuye también a sentirse fuera de la experiencia del tiempo fluyente. Otro de los procedimientos utilizados, en concordancia con el carácter autobiográfico del relato, es el uso del monólogo interior. Finalmente, es característica común a todos estos novelistas la decidida voluntad de estilo, evidente en la riqueza de léxico, selecto y preciso, en la atención al ritmo musical de la prosa y en la recurrencia de elementos plásticos y recursos poéticos.

Novela morisca. Véase MORISCO.

Novela naturalista. Véase NATURALISMO.

Novela negra. Expresión surgida en Francia (*roman noir*) para designar una serie de novelas pertenecientes a un subgénero relacionado con la novela policíaca (que aparece en Estados Unidos en la segunda década del siglo XX), que fueron traducidas y publicadas en la colección Gallimard (1945) y que J. Prévert denominó *Série Noire* por llevar el color negro las pastas de dichos libros. En España coexiste esta denominación «novela negra» con las de «novela de crimen» o «novela criminal» y «novela policíaca». Aunque estos relatos siguen el esquema de la *novela policíaca (presencia de un crimen, investigación por un detective, descubrimiento y persecución de los culpables) y una organización análoga en el desarrollo de la historia (relato a la inversa, etc.), se diferencia de aquélla en que el interés primordial no radica tanto en la resolución del enigma cuanto en la configuración de un cuadro de conflictos humanos y sociales, además de un cuidado estudio de carácteres, desde un enfoque realista y sociopolítico. Gracias a sus grandes maestros, se ha convertido en un subgénero narrativo de indudable prestigio literario, avalado por los juicios elogiosos, p. e., de A. Malraux, A. Gide o L. Cernuda hacia la obra narrativa del iniciador de dicha novela, D. Hammett.

El contexto económico y sociopolítico en el que surgen estos relatos es la sociedad americana de los años veinte, caracterizada por la aparición de una cultura de masas (aglomeraciones urbanas, revolución de los medios de comunicación: prensa, radio, cine), exaltación del ideal del bienestar y del consumo y también del triunfo de la violencia y de los negocios sucios, en busca de rápidas y grandes fortunas. En este ambiente, surgen bandas organizadas que trafican con el alcohol, el juego y la prostitución, amparándose en ciertas instituciones y personas de la administración (alcaldes, jueces, policías) sobornadas por un gansterismo poderoso. Frente a este mundo degradado, surge la figura de un nuevo detective, duro y justiciero, que, al margen de la policía, se enfrenta (junto a abogados y periodistas) a esa sociedad del gansterismo y del crimen organizado. Ejemplos de este nuevo detective serían Race Williams, Continental Op (creado por Hammett), etc.

Entre los autores más notables de esta novela negra debe citarse al ya mencionado D. Hammett (*El halcón maltés,* 1930; *La llave de cristal,* 1931, etc.), W. R. Burnett, R. Chandler, Ch. Himes, J. Thompson, etc. Esta novela norteamericana cuenta con imitadores en Europa, especialmente a partir de la Segunda Guerra Mundial: P. Jeney, J. Hadley Chase y J. Symons en Inglaterra; Boris Vian, P. Boileau-T. Narcejac en Francia; L. Sciascia en Italia, F. Dürrenmatt en Suiza; M. Vázquez Montalbán, J. Madrid, P. Casals, A. Martín, etc., en España, donde, a mediados de los ochenta surgió una colección titulada «Etiqueta Negra» en la que se han publicado más de ciento treinta obras de este subgénero. Véase: NOVELA POLICÍACA.

Novela neorrealista. Véase NEORREALISMO.

Novela objetivista. Véase OBJETIVISMO.

Novela del Oeste. Relato de ficción, surgido en Estados Unidos, en el que se evoca la conquista del Oeste contra los indios por parte de los colonizadores, que se dedicaban fundamentalmente a la ganadería, ámbito en el que aparece la conocida figura del *cow boy* o vaquero. Con la introducción del ferrocarril, este conductor de ganado perderá su utilidad, al tiempo que se irán imponiendo unas nuevas formas de relación social basadas en la explotación agrícola de la tierra. Frente al *cow-boy* surge entonces la figura del agricultor sedentario, que pondrá fin a la conquista del Oeste, hecho que repercute en la configuración definitiva de dicha modalidad de novela, basada en la oposición entre agricultor sedentario y vaquero. Los personajes-tipo de estas novelas son el mencionado *cow-boy* y la muchacha rubia, cándida y bondadosa, que se enamora de él; el *sheriff*, la banda de forajidos, los indios, etc. El protagonista *cow-boy*, como los antiguos caballeros andantes, se convierte en el héroe solitario que cabalga por tierras de Texas u Oregón con un halo misterioso de hombre justiciero, invencible y bueno; al llegar a un poblado, este héroe «forastero» se enfrenta al «malo» y demás forajidos, hasta que consigue liberar al poblado de las injusticias que pesan sobre él. Finalmente, optará por casarse con la muchacha o reiniciar el «solitario cabalgar» en busca de otros poblados que «liberar». Entre los cultivadores de este subgénero figuran Zane Grey (*El último llanero, Los jinetes de la pradera roja*), O. Henry (*Corazón del Oeste*), R. Hogan, C. Adams, etc. Muchas de las novelas del Oeste han sido adaptadas al cine y se han convertido en

espectáculos de consumo en todos aquellos países donde se ha ejercido una mayor influencia de la cultura americana. Algunas de estas películas han logrado una innegable calidad estética, como *La diligencia* (1939), de J. Ford, *El forastero* (1940), de W. Wyler, etc.

Novela pastoril. Véase PASTORIL.

Novela picaresca. Véase PICARESCA.

Novela policíaca. Relato en el que se narra la historia de un crimen, cuyo autor se desconoce, y en el que, a través de un procedimiento racional, basado en la observación e indagación (llevada a cabo, normalmente, por un detective), se logra descubrir al culpable o culpables. La denominación de esta modalidad de relatos varía según los distintos países: *detective novel, roman policier* y *roman noir, Kriminalroman,* etc. Dichas denominaciones figuran también en la crítica española: novela de detectives, novela policial, novela negra, novela criminal, etc. Suele considerarse a E. A. Poe como el iniciador de la novela policial con su obra *Los crímenes de la calle Morgue* (1841), en la que aparece ya el esquema básico y los caracteres peculiares de este tipo de relatos: un crimen misterioso (dos mujeres asesinadas en una estancia impenetrable), una investigación del caso a través de minuciosa observación y razonamiento, el encuentro de la solución (después de desechar las hipótesis no fundadas y haber comprobado la validez de la que en principio parecía menos creíble: un orangután, causante de esas muertes) y, finalmente, presencia de un detective (C. A. Dupin), como personaje fundamental, a cuya indagación se debe la resolución del caso, y no a la policía oficial. Este esquema se mantendrá, en lo esencial, en su desarrollo posterior: su característica más sobresaliente es la técnica del relato a la inversa, ya que empieza por el final de la historia (una muerte, la desaparición de una persona o de un objeto de valor) y se encamina hacia el comienzo de la misma (la comisión del asesinato, secuestro o robo) y el descubrimiento del culpable.

Entre los cultivadores más notables de la novela policíaca figuran los británicos A. Conan Doyle (creador del detective privado Sherlock Holmes: *Las aventuras de Sherlock Holmes*, 1892; *Las memorias de Sherlock Holmes*, 1894, etc.), A. Christie (que configura al detective H. Poirot: *El misterioso caso de Styles*, 1921), los norteamericanos E. Wallace, W. Irish, S. van Dine, etc., los franceses E. Gaboriau, M. Leblanc, P. Souvestre, P. Boileau y Th. Narcejac, el belga G. Simenon, etc. Aunque bastantes no-

velas policíacas (p. e., las de A. Christie) caen dentro de lo que se ha llamado *paraliteratura, otras son de innegable valor por su perfección en cuanto a estructura, desarrollo de la intriga y arte de narrar. De hecho, prestigiosos escritores han incorporado a algunas de sus obras ciertas técnicas narrativas de la novela policíaca. p. e., Graham Greene, A. Robbe-Grillet, Dürrenmatt, etcétera.

Por lo que respecta a la literatura en lengua española, suelen citarse, como antecedentes, *El clavo* (1853), de P. A. de Alarcón, *La incógnita* (1889), de B. Pérez Galdós, *La gota de sangre* (1911), de E. Pardo Bazán, etc. Entre los años veinte y la Guerra Civil surgen algunas colecciones de novelas de crimen y relatos policíacos, como *Detectives* y *Biblioteca de Oro*; esta última continuó durante la dictadura (1939-1975), etapa en la que surgen la «Serie Wallace» y ciertos relatos de M. Lacruz (*El inocente*, 1953), García Pavón, M. de Pedrolo, T. Salvador, A. Núñez Alonso, etc., que pueden considerarse novelas policíacas. En este período, en algunos países hispanoamericanos se cultiva el relato policíaco, con obras de verdadera calidad literaria, especialmente en Argentina: *Un modelo para la muerte* (1946), de J. L. Borges y A. Bioy Casares, *Los que aman, odian* (1947), de A. Bioy Casares y S. Ocampo, etc. A partir de los años setenta es cuando surge una novela policíaca y criminal o negra en España, sobre todo con las obras de M. Vázquez Montalbán (con el detective Pepe Carvalho como protagonista), J. Madrid (creador del detective Toni Romano), A. Martín, J. Martínez Reverte, P. Casals, F. González Ledesma, etc.

Novela psicológica. Es el relato novelesco cuya intriga se organiza a partir del análisis y descripción del mundo interior y de la evolución psicológica de los personajes. La novela psicológica presenta diferentes variantes: la novela-confesión (*Nudo de víboras,* de F. Mauriac), la novela epistolar (J. Valera: *Pepita Jiménez),* la novela-diario (*Diario de Ana Frank; Diario de un cura de aldea,* de G. Bernanos), la novela autobiográfica (*El amigo Manso,* de B. Pérez Galdós), la novela de análisis (*Adolfo,* de B. Constant, o *La puerta estrecha,* de A. Gide), etc.

Novela realista. Véase REALISMO.

Novela regionalista. Véanse COSTUMBRISMO Y INDIGENISMO.

Novela romántica. Véanse NOVELA HISTÓRICA Y ROMANTICISMO.

Novela rosa. Término aplicado a una serie de relatos dirigidos a un público de escasa cultura que busca una evasión ensoñadora y una gratificación de sus deseos de felicidad, imaginada en la consecución de un matrimonio ideal. El argumento, de gran simplicidad, se basa en el encuentro de una muchacha y un joven que topan con ciertas dificultades para la formación de pareja, motivadas por la diferente extracción social; a pesar de ello, el amor termina por superar estos impedimentos. Es un tipo de relato caracterizado por una ausencia de sentimientos profundos, suplantados por un fácil erotismo, condicionado, a su vez, por una aparente y falsa moralidad. Desde el punto de vista narrativo, dichos relatos están configurados con técnicas de la novela de *folletín del siglo XIX y ciertos recursos propios del *melodrama. La acción se desenvuelve en espacios deslumbrantes, que invitan a la ensoñación de situaciones de una felicidad sin problemas. Entre sus cultivadores figuran R. Pérez y Pérez (*El hada Alegría,* 1930, *Madrinita buena,* 1932), C. de Icaza (*Cristina Guzmán, profesora de idiomas,* 1935), Concha y María Luisa Linares Becerra (*Barba-Azul,* 1940, *Doce lunas de miel,* 1941), y, sobre todo, Corín Tellado, escritora de prodigiosa fecundidad y amplia acogida del público: *¡Era el amor!* (1949), *Compraré un marido* (1958), *Caprichos de millonario* (1961), etc.

Novela sentimental. Véase SENTIMENTAL.

Novela social de preguerra. Marbete con el que se designa un conjunto de obras narrativas publicadas entre 1928 y 1936 por un grupo de escritores a los que se les conoce como «novelistas sociales»: J. Díaz Fernández, J. Zugazagoitia, J. Arderius, C. M. Arconada, M. D. Benavides, A. Carranque de Ríos, J. Corrales Egea, R. J. Sender, etc. Es Díaz Fernández quien inaugura este ciclo de novelas con *El blocao* (1928), basada en sus recuerdos sobre la guerra de Marruecos. Entre las novelas más relevantes de este realismo social de preguerra cabe citar las de J. Zugazagoitia *(El botín,* 1929, y *El asalto,* 1930, sobre la historia del socialismo vasco), J. Arderius *(Justo el Evangélico,* 1929; *Campesinos,* 1931), C. M. Arconada *(La turbina,* 1930, y *Reparto de tierras,* 1934), M. D. Benavides *(Un hombre de treinta años,* 1933), A. Carranque de Ríos *(Uno,* 1934), J. Corrales Egea *(Hombres de acero,* 1935) y R. J. Sender *(Imán,* 1930, *Siete domingos rojos,* 1932, *La noche de las cien cabezas,* 1934), que conecta con la tradición realista que va de la picaresca y Cervantes hasta Baroja: *Mister Witt en el Cantón* (1935) es un ejemplo de ese realismo en su simbiosis de novela histórica a lo Galdós, de relato psicológico y novela social. En la etapa de postguerra, la publicación de *Réquiem por un campesino español* (1953) coincide, en el tiempo y en las preocupaciones estéticas y sociales, con la aparición del segundo grupo de escritores del realismo social en España (1954-1962). Tanto en los temas (luchas e injusticias sociales, situación del campesinado, etc.) como en la selección de los espacios (campo, calle, minas, fábrica), en el objetivo (testimonio de unas situaciones sociales y políticas, compromiso moral del escritor) y en la estética realista, los novelistas sociales de los años treinta son precursores de los de la generación del medio siglo. En cuanto a las influencias recibidas, ya se advirtieron en su tiempo las de V. Blasco Ibáñez (del que habrían recogido el carácter de crónica y reportaje que presentaban algunas de sus novelas), de Dostoievski y Gorki, de P. Baroja y de los novelistas norteamericanos de los años veinte: J. Dos Passos, W. Faulkner, etc.

Novela de terror. Tipo de relatos que tienen su antecedente en la llamada **novela gótica,* en los que intervienen seres fantásticos (vampiros, brujas, hombreslobo, animales y seres monstruosos o personas de ultratumba) que provocan la ansiedad y angustia de los personajes. Entre los creadores del género figuran M. Shelley, autora de *Frankenstein* *o El moderno Prometeo* (1818), J. W. Polidori *(El vampiro),* B. Stoker *(Drácula,* 1897), E. A. Poe, con relatos de terror como *El gato negro, El corazón delator, El pozo y el péndulo,* etc. A lo largo de los dos últimos siglos ha proliferado esta literatura de terror. Entre los escritores más conocidos figuran W. W. Collins *(La casa encantada,* 1868), R. L. Stevenson *(El extraño caso del Dr. Jekyll y Mr. Hyde,* 1886), G. Leroux *(El fantasma de la ópera,* 1925), etc.

Novísimos. Término aplicado, a raíz de la publicación de la antología de J. M. Castellet *(Nueve novísimos poetas españoles,* 1970), a un grupo de poetas que comienzan a publicar a mediados de la década de los sesenta del siglo xx y que en la mencionada obra se reducen a nueve (P. Gimferrer, M. Vázquez Montalbán, G. Carnero, A. Martínez Sarrión, J. M.ª Álvarez, F. de Azúa, V. Molina Foix, A. M.ª Moix y L. M.ª Panero), nómina ampliada, en antologías posteriores, a poetas como J. L. Jover y J. Siles, A. Colinas, J. J. Padrón, J. Caro Romero, J. Munárriz, J. L. Giménez Frontín, L. A. de Villena, M. R. Barnatán, L. A. de Cuenca, J. M. Ullán, J. Talens, A. Carvajal, D. J. Jiménez, A. Hernández, etc. En oposición a la poesía «social» anterior, lo que caracteriza a este grupo de poetas es la afirmación de la autonomía de la obra de arte, el deseo de experimentación formal, la potenciación de los valores sensoriales y de la imaginación, el cuidado de la lengua y del estilo, una visión lúdica de la creación poética, una vuelta a determinadas formas de expresión de las vanguardias (surrealismo, técnicas de escritura automática, *collage,* etc.), hermetismo, culturalismo (especialmente visible en L. A. de Cuenca y L. A. de Villena) y una apertura a determinados temas de la cultura popular, procedentes del cine, cómic, etc. Se evidencia, al mismo tiempo, un cambio en los modelos estéticos que sirven de referencia a los nuevos poetas, modelos procedentes de la literatura europea y norteamericana (Ch. Baudelaire, Rimbaud, M. R. Saint-John Perse, marqués de Sade, T. S. Eliot, Ezra Pound) e hispanoamericana: J. L. Borges, O. Paz, J. Lezama Lima, etc. Entre la producción poética de este grupo de escritores cabe recordar la obra de P. Gimferrer *(Arde el mar,* 1966 –en la que se perciben ya los rasgos caracterizadores de la estética novísima– y la recopilación de su obra en castellano: *Poesía:* 1966-1969), G. Carnero *(El sueño de Escipión,* 1971; *El azar objetivo,* 1975), etc.

Nudo. Serie de acontecimientos o situaciones conflictivas que enredan o complican, en un momento dado del drama, el desarrollo de la acción. Este conflicto puede ser de orden psicológico y moral o de tipo social. La salida del mismo hacia un final feliz o desgraciado es fruto de un acontecimiento decisivo que favorece el *desenlace: p. e., la muerte del comendador en *Fuente Ovejuna*, de Lope de Vega, es el acontecimiento liberador que rompe el nudo de la opresión sufrida por el pueblo y adelanta el desenlace.

Nueva novela. Expresión con la que se designa un conjunto de novelas de gran calidad artística y sorprendente originalidad que aparecen en diversos países hispanoamericanos en el transcurso de los años cincuenta y sesenta del siglo XX. El punto de partida de esta nueva novela es la superación de la poética vigente en el realismo de la narrativa regionalista e indigenista, cuyas últimas muestras serían *Huasipungo* (1934), de J. Icaza, y *El mundo es ancho y ajeno* (1941), de Ciro Alegría. De hecho, ya en los años treinta se produce la primera incorporación de algunas técnicas narrativas y recursos formales (monólogo interior, renovación del lenguaje, etc.) que serán características de la «nueva novela» y que ciertos escritores hispanoamericanos de esa época recogen de los experimentos narrativos de J. Joyce, M. Proust, etc., p. e., V. Huidobro (*Cagliostro*, 1934), J. Torres Bodet (*Proserpina resca-*

tada, 1931) y, sobre todo, O. Girondo (*Espantapájaros*, 1932; *En la masmédula*, 1934). Éste ejercerá una notable influencia en J. L. Borges, que es su verdadero descubridor y el teórico que se adelanta, con sus reflexiones sobre el arte de narrar, a los presupuestos de esta nueva novela.

En la década de los años cuarenta aparecen los primeros relatos en los que se percibe ya claramente el distanciamiento respecto de la novela realista, p. e., en el mismo Borges (*Ficciones*, 1944; *El aleph*, 1949), A. Bioy Casares (*Plan de evasión*, 1945), M. Á. Asturias (*El Señor Presidente*, 1946), A. Yáñez (*Al filo del agua*, 1947), E. Sábato (*El túnel*, 1948), A. Carpentier (*El reino de este mundo*, 1949), etc. En los años cincuenta continúan escribiendo los narradores apuntados: Carpentier (*Los pasos perdidos*, 1953), M. Á. Asturias (*El papa verde*, 1954), Bioy Casares (*El sueño de los héroes*, 1954), etc. A ellos se añaden ciertos novelistas que llegarán a ser grandes narradores de la «nueva novela». como J. C. Onetti (*La vida breve*, 1950), Juan Rulfo (*Pedro Páramo*, 1955), G. García Márquez (*La hojarasca*, 1955), C. Fuentes (*La región más transparente*. 1958), J. M. Arguedas (*Los ríos profundos*, 1958), etc.

En el transcurso de los años sesenta comienza a ser conocida y valorada en Europa y Estados

Unidos esta narrativa hispanoamericana, especialmente a través de ciertas editoriales españolas y a premios como el «Biblioteca Breve», de Barcelona, conseguido por novelas como *La ciudad y los perros* (1962), de M. Vargas Llosa; *Tres tristes tigres* (1964), de G. Cabrera Infante; *Cambio de piel* (1967), de C. Fuentes, o *El obsceno pájaro de la noche* (1969), de J. Donoso. En esta década se publican algunos de los grandes textos de la «nueva novela», como *La tregua* (1960), de M. Benedetti, *El astillero* (1961), de J. C. Onetti, *Sobre héroes y tumbas* (1961), de E. Sábato, *La muerte de Artemio Cruz* (1962), de C. Fuentes, *Bomarzo* (1962), de M. Mujica Lainez, *Rayuela* (1963), de J. Cortázar, *Paradiso* (1966), de J. Lezama Lima, *Cien años de soledad* (1967), de G. García Márquez, *Conversación en la Catedral* (1969), de M. Vargas Llosa, etc., y aparecen nuevos narradores como S. Sarduy (*De donde son los cantantes*, 1967), S. Garmendia (*La mala vida*, 1968), M. Puig (*Boquitas pintadas*, 1969), etc. En esta década, el panorama político se deteriora, sobre todo, por el surgimiento de dictaduras militares: Argentina, Chile, etc. La narrativa se hace eco de esta realidad al surgir las novelas más importantes del llamado «ciclo del dictador»: A. Carpentier (*El recurso del método*, 1974), García Márquez (*El otoño del patriarca*, 1975), Roa Bastos (*Yo, el Supremo*, 1974), etc.

Esta «nueva novela» presenta unos rasgos comunes entre los que figura el predominio del espacio urbano sobre el rural (en obras de Sábato, Cortázar, Fuentes, Onetti, etc.), el tratamiento de aspectos sociales, políticos (*Los ríos profundos*, de J. M. Arguedas), históricos (p. e., la revolución mexicana es tema recurrente en Fuentes, Yáñez, Azuela, etc.) y de denuncia social (Asturias, Sábato, Fuentes, etc.). Otros rasgos significativos son: la innovación formal relativa a las técnicas narrativas (uso del monólogo interior, al estilo de Joyce; nuevas formas de presentación del tiempo; *flash-back,* secuencias en paralelo, yuxtaposiciones, acumulaciones, etc.) y al tratamiento del lenguaje: estos narradores parten del lenguaje oral para crear una lengua escrita que pudiera ser característica de la cultura hispanoamericana. Para ello, practican un ejercicio de experimentación verbal a través de la creación de neologismos, distorsiones morfosintácticas y semánticas, juegos con la ambigüedad y polisemia del léxico, recreación paródica de lenguajes profesionales y determinados sociolectos, glosolalias y jitanjáforas, etc. Véanse: ANTINOVELA y REALISMO MÁGICO.

Ñ

Ñaque. Es uno de los ocho tipos de compañías de teatro ambulante que aparecen en España en el siglo XVI, a los que se refiere A. de Rojas Villandrando en *El viaje entretenido* (1603). Es el más elemental y rudimentario, tras el Bululú, y está integrado por dos actores o «representantes» que «hacen un entremés, algún poco de un auto, dicen unas octavas, dos o tres loas, llevan una barba de zamarro, tocan el tamborino y cobran a ochavo, y en esotros reinos a dinerillo; [...] viven contentos, duermen vestidos, caminan desnudos, comen hambrientos y espúlganse en verano entre los trigos y en invierno no sienten con el frío los piojos». Véase: COMPAÑÍA.

O

Objetividad. Calidad atribuida a ciertos relatos en los que se narra, en tercera persona, una historia sin interferencia del autor implícito. Dicha cualidad depende fundamentalmente del tipo de modalización asumida en el desarrollo del discurso narrativo; así, resulta más evidente dicha cualidad en los denominados *modo dramático* (en el que se sustituye el narrador por unas simples indicaciones o acotaciones que dan paso a la voz predominante de los personajes) y *modo cinematográfico* (como un «cámara» que registra una secuencia de acontecimientos sin interferirse, ordenando o seleccionando). Véanse: OBJETIVISMO Y PUNTO DE VISTA.

Objetivismo. Corriente estética y literaria que establece la primacía del objeto sobre el punto de vista del sujeto en la representación de la realidad, lo que obliga al escritor o al artista a registrar y describir fría e imparcialmente dicho objeto en su integridad y autonomía. Dicho término se aplica especialmente a una tendencia narrativa desarrollada en Francia entre 1953 y 1970, a la que se ha dado diversas denominaciones: «escuela de la mirada», «antinovela», «objetalismo», *objetivismo* y *Nouveau roman*. Dicha tendencia se circunscribe a la novela, y sus representantes más significativos son: A. Robbe-Grillet, teórico del grupo y creador (*El mirón*, 1955; *Los celos*, 1957; *En el laberinto*, 1959), M. Butor (*Pasaje de Milán*, 1954), N. Sarraute (*Los frutos de oro*, 1963), C. Simon (*El viento*, 1957; *La ruta de Flandes*, 1960), M. Duras (*Moderato Cantabile*, 1958), etc. Estos escritores representan una alternativa a la literatura anterior existencialista y comprometida de J.-P. Sartre, A. Camus, etc., al pretender una obra puramente formalista, con plena neutralidad, tanto en lo ideológico como en el aspecto del lenguaje y del estilo, dada su desconfianza de la retórica. Su aparente novedad radica, sobre todo, en la ruptura con el tipo de novela concebida como relato de una historia, al prescindir de la intriga e, incluso, de personajes dotados de una conciencia que pudiera ser analizada psicológicamente. En consecuencia, dicha tendencia narrativa rompe con la tradición de la novela construida sobre bases de «ilusión» realista o de análisis psicológicos de personajes y de una concepción del relato como desarrollo de una acción en un decurso temporal preciso, desde el principio al fin. Para estos novelistas el cometido del escritor es describir el mundo tal como aparece, prescindiendo de supuestos sentidos latentes en las cosas.

Obtestación. Término de origen latino (*ob-testari:* poner por testigo, invocar) con el que se designa una figura de pensamiento que consiste en una afirmación o negación de algo, poniendo por testigos a Dios, a los hombres o a objetos de la naturaleza. Ejemplo:

«... Testigos son esta cruz y clavos que aquí parecen; testigos estas llagas de pies y manos, que en mi cuerpo quedaron; testigos el cielo y la tierra, delante de quien padecí [...]».

(Fray Luis de Granada)

Octava. Estrofa de ocho versos que presenta múltiples formas a lo largo de su historia: puede ser de arte mayor y menor, isométrica o polimétrica (p. e., la octava alirada consta de heptasílabos y endecasílabos), de rima consonante o asonante. Sus modelos principales son:

1. *Octava castellana* o copla de arte mayor. Es una estrofa de ocho versos dodecasílabos, compuestos de acuerdo con la siguiente distribución de versos: ABABBCCB, ABBAABBA.

A «Al muy prepotente don Juan
　　　　　　　　　　[el segundo,
B aquél con quien Júpiter tovo
　　　　　　　　　　[tal celo,
A que tanta de parte le fizo del
　　　　　　　　　　[mundo
B quanta a sí mesmo se fizo en el
　　　　　　　　　　[cielo;
B al grand rey de España, al Cé-
　　　　　　　　　　[sar novelo,
C al que con Fortuna es bien for-
　　　　　　　　　　[tunado,
C aquél en quien cabe virtud e
　　　　　　　　　　[reynado,
B a él la rodilla fincada por sue-
　　　　　　　　　　[lo».

(J. de Mena)

2. *Octava real*, llamada también *octava heroica*: es una estrofa de ocho versos endecasílabos que riman en consonante y cuya estructura es ABABABCC. Como se observa, los dos últimos versos constituyen un pareado y los seis primeros presentan una rima alternante. Conocida, en Italia, como *octava rima*, es introducida con tal nombre en España por Boscán (en su poema *Octava rima)* y utilizada por Garcilaso de la Vega en su Égloga III. A. de Ercilla la consagró como estrofa apta para la poesía épica en *La Araucana*, poema al que pertenece la siguiente estrofa:

A «Chile fértil provincia y seña-
[lada
B en la región antártida famosa,
A de remotas naciones respetada
B por fuerte, principal y pode-
[rosa:
A la gente que produce es tan
[granada,
B tan soberbia, gallarda y beli-
[cosa,
C que no ha sido por rey jamás
[regida,
C ni a extranjero dominio some-
[tida».

(A. de Ercilla)

La misma estructura de esta estrofa, compuesta por versos octosílabos, se llama *octavilla real (abababcc)*.

3. *Octava aguda* (conocida también, dada su procedencia, como «octava italiana»): estrofa de ocho versos, generalmente endecasílabos (también las hay de eneasílabos y de otros metros), organizados en dos semiestrofas, que llevan acento en la última sílaba de los versos 4.º y 8.º y que puede tener versos sueltos. Se introdujo en España en el siglo XVIII, con la denominación de *octava italiana de pie quebrado*. La octava aguda exclusivamente endecasilábica fue utilizada por S. Bermúdez de Castro (creador de un tipo especial de octava, la *bermudina)*, G. A. Bécquer, A. Reyes, M. de Unamuno, etc. Ejemplo:

«Tu aliento es el aliento de las flo-
[res;
tu voz es de los cisnes la armonía;
es tu mirada el esplendor del día,
y el color de la rosa es tu color.

Tú prestas nueva vida y espe-
[ranza
a un corazón para el amor ya
[muerto;
tú creces de mi vida en el desierto
como crece en el páramo la flor».

(Bécquer)

Octavilla aguda. Estrofa compuesta por ocho versos de arte menor y que presenta las mismas características de la *octava aguda*. Procede de Italia y fue utilizada en el siglo XVIII por J. Meléndez Valdés, L. Fernández de Moratín, etc., y en el siglo XIX por J. Espronceda, autor de la siguiente estrofa con la que se inicia la *Canción del pirata:*

«Con diez cañones por banda,
viento en popa, a toda vela,
no corta el mar, sino vuela,
un velero bergantín:
bajel pirata que llaman,
por su bravura, el *Temido,*
en todo el mar conocido
del uno al otro confín».

(Espronceda)

Octodecasílabo. Verso de dieciocho sílabas que presenta dos modelos de acuerdo con la diferente posición de sus acentos internos: el octodecasílabo dactílico, que lleva acentos en la 2.ª, 5.ª, 8.ª, 11.ª, 14.ª y 17.ª sílabas («El nido amoroso de granzas y plumas del árbol colgado...», Salvador Rueda), y el octodecasílabo *trocaico,* compuesto por dos hemistiquios de nueve sílabas, que llevan los acentos en las sílabas 4.ª y 8.ª: «Su ciega y loca fantasía / corrió arrastrada por el vértigo...» (Rosalía de Castro).

Octonario. Véase HEXADECASÍLABO.

Octosílabo. Verso de ocho sílabas que presenta diferentes tipos, de acuerdo con la distribución interna de sus acentos. T. Navarro Tomás distingue los siguientes modelos de octosílabo: 1. Octosílabo *trocaico,* que lleva acento en las sílabas impares («Que por mayo era por mayo / cuando hace la calor...», *Romancero).* 2. Octosílabo *dactílico,* con acentos en la 1.ª, 4.ª y 7.ª sílabas («Cuando en la noche te envuelven...», G. A. Bécquer). 3. Octosílabo *mixto: a)* Con acentos en 2.ª, 4.ª y 7.ª. *b)* Con acentos en 2.ª, 5.ª y 7.ª. Ejemplos:

«Yo me era mora Moraina
            (2.ª, 4.ª y 7.ª: mixto *a)*
morilla de un bel catar...».
            (2.ª, 5.ª y 7.ª: mixto *b)*

(*Romancero*)

4. Octosílabo *polirrítmico.* Es la forma más usada del octosílabo, en la que se combinan las modalidades anteriores:

«En París está doña Alda,
            (3-5-7: trocaico)
la esposa de don Roldán;
            (2-5-7: mixto b)
trescientas damas con ella
            (2-4-7: mixto a)
para la acompañar».
            (3-5-7: trocaico)

(*Romancero*)

El octosílabo es el verso más antiguo (aparece en las jarchas), y está presente en todas las épocas de la literatura española hasta la actualidad. Figura en diversas estrofas (pareados, redondillas, coplas, etc.) y poemas, especialmente el romance.

Oda. Término de origen griego (*ode:* canto) que se aplicaba en la literatura griega tanto a las composiciones que Píndaro dedicaba a los vencedores en los Juegos Olímpicos como a las canciones amorosas de Safo. En la literatura latina es Horacio el gran cultivador de este poema: se conservan unas ciento tres composiciones suyas, centradas en una gran variedad de temas: política, amor y amistad, placeres de la comida y del vino, viajes, satisfacciones de la vida en el campo, etc. En la Edad Media se recupera este poema lírico gracias a la obra de Petrarca. A partir del Renacimiento el cultivo de esta composición se intensifica en Italia (T. Tasso), Francia (P. de Ronsard, F. de Malherbe) e Inglaterra (J. Milton: *Oda de la Navidad*). En España, el introductor de este poema es Garcilaso de la Vega con *Oda a la flor de Gnido*, escrita en liras, estrofa que utilizará también Fray Luis de León, tanto en la traducción de las odas de Horacio (*Maecenas atavis, Beatus ille, Cum tu Lydia, O navis,* etc.) como entre sus composiciones originales: *A Francisco Salinas, Profecía del Tajo, Canción de la vida solitaria,* etc. Otras estrofas utilizadas en el Siglo de Oro son la estancia, la silva y la estrofa sáfica. Entre los cultivadores más

conocidos de este poema figuran F. de Herrera, Villegas y Góngora (*Oda a la toma de Larache*) en el Siglo de Oro, Meléndez Valdés y R. J. Quintana (*A la invención de la imprenta*) en el siglo XVIII, J. de Espronceda (*Vida del campo. Imitación de Horacio*) en el siglo XIX y F. García Lorca (*Oda a Salvador Dalí*) y P. Neruda (*Odas elementales*) en el siglo XX.

Omnisciente. Término de origen latino (*omnis-scientia:* conocimiento de todo) con el que se alude, en crítica literaria, a un tipo de narrador que, por decisión del autor, conoce todo lo relativo al desarrollo de la acción y al mundo interior y motivaciones de la conducta de sus personajes. Esta modalidad de narrador omnisciente, que utiliza la tercera persona en su relato, es característica de la novela anterior al naturalismo decimonónico: un ejemplo singular de dicho tipo podría ser Cide Hamete en *El Quijote:* «Pinta los pensamientos, descubre las imaginaciones, responde a las tácitas [preguntas], aclara las dudas, resuelve los argumentos; finalmente, los átomos del más curioso deseo manifiesta» (II, 40). Los naturalistas del siglo XIX rechazan esta omnisciencia del narrador por «antinatural»: el hombre no posee el don de la ubicuidad ni el de penetración en el mundo interior de las conciencias. En realidad, el único modelo de relato en el que resulta verosímil la omnisciencia del narrador es el relato autobiográfico. Véanse: NARRADOR, NATURALISMO Y PUNTO DE VISTA.

Onomatopeya. Término de origen griego (*onomato-poiia:* formación del nombre) con el que se alude a un fenómeno lingüístico y a una figura retórica que consisten en el hecho de que los componentes fónicos de una palabra imitan, sugieren o reproducen acústicamente la realidad significada por ella. A través de este procedimiento han surgido diversos vocablos que presentan una evidente configuración onomatopéyica: «zumbido», «susurro», «tictac», etc. La onomatopeya forma parte de un tipo de recursos expresivos (aliteraciones, recurrencias fónicas, armonía imitativa) con los que los poetas dan vida a unas virtualidades de comunicación basadas en el juego de sonidos miméticos y sugerentes, que potencian la capacidad comunicativa de un texto o se convierten en mensajes autónomos carentes de contenido conceptual. Un modelo de este tipo de creaciones es la *jitanjáfora.* Ejemplos de onomatopeya:

«En la tristeza del hogar golpea
el tic-tac del reloj».

(A. Machado)

«Uco, uco, uco, uco.
Abejaruco».

(García Lorca)

Véanse: ALITERACIÓN, ARMONÍA IMITATIVA y JITANJÁFORA.

Ópera. Obra teatral compuesta íntegramente para el canto y acompañamiento orquestal y formada por arias, conjuntos, coros y recitativos interpretados por cantantes y por una obertura e interludios ejecutados por la orquesta. En la ópera confluyen diversas manifestaciones artísticas: música, danza, escenografía, artes plásticas (decorado, vestuario, etc.) y literatura: en este aspecto, grandes óperas, como *Otelo* y *Macbeth,* de G. Verdi, *Romeo y Julieta,* de H. Berlioz, se basan en los conocidos dramas de W. Shakespeare; *Fausto,* de Ch. Gounod, en el de J. W. Goethe, etc. Esta confluencia de diversas artes en la configuración y desarrollo de un espectáculo dramático aparece ya en el teatro grecolatino, en los dramas litúrgicos medievales, en los melodramas renacentistas, surgidos a finales del siglo XVI en Italia, en el teatro español del Siglo de Oro, etcétera.

Opereta. Pieza teatral en la que alternan el canto y el diálogo hablado y en la que aparecen elementos de parodia y sátira. Surge en Francia por evolución de la ópera bufa y en su configuración intervienen especialmente F. Hervé (*El pequeño Fausto*, 1869) y J. Offenbach (*Orfeo en los infiernos*, 1858; *La bella Elena*, 1864; etc.), y es cultivada posteriormente en Austria por F. Lehar (*La viuda alegre*, 1905), Johann (II) Strauss (*El murciélago*, 1874; *El barón gitano*, 1855), etc.

Optación. Figura retórica consistente en la enunciación vehemente de un deseo. Ejemplo:

«BERNARDA: ¡Encerradla!
MARÍA JOSEFA: ¡Déjame salir, Bernarda! [...] ¡Quiero irme de aquí! ¡Bernarda! ¡A casarme a la orilla del mar, a la orilla del mar!».

(García Lorca)

Oral (literatura). Expresión creada por P. Sévillot en 1881 y utilizada para designar determinadas formas de discurso tradicional como mitos, cuentos, leyendas, proverbios, etc. Este conjunto multiforme de manifestaciones de la tradición oral es objeto de investigación de diversas disciplinas: antropología, folclore, lingüística, historia literaria, etc. Se entiende por literatura *oral* «toda comunicación poética en la que la transmisión y la recepción, por lo menos, pasan por la voz y el oído» (P. Zumthor), definición en la que caben diferentes modalidades discursivas, como las de carácter gnómico y moral (proverbios, refranes, fábulas, ejemplos, etc.), cuentos, relatos épicos, diversos tipos de canción amorosa tradicional, cuentecillos, facecias, historietas, anécdotas y, por supuesto, diversas formas actuales de expresión poética oral, p. e., ciertas canciones difundidas a través de los medios audiovisuales. Sobre la importancia que esta tradición oral ha tenido para la historia de la humanidad, baste recordar que las civilizaciones arcaicas han sobrevivido (p. e., en las diferentes etnias africanas, asiáticas o indioamericanas) gracias a esa tradición. Lo mismo ocurre actualmente con las culturas marginales en los países desarrollados.

Se pueden distinguir tres tipos de oralidad: *primaria* (la que no tiene contacto con la escritura), *mixta* (cuando, existiendo la escritura, su influencia en la tradición oral sigue siendo externa, parcial y tardía) y *secundaria:* cuando esa expresión oral se recompone a partir de la escritura (P. Zumthor). Véanse: CANCIÓN, CANTAR DE GESTA, CUENTO, GOLIARDOS, MESTER DE CLERECÍA, MESTER DE JUGLARÍA, PÚBLICO, ROMANCERO y TROVADOR.

Oralidad. Véase ORAL.

Oratoria. Es el arte de la elocuencia, consistente en el dominio de los recursos expresivos y de las técnicas encaminadas a convencer, instruir o agradar a un público determinado. La oratoria puede considerarse como ejercicio de elocuencia o bien como disciplina. Una y otra tienen sus orígenes conocidos en la cultura grecolatina, que surge como enseñanza en Sicilia por obra de Tisias y Corax. Adaptada por Gorgias al ideal pragmático de la sofística griega, será objeto de un estudio sistemático en la *Retórica* de Aristóteles. Éste distingue tres clases de oratoria: *deliberativa* (su objeto es la reflexión y persuasión sobre temas cívicos relativos a legislación y formas de gobierno, defensa del país, guerra y paz, fiscalidad, etc.), *demostrativa* o epidéctica (cuyo objeto es instruir sobre valores: virtud, justicia, templanza, prudencia, etc.) y *forense*, relacionada con los procesos judiciales: sus temas de razonamiento son la ley natural y positiva como norma de justicia, criterios para medir la gravedad del delito, observaciones sobre leyes, testigos, contratos, etc. En el libro III estudia Aristóteles las técnicas de elocución (claridad de dicción, selección de léxico, propiedad y pureza de lenguaje, ritmo de la prosa, figuras literarias) y las distintas partes en que debe organizarse el discurso.

Desde los retóricos sicilianos, el discurso oratorio se ha solido dividir en siete partes fundamentales: el *exordio* (introducción en la que se pretende captar el interés y la atención del público), *proposición* (enunciación del tema que se va a tratar), *división* (enumeración de los apartados o cuestiones incluidas en el tema enunciado), *confirmación* (pruebas y argumentos en que se apoya la tesis sustentada en la enunciación), *refutación* (demostración de la falsedad o inconsistencia de los argumentos en que se basa la tesis contraria), *epílogo* (conclusión en la que se sintetizan las ideas básicas del discurso que confirman la validez de la tesis propuesta) y *peroración* (o final emotivo, tendente a recabar la adhesión definitiva del público al mensaje defendido). La preceptiva literaria ha reducido a cuatro las partes que se juzgan más importantes en el discurso: exordio, proposición, confirmación y epílogo.

De los distintos tipos de oratoria mencionados, los que merecieron mayor atención en la etapa grecolatina fueron la forense y la política. La *oratoria forense*, aplicada a los procesos judiciales, tuvo grandes cultivadores, tanto en Sicilia como en Atenas (Lisias e Isócrates) y Roma (Catón, Cicerón). La *oratoria política*, desarrollada en sociedades y épocas en las que se exigía una intervención más activa de los ciudadanos en la gestión pública, contó en Atenas con eminentes cultivadores como Pericles, Demóstenes, Esquines, etc., y en Roma, Catón, Cicerón, Plinio el joven, etc. En la actualidad, la oratoria política se desarrolla en el Parlamento, en mítines y otras manifestaciones públicas a través de los medios de comunicación: radio, cine y televisión.

Un arte de elocuencia, peculiar de las instituciones religiosas, es la *oratoria sagrada,* que se presenta en diversos tipos: *homilía* (comentario exegético de los libros sagrados), *sermón* (explicación de aspectos doctrinales del dogma y de la moral), *plática* (reflexión ascética y moral en tono sencillo y coloquial), *oración fúnebre* (meditación sobre el sentido de la vida y la muerte, a propósito de la desaparición de un personaje relevante), **panegírico* (exaltación de la vida ejemplar de algún santo), etc.

Finalmente, una forma especial de oratoria demostrativa es la denominada *oratoria académica,* de carácter didáctico y expositivo, limitada en la actualidad a discursos de ingreso en las reales academias, apertura de curso de universidades, disertaciones de tipo científico o conferencias pronunciadas en ocasiones solemnes. Véase: RETÓRICA.

Original. Véase MANUSCRITO.

Ornato. Término de origen latino *(ornatus:* adorno, belleza) utilizado en retórica para designar una serie de procedimientos relativos a la disposición de las ideas (figuras de pensamiento) y a la expresión lingüística (figuras de dicción) que sirven, al mismo tiempo, para embellecer el discurso y llamar la atención del oyente con el fin de inclinarlo hacia la aceptación del mensaje. El ornato puede producirse tanto en el nivel de la palabra individual (sinónimos y tropos) como en el de las combinaciones de palabras (figuras de dicción, de construcción y de pensamiento). Estos tipos de *figuras pueden producir el ornato por tres procedimientos: adición, detracción y orden; en el caso de los tropos se produce mediante la sustitución.

El concepto de *ornatus,* en la retórica grecolatina, estaba en relación con los diferentes tipos de estilo y sus correspondientes fines: p. e., al estilo sencillo *(genus humilis)* se le asignaba la finalidad de enseñar *(docere)* y demostrar *(probare).* Cualidades propias de este estilo serían la pureza lingüística *(puritas:* evitar barbarismos, arcaísmos y solecismos), la claridad *(perspicuitas:* evitar la oscuridad, el desorden, la ambigüedad sintáctica, polisemia, etc.) y la precisión. Con estas cualidades se puede lograr un estilo que, aun sin ornato, sea elegante. Véanse: ESTILO y FIGURA.

Ovillejo. Estrofa de diez versos compuesta por tres pareados y una redondilla. Los pareados se forman con un octosílabo seguido de un verso quebrado que le sirve de eco. La redondilla se inicia con la misma rima del último verso quebrado y encadena los tres quebrados en su verso final. Ejemplos:

(pareados)
«¿Quién menoscaba mis bienes?
Desdenes.
Y ¿quién aumenta mis duelos?
Los *celos*.
Y ¿quién prueba mi paciencia?
Ausencia.

(redondilla)
De este modo, en mi dolencia
 ningún remedio se alcanza,
pues me matan la esperanza
desdenes, celos y *ausencia*».

(Cervantes)

Oxímoron. Figura literaria consistente en la unión de dos términos de significado opuesto que, lejos de excluirse, se complementan para resaltar el mensaje que transmiten. Ejemplos: «rugido callado» (Rubén Darío), «soledad sonora» (S. Juan de la Cruz), «desmayo dichoso» (Fray Luis de León), «rudo artificio», «vivo cadáver» (Calderón), «payaso trágico», «trágica mojiganga», «broma macabra» (Valle-Inclán).

Oxítona. Término griego (*oxis:* agudo; *tonos:* sonido) con el que se denominan las palabras que llevan acento en su última sílaba: «laúd», «azul». Aplicado dicho término a la métrica, se habla de *verso oxítono* cuando su última sílaba acentuada coincide con la sílaba final de dicho verso:

«Olas de plata y *azul*».

(Espronceda)

A la hora de determinar la medida silábica de estos versos, debe contarse una sílaba métrica más. A la rima que se produce en este tipo de versos se la designa como rima *oxítona*. Véanse: CÓMPUTO SILÁBICO, PAROXÍTONA, PROPAROXÍTONA y RIMA.

P

Pacto narrativo. Se dice del que se establece implícitamente entre el emisor de un texto narrativo y sus destinatarios, por el que éstos aceptan que lo que se les va a relatar es una ficción artística, la cual goza del estatuto de la «verdad poética» y, por tanto, no está sujeta a las leyes de la verificación. En virtud de ese pacto, los receptores del mensaje narrativo entran en el juego de esa ilusión de realidad que el emisor pretende crear en el texto, dando por supuesto que, aunque se trata de una historia de ficción, ésta, por verosímil, bien podría haber ocurrido en la realidad.

Paleográfica. Véase EDICIÓN.

Palimpsesto. Término de origen griego (de *palin:* de nuevo, y *psao:* raspar: raspado de nuevo) con el que se designa un tipo especial de manuscrito en el que se ha borrado el texto primitivo y se ha vuelto a escribir, sobre el pergamino o el papel, un nuevo texto. Este fenómeno del raspado de textos antiguos para escribir otros ocurrió en épocas en las que el material de escritura (pergamino o papel) era escaso o muy caro; en los monasterios medievales fue una costumbre frecuente. A través de ciertos reactivos ha sido posible recuperar diversas obras de autores grecolatinos, p. e., *De Republica,* de Cicerón, sobre cuyo texto se había copiado un comentario sobre los *Salmos,* realizado por San Agustín. Véase: MANUSCRITO.

Palíndromo. Término de origen griego (*palin:* de nuevo, y *dromos:* recorrrido) con el que se designa una figura retórica, artificiosa, que se produce cuando una palabra, oración o verso presenta la misma sucesión de formas, tanto si se lee de izquierda a derecha como si se lee a la inversa: p. e., «oro», «asa», «dábale arroz a la zorra el abad». La literatura clásica ofrece un ingenioso ejemplo de todo un verso (de Sidonio Apolinar, s. v) que puede leerse de derecha a izquierda, sin perder sus componentes léxicos ni su significado correspondiente: *Roma tibi subito motibus ibit amor*.

Palinodia. Término de origen griego (*palinodia:* repetición del canto, pero al revés) con el que se denomina la retracción pública de ideas, sentimientos o conducta mantenidos hasta entonces por una persona. Históricamente, ha habido casos relevantes de palinodia religiosa, política, filosófica literaria y sentimental. Un ejemplo de esta última es la protagonizada por Horacio en su oda «*O matre pulchra*», en la que se retracta ante su hija de ciertas muestras de desconsideración, vertidas en un poema, que a ella le habían resultado ofensivas:

«¡Oh, hija, más hermosa que tu
[madre,
que también es hermosa!
Decreta tú a mis yambos ofensi-
[vos
el fin que tú gustares como quie-
[ras:
Ya los hagas ceniza en las llamas,
ya despojo confuso en el Adriáti-
[co [...]

Ahora yo quiero
trocar lo triste en apacible y dulce
con tal que tú a mi amistad regre-
[ses
y tu alma a mí devuelvas
al retractarme yo de tus opro-
[bios».

(Trad. de J. Alcina)

Panegírico (o encomio). Término de origen griego (*panegyrikos:* discurso laudatorio ante toda la asamblea; *enkomion:* alabanza) con el que se alude a una composición «encomiástica» en la que se ponderan las cualidades, virtudes y hechos meritorios de una personalidad a la que se considera digna de elogio. Entre los elogios conservados en la literatura latina figuran el *Panegírico de Trajano*, escrito por Plinio el Joven, y los llamados *Panegyrici latini*, de C. Mamertino, Eumenio y Pacato, dedicados a once emperadores romanos: Maximiano, Constantino, Teodosio, etc. En la literatura medieval abundan los panegíricos integrados en poemas elegíacos (plantos, defunciones, etc.) como una de las partes esenciales de los mismos, entre los que cabe recordar el dedicado por Juan Ruiz a Trotaconventos, la *Defunción de don Enrique de Villena* y el *Planto de la reina Margarida*, del marqués de Santillana, y, sobre todo, las *Coplas a la muerte de su padre*, de J. Manrique, cuyo encomio consta de tres estrofas en las que se desarrolla una relación de las excelencias del difunto. En el Siglo de Oro hay dos grandes encomios que constituyen el modelo de este tipo de composición: el *Panegírico al Duque de Lerma*, de Góngora, y el *Panegírico a la majestad del Rey nuestro Señor don Felipe IV en la caída del Conde Duque*, de Quevedo. En la poesía contemporánea merece destacarse el panegírico que forma parte del *Llanto por Ignacio Sánchez Mejías*, de Lorca. Véanse, a continuación dos coplas del panegírico que J. Manrique dedica a su padre:

«Aquél de buenos abrigo,
amado por virtuoso
de la gente,
el maestre don Rodrigo
Manrique, tanto famoso
e tan valiente:
sus hechos grandes e claros
non cumple que los alabe,
pues los vieron,
ni los quiero hacer caros,
pues que el mundo todo sabe
cuáles fueron.

¡Qué amigo de sus amigos!
¡Qué señor para criados
e parientes!
¡Qué enemigo de enemigos!
¡Qué maestro de esforzados
e valientes!
¡Qué seso para discretos!
¡Qué gracia para donosos!
¡Qué razón!
¡Qué benigno a los sujetos!
¡Y a los bravos e dañosos,
qué león!».

Panfleto. Escrito breve, en prosa o en verso, de carácter satírico y agresivo, que se utiliza como medio de combate en controversias ideológicas o literarias o como instrumento de difamación, en cuyo caso se denomina *libelo infamatorio*. Como ejemplo de este tipo de escritos suele mencionarse las *Provinciales* de B. Pascal (1656-1657) contra los jesuitas y la Sorbona. En España, una parte de la literatura satírico-social y política del siglo xv (*Coplas del Rey don Henrique*, etc.) presenta el tono mordaz del panfleto, al igual que cierta sátira literaria del Siglo de Oro (p. e., la de Quevedo contra J. Ruiz de Alarcón, Góngora, etc.) o el escrito difamatorio lanzado por Lope de Vega contra la familia de los Velázquez tras la ruptura con Elena Osorio. Desde el punto de vista político, durante el período de Carlos IV, la Guerra de Independencia y el Trienio Liberal abunda la literatura panfletaria (*El Zurriago*, *El Gorro Frigio*, etc.), lo mismo que en el llamado Bienio Progresista (*El Látigo*, de P. A. de Alarcón), el Sexenio Democrático iniciado con la Revolución de 1868 (*La Gorda*, *La Flaca*, *Gil Blas*), etc. Entre los rasgos de estos panfletos destacan la parcialidad tendenciosa, el dogmatismo y la superficialidad y, en lo referente al tono y estilo «panfletario», la agresividad, desmesura, vulgaridad e incluso grosería. Véase, como ejemplo, un fragmento que aparece en la citada publicación de *El Látigo*, de Alarcón:

«Duro, pues, a los farsantes que se han apoderado de la revolución para descuartizarla [...], duro, en fin, a los bribones que hacen el mal a sabiendas, y no hacen más daño porque afortunadamente su malicia se contiene en los límites de su ignorancia. ¡Latigazo y tente, perro!».

Pantomima. Término de origen griego (*pantos-mimos*: todo imitación) con el que se designa una representación teatral constituida únicamente por los gestos de los actores, que desarrollan una historia, sin palabras. En esto se diferencia del *mimo*, el cual no trata de dramatizar un episodio concreto, sino que se centra en una expresión autónoma, y deja al público en libertad de interpretar el espectáculo, mientras que la pantomima intenta representar dicha historia con cierta fidelidad, ocupando el gesto el lugar de la expresión oral. Sobre las relaciones de la pantomima con el mimo, y el desarrollo de estas formas de representación desde sus primeras manifestaciones conocidas en Grecia, hasta el siglo XIX, puede consultarse **mimo*. En dicho siglo se produce un renacer de la pantomima en Francia gracias a Gaspar Deburan y Paul Legrand, renacer que se consolida en el siglo XX a impulsos de E. Decroux y de la compañía teatral de A. Artaud. Esta revalorización de la pantomima se produce igualmente en otros países, a través de grupos como el Actor's Studio de Nueva York, el Piccolo Teatro de Milán, la compañía del Teatro Pobre de J. Grotowski, Els Joglars, etc.

Papel. Término con el que se alude tanto a la función desarrollada por un personaje en una obra como a la parte del texto que le corresponde interpretar e, incluso, a la interpretación que de un determinado personaje realiza un actor concreto. En el montaje de una obra teatral se procede a un «reparto de papeles», y, según la valía profesional de los actores y sus cualidades peculiares, se les encomienda un papel «principal» o «secundario», un papel «de carácter» (lo que supone un actor entrado en años) o un papel «de prueba» para un actor novel. Véanse: ESTEREOTIPO, PERSONAJE, ROL y TIPO.

Parábasis. Véase CORO.

Parábola. Término de origen griego (*parabole:* comparación) con el que se designa una forma de relato que guarda relación con la fábula y con la alegoría. Con la primera tiene en común la exposición sencilla de una anécdota que sirve de punto de partida para extraer una lección moral; se diferencia en que, generalmente, los personajes de ese relato son seres humanos y no animales, como en la fábula. Con la alegoría comparte el hecho de que, detrás de ese relato sencillo, late una interpretación intelectual y una alusión a un sentido más profundo, que es donde radica la enseñanza moral o religiosa, como ocurre, p. e., en las parábolas del Evangelio.

Paradiástole. Véase SEPARACIÓN.

Paradigma. Término procedente del griego *paradeigma:* modelo, plan de arquitecto, esquema de un conjunto. En la gramática tradicional se designa con dicho término el conjunto de formas que, en la declinación de un sustantivo o en la conjugación de un verbo, sirven de modelo en los diferentes tipos de flexión. Así, en latín, *rosa* o *dies* sirven de paradigma para la primera y quinta declinaciones. En la lingüística contemporánea se habla de relaciones «paradigmáticas» por oposición a «sintagmáticas», entre los elementos constituyentes de un enunciado. Así, en la expresión «una ocurrencia feliz», el adjetivo «feliz» presenta una relación sintagmática con los términos «ocurrencia» y «una», que están presentes en el enunciado, y, a la vez, mantiene una relación paradigmática con otros adjetivos que podrían sustituirlo: «inoportuna», «ingeniosa», «chocante». En el análisis estilístico de las obras literarias habrá de tenerse en cuenta el tipo de elecciones realizado por un autor, a partir de las posibilidades de sustitución paradigmática en relación con el campo semántico en el que ha seleccionado el material léxico.

Paradoja. Término de origen griego (*paradoxon:* fuera de la opinión común, raro) con el que se denomina una figura lógica consistente en la oposición y armonización de conceptos aparentemente contradictorios. Por su medio, lo que, a primera vista, parecía un mensaje absurdo termina revelando una idea razonable o una profunda verdad. Es un recurso frecuentemente utilizado en la literatura mística y barroca. En la época contemporánea se considera un rasgo peculiar del estilo de Unamuno. Ejemplos:

«Vivo sin vivir en mí,
y tan alta vida espero,
que muero porque no muero».

(Santa Teresa)

«Por ti nos vivifica esta tu muerte,
por ti la muerte se ha hecho nues-
[tra madre...».

(Unamuno)

Paráfrasis. Término griego (*para-phrasis:* explicación añadida) con el que se alude al desarrollo explicativo de un texto, sin alterar su contenido, para hacerlo más asequible. En teoría literaria se aplica dicho término a los escritos en que se recrea o interpreta, amplificándolo, un texto anterior. Ejemplos conocidos de paráfrasis serían los poemas en tercetos de Fray Luis de León en su *Exposición al Libro de Job,* en los que se vierte el argumento de cada capítulo de dicho libro, después de haber realizado un comentario en prosa al texto original.

Paragoge. Término de procedencia griega (*par-agoge:* adición) con el que se designa una licencia poética consistente en la adición de un fonema vocálico (generalmente la «e», llamada «*e* paragógica») al final de una palabra con la que termina el verso. Esta adición ocurre especialmente en la épica (cantares de gesta, romances viejos y nuevos), en ciertos poemas líricos anteriores al siglo XVII y en algunos textos dramáticos del Siglo de Oro. Ejemplo:

«Sea bien venido
el Comendador*e,*
de rendir las tierras

y matar los hombres.
[...] Venciendo moricos,
fuertes como un roble,
de Ciudad Real*e*
viene vencedor*e* [...]».

(Lope de Vega, *Fuente Ovejuna*)

Paragrama. Sustitución o transmutación de una palabra en otra por el cambio de uno de sus fonemas. Si el cambio es involuntario, se trataría simplemente de un «lapsus». Por el tono (humor, ironía) y contexto se puede deducir si dicho cambio es o no intencional. Ejemplo: «El general tenía un alto sentido del horror» (honor-horror).

Paralelismo. Procedimiento estilístico caracterizado por la recurrencia simétrica de palabras, estructuras sintácticas y rítmicas o contenidos conceptuales a lo largo de un texto. Véase, como ejemplo, el siguiente cosaute de D. Hurtado de Mendoza, padre del marqués de Santillana:

«A aquel árbol que mueve la foxa
algo se le antoxa.
Aquel árbol del bel mirar
face de manyera flores quiere
[dar;
algo se le antoxa.
Aquel árbol del bel veyer
face de manyera quiere florecer;
algo se le antoxa [...]».

Puede constatarse en este poema un paralelismo verbal completo en los versos 2, 5 y 8, y parcial entre el 1, 3 y 6 y entre el 4 y el 7, así como un paralelismo de estructuras sintácticas en estas dos últimas series. Este recurso poético se basa en el principio de la repetición o recurrencia. En un poema pueden aparecer diversas formas de recurrencia: el mismo número de sílabas, acentos, pausas, rima, etc.; el paralelismo implica, además, el factor de las simetrías fijas, que confieren una especial fuerza y cohesión al poema.

Paraliteratura. Nombre con el que se alude a una serie de obras o de expresiones gráficas u orales que se producen al margen de la literatura oficial, consagrada por los códigos estéticos e institucionales de una determinada época y cultura. Entre los ejemplos más conocidos de paraliteratura se mencionan las novelas de *folletín y la literatura de cordel en el siglo XIX y, en el siglo XX, distintas formas de novela de consumo popular: *novela rosa, del *Oeste, de *espionaje, *ciencia-ficción, la fotonovela, el cómic, etc., y determinados *best-sellers* que responden a los gustos y esquema de valores de la sociedad de consumo. No obstante, se ha subrayado la dificultad de establecer fronteras fiables entre este tipo de producción y la literatura «oficial», dificultad incrementada por el hecho de la variabilidad de los códigos estéticos y los juicios de la crítica a lo largo de la historia: p. e., los romances fueron considerados, en el momento de su aparición, como objeto de consumo de «gentes de baja e servil condición» (marqués de Santillana). Por otra parte, se ha resaltado la calidad estética de ciertas expresiones paraliterarias, p. e., los cómics de *Asterix* o *Mafalda.* Es indudable, además, la función de «reserva» de temas, géneros, personajes y formas de lenguaje que ciertas expresiones paraliterarias han cumplido para la creación de obras consideradas ya clásicas (recuérdese la presencia de materiales de folletín en las novelas de Galdós o de recursos expresivos de una paraliteratura paródica y «de arrabal» en los esperpentos de Valle-Inclán). En esta línea, a partir de los años setenta del siglo XX, determinados novelistas han aprovechado procedimientos narrativos de la novela policíaca y negra para recuperar el valor de la narratividad: U. Eco, J. Benet, E. Mendoza, etc. Véanse: BEST SELLER, CÓMIC, FOTONOVELA, KITSCH, PLIEGOS DE CORDEL y POPULAR (LITERATURA).

Pareado. Estrofa de dos versos que riman entre sí en consonante o asonante y que pueden tener el mismo o distinto número de sílabas. Ejemplo:

«Doy consejo, a fuer de viejo:
nunca sigas mi consejo».

(A. Machado)

Paremiología. Término de origen griego (*par-oimia:* refrán, y *logos:* tratado) con el que se denomina la ciencia que recoge y estudia las distintas formas de sabiduría popular presente en los refranes, apotegmas, adagios, proverbios, máximas, sentencias, aforismos, etc. El cultivo y recolección de este tipo de expresiones paremiológicas y gnómicas, aunque adquiere su mayor auge en el Renacimiento, cuenta con notables precedentes en la literatura bíblica, grecolatina y medieval. En realidad, todas las culturas conocidas, aun las más arcaicas, presentan, por vía oral o escrita, un legado de sabiduría práctica, condensado en breves sentencias, que ha servido de orientación gnoseológia y moral a sus respectivos pueblos. Por lo que atañe a las fuentes de la cultura románica, tanto la bíblica como los textos grecolatinos, ofrecen una rica tradición paremiológica. De las obras bíblicas, destacan por su contenido sapiencial *Job, Proverbios*, el *Eclesiastés* y *Sabiduría*.

Por lo que respecta a Grecia, de la etapa anterior a Sócrates y los sofistas se conserva una serie de fragmentos parenéticos y paremiológicos, p. e.: «Lo óptimo: la mesura» (Cleóbulo); «No corra tu lengua más que tu entendimiento» (Quilón); «Difícil es conocerse a sí mismo» (Tales de Mileto). También Sócrates y los sofistas utilizan, en su *paideia,* elementos de esta sabiduría popular. En Roma, son conocidas las colecciones de adagios de Cicerón (*Ad agendum*), los *Dísticos* de Catón, etc.

En la literatura española la presencia de elementos paremiológicos en forma de refranes, sentencias, proverbios, etc., utilizados de manera consciente y artística, se advierte ya en el *Libro de Buen Amor,* que incluye un copioso refranero, quizá el más antiguo en lengua española. Cultivadores de este tipo de literatura son Dom Sem Tob (*Proverbios Morales*), el Arcipreste de Talavera, el marqués de Santillana (primera colección de adagios populares en su *Refranes que dicen las viejas tras el fuego*), F. de Rojas, etc. Pero es en el Renacimiento cuando, con la aparición de la obra de Erasmo (*Adagia,* 1500), se produce una exaltación de los refranes como fuente para conocer el fondo de verdad, moralidad y justicia que la naturaleza puso en el hombre. Esta doctrina erasmista fue divulgada en España por J. de Mal Lara en su *Filosofía Vulgar* (1568). Este culto a la sabiduría popular (latente en grandes obras literarias, como el *Lazarillo, El Quijote,* comedias de Lope de Vega, etc.) responde a un deseo renacentista de vuelta a la naturaleza (alterada por la civilización), cuyo orden espontáneo se manifestaría en los juegos de los niños, en los cantares y proverbios del pueblo y en la apacible vida de la «aldea» (menosprecio de corte). Véanse: ADAGIO, AFORISMO, MÁXIMA, PROVERBIO, REFRÁN, REFRANERO Y SENTENCIA.

Parlamento. «Entre actores, relación larga en verso o prosa» (DRAE). Intervención de un personaje a través de un largo discurso en el que expresa sus sentimientos, ideas y razonamientos, de forma a veces retórica, para provocar la reacción de los oyentes. Ejemplo de parlamento dramático sería la interpelación de Laurencia al concejo de *Fuente Ovejuna*, tras liberarse de la opresión del comendador.

Parnasianismo. Término con el que se alude a una tendencia estética y literaria iniciada por un grupo de poetas franceses que en 1866 publican conjuntamente sus composiciones poéticas en la revista *Le Parnasse contemporain*. Esta nueva estética surge como reacción contra el Romanticismo en dos aspectos: crítica del principio de libertad absoluta en la creación artística (que había conducido a un descuido de la forma) y abandono de la concepción utilitaria del arte al servicio de ideales políticos, sociales, etc. Frente a esta concepción, Th. Gautier, en el prefacio a *Ma-*

demoiselle de Maupin (1835), lanza la consigna de «el arte por el arte». La corriente parnasiana se desarrolla desde comienzos de los años cincuenta (en 1853, Ch. Leconte de Lisle publica *Poèmes antiques,* al que sigue L. Ménard con sus *Poèmes,* 1855, y Th. de Banville con *Odes funambulesques,* 1857; ese mismo año se reedita *Émaux et Camée,* de Gautier), y se consolida con la aparición de *Le Parnasse contemporain* (1866), revista a la que envían sus creaciones treinta y siete jóvenes poetas que van a ser conocidos con el nombre de «parnasianos». Junto a Gautier, Leconte de Lisle, Banville, Mendès, etc., aparecen J. M.ª de Heredia, F. Coppée, Sully Prudhomme, Champfleury y tres grandes promesas: S. Mallarmé, P. Verlaine y Baudelaire.

Los principios estéticos en los que concuerdan los diversos representantes de esta corriente parnasiana son: *a)* Rechazo de los presupuestos románticos mencionados. El blanco de sus ataques no será V. Hugo (admirado todavía, al menos el Hugo de las *Orientales),* sino el poeta Lamartine, por la carga sentimental y política de algunas de sus creaciones. *b)* Frente a los «versos fáciles e incoherentes» de la tradición romántica, propugnan la creación de un tipo de poesía exquisitamente elaborada (en poemas como el soneto, la oda, el rondel, etc.) con una utilización rigurosa de la métrica, sin concesiones a «licencias poéticas» ni al versolibrismo. *c)* Obsesión por el logro de una perfección formal, y de una sublimación de la realidad, liberándola de toda fealdad y vulgaridad. Descripción de esta realidad por medio de notaciones visuales dotadas de un rico cromatismo y gran plasticidad y de una variada adjetivación ornamental. *d)* Evasión de la realidad vulgar hacia mundos exóticos, que pueden situarse en la cultura griega (en los poemas de Leconte de Lisle), bíblica (Banville), medieval o en países ensoñados de recóndita belleza y de misterio: España, Egipto, India, etc. El parnasianismo cederá paso al movimiento simbolista e influirá en el modernismo hispanoamericano, a través de Heredia y Rubén Darío. Parnasianos, simbolistas y modernistas compartirán un mismo culto a esa nueva poesía, caracterizada por la búsqueda de perfección formal y la creación de belleza como objetivo primordial. Véanse: DECADENTISMO, FIN DE SIGLO (CRISIS DE), MODERNISMO y SIMBOLISMO.

Parodia. Es la imitación irónica o burlesca de personajes (deformación caricaturesca de un rasgo físico o moral), de conductas sociales (farsa satírica y desmitificadora) o de textos literarios preexistentes con el objetivo de conseguir un efecto cómico. Esta última forma de parodia tiene sus orígenes en la literatura griega (Aristófanes parodia en *Las ranas* obras trágicas de Esquilo y Eurípides), continúa en la época medieval con obras de tema religioso (imitaciones burlescas de himnos litúrgicos por parte de los goliardos) y se mantiene en el Renacimiento: *Gargantúa y Pantagruel,* de Rabelais, con su espíritu «carnavalesco». La obra cumbre de la literatura paródica universal es el *Quijote,* a través del cual Cervantes somete a crítica el código de valores ideológicos y estéticos latentes en los libros de caballerías, al tiempo que afirma una nueva estética y un nuevo lenguaje. Por su parte, Lope de Vega escribe una regocijada parodia de la épica en *La Gatomaquia.* Elementos de parodia satírica aparecen en el *Fray Gerundio,* del P. Isla, en relación con la oratoria sagrada del barroco tardío, lo mismo que en *La comedia nueva o El Café,* de Moratín, respecto de las «comedias desatinadas» del mismo estilo. Otros ejemplos de parodia, en este caso grotesca, aparecen en los esperpentos de Valle-Inclán (*Los cuernos de don Friolera,* p. e.), o la parodia hilarante que realiza P. Muñoz Seca sobre los dramas neorrománticos, en *La venganza de don Mendo.* Véanse: BUR-

LESCO, CARICATURA, CARNAVAL-CARNAVALESCO, ESPERPENTO, FARSA y GROTESCO.

Paronimia. Véase PARONOMASIA.

Paronomasia. Término griego (*par-onomasia:* semejanza de nombre) con el que se designa una figura retórica consistente en asociar, dentro de un mismo texto, palabras que presentan una semejanza fónica y distinto significado. Se denomina también *paronimia* y *parequesis* (sonido semejante). Esta figura se adecua especialmente al juego de palabras y a la agudeza de ingenio y sentido del humor, ya sea como mero pasatiempo divertido o bien con intencionalidad irónica y satírica. Sirvan como ejemplo estos versos de Unamuno, en los que se subraya un pensamiento existencial con el mismo procedimiento de la paronomasia:

«Le puso el piso en que pasa
hondo hastío; donde posa
sin coser; es otra cosa,
no lo que quiso; no casa.
Presa del piso, sin prisa,
pasa una vida de prosa».

Véase: POLIPTOTON.

Paroxítona. Término de origen griego (*para:* junto a, y *oxitono:* tono agudo) con el que se designa la palabra que lleva acento en su penúltima sílaba: «*cara*», «*pantano*». Las palabras paroxítonas o llanas son las más frecuentes en español, por eso no llevan signo diacrítico, a no ser que terminen en consonante que no sea *n* o *s*. Se denomina *verso paroxítono,* o llano, aquel cuyo último acento recae sobre su penúltima sílaba, y *rima paroxítona* o llana la que se produce en versos paroxítonos. Ejemplo:

«Si de mi baja lira
tanto pudiese el son que en un
[momento
aplacase la ira
del animoso viento
y la furia del mar y el movimien-
[to».

(Garcilaso de la Vega)

Véanse: OXÍTONA, PROPAROXÍTONA y RIMA.

***Partimen* (o *joc partit*).** Término utilizado en la literatura provenzal para designar una composición poética en la que un trovador propone un problema con dos alternativas de posible solución, y ofrece a su oponente elegir primero, para luego defender él la opción contraria, supuestamente más difícil. Se trata, pues, de una forma de debate en la que es más importante la exhibición del propio ingenio, agilidad y agudeza intelectual que la defensa de una determinada opinión en cuanto tal. La temática de estos juegos dialécticos versa sobre diversos aspectos del amor cortés, p. e., ¿qué es mejor: ser el esposo o el amante de la mujer amada? ¿Qué puede ser más doloroso: la muerte de la amada o su infidelidad?, etc. Véanse: DEBATE, RECUESTA y TENSÓN.

Pasaje. Término utilizado para denominar un determinado fragmento de un texto literario que, por presentar un sentido completo, puede ser objeto de referencia, lectura o comentario autónomo. Dicho término, aunque no siempre, se aplica especialmente en obras de literatura ascética y mística, en sermones y homilías y en comentarios bíblicos.

Pasos. Breve pieza teatral en la que se representa una situación propia de personajes populares de los que se remedan costumbres y lenguaje en un tono de humor burlesco. Los pasos encuentran su verdadera configuración en la obra de Lope de Rueda, ya que es él quien crea el repertorio de situaciones, tipos y fórmulas expresivas que luego pasarán al entremés. Al mismo tiempo, realiza la gran innovación de suplantar el verso por la prosa, con lo que se posibilita la desenvoltura y tono realista del diálogo y conversación normal. Entre los pasos más característicos de Lope de Rueda deben mencionarse *Las aceitunas* y *La tierra de Jauja*. Para un estudio sobre la historia y características de este tipo de piezas teatrales y otras del

llamado teatro menor de carácter cómico, véase: ENTREMÉS.

Pasquín. Escrito anónimo, en prosa o en verso, colocado en un lugar público y en el que, con un lenguaje crítico y agresivo, se satiriza o difama a personas o instituciones. Véase: PANFLETO.

Pastiche. Galicismo procedente de la palabra italiana *pasticcio*, utilizada inicialmente en pintura para designar las imitaciones de cuadros realizadas con tal habilidad que pudieran pasar por sus originales. Dicho término se ha aplicado también a las imitaciones de obras literarias, aunque, en principio, ha adquirido un matiz peyorativo: imitación afectada del estilo de un autor. La técnica del pastiche es utilizada deliberadamente por ciertos escritores, al imitar diversos textos y estilos en una misma obra (a veces, incluso, de géneros llamados «subliterarios») o contraponer diversos niveles de lenguaje con finalidad paródica o exclusivamente estética. Ejemplo de contraposición paródica de diversos registros de lenguaje sería el que Valle-Inclán pone en boca de Max Estrella (*Luces de Bohemia*) en su respuesta sarcástica al capitán Pitito: «Yo también chanelo el sermo vulgaris».

Pastorela. Término procedente del occitano (*pastorela*. pastorcilla) con el que se designa una composición lírica de origen provenzal cuyo tema es el encuentro de un caballero con una pastora a la que aquél intenta seducir. En el diálogo que entablan, la pastora puede dar largas y abocar a un final evasivo o bien acceder a los deseos del galanteador, previa promesa de algún regalo, o, en otros casos, rechazar bruscamente el requerimiento, para lo cual no dudará, si es preciso, en solicitar la intervención de sus familiares, que, en las cercanías, andan ocupados en las faenas del campo. Un rasgo peculiar de la pastorela es la localización del encuentro en un espacio geográfico preciso («Entre Lérida e Belvis»). La misma característica aparece en pastorelas francesas y gallego-portuguesas, así como en las serranas y serranillas castellanas: recuérdese la serranilla del marqués de Santillana: «Moçuela de Bores / allá do la Lama». Otra peculiaridad es la contraposición de dos estamentos sociales, con sus códigos respectivos (el aristocrático, con su «cortesía», y el popular, con sus maneras rústicas), puestos en evidencia en el diálogo, elemento básico en el poema. Es opinión común que las pastorelas francesas, las gallego-portuguesas y las serranillas castellanas son derivaciones de las provenzales. Véase: SERRANILLA.

Pastoril. Bajo el rótulo de *literatura pastoril* se engloba una amplia creación artística centrada en la exaltación de la vida del campo y del amor entre pastores, lo que constituye un tópico procedente de la poesía grecolatina (Teócrito y Virgilio), recreado en la Edad Media (*Carmen Bucolicum,* de Petrarca; *Ninphale d'Ameto,* de Boccaccio) y en el Renacimiento (*Aminta,* de T. Tasso; *Arcadia,* de J. Sannazaro), y que, en la literatura española, penetra en la poesía lírica (*Églogas,* de Garcilaso de la Vega), en el teatro (Juan del Encina, Lucas Fernández, Gil Vicente) y, especialmente, en la llamada novela pastoril de J. de Montemayor, Gil Polo, Cervantes, etc. Al margen de esta influencia grecolatina, el tema pastoril se había cultivado en la literatura medieval española, en posible relación con la pastorela provenzal, p. e., las «serranillas» de Santillana.

Sin embargo, el término *pastoril* se ha reservado expresamente para designar un tipo de novela que surge en España en el siglo XVI y que tiene su modelo arquetípico en la *Diana* de J. de Montemayor. Dicho modelo presenta los siguientes rasgos característicos: relato en prosa, alternando con el verso, y un lenguaje culto y refinado, en el que se cuentan diversas historias amorosas protagonizadas por pastores (de ficción unos, otros reales, disfrazados) que conviven con personajes sobrehumanos (ninfas, dioses) y que, tras diversos lances, acaban encontrando su felicidad en el amor o aceptando sabiamente su soledad en el marco de una naturaleza idealizada. Temas básicos de la obra son el amor (concebido como deseo de belleza y elevación espiritual, según los conceptos recibidos de León Hebreo y B. de Castiglione), la naturaleza, diseñada como un escenario platónico –prado, estanque, arroyo, fuente, árboles, choza–, y la fortuna, dispensadora veleidosa del bien y del mal, a quien se atribuye el cambio de estado y condición de las personas.

Constituida como modelo del género, la *Diana* tuvo varias imitaciones, entre las que destaca la *Diana enamorada* (1564), de Gil Polo. Vinculadas con este tipo de obras surgen *La Galatea* (1585), de Cervantes; *La Arcadia* (1598), de Lope de Vega, etc. Véanse: BUCÓLICA, ÉGLOGA, IDILIO, PASTORELA y SERRANILLA.

Patético. Véase PATHOS.

Pathos. Término griego («sufrimiento») que alude a los sentimientos de emoción provocados por el desarrollo de una determinada acción dramática en los espectadores. Para Aristóteles, el *pathos* se relaciona con aquella parte de la tragedia en la que sobrevienen acontecimientos dolorosos para el héroe (la caída, la muerte), que generan sentimientos de piedad *(eleos)* y de terror *(phobos)* en los espectadores, al tiempo que les mueven a la *catarsis* o purgación de sus pasiones. Lo patético es, pues, una peculiaridad de determinadas situaciones dramáticas que conmueven al público y le motivan para una identificación con la causa vivida por los personajes. Véanse: FOLLETÍN, MELODRAMA y SENTIMENTALISMO.

Patraña. Nombre de dudosa etimología (J. Corominas lo hace derivar de *pastoránea:* consejas de pastores) utilizado, con el sentido de cuento verosímil, por Juan de Timoneda, que la define como «fengida traza, tan lindamente amplificada y compuesta, que parece que trae alguna apariencia de verdad». Por su parte, C. Suárez de Figueroa la relaciona con las novelas, a las que considera como «patrañas o consejas propias del brasero en tiempos de frío». Se puede considerar la patraña como una de las primeras expresiones de la novela corta en España, a imitación de las *novelle* italianas. El mismo Timoneda indica que sus relatos se denominarían en lengua toscana «novelas». De hecho, se han señalado notables coincidencias entre varias de estas patrañas con relatos de Boccaccio (2.ª, 15.ª y 22.ª), Masuccio (3.ª), Bandello (7.ª), Ariosto (8.ª y 19.ª), etc. En el libro de Timoneda cada patraña va precedida por una redondilla, en la que se sintetiza el núcleo de la acción que se va a narrar y en la que, a veces, se insinúa una moraleja. Ejemplo.

> *Patraña séptima*
> «La duquesa de la Rosa
> siendo sin culpa culpada,
> por justicia fue librada,
> dándola por virtuosa».

Pausa. Descanso o silencio que se produce en medio de dos hemistiquios de un verso compuesto, al final de un verso o al final de una estrofa. Según el lugar donde se produce dicho descanso, se denomina pausa *estrófica* (al terminar la estrofa), *versal* (al fin de cada verso) e *interna* (entre los dos hemistiquios). Esta última impide la sinalefa y hace que el cómputo silábico del primer hemistiquio sea idéntico al que se realiza con el final de un verso: si termina en aguda, se cuenta una sílaba más, si es una palabra esdrújula, se cuenta una sílaba menos. Ejemplo:

> «Mi infancia son recuerdos / de
> [un patio de Sevilla
> y un huerto claro donde / madu-
> [ra el limonero:
> mi juventud, veinte años / en tie-
> [rra de Castilla;
> mi historia, algunos casos / que
> [recordar no quiero».
>
> (A. Machado)

Pentadecasílabo. Verso de quince sílabas que presenta diversos modelos según la diferente distribución de sus acentos rítmicos o su distinta composición interna. Navarro Tomás distingue tres tipos de pentadecasílabo: 1. *Dactílico*, que lleva acentos en 2.ª, 5.ª, 8.ª, 11.ª y 14.ª sílabas («... en tanto que ardiente brotase la vida en el mundo...», G. Gómez de Avellaneda). 2. *Compuesto*, que presenta dos modalidades: *a) formado por un hexasílabo y un eneasílabo*, ambos con acentos irregularmente distribuidos («... tus pupilas mustias, / vagas de pensar abstracciones», A. Nervo); *b) formado por un heptasílabo y un octosílabo*, acentuados en 2.ª y 6.ª y en 3.ª y 7.ª sílabas, respectivamente («inmóviles reposan / en el lecho de la muerte», M. González Prada). 3. *Ternario*, formado por tres pentasílabos polirrítmicos («Teje el enjambre / la alada música / de su tropel» S. Rueda).

Pentasílabo. Verso de cinco sílabas métricas que presenta diversas modalidades según la diferente posición que ocupan sus acentos rítmicos internos. La sílaba cuarta va siempre acentuada. T. Navarro Tomás distingue los siguientes tipos de pentasílabo: 1. *Trocaico*, que lleva acentos en su 2.ª y 4.ª sílabas («Guillén Peraza / murió en la Palma», Anónimo). 2. *Dactílico*, con acentos en la 1.ª y 4.ª sílabas («Blanca tortuga / luna dormida», F. García Lorca). 3. *Polirrítmico,* cuando en un poema alternan trocaicos y dactílicos.

Perífrasis. Término griego *(perifrasis:* decir con un rodeo, circunlocución) con el que se denomina una figura retórica consistente en aludir a una realidad no con el término preciso sino sustituyéndolo con una frase: p. e., «el séptimo arte» (cine), etc. El uso de la perífrasis es frecuente en la comunicación ordinaria, p. e., cuando se trata de eludir situaciones problemáticas, insinuar un deteterminado mensaje, crear una ambigüedad intencionadamente o, por el contrario, aclarar un concepto o un mensaje intrincados, etc. De acuerdo con estas circunstancias surgen diversos tipos de perífrasis: *definitoria,* cumple la función de aclarar o explicitar el significado del léxico, p. e., «proceso inflamatorio de las amígdalas» (amigdalitis); *gramatical,* de tipo verbal («no ha hecho más que llegar»: ha llegado), nominal («la musa de la historia»: Clío), adverbial («a la chita callando»), etc.; *eufemística,* cuando, por ciertas normas de cortesía, o por el deseo de no herir la sensibilidad del oyente, se evita una palabra tabú: p. e., «mujer de vida airada» en vez de prostituta. Finalmente, hay un tipo de circunlocución surgida

expresamente con fines estéticos para realzar o sublimar una realidad mediante un proceso metafórico, metonímico, etc.: es la perífrasis poética o *literaria.* Véanse dos ejemplos de perífrasis literaria que aluden, mediante una metáfora, al cisne y a la muerte, respectivamente:

«... aquel ave
que dulce muere y en las aguas
[mora».

(Góngora)

«Y cuando llegue el día del últi-
[mo viaje,
y esté al partir la nave que nunca
[ha de tornar [...]».

(A. Machado)

Véase: EUFEMISMO.

Periodismo. Término con el que se designa tanto la profesión de periodista como la actividad relacionada con la publicación de periódicos. En esta segunda acepción, se trata de «una modalidad de la comunicación de masas que tiene como fin específico la difusión no-intencional de hechos documentables y la propuesta de comentarios limpiamente subjetivos, u opiniones acerca de acontecimientos socialmente relevantes» (J. L. Martínez Albertos). Esta definición vale para los diferentes tipos de periodismo, independientemente del soporte que utilicen: escritura, radio, televisión. Los tres comparten un mismo y peculiar mensaje (la noticia), basado en el relato de unos hechos que se pueden documentar y explicar (periodismo informativo e interpretativo) y de unas opiniones o comentarios sobre los mismos (periodismo de opinión) realizados con honestidad profesional. De los tres tipos de periodismo aludidos, en relación con el canal utilizado (impreso, radiofónico y televisivo), aquí se trata especialmente del periodismo impreso.

Históricamente, la prensa periódica surge con la aparición de la imprenta, aunque de forma bastante rudimentaria, a través de las «hojas volanderas» en el siglo XVI y de las *gacetas hebdomadarias* del siglo XVII, así como de las «gacetas de información oficial» de algunos gobiernos y de los llamados *mercurios* (de Alemania, Francia e Inglaterra), que informaban mensualmente sobre actividades comerciales, cuestiones políticas y culturales. En España, hasta 1661 no aparecen referencias sobre la primera gaceta oficial del gobierno, que en 1697 se edita con el título de *Gaceta de Madrid* y que no llegará a ser diaria hasta 1785. En 1758 se inicia el *Diario noticioso*, de Nipho, que más tarde se designa con el título de *Diario de Madrid*. En 1792 surge el *Diario de Barcelona* y en 1794 el *Diario de Lima*. Sin embargo, es en el siglo XIX cuando comienza el periodismo moderno con *La Correspondencia de España* (1848), *El Imparcial* (1867) y *La Vanguardia* (1881).

En la historia del periodismo contemporáneo se suelen distinguir, desde el punto de vista del tratamiento del mensaje, cuatro etapas. Una primera, la del llamado *periodismo ideológico* (que llegaría hasta el final de la Primera Guerra Mundial), en la que predomina el comentario doctrinal sobre la información, la cual está mediatizada por la mentalidad de unos profesionales al servicio de ideales políticos, sociales, religiosos, etc. Una segunda, a partir de los años veinte, en la que surge en los países anglosajones, especialmente en Estados Unidos, un *periodismo esencialmente informativo*, que se centra en el relato objetivo de los hechos y que exige de sus profesionales una mayor competencia y honestidad intelectual. Aparte, aparece una *prensa sensacionalista*, con marcado interés económico, en la que se destacan noticias provocadoras de emociones fuertes por su rareza, «suspense», «morbo» sexual, escándalos, corrupción, violencia, etc. En una tercera etapa, en torno a los años cincuenta, surgen un periodismo de *interpretación* o explicación y un periodismo popular, que en países como Italia o España se manifiesta especialmente en revistas gráficas de tirada semanal, entre las que abunda la llamada «prensa del corazón» y «prensa sensacionalista», del tipo de la antes mencionada. En la cuarta etapa (últimos lustros del siglo XX), se inicia un *periodismo de investigación* y *documentación* basado en la búsqueda directa de datos (no se fía de las fuentes oficiales) para elaborar el llamado «reportaje en profundidad» (p. e. el del caso Watergate). Junto a este periodismo de la prensa escrita, pasa a primer plano otro de gran audiencia, fundamentalmente informativo: el de la radio y la televisión.

Las diferentes modalidades de periodismo aludidas en esta referencia histórica se insertan en lo que se viene denominando, entre los profesionales y docentes de esta materia, *géneros periodísticos*, que son, fundamentalmente tres:

El *periodismo informativo*, que en la actualidad ha sido casi absorbido por la radio y la televisión, dada la mayor rapidez con que se pueden transmitir las noticias. En este primer nivel de información el objeto fundamental del mensaje es la *noticia* o relato del hecho en sus datos esenciales (el *lead),* enmarcado en las circunstancias que lo hacen explicable (se trata de la respuesta a las consabidas cinco preguntas: ¿quién?, ¿qué?, ¿cuándo?, ¿dónde?, ¿por qué?) y sus posibles consecuencias. Para que una noticia provoque el interés de los lectores, debe ser de actualidad, cercana, con posibles repercusiones, relevante, sobre un hecho no habitual, o conflictivo, emotivo, o que se refiera al sexo, o que afecte al progreso de la humanidad. El modo de escritura utilizado en la redacción de la noticia es la narración o la descripción de hechos. Su estilo literario ha de ser claro, preciso, escueto, objetivo y correcto. Dentro del periodismo informativo, una modalidad fundamental es la del *reportaje objetivo*, a través del cual se pretende explicar cómo han sucedido unos hechos actuales o recientes pero que, en general, ya no son estrictamente noticia. El modo de escritura es tanto la narración como la descripción; el que lo escribe es, lógicamente, un reportero; y el estilo es más personal, pero esencialmente objetivo. Hay diferentes tipos: *a) reportaje de acción,* que es un relato vivo y dinámico de los acontecimientos en el que el reportero se sitúa como enrolado en el devenir de los mismos; el modo de escritura es fundamentalmente narrativo; *b) reportaje de acontecimiento:* es una exposición de los hechos no en su desarrollo, sino como algo que ya se da por concluido y que es objeto de una información ordenada y objetiva; el modo de escritura es básicamente descriptivo; *c) reportaje de seguimiento:* se realiza sobre un acontecimiento que ha constituido noticia y cuyo interés exige seguir informando sobre él. Otra modalidad del periodismo informativo es la *entrevista,* también llamada «reportaje de citas», que consiste en una serie de preguntas y respuestas entre el periodista y el entrevistado, con incisos descriptivos y narrativos por parte de aquél, para complementar la visión que sobre la personalidad o pensamiento del entrevistado se desea ofrecer al público. Mención aparte merece la *crónica:* ha sido definida como «una información interpretativa y valorativa de hechos noticiosos, actuales o actualizados, donde se narra algo al propio tiempo que se juzga lo narrado» (G. Martín Vivaldi); lo específico de esta modalidad es narrar y describir. Hay dos tipos de crónica: la de lugar o ambiente (de corresponsales de viajes, de guerra, etc.) y la de temas (parlamentaria, crónica de sucesos, taurina, deportiva, etc.). Relacionado con el periodismo informativo aparece a mediados del siglo xx lo que en Francia se denominó *periodismo de explicación* y, en Estados Unidos, *periodismo de interpretación (interpretative Reporting):* parte de los hechos sobre los que informa pero situándolos en su contexto, en el que adquieren toda su significación. Se ha advertido que este periodismo de interpretación fácilmente puede derivar hacia *el periodismo de opinión.* Sin embargo, es clara la diferencia entre una *columna interpretativa* y un *artículo de opinión:* la primera se queda en el campo de la exposición de los hechos y de las ideas, basándose en pruebas objetivas, mientras que el segundo se desarrolla en la línea de la argumentación con razones probatorias de carácter persuasivo y puntos de vista personales, para ayudar al lector a enjuiciar lo ocurrido, valorarlo adecuadamente y sacar sus conclusiones al respecto. Entre los «géneros», a través de los cuales se desarrolla el periodismo de opinión, figuran el *editorial,* la *columna* o comentario, el *artículo de ensayo,* el *suelto,* la *crítica,* el *artículo de costumbres,* la *caricatura,* etc. Sobre todos ellos puede consultarse la entrada correspondiente a **artículo.*

Además de los reseñados, hay un *periodismo ameno* o literario, que goza de una larga tradición en la cultura occidental y, en concreto, en la española. En esta línea de periodismo «literario» habría que situar ciertos artículos de J. Camba, C. González Ruano, F. Umbral, M. Vicent, M. Vázquez Montalbán, etc., que «están a medio camino entre la literatura y el periodismo» (Martínez Albertos) y cumplen una función de entretenimiento por medio del humor, la ironía, la agudeza y el desenfado.

Períodos literarios. Expresión con la que se alude a una modalidad de ordenación cronológica de la historia de la literatura en espacios de tiempo determinados en los que se enmarcan una serie de obras literarias y sus autores respectivos, que, a su vez, pueden incluirse en otras formas de ordenación (o asociación), como generaciones, escuelas, movimientos, corrientes, etc. La historia de la literatura se ha venido parcelando, inicialmente, en unidades cronológicas derivadas de la historiografía política y cultural. Esto ocurría con la primitiva división de la historia en *edades*, que procedía de Petrarca, para quien el mundo se dividía en tres grandes etapas: Edad Antigua, o Edad de Oro de la cultura (representada por la historia de Grecia y Roma), Edad de las Tinieblas o de los siglos oscuros (que luego se denominará Edad Media) y la Edad Nueva, caracterizada por el renacer de las luces y el alumbramiento de una cultura moderna, conocida después como Renacimiento.

A esta división simplificadora sucederá el fraccionamiento en unidades menores. Aparecen, así, los conceptos de *siglo* y de *época*, centrados en personalidades políticas relevantes: el «Siglo de Pericles» (v a.C.), la «Época de los Reyes Católicos» (siglos XV al XVI), etc. En los manuales de historia de la literatura se opera con el concepto de *siglo* (p. e., «literatura del siglo XIX») y, dentro de cada siglo, con el de *época*: p. e., dentro del llamado Siglo de Oro se estudia la literatura en la «época de Carlos V», «época de Felipe II», etc. (J. L. Alborg).

Desde el campo de la historia de la filosofía y de la cultura (W. Dilthey, J. Ortega y Gasset), se ha introducido un nuevo concepto, el de *generación*, que ha sido aplicado a la historia literaria, especialmente en Alemania y en España, donde se han consolidado los siguientes marbetes generacionales: «Generación del 98», «Generación del 14», Generación del 27», «Generación del 36», etc.

La historiografía contemporánea ha introducido el concepto de *período literario* para ordenar cronológicamente aquellas obras o autores vinculados entre sí por determinadas preferencias de orden estético, preocupaciones temáticas y por la adhesión a ciertas normas o convenciones literarias imperantes en una determinada época. Así, en el transcurso del siglo XIX se desarrollan dos períodos perfectamente diferenciados (Romanticismo y realismo) y se sientan las bases de un nuevo período –el modernismo– que abarca la última década del siglo XIX y continúa hasta 1916, año de la muerte de Rubén Darío. Otros conceptos utilizados como criterio de periodización son los de escuela, movimiento, corriente, etc. El concepto de *escuela* responde a la idea de una agrupación o asociación artística o literaria que implica la existencia de maestros transmisores de una cultura y unos ideales estéticos y de unos discípulos que comparten esos ideales; p. e., los trovadores provenzales, los escritores del Mester de Clerecía, etc. Se entiende por *movimiento* una agrupación de escritores o artistas que comparten unos ideales estéticos y que, de alguna forma, están comprometidos con el desarrollo y propagación de los principios animadores de esa tendencia estética, de su desenvolvimiento y propagación. Otro concepto importante es el de *corriente,* noción que se halla vinculada a la de *período,* en el sentido de línea de pensamiento que procede de una etapa anterior y que fluye durante el nuevo período, subyacente o superpuesta. Un ejemplo sería la pervivencia de una corriente popularista, que se manifiesta ya en la Edad Media y continúa durante el Renacimiento, Barroco, etc., a través de los romances y otras formas de poesía popular. Finalmente, la teoría literaria ha acuñado, o recogido de otras disciplinas, una serie de términos con los que se ha tratado de delimitar y denominar los períodos más importantes de la historia de la literatura: *renacimiento, *manierismo, *Barroco, *rococó (términos procedentes de la historia del arte), *neoclasicismo, *Romanticismo, *realismo (surgidos en el ámbito literario, aunque el de «realismo» se aplicó desde un principio tanto a la pintura como a la literatura), *modernismo (de procedencia eclesiástica: el «modernismo» teológico), vanguardias (término de origen político-militar), etc. Véanse: CLASIFICACIÓN LITERARIA, GENERACIÓN y MOVIMIENTO LITERARIO.

Peripecia. Del griego *peripeteia* (cambio inesperado, suceso imprevisto), término con el que se designaba en la tragedia clásica el momento en que la trayectoria existencial del héroe tomaba un derrotero imprevisto. Aristóteles lo situaba en el paso de una situación de felicidad a la de desgracia o viceversa. Utilizado en plural, el término *peripecias* no alude al momento decisivo de una acción, sino a la serie de percances o aventuras por las que pasan los personajes en el desarrollo de la trama.

Perlocutivo. Véase ACTOS DE HABLA.

Peroración. Es la parte conclusiva de un discurso en la que el orador trata de resumir, de forma convincente, los argumentos esenciales de su intervención y de conmover al auditorio, causándole una impresión profunda que le empuje a la adhesión final a su mensaje. Véanse: ORATORIA y RETÓRICA.

Perqué. Poema formado por una serie de pareados contrapuestos, precedidos casi siempre de una redondilla o de una quintilla cuya rima final se repite en el primer pareado. Los pareados están enlazados entre sí por la rima que queda en suspenso al final de cada uno de ellos, para ser completado en el primer verso del siguiente. Véase como ejemplo el primer perqué del que se tiene noticia, escrito probablemente a finales del siglo XIV:

«Pues no quiero andar en corte
nin lo tengo por deseo,
quiero fer un devaneo
con que haya algún deporte
y qualque consolación:
¿Por qué en el lugar de Arcos
no usan de confesión?
¿Por qué la disputación
faze pro a las devegadas?
¿Por qué malas peñoladas
fazen falsos los notarios? [...]».

(D. Hurtado de Mendoza)

Personaje. Término derivado del latín (*persona:* máscara), que, a su vez, recoge el significado del término griego correspondiente (*prosopon:* rostro), utilizado en el teatro con el significado de «papel». Tanto en el teatro como en los relatos narrativos el personaje constituye el eje dinamizador sobre el que gira todo el desarrollo de la acción. La historia del teatro y de la creación narrativa presenta una rica variedad de personajes que se pueden *clasificar* de acuerdo con los siguientes criterios:

a) Por su *configuración* y *grado de individualidad,* los personajes pueden ser: 1) *estereotipos,* cuando responden a un retrato prefijado y reiterativo, p. e., el *miles gloriosus* (soldado fanfarrón) de la comedia latina, que llega hasta el Centurio de *La Celestina;* 2) *tipos,* que consisten en un conjunto de rasgos psicológicos y morales peculiares de un modelo ya configurado por la tradición pero que carecen de la reiteración mecánica y superficialidad del estereotipo, p. e., el avaro o el misántropo, de Molière; 3) *personajes-tipo,* cuyo ejemplo se encuentra en las figuras del teatro nacional del Siglo de Oro (el *galán, la *dama, el *gracioso, la criada, el caballero y el rey), fuertemente individualizadas y designadas con un nombre propio, p. e., Pedro Crespo, el villano y «caballero» defensor del honor de su hija en *El alcalde de Zalamea,* de Calderón; 4) *personajes* *individuales*, cuyos modelos eminentes podrían ser Celestina, don Quijote, Hamlet o madame Bovary.

b) Por su *gradación* jerárquica en el desarrollo de la acción, los personajes pueden ser principales (el *protagonista) o secundarios, que, en la tragedia griega, se designaban como *deuteragonistas (segundo papel), tritagonistas (tercero), etc. Al oponente del héroe se le denominaba *antagonista.

c) Por su *génesis* y *desarrollo*, los personajes pueden considerarse como seres prefijados y estáticos (p. e., Amadís de Gaula, que permanece inalterable al paso del tiempo) o en proceso de evolución: p. e., la figura de Lázaro de Tormes, el pícaro cínico al servicio del arcipreste de San Salvador, es radicalmente distinta del niño ingenuo que recibe el ciego: las sucesivas desventuras y la compañía corruptora de sus distintos amos han ido moldeando su personalidad.

d) Por su grado de *complejidad*, los personajes pueden ser «planos», si son de una gran simplicidad, o «redondos», si suponen un mayor grado de complejidad, ambigüedad y riqueza psicológicas.

e) Por su *unidad* o *pluralidad*, el personaje puede ser individual o colectivo. Modelo de este último es «la mina» en *Germinal*, de Zola, donde los mineros actúan, en ocasiones, como compacta muchedumbre *(la foule)*, como pueblo *(Le peuple des mineurs)*, como un solo hombre.

f) Por las *funciones* desarrolladas en la narración y acción de la obra: un personaje puede ser protagonista narrador (Lázaro de Tormes), narrador testigo (el mismo Lázaro, p. e., toma una posición de observador en el tratado V, como testigo de los engaños del buldero) o portavoz de la mentalidad y problemática del autor (p. e., el protagonista y la narradora de *San Manuel Bueno, mártir*, de M. de Unamuno), etc.

Personificación. Atribución de cualidades o comportamientos humanos a seres inanimados o abstractos, como ocurre en las fábulas, cuentos maravillosos y alegorías. En los autos sacramentales aparecen ejemplos de personificación alegórica: la culpa, la sabiduría, la gracia, etc. También se aplica el término al hecho de representar una cualidad, virtud o vicio a partir de determinados rasgos de una personalidad que se convierte en prototipo: así, p. e., el Don Juan es la personificación del seductor. Véase: PROSOPOPEYA.

Perspectiva. Véase PUNTO DE VISTA.

Perspicuidad. Véase ORNATO.

Petrarquismo. Movimiento literario surgido en Italia en el siglo XV que se extiende a otros países de Europa, como Francia (los poetas de *La Pléyade* y, en menor medida, P. Ronsard, reciben la influencia de Petrarca), Inglaterra (T. Wyatt, H. H. Surrey, etc.) y España, donde se desarrollará intensamente en los siglos XVI y XVII. Aunque en el siglo XV surgen imitadores (p. e. Tebaldeo en Italia) y poetas que reciben su influencia (J. de Mena, el marqués de Santillana y Ausias March en España), el verdadero redescubrimiento de la obra de Petrarca se realiza en el siglo XVI, gracias a los escritos de P. Bembo, que, en su *Prosse della volgar lingua* (1525), le presenta como modelo de la lengua poética, que él estudia técnicamente en un comentario al *Canzoniere*. El mismo Bembo ofrece en sus *Rime* (1530) una muestra de su capacidad creadora en la imitación del estilo de Petrarca. A partir de estos escritos se produce en Italia y en el resto de Europa un renacimiento de la poética petrarquista, que se va a convertir en arquetipo de la perfección formal y de la nueva sensibilidad poética renacentista. Entre los representantes de este movimiento italiano figuran B. Tasso, V. Colonna, L. Tansillo y, sobre todo, J. Sannazaro, cuyas obras influirán directamente en Garcilaso de la Vega, J. de Montemayor, etc. En España la influencia mayor de Petrarca (evidente en Boscán, Garcilaso de la Vega, F. de Herrera, Fray Luis de León, Góngora, Quevedo, etc.) no va a ser en el plano temático (gran parte de los motivos de la poética petrarquista eran comunes a la de los cancioneros) sino en el nivel de la expresión formal: renovación métrica, sobre todo en la perfección de los sonetos y canciones y en el manejo magistral del endecasílabo, y en la elaboración disciplinada de la lengua poética, tanto en los recursos literarios como en la selección del léxico, en busca de una sencillez elegante, con el consiguiente rechazo de la afectación y la vulgaridad.

Picaresca. Nombre con el que se designa un tipo de novela que surge en España a mediados del siglo XVI con el *Lazarillo de Tormes* (1554), se constituye como nuevo subgénero narrativo en el *Guzmán de Alfarache* (I.ª parte, 1599, II.ª , 1604), de M. Alemán, y se consolida con la *Vida del Buscón llamado Pablos* (1604, publicada en 1626), de Quevedo, y *La pícara Justina* (1605), de F. López de Úbeda. Los rasgos esenciales de la novela picaresca, esbozados en el *Lazarillo* y confirmados en el *Guzmán de Alfarache*, son:
– Es un relato *autobiográfico:* las novelas mencionadas están escritas en primera persona y en forma de *carta:* «Pues sepa Vuestra Merced, ante todas cosas, que a mí llaman Lázaro de Tormes».

– Es un relato *articulado* de las experiencias personales vividas por el protagonista *en* los diversos *episodios* de servicio a distintos amos. En el *Lazarillo*, el autor anónimo recoge anécdotas y facecias procedentes del folclore y de la tradición literaria, articulándolas en la biografía del protagonista, cuya personalidad se va transformando a golpes de la adversa fortuna y del ejemplo corruptor de sus amos hasta convertirse en un ser desengañado, cínico e insensible: el pícaro.

– Es un relato *retrospectivo*, en el que se da «entera noticia» *(Lazarillo)* de la vida del personaje desde la infancia hasta el momento en que se efectúa la narración. El narrador escribe desde el presente de pícaro adulto sobre su pasado: genealogía deshonrosa, servicio a diversos amos, estado actual desde el que se escribe el relato.

– Es un relato *explicativo*, en el que los diferentes sucesos y episodios están concebidos y subordinados a un proyecto final: mostrar el estado de deshonor en el que vive el personaje al terminar la narración. Dicho estado es fruto de la mencionada genealogía, que ha determinado la personalidad desde su nacimiento, y de unas circunstancias sociales que él satiriza con cinismo desvergonzado.

Constituido y consolidado el subgénero picaresco con las obras mencionadas, surgen otras que se han relacionado con dicho subgénero: el *Guzmán de Alfarache*, apócrifo (1602), del plagiario M. Luján de Sayavedra, el *Guitón Honofre* (1604), de Gregorio González, *La hija de Celestina* (1612), de A. J. de Salas Barbadillo, la *Vida del escudero Marcos de Obregón* (1618), de Vicente Espinel, etc.

Pictograma. Véase CÓMIC.

Pie. Es un término con varios significados. En primer lugar, designa las distintas unidades métricas de que se compone el verso latino o griego, que constan de un número prefijado de sílabas largas y breves. Así, existe el pie trocaico (dos sílabas: larga-breve), yámbico (breve-larga), dactílico (tres sílabas: larga-breve-breve), anapéstico (breve-breve-larga), anfibráquico (breve-larga-breve). Andrés Bello ha tratado de ejemplificar la posible correspondencia de ese ritmo métrico latino con el español, reemplazando las sílabas largas latinas por las tónicas castellanas en los siguientes versos: trocaico («Dime - pues, pas-tor garrido»), yámbico («¿Adón-de vas perdi -da?»), dactílico («Suban al - cerco de O-limpo na-ciente»), anapéstico («De sus hi-jos la torpe abutar-da») y anfibráquico («Con crines - tendidas - andar los - cometas»).

El segundo significado que se atribuye al término «pie» es el de verso o parte de un verso. En ese sentido se habla de «pie de romances», «pie cortado», «pie quebrado» y «pie forzado». Se denomina *pie de romance* al verso formado por dos hemistiquios, p. e.:

«Otro día de mañana / cartas de
[fuera le traen;
tintas venían de dentro, / de fue-
[ra escritas con sangre,
que su Roldán era muerto / en la
[caza de Roncesvalles» [...]».

(Romance de Doña Alda)

Los versos llamados de *pie cortado,* o de *cabo roto,* constituyen un experimento lúdico utilizado por algunos poetas del siglo XVII, p. e., Cervantes en la I.ª parte del *Quijote:*

«De un noble hidalgo manche-
contaras las aventu-,
a quien ociosas letu-,
trastornaron la cabe- [...]».

Los versos de *pie quebrado* son los que, en una composición, aparecen combinados con otros versos cuya medida silábica es, generalmente, el doble, p. e. los tetrasílabos que combinan con octosílabos en las *Coplas* de J. Manrique a la muerte de su padre:

«Nuestras vidas son los ríos
que van a dar en la mar,
que es el morir;
allí van los señoríos
derechos a se acabar
e consumir [...]».

Pie forzado es el tipo de verso que se produce cuando a un poeta le han impuesto las palabras finales de los versos de una composición, p. e., un soneto compuesto por Sor Juana Inés de la Cruz, del que extractamos el primer cuarteto:

«Inés, cuando te riñen por *bella-*
[*ca,*
para disculpas no te falta *acha-*
[*que*
porque dices que traque y que
[*barraque;*
con que sabes muy bien tapar la
[*caca* [...]».

Pieza. Término con el que se designa normalmente (también se habla de «pieza musical») una obra dramática en un acto. La acción gira en torno a un episodio básico, ambientado por medio de breves referencias al contexto en que se desarrolla, generalmente con un ritmo rápido.

Plagio. Término de origen griego (*plagios:* falso) con el que se designa la acción de «copiar en lo sustancial obras ajenas, dándolas como propias» (DRAE). El concepto de plagio, aplicado a las obras artísticas y literarias, que en la sociedad actual es considerado como un delito que atenta contra el derecho de propiedad intelectual (el *copyright*), es relativamente moderno. En la Edad Media no parece que hubiera una conciencia de este derecho, como tampoco un concepto riguroso de autoría; de ahí el carácter abierto de algunos textos, como el de Juan Ruiz, que no tiene inconveniente, a la manera juglaresca, en que «Qualquier omne quel oya, si bien trobar sopiere, / más á y añadir e emendar, si quisiere» (e. 1629). En la historia literaria se han producido algunos casos que la comunidad literaria ha juzgado como claros ejemplos de plagio, p. e., en el Siglo de Oro, el *Quijote* (1614) de A. Fernández de Avellaneda, y la Segunda parte del *Guzmán de Alfarache* (1602), de M. Luján de Sayavedra.

Planteamiento o exposición. Términos con los que se alude a los datos informativos que, en una obra de teatro, proporciona el dramaturgo a los espectadores sobre los antecedentes de la acción que se está representando. Normalmente, esta información viene dada en los inicios de la obra a través de los diálogos de los personajes, que comunican su identidad o relatan su pasado y las circunstancias que les han conducido a la situación presente. Con ello, la exposición entra a formar parte del desarrollo de la acción misma. En algunos dramas, donde la intriga es menos relevante, las informaciones expositivas van apareciendo de forma dispersa a lo largo de la obra.

Planto. Término de origen latino (*planctus:* llanto) con el que se designa un poema elegíaco en el que se lamenta la muerte de una persona (pariente, amigo, protector, etc.) o la desgracia sufrida por una comunidad: una ciudad destruida por la guerra o asolada por la peste, etc. Un ejemplo de este tipo de poemas sería el *Planto denostando y maldiciendo la muerte de Trotaconventos*, que aparece en el *Libro de Buen Amor*, de Juan Ruiz.

Playera. Véase SEGUIDILLA.

Pleonasmo. Término de origen griego (*pleonasmos:* redundancia) con el que se designa una figura retórica que consiste en la utilización (o repetición) de palabras innecesarias para la comprensión del mensaje, pero que, en un determinado contexto, pueden aportar un valor expresivo y estético: «... y vano cuanto piensa el pensamiento» (Lope de Vega). Cuando dicha redundancia es fruto de un uso inadecuado e incorrecto del lenguaje, se produce una forma viciosa de esa figura, que, en ese caso, se denomina *tautología* (de *to auto logos:* decir lo mismo).

Pliegos de cordel. Véanse POPULAR (LITERATURA) y ROMANCERO.

Poema. Obra de arte del lenguaje en verso o en prosa. En la actualidad, se alude con dicho término a toda creación literaria en la que el lenguaje poético aparece moldeado y sujeto a las leyes del ritmo métrico y de la rima. En este sentido, el estudio del poema constituye el campo específico de una ciencia, la métrica, que trata de inventariar, clasificar y analizar los distintos tipos de poema que han aparecido en la tradición literaria de una determinada lengua. Una primera clasificación es la que diferencia los poemas en *estróficos* y *no estróficos*. Estos últimos son aquellas composiciones poéticas que no están configuradas o no pueden dividirse en estrofas. El primer ejemplo lo dan los cantares de gesta, constituidos por largas tiradas de versos que riman en asonante. Entre los poemas *estróficos* los hay *monoestróficos* o *poliestróficos*. Los primeros están formados por una sola estrofa. Los *poliestróficos* se pueden subdividir según el *número* de estrofas y según la *forma* en que éstas se presentan. Atendiendo al número de estrofas, un poema puede ser limitado o cerrado e ilimitado o abierto. El poema *poliestrófico cerrado* es aquel que tiene ya prefijado en su estructura métrica el número de estrofas de que consta: p. e., un soneto está formado por dos cuartetos y dos tercetos (el soneto con estrambote sería una excepción). Poema *poliestrófico abierto* o ilimitado es el que admite en su composición una serie indefinida de estrofas,

p. e., la canción, la égloga, la elegía, etc. Así, la Canción I de Garcilaso consta de cinco estancias, la segunda y tercera de seis, etc.

Para la clasificación de composiciones de verso libre en la poesía contemporánea, F. López Estrada habla de poema simple y poema complejo. El poema *simple* sería el compuesto por una serie ininterrumpida de versos, mientras que el *complejo* estaría formado por conjuntos de versos separados (un conjunto de otro) por un espacio en limpio o señalados por un número. Véanse: POEMA DRAMÁTICO, POEMA EN PROSA, POESÍA y POÉTICA.

Poema dramático. En el teatro griego, al texto que servía para la representación escénica se lo consideraba como «poesía dramática», uno de los tres géneros enunciados en la poética clásica. Pero en ese texto estaban presentes, a la vez, lo épico (en algunos de los relatos de los personajes) y lo lírico (en los himnos y cantos del coro), convertidos en drama a través de la acción y el diálogo de los personajes. En la literatura francesa de los siglos XVII y XVIII se habla de «poesía dramática», entendiendo por tal el texto poético de una obra teatral, como entidad autónoma, cuyo valor dependía de la calidad estrictamente literaria (métrica, figuras, perfección estilística) al margen de su posible escenificación. Ésta se juzgaba casi como innecesaria. Hoy se considera que la puesta en escena del texto es un requisito imprescindible para que una obra adquiera todo su sentido y valor de drama (acción).

Poema en prosa. Expresión utilizada por Baudelaire en el título de uno de sus libros (*Pequeños poemas en prosa*, 1869) para referirse a una modalidad de expresión literaria en la que se elabora una prosa que, libre de las exigencias del metro y de la rima, comporta un grado tal de musicalidad y de belleza artística que puede adaptarse a «la expresión de los mandamientos líricos del espíritu». Este tipo de poema en prosa había sido ensayado anteriormente por A. Bertrand en *Gaspar de la Nuit* (1842), obra en la que aparece un lenguaje rítmico y recursos poéticos adaptados a la prosa que influirán en Baudelaire, Rimbaud, O. Wilde, T. S. Eliot y otros poetas simbolistas y surrealistas posteriores. Por lo que respecta a la literatura española, se advierten signos de esta elaboración poética de la prosa en G. A. Bécquer (*Leyendas*), R. Darío (*Azul*), Valle-Inclán (*Jardín umbrío*), J. R. Jiménez (*Platero y yo*), G. Miró, etc.

Poesía. Término de origen griego (*poiesis*: creación) con el que se alude a uno de los rasgos esenciales del fenómeno literario: la capacidad de «crear», mediante la palabra «poética», un mundo de ficción enmarcado en los dominios de la fantasía y del arte. Desde la cultura grecolatina, poetas y estudiosos de teoría literaria han tratado de definir el concepto de poesía y de explicar su origen, propiedades y funciones, así como las peculiaridades del lenguaje poético. Platón, en *Apología de Sócrates*, se refiere a la *inspiración* como fuente de creación poética, surgida de la aptitud innata del autor y de la presencia, en él, de un poder divino. Sin embargo, en el *Timeo*, la inspiración aparece contrapesada por el concepto de *mimesis*, según el cual los poetas son considerados más bien como artistas que crean tratando de representar un objeto o de imitar un modelo. Sobre este concepto de la mimesis, realiza Aristóteles un estudio sistemático en torno al origen, objeto, medios, modos y tipos de realización de la poesía. En cuanto a su origen, la poesía habría surgido de la tendencia innata del hombre a la imitación y del goce que siente al realizarla o contemplarla. El objeto de la imitación poética son las acciones de los hombres, y los medios para expresarlas, el ritmo, el canto y el metro, utilizados de diferentes maneras según los diversos tipos de poesía. En cuanto a los modos de imitación, se alude a tres tipos: el relato en el que, alternativamente, habla el poeta o bien cede su voz a los personajes (epopeya), aquel en el que únicamente interviene la voz del poeta (ditirambo) y la representación dramática (tragedia y comedia). En esta teoría aristotélica se encuentran ya enunciadas las tres formas o tipos de poesía que constituyen la tríada genérica (épica, lírica y dramática), recogida en la poética horaciana, transmitida por Diómedes a las *Artes Poeticae* medievales y definitivamente sistematizada en la poética clasicista del Renacimiento, que pervive, en lo esencial, hasta el Neoclasicismo.

A partir del Romanticismo se inicia una revisión del concepto de poesía como «mimesis» y una reflexión sobre la experiencia y proceso de creación poética, las funciones de la poesía, los temas que pueden ser objeto de tratamiento poético, etc. En esta reflexión participan simultáneamente poetas (E. A. Poe, G. A. Bécquer, Ch. Baudelaire, P. Valéry, Juan Ramón Jiménez, etc.), poetas-críticos (T. S. Eliot, P. Salinas, J. Guillén, D. Alonso, etc.), filósofos (G. W. F. Hegel, F. Nietzsche, J. Ortega y Gasset, J. Maritain, etc.) y teóricos de la literatura (L. Spitzer, R. Jakobson, M. Riffaterre, R. L. Levin, etc.).

En torno al *concepto de poesía*, diversos escritores manifiestan su opinión a partir de su propia experiencia poética. Para unos (Poe, Baudelaire, R. Darío) la poesía responde a una profunda aspiración estética del ser humano, que anhela el encuentro con una suprema belleza y un paraíso vislumbrado a través del arte. Para otros, la poesía es una modalidad especial de *conocimiento*, o de «revelación» de realidades misteriosas e inefables: en este aspecto, Rimbaud la entiende como una visión de lo «desconocido», de lo «inaudito», de lo «inefable». Otros poetas (J. R. Jiménez, Borges, Huidobro, etc.) insisten en el concepto de poesía como *acto creador:* la palabra poética es capaz de crear la «cosa misma» al nombrarla. La poesía es concebida por otros escritores como una forma de *comunicación* de realidades insondables del mundo de la conciencia: p. e., para A. Machado, la poesía tiene por objeto expresar «hondos estados de conciencia».

Un aspecto abordado por varios poetas es el de las *relaciones entre inspiración e inteligencia* o razón, y su influjo respectivo en el acto creador. G. A. Bécquer postula una conjunción armónica entre ambas, a las que describe como «embriaguez divina / del genio creador» (inspiración) y «armonioso ritmo / que con cadencia y número / las fugitivas notas encierra en el compás» (razón). Para Baudelaire, la inspiración es un «estado excepcional del espíritu y de los sentidos», una «verdadera *gracia*, como espejo mágico en el que el hombre es invitado a verse bellamente».

En cuanto a las *funciones* desempeñadas por la poesía en el transcurso de la historia, T. S. Eliot recuerda, en primer lugar, la función mágica que cumplía en las sociedades primitivas. Una segunda función es la de transmisión de información y de conocimientos: p. e., en el Romancero español, determinados poemas realizan directa o indirectamente un cometido noticiero. Otro cometido es el de la expresión de sentimientos y valores, tanto individuales como colectivos. Eliot destaca, en este aspecto, la importancia de que «todo pueblo tenga su propia poesía» como manifestación consciente de sus sentimientos más profundos. Finalmente, no hay que olvidar otra función de la poesía: «dar placer». Sobre esta y otras funciones (catarsis y liberación, evasión, compromiso, etc.), véase LITERATURA.

Otro punto tratado por poetas y críticos es si hay *temas* específicamente poéticos y, por tanto, limitados o si, por el contrario, cualquier realidad o asunto puede ser objeto de un tratamiento poético.

Finalmente, un tema estudiado, sobre todo por lingüistas e investigadores de la teoría literaria, es el de las peculiaridades del *len-guaje poético* en relación con la lengua común, aspecto que puede consultarse en **lengua literaria*. Véanse: ÉPICA, GÉNEROS LITERARIOS, LÍRICA, LITERATURA, POEMA, POEMA EN PROSA y VERSO.

Poesía anacreóntica. Véase ANACREÓNTICA.

Poesía bucólica. Véase BUCÓLICA.

Poesía cancioneril. Véase CANCIONERO.

Poesía cortés. Véase CORTÉS.

Poesía dramática. Véanse DRAMA y POEMA DRAMÁTICO.

Poesía elegíaca. Véase ELEGÍA.

Poesía épica. Véanse CANTAR DE GESTA, ÉPICA, EPOPEYA y MESTER DE JUGLARÍA.

Poesía experimental. Véase ANTIPOEMA.

Poesía gauchesca. Véase GAUCHESCA.

Poesía goliardesca. Véase GOLIARDOS.

Poesía lírica. Véase LÍRICA.

Poesía mística. Véase MÍSTICA.

Poesía oral. Véase ORAL (LITERATURA).

Poesía provenzal. Véase CORTÉS.

Poesía pura. Expresión utilizada por diferentes poetas y críticos para referirse a un tipo de poesía «químicamente pura» (P. Valéry), «desnuda» de artificios retóricos (J. R. Jiménez), «esencial», libre de «estorbos», entendiendo por tales «no sólo anécdotas, fines monitorios, verdades prácticas, moralidades, sentimientos vulgares, sino también la embriaguez del corazón y hasta las mismas cosas» (G. Siebenmann). Este tipo de creación poética se desarrolla en el ámbito del intelecto, de la fantasía y de la sugestión verbal.

El concepto de poesía pura ha sido aplicado también a una corriente vanguardista, el *creacionismo, en la que la noción de pureza sería sinónima de autonomía frente a la realidad y de capacidad de crear *mundos poéticos,* al margen del mundo real.

Otro concepto de poesía pura es el que se deriva de su oposición a la conocida como poesía «impura», humanizada, comprometida y social, que encuentra en P. Neruda su más firme valedor. Véanse: COMPROMISO, CREACIONISMO y POESÍA SOCIAL.

Poesía satírica. Véase SÁTIRA.

Poesía social. Expresión con la que se designa la producción de un grupo de poetas (G. Celaya, B. de Otero, etc.) que, en los años cincuenta del siglo XX, encarnan una tendencia literaria marcada por el compromiso político y social derivado de «su sentido ético, su afán de justicia, su solidaridad con el oprimido, su clamor contra el opresor» (J. Hierro). Aunque estos rasgos aparecen en otros poetas coetáneos (V. Crémer, E. de Nora, el mismo J. Hierro, etc.), son las obras de G. Celaya (*Las cartas boca arriba,* 1951; *Cantos iberos,* 1955, etc.) y B. de Otero (*Pido la paz y la palabra,* 1955; *En castellano,* 1960; *Que trata de España,* 1964; etc.) las que, especialmente, desarrollan los temas y caracteres estéticos peculiares de esta poesía social, conocida también con los calificativos de «comprometida», «testimonial», etc. Véanse: ANTIPOEMA y COMPROMISO.

Poesía trovadoresca. Véanse CANSÓ, CORTÉS, PARTIMEN, PASTORELA, SIRVENTÉS, TENSÓN y TROVADOR.

Poesía visual. Véanse CALIGRAMA y METAGRAFO.

Poética. Término de origen griego (*poietike:* creación) con el que Aristóteles tituló una obra suya, que es el punto de partida de una disciplina cuyo objeto es la elaboración de un sistema de principios, conceptos generales, modelos y metalenguaje científico para describir, clasificar y analizar las obras de arte verbal. Efectivamente, en la *Poética* de Aristóteles aparecen ya analizadas, o al menos esbozadas, algunas de las cuestiones más importantes que constituyen el programa de dicha materia: concepto de poesía y lengua poética; noción, naturaleza, objeto y modos de la mimesis poética; concepto y criterios de diferenciación de los géneros literarios; definición, estructura y función de determinadas realizaciones genéricas como la tragedia, comedia, epopeya, etc. Dicha disciplina, en el transcurso de la historia, ha sido conocida con otras denominaciones: *Arte poética* (Horacio), *Poetria* (J. de Garlande, en cuya obra se sistematizan las *Artes Poeticae* medievales), *Preceptiva literaria* (título de ciertos manuales del siglo XIX y comienzos del XX en los que se impartían nociones y normas retóricas y estilísticas recogidas de los preceptistas clásicos), etc. En la actualidad, esta diversa nomenclatura ha dado paso a una más precisa denominación y clasificación de la materia, partiendo del concepto general de ciencia de la literatura, entendida como fundamentación teórica de los estudios literarios en su conjunto, disciplina que abarca cuatro ramas: la *teoría de la literatura, la crítica literaria, la *historia de la literatura y la *literatura comparada. Es, precisamente, la primera de estas cuatro ramas, la teoría de la literatura, la que, recogiendo el contenido de la antigua poética, constituye una teoría sistemática sobre los conceptos generales (lengua poética, literariedad, géneros literarios, verso, prosa, etc.), terminología (metalenguaje) y modelos con los cuales han de ser estudiados los textos literarios. Véanse: CIENCIA DE LA LITE-RATURA, CRÍTICA LITERARIA, GÉNEROS LITERARIOS, LENGUA LITERARIA, NEORRETÓRICA, RETÓRICA y TEORÍA DE LA LITERATURA.

Polifonía. Véase DIALOGISMO.

Polimetría. Es la variedad métrica que se produce cuando coexisten diversos tipos de versos y estrofas en un poema. Modelos de polimetría, por sus diferentes estrofas, son el *zéjel, el *villancico, la *glosa o el *soneto.

Polipote. Véase POLIPTOTON.

Poliptoton. Término griego (*polyptoton*: de muchos casos) con el que se designa una figura retórica consistente en la reiteración de una palabra en diversas formas y funciones gramaticales dentro de un enunciado o en enunciados vinculados entre sí. Coincide con la paronomasia en que ambos producen cambios morfológicos en las palabras, pero se diferencia de ella en que el significado de dichas palabras permanece invariable («pobre» - «pobrecita»), por más que cambie su forma o su función sintáctica, mientras que en la paronomasia puede alterarse («puso» - «piso»). Ejemplo:

«Velador que el castillo velas,
vélate bien y mira por ti».

(Lope de Vega)

Véase: PARONOMASIA.

Polisemia. Término de origen griego (*poly*: numeroso, y *sema*, signo-significación) utilizado inicialmente por M. Bréal para designar una palabra que puede tener dos o más significados diferentes. Así, la palabra «escudo» puede significar: arma defensiva, diversos tipos de moneda antigua (de oro y plata), etc., y, en sentido figurado, amparo y protección. La polisemia es un rasgo característico del habla humana, y un instrumento capital en la creación del lenguaje literario. En este sentido, debe relacionarse el término «polisemia» con los de «ambigüedad», «plurisignificación», «polifonía», «connotación», etc., utilizados por lingüistas y estudiosos de la literatura para caracterizar el lenguaje poético. Véanse: AMBIGÜEDAD, CONNOTACIÓN, DENOTACIÓN y SINONIMIA.

Polisílabo. Se dice del verso que consta de más de una sílaba. En realidad, todos los versos son necesariamente polisílabos: es imposible un verso monosílabo, puesto que su única sílaba habría de ser necesariamente aguda u oxítona, y equivaldría a dos sílabas métricas. Sobre los diferentes tipos de polisílabos (*bisílabo, *trisílabo, *tetrasílabo, *pentasílabo, *hexasílabo, *heptasílabo, *octosílabo, *eneasílabo, *decasílabo, *endecasílabo, *alejandrino, etc.) pueden consultarse las correspondientes entradas del Diccionario.

Polisíndeton. Término griego (*poly-sindeton:* muy atado) con el que se denomina una figura literaria caracterizada por la recurrencia de nexos coordinantes a lo largo de un texto para unir palabras, sintagmas o proposiciones, en marcado contraste con el procedimiento habitual de vincular únicamente los dos últimos elementos de dichas unidades o conjuntos. Utilizado intencionadamente como recurso estilístico, el polisíndeton confiere al texto una sensación de lentitud, intensidad de expresión y, en algunos casos, de solemne gravedad:

«Esto cantó el pastor y, suspirando,
calló con gran gemido.
El prado y valle y gruta y río y fuen-
[*te*
responden a su canto entristecido
con acento doliente,
de Galatea el nombre resonando...».

(F. de Herrera)

Popular (literatura). Es la que tiene como destinatario directo al pueblo. Esta literatura, históricamente, ha sido transmitida tanto en forma oral (la poesía épica primitiva, los romances, los cuentos y relatos folclóricos, etc.) como escrita. Desde la invención de la imprenta hay constancia de una forma peculiar de transmisión de este tipo de literatura a través de los denominados «pliegos sueltos»: cuadernillos de pocas hojas en los que se propagan textos literarios o paraliterarios destinados a un público de escasos medios económicos y culturales. Hay constancia de que, p. e., el romancero viejo, en su casi totalidad, fue transmitido en pliegos sueltos o de cordel. Una forma de literatura popular muy en boga en el siglo XIX es la novela por entregas y de *folletín, cuyo público lector será tenido en cuenta por escritores como B. Pérez Galdós, V. Blasco Ibáñez, P. Baroja, etc., que intentan captar su atención hacia una literatura de mayor calidad estética en la que dicho público podría encontrar respuesta a sus apetencias de fantasía, acción y aventura.

En el siglo XX, con el avance de las técnicas de impresión, la aparición de nuevos medios de comunicación de masas (radio, cine, televisión) y la progresiva erradicación del analfabetismo, surge una literatura popular transmitida a través de la fotonovela, el cómic, las series televisivas, la canción, el consumo masivo de los *best-sellers*, etc. Véanse: CÓMIC, FOLCLORE, ORAL (LITERATURA) y PARALITERATURA.

Popularismo. Se dice de la tendencia de determinados escritores a recoger, imitar o inspirarse en creaciones real o supuestamente populares para la elaboración de sus propias obras. En la literatura española ha sido un fenómeno casi permanente el de la valoración y acogida de lo popular en los escritores cultos. Así, Juan Ruiz en sus cantigas de serrana o en las trovas cazurras, el marqués de Santillana en sus serranillas, Juan del Encina, Gil Vicente, Lope de Vega, Tirso de Molina, etc., en sus obras dramáticas (al insertar canciones populares anónimas o crearlas a imitación de aquéllas), etc. En el siglo XIX este acercamiento a lo popular se manifiesta en los cuadros y escenas costumbristas, así como en la novela realista y en el teatro (especialmente los sainetes), obras en las que sus autores tratan de captar y reproducir miméticamente los diferentes registros y formas de expresión del habla y de la cultura popular. A finales del siglo XIX y en las dos primeras décadas del siglo XX, coincidiendo con la revalorización del folclore, de la antigua poesía popular (villancicos, letrillas, canciones), y con el descubrimiento de ciertas formas de la primitiva lírica peninsular (p. e., ciertos poemas arábigo-andaluces, jarchas, etc.), surge una nueva manifestación de dicha tendencia en poetas como A. Machado, F. García Lorca, R. Alberti, etc. Véanse: NEOPOPULARISMO y POPULAR (LITERATURA).

Postismo. Movimiento literario cuyo nombre coincide con el título de una revista de poesía promovida en 1945 por Carlos Edmundo de Ory con el objetivo de recuperar los logros estéticos de las vanguardias europeas de preguerra y, en concreto, del surrealismo, del que recibe su idea de considerar el subconsciente como cantera de donde se extrae «la materia en bruto de toda creación pura». La imaginación poética, exaltada sincrónicamente por los resortes del inconsciente y los elementos sensoriales procedentes del mundo exterior, es la que proporciona la sensación de belleza, objetivo primordial del arte y de la poesía. En la obra poética de Ory se advierten la influencia de A. Breton, de T. Tzara y A. Artaud, y ciertas coincidencias con la actitud filosófica y existencial de F. Nietzsche: amor a la vida y moral vitalista, descubrimiento de lo dionisíaco y lo apolíneo, concepción trágica de la existencia, etc., así como algunas concomitancias con la filosofía oriental y una especie de panteísmo cósmico, centrado en el culto a la naturaleza, cuyas fuerzas estarían representadas en la interioridad del hombre. De ahí esa búsqueda de liberación mediante la introspección.

La renovación de las técnicas expresivas del lenguaje poético en el postismo es congruente con el concepto de la poesía como actividad lúdica: juegos con el ritmo musical del poema, la rima, la asonancia, la aliteración, la recurrencia de ideas y palabras-clave, los contrastes, etc. Ejercicio del juego en su sentido del humor y de la ironía, dentro de su dramatismo existencial, emergente en la sensación de soledad y de angustia ante lo absurdo de lo cotidiano. Actitud lúdica que le permite una gran libertad de creación, tanto desde el punto de vista temático como formal: imágenes inusitadas, condensaciones, ausencia de puntuación, etc.

Pragmática. Término de origen griego (*pragmatike:* acción) con el que se designa una disciplina filosófica y lingüística que tiene por objeto el estudio de los signos en relación con sus intérpretes o usuarios y del lenguaje como acción comunicativa o «acto de habla» en un contexto determinado. En el ámbito de la filosofía del lenguaje, la pragmática ha sido definida como una «parte de la semiótica que trata del origen, usos y efectos producidos por los signos en la conducta dentro de la cual aparecen» (Ch. Morris). Este filósofo, que concebía la *semiótica* como una ciencia general de los signos, articulaba dicha ciencia en tres ramas fundamentales: la *sintáctica* (cuyo cometido sería estudiar las relaciones que se establecen entre los signos), la *semántica* (encargada de analizar la relación de los signos con su *designata* y, por tanto, con los objetos denotados por ellos) y la *pragmática* (que se ocupa de las relaciones entre los signos y sus intérpretes) Desde el punto de vista de la teoría lingüística, la *sintaxis* determina las reglas según las cuales una expresión está bien formada, la *semántica* estudia las reglas de acuerdo con las cuales dicha expresión es portadora de significado y la *pragmática* «se ocupa de la formulación de las reglas según las cuales un acto verbal es apropiado en relación con un contexto» (T. A. Van Dijk).

En los estudios actuales de pragmática se considera esta disciplina como una rama de la lingüística y de la teoría de la comunicación que trata de los principios reguladores del uso del lenguaje en relación con los factores concretos que determinan la utilización del mismo y que trascienden el estudio meramente gramatical. Se trata de aquellos factores extralingüísticos que afectan a la emisión de los enunciados en determinadas condiciones o situaciones de comunicación y a su correcta interpretación por parte de los destinatarios. Estos factores se refieren a las condiciones del emisor y destinatario (en relación con el acto de transmisión y recepción de enunciados), a la intención comunicativa del emisor, al contexto verbal, al entorno espacio-temporal del acto comunicativo, al conocimiento de la realidad del que parten los interlocutores, etc.

Por lo que se refiere a la teoría de la literatura, de las aportaciones de los investigadores al desarrollo de la pragmática, presentan un especial interés la teoría de los *actos de habla* y la noción de *contexto. Ambos conceptos son objeto de especial tratamiento en las entradas respectivas de este Diccionario. En la referida a los actos de habla se alude a las aportaciones de Austin, Searle y R. Ohmann en relación con la naturaleza especial de los actos poéticos realizados por los autores de textos literarios. Una obra literaria sería para Ohmann un discurso cuyos enunciados «carecen de la fuerza ilocutiva que les correspondería en condiciones normales; su fuerza ilocutiva es mimética»: imita una serie de actos de habla que inducen al lector a imaginar «un hablante, una situación, un conjunto de acontecimientos anexos, etc.». La misma creación del mundo físico y social imaginado es fruto igualmente de «cuasi descripciones». Por otra parte, el escritor invita al lector a «constituir actos de habla» en consonancia con sus enunciados y a que «participe en la construcción imaginaria o, al menos, tanto como sea necesario para dar a los actos de habla una adecuada localización». Finalmente, la literatura es considerada como «un juego», donde los enunciados, al carecer de la fuerza habitual, no implican directamente al lector en «una secuencia de peticiones, aserciones, preguntas, etc.». El lector se comporta como un «observador, y no como un participante en complicadas responsabilidades convencionales. En este sentido, se acerca a la obra literaria con distanciamiento estético».

Por otra parte, entre las disciplinas afines a la pragmática se encuentra la retórica, ciencia que ya Morris consideraba como «una forma restringida y temprana» de pragmática. En esta línea, H. Lausberg, estudioso de la retórica, considera esta disciplina como «un sistema más o menos estructurado de formas conceptuales y lingüísticas que pueden servir para conseguir el efecto pretendido por el hablante en una situación». Véanse: ACTOS DE HABLA, FICCIÓN, LINGÜÍSTICA DEL TEXTO, NEORRETÓRICA y RETÓRICA.

Preceptiva literaria. Título con el que se denominaba la antigua disciplina impartida en la Enseñanza Media en la que se presentaba una síntesis de conocimientos y normas retóricas y estilísticas recogidas de los preceptistas clásicos (Aristóteles, Horacio, Cicerón, Quintiliano), del Renacimiento y de la Ilustración (especialmente, Luzán), para iniciar a los alumnos en el arte de hablar y escribir con corrección y «elegancia». Véase: POÉTICA.

Preciosismo. Término con el que se designa una tendencia literaria surgida en Francia en la primera mitad del siglo XVII que se corresponde con otras similares desarrolladas en algunos países europeos durante el período del Barroco: el *eufuismo inglés, el *marinismo italiano y el *culteranismo y *gongorismo españoles. Dicha tendencia aparece vinculada a una moda social (la *poussée précieuse)* que responde a un deseo de elevación y refinamiento en los modales, costumbres y gustos sentido por una parte de la alta sociedad parisina como reacción a lo que consideraba formas vulgares de la corte de Enrique IV. Esta nueva moda es propugnada especialmente por un grupo de mujeres: la marquesa de Rambouillet, Mme. de Lafayette, Mme. de Sévigné, Mlle. de Scudéry, etc. A juzgar por la versión caricaturesca creada por la literatura satírica de la época (en la línea de la imagen dada por Molière en *Précieuses ridicules),* este grupo de mujeres estaría marcado por la obsesión del *raffinement* y las *belles manières.* En cuanto a la tendencia literaria, entre sus escritores más representativos figuran Gamberville, Mme. de Scudéry (*Clélie,* 1654) y V. Voiture (1597-1648), maestro en el arte de la conversación distinguida y galante y cuyos poemas (sonetos, estancias, epístolas, madrigales, etc.), dotados de un lenguaje culto y refinado, carecen, sin embargo, de hondura, autenticidad y lirismo. Un aspecto relevante es su preferencia por los escritores españoles (Góngora, Hurtado de Mendoza) frente a los italianos y su gusto por las novelas caballerescas.

Premio literario. Véanse CERTAMEN y JUEGOS.

Prerromanticismo. Término con el que se designa una supuesta corriente literaria que se habría manifestado en Francia a partir de la segunda mitad del siglo XVIII y que, apartándose de la preceptiva neoclásica, preanunciaría la sensibilidad estética del Romanticismo. Entre los escritores pertenecientes a esta corriente, figurarían J.-J. Rousseau, D. Diderot, B. de Saint-Pierre, A. F. Prévost, etc. Un movimiento similar se habría producido en Inglaterra a través de las obras de E. Young, S. Richardson, S. T. Coleridge, J. Keats, etc., y en Alemania con el *Sturm und Drang*. Los rasgos peculiares de esta literatura prerromántica serían la atención a las expresiones de la vida interior (*Confesiones*, de Rousseau) y del sentimiento como fuente y norma de valores morales frente a las constricciones exteriores de la ley, la preocupación por lo social, la emoción suave y la percepción melancólica de la belleza del paisaje (asociado a la situación anímica del escritor), el gusto por las descripciones de la naturaleza en la estación otoñal: las hojas caídas, el tibio atardecer y la tendencia a la emotividad depresiva, a la tristeza y a la obsesión por la muerte, en relación con el tema de la noche y del cementerio (poemas de Young, Gray, etc.). Este cambio de sensibilidad conllevaría un rechazo de la estética neoclásica y de su preceptiva poética.

En España, tradicionalmente se venía aplicando el término «prerromanticismo» a una parte de la producción literaria de escritores de la segunda mitad del XVIII, como J. Cadalso (*Noches lúgubres*), J. Meléndez Valdés, N. Álvarez Cienfuegos, J. Quintana, etc. Sin embargo, la crítica actual discute la validez de este criterio de periodización, teniendo en cuenta que hasta la tercera década del siglo XIX no se producen realmente las primeras muestras de la estética romántica en el drama y en la poesía.

Preterición. Término de origen latino (*praeteritio:* acción de pasar por alto) con el que se designa una figura retórica que se produce cuando se da la impresión de que no se va a hablar de un asunto del que, sin embargo, se está dando, como de pasada, información sobre aspectos importantes del mismo. En la comunicación ordinaria existen ciertas expresiones peculiares de la preterición («no hace falta recordar que...», «no voy a contar...», «dejo para otra ocasión...», etc.) con las que, al tiempo que se sugieren algunos datos relevantes, se consigue recabar el interés del oyente o lector y conferir al tema una mayor relevancia.

Pretexto. Véase TEXTO.

Princeps. Véase EDICIÓN.

Privilegio. En el Siglo de Oro se denominaba *privilegio real* a un documento por el cual se resguardaban los derechos de un autor sobre su propio libro durante diez años, prohibiendo ediciones clandestinas del mismo en el reino de Castilla por parte de otros editores. Véanse: TASA y TESTIMONIO DE ERRATAS.

Prolepsis. Figura retórica consistente en la anticipación gramatical de un elemento perteneciente a una unidad sintáctica posterior, a la que sirve de introducción. Ejemplo:

«El cascarón, ¡mirad el cascarón! ¡Cómo viene del África a New [York!».

(García Lorca)

En narratología se denomina prolepsis al relato «predictivo» en el que se altera el orden de exposición de los sucesos, adelantando algunos que aún no han ocurrido, p. e., en los mensajes proféticos, los sueños premonitorios y en ciertos relatos en primera persona que, por su carácter retrospectivo, se prestan a la anticipación. Véase: NARRACIÓN.

Prólogo. Término de origen griego (*prologos:* palabra o discurso previo) con el que se designa la parte que antecede al texto de una obra y cuya finalidad es facilitar su comprensión o acogida por parte del público lector o espectador. Así, en *La Celestina* aparece un prólogo en el que se hace una breve semblanza de los principales personajes y se resume lo esencial de la trama, dando paso inmediato a la acción del primer acto. En algunas obras teatrales del Siglo de Oro, el prólogo o parte introductoria llega a configurarse como pieza autónoma que, con el nombre de *loa, figuraba al comienzo de ciertas comedias y autos sacramentales. Entre los diferentes tipos de prólogo, escritos con finalidades diversas (didáctica, de recomendación, de panegírico, etc.), sobresalen aquellos en los que el autor, o alguien solicitado por él, realiza la presentación o defensa de una tendencia literaria o nueva estética implícitas en dicha obra: tal es el caso del prólogo de Alcalá Galiano a *El moro expósito,* del duque de Rivas (una especie de manifiesto romántico), o del de Zola a su propia obra *Thérèse Raquin.*

Proparoxítona. Término de origen griego (*pro-para-oxi-tonos:* antes de lo inmediato al acento agudo) con el que se denomina una palabra que lleva el acento en su antepenúltima sílaba: «incólume», «vértice». En métrica se conoce como *verso proparoxítono* o esdrújulo aquel cuyo último acento recae en la antepenúltima sílaba: «Adoro la hermosura, y en la moderna estética» (A. Machado). Véanse: CÓMPUTO SILÁBICO, OXÍTONA, PAROXÍTONA y RIMA.

Prosa. Término de origen latino derivado posiblemente de *provorsa* o *proversa* (*provertere:* dirigir delante) y relacionado también con la expresión retórica *prorsus oratio* (discurso hacia adelante), con la que se aludiría al carácter peculiar de esta modalidad discursiva (la prosa), diferenciada de la reiteración o vuelta atrás propia del verso: recurrencias acentuales, rimas, paralelismos, etc. Este decurso de la prosa y la no sujeción a medida y ritmo determinados serían marcas distintivas de esta modalidad expresiva. Sin embargo, estas diferencias entre prosa y lenguaje poético en verso, evidentes si se compara la llamada prosa coloquial con el verso rimado, resultan problemáticas si se relaciona un poema de versos libres con la denominada «prosa literaria o poética», sobre todo la que se produce a partir del Romanticismo en escritores como Baudelaire, Verlaine y Rimbaud en Francia o Bécquer, R. Darío, Valle-Inclán y Juan Ramón Jiménez en España, creadores de «poemas en prosa» y de prosa poética. Y es que el lenguaje de la prosa literaria no se diferencia esencialmente (son diferencias de grado) del de un poema por la utilización de procedimientos estilísticos especiales (figuras y tropos están presentes en ambas formas expresivas) ni por la ausencia de ritmo y sonoridad o musicalidad en la prosa (que también se producen en ella), sino por la peculiaridad con que aparecen y por la diferente interacción de elementos fónicos y semánticos en ambas modalidades.

Por lo que atañe al ritmo, las diferencias entre la prosa y el verso radicarían en el hecho de que en la primera se produce un único esquema melódico (el de la entonación lingüística en función del significado) y en el verso dos: la entonación lingüística, de carácter semántico, y la entonación rítmica. La tensión entre el esquema rítmico y el semántico sería la «característica fundamental que separa el ritmo del verso del de la prosa» (J. Mukarovsky). Un ejemplo de esta tensión es el encabalgamiento. Es, precisamente, en el nivel del ritmo fónico donde se perciben mejor las diferencias entre el ritmo del verso y el de la prosa fronteriza con el verso: la prosa poética. En el verso se combinan los ritmos cuantitativo y acentual y, secundariamente, el de timbre o rima, con periodicidad marcada. En la *prosa poética aparecen los ritmos cuantitativos, acentuales y, en algunos casos, incluso de timbre, «pero no lo hacen con periodicidad suficiente para que el esquema rítmico se imponga sobre el lingüístico» (I. Paraíso).

Prosa poética. Denominación de una modalidad de escritura surgida en el marco de la estética del Romanticismo en el que las fronteras entre la prosa y la poesía se hacen más borrosas, lo mismo que entre los géneros. En esta prosa se potencian los aspectos musicales del lenguaje (recurrencias fónicas, asonancias, ritmo, paralelismo, etc.) y las imágenes poéticas. El escritor, libre del encorsetamiento de la regularidad métrica y de la rima, puede dar rienda suelta a la expansión lírica de su espíritu. Esta modalidad de escritura, que en Francia tiene sus antecedentes en la prosa musical de Marmontel en *Incas* (1777) y de Chateaubriand (*Memorias de ultratumba*, 1848), la cultivan en lengua española, a partir del Romanticismo, G. A. Bécquer, R. Darío, Juan Ramón Jiménez, Valle-Inclán, etc. Véanse: POEMA, POEMA EN PROSA y POESÍA.

Prosaísmo. Defecto de estilo, acusado especialmente en poesía, que deriva de una falta de inspiración y emoción lírica en la expresión de los sentimientos y de una carencia de originalidad en la elección del vocabulario poético. Estas deficiencias conllevan notables defectos de forma: reiteración de hallazgos ajenos, frialdad y racionalización, vulgaridad en el empleo del léxico, ripios en la construcción métrica, etc. Defectos similares pueden producirse en la prosa.

Prosificación. Término con el que los estudiosos de la poesía épica medieval aluden a la transcripción, en prosa, de ciertos cantares de gesta que fueron utilizados como documentos históricos en algunas *crónicas*. Así, p. e., en la *Crónica de los XX Reyes* se hallaría prosificado, según R. Menéndez Pidal, el *Cantar de Mio Cid*.

Prosopografía. Descripción de un personaje en su aspecto físico, de acuerdo con unos planos de observación que, en lo esencial, perviven en las diferentes épocas (cabeza –cabellos, ojos, nariz, boca, tez–, estatura, talle, manos, etc.), aunque sujetos a una perspectiva y valoraciones estéticas que varían con el canon aceptado en cada etapa cultural. Véanse: ETOPEYA y RETRATO.

Prosopopeya (o personificación). Es una figura lógica consistente en la atribución de cualidades o actividades humanas a seres inanimados (piedras, agua), animados (plantas, animales) y a conceptos abstractos (sabiduría, culpa; p. e., en los *autos sacramentales*). En la retórica clásica se consideraba también prosopopeya al recurso literario de atribuir la palabra a personajes ausentes, a los que se evoca en acto de comunicar sus ideas y sentimientos. La personificación de la naturaleza es un procedimiento frecuentemente utilizado por los poetas, que la convierten en destinataria y confidente de sus propias vivencias y sentimientos. Ejemplo:

«Con mi llorar las piedras enterne-
[cen
su natural dureza y la quebrantan;
los árboles parece que s'inclinan;
las aves que m'escuchan, cuando
[cantan,
con diferente voz se condolecen
y mi morir cantando m'adevinan».

(Garcilaso de la Vega)

Protagonista. Palabra de origen griego (*protos:* primero, y *agon:* combate, diálogo) con la que se designaba en el teatro clásico al actor principal; al segundo se le denominaba *deuteragonista*. En terminología dramática coexisten en la actualidad la denominación de «protagonista» y la de «personaje» principal. La misma nomenclatura se emplea en teoría narrativa.

Prótesis. Figura consistente en la adición, al comienzo de una palabra, de un elemento que etimológicamente no le pertenece. Ejemplos: «espíritu», «esperar» (de *spiritus* y *sperare*). A este tipo de prótesis pertenecen ciertos vulgarismos, signo de grave incultura, como «amoto», «arradio», «ajuntar», etc.

Proverbio. Máxima o sentencia breve de carácter moralizador, como el refrán, y del que se diferencia por su posible origen culto. Este subgénero, perteneciente a la literatura gnómica y sapiencial, fue cultivado en la Edad Media por Sem Tob, rabino de Carrión de los Condes, que en sus *Proverbios morales* continúa la tradición de los libros sapienciales de la Biblia, con cierto influjo también de la literatura aforística árabe. Ejemplo:

«Non ay mejor riqueza
que la buena hermandad,
nin tan mala pobreza
commo es la soledad».

(Sem Tob de Carrión)

Sobre el uso y función de los proverbios y otras formas de expresión paremiológica en la literatura bíblica, grecolatina y española, véase PAREMIOLOGÍA. Véanse además: ADAGIO, AFORISMO, MÁXIMA, REFRÁN y SENTENCIA.

Prueba. Concepto utilizado por V. Propp, en su estudio comparativo de los cuentos maravillosos rusos, para indicar la tarea difícil que ha de realizar el héroe antes de su reconocimiento. Entre las pruebas señaladas figura la del «fuego» (lavarse en agua hirviendo o en un baño de hierro fundido), la de la «adivinanza» (plantear una adivinanza insoluble, explicar un sueño, etc.), la «selección», entre doce muchachas muy parecidas, de aquella que se busca, las pruebas de «fuerza», «astucia», «valor», etc. Véanse FUNCIÓN y HÉROE.

Psicoanálisis y psicocrítica literaria. Las relaciones entre psicoanálisis y literatura parten de las investigaciones sobre el inconsciente realizadas por S. Freud en torno a algunos temas y aspectos vinculados a la literatura (personalidad del escritor, leyes psíquicas que rigen el proceso creador y el mundo de ficción, personajes y mitos literarios, etc.), en sus estudios sobre la *Gradiva,* de W. Jensen (1907); sobre *Hamlet, El mercader de Venecia* y *El rey Lear,* de Shakespeare; *Edipo rey,* de Sófocles; *Los hermanos Karamazov,* de Dostoievski, etc. Freud extrae, además, de la literatura las denominaciones de ciertos complejos y desviaciones de tipo sexual (narcisismo, sadismo y masoquismo, complejos de Edipo y de Electra, etc.) y recoge datos para el conocimiento de la psiquis humana, convencido de que las obras literarias son creaciones de la «fantasía», proyección de deseos ocultos y recuerdo de acontecimientos vividos por el escritor durante la infancia.

Partiendo de la hipótesis de que las «fantasías» del poeta se corresponden con los «sueños diurnos» del adulto y que las obras literarias son fruto de la proyección de los deseos ocultos del escritor, parece lógico aplicar a la interpretación de dichas obras las técnicas del desciframiento del sueño. Es sabido que para Freud los sueños son una manifestación de los impulsos del inconsciente reprimidos durante el estado de vigilia (deseos sexuales, de agresividad, ambición, etc.) y que esos deseos pasan al campo de la conciencia, evadiendo la censura del superyó mediante un proceso de transformación y de disfraz, según las leyes de desplazamiento, condensación de imágenes simbólicas, etc. Al recordar durante la vigilia dichos sueños, se muestran como un rompecabezas, cuyo sentido hay que descifrar. Es esto lo que intenta realizar el psicoanalista, tratando de reestructurar los elementos del relato en un texto coherente, teniendo en cuenta las mencionadas leyes y el hecho de que los elementos oníricos (imágenes, símbolos, etc.) presentan un carácter ambiguo y polisémico. Este mismo carácter muestran las «fantasías» de los textos literarios.

Algunos discípulos de Freud han intentado aplicar este método psicoanalítico a mitos, leyendas, cuentos y otras creaciones literarias, textos que, en opinión del maestro, podrían considerarse como «productos de la psicología de los pueblos». Partiendo de este concepto, C. G. Jung habla de un «inconsciente colectivo» de la humanidad en el que se encontrarían conformados determinados «arquetipos» o imágenes primordiales que se manifiestan en las representaciones artísticas y también literarias, como el cuento, la leyenda, el mito, etc. Por su parte, N. Frye, recogiendo esta teoría de los «arquetipos» de Jung, analiza la relación entre mito y literatura. En su opinión, los mitos, que son relatos de acciones representadas en ciertos ritos, muestran una estructura narrativa similar a la de los cuentos, que, al igual que otras formas literarias, tendrían su origen en esos mitos. Este tipo de relatos se encuentra en las religiones de la naturaleza: p. e., el mito del ciclo solar, que relaciona el decurso de las fases del día, estaciones del año y ciclos de la vegetación con el desarrollo biográfico del héroe del relato: salida del sol-primavera-fertilidad → nacimiento del héroe; mediodía-verano-maduración de cosechas → matrimonio del héroe; puesta del sol-otoño-recolección → ocaso del héroe;

noche-invierno → muerte o destrucción. A cada fase del mito del «ciclo solar» correspondería un arquetipo de los diversos géneros literarios, p. e., la del ocaso, a la tragedia y la elegía.

Una aplicación de las teorías psicoanalíticas a la crítica de las obras literarias (p. e., de Racine, Baudelaire, Mallarmé, etc.) ha sido llevada a cabo por investigadores como Ch. Mauron, iniciador de una metodología de análisis denominada *psicocrítica*, que se centra en el estudio de las obras en su especificidad literaria. Para la psicocrítica, todo texto se configura en dos niveles: uno, constituido por los elementos sintácticos, rítmicos y léxicos elegidos conscientemente por el escritor, y otro, por las redes de asociaciones semánticas (de ideas, metáforas y símbolos) en las que se interfiere el fondo emocional e inconsciente del autor. Estas estructuras inconscientes potencian el «contenido» del texto, mientras que las conscientes inciden en «la forma».

Finalmente, el psicoanalista J. Lacan, volviendo sobre los presupuestos del freudismo clásico, afirma que el inconsciente humano «está estructurado como un lenguaje», por lo que utiliza reiteradamente conceptos derivados de la lingüística y de la retórica: «Es en la versión de un texto donde está lo importante, importancia que, según Freud, se manifiesta en la forma de elaboración del sueño, es decir, en su retórica. Elipsis y pleonasmo, hipérbaton o silepsis, regresión, repetición, aposición, tales son los desplazamientos sintácticos; metáfora, catacresis, antonomasia, alegoría, metonimia y sinécdoque, las condensaciones semánticas, donde Freud nos enseña a leer las interacciones ostentatorias o demostrativas, de disimulación o de persuasión o de seducción, por medio de las cuales el sujeto modula su discurso onírico».

Público. Término de origen latino (*publicus:* común, del pueblo) con el que se designa un «conjunto de personas que participan de unas mismas aficiones o con preferencia concurren a determinado lugar»; en este sentido se dice que «cada escritor, cada teatro tiene su público» (DRAE). En sociología de la literatura se entiende por público el conjunto de personas a las que un autor dirige su obra. Ésta puede ir destinada a la recitación o a la lectura pública (auditorio), a la representación (espectadores) o bien a la lectura privada (lectores).

Los vínculos que relacionan a un escritor con su público se fundan en una comunidad de cultura (ideas, creencias, etc.) y de lenguaje (modalidades de expresión, formas literarias, etc.). Cuando un autor logra expresar en su obra lo que el público esperaba, dicha obra se convierte en un «libro de éxito». Por otra parte, es una idea ampliamente aceptada por la crítica que el tipo de público al que va dirigido un texto condiciona la elaboración del mismo. Así, en la Edad Media, en la que la gran parte del público no sabía leer, los autores escribían su obra pensando que había de difundirse oralmente: p. e., la poesía épica (destinada a la recitación, por parte del juglar), los cuentos, los sermones (concebidos, primordialmente, para la oratoria sagrada) y poemas narrativos en cuaderna vía, como los de Berceo, destinados a un público de fieles devotos o a peregrinos que visitaban los monasterios. Véanse: RECEPCIÓN (ESTÉTICA DE LA) y SOCIOLOGÍA DE LA LITERATURA.

Punto de vista. Expresión con la que se alude al ángulo de visión o punto de mira en el que se sitúa un narrador para relatar una historia. Dando por supuesto que el principal objetivo del narrador es transmitir adecuadamente su relato, el autor tendrá que sopesar de qué medios de información le dota para conocer la historia y relatarla, en qué persona la va a contar (primera, segunda o tercera), desde qué posición va a narrar esa historia (desde una conciencia omnisciente, desde el protagonista de la obra, desde un personaje secundario, desde la perspectiva de varios personajes, etc.) y a qué distancia va a quedar el lector respecto de esa historia narrada. Ha habido varios intentos de *clasificación* de los posibles tipos de puntos de vista (N. Friedman, G. Genette, etc.). Para evitar la imprecisión atribuida a la clasificación de Friedman (que mezcla el punto de vista y la voz narrativa: a veces no coincide «el que ve» con «el que cuenta»), G. Genette propone el término «focalización», que puede ser de tres tipos: *a) Focalización cero:* cuando el narrador no se sitúa desde el punto de vista de los personajes, ya que es omnisciente y posee más información que todos ellos e incluso conoce sus más íntimos pensamientos. La novela realista del XIX (Galdós, Balzac) utiliza esta focalización cero. *b) Focalización interna:* cuando el narrador asume un único personaje (en ese caso se trata de una focalización *fija;* esto ocurre en el caso del narrador-protagonista que relata en primera persona: p. e. Lázaro de Tormes) o bien varios personajes que van dando sucesivamente diferentes perspectivas, y, en ese caso, se habla de focalización *variable* (p. e. en *Pepita Jiménez:* Don Luis, el deán, don Pedro y el transcriptor). Si se trata de un mismo acontecimiento descrito por diversos personajes «focalizadores», se denomina focalización *múltiple.*

c) Focalización externa: cuando el narrador no está inmerso en los hechos narrados, ni asume la perspectiva de los personajes, sino que se limita a relatar lo que ve o escucha a estos personajes, ya que posee menos información que ellos; esta focalización se emplea en la novela objetivista, p. e., en *Le voyeur* (1955) de A. Robbe-Grillet o en *El Jarama* (1955) de R. Sánchez Ferlosio.

Purismo. Término de origen latino *(puritas:* limpieza), utilizado para designar la actitud de quienes, preocupados por preservar la pureza del idioma, tratan de evitar «consciente y afectadamente los extranjerismos y neologismos que juzgan innecesarios» (DRAE). Esta preocupación se vive con especial intensidad en el siglo XVIII, cuando la degradación de las formas del lenguaje y del estilo provocada por la decadencia del Barroco, sobre todo en el teatro y en la oratoria religiosa (crítica del P. Isla en *Fray Gerundio),* suscita una reacción dignificadora de los usos del idioma en escritores como J. P. Forner, J. Cadalso, L. Fernández de Moratín, G. M. de Jovellanos, etc., que muestran su admiración por la sobriedad y sencillez elegante de los grandes autores del siglo XVI. Por otra parte, ante la necesidad de renovar y enriquecer el caudal léxico de la lengua con la entrada desmedida de galicismos, surgen dos posiciones contrapuestas: una primera de reacción purista en quienes, como Forner, se oponen a la introducción de neologismos, considerando que la propia lengua es autosuficiente; y una segunda, iniciada por Feijoo, que defiende la necesidad de acoger las aportaciones léxicas de otras lenguas para evitar el empobrecimiento expresivo del idioma. En su opinión, dada la necesidad real de nuevas voces (hay escasez de «términos abstractos», participios y nombres para «innumerables acciones»: excavar, mezclar, desmenuzar, etc.), no se puede carecer de ellas o intentar buscar «agregadas de distintas voces», porque esto sería «vestir el idioma de remiendos». En consecuencia, «es lícito el uso de voz de idioma extraño, cuando no hay equivalente en el propio», e incluso se puede justificar la entrada de una nueva voz siempre que tenga «más propiedad, o más hermosura, o más energía». No obstante, la elección de nuevas voces ha de hacerse con «tino sutil» y con «discernimiento delicado», sin afectación ni exceso. Una actitud análoga muestra, en el siglo XIX, M. J. de Larra, en quien se concilian el respeto por la tradición y la tendencia innovadora, convencido de que la lengua ha de responder a la evolución del pensamiento y del progreso. Sin embargo, con la creciente intercomunicación literaria, científica y cultural que se produce desde finales del siglo XIX entre España y ciertos países europeos, surgen frecuentes llamadas a la defensa de la propia identidad (Mesonero, Fernán Caballero, Alarcón, etc.), supuestamente amenazada, y, más concretamente, de la lengua. En el transcurso del siglo XX, los riesgos vendrán de la invasión de extranjerismos incontrolados a través de los medios de difusión: prensa, radio y televisión. Dada la rapidez con que se producen descubrimientos científicos y tecnológicos y la necesidad de designarlos con los correspondientes tecnicismos, es casi inevitable la aceptación de la nomenclatura impuesta por los países (frecuentemente de habla inglesa) donde ha surgido dicho descubrimiento. De ahí la abundancia de xenismos («flash», «bafle», etc.) y calcos (incluso en crítica literaria: *stream of consciousnes:* corriente de conciencia). Ante esta situación es comprensible una reacción moderadamente purista para evitar la irrupción de extranjerismos innecesarios y, sobre todo, de construcciones gramaticales ajenas a la estructura del idioma. Véase: REAL ACADEMIA.

Q

Quebrado (pie). Véase PIE.

Quiasmo. Figura de dicción que consiste en la ordenación cruzada de los miembros constituyentes de dos unidades sintácticas que se organizan en secuencias paralelas, de forma que en la segunda se invierte el orden de la primera. Ejemplo:

> «Da bienes Fortuna
> que no están escritos:
> *cuando pitos, flautas,*
> *cuando flautas, pitos*».

Hay dos clases de quiasmo: simple y complejo. En el primero, la inversión del orden se produce entre palabras o sintagmas, y los elementos con la misma función sintáctica se sitúan en posición especular: p. e., «Madrid en *Galdós, Galdós* en Madrid». El quiasmo complejo afecta a proposiciones u oraciones y consiste en un cambio del orden de las palabras que origina una inversión del sentido:

> «Es el engaño traidor
> y el desengaño leal:
> el uno *dolor sin mal,*
> el otro *mal sin dolor*».

> (Diego de Silva y Salinas)

Quinésica. Disciplina que forma parte de la ciencia de la comunicación y que se ocupa del gesto, la expresión facial y el movimiento como vehículos de transmisión del mensaje. Esta disciplina tiene especial importancia en el campo del teatro, sobre todo en relación con la puesta en escena y en lo que atañe a la interpretación de los actores. A través del movimiento del cuerpo y del rostro un actor expresa sus sentimientos y vivencias internas, que son interpretadas por los espectadores a partir de esa comunicación gestual. El gesto es el medio de expresión fundamental en determinadas modalidades dramáticas, como el mimo y la pantomima.

Quinteto. Estrofa de cinco versos de arte mayor y rima consonante. Sigue los mismos tipos de rima de la quintilla. Los más frecuentes son: ABAAB, ABBAB y ABABA. Ejemplo:

A «Ese vago clamor que rasga el
[viento
B es la voz funeral de una cam-
[pana:
A vano remedo del postrer la-
[mento
A de un cadáver sombrío y ma-
[cilento
B que en sucio polvo dormirá
[mañana».

(J. Zorrilla)

En el siglo XVIII el quinteto adquiere una nueva modalidad con Meléndez Valdés y Cadalso, que introducen un heptasílabo, como verso final. Véase: QUINTILLA.

Quintilla. Estrofa de cinco versos de arte menor, con dos rimas consonantes que se combinan en diferentes formas (de las que las más frecuentes son: *abaab, abbab, ababa*), lo mismo que el *quinteto. Es preceptivo que ningún verso de la quintilla (o del quinteto) puede quedar libre o sin rima, que no puede haber más de dos versos seguidos con la misma rima y que los dos últimos versos no pueden formar un pareado. Ejemplo:

a «Con sus notas argentinas
b turba de pronto el reposo
a de las ondas cristalinas
b un concierto melodioso
a de nereidas y de ondinas».

(S. Rueda)

R

Ralentí. Término con el que se alude en narratología a una técnica de alteración del ritmo narrativo en un relato en virtud de la cual el *tiempo de la historia* (que puede ser breve, cronológicamente) se alarga en el *tiempo del discurso* por medio de ciertos recursos estilísticos, como la *amplificación, etc.

Real Academia. La Real Academia Española de la Lengua (RAE) surge en 1713 con el propósito de «cultivar y fijar la pureza y elegancia de la lengua castellana, desterrando todos los errores que en sus vocablos, en sus modos de hablar o en su construcción ha introducido la ignorancia, la vana afectación, el descuido y la demasiada libertad de innovar». El emblema del crisol al fuego con la inscripción «Limpia, fija y da esplendor» (que aparece en la publicación de los Estatutos de la RAE) resume dichos objetivos.

En la primera acta de sesiones (3-VIII-1713), los académicos se imponen la tarea de elaborar un diccionario de la lengua castellana, para lo que cuentan con una obra previa, el *Tesoro de la lengua castellana o española* (1611), de Covarrubias, y con varios modelos de diccionario, entre ellos el italiano de la Academia de la Crusca (ed. 1691) y el de la Academia Francesa (1694). En la línea de estos dos, el *Diccionario de Autoridades* español no incluirá las voces relativas a las «artes liberales y mecánicas» ni tampoco los nombres geográficos e históricos de lugares y personas, con los que se marca la distancia entre diccionario léxico y enciclopédico. Sin embargo, a diferencia del francés y del italiano, en el español se introducen voces regionales y dialectales e, incluso, las de ciertos grupos marginales: voces de germanía que figuran en textos literarios. Este trabajo de «inventario» se publica entre 1726 (primer volumen) y 1739, fecha de edición del sexto y último volumen.

Con la publicación de la *Ortografía* en 1741, la RAE aporta una normativa precisa sobre ortografía y puntuación, y logra la unificación de criterios y su aceptación entre los estudiosos, hasta entonces divididos entre partidarios de criterios fonéticos y etimológicos, respectivamente. En 1771 la Academia edita una *Gramática* normativa de la lengua española, que se irá reimprimiendo en ediciones sucesivas (alguna de ellas reformada) hasta la actualidad. En 1973 la RAE publicó el *Esbozo de una nueva gramática de la lengua española* redactada por los académicos S. Gili Gaya y S. Fernández Ramírez, en el que se pretendía renovar la tradición gramatical a la luz de los avances producidos en la lingüística contemporánea. En 1981 la Comisión Administrativa encargó al académico E. Alarcos Llorach la redacción de una nueva gramática, que se publicó en 1994.

En 1780 aparece, por primera vez, derivado del *Diccionario de Autoridades*, el llamado Diccionario de uso, común o usual, que ha llegado a su vigésimo primera edición en 1992: *Diccionario de la Lengua Española*. Paralelamente, la RAE edita, a partir de 1927, un *Diccionario Manual e Ilustrado* en el que se prescinde de ciertas voces anticuadas y se incorpora gran cantidad de americanismos, tecnicismos y palabras extranjeras comúnmente aceptadas. Desde 1946 se viene trabajando en la redacción de un *Diccionario Histórico de la Lengua Española*, cuyo objetivo es «registrar el vocabulario de todas las épocas y ambientes, desde el señorial y culto hasta el plebeyo, desde el usado en toda la extensión del mundo hispánico, hasta el exclusivo de un país o región española o hispanoamericana, desde el más duradero hasta el de vida más efímera» (R. Lapesa). Para la realización de este trabajo, se contaba ya en 1998 con 55.800.000 registros informatizados que integran el Corpus Diacrónico del Español, base fundamental para la elaboración del mencionado diccionario.

Por otra parte, la Real Academia realiza otras tareas encomendadas a distintas comisiones (de diccionarios, de gramática, de vocabulario técnico, de vocabulario de ciencias humanas, etc.), promueve la edición de textos antiguos y clásicos, organiza conferencias, homenajes, etc. Pero entre sus actividades hay una de suma trascendencia para el futuro de la lengua: su colaboración con el resto de academias correspondientes que, a partir de 1870, comienzan a fundarse en las naciones de la América hispana. El 23 de abril de 1951 se celebró el primer Congreso de Academias de la Lengua Española en la ciudad de México, en el que se creó una Comisión Permanente que redactó los estatutos de la Asociación de Academias de la Lengua Española (ALE). Sus reuniones plenarias se realizan en los congresos que desde 1951 se vienen celebrando en distintas capitales de la comunidad hispánica (México, Madrid, Bogotá, Buenos Aires, Quito, Caracas, etc.), a través de los cuales las Academias de la Lengua ejercen su función normativa y orientadora en el ámbito de la comunidad de hispanohablantes. Fruto reciente de la colaboración en esta tarea normativa es el nuevo texto de la *Ortografía*, consensuado entre las veintidós Academias de la Lengua Española en 1999. Véase: ACADEMIA.

Realismo. Término polisémico con el que se alude a una categoría estética o rasgo de las obras literarias (consistente en su referencia o vinculación con la realidad, imitada o representada en ellas) y a un período literario (el «realismo del siglo XIX») y a ciertas corrientes literarias del siglo XX, como el *realismo social, el

*realismo socialista, el *realismo mágico, etc. Respecto de la primera acepción, el lector puede consultar los conceptos de *ficción, *mimesis y *verosimilitud, que aparecen, como entradas, en este Diccionario, en las que se aborda el tema del realismo como categoría estética. En relación con las corrientes literarias mencionadas, se pueden consultar también en sus entradas correspondientes.

En su acepción como concepto de periodización literaria, el término «realismo» se utiliza para significar un movimiento estético europeo que se produce en la segunda mitad del siglo XIX y que tiene como representantes a H. de Balzac y G. Flaubert en Francia, Ch. Dickens en Inglaterra, I. S. Turguéniev, L. Tolstoi y A. P. Chéjov en Rusia y, en España, a J. M.ª de Pereda, B. Pérez Galdós, J. Valera, L. Alas «Clarín», etc. Entre las primeras manifestaciones del realismo español (cuyos antecedentes remotos serían las obras de Cervantes y la picaresca, e inmediatos las de los costumbristas) cabe señalar las novelas iniciales de Galdós (*La Fontana de Oro*, 1870; *El audaz*, 1871; *Doña Perfecta*, 1876, etc.), Valera (*Pepita Jiménez*, 1874) y Pereda (*Don Gonzalo*, 1879).

Los presupuestos de la estética realista, en estos escritores, son: 1. La *verosimilitud*, como categoría esencial que condiciona el desarrollo del relato, la configuración de personajes, las técnicas narrativas y peculiaridades del lenguaje. 2. La *mimesis* o imitación de la realidad como requisito para lograr esta verosimilitud, fruto de una *observación* obtenida del «estudio directo» del «natural» y de una *descripción* de los «caracteres humanos [...] y de todo lo espiritual y lo físico que nos rodea», y del lenguaje, vivienda, vestidura, etc. 3. Esta observación y descripción de los caracteres vienen precedidas de un conocimiento profundo de los móviles de conducta de los personajes y de su mundo interior por parte de un *narrador omnisciente*. 4. La imbricación de historia y ficción (p. e., personajes ficticios que conviven con personajes históricos, en los *Episodios Nacionales* de Galdós), así como la coetaneidad de los sucesos narrados en la historia de ficción con los de la historia real del lector. Véanse: FICCIÓN, IMITACIÓN, MIMESIS, NATURALISMO, NEORREALISMO, REALISMO SOCIAL, REALISMO SOCIALISTA y VEROSIMILITUD.

Realismo mágico. Expresión utilizada por A. Uslar Pietri para referirse a un tipo de narrativa hispanoamericana que, superando el positivismo filosófico y los procedimientos del realismo del siglo XIX, crea un peculiar realismo en el que se considera al hombre y su entorno inmersos en un mundo de fantasía y de misterio. Entre los novelistas más significativos de esta corriente del «realismo mágico» figuran M. Á. Asturias, A. Carpentier, J. L. Borges, J. Rulfo, G. García Márquez, J. Cortázar, etc. Estos escritores recogen de las vanguardias europeas la superación del prejuicio racionalista consistente en creer que la realidad es sólo cognoscible a través de la observación, de la lógica y el razonamiento de la conciencia. Con los surrealistas comparten la idea de que es posible acceder a otro tipo de realidad (lo fantástico y maravilloso) a través del inconsciente, del sueño, de la alucinación, etc. Esta forma de percepción de la realidad la descubren, a su vez, en ciertas expresiones literarias de las culturas aborígenes precolombinas presentes en relatos fantásticos de transmisión oral, cuentos populares, mitos, leyendas, etc. En esta línea de convergencia de ambas fuentes se mueve la narrativa de M. Á. Asturias *(El Señor Presidente)*, que recoge elementos de la cultura maya de Guatemala, la de A. Carpentier, que pone al descubierto ese mundo de lo *real-maravilloso* (expresión acuñada por él y cuyo contenido es similar a la de «realismo mágico») en obras como *El reino de este mundo* (1949) o *Los pasos* *perdidos* (1953) y parte de la producción narrativa de J. L. Borges, J. Cortázar, Gabriel García Márquez, cuya obra *Cien años de soledad* puede considerarse como arquetipo de esta narrativa del realismo mágico, etc. Véanse: NUEVA NOVELA y ROMANCE O ROMAN.

Realismo maravilloso. Véanse REALISMO MÁGICO y ROMANCE O ROMAN.

Realismo social. Marbete con el que se alude a una corriente literaria en la que se encuadran ciertos escritores nacidos entre 1924 y 1935 que publicaron sus primeras obras a lo largo de la década de los cincuenta: J. López Pacheco, A. Grosso, A. López Salinas, L. Olmo, A. Ferres, J. M. Caballero Bonald, L. Goytisolo, J. Marsé, J. García Hortelano, J. Goytisolo, etc. Es preocupación común de dichos escritores ofrecer un testimonio de denuncia de la realidad socioeconómica y política del país en dos campos precisos: el de la injusticia social de la que son objeto los trabajadores del campo y de la industria y la falta de conciencia moral de las clases dirigentes responsables de esta situación, en especial la burguesía. Al primero corresponderían las siguientes obras: *Central eléctrica* (1958), de J. López Pacheco; *La resaca* (1958), de J. Goytisolo; *Las afueras* (1958), de L. Goytisolo; *La pi-*

queta (1959), de A. Ferres; *La mina* (1960), de A. López Salinas; *La zanja* (1961), de A. Grosso; y *Dos días de septiembre* (1962), de J. M. Caballero Bonald. En la crítica de las formas de conducta y esquema de valores de la moral burguesa se centran *Nuevas amistades* (1959) y *Tormenta de verano* (1962), de J. García Hortelano; *Últimas tardes con Teresa* (1966), de J. Marsé, etc.

En lo que atañe a las *técnicas* narrativas, resalta el objetivismo del relato, el conductismo, la condensación de la acción narrativa, la presentación cinematográfica de los espacios, etc. En el uso de dichas técnicas, se percibe el influjo de la tradición realista española (desde los clásicos hasta Galdós, Baroja y los narradores del realismo social de preguerra), así como de los neorrealistas italianos (Pratolini, Pavese y Silone) y los norteamericanos Dos Passos, Faulkner y Hemingway. En cuanto a las formas de expresión y al estilo, buscan una prosa funcional, construida con una sintaxis de frases breves y fácilmente comprensibles y el uso frecuente de giros coloquiales y formas lingüísticas populares. Véase: NEORREALISMO.

Realismo socialista. Expresión impuesta en el Estatuto de la Unión de Escritores Soviéticos, en 1934, para designar el método más idóneo para la creación estética y literaria propugnada por artistas y escritores comprometidos con la revolución rusa. M. Gorki (considerado por Lenin como el mejor representante de la literatura «proletaria») apoyó dicha expresión por lo que suponía de vínculo de la tradición literaria rusa (Turguéniev, Pushkin, Tolstoi y Dostoievski son realistas) con el futuro deseado para la Unión Soviética: una sociedad «socialista», en la que habrían de desaparecer las clases. La literatura habría de estar al servicio del advenimiento de esa nueva sociedad. Por su parte, G. Lukács concebía la tarea creadora del escritor como una contribución a la reforma de la sociedad futura. En la década de los años treinta, el realismo socialista ruso influye en ciertos escritores europeos comprometidos en la lucha contra la dictadura nazi y fascista: p. e., L. Aragon, P. Éluard, A. Malraux, B. Brecht, R. Alberti, etc. El Congreso para la defensa de la cultura, celebrado en París en 1935, es un exponente de esta actitud comprometida. Algunos representantes españoles de la llamada «novela social de preguerra», como J. Zugazagoitia, C. Arconada, J. Arderius, etc., podrían considerarse vinculados a este movimiento estético y político, aunque con las peculiaridades inherentes a la tradición realista hispana. Véase: NOVELA SOCIAL DE PREGUERRA.

Recepción (estética de la). Expresión con la que se designa una corriente crítico-literaria en la que se propone, frente a la primacía concedida anteriormente al autor y al texto de una obra, investigar la influencia de los lectores en la creación y estructura de determinadas obras literarias y la consideración del hecho de la recepción como condicionamiento de lo literario en cuanto tal.

Entre las influencias recibidas por los iniciadores de la estética de la recepción, se menciona a E. Husserl, M. Heidegger, H. G. Gadamer y R. Ingarden (fenomenología y hermenéutica) y a J. Mukarovsky y F. Vodicka, representantes de una vertiente estructuralista e histórica. Para H. G. Gadamer, discípulo de Heidegger, las obras literarias no presentan un sentido perfectamente definido y acabado desde su creación, sino que dicho sentido depende de cada situación histórica en la que se encuentran sus diversos intérpretes. La comprensión de un texto responde a los interrogantes a que pueda ser sometido en un determinado contexto. La hermenéutica, como método de acercamiento a los textos literarios, intenta descubrir esa serie de interrogantes a los que la obra ha pretendido responder en su diálogo con la historia, en una fusión entre pasado y presente. H. G. Gadamer y R. Ingarden constituyen la fuente de donde recogen los dos representantes más conocidos de la estética de la recepción (W. Iser y H. R. Jauss) la metodología fenomenológica y hermenéutica. W. Iser considera la lectura como un acto de creación de sentido, y el hecho de la recepción como elemento esencial en la configuración del texto. El significado de una obra es fruto de la interrelación del lector y el texto: a través de la lectura, se realiza una producción de imágenes en la fantasía del lector, al tiempo que éste constituye un mundo y una visión de la realidad. Esta visión va transformándose a medida que avanza la lectura y que se ponen en juego «estrategias» de ordenación, descubrimiento y comprensión de la estructura del texto. Dicho texto contiene unas virtualidades de sentido y unos «vacíos» que han de ser llenados por el lector, que es quien actualiza esas virtualidades y comunica al texto su cohesión interna. Siguiendo el pensamiento de W. Iser y recogiendo las aportaciones de dos representantes de la Escuela de Praga (Mukarovsky y Vodicka), que interpretan la historia literaria como una historia de la recepción de la obra, H. R. Jauss opina que la historia

de la literatura debería concebirse como un «proceso de recepción y producción estética que se realiza en la actualización de los textos literarios por el lector receptor, por el crítico reflexionante y por el propio escritor nuevamente productor». Para ello, es importante reconstruir el *horizonte de expectativas* (gustos, normas, modelos, categorías literarias, etc., de un determinado contexto) que contribuyó en el pasado a la producción y recepción de una obra y tratar de descubrir los interrogantes a los que ésta respondía, para vislumbrar, así, cómo la entendían los primeros receptores. La estética de la recepción intenta situar cada obra en la «sucesión literaria» para descubrir el desarrollo de su comprensión y su significación históricas. En este último aspecto, dicha corriente crítico-literaria pretende aclarar cuál ha sido la función de la literatura en relación con la historia general, teniendo en cuenta que en los textos de diferentes épocas puede hallarse una imagen «idealizada, satírica o utópica de la existencia social».

Finalmente, cabe subrayar que la estética de la recepción propuesta por Jauss e Iser guarda cierta relación con la llamada «teoría del lector» elaborada por U. Eco. Sobre los diferentes tipos de lector sugeridos por la crítica (lector real, ideal, implícito o «modelo», potencial, etc.), puede verse LECTOR.

Receptor. Es el destinatario de un mensaje, que ha de interpretar de acuerdo con el conjunto de reglas o señales que constituyen el código conocido por él y por el emisor. En el caso de una obra literaria, el destinatario extradiegético es el *lector. Para interpretar adecuadamente dicha obra, el lector debe conocer el código del escritor, formado por la lengua y por la tradición retórica y literaria en la que se realiza su escritura, así como el mundo cultural e ideológico en el que se mueve.

Recitativo. Término de origen italiano con el que se denominan, en el lenguaje de la ópera y de la cantata, aquellas partes declamadas en las que el texto recitado se pliega en lo posible a las inflexiones y ritmos acentuales del discurso hablado. Dicho término se ha aplicado también al teatro para significar un tipo especial de declamación (existe el precedente de la tragedia griega) y para resaltar determinados pasajes, monólogos, temas o momentos de transición en el desarrollo de ciertas obras dramáticas.

Recolección o recopilación. Término con el que se alude a un artificio literario, utilizado especialmente por escritores del Siglo de Oro, que consiste en recoger, en el verso final de un poema, una serie o «pluralidad» de palabras «diseminadas» a lo largo del mismo. Los términos «recolección» y «diseminación» fueron empleados por Dámaso Alonso en su estudio sobre la *correlación* en la poesía renacentista y barroca. Véase la aplicación de estos conceptos al análisis del siguiente soneto:

«El *humo* que formó cuerpo fin-
[gido,
que cuando está más denso para
[en *nada*;
el *viento* que pasó con fuerza ai-
[rada
y que no pudo ser en red cogido;

el *polvo* en la región desvanecido
de la primera nube dilatada;
la *sombra* que, la forma al cuerpo
[hurtada,
dejó de ser habiéndose partido.

Son las palabras de mujer. Si viene
cualquiera novedad, tanto le
[asombra,
que ni lealtad ni amor ni fe man-
[tiene.

Mudanza ya, que no mujer se
[nombra,
pues, cuando más segura, quien
[la tiene,
tiene *humo, polvo, nada, viento* y
[*sombra*».

(Lope de Vega)

D. Alonso destaca la existencia de dos pluralidades de correlación reiterativa en este soneto: la primera está «diseminada» por los dos cuartetos (humo, nada, viento, polvo y sombra); la segunda está «recolectada» en el verso último del soneto.

Reconocimiento. Véase ANAGNÓRISIS.

Recuesta. Término de origen latino (*requaesitare:* preguntar) con el que se denomina una composición poética utilizada en los cancioneros del siglo XV en la que un poeta plantea a otro, en forma de pregunta, una adivinanza, enigma o problema de tipo filosófico, amoroso, etc. A esta recuesta o «pregunta», el poeta interpelado tenía que dar una «respuesta», ajustándose, estrictamente, a la clase y número de los versos y a la forma y disposición de las rimas de dicha pregunta. La recuesta presenta la misma estructura métrica del *decir.* El número de estrofas en estos poemas es variable: una gran parte están formados por dos o tres; sin embargo, los hay más extensos.

Se ha relacionado esta composición con la *tensó* provenzal y con el *partimen.*

Redondilla. Estrofa de cuatro versos de arte menor, preferentemente octosílabos, que riman en consonante en dos modalidades: con rima cruzada *(abab)* o abrazada *(abba).* Históricamente, la redondilla tiene sus antecedentes en una estrofa similar del latín medieval. En la literatura española, la estructura de la redondilla figura ya en una jarcha de Yehüda Halevi, y desde el siglo XV se halla como estrofa integrante de villancicos, cantigas y coplas compuestas, función que mantiene durante el Siglo de Oro. Dicha estrofa ha perdurado hasta el siglo XX. Ejemplo:

«La tarde más se oscurece;
y el camino que serpea
y débilmente blanquea
se enturbia y desaparece».

(A. Machado)

A partir del Romanticismo algunos poetas han utilizado la estructura métrica de la redondilla con rima asonante. A. Quilis habla de «cuarteta asonantada o *tirana*» y aporta como ejemplo esta rima de Bécquer:

«Por una mirada, un mundo;
por una sonrisa, un cielo;
por un beso... ¡yo no sé
qué te diera por un beso!».

Redundancia. Término utilizado en teoría de la comunicación para significar el exceso de elementos constitutivos de un mensaje, innecesarios en circunstancias normales para la adecuada interpretación o decodificación del mismo. Dicho término responde, además, a un concepto tradicional de la retórica implícito en ciertas figuras como el *pleonasmo, la *repetición y la *reduplicación, que presentan un rasgo común (la iteración de elementos) en su realización. Esta redundancia responde a una característica clave del lenguaje poético: el principio de recurrencia. En este sentido, en los textos literarios se produce un doble tipo de redundancia: fónica (metro, rima, ritmo, aliteraciones) y semántica (anáforas, estribillos, pleonasmos, etc.), redundancias que contribuyen a una mayor expresividad del texto.

Reduplicación. Repetición de una palabra o grupo de palabras dentro del mismo verso o frase o a comienzo del verso siguiente. Es un recurso estilístico que responde al fenómeno de la recurrencia, fundamental en el lenguaje poético, tanto en el nivel fónico como en el léxico y sintáctico. Este procedimiento expresivo es utilizado, p. e., en los romances viejos:

«Fonte frida, Fronte frida,
Fonte frida y con amor [...]».

(Romancero)

Véanse: ANADIPLOSIS, ANÁSTROFE Y EPANADIPLOSIS.

Reestreno. Término utilizado en el lenguaje teatral y cinematográfico para aludir a la nueva puesta en escena de una obra dramática o a la proyección de una película retiradas de la programación durante algún tiempo.

Referencia. Función por la que un signo lingüístico remite a un objeto del mundo extralingüístico, real o imaginario. A lo que directamente remite esta función referencial del signo no es al mundo de los objetos reales, sino al del pensamiento, es decir, «al mundo captado a través de las formaciones ideológicas de una cultura dada» (J. Dubois). Se habla, también, de *referencia textual* para designar la relación o referencia a la realidad mediante diversos medios textuales: p. e., en el soneto de Lope de Vega «Suelta mi manso, mayoral extraño», los sintagmas «mi manso» y «mayoral extraño» implican una clara referencia denotativa a un pastor, «dueño» del cordero («manso»), y a su raptor («mayoral extraño»), al mismo tiempo que una referencia connotativa al tipo de relaciones amorosas entabladas con la dama por el poeta y su rival. Véase: REFERENTE.

Referencial. Véanse FUNCIÓN y REFERENCIA.

Referente. Es la realidad extralingüística a la que remite el signo lingüístico. Dicha entidad extralingüística no debe entenderse como un dato inmediato de la realidad, ya que la función referencial del signo envía no directamente al mundo de los objetos reales, sino a la percepción que de ellos se tiene en el pensamiento, dentro de un contexto ideológico y cultural determinado. Esa entidad extralingüística puede, incluso, ser meramente imaginaria, como ocurre con determinados signos que aparecen en el universo de ficción de los textos literarios, p. e., los «encantadores» o «gigantes» a los que se refiere don Quijote.

Refrán. Término (posiblemente relacionado con el occitano *refranh:* estribillo) con el que se designa un dicho popular y anónimo en el que se sintetiza un pensamiento de carácter gnómico o sentencioso. El refrán pertenece al género paremiológico (del griego *paroimia:* sentencia), lo mismo que el *adagio y el *proverbio. Es un recurso fundamental utilizado tanto en el habla coloquial como en el lenguaje literario. En este último cumple una doble función: cognoscitiva y estética. Tanto el refrán como otras formas de expresión paremiológica (máximas, sentencias, aforismos, etc.) cuentan con una larga tradición en las culturas de Oriente Medio y en la literatura bíblica, grecolatina y medieval, a las que se hace referencia en el artículo dedicado a *paremiología.* Véanse algunos ejemplos de refranes reunidos ya en el siglo XV por el marqués de Santillana en su colección de *Refranes que dicen las viejas tras el fuego:*

«A buen entendedor pocas palabras».
«Allégate a los buenos y serás uno de ellos».
«Cada uno dice de la feria como le va en ella».
«A río vuelto, ganancia de pescadores».
«Haz el bien y no cates a quién».

Véanse: ADAGIO, AFORISMO, APOTEGMA, MÁXIMA, PAREMIOLOGÍA, PROVERBIO, REFRANERO y SENTENCIA.

Refranero. Libro en el que se recogen refranes, máximas, adagios, aforismos, etc. El primer testimonio de este tipo de obras en la literatura española es el del marqués de Santillana *(Refranes que dicen las viejas tras el fuego),* al que siguen las *Cartas en refranes* (1541), de Blasco de Garay; el *Libro de refranes* (1549), de Pedro de Vallés; los *Refranes o proverbios en romance* (1555), de Hernández Núñez; *La Philosophia Vulgar* (1568), de J. de Mal Lara; *Refranes glosados* y *Teatro Universal de Proverbios* (1.ª edic., 1915), de Sebastián de Horozco, y *Vocabulario de refranes* (1.ª edic., 1906), de G. Correas. Véanse: PAREMIOLOGÍA y REFRÁN.

Regeneracionismo. Movimiento ideológico surgido en España en la última década del siglo XIX como reacción ante la crisis político-social del sistema de la Restauración y la sensación de decadencia generalizada que se produce a raíz del desastre colonial de 1898, que lleva a un grupo de intelectuales de la época (J. Costa, L. Mallada, R. M. Picavea, D. Isern, etc.) a diagnosticar las causas de esta decadencia y proponer los remedios «terapéuticos» imprescindibles para «regenerar» el país. El iniciador de este movimiento es J. Costa, vinculado inicialmente al krausismo y a la Institución Libre de Enseñanza y estudioso de temas relacionados con la sociología, economía y derecho (sobre todo, agrarios). Una de sus aportaciones más relevantes es el análisis de las causas de la degradación del sistema socioeconómico y político de la Restauración, análisis que realiza en su obra más conocida: *Oligarquía y caciquismo como la forma actual de gobierno en España. Urgencia y modo de cambiarla* (1902). Dicha degradación tendría su origen en el hecho de que una oligarquía de «prohombres o notables» estaría ejerciendo el poder arbitrariamente, administrando en su provecho el país por mediación de los gobernadores civiles y los caciques y desnaturalizando, a través del convenido turno de partidos, el funcionamiento legal de las instituciones. Como consecuencia, se habría corrompido la función de esos partidos, falseado el sistema de elecciones y la representación parlamentaria, y con ella la voluntad popular, suplantada por las decisiones de los oligarcas o «primates».

El pensamiento «regeneracionista» influye en algunos de los escritos de la llamada Generación del 98. Véanse: FIN DE SIGLO (CRISIS DE) y GENERACIÓN DEL 98.

Regiduría. Organización del escenario teatral durante los ensayos y la representación de una obra dramática. Si el director de escena es el encargado de la concepción y dirección artística global del espectáculo, el regidor lo es de la organización material de la puesta en escena.

Reglas. Serie de preceptos y orientaciones de carácter artístico que condicionan la creación literaria de los escritores de una determinada época de acuerdo con los códigos estéticos vigentes. Estas normas pueden ser estrictamente técnicas (p. e., las reglas de las «tres unidades») o bien estéticas, p. e., las leyes del «decoro» (el autor del *Lazarillo* atribuye al narrador un «grosero estilo», congruente con la extracción social y cultural del pícaro) y de la «verosimilitud», heredadas de la preceptiva clásica grecolatina. Esta preceptiva es actualizada en el Renacimiento a través de los tratadistas italianos (Cinthio, Castelvetro, etc.) y asumida por Boileau en *L'art Poétique*. Véanse: PRECEPTIVA LITERARIA y UNIDADES.

Relato. Enunciación oral o escrita de hechos realmente ocurridos o imaginados que constituyen una historia. El *relato* se distingue tanto del acto de enunciación *(narración)* como de la *historia* narrada, objeto de dicho relato, término que se reserva para la designación del texto narrativo a través del cual el narrador enuncia la historia mencionada.

Se ha afirmado que, en todos los pueblos y culturas de la humanidad, el relato está presente como estructura fundamental o esquema básico de los más diversos textos narrativos: «el mito, la leyenda, la fábula, el cuento, la novela, la epopeya, la historia, la tragedia, el drama, la comedia, la pantomima [...], el cine, las tiras cómicas, las noticias policiales, la conversación» (R. Barthes). Distintos investigadores en antropología, folclore, semiótica, lingüística, etc., han intentado descubrir modelos de descripción de estructuras de relato que pudieran servir para interpretar la pluralidad de relatos apuntada. En esta línea se ha propuesto un modelo *morfológico* (V. Propp), *actancial* (A. J. Greimas), *lógico* (C. Brémond), *genético* (Lévi-Strauss), *gramatical* (Todorov y Van Dijk), etc. En narratología se estudia una serie de categorías y métodos de análisis descriptivo del relato que afecta al descubrimiento de las unidades mínimas narrativas, a los conceptos de acción y función, a las categorías narrativas de focalización, voz, modo, niveles narrativos, tiempo, etc., conceptos que pueden consultarse en las entradas correspondientes de este Diccionario. Véanse, además: CUENTO, NARRACIÓN, NARRATOLOGÍA, NOVELA y NOVELA CORTA.

Rema. Véase TEMA.

Remate. Véase CANCIÓN ITALIANA.

Renacimiento. Término con el que se denomina un movimiento cultural que surge en diversos países de Europa occidental a finales de la Edad Media y cuyos rasgos caracterizadores son, en opinión de J. Burckhardt, los siguientes: vuelta a la antigüedad clásica grecolatina, descubrimiento del hombre y del universo, individualismo, secularización, crisis de fe y de la moral tradicional y una nueva relación económica y cultural entre nobles y burgueses en el marco de la vida urbana. Esta nueva cultura se manifiesta en los más diversos campos: economía, relaciones sociales, política, religión y, sobre todo, humanidades: artes, filosofía, lengua y literatura. En este último aspecto, por «Renacimiento» se entiende un movimiento de restauración del ideal educativo de la antigüedad clásica: la *humanitas,* o cultivo de las humanidades. Los grandes maestros de ese Renacimiento (L. Valla, Pico de la Mirandola, J. L. Vives, etc.) estaban convencidos de que la recuperación de la lengua y literatura clásicas iba a proporcionar a las nuevas generaciones una educación integral del hombre, no sólo intelectual, sino también moral, promoviendo una conducta pública y privada tan atenta al desarrollo individual como al bienestar de la comunidad. Para ciertos humanistas, como L. Valla, el retroceso intelectual, pedagógico y moral ocurrido en los «tiempos oscuros» de la Edad Media se habría producido por una triple degradación: la corrupción bárbara del latín (idioma dotado de gran claridad y belleza), la depauperación del legado filosófico griego y la pérdida del mensaje original del Evangelio. Esta depauperación arrancaría de Boecio y del aristotelismo latino y tendría su culminación en la escolástica. Desde esta perspectiva, se entiende que los humanistas del Renacimiento lucharan, a la vez, por una recuperación de la lengua y literatura grecolatinas y de la filosofía griega, con el consiguiente rechazo de la escolástica, y por un conocimiento directo de las fuentes del Antiguo y Nuevo Testamento: de ahí el interés por los estudios de filología bíblica en humanistas como Erasmo.

A finales del siglo XV y comienzos del XVI, la nueva cultura promovida por los humanistas (Erasmo, T. Moro, E. A. de Nebrija, J. L. Vives, F. Rabelais, etc.) se ha extendido ya por Europa y afecta a los diversos planos de la vida social, desde el económico hasta el religioso. Tal vez sea en este campo donde resulte más llamativo el cambio, con la aparición de nuevas formas de espiritualidad, crítica a la degradación del clero y del Papado, auge de los estudios bíblicos y, sobre todo, Reforma y Contrarreforma.

Para el estudio de este plano religioso y el de otro aspecto capital del Renacimiento, el cultivo de las humanidades, pueden verse respectivamente: *erasmismo* y *humanismo*. Finalmente, además del cultivo de las humanidades clásicas, el Renacimiento conlleva una profunda renovación de la creación literaria en lengua romance. Por lo que respecta a España, esta renovación se produce gracias al influjo de grandes figuras del Renacimiento italiano (Petrarca, Sannazzaro, etc.) en los poetas iniciadores del Renacimiento español (Garcilaso de la Vega, Boscán, etc.), que asimilan e incorporan nuevas formas de la lengua poética (versos, estrofas y poemas: endeca-sílabo, terceto, lira, octava real, estancia, silva, soneto, égloga, etc.), y un nuevo tipo de acercamiento a los clásicos (Virgilio, Horacio, Ovidio) y de tratamiento de los temas mitológicos, bucólicos, etc.

Renga. Véase HAIKU.

Reparto. Término con el que se denomina, en el léxico teatral, tanto la acción de asignar los diferentes papeles de una obra a determinados actores como la relación o conjunto de los actores que han de interpretar los diversos personajes de dicha obra.

Repertorio. Término utilizado en el campo de la música y del teatro para designar un conjunto de piezas musicales o de obras dramáticas que pueden ser interpretadas o representadas en el transcurso de una temporada. Se habla también de repertorio de papeles representados o que pueden ser interpretados por un actor o un cantante determinados.

Repetición. Figura retórica consistente en la reiteración de palabras u otros recursos expresivos, procedimiento que genera una relevancia poética. En todo poema aparecen elementos reiterativos con esa función: ya sea el acento, las pausas, la aliteración, el isosilabismo, la rima, el estribillo, etc. Existen diferentes formas de repetición utilizadas en el lenguaje poético, entre las que sobresalen la *anáfora, *reduplicación, *concatenación, *retruécano, *paralelismo, *anadiplosis, *epífora, *amplificación, etc.

Reportaje. Véase PERIODISMO.

Reposición. Término utilizado en el lenguaje teatral para designar la puesta en escena de una obra o un espectáculo que ya había sido estrenado en una temporada anterior y que, después de haberlo retirado de la cartelera, vuelve a ser representado por la misma compañía con el mismo o parecido montaje y reparto de actores o intérpretes.

Represa. Recurso poético utilizado en ciertas composiciones medievales (cantigas, canciones, glosas, villancicos, etc.) y que consiste en la repetición del tema enunciado al comienzo del poema (p. e., el primer verso, o el estribillo en el caso del villancico) al final de cada una de las estrofas que lo componen. Este procedimiento, que tiene sus antecedentes en las cantigas gallego-portuguesas, figura en ciertos poemas de los cancioneros de Baena y Estúñiga, en glosas y en villancicos. Véase un ejemplo de represa en la repetición del tema «no pueden dormir» en el siguiente villancico:

«No pueden dormir mis ojos
no pueden dormir.
Pero, ¿cómo dormirán
cercados en derredor
de soldados de dolor,
que siempre en armas están?
Los combates que les dan,
no los pudiendo sufrir,
no pueden dormir [...]».

(C. de Castillejo)

Representación. Término utilizado en la doble acepción de imitar y hacer presente y que desde Aristóteles se aplica a dos artes fundadas en el procedimiento estético de la «mimesis»: la pintura y la creación literaria. Esta última, dentro de una concepción realista, sería una imitación o copia de la realidad, teniendo, como requisito fundamental, la verosimilitud. Circunscrito al teatro, dicho término se refiere principalmente al acto de hacer presente, en el escenario, una historia relatada previamente en un texto determinado. Las relaciones entre el texto y la representación dramática han sido objeto de diferente tratamiento en el transcurso de los siglos. En determinadas épocas, el texto y la representación escénica se han considerado como realidades autónomas. Ello explicaría que ciertas obras fueran destinadas tanto a la representación como a la lectura teatralizada (p. e., *La Celestina).* Sin embargo, en el siglo XX y, especialmente, a partir de las experiencias escénicas de A. Artaud, la representación se considera un requisito indispensable para el análisis del texto y de su puesta en escena.

Representante. Nombre con el que se reconocía a los actores en el teatro del Siglo de Oro, según se deduce de la atribución de dicho título a Lope de Rueda por parte de Rojas Villandrando en su *Viaje entretenido* (1603):

«... digo que Lope de Rueda,
gracioso *representante*
y en su tiempo gran poeta,
empezó a poner la farsa
en buen uso y orden buena».

En el lenguaje actual del mundo del teatro y del espectáculo se entiende por *representante* a la persona o *agente* encargado de contratar una compañía o a determinados actores y artistas, a la vez que se ocupa de su promoción artística y económica. Véase: CÓMICOS

Representatividad. Se dice de una obra o de un autor en los que se manifiestan, de manera ejemplar, los aspectos temáticos, el esquema de valores y los códigos estéticos de una determinada época o movimiento literario. En este sentido, *La vida es sueño* sería una síntesis representativa del pensamiento ético-religioso y estético del Barroco del siglo XVII, lo mismo que Jovellanos sería el símbolo representativo de la Ilustración española del siglo XVIII.

Reseña (o recensión). Es un comentario bibliográfico sobre una obra de creación literaria o de investigación en la que se informa sobre el contenido de la misma y se realiza un análisis crítico sobre las aportaciones que implica y sus valores o deficiencias en relación con el contexto de los estudios realizados en su propio campo. En las revistas especializadas existe una sección dedicada expresamente a la información bibliográfica.

Resumen. Término utilizado en narratología para designar el procedimiento por el cual el tiempo de la *historia* es condensado en el tiempo del *discurso,* es decir: unos acontecimientos ocurridos en el transcurso de meses o años (historia) son resumidos en una breve secuencia del discurso. Así, en *La familia de Pascual Duarte* el protagonista dedica apenas dos páginas al relato retrospectivo de tres años pasados en la cárcel.

El procedimiento opuesto al resumen se denomina *ralentí, que se produce cuando se amplifica en el *discurso* el tiempo de la *historia:* un ejemplo arquetípico es el *Ulysses,* de Joyce, novela en la que se relatan dos días de la vida de L. Bloom.

Véase: TIEMPO.

Reticencia. Figura retórica consistente en el corte intencionado de una frase, dando por supuesto que el receptor intuye o sobreentiende el sentido pleno de la comunicación interrumpida. Es un recurso que dota al mensaje de mayor expresividad y capacidad sugestiva. En el texto escrito se reconoce por los puntos suspensivos:

– «Pues, ¿qué diría usted si le añadiese que en el extranjero es-

tán los teatros alumbrados, y se ven las gentes las caras, y se conocen, y...?

– ¿Qué dice usted? ¡Ya se ve! Esos franceses son tan pintureros...».

(Larra)

Retórica. Término de origen griego *(rhetorike,* de *rheo:* decir) con el que se designaba una técnica o arte de hablar *(rhetorike techne)* que implicaba un conjunto de orientaciones y reglas que servían para la elaboración de discursos cuyo fin era convencer a sus destinatarios. Considerada como disciplina científica, la retórica tiene por objeto el estudio del discurso oratorio desde el punto de vista genético (producción del texto en sus diferentes fases u operaciones: invención, disposición, elocución, memoria y acción) y de su estructura interna (organización en partes: exordio, narración, argumentación y epílogo) y externa (en su relación con el emisor, el destinatario, el referente y el contexto).

Históricamente, el sistematizador de la retórica, como disciplina, es Aristóteles, que recoge las primeras reflexiones y experiencias sobre el arte de hablar en público, realizadas en Siracusa (s. v a.C.) por Córax, Tisias y Empédocles, considerados como los iniciadores de esta disciplina, introducida en Atenas por un discípulo de Empédocles, el sofista Gorgias. Platón, conocedor de los métodos de educación de los sofistas (que preparan a los jóvenes en el dominio de los recursos y artificios oratorios para triunfar en la política), critica la inconsistencia científica de estos artificios, basados en la capacidad seductora de la palabra mediante el ornato de la forma y una argumentación fundada en la «verosimilitud» y no en la «verdad», en la *doxa* u opinión y no en la *episteme* o ciencia, defendida por los filósofos.

Por su parte, Aristóteles, teniendo en cuenta estas reflexiones y experiencias, realiza un estudio sistemático sobre la composición de los discursos (fases u operaciones, estructura, etc.), desarrolla una teoría de la argumentación vinculada a la lógica y dialéctica filosóficas y analiza una operación clave en el desarrollo del discurso, la elocución, o *leixis:* sus cualidades (claridad, corrección, naturalidad y propiedad o adecuación al tema y a la situación), los recursos y figuras de la expresión, los rasgos del estilo apropiado a cada género, etc. Estas aportaciones de la retórica griega son recogidas en Roma por Cicerón (que en su libro *De oratore* une su experiencia oratoria a una reflexión teórica) y Quintiliano, cuya *Institutio Oratoria* se convierte

en el texto modelo de la retórica «clásica», en el que se sistematizan pedagógicamente los saberes retóricos de los tratadistas griegos y latinos. Esta disciplina, que en la Edad Media se concibe como una ciencia del lenguaje y arte verbal, adquiere gran relevancia en el Renacimiento como parte fundamental de la formación humanística. Relevancia que mantiene hasta el Romanticismo, período en el que los escritores la rechazan por considerarla una traba para la libertad creadora y sinónimo de artificiosa ornamentación e inautenticidad.

Sin embargo, en el siglo xx se produce un renacimiento de dicha disciplina sobre todo a partir de los estudios de C. Perelman y L. Olbrechts-Tyteca, que recuperan el concepto aristotélico de argumentación y reelaboran una teoría del discurso basada en los esquemas argumentativos de la retórica grecolatina. Por otra parte, una obra como la *Rhétorique génerale* (de J. Dubois y otros), centrada fundamentalmente en el estudio de los recursos elocutivos, recupera el esquema conceptual de la retórica clásica y la convierte en una renovada teoría literaria. Finalmente, se ha planteado la posibilidad de que una retórica de base textual llegue a constituirse en ciencia general de los discursos y en el lugar de encuentro de diversas corrientes de crítica y teoría literaria como la semiótica, la pragmática y la lingüística del texto. Véanse: DISPOSICIÓN, ELOCUCIÓN, EPÍLOGO, EXORDIO, FIGURAS, INVENCIÓN, LINGÜÍSTICA DEL TEXTO, NEORRETÓRICA, ORATORIA, POÉTICA, PRAGMÁTICA y TROPOS.

Retornelo. Término utilizado en música para designar la «repetición de la primera parte del aria, que también se usa en algunos villancicos y otras canciones» (DRAE). En métrica se alude con dicho término a la reiteración de rimas y repetición o represa de versos dentro de la misma estrofa. El fenómeno iterativo de versos es frecuente en la poesía popular, y en poemas como la cantiga de amigo, la glosa, el villancico, la canción trovadoresca, etc. En los tres primeros, la mencionada iteración versal se produce en forma de estribillo; sin embargo, el retornelo se diferencia de éste en que no es un añadido o apéndice de la estrofa, sino que forma parte de ella. Normalmente, el retornelo se enmarca en poemas con estructuras paralelísticas, simétricas y correlativas. Ejemplo:

«Tú me mirarás llorando
–será el tiempo de las flores–,
tú me mirarás llorando,
y yo te diré: no llores [...]

Y tú me dirás: ¿Qué tienes?
Y yo miraré hacia el suelo.
Y tú me dirás: ¿Qué tienes?
Y yo miraré hacia el cielo [...]».

(J. R. Jiménez)

Retrato. Es la descripción de una persona en su aspecto físico (prosopografía) y en sus rasgos psicológicos y morales (etopeya). La técnica del retrato, en la literatura de ficción, se desarrolla en el siglo XVII, y sus presupuestos siguen vigentes hasta la novela realista del XIX: la descripción comenzaba por la fisonomía o aspecto físico del personaje, pero subrayando la íntima relación entre los rasgos de la apariencia exterior con su temperamento y carácter. En los grandes novelistas del siglo XIX (H. de Balzac, G. Flaubert, F. Dostoievski, B. Pérez Galdós) esta interrelación se hace mucho más compleja: la descripción del aspecto exterior del personaje abarca múltiples matices relativos a su figura, así como al entorno ambiental: vivienda, mobiliario, cuadros, objetos personales, etc. Pero esta descripción de la fisonomía y entorno del personaje, así como las referencias a su pasado, marco social, etc., se orienta a lo fundamental en el retrato: la configuración del carácter: rasgos psicológicos y morales, hábitos de conducta, criterios, esquema de valores, gustos, aficiones y todo aquello que pueda contribuir a dar consistencia y coherencia a ese mundo interior del personaje de ficción. Véanse: BIOGRAFÍA, CARICATURA, ETOPEYA, MEMORIAS, PROSOPOGRAFÍA y SEMBLANZA.

Retrospección. Término con el que se alude a una técnica y a una modalidad de relato en el que se interrumpe el orden cronológico lineal de la narración de los acontecimientos para volver sobre unos hechos ocurridos en un tiempo anterior y que afectan a la historia que se está contando. Esta técnica narrativa, conocida también con el nombre de *analepsis,* ha sido muy utilizada en la novela contemporánea (J. Conrad, J. Joyce, etc.) y en el teatro (A. Miller, J. B. Priestley, etc.). Se ha sugerido la idea de una posible influencia de la técnica cinematográfica del *flash back;* no obstante, debe recordarse que éste es un procedimiento habitual en la novela policíaca, la cual se inicia generalmente con el relato de un crimen para investigar posteriormente los acontecimientos y circunstancias que precedieron al delito. Véase: FLASH BACK.

Retruécano. Figura retórica consistente en la «inversión de los términos de una proposición o cláusula en otra subsiguiente para que el sentido de esta última forme contraste o antítesis con el de la anterior» (DRAE). Ejemplo: «Ni son todos los que están, ni están todos los que son». Es un procedimiento expresivo en el que confluyen diversas figuras literarias: la repetición, la antítesis y el quiasmo. De hecho, es una forma de repetición de los mismos sonidos, palabras o frases, pero invirtiendo en forma cruzada y simétrica dichos elementos y generando un sentido antitético. Ejemplo:

> «... ¿Siempre se ha de sentir lo
> [que se dice?
> ¿Nunca se ha de decir lo que se
> [siente?

> (F. de Quevedo)

Véanse: DILOGÍA y QUIASMO.

Revista. Término correspondiente al inglés *review* (informe, examen crítico o reseña de una obra) que designa un tipo de publicación impresa, de periodicidad variable (entre semanal y anual), dedicada a la información y valoración sobre materias propias de su especialidad. Dicho término aparece, por primera vez con ese cometido, en Inglaterra: *Edinburgh Review* (1802). En 1828 surge en Francia *La Revue des deux Mondes,* seguida de la *Revue de Paris* (1829), dedicada exclusivamente a temas literarios, y de la *Revue Indépendante* (1830). De 1833 data la *Revista Española,* donde colaboran R. de Mesonero Romanos, S. Estébanez Calderón y M. J. de Larra y en la que se defiende la estética del Romanticismo. Para una información precisa sobre las principales revistas de creación y de crítica literarias, surgidas en España e Hispanoamérica desde el siglo XVIII hasta el siglo XX, puede consultarse *Revista* en el DTL.

Rima. «Es la total o parcial identidad acústica, entre dos o más versos, de los fonemas situados a partir de la última vocal acentuada» (A. Quilis). Según esto, existe rima consonante cuando todos los fonemas a partir de la última vocal acentuada son idénticos, p. e., en los dos versos de este pareado: «Aunque se vista de s*eda* / la mona, mona se qu*eda*» (T. de Iriarte). Se produce rima parcial o *asonante* cuando son idénticos solamente los fonemas vocálicos a partir de la última vocal acentuada, p. e.:

> «¡Campo de Ba*eza*,
> soñaré contigo
> cuando no te v*ea*!».

> (A. Machado)

El fenómeno métrico de la rima es una constante en la poesía española desde las jarchas y cantares de gesta (siglos XI-XII) hasta los poetas del siglo XX, sin olvidar que aparece también en la tradición literaria el verso suelto. Al estudiar dichos fenómenos se descubren diferentes tipos de rima, que se pueden clasificar según tres principios básicos: la identidad acústica de los últimos sonidos de cada verso, la posición del acento en la última palabra de cada verso y la distribución o disposición de la rima.

a) Por la *identidad acústica* de los últimos fonemas de cada verso, la rima puede ser (como ya se ha dicho) *consonante* (se llama también rima total o perfecta) y *asonante* (parcial o imperfecta).

b) Por la *posición del acento* en la última palabra de cada verso, la rima puede ser:

• *Aguda* u oxítona: cuando el acento final de los versos rimados recae en una palabra aguda:

> «Mi verso es como un puñ*al*
> que por el puño echa fl*or*:
> mi verso es un surtid*or*
> que da un agua de cor*al*».

> (José Martí)

– *Llana* o paroxítona: cuando el acento final de los versos rimados recae en palabras llanas:

«Irme quiero madre,
a aquella gal*era*
con el marinero
a ser marin*era*».

(Luis de Camoens)

– *Esdrújula* o proparoxítona: cuando el acento final de los versos rimados recae en palabras esdrújulas:

«Mi pobre alma p*álida*
era una cris*álida*».

(Rubén Darío)

c) Por la *distribución* o disposición de la rima, ésta puede ser de varios tipos:
– *Continua:* cuando varios versos seguidos mantienen la misma rima:

«Para todas mugeres tu amor
        [non convién;
non quieras amar dueña que a ti
        [non avién:
en su amor baldío, de grand lo-
        [cura vien,
siempre será mesquino quien
        [amor vano tien».

(Juan Ruiz)

– *Gemela* o pareada: cuando los versos se agrupan de dos en dos con la misma rima, como pareados:

«Mi pobre alma pálida
era una crisálida.
Luego, mariposa
de color de rosa [...]».

(Rubén Darío)

– *Abrazada:* cuando en una estrofa de cuatro versos riman el primero con el cuarto y el segundo con el tercero: *abba.*

a «Este amoroso tormento
b que en mi corazón se ve,
b sé que lo siento y no sé
a la causa porque lo siento».

(Sor Juana Inés de la Cruz)

– *Cruzada* o encadenada: se produce cuando dos rimas se alternan en una estrofa: *abab.*

a «La pila de agua bendita
b que está en el rincón umbrío,
a es silvestre margarita
b llena de fresco rocío».

(M. Gutiérrez Nájera)

– *Interna:* es la que se produce en el interior de los versos. Entre las diferentes formas de rima interna destaca la llamada rima *leonina,* que se produce al final del primer hemistiquio de cada verso:

«El verso sutil que pasa o se posa
sobre la mujer o sobre la rosa,

beso puede s*er*, o ser mariposa.
En la fresca fl*or*, el verso sutil;
el triunfo de Am*or* en el mes de
[Abril:
Amor, verso y fl*or*, la niña gentil».

(Rubén Darío)

– *Redoblada:* se produce cuando las dos últimas palabras de cada verso riman entre sí, como produciendo un eco. Véase, como ejemplo, el primer cuarteto de un soneto de Lope:

«Peligro tiene el más prob*ado*
[V*ado;*
quien no teme que el mal le im-
[p*ida* P*ida,*
mientras la suerte le conv*ida*
[V*ida,*
y goce el bien tan sin cuid*ado*
[D*ado* [...]».

(Lope de Vega)

La preceptiva tradicional enumera una serie de reglas a las que se ha de sujetar el poeta para lograr una rima perfecta. T. Navarro Tomás las sintetiza así: «*a)* una palabra no debe ser consonante de sí misma; *b)* es débil o pobre la rima en que figura la misma palabra con acepciones distintas; *c)* deben evitarse en fin de verso las palabras inacentuadas; *d)* la rima es tanto menos eficaz cuando más obvia y fácil parece; *e)* no es costumbre emplear la misma rima en tres o más versos consecutivos; *f)* en la asonancia pueden alternar vocales y diptongos y asimismo palabras llanas y esdrújulas, pero no agudas y llanas».

Rima partida. Véase CABO ROTO.

Ripio. Palabras de relleno, frases hechas, clichés estereotipados, que aparecen en determinados poemas (a veces por mera exigencia de rima) degradando la calidad de la composición y derivando hacia el prosaísmo y la vulgaridad:

«Son unas horas después,
y vense en un gabinete,
Inés en un taburete
y don Enrique a sus pies [...]».

(Echegaray)

Ritmo. Término procedente del griego *rhytmos* (movimiento regulado y medido) con el que se designa la sensación acústica producida por la distribución regular de los elementos fónicos de la cadena hablada. El ritmo es la consecuencia de tres elementos combinados: la duración de los sonidos (cantidad), la altura musical o tonal de los mismos (tono) y la energía de emisión de dichos sonidos (intensidad). En la métrica grecolatina se atendía, sobre todo, a la cantidad o duración de los sonidos articulados; en las lenguas germánicas y romances es el acento de intensidad lo que predomina. El ritmo se produce tanto en la prosa como en el verso. En la prosa se advierte en el esquema de entonación de cada frase, en la distribución de los acentos, en las recurrencias de grupos fónicos, palabras, sintagmas, proposiciones y oraciones de estructura similar. En el verso, los factores creadores del ritmo son mucho más precisos y su normativa más codificada: número de sílabas (isosilabismo o irregularidad silábica), rima (consonante, asonante o rima cero), distribución métrica de los acentos (que genera distintos ritmos: anapéstico, anfibráquico, dactílico, trocaico, yámbico, mixto), pausas, repeticiones anafóricas, paralelismos, etc. Sobre los diversos tipos de ritmo surgidos de la diferente distribución de los acentos métricos en cada verso, y su posible correspondencia con el verso latino, véase: PIE.

Ritmo narrativo. Categoría referida al tiempo con la que se alude a los cambios de velocidad narrativa que se producen en el discurso. Dichos cambios se perciben al contraponer la duración cronológica del *tiempo de la historia* (minutos, horas, días, meses, años) a la amplitud del *tiempo del discurso,* la cual se puede observar teniendo en cuenta la extensión del relato en el texto (número de líneas o de páginas). Las dos técnicas fundamentales que afectan al ritmo narrativo, por disminución o por aumento de la velocidad narrativa, son, respectivamente, el *ralentí y el *resumen o panorama.

Rito y representación teatral. En la dramaturgia contemporánea se advierte un intento de vuelta a los orígenes del teatro y de recuperación de sus valores específicos, basados en la capacidad expresiva y mágica de la palabra, del gesto y del objeto, de acuerdo con su primitivo marco ritual. En este marco surgió el teatro griego como evolución del ditirambo, himno a Dioniso cantado en las fiestas religiosas, en el que se relataban episodios de la vida del dios.

En estas celebraciones rituales aparece ya una serie de elementos que pasarán al teatro: un relato mítico, una víctima sacrificial (el toro o el macho cabrío), unos papeles asignados a los intérpretes y al coro, unos objetos simbólicos (el *tirso* o bastón coronado de hojas de yedra o viña que llevan las bacantes), una vestimenta peculiar y un conjunto de palabras y gestos de representación del mito. Y, además, un concepto del tiempo y del espacio que rompe con el de la vida cotidiana de los participantes en el rito: el tiempo mítico y el espacio sagrado.

En el teatro del siglo XX este deseo de vuelta a las fuentes rituales del drama es especialmente perceptible en autores como A. Artaud, J. Grotowski, etc., como puede verse en los artículos dedicados a TEATRO DE LA CRUELDAD, TEATRO POBRE, etc. Véanse también: TEATRO Y TRAGEDIA.

Rococó. Término de origen francés utilizado originalmente en arquitectura y artes plásticas *(architecture rocaille)* y, a partir de siglo XIX, en historia de la literatura para denominar un estilo que se habría desarrollado en algunos escritores franceses del siglo XVIII (Marivaux, Crébillon, etc.). Los temas y rasgos estilísticos predominantes en dichos escritores serían los siguientes: concepción de la vida como búsqueda de felicidad en contacto con la naturaleza, fuente de tranquilidad y sencillez; valoración de los goces de esa vida natural, especialmente la amistad y el amor, manifestado en tiernos idilios y también en un erotismo refinado; y, en el aspecto formal, un preciosismo estilístico, cierta frívola elegancia, el gusto por la ironía, la afectación sentimental y un leve tono de melancolía (V. M. de Aguiar).

En cuanto a la literatura española de la segunda mitad del siglo XVIII, se ha señalado la presencia del estilo rococó en la abundante poesía anacreóntica creada por entonces. J. Meléndez Valdés, el poeta más logrado de ese período, representaría «la cima del gusto rococó» (J. Arce).

Romance o roman. Términos propuestos por distintos estudiosos de teoría y crítica literarias para denominar un tipo de relato extenso y en prosa en el que se crea un mundo imaginario donde los personajes y sucesos, bordeando la frontera de lo verosímil, se mueven en la esfera de lo insólito, lo «peregrino» (en expresión de Cervantes) y maravilloso. Existe un acuerdo entre los investigadores sobre la conveniencia de proponer una denominación precisa para designar este tipo de relato con los mencionados términos «román» y «romance», respectivamente. A. Deyermond alude con el término *romance* a los «libros de caballerías» y de «ficción sentimental», mientras que J. B. Avalle Arce propone utilizar el galicismo *roman* (con el que se refiere al «género literario de ambiente caballeresco, en prosa o en verso» que se desarrolla en la Península desde el siglo XIII hasta «los albores del Renacimiento») para evitar confusiones con la voz «romance», consagrada desde la Edad Media para designar los poemas épico-líricos, etc., que integran el Romancero.

Romance. Poema formado por una serie indefinida de versos octosílabos que riman en asonante los pares y quedan sueltos los impares. Ejemplo:

«Álora, la bien cercada,
tú que estás a par del río,
cercóte el Adelantado
una mañana en domingo,
de peones y hombres d'armas
el campo bien guarnecido [...]».

Históricamente, las primeras muestras de romances escritos aparecen en el siglo XV, pero hasta el siglo XVI no se regulariza su composición métrica, ya que hay mezcla de asonancia y consonancia y algunos romances se escriben en hexasílabos. En dicho siglo se consolida la composición octosilábica y se encamina hacia el predominio de la asonancia. En el siglo XVII, Lope de Vega, Góngora y Quevedo escriben romances en la forma ya consolidada: se excluye definitivamente la consonancia y se evita la rima aguda. Pervive el cultivo del romance con el neoclasicismo y se incrementa su presencia en los poetas románticos, con sus romances históricos (duque de Rivas) y de temas legendarios (J. Zorrilla, J. Espronceda, etc.). G. A. Bécquer compone en forma asonantada la gran parte de sus rimas. En el modernismo mantiene su vigencia, tanto en los poetas hispanoamericanos (J. Martí, R. Darío, etc.) como en los españoles: Juan Ramón Jiménez, A. Machado, etc. El interés por el romance persiste en los poetas del 27 (G. Diego, R. Alberti, F. García Lorca: *Romancero Gitano,* etc.) y en las generaciones posteriores: M. Hernández, L. Panero, G. Celaya, B. de Otero, J. Hierro. En definitiva, el romance es el tipo de poema de mayor vigencia en la tradición literaria española.

Ha habido varias propuestas de *clasificación* de los romances (A. Durán, M. Menéndez Pelayo, etc.) ateniéndose a diversos criterios. M. Débax propone los siguientes: *a) Historia:* por relación a ella, los romances pueden ser primitivos, viejos, nuevos (a partir del *Romancero General* de 1600) y modernos. *b) Geografía:* por su lugar de procedencia: p. e., romances sefardíes de Marruecos, de Oriente Medio, etc. *c) Autor:* anónimo, juglaresco, trovadoresco, de Lope de Vega, etc. *d) Transmisor:* de transmisión oral, escrita, de ciego, «de cordel». *e) Función:* noticiero, de baile, de siega, etc. *f) Materia o asunto:* según el origen del *tema* (caballeresco, épico-nacional, carolingio, histórico, bíblico, clásico, fronterizo, morisco, novelesco, religioso); según el *contenido* (romances de mocedades del héroe, de cautivos, de vuelta del marido, de amor fiel, de adulterio, etc.); según los *protagonistas* (romances del Cid, de Bernardo del Carpio, de Fernán González, etc.). *g) Estilo:* romance épico-lírico, lírico, erudito, artificioso, etc.

Por lo que respecta a la métrica, en cuanto al número de versos, aunque el predominante es el romance octosilábico, ya desde el siglo XV aparece un tipo de romance menor, denominado *romancillo*, compuesto por hexasílabos o heptasílabos; los hay también en *eneasílabos, decasílabos, endecasílabos* (con los que se compone el denominado *romance heroico*), etc. Véase: ROMANCERO.

Romancero. Denominación con la que se designa el conjunto de romances *viejos* (históricos, épico-literarios y legendarios que componen el llamado *Romancero tradicional* español), eruditos (*Romancero «medio»*) y artísticos (*Romancero nuevo*), así como los de creación popular y culta desde el siglo XVII al XX. Dicha denominación aparece ya en 1579, con la colección de Lucas Rodríguez (*Romancero historiado*), y se consolida con el *Romancero General* de 1600.

La génesis y formación del Romancero ha sido objeto de amplia investigación, realizada simultáneamente a la recogida y edición de fuentes de la tradición oral y escrita. Iniciada en los comienzos del siglo XIX por A. Durán, F. J. Wolf, etc., esta obra de recuperación ha sido continuada por M. Milá y Fontanals, M. Menéndez Pelayo, R. Menéndez Pidal, D. Catalán y su equipo (editor del *Catálogo general del romancero*, 1982), A. Rodríguez Moñino, P. Benichou, S. G. Armistead (editor del Romancero sefardí), etc.

Un primer problema abordado por los investigadores es el de los *orígenes* de este tipo de poemas. Juan de Mena y el marqués de Santillana dan fe de su existencia en el siglo XV. Algunos romances históricos evocan hechos ocurridos en el siglo XIV, p. e., el alusivo al cerco de Baeza en torno a 1368 (*Cercada tiene a Baeza*). Otros pueden datarse con cierta precisión, p. e., *Gentil dona, gentil dona* (1421), de Jaime de Olesa.

En cuanto a su *publicación*, en la primera mitad del siglo XVI comienzan a editarse romances: o bien insertos en Cancioneros (*Cancionero General* de Hernando del Castillo, de 1511) o en pliegos sueltos de gran tirada. A mediados de siglo surgen las primeras colecciones de romances en libro: *Cancionero de romances* (c. 1548), de Martín Nucio, y *Silva de varios romances* (1550-1551), de E. G. de Nájera. A finales del XV y comienzos del XVI aparecen romances de nueva creación, llamados *trovadorescos* (Juan del Encina y Gil Vicente), y *artificiosos*, los de la segunda mitad del XVI. Editados inicialmente en pliegos, se integran posteriormente en libros autónomos como el *Romancero historiado* (1579), de

Lucas Rodríguez. En 1600 se edita el *Romancero General,* con lo que se inicia el Romancero *nuevo,* así llamado por la aparición de temas que no figuraban en el tradicional (moriscos, pastoriles, etc.) y por la entrada de nuevos poetas (Lope de Vega, Góngora, Quevedo) en el grupo de creadores de romance. Por otra parte, se introducen romances en el texto de muchas comedias. En los siglos XVIII y XIX se reeditan antiguos romances en pliegos (p. e., *Gerineldo, Bernardo del Carpio)* y se crean otros nuevos de carácter noticioso, sobre acontecimientos coetáneos, cantados especialmente por ciegos que vendían los famosos «pliegos de cordel» o «romances de ciego». Sobre la escritura de romances a partir del Romanticismo, véase: ROMANCE.

Romancillo. Véase ROMANCE.

Romanticismo. Movimiento literario que surge a finales del siglo XVIII en Inglaterra y Alemania y que, en las primeras décadas del siglo XIX, se extiende a otros países de Europa y América. Los inicios del Romanticismo se sitúan en Inglaterra, donde destacan un grupo de poetas (W. Blake, S. T. Coleridge, W. Wordsworth, J. Keats, P. B. Shelley, Byron) y el creador de un relato peculiar de la narrativa romántica, la novela histórica: Walter Scott. El Romanticismo alemán tiene una primera fase de desarrollo entre 1797 y 1801: la llamada *etapa de Jena,* ciudad donde convergen tres filósofos (J. G. Fichte, F. W. von Schelling y F. Schleiermacher) que influyen en la conformación del pensamiento romántico: la idea del «yo» de Fichte y Schelling dará origen a la del «genio individual» romántico en búsqueda permanente de lo absoluto. Al grupo de Jena pertenecen los hermanos A. W. y F. von Schlegel, que configuran el ideario fundamental de la estética del Romanticismo con sus estudios sobre la obra de Shakespeare, Cervantes y Calderón. Por lo que respecta a Francia, Chateaubriand, con *Atala* (1801) y *René* (1802), Mme. de Staël *(Corinne,* 1807) y B. Constant *(Adolphe,* 1816) inician dicho movimiento: en los personajes de estas novelas se percibe el malestar de la conciencia y la disociación interior, rasgos peculiares de la sensibilidad romántica. Este movimiento triunfa en la generación de V. Hugo (maestro de un grupo formado por A. de Vigny, A. de Musset, A. Dumas, etc.), a partir de la representación del *Hernani* (1830), y se consolida con la obra de Stendhal, A. de Lamartine, G. de Nerval, G. Sand, E. Sue, etc. El Romanticismo francés es el que más influye en el español gracias a la traducción de obras de Chateaubriand, V. Hugo, A. Dumas, G. Sand, E. Sue y del costumbrista Jouy (su libro, *Les français peints par eux-mêmes*, tendrá su correlato en *Los españoles pintados por sí mismos*) y gracias también a la presencia de escritores franceses en España (Chateaubriand, P. Mérimée, G. Sand, V. Hugo) y de españoles exiliados en Francia (F. Martínez de la Rosa, Rivas y Espronceda).

Las características fundamentales del Romanticismo son las siguientes:

Ruptura con el neoclasicismo, manifestada en la concepción de la realidad (armónica y sujeta a leyes en el neoclasicismo; conflictiva, dinámica y evolutiva en el Romanticismo), en la percepción poética de la misma (predominio de aspectos racionales en el neoclasicismo; de la imaginación y de los sentimientos en el Romanticismo) y en la expresión estética: naturaleza estilizada en el neoclasicismo («jardín», «estanque»), agreste y libre en el Romanticismo: gusto por los paisajes abiertos y embravecidos, como el bosque, el mar, la tormenta, etc.

Nueva concepción del yo, como fuente y norma de creación literaria y como facultad dotada de poderes que le empujan a la búsqueda incesante de lo absoluto. De ahí que los personajes románticos se sientan atraídos hacia el misterio y lo sobrenatural y hacia un ideal inefable que no pueden alcanzar. Es ésta una de las raíces de su frustración, incrementada, además, por la sensación de estar viviendo en un mundo inarmónico, desacralizado y desnaturalizado. De ahí que la exaltación romántica de la subjetividad derive, en último término, hacia una conciencia «desgarrada».

Búsqueda de «otra realidad»: los románticos, y sus personajes, inseguros ante una realidad hostil (p. e., *René,* de Chateaubriand), se evaden hacia un mundo acogedor, creado por la fantasía, el arte y la literatura. La búsqueda de ese mundo de «autoexilio» se concreta en una vuelta al pasado (la Edad Media: eso explica el gusto de Chateaubriand por el gótico, de los románticos españoles por el Romancero, etc.), en una búsqueda de lo exótico y desconocido (naturaleza salvaje, países orientales y mediterráneos), en un viaje hacia el mundo interior de la conciencia, hacia lo misterioso, lo fantasmal, lo lúgubre, incluso.

Creación de un peculiar tipo de héroe romántico: Byron configura dicho tipo, vinculando rasgos de personajes como Werther y René (melancolía, pesimismo, desesperación, etc.) con otros derivados de algunos mitos clásicos (Prometeo), bíblicos (Satán, Caín) y de la literatura española (don Juan, como rebelde; don

Quijote como afirmación del ideal) convertidos en símbolo de la rebeldía del romántico ante los códigos morales y las instituciones. Este héroe romántico es un ser misterioso (en su pasado hay un secreto), insumiso, seductor (en algunos casos, con cierto matiz diabólico), proscrito (la gente se aparta de él porque cree que conlleva la perdición) y perseguido por el destino. Así aparecen, p. e., don Álvaro, del drama del duque de Rivas, don Juan Tenorio, del de J. Zorrilla, don Félix de Montemar en *El Estudiante de Salamanca*, de J. Espronceda, etc. Desde el punto de vista de los *géneros literarios,* en el Romanticismo español se advierte una preferencia por la poesía lírica, el teatro, la novela histórica y, en la última etapa, por el artículo de costumbres. En la década inicial (los años treinta) el género más cultivado es el dramático: *La conjuración de Venecia* (1834), de Martínez de la Rosa; *Macías,* de Larra; *Don Álvaro o la fuerza del sino* (1835), del duque de Rivas; *El Trovador* (1836), de A. García Gutiérrez; *Los amantes de Teruel* (1837), de J. E. Hartzenbusch; *Don Juan Tenorio* (1845) y *Traidor, inconfeso y mártir* (1849), de J. Zorrilla, etc.

En cuanto a la poesía romántica, 1840 es el año de consolidación, con los libros de Espronceda (*Poesías y El Diablo Mundo*).

La temática predominante en muchos de estos poemas es el amor (cargado de pasión y melancolía, de desesperación o resignación ante la pérdida del objeto amado), la reflexión filosófico-moral (destino del hombre, sentido de la vida, etc.), lo social (exaltación de los marginados: el pirata, el mendigo, el reo de muerte, etc.), histórico (los *Romances históricos,* de Rivas) y legendario (las *Leyendas,* de Zorrilla). Mención especial merecen los *Romances históricos* del duque de Rivas, las *Leyendas* de Zorrilla y, sobre todo, las *Rimas* de Bécquer, que constituyen la creación poética más valiosa del Romanticismo.

Otros géneros cultivados son el costumbrismo (de S. Estébanez Calderón, R. de Mesonero Romanos y Larra), la novela histórica (*Sancho Saldaña,* de Espronceda, *El Doncel de don Enrique el Doliente,* de Larra) y el periodismo (Larra y Bécquer, p. e.).

El Romanticismo tuvo una gran repercusión en Hispanoamérica, donde se advierte la influencia conjunta de escritores franceses y españoles. Entre los temas abordados figuran el indianismo e indigenismo, la exaltación de la naturaleza y del pasado nacional de cada país, el costumbrismo, etc. En narrativa destacan, como novelas importantes, *María,* del colombiano J. Isaacs, *Amalia,* de J. Mármol, *El matadero,* de

J. Echeverría, *Cumandá*, del ecuatoriano J. L. Mera, y las obras del peruano R. Palma. Como ejemplo del teatro romántico cabe recordar *Muñoz, visitador de México*, de I. Rodríguez Galván. Véanse: COSTUMBRISMO, NEOCLASICISMO, NEORROMANTICISMO, NOVELA HISTÓRICA y PRERROMANTICISMO.

Rondel. Poema breve formado generalmente por redondillas octosilábicas y de tema amoroso. Coincide con el *rondeau* francés en la reiteración simétrica de rimas y conceptos. El término aparece citado por el marqués de Santillana (s. XV) y Fernando de la Torre, quien compone varios poemas de este tipo, combinando rasgos de canción cortesana con *rondeau* francés. En el modernismo, J. del Casal imita el poema francés en sus *Tres rondeles*, formados por redondillas y quintillas. Composiciones de este tipo figuran también en A. Nervo, A. Reyes y M. Machado (*Rondel flamenco*). Ejemplo:

«Quisiera de mí alejarte,
porque me causa la muerte,
con la tristeza de amarte,
el dolor de comprenderte.

Mientras pueda contemplarte,
me ha de deparar la suerte,
con la tristeza de amarte
el dolor de comprenderte.

Y sólo ansío olvidarte,
nunca oírte y nunca verte,
porque me causa la muerte
con la tristeza de amarte
el dolor de comprenderte.»

(J. del Casal)

S

Sáfica. Se denomina *estrofa sáfica* la formada por tres versos endecasílabos sáficos con acentos en 4.ª, 8.ª y 10.ª y un pentasílabo adónico, con acentos en 1.ª y 4.ª. Puede ir sin rima o con rima consonante o asonante. Ejemplo:

«Dulce vecino de la verde selva,
huésped eterno del abril florido,
vital aliento de la madre Venus,
céfiro blando».

(E. M. de Villegas)

Esta estrofa, cuyo modelo procede de la poesía grecolatina (Safo, la poetisa griega, habría sido su iniciadora) e italiana, se comienza a usar en España en el Siglo de Oro por parte de B. de Alcázar y E. M. Villegas (Oda «Al céfiro», a la que pertenece la estrofa transcrita en el ejemplo).

Saga. Término de raíz germánica *(sagen:* decir; *segja:* narrar) con el que se denomina un tipo de relato en prosa (puede incluir también fragmentos en verso), generalmente anónimo, destinado, en sus inicios, a la narración de la historia de determinadas familias (reales, principalmente) y de sus pueblos respectivos. Su origen parece estar en los monasterios de Islandia: de hecho, sus iniciadores son dos clérigos, Asi Thorgilsson y Saemundr Sigfusson, que en el siglo XII habrían compuesto las primeras sagas, sobre cuyo modelo habría elaborado Snorri Sturluson (siglos XII-XIII) las *sagas reales* compiladas en el *Heimskringla,* en las que se relata la historia de Noruega desde sus orígenes (míticos) hasta el siglo XIII. Por otra parte, aparecen las llamadas *sagas familiares islandesas,* en las que se narra la historia de los primeros colonizadores de Islandia (s. IX) y sus descendientes. Posteriormente, surge un nuevo modelo de sagas (p. e. las *Volsungasaga*), de tipo legendario, inspiradas en primitivos relatos germánicos de carácter épico. Este fondo tradicional de relatos ha inspirado a escritores contemporáneos de la literatura nórdica, como H. Ibsen, A. Strindberg, etc.

En la literatura española, dicho término ha sido aplicado a determinados relatos en los que se narra la historia de una familia y sus posibles ramificaciones. En sentido irónico lo utiliza Galdós en *La desheredada* («La saga de los Peces», cap. 12). Se ha aplicado también a los personajes de dos generaciones de una misma familia (la saga de los Rius) en las novelas de I. Agustí: *Mariona Rebull* (1944) y *El viudo Rius* (1945).

Sainete. Breve pieza teatral, de carácter cómico y popular, que, desde el Siglo de Oro hasta mediados del siglo XIX aparece intercalada en los intermedios o entreactos de una obra dramática, y en la que, a veces, alternan la recitación y el canto. Dicha pieza participa de los rasgos del entremés: brevedad, tonalidad jocosa e instrascendente, crítica burlesca de tipos y costumbres de la sociedad coetánea, uso del lenguaje popular, etc. De hecho, sainete y entremés cumplen la misma función de pieza cómica representada en los entreactos de la obra teatral: parece que en el siglo XVIII el entremés figuraba entre la primera y segunda jornadas, y el sainete entre la segunda y la tercera. A lo largo de dicho siglo, se advierte una progresiva consolidación del sainete, gracias, sobre todo, a Ramón de la Cruz, considerado como el maestro de este subgénero.

En el siglo XIX, durante la Restauración, van a adquirir gran auge tanto los sainetes dramáticos como los musicales, en el marco de lo que se dio en llamar «género chico». Conocidos saineteros son Ricardo de la Vega (autor de *La verbena de la Paloma*, con música de Bretón), J. López Silva (que escribe con C. Fernández Shaw *La Revoltosa*, con música de Chapí), Javier de Burgos, etc., que llevan a escena ambientes madrileños de las clases media y baja con sus costumbres, sus peculiaridades de lenguaje y sus tipos castizos. En el «género chico» participan los hermanos Álvarez Quintero, creadores de sainetes como *El traje de luces* (1898), etc., que son cuadros de costumbres andaluzas. Una atención especial merece C. Arniches, que, recogiendo los esquemas de la tradición del género en cuanto a forma y contenido, los estiliza y confiere una notable calidad estética y una estructura que, desde *El santo de la Isidra* (1898), será recurrente en el resto de sus sainetes. Véase: GÉNERO CHICO.

Salmo. Término de origen griego (*psalmos:* pulsación de cuerdas de un instrumento musical) con el que se denomina una composición poética dirigida a la divinidad y destinada al canto en el ámbito de la liturgia judía. En Israel se cultivan, desde sus orígenes como pueblo, diversas formas de poesía lírica: cantos triunfales (Ex. 15), poemas amorosos (*Cantar de los Cantares*), cantos elegíacos (II Sam., 1, 17-27), etc. Sin embargo, el mayor acervo de poesía hebrea se encuentra en lo que se conoce como *Libro de los salmos,* un conjunto de ciento cincuenta poemas, de los que una gran parte lleva título.

Los salmos, aparte de su función litúrgica, constituyen una fuente de inspiración religiosa y literaria en la historia de las comunidades judía y cristiana. En la literatura española deben recordarse, por su especial significado y valor, los comentarios de J. de Valdés y la versión poética de Fray Luis de León realizada sobre 21 salmos en liras (salmos I, XII, XXIV, etc.), serventesios (salmo XVIII), tercetos encadenados (salmo XVII), etc., así como la utilización frecuente de los mismos como punto de partida para las propias reflexiones ascéticas en las obras de Santa Teresa, San Juan de la Cruz

y otros escritores religiosos de la época.

Salón. Véase CLASIFICACIÓN LITERARIA.

Sarcasmo. Término de origen griego (*sarkasmos:* mofa, escarnio) con el que se designa una burla irónica y cruel, dirigida a ofender a personas o instituciones. Añade sobre la ironía el carácter de crueldad y ensañamiento, que, cuando se dirige contra personas indefensas (condición que algunos tratadistas de retórica ponen como peculiar del sarcasmo), supone un especial grado de vileza en sus autores. Suele recordarse, como ejemplo clásico de sarcasmo, el que los líderes religiosos de Israel cometen con Cristo cuando, condenado a muerte en la cruz y ya totalmente desvalido, expresan ante él un comentario escarnecedor: «A otros salvó y a sí mismo no puede salvarse. ¡El Cristo, el Rey de Israel, que baje ahora de la cruz, para que lo veamos y creamos» (Mc., 15, 29).

Sátira. Composición literaria en prosa o verso en la que se realiza una crítica de las costumbres y vicios de personas o grupos sociales con propósito moralizador, lúdico o intencionadamente burlesco. La sátira surge en Grecia y tiene como principales representantes a Aristófanes (sátira contra el demagogo Cleón, el fanfarrón Lámaco, etc,), Menipo (acerada crítica de los vicios sociales), Luciano de Samosata, etc. Sin embargo, es en Roma donde se configura como verdadero subgénero literario, dotado de una mayor diversidad temática y formal (fábula, diálogos, verso y prosa, etc.). Grandes cultivadores de la sátira latina son M. T. Varrón (introductor del modelo griego de las sátiras «menipeas»), Persio, Horacio (*Sermones*), Juvenal (*Sátiras*), Séneca y Petronio (*Satiricón*). En la Edad Media la sátira continúa en los diferentes tipos de *farsa, *moralidad y *fabliaux*, en ciertos poemas de los *goliardos, en las *cantigas de escarnio y de maldecir gallego-portuguesas, en algunas composiciones del *Libro de Buen Amor,* en la *Dança general de la Muerte* (s. xv), las *Coplas de Mingo Revulgo,* etc. Un tono satírico anima diversos pasajes de la literatura española posterior: *La Celestina,* el *Lazarillo* y otras novelas picarescas, *El Quijote,* el teatro de L. Fernández de Moratín, los artículos de Larra y Clarín, las novelas de *El Ruedo Ibérico,* de Valle-Inclán, etc., sin olvidar los poemas satíricos de grandes escritores del Siglo de Oro, relativos a temas políticos (Quevedo) y literarios (Góngora, Lope de Vega, Quevedo, etc.). Véanse: BURLESCO, IRONÍA Y SARCASMO.

Secuencia. Término procedente del lenguaje cinematográfico, en el que se emplea para denominar «una sucesión no interrumpida de planos o escenas que en una película se refieren a una misma parte o aspecto del argumento» (DRAE). Dicho término se utiliza también en teoría literaria por parte de ciertos narratólogos en sus análisis sobre la estructura del relato. P. e., V. Propp entiende por secuencia, dentro de un cuento, el desarrollo de la acción que va desde una «carencia» inicial (p. e., un rapto) hasta su desenlace, representado por una función terminal, que pudiera ser el matrimonio, la recompensa, el encuentro de la persona o del objeto buscado, la reparación de un mal o la consecución de ayuda para salvarse en la persecución: «cada nueva carencia origina una nueva secuencia». Por eso, en un cuento habrá tantas secuencias (puede constar de una sola) como carencias ocurran en el relato.

Sefardí. Término de procedencia dudosa (*Sefarad* podría ser la denominación que en la Biblia correspondiera a España) con el que se alude a los descendientes de judíos expulsados del territorio español a finales del siglo xv, así como a su lengua y literatura. Muchos de estos sefardíes han conservado hasta el siglo xx el idioma judeoespañol, que es una variedad dialectal del castellano hablado en el sur de España, con ciertos elementos léxicos del catalán, aragonés, portugués, hebreo, francés (influye en el siglo XIX a través de la Aliance Israélite Universelle) y otros incorporados de la lengua hablada en los países que los acogieron: árabe, griego, turco, etc.

Por lo que respecta a las expresiones culturales en sefardí, entre los primeros textos escritos figuran los de tema religioso, entre los que cabe destacar la llamada *Biblia de Ferrara* (1553), traducida al judeoespañol (o mejor *ladino*, que es el judeoespañol en el que se traducen los textos clásicos hebreos, p. e., los textos bíblicos), la versión políglota del *Pentateuco de Constantinopla* (1547, en hebreo, arameo, griego y ladino) y las glosas, interpretaciones y comentarios a textos de la Biblia, conocidos como *Me'am lo'ez* y realizados en el transcurso de los siglos XVIII y XIX.

En cuanto a la producción literaria, los sefardíes han cultivado poemas de temática religiosa (vinculada con las fiestas de la liturgia judía, como la Pascua), moral *(coplas de musar)* o de exaltación de figuras relevantes de la historia bíblica (Abraham, Moisés, José, los Macabeos), etc. En su mayoría, se trata de composiciones anónimas. Dentro de esa producción se sitúan algunas canciones líricas relacionadas con las celebraciones religiosas en las

que se festejan acontecimientos familiares: canciones de bodas, de nacimiento, circuncisión, etc. Un aspecto importante de esta tradición poética conservada es el *Romancero, en el que se recogen, junto a romances anteriores a la expulsión, otros posteriores, que aluden a acontecimientos ocurridos después de 1492, como el romance del *Testamento del rey Felipe II* o poemas con temática de la cultura judía, como *El sacrificio de Isaac*. En el género narrativo aparecen cuentos maravillosos y relatos hagiográficos sobre figuras bíblicas. En cambio, no figura una tradición novelística propia. En cuanto al teatro, hay traducciones de obras de Racine y de Molière al judeoespañol, debido a la mencionada influencia francesa a partir del siglo XIX. En este género surge cierta producción original, tanto de teatro costumbrista (obra de A. Ben-Guiat), como de tragedias (Abraham Cappón).

En relación con la lengua, pervive el sistema fonológico medieval del castellano.

Seguidilla. Copla popular que generalmente aparece en forma de estrofa pero que también puede constituir un breve poema autónomo. Como estrofa, a lo largo de su historia ha tenido diversas formas, pero la más frecuente ha sido la de cuatro versos, de los cuales el primero y el tercero son heptasílabos y van sueltos y el segundo y cuarto son pentasílabos y riman en asonante: 7a-5b-7c-5b. Ésta era la estructura métrica con que aparecía en las jarchas hispano-hebreas de los siglos XI y XII, en la poesía gallego-portuguesa del siglo XIII y en los cancioneros castellanos del siglo XV. Ejemplo:

> «Ojos de mi señora,
> y vos ¿qué avedes?
> ¿Por qué vos abaxades
> cuando me vedes?».

(Cancionero Herberay)

En el siglo XVII hay ejemplos de seguidillas de tres versos del tipo 5-7-5:

> «Callad un poco,
> que me matan llorando
> tus dulces ojos».

(Lope de Vega)

A lo largo del XVII aparece la llamada seguidilla *compuesta*, que añade a la seguidilla simple de cuatro versos otra estrofa de tres, con la siguiente estructura: 7-5-7-5:5-7-5. En el modernismo, M. Machado recoge una nueva modalidad, la seguidilla *gitana* o *playera* (6a-6b-11c-6b: «Las que se publican / no son grandes penas: / las que se callan y se llevan dentro / son las verdaderas»). En la Generación del 27, F. García Lorca («Los cuatro muleros») cul-

tiva, además, la seguidilla *arromanzada*, llamada así porque a lo largo de toda la composición se mantiene la misma asonancia.

Selección. En lingüística, es el acto de elegir, en el plano paradigmático, entre las unidades alternativas de que se dispone, aquellas que han de figurar en la combinación sintagmática de la cadena hablada para transmitir adecuadamente un mensaje. En la *Estilística* de Bally, dicho término implica el hecho de escoger, entre las posibles variantes estilísticas susceptibles de expresar un mismo concepto, aquella que presente mayor efecto evocador. Dentro de las variedades de utilización social y cultural de la lengua, los escritores tienen en cuenta las diversas posibilidades de selección que le ofrecen los diversos subsistemas de la misma.

Semblanza. Término de origen latino (*similare*, semejante, del que proceden *semblar* y *semblanza*, en castellano, y *semblança*, en catalán) con el que se denomina la descripción física y moral de una persona, acompañada de un breve bosquejo biográfico. Para algunos tratadistas, semblanza es sinónimo de retrato; en realidad, se trata de una conexión de este último con la biografía, reducida a algunos datos relevantes. Véanse: MEMORIAS y RETRATO.

Semiótica. Término de origen griego (*semiotike tejne*) con el que se designaba en medicina la técnica de diagnóstico y seguimiento del curso de la enfermedad a través de sus síntomas. Dicho término (derivado de *semeion:* signo) lo utilizaron desde los sofistas hasta los estoicos para denominar una rama de la filosofía conocida como «teoría de los signos». El interés por esta ciencia es notable entre lógicos y gramáticos medievales y perdura hasta la época moderna, como lo demuestra la obra de G. W. Leibniz y J. Locke. Éste concibe dicha ciencia como una «teoría de los signos verbales». De Locke recibirá el lógico norteamericano Ch. S. Peirce (considerado el iniciador de la semiótica contemporánea) el nombre para esta disciplina, entendida como ciencia general de los signos.

La semiótica anglosajona tiene como promotores iniciales a Peirce y a Ch. Morris. Al primero se deben importantes precisiones sobre conceptos básicos de dicha ciencia, como los de *icono, *símbolo* y *signo*. A partir de este concepto, Ch. Morris estudia las características del lenguaje humano, según las peculiaridades del signo lingüístico (pluralidad, capacidad combinatoria dentro de un sistema, inteligibilidad compartida por emisor e intérprete, constancia de significado en diversas situaciones, etc.), del que elabora una precisa clasificación atendiendo a su sentido, combinaciones posibles, etc., al tiempo que estudia sus diferentes usos: informativo (transmisor de mensajes), valorativo (utilidad para la elección de objetos), iniciativo (provocador de respuestas) y sistemático (sirve para organizar la conducta).

En el campo de la lingüística y de la crítica literaria europeas, van a influir en la formación de esta nueva ciencia: J. Mukarovsky (que aplica la categoría de signo a las obras de arte: la función estética sería lo peculiar de la obra literaria) y L. T. Hjelmslev (a quien se deben, además, dos conceptos clave en teoría literaria: *denotación y connotación; así como la definición de la literatura como una «semiótica connotativa») y R. Jakobson, que, partiendo del *formalismo ruso y la lingüística de Praga, conecta con el *estructuralismo francés y la semiótica americana, de la que recoge los conceptos de icono, signo y símbolo (Peirce). Por otra parte, tiene en cuenta la teoría de la información, al elaborar el esquema de las funciones del lenguaje, aplicadas al texto literario. A la consolidación de los estudios semióticos han contribuido también investigadores procedentes de la *lingüística del texto (T. A. Van Dijk, J. Petöf), la semiótica de la cultura (I. Lotman, B. Uspenski), etc. Finalmente, una sistematización de la semiótica, como disciplina, se encuentra en el *Tratado de semiótica general*, de U. Eco (1977), que revisa la división tripartita de Peirce (índice, icono, simbolo), propone una clasificación exhaustiva de los signos y considera a la semiótica como la ciencia que estudia todos los fenómenos culturales como sistemas de signos y fenómenos de comunicación.

A partir de estos presupuestos, y considerando los textos literarios como sistemas de signos estéticos, ha surgido una teoría semiótica de la literatura, cuyos temas de estudio son el análisis del signo y discurso poéticos, su funcionamiento y relación con otros sistemas de signos, el tratamiento de los textos como productos semióticos, el carácter denotativo y connotativo de sus enunciados, los códigos con los que se ha de interpretar el mensaje literario, los tipos de cultura en los que se insertan dichos mensajes y códigos, etc. Desde la perspectiva de esta ciencia, el texto literario es considerado como un mensaje que un emisor (el autor) dirige a un destinatario (el lector) en condiciones especiales: no hay posibilidad de diálogo entre emisor y receptor. El emisor es el responsable de la organización semiótica del texto, y, en su mensaje, codifica ciertas experiencias de la realidad de acuerdo con unos esquemas de representación y unos estereotipos que le facilita la propia lengua y el ámbito cultural en que se mueve. Esta información la puede realizar de una forma denotadora (para ello basta con utilizar la lengua con propiedad y exactitud) o puede implicar significados connotados, bien por expresa voluntad del emisor o por intromisión de su inconsciente, o por la estructuración global del texto, que ha de ser analizado en relación con el contexto cultural en el que ha surgido. Dicho contexto está formado por el sistema conceptual y cultural vigente, por el conjunto de temas, mitos y estereotipos, así como por los códigos estéticos y las corrientes estilísticas de una determinada época o escuela, y también por los textos con los cuales tiene relación de dependencia o *inter-textualidad. De hecho, los estudiosos de semiótica de la cultura (Lotman, Uspenski) creen que en el análisis de los textos se pueden descubrir ciertos rasgos impuestos por su «modelo cultural», perceptibles en el plano del significante lingüístico (variantes geográficas, sociales, estilísticas, etc.) y de los contenidos: mitos, temas, modelos axiológicos, etc.

Finalmente, sobre metodología y técnicas de análisis semiótico de textos, puede verse COMENTARIO DE TEXTOS LITERARIOS.

Véanse además: CONNOTACIÓN, SIGNO y TEXTO.

Sentencia. Término de origen latino *(sententia:* opinión) aplicado a una máxima «que aparece con la pretensión de alcanzar validez como norma reconocida para el conocimiento del mundo, relevante para la vida, o como norma para la vida misma» (H. Lausberg). Puede definirse también como una «reflexión profunda expresada sucinta y enérgicamente» (F. Lázaro Carreter). Ejemplo: «Acaba con infamia el que se arrastra ante el poderoso» (Empédocles).

La sentencia puede presentarse en distintas formulaciones: *a)* Como un aserto («Nada en demasía», Solón). *b)* Como una exhortación («Sea tu oráculo la mesura», Tales de Mileto). *c)* Como una interrogación retórica («¿No es una indignidad burlarse del desgraciado?», Anónimo). *d)* Como una exclamación: «¡Oh ingratos mortales, jamás conoscéis vuestros bienes sino cuando dellos carescéis!» (Fernando de Rojas).

Sentido. En teoría lingüística, es el conjunto de rasgos semánticos que componen una unidad de significado. Se dice, por tanto, del significado de un mensaje. En la literatura medieval se hablaba ya de un doble sentido en determinados mensajes: *literal,* o de significación inmediata, y *alegórico,* o de significado profundo, espiritual o trascendente. En la semiótica actual ambos términos podrían traducirse por los de *denotación* (el significado permanente y objetivo que el código lingüístico atribuye a un signo) y *connotación* (los diversos sentidos que pueden ser suscitados por dicho signo en un determinado contexto, dada la polisemia y ambigüedad del signo literario). Por otra parte, el sentido de un texto depende no sólo del nivel del significado, sino también del nivel de significante: elementos fonológicos (p. e., en la aliteración, onomatopeya, etc.) y morfosintácticos.

Sentimental (novela). Denominación con la que se alude a un tipo de relato de amor cortés, con elementos de novela caballeresca, que se desarrolla en España desde 1439 (fecha de aparición de *Siervo libre de amor,* de Rodríguez del Padrón) hasta mediados del XVI y que logra su modelo definitivo y su fijación como tal subgénero narrativo en *Cárcel de amor* (1492), de Diego de San Pedro.

Los rasgos señalados por la crítica como peculiares de estos relatos son los siguientes: carácter autobiográfico en la mayor parte de ellos; amor no correspondido, como tema fundamental; análisis minucioso de las propias vivencias de ese amor (la dama se muestra altiva y distante), causa de ansiedad, reiteradas quejas y desesperación en el enamorado; sublimación de la figura de la mujer amada, cuya hermosura y rango social (generalmente más elevado que el del amante) provocan en éste una actitud de admiración idealizadora y de rendido vasallaje, propio del *amor cortés; desenlace trágico; brevedad, trama argumental simple, escasez de descripciones, espacios normalmente lejanos y con frecuencia imaginarios y alegóricos, poca relevancia de la temporalidad; en algunas novelas (*Proceso de cartas de amores*, de J. Segura, p. e.), narración en forma epistolar o intercambio de misivas por medio de cartas (*Cárcel de amor*); presencia de elementos religiosos (citas bíblicas, alusiones a temas sacros), etc. Su composición es multiforme: tratado didáctico, sermón y, sobre todo, epístola, que se convierte en la forma fundamental de este tipo de relatos.

Sentimentalismo. Tendencia estética que se manifiesta a partir de la segunda mitad del siglo XVIII y cuya característica esencial es la exaltación del sentimiento frente al predominio de la razón, evidente en la literatura neoclásica. Las primeras muestras de esta corriente se producen en Francia (*La vida de Marianne*, de Marivaux; *La nueva Eloísa*, de Rousseau; *Pablo y Virginia*, de B. de Saint Pierre), Inglaterra (las obras de Richardson) y Alemania (*Werther*, de Goethe). En España se advierten indicios de esta corriente sentimental en la poesía lírica de J. Meléndez Valdés, en obras «lacrimosas» del tipo de *El delincuente honrado*, de G. M. de Jovellanos, y en buena parte de la producción poética y dramática del Romanticismo. Al igual que en Francia, este sentimentalismo se encuentra en el *melodrama* y en muchas novelas de *folletín* (de W. Ayguals de Izco, E. Pérez Escrich, M. Fernández y González, etc.), que eran objeto de consumo de un público, sobre todo femenino, del que sería un símbolo literario la protagonista de *La desheredada*, de Galdós. Véanse: FOLLETÍN, NOVELA ROSA y PRERROMANTICISMO.

Separación. Figura de dicción consistente en señalar la diversidad de significado que existe entre palabras que presentan, a primera vista, una significación parecida. Ejemplo:

«Pero nótese que el censurar está muy lejos del murmurar, porque aquél dice indiferencia y éste predeterminación a la malicia».

(B. Gracián)

Esta figura se denomina también *paradiástole.

Serie. Véase TIRADA.

Sermón. Modalidad de la oratoria sagrada que se desarrolla en el marco de una celebración litúrgica y que tiene por objeto la explicación de aspectos doctrinales del dogma y de la moral, basados en la Biblia y en el magisterio de la Iglesia. Véase: ORATORIA.

Serranilla. Breve poema lírico en hexasílabos u octosílabos que puede estar compuesto en forma de romance, villancico o canción medieval. El tema es el encuentro de un caballero o clérigo con una pastora o serrana a la que aquél intenta seducir. Este tipo de poemas, a los que se ha emparentado con la «pastorela» provenzal y su imitación gallego-portuguesa, tendría su origen en una antigua tradición española de villancicos y cantos populares con tema de viajes: son los llamados por R. Menéndez Pidal «villancicos de caminantes», en los que se relata el encuentro de éstos con una pastora. Ejemplo de este tipo de poemas son las llamadas «cantigas de serrana», del Arcipreste de Hita, y las «serranillas» de Santillana. Estéticamente, el realismo de las serranas del arcipreste, toscas y poco agraciadas, contrasta con la atmósfera de idealidad y perfección estilizada de las serranillas del marqués, p. e., la dedicada a la «Moçuela de Bores» en su serranilla IX. Véase: PASTORELA y TERCERILLA.

Serventesio. Estrofa de cuatro versos endecasílabos de rima consonante y cruzada de tipo ABAB. Esta estrofa se usaba en la poesía provenzal para ciertas composiciones satíricas denominadas, precisamente, *sirventés*, nombre con el que se designaba también en el siglo XVI a la redondilla, que tiene la misma estructura de rima cruzada *(abab)*, pero con versos de arte menor. Véase CUARTETO.

Sexta rima. Estrofa procedente de Italia, compuesta por cuatro endecasílabos que riman en alternancia, seguidos de un pareado, también endecasílabo (ABABCC). Ejemplo.

A «Mas no le falta con quietud
[segura
B de varios bienes rica y sana
[vida:
A los anchos campos, lazos de
[agua pura:
B la cueva, la floresta divertida,
C las presas, el balar de los ga-
[nados,
C los apacibles sueños no inquie-
[tados».

(N. Fernández de Moratín)

Sexteto. Estrofa de seis versos, generalmente endecasílabos, con rima consonante y distribución variable. Pueden también aparecer versos de arte menor, como ocurre en el llamado *sexteto-lira*, estrofa iniciada por Fray Luis de León, en la que se combinan versos endecasílabos y heptasílabos. Ejemplos:

Sexteto:

«Oye, Júpiter sumo, mis quere-
[llas,
y haz, disparando rayos y cente-
[llas,
que muera este animal vil y ti-
[rano,
plaga fatal para el linaje humano;
y si vos no lo hacéis, Hércules sea
quien acabe con él y su ralea».

(F. M. de Samaniego)

Sexteto-lira:

«¡Oh llama de amor viva
que tiernamente hieres
de mi alma en el más profundo
[centro!
Pues ya no eres esquiva,
acaba ya si quieres,
rompe la tela de este dulce en-
[cuentro».

(San Juan de la Cruz)

Sextilla. Estrofa de seis versos de arte menor, generalmente octosílabos, con rima consonante, que puede distribuirse de varias formas: *alterna* (ababab), *correlativa* (abc:abc) y *simétrica* (aab:ccb). En el siglo XV aparece la *sextilla* en la composición de coplas de *pie quebrado*, que constan de dos sextillas, cada una de las cuales está formada por versos octosílabos (primero, segundo, cuarto y quinto) y tetrasílabos (tercero y sexto). Fue Jorge Man-

rique quien dio celebridad a esta estrofa, al utilizarla en las *Coplas* a la muerte de su padre. Véase: COPLA MANRIQUEÑA.

Sextina. Ingenioso poema compuesto por «seis *estrofas* de *seis* endecasílabos sueltos cada una, en las que se repiten como terminación de los versos las mismas *seis* palabras bajo *seis* combinaciones distintas» (Navarro Tomás). Dicho poema termina con un terceto en el que cada verso presenta al medio y al final dos de esas palabras hasta repetir las seis.

Este poema, de origen provenzal, habría sido recreado en Italia por Dante y definitivamente perfilado por Petrarca. Fue introducido en España en el siglo XVI, y se conocía entonces con el nombre de «sextina italiana».

Seudónimo. Término de origen griego (*pseudes-onoma:* falso nombre) alusivo al nombre disfrazado con que un autor publica su obra, ocultando su verdadera denominación. Hay seudónimos tan consolidados en la historia de la literatura (Molière, Voltaire, Gorki) que a muchos lectores les resultará extraño descubrir que se trata de un seudónimo. Hay testimonios de su utilización, al menos desde la Edad Media, p. e., en escolásticos, como Alberto Magno (Albertus Grotus), Tomás de Aquino (Melinto Leutronio), etc. En el Renacimiento proliferan en las academias literarias seudónimos extraídos de la nomenclatura de las obras clásicas. En la literatura española e hispanoamericana los seudónimos más consolidados han surgido en los siglos XIX y XX: «Fígaro» (Larra), «Fernán Caballero» (Cecilia Böhl de Faber), «Clarín» (L. Alas), «Azorín» (José Martínez Ruiz), «Neruda» (Neftalí Ricardo Reyes), etc.

Siglo de Oro. Expresión utilizada en el estudio y la enseñanza de la historia de la literatura española para designar un período de dicha historia que abarca, aproximadamente, desde la obra de Garcilaso de la Vega hasta la de Calderón de la Barca, inclusive. Parece que la mencionada expresión fue utilizada inicialmente en un sentido político por Bartolomé de Góngora en *El Corregidor sagaz* (1656), al calificar la época de Felipe II como «aquella edad a mi parecer Siglo de Oro». La aplicación de dicho concepto a la literatura fue obra de los ilustrados del siglo XVIII, para quienes el Siglo de Oro comprendía la época anterior a la corrupción y decadencia sobrevenidas en el Barroco. La investigación y estudios realizados a lo largo del siglo XX sobre los autores y géneros literarios cultivados en los siglos XVI y XVII ha contribuido a precisar y consolidar el concepto de «Siglo de Oro» en re-

lación con los nuevos conceptos de la historiografía y crítica literaria actuales. Véanse: BARROCO, HUMANISMO, MANIERISMO, PERÍODOS LITERARIOS y RENACIMIENTO.

Significación. Es el sentido de una palabra o expresión. En teoría lingüística, es la relación que se establece entre un significante (imagen acústica) y un significado o concepto (F. de Saussure), entre la «referencia» o concepto de una cosa y el signo que la evoca (Odgen y Richards), entre una realidad (objeto, acontecimiento, noción, etc.) y el signo capaz de representarla (P. Guiraud).

Significado. Es el concepto que, unido a un significante o imagen acústica, constituye el signo. Aplicado dicho término al análisis de textos literarios, se pueden diferenciar distintos «niveles» de significado. Cada palabra es un haz potencial de significados, que adquiere su significado preciso dentro de un texto determinado en relación con la frase, el idiolecto del autor y el conjunto del texto. Además de los significados propios del lenguaje denotativo, las palabras pueden adquirir una carga de significados connotativos, debido a las posibles conexiones metafóricas y simbólicas en el conjunto de un texto literario. Véase: CONNOTACIÓN.

Significante. Es la imagen acústica que se une a un concepto o significado para constituir el signo lingüístico. Esa imagen sensorial «no es el sonido material, cosa puramente física, sino su huella psíquica, la representación que de él nos da el testimonio de nuestros sentidos» (F. de Saussure). Al aplicarlos al análisis de textos literarios, D. Alonso matiza los conceptos saussurianos de significante y significado. En primer lugar, el significante no siempre conlleva un concepto (p. e., las interjecciones); por otra parte, un mismo significante puede representar dos o más conceptos a la vez (metáfora). Además, el significante es una entidad compleja, constituida por una serie de «significantes parciales»: no sólo la imagen acústica de una palabra es relevante, sino también el tono, la intensidad, la velocidad, el matiz vocálico, la tensión articulatoria con que se pronuncia. Todos estos significantes parciales proceden de «oscuras querencias» del hablante y son percibidas por el oyente como matices que modifican el contenido conceptual. Estos valores afectivos forman parte del significado o del concepto. Por eso no se puede reducir el *significado* a un sentido meramente conceptual. Los significantes parciales dan al signo un «valor afectivo» y descriptivo o plástico. En definitiva, significante sería «todo lo que en el habla modifica leve o grandemente nuestra intuición del significado» (D. Alonso).

Signo (lingüístico y literario). Entidad lingüística surgida de la asociación de una imagen acústica o significante y de un concepto o significado. La existencia de los signos responde a una necesidad de la organización mental de los seres humanos y es imprescindible para lograr la comunicación y la pervivencia de las instituciones y de la vida social. Constantemente se están utilizando signos: lingüísticos, de escritura, de cortesía, de tráfico, de intercambios económicos, políticos, religiosos, artísticos, etc. Toda comunicación implica un sistema de signos, a partir de los cuales un emisor envía, a través de un canal, un mensaje, compuesto por signos, a un destinatario que habrá de interpretarlos de acuerdo con un código compartido por ambos. Los signos que configuran ese mensaje pueden ser *naturales* (aquellos cuyo origen está en la esencia o naturaleza de las cosas: el humo es un indicio del fuego) o *artificiales* (cuando son creados por el hombre y utilizados intencionalmente para la comunicación según diferentes códigos: lengua, escritura, Morse, etc.).

A partir de esta división clásica y de la distinción, hecha por Ch. S. Peirce, de los signos en *índices, *iconos y *símbolos,

U. Eco ha propuesto una minuciosa división de los signos: *a) Naturales,* subdivididos, a su vez, en síntomas y en índices. Los *síntomas* presentan una relación de causalidad o contigüidad con la realidad a la que hacen referencia: p. e., la fiebre puede ser síntoma de enfermedad. Los *índices,* a su vez, se dividen en *huellas* (marcadas por la relación de causalidad, p. e., manchas de sangre, huellas digitales, etc.) e *indicios* (relación de contigüidad: p. e., la daga encontrada por don Gutierre en el aposento de su mujer en *El médico de su honra* e interpretada por él como un indicio de que alguien está poniendo en peligro su honor). *b) Artificiales,* que se dividen en *productivos* (y que pueden ser ostensivos, caracterizadores, etc., según los diferentes modos de producción de significados) y *sustitutivos,* entre los que figuran los signos lingüísticos, las señales de tráfico, los emblemas, etc.

El estudio de los signos constituye el objeto de una serie de ciencias que estudian las relaciones de unos signos con otros *(sintaxis),* de los signos y el referente (los objetos «denotados») expresado por ellos *(semántica)* y de los signos con el sujeto que los utiliza *(pragmática).* La ciencia que tiene como cometido el estudio general de los signos se denomina *semiótica* (Peirce) o semiología (Saussure).

La crítica literaria de orientación semiótica contempla los textos literarios como signos complejos. El texto, como signo complejo, es interpretado como un mensaje que un emisor (el escritor) envía a un destinatario (el lector) a través de un canal (el libro) y de acuerdo con un sistema de reglas y normas que constituyen los códigos estéticos y literarios de su época. Lo que constituye al signo literario, en cuanto tal, es su función poética (R. Jakobson). Los signos literarios que constituyen el discurso poético están caracterizados, fundamentalmente, por su polisemia, ambigüedad, riqueza de connotaciones, semantización de todos los elementos significantes, etc. Véanse: CONNOTACIÓN, LENGUA LITERARIA, SIGNIFICACIÓN y TEXTO.

Silepsis. Figura de construcción que consiste en la ruptura o alteración de la concordancia gramatical de género, número, tiempo o persona. Ejemplos: «Su Majestad está ocupado», «Carlos I llega a España en 1517». En cuanto a la silepsis de persona, puede producirse en diferentes formas, p. e., cuando se usa la tercera persona en vez de la primera («El que suscribe desea ser recibido por usted», en vez de «Deseo ser recibido por usted») o la segunda persona en vez del uso impersonal («En el autoservicio puedes hacer la compra sin prisa», en vez de «se puede hacer la compra sin prisa»), etc. Una forma de silepsis es el *anacoluto. Finalmente, se denomina también silepsis un tropo consistente en utilizar una palabra con sentido recto y figurado dentro de la misma frase o texto. Ejemplo: «El frío de la casa hacía más molesto aún el frío recibimiento por parte de aquella señora displicente».

Silva. Serie indefinida de versos endecasílabos y heptasílabos combinados libremente por el poeta y que riman en consonante; algunos versos pueden quedar sueltos. Existen silvas formadas exclusivamente por versos endecasílabos, octosílabos, etc. Aunque, generalmente, esta composición figura como una tirada continua de versos, a veces aparece fragmentada en grupos de versos que recuerdan la forma de la estancia. No obstante, la diferencia entre ambas es neta: las estancias de un poema tienen todas la misma estructura, fijada ya en la primera estrofa; por el contrario, en la silva el poeta se mueve libremente en cuanto al número de versos y su posible combinación. La forma métrica de la silva cuenta con precedentes en Italia. En España aparecen, a comienzos del siglo XVII, ejemplos de esta combinación en Góngora, Lope de Vega, Quevedo, etc. La silva ha sido muy cultivada en el modernismo, tanto en su forma tradicional de heptasílabos y endecasílabos como en otras combinaciones de metros. De entre estas innovaciones, merece mención especial la *silva arromanzada*, con rima asonante. Véase: ESTANCIA.

Simbólica (crítica) y mitocrítica. Con las expresiones «crítica simbólica» y «mitocrítica» se alude a un doble aspecto de una metodología crítica que tiene por objeto el estudio de los símbolos, bien en sí mismos, bien formando parte de un mito, que desarrolla la comprensión de un determinado símbolo (mitocrítica). En el primer aspecto, el término «simbólica» puede referirse, según los diversos campos de investigación, a la hermenéutica o arte de la interpretación de los símbolos, al conjunto de relaciones e interpretaciones suscitadas por un determinado símbolo (agua, árbol, fuego, etc.) o también a esa corriente de crítica literaria aludida, que aborda el estudio de los textos tratando de descubrir las redes o asociaciones de símbolos recurrentes que pueden configurar la estructura profunda de dichos textos (véase PSICOANÁLISIS Y PSICOCRÍTICA). En el análisis de las peculiaridades del *símbolo* se ha tenido en cuenta su relación con el signo y el mito. Respecto a las peculiaridades del signo y sus diferencias con el símbolo, véase *símbolo*.

En éste la relación entre el elemento simbolizante y el simbolizado es motivada (p. e., el *agua*, como símbolo de purificación y vida, sugiere esas realidades que no podrían ser representadas, p. e., por el lodo o la arena) y no necesaria (el agua mantiene sus propias funciones al margen de la idea de purificación: p. e., saciar la sed, etc.). El símbolo comporta, en consecuencia, cierta homogeneidad entre el simbolizante y el simbolizado. Conlleva, además, un poder de evocación y resonancia afectiva, que moviliza los diversos niveles (conscientes e inconscientes) del psiquismo al concitar y armonizar, en torno a una expresión o realidad sensible, las fuerzas instintivas y las potencias intelectuales del hombre.

Entre los rasgos caracterizadores del símbolo está el ser elemento mediador entre una realidad sensible (agua, fuego, árbol) o abstracta (una figura geométrica, un número, etc.) y su sentido profundo, indefinible, al que sustituye y se ofrece como intuición o presentimiento. El símbolo cumple, pues, con una función exploradora de lo desconocido, oculto e inefable. En cuanto al *mito*, dado que constituye la expresión narrativa o dramática de una historia que desarrolla la comprensión de un símbolo, los estudiosos de la *mitocrítica* han tratado de investigar las distintas formas de articulación de los símbolos en los relatos míticos. Con ello intentan descubrir el universo imaginario latente en esos mitos, al tiempo que extienden su aplicación a otras formas de relatos de ficción o textos poéticos que, mediante símbolos, ofrecen una forma peculiar de representación del mundo.

Un aspecto importante de la mitocrítica es el estudio de las relaciones entre mito y literatura, que han sido abordadas, entre otros, por N. Frye, para quien los mitos constituyen una información simbólica sobre el sentido de ciertos ritos y, en definitiva, constituyen un relato de la historia en ellos representada. En estas narraciones ritualizadas podrían encontrarse, a su juicio, los orígenes del cuento en las diversas culturas. Para una mayor precisión en este punto véase PSICOANÁLISIS Y PSICOCRÍTICA. Véanse además: MITO, SIGNO y SÍMBOLO.

Simbolismo. Término utilizado por J. Moréas (1886) para denominar una nueva estética en la que converge un grupo de escritores franceses conocidos por el público gracias al libro de P. Verlaine (*Les poètes maudits* 1884), dedicado a ellos: S. Mallarmé, J. N. A. Rimbaud, Ch. Cros, etc. Estos poetas compartían la necesidad de una ruptura con el realismo y positivismo anteriores (descripción objetiva de la realidad, didactismo, tono declamatorio), coincidiendo en ello con los parnasianos y con J. K. Huysmans (antiguo discípulo de É. Zola), que en 1884 había publicado *À rebours,* relato cuyo protagonista encarnaba, precisamente, la nueva estética decadentista, alimentada por sus lecturas de E. A. Poe, Baudelaire, Mallarmé y Verlaine. Sin embargo, a partir de 1885, esta tendencia decadentista va cediendo paso a nuevas preocupaciones ideológicas y artísticas, más concordes con el pensamiento y la estética de Mallarmé. Se produce, así, la superación de un impresionismo sensualista (Verlaine) y la apertura a una concepción de la poesía como producto más espiritual, exigente y hermético, fundado en los valores sugestivos del lenguaje y su capacidad de mediación entre la realidad y la idea, a través de su carácter metafórico y su musicalidad evocadora. Los simbolistas parten de la idea de que existen capas profundas de la realidad que no pueden ser percibidas a través de los sentidos ni del intelecto, sino por medio de la intuición poética que se produce en el lenguaje simbólico. Para Mallarmé, la poesía es la expresión de las relaciones y correspondencias que el lenguaje crea entre lo material y lo ideal, entre lo concreto y lo abstracto.

La producción literaria del simbolismo francés no se reduce al campo de la poesía (en el que destacan los escritos de Mallarmé: *Siesta de un fauno,* 1876; Verlaine: *Romanzas sin palabras,* 1874, etc.; P. Valéry: *Orfeo, Álbum de versos antiguos,* 1890-1900, etc.), sino que se extiende a la narrativa (E. Dujardin: *Los laureles cortados,* 1888) y al teatro (*Cabeza de oro* y *La ciudad,* de P. Quillard, etc.).

Fuera de Francia, el simbolismo da origen a obras de gran valor literario en países como Bélgica (creación poética de E. Verhaeren y teatral de Maeterlinck), Alemania (Stefan George), Austria (H. von Hofmannsthal y R. M. Rilke) Inglaterra (Oscar Wilde y T. S. Eliot). En España e Hispanoamérica, parnasianismo y simbolismo están en el origen del modernismo en poetas como Rubén Darío, M. Gutiérrez Nájera, J. del Casal, J. R. Jiménez A. Machado, etc. Véanse: DECADENTISMO, MODERNISMO y PARNASIANISMO.

Símbolo. Es un signo cuya presencia evoca otra realidad sugerida o representada por él: p. e., el olivo representa, en la cultura mediterránea, la idea de paz; esta misma idea la sugiere la paloma en la cultura bíblica; olivo y paloma son símbolos de la paz. En la retórica clásica el símbolo es un tropo que, al igual que la metáfora, la metonimia o la alegoría, consiste en la sustitución de una palabra por otra, con la correspondiente traslación de significado. La noción de símbolo resulta más asequible y precisa si se matizan sus diferencias con el concepto, más general, de signo. Según O. Ducrot, mientras que en el signo el significante y el significado mantienen una relación *inmotivada* (los sonidos no han sido elegidos por su adecuación o correspondencia con su concepto) y a la vez necesaria (significante y significado se necesitan mutuamente para existir como tal signo), en el símbolo, por el contrario, simbolizante y simbolizado presentan una relación *motivada* (p. e., la balanza, como signo de la justicia –en virtud del concepto de equilibrio y ponderación de los argumentos en pro y en contra–, sugiere una relación analógica con la idea de justicia que no podrían representar otros objetos, p. e., una rueda, símbolo del azar o la fortuna) y *no necesaria* (la balanza existe, y tiene su propia función al margen de la idea de justicia).

El símbolo, en cuanto signo, evoca una realidad que trasciende el objeto simbolizante y comporta un sentido oculto y misterioso que apela al fondo irracional del *inconsciente*, del sentimiento y de la emoción. Por ello, en el término simbolizante no se percibe o intuye directa, ni racionalmente, el término o el concepto simboli-

zado. Se trata de una intuición puramente emotiva y «envolvente» de lo «misterioso» simbolizado. Tal vez por eso el lenguaje simbólico sea un componente esencial de la expresión mítica y religiosa y explique la coincidencia entre determinados símbolos que aparecen en religiones de ámbitos culturales diferentes y los utilizados por los místicos y los poetas: símbolos universales como el agua, la luz, el fuego, la noche y las tinieblas, etc. Véanse: ALEGORÍA, METÁFORA, MITO, PSICOANÁLISIS Y PSICOCRÍTICA LITERARIA, SIGNO Y SIMBÓLICA (CRÍTICA).

Símil. Figura retórica que consiste en poner en relación dos términos por la semejanza o analogía que existe entre sus respectivos conceptos o entre las realidades en ellos representadas. Dichos términos se vinculan en el discurso a través de unas partículas o morfemas nexivos («como», «igual que», «tan») o bien por medio de enunciados comparativos («es lo mismo que», «es semejante a», etc.), p. e.: «la vida del hombre pasa fugaz como el agua del río». Tradicionalmente se ha visto en el símil la base de la *metáfora, en la que subyace una comparación no expresada como tal, ya que se ha suprimido el nexo comparativo. Así, el símil anterior aparece en una formulación metafórica en las *Coplas* de J. Manrique: «Nuestras vidas son los ríos».

Por ser el símil una forma de comparación, suelen usarse indistintamente ambos términos; sin embargo, la comparación en su sentido original y en el nivel sintáctico implica una valoración cuantitativa en la relación de los términos del enunciado (comparativo de igualdad, inferioridad, superioridad), mientras que en la similitud se realiza una valoración cualitativa: se subraya la analogía que existe entre la cualidad de un término y la del otro. Por eso se ha apuntado la idea de reservar el uso del término *comparación* para la sintaxis y el de *símil* para el plano estilístico o poético. El símil es un recurso expresivo fundamental del lenguaje, y en especial del lenguaje literario.

Similicadencia. Figura retórica que se produce cuando en el decurso de un período, estrofa o poema las frases o versos que los integran terminan con palabras que tienen los mismos morfemas flexivos o accidentes gramaticales: sustantivos o adjetivos con el mismo género y número (y caso, si se trata del latín), verbos en el mismo tiempo, modo, número y persona, etc. Ejemplos:

«... el procurador que nos defiende, el guro que nos avisa, el verdugo que nos tiene lástima [...]».

(Cervantes)

«Con asombro de mirarte,
con amiración de oírte,
no sé qué pueda decirte,
ni qué pueda preguntarte».

(Calderón
de la Barca)

Sinalefa. Fusión de la vocal final de una palabra con la vocal inicial de la palabra siguiente. Si se trata de un verso, dichas vocales fusionadas se cuentan como una sola sílaba métrica. Ejemplo:

«Y en tanto que'*l* cabello, qu'*en* la vena...».

(Garcilaso de la Vega)

Un fenómeno contrario se produce en el *hiato*.

Síncopa. Supresión de fonemas o sílabas en el interior de una palabra.

Como ejemplo de pérdida de sílaba interna suele mencionarse el de «Navidad» por «Natividad».

Sincronía. Véase DIACRONÍA.

Sinécdoque. Recurso expresivo que implica una traslación de significado de un término a otro en virtud de sus relaciones de contigüidad. Es, pues, un tropo de carácter semántico, lo mismo que la metáfora (que se basa en relaciones de semejanza) y que la metonimia, fundada, igualmente, en relaciones de contigüidad de tipo causal, espacial o de tiempo, mientras que la sinécdoque lo es de integración cuantitativa: relaciones de un conjunto con sus partes y viceversa. Se distinguen varios tipos de sinécdoque: *a)* La que se produce cuando se designa la parte para representar el todo: «Veinte abriles» (años). *b)* El todo por la parte: «La universidad está revolucionada» (los estudiantes). *c)* El continente para designar el contenido: «Tomaron unas copas» (licor). *d)* El objeto por la materia de que está hecho: «Menea fulminando el *hierro* insano» (espada). *e)* Cuando se utiliza un *singular* para referirse a una realidad *plural* o viceversa: «El niño es un ser indefenso» (los niños). *f)* Cuando se emplea un número *determinado* para indicar otro *indeterminado:* «Ya se ha repetido mil veces» (muchas veces). *g)* Empleo de un término *abstracto* para designar una realidad *concreta:* «La ignorancia es atrevida» (los ignorantes). *h)* Cuando se alude a la *especie* a través del género o viceversa: «El animal embistió con furia» (el toro). *i)* Cuando se utiliza un término de significado más amplio para designar a otro de contenido más restringido: «El personal de la fábrica está en huelga» (es de suponer que los directivos no estén en huelga y, sin embargo, también forman parte del «personal»).

Sinéresis. Recurso poético consistente en la contracción de dos vocales (que normalmente formarían dos sílabas distintas) en una sola sílaba métrica, en forma de diptongo. Ejemplo:

«Pintado el caudaloso río se *vía*».

(Garcilaso de la Vega)

Sinestesia. Procedimiento que consiste en una transposición de sensaciones, es decir, en la atribución de una sensación a un sentido que no le corresponde. Aunque esta figura era utilizada ya en la literatura grecolatina, su mayor auge lo adquiere en el Barroco y en el Simbolismo. Poetas como Baudelaire, Rimbaud, Verlaine, Juan Ramón Jiménez, V. Aleixandre y otros poetas del 27 han creado atrevidas sinestesias. A Juan Ramón pertenecen expresiones como «se oye la luz», «azul sonoro». La sinestesia es una figura relacionada con la metáfora y frecuentemente vinculada a ella. Ejemplo:

«Sabe, si alguna vez tus labios ro-
[jos
quema invisible atmósfera abra-
[sada,
que el alma que *hablar puede con*
[*los ojos*
también puede *besar con la mi-*
[*rada*».

(Bécquer)

Sinonimia. Fenómeno lingüístico consistente en la posibilidad de sustitución de dos o más términos entre sí en un determinado contexto, dada su semejanza o identidad de significado entre ellos, p. e., dentista y estomatólogo.

La sinonimia es, además, una figura retórica que se produce cuando en un enunciado se acumulan intencionadamente palabras de análogo significado. El escritor utiliza frecuentemente este recurso, tanto para evitar la reiteración como para elegir aquellos términos que en un determinado contexto se adaptan mejor al tono general, comparten una especial carga de emoción y expresividad o inciden en la intensificación del ritmo melódico del discurso. Ejemplo:

> *«Lentamente, poco a poco,*
> como se empaña el cristal,
> te miro y pienso en los copos
> que no se acaban jamás».
>
> (L. Panero)

Otra variante del uso de la sinonimia es la que se produce en la literatura de humor para suscitar la sorpresa provocadora de un efecto cómico. Un especialista en el empleo de este recurso es Arniches, tanto en la sinonimia de palabras («pestaña», «párpado», «monocle» como sinónimos de «ojo» y, en un nivel connotativo, de atención, viveza, perspicacia) como en modismos y expresiones estereotipadas, p. e., «a dos bujías» (en vez de «a dos velas»), «a capazos» («a espuertas»), «media mandarina» («media naranja»: la esposa), etc.

Sirima o sirma. Es la última parte de la *estancia, que consta de tres partes: *fronte* o cabeza, *volta* o eslabón y *sirima* o «coda». La sirima presenta una rima distinta de la fronte y está compuesta, como ella, de versos heptasílabos y endecasílabos, dispuestos de forma variable en rima y número, aunque generalmente termina en un pareado. Ejemplo:

> «Con un manso rüido   CABEZA
> d'agua corriente y clara
> cerca el Danubio una isla que pu-
>   [diera
> ser lugar escogido
> para que descansara
> quien, como estó yo agora, no es-
>   [tuviera:
> do siempre primavera   ESLABÓN
> parece en la verdura   SIRIMA
> sembrada de las flores;
> hacen los ruiseñores
> renovar el placer o la tristura
> con sus blandas querellas,
> que nunca, día ni noche, cesan
>   [dellas».
>
> (Garcilaso de la Vega)

Véase: ESTANCIA.

Sirventés. Término con el que se designa un poema de la literatura provenzal cuya estructura métrica (de cinco a siete *coblas* y una *tornada*) imita o recoge la de la cansó de amor cortés. La etimología del término *sirventés* se ha relacionado con el hecho de que el poeta «se sirve» de estrofas y melodías preexistentes, y también con la circunstancia de que es un tipo de poesía escrita por el *servens* o sirviente de un señor. El sirventés se diferencia de la cansó no en los aspectos formales, sino en el contenido temático, en el que predomina el discurso moralizante, la defensa o el ataque político y la polémica o la sátira literarias.

Se ha relacionado el sirventés con la *cantiga de escarnio gallega y con el *decir castellano del siglo XV.

Sistema. Concepto utilizado por F. de Saussure al definir la lengua como «un sistema de signos» interrelacionados por vínculos de solidaridad, dependencia u oposición. Cada una de las unidades de dicho sistema se define por el conjunto de relaciones que mantiene con las otras unidades y por las oposiciones en que se integra. Si se suprime o cambia alguna de las unidades que componen el sistema, se altera la configuración y estructura interna de dicho sistema. Por otra parte, el sistema lingüístico implica una organización de todos sus elementos en niveles (fonológico, morfológico, sintáctico, léxico-semántico) y planos: sintagmático y paradigmático.

Toda obra literaria, concebida, desde una perspectiva semiótica, como un mensaje (o *texto) que un emisor (autor) envía a un destinatario (lector), está constituida por un sistema de signos estructurados de acuerdo con unos códigos estéticos imperantes en cada época. A su vez, dicha obra puede estar en relación con otro conjunto de textos (*macrotexto) pertenecientes al mismo autor, o con un género concreto (las novelas picarescas, p. e.), escuela, período estético determinados (el Barroco, p. e.) y formar parte de un conjunto de expresiones estéticas conformadoras de la cultura de una época. En su conjunto, esa cultura es, a su vez, un gran sistema de signos, los cuales comportan una estructura análoga a la del texto literario.

Sístole. Licencia poética por la que se retrotrae el acento a una sílaba anterior dentro de la palabra por razones de ritmo o de rima. Así, en el siguiente ejemplo, el poeta R. Caro escribe ímpio en lugar de impío para lograr un endecasílabo:

«Ímpio honor de los dioses con afrenta».

Situación. En teoría del lenguaje es la operación mediante la cual los objetos denotados «se vinculan con las *personas* implicadas en el discurso y se ordenan con respecto a las circunstancias espacio-temporales del discurso» (E. Coseriu). Esta situación puede ser posesiva («mi, tu, su, nuestro libro») y localizadora o deíctica («éste, ése, aquél»). También se entiende por situación el contexto de una enunciación, es decir, la serie de elementos extralingüísticos que concurren en todo acto de comunicación (espacio, tiempo, circunstancias ambientales de tipo cultural, religioso, social) y que establecen unas premisas formalizadas (un acto académico) o informales (una fiesta de amigos) entre los hablantes, que condicionan dicha comunicación.

En teoría narrativa, el término «situación» se ha utilizado con diversas acepciones: *a)* como conjunto de elementos que posibilitan e integran el acto de narrar: narrador, acontecimiento, público destinatario; *b)* como estado de la interrelación de los personajes en un momento preciso del relato; *c)* como «situación narrativa» derivada de la combinación del *punto de vista y de la *voz narrativa.

En lenguaje teatral la *situación dramática* comprende las circunstancias de espacio y tiempo, la *mímica* y la expresión corporal de los actores, el *marco* escénico, el tipo de relaciones psicológicas y sociales entre los personajes, etc. Esta situación es la que da la clave de interpretación del texto, situación que implica una atmósfera sentida y vivida por los personajes y que se crea en la puesta en escena.

Sketch. Palabra inglesa, que significa «apunte» o «esbozo», con la que se denomina una breve pieza cómica centrada en la imitación paródica de un personaje, situación o texto conocido por los espectadores. Este tipo de escenificación es frecuente en el cine, en la televisión, en espectáculos de variedades y en los llamados *cafés-teatro. Estas piezas, por su brevedad, parquedad de medios y recursos expresivos, se asemejan al *entremés clásico español y al *sainete, que son también cuadros animados en los que el apunte cómico y burlesco constituye el elemento esencial.

Sociocrítica. Véase SOCIOLÓGICA (CRÍTICA).

Sociolecto. Es el conjunto de variedades y marcas lingüísticas que derivan del ambiente social al que pertenecen los hablantes. Dada la movilidad y los contactos entre diferentes estratos sociales, los sociolectos no son rígidos. Cuando determinadas palabras y expresiones son características de una sola variedad lingüística, constituyen «marcas estilísticas» de esa variedad (C. Segre).

Sociología de la literatura. Ciencia cuyo objeto es el análisis de las relaciones existentes entre la literatura y el medio social (económico e ideológico) en el que surge y que trata de investigar los procesos de emisión, mediación y recepción de los textos literarios. De acuerdo con los planteamientos de J.-P. Sartre, la sociología de la literatura respondería a dos preguntas básicas: quién escribe las obras y para quién se escriben esas obras. A la primera pregunta correspondería una rama de dicha ciencia que podría denominarse *sociología de la escritura,* o creación y emisión de los textos, y a la segunda, la *sociología de la lectura,* relativa a los mecanismos de recepción y consumo por parte del público de lectores. Conectado con este último aspecto estaría el de los mecanismos de transmisión de los textos literarios.

Es con *Sociologie de la littérature* (1958), de R. Escarpit, y los trabajos posteriores de la denominada Escuela de Burdeos cuando comienza a desarrollarse la sociología de la literatura como ciencia empírica, cuyo cometido es el estudio de la producción literaria, entendida como comunicación a través del libro o de otras formas de expresión gráfica y oral y sujeta a los mecanismos del mercado para satisfacer unas necesidades de consumo por parte de un determinado público. Desde el punto de vista de la sociología de la escritura, las obras literarias presentan una visión del mundo constituida por un sistema de ideas, valores y sentimientos que responden al tipo de relaciones del hombre con el mundo y de los hombres entre sí, vigentes en una determinada sociedad. El escritor puede estar de acuerdo o en oposición a la ideología dominante en la misma. En un texto se puede descubrir tanto el punto de vista del autor como las diversas voces que responden a las «conciencias» de los distintos grupos sociales reflejados en dicha obra. Por ello, es interesante indagar la posición social del escritor.

La sociología de la literatura se preocupa también de investigar los medios de transmisión de las obras literarias. Su difusión y acogida depende de las técnicas de comunicación, que pueden ser: transmisión oral (p. e., la poesía épica), manuscritos, lectura colectiva (práctica atestiguada en el *Quijote* y en otros documentos de la época) o la imprenta.

Un aspecto fundamental en esta disciplina es la consideración sobre el *público* receptor de esas obras y su posible influjo en el escritor al concebir y crear dichas obras. Una «sociología del público» supone un estudio de las diferentes capas o estratos sociales de que consta, atendiendo a su estatus económico, nivel cultural, mentalidad, gusto, etc. Finalmente, la sociología de la literatura se ha desarrollado en paralelo, o en confluencia, con otras disciplinas, como las ciencias de la información (p. e., en el estudio de los mecanismos de difusión de textos a través de los medios de comunicación de masas), la crítica literaria (sobre todo la crítica sociológica y la estética de la *recepción, escuela que investiga las obras literarias en relación con las espectativas del público, etc.), la antropología social, la historia de las mentalidades, etc. Véanse: ESCRITOR, PÚBLICO y SOCIOLÓGICA (CRÍTICA).

Sociológica (crítica). Bajo esta denominación se engloban diversas corrientes y autores de crítica literaria que coinciden en el común objetivo de analizar e interpretar la producción, estructura y función de los textos literarios en relación con el contexto económico, sociopolítico y cultural en el que han surgido. Aunque las relaciones entre sociedad y creación literaria han sido objeto de reiterada atención en los dos últimos siglos (p. e., Mme. de Staël, H. Taine, etc.), es, sobre todo, a partir de la aparición del marxismo y con la llegada de la revolución rusa (1917) cuando mayor interés han ido cobrando las reflexiones críticas sobre la función de la literatura en relación con las transformaciones sociales y la influencia del contexto social en la génesis y estructura de las obras literarias. Para Marx y Engels, el arte y la literatura pertenecen a la que ellos denominan «superestructura» ideológica, que es producto de las condiciones económicas y sociales y reflejo de los intereses de la clase dominante. Sin embargo, su desarrollo estaría menos mediatizado por dichas condiciones que otras formas de ideología como el derecho o la filosofía. L. Trotski habría sugerido, incluso, la idea de que la literatura responde a unas leyes peculiares de desarrollo propias del arte, lo que implicaría cierta autonomía respecto al desarrollo socioeconómico de la sociedad. Por su parte, Lenin concibe la literatura como «reflejo» de las relaciones de clase, por lo que puede ser utilizada para provocar una «toma de conciencia» sobre las condiciones de vida y esquema de valores de una sociedad. Posteriormente, los críticos oficiales soviéticos (K. Radek y A. Zhdánov, etc.) creyeron descubrir en la tradición del realismo ruso del siglo XIX (Lenin admiraba a A. S. Pushkin y a M. Gorki) las bases para la nueva estética marxista. En esta línea se orienta la obra de G. Lukács, después de sus primeros trabajos, influidos por la estética de Hegel. En sus estudios sobre los escritores realistas del siglo XIX (H. de Balzac, É. Zola, L. Tolstoi, M. Gorki, etc.) descubre una descripción del conjunto de las realidades sociales de esa época, en las que quedarían patentes sus contradicciones, independientemente de la ideología del escritor. Por ello, concibe el realismo, y más concretamente el socialista, como la fórmula estética más idónea para interpretar las realidades sociales y dar una visión integradora del mundo, frente al modelo de ciertos narradores contemporáneos (J. Joyce, M. Proust, F. Kafka, W. Faulkner, etc.), cuyas obras presentarían una visión fragmentada, individualista y absurda de las realidades sociales.

Dentro de la crítica sociológica figuran igualmente los integrantes de la llamada Escuela de Frankfurt: T. Adorno, M. Horkheimer, H. Marcuse y W. Benjamin. Aunque vinculados al marxismo, rechazan el modelo soviético y el «realismo socialista» propugnado por Lukács y proponen una metodología crítica que tiene en cuenta los procedimientos de las ciencias sociales, del psicoanálisis de Freud y del marxismo, aplicados al arte y a la literatura. En conjunto, se oponen al realismo como modelo único, rechazan la visión exclusivista de la literatura como mero «reflejo» de los sistemas sociales, así como la descalificación soviética del arte de vanguardia como símbolo de decadencia o degradación. Benjamin subraya que un escritor o un artista revelan las situaciones o cambios de una sociedad a través de su obra, y eso mediante las innovaciones técnicas: su poder revolucionario consiste en la revolución de las formas artísticas.

Con la crítica sociológica se relaciona también una corriente surgida en el ámbito de la *Nouvelle Critique* francesa a la que se reconoce con el nombre de *sociocrítica*, que se centra en el estudio de la significación social e ideológica de los textos literarios pero sin depender de la crítica marxista tradicional en su metodología de análisis, ya que emplea procedimientos derivados de la semiótica, neorretórica y hermenéutica para el estudio de las estructuras textuales. Entre los cultivadores de este tipo de crítica figuran P. Macherey, E. Cros (en sus estudios sobre Quevedo), H. Mitterand (en sus trabajos sobre É. Zola), etc. Estos investigadores tratan de descubrir las dependencias existentes entre las estructuras sociales y las textuales patentes en el plano del discurso, así como entre el contexto socioeconómico de la producción textual y la conformación de las mentalidades. Véanse: REALISMO, REALISMO SOCIALISTA y SOCIOLOGÍA DE LA LITERATURA.

Soleá. Copla popular andaluza formada por tres octosílabos, con rima asonante en el primero y en el tercero; el segundo va suelto.

M. Machado compuso una variante de esta composición, la llamada *soleariya*, formada por tres versos, de los cuales el primero y el tercero (hexasílabos) riman en asonante y el segundo (de diez a doce sílabas) va suelto.

Soleá

> «El ojo que ves no es
> ojo porque tú lo veas:
> es ojo porque te ve».

(A. Machado)

Soleariya

> «Eres como el sol:
> cuando tú vienes se hace de día
> en mi corazón».

(M. Machado)

Soleariya. Véase SOLEÁ.

Soliloquio. Véase MONÓLOGO.

Sonetillo. Véase SONETO.

Soneto. Poema formado por catorce versos, distribuidos en cuatro estrofas: dos cuartetos y dos tercetos. Su rima es consonante: en los cuartetos puede ser de dos clases: abrazada (ABBA-ABBA) o bien alterna o cruzada (ABAB-ABAB); en los tercetos puede presentar dos o tres rimas, distribuidas de forma variable, aunque las más frecuentes han sido CDC-DCD y CDE-CDE. Ejemplo:

> A «A Dafne ya los brazos le cre-
> [cían
> B y en luengos ramos vueltos se
> [mostraban;
> B en verdes hojas vi que se tor-
> [naban
> A los cabellos qu'el oro escure-
> [cían:
>
> A de áspera corteza se cubrían
> B los tiernos miembros que aún
> [bullendo 'staban:
> B los blancos pies en tierra se
> [hincaban
> A y en torcidas raíces se volvían.
>
> C Aquel que fue la causa de tal
> [daño,
> D a fuerza de llorar, crecer hacía
> E este árbol, que con lágrimas
> [regaba.
>
> C ¡Oh miserable estado, oh mal
> [tamaño,
> D que con llorarla crezca cada
> [día
> E la causa y la razón por que llo-
> [raba!».

(Garcilaso de la Vega)

Aunque este modelo clásico del soneto ha sido el más frecuentemente utilizado hasta la actualidad, se han compuesto, a lo largo de la historia, sonetos de los más variados metros (desde trisílabos hasta alejandrinos, polimétricos y con pies quebrados) y técnicas (acrósticos, encadenados, continuos, con eco, con estrambote, etc.). La estructura interna del soneto facilita un desarrollo progresivo del tema, que se plantea en los dos cuartetos y deriva hacia su solución en los tercetos.

El soneto, que procede de Italia (Dante y Petrarca le dieron su forma definitiva) y se integra en la métrica española gracias a Boscán y Garcilaso de la Vega (introductores del modelo petrarquista), es uno de los poemas de mayor vigencia en las distintas épocas de la literatura española. Entre las variantes del soneto destacan el llamado soneto con estrambote y el sonetillo, que es un soneto compuesto en versos de arte menor, desde trisílabos hasta eneasílabos.

Soneto con estrambote. Véase ESTRAMBOTE.

Stemma. Término griego (*stemma*: corona, cinta) con el que se designa en crítica textual el árbol genealógico que recoge y ordena los manuscritos e impresos a través de los cuales se ha transmitido un determinado texto. Toda edición crítica incluye dos fases fundamentales: la «recensión» de todos los testimonios que existen sobre un texto y la «constitución» del texto original, dentro de lo posible. La configuración del *stemma* es la culminación de la primera fase, que se produce después de haber realizado la recogida y análisis de los testimonios o *fontes criticae,* el cotejo de las diversas *lectiones* o variantes que presentan y el examen y *selectio* de las variantes que se han de tener en cuenta en la constitución del texto. Cuando un editor, después de un examen riguroso de variantes, está en condiciones de demostrar con seguridad la existencia de un arquetipo y de unos subarquetipos, elabora el *stemma codicum.* Véanse: AUTÓGRAFO, CÓDICE, EDICIÓN, MANUSCRITO Y TRADICIÓN DIPLOMÁTICA.

Studia humanitatis. Véase HUMANISMO.

Sturm und Drang. Título de un drama de F. M. von Klinger (*Sturm und Drang:* «Tempestad y empuje», 1772) con el que se denomina un movimiento literario desarrollado en Alemania en los años setenta y ochenta del siglo XVIII y cuyos representantes se integran en dos grupos: el de Frankfurt, al que pertenecen J. G. Herder, J. W. von Goethe, etc., y el de Göttingen, formado por G. A. Bürger, M. Claudius, F. Schiller, etc. Este movimiento surge como reacción a la *Aufklärung* y su concepción racionalista del mundo y contra la rígida normativa estética del neoclasicismo. En este sentido, si la creación artística y literaria, entre los ilustrados, respondía a una técnica y a unas reglas clásicas perfectamente establecidas y asimilables por el aprendizaje, en la nueva estética se concibe como un misterio surgido de fuentes arcanas (inspiración e intuición) radicadas en el ámbito de lo irracional y del sentimiento. En esta concepción estética aparecen como ideas fundamentales las del «genio» artístico (dotado de una capacidad de percepción de lo inefable y de creación de un mundo poético propio), originalidad, sentimiento, subjetividad, libertad y naturaleza. De todas ellas, la idea clave es la de la *naturaleza,* fuente y modelo de la nueva estética. En nombre de esa naturaleza se liberan estos escritores de la normativa clásica, de las convenciones sociales y del racionalismo abstracto, que entorpecen la libre creación del genio, el cual debe seguir los impulsos de su propia inspiración. En busca de la naturaleza vuelven estos escritores hacia las grandes creaciones propias del genio de cada pueblo y cultura: Homero, la Biblia, la poesía popular alemana.

De toda la producción literaria del *Sturm und Drang* (abarca los tres géneros), es la novela epistolar de Goethe, *Cartas del joven Werther* (1774), la obra de mayor trascendencia sociocultural del movimiento (en Europa provocó una ola de mimetismo entre los jóvenes: indumentaria, ruptura de convencionalismos morales, suicidio) y la que constituye la síntesis del pensamiento y actitudes de los escritores que lo integran: sentimentalismo, subjetivismo, exaltación de la naturaleza, rebeldía frente a las ideas morales y religiosas y frente a las rígidas convenciones de la sociedad establecida. En este último aspecto, el drama *Los bandidos,* de Schiller, es clave para conocer la ideología revolucionaria y la estética del *Sturm und Drang,* que viene a ser el preludio del futuro Romanticismo alemán.

Súplica. Es un ruego vehemente para obtener un bien que se desea. Esta figura literaria se denomina también *deprecación.* Ejemplo:

«¡Oh, suene de continuo
Salinas, vuestro son en mis oídos,
por quien al bien divino
despiertan los sentidos,
quedando a lo demás adorme-
[cidos!».

(Fray Luis de León)

Sujeción. Figura retórica consistente en un monólogo en el que el hablante se dirige preguntas deliberativas («¿Qué he de decir?», «¿Qué es esto?») a las que él mismo responde. Esta figura se relaciona con la *percontatio* de la retórica clásica: el orador dirigía preguntas al público, a las que respondía él mismo; esta respuesta se denominaba en latín *subjectio (sujeción).*

Surrealismo. Término correspondiente al francés *surréalisme,* adoptado por A. Breton y Ph. Soupault para designar una nueva estética desarrollada en su obra conjunta *Los campos magnéticos*

(1919). El iniciador de este movimiento es A. Breton, militante en un principio en el dadaísmo, de cuyo grupo se separa en torno a 1922 para formar el suyo, en el que participan P. Éluard, Ph. Soupault, L. Aragon, etc., a los que se unirán posteriormente S. Dalí y L. Buñuel. En 1924 Breton publica el *Manifiesto del surrealismo* y funda la revista *La révolution surréaliste*, en la que aparecen críticas a las instituciones (políticas, religiosas y militares, a la universidad, etc.) y encuestas sobre temas tabú: sexualidad, suicidio, etc. Esto, unido al compromiso político de Aragon, Éluard y Breton con el Partido Comunista desde 1927, evidencia el objetivo ideológico de este movimiento de vanguardia, concretado por Breton: «Cambiar la vida, decía Rimbaud; transformar el mundo, decía Marx; para nosotros, esos dos lemas sólo forman uno». En el citado manifiesto de 1924 se postula la autonomía del arte respecto de la razón, de la moral y de la estética; se rechaza la importancia concedida en las ciencias y en la vida al racionalismo y se defienden otras formas de conocimiento ligadas a la imaginación y al inconsciente (origen último de la poesía según Breton), cuya interpretación, por parte de S. Freud, permite explorar campos de la realidad humana desconocidos hasta entonces.

En sus escritos posteriores (*Segundo manifiesto del surrealismo,* 1929; *Tercer manifiesto del surrealismo,* 1930; etc.) se configura el movimiento surrealista como doctrina, cuyos puntos básicos serían: *a)* Una concepción epistemológica que sustituye el primado de la razón por el de la mentalidad mágica, tal como se desarrolla en el discurso infantil o de los pueblos primitivos, en los que prevalecen la imaginación, intuición, inspiración y asociación libre y se da gran importancia a los sueños. A través de estas vías (sueños provocados, hipnosis, delirios simulados, etc.) se produciría el encuentro con lo maravilloso, frecuente en la naturaleza y en la vida humana. *b)* Armonización de las realidades contradictorias del cosmos y de la existencia humana (vida y muerte, realidad e imaginación, etc.) que reconciliaría al hombre consigo mismo, de acuerdo con una moral liberadora, tendente a «cambiar la vida» y la sociedad y fundada en tres principios básicos: la libertad, el amor, como imperativo supremo, y la poesía. *c)* Una nueva estética, en la que la creación artística se convertirá en un medio de conocimiento y expresión del ser del hombre y del mundo y en un instrumento para el cambio revolucionario. Entre las técnicas de esta nueva estética figuran la escritura automática, transcripción de sueños, simulación de delirios, *collages,* el llamado «azar objetivo», como vía de encuentro con lo maravilloso en la vida diaria, así como el «humor» y ciertos «juegos» surrealistas cuya intención es la subversión del «mundo». Dicha estética ha sido aplicada en diversos campos de la creación literaria y artística: poesía y narrativa (A. Breton, P. Éluard, L. Aragon, etc.), teatro (A. Artaud, R. Vitrac), cine (L. Buñuel y S. Dalí, *Un perro andaluz,* 1928; *La edad de oro,* 1930), pintura (M. Ernst, M. Duchamp, J. Miró, S. Dalí), etc. Por lo que respecta a la difusión internacional del surrealismo, cabe destacar, en relación con España, el papel de iniciador que ejerció J. Larrea para el conocimiento y difusión del surrealismo en poetas como Aleixandre, Alberti y Lorca. Para 1928 ya han surgido las primeras muestras de esta influencia (en *Sobre los ángeles,* de Alberti); ese año inició Aleixandre *La evasión hacia el fondo* (que aparecerá en 1935 con el título de *Pasión de la tierra);* por esas fechas encuentra Cernuda en el surrealismo la forma y estilo capaces de plasmar su «caótico estado emocional» en *Un río, un amor* (1929). En cuanto a Lorca, aunque en *Poeta en Nueva York* (1930) coincide con el tono de rebeldía de dicho movimiento, sin embargo su sistema expre-

sivo no es surrealista (no cultiva la imagen subconsciente como Aleixandre), sino que deriva de la tradición poética hispana (S. Juan de la Cruz, Góngora, etc.) y del simbolismo francés (Baudelaire, Rimbaud). De todas formas, no hay acuerdo entre los críticos sobre el verdadero influjo del surrealismo francés en el español: para unos, se trataría tan sólo del uso de técnicas surrealistas; para otros su verdadero influjo «no fue sólo técnico», sino que aportó una «nueva actitud moral» compartida por los escritores anteriormente mencionados en relación con dicho movimiento. Véanse: CREACIONISMO, DADAÍSMO, GENERACIÓN DE 1927 y PSICOANÁLISIS Y PSICOCRÍTICA LITERARIA.

Suspense (novela de). Término de origen inglés *(suspense)* con el que se alude a la expectación creada por el desarrollo de la trama en una obra narrativa y teatral o en una película, cuando se ha llegado a una situación crucial cuyo incierto desenlace mantiene en vilo al lector o a los espectadores. La llamada «novela de suspense» es una modalidad de la narrativa de intriga con la que se relacionan la novela «gótica», la de «misterio» y la de «terror». Es característica común a este tipo de obras la situación de ansiedad y permanente amenaza a la que están sometidos los personajes en el transcurso de la trama. Estas obras, que, en la modalidad de misterio y terror, encontraron una gran acogida en los siglos XVIII y XIX, han conocido en el siglo XX un resurgimiento notable gracias a las obras de William Irish (autor de *Pesadilla, Marihuana, El plazo expira al amanecer, La mujer fantasma*), E. Lina White (*El museo de la muerte*), E. S. Holding (*Una mujer acosada*) y R. Bloch, autor de *Psicosis*, llevada al cine por A. Hitchcock. Véanse: INTRIGA, NOVELA GÓTICA y NOVELA DE TERROR.

Suspensión. Figura literaria que se produce cuando se tiene pendiente al lector hasta el final de una frase, período, estrofa o poema, que es cuando se introduce un nuevo elemento que esclarece el significado del texto, en un sentido, a veces, inesperado. Esta figura se denomina también *sustentación*.

XXI

«¿Qué es poesía?, dices mientras
        [clavas
en mi pupila tu pupila azul;
¡Qué es poesía! ¿Y tú me lo pre-
        [guntas?
Poesía... eres tú».

        (Bécquer)

Sustentación. Véase SUSPENSIÓN.

T

Tablado. Término de origen latino (*tabulatum:* suelo de tablas) con el que se designa el «pavimento del escenario de un teatro» (DRAE). En los inicios del teatro romano la representación de los *juegos escénicos* se realizaba sobre un tablado: el primer teatro del que se tiene noticia (179 a.C.) era de madera. En la Edad Media, para las representaciones del teatro litúrgico, cuando comienza a representarse fuera de las iglesias, se utilizan tablados rudimentarios, o bien carros sobre los que se monta el escenario; lo mismo ocurre en el Siglo de Oro con la actuación de compañías ambulantes y en las representaciones de los autos sacramentales. Con el escenario estable de los corrales o de los teatros a partir del siglo XVII, sigue manteniéndose la realidad y el nombre de *tablado* para designar el pavimento de dicho escenario. En sentido figurado, se habla de «pisar bien las tablas» con el significado de «estar y moverse el autor en la escena con naturalidad y desembarazo» (DRAE). Véase: DECORADO.

Tabú. Palabra de origen polinesio utilizada en esta lengua para designar «lo sagrado», con un matiz de prohibición, por el que determinados objetos o personas relacionadas con la divinidad (estatuas, amuletos, sacerdotes, rey) son intangibles so pena de que se ponga en riesgo el *mana* (poder mágico de la tribu) y caigan tremendos castigos sobre el transgresor del tabú. Dicho término, en nuestro ámbito cultural, se aplica a una serie de objetos, acciones y palabras relacionadas con lo sexual, excrementos, etc., que no es decoroso mencionar, o de personas e instituciones que no es «políticamente correcto» censurar.

Tanka. Véase HAIKU.

Tasa. Consignación del precio de venta que debía figurar en todo libro impreso; cantidad que, en el Siglo de Oro, fijaba expresamente el Consejo Real y a la que debían someterse impresores y libreros. Como ejemplo, véase la que precede al texto de la primera parte del *Quijote*: «... tasaron cada pliego del dicho libro a tres maravedís y medio; el cual tiene ochenta y tres pliegos, que al dicho precio monta el dicho libro docientos y noventa maravedís y medio [...] y mandaron que esta *tasa* se ponga al principio de dicho libro y no se pueda vender sin ella [...]».

Teatralidad. Cualidad por la que un texto dramático, al ser puesto en escena, deja de ser mera literatura para convertirse en un espectáculo propiamente teatral. La esencia de la teatralidad radicaría no en el texto mismo, sino en ese conjunto de signos y sensaciones que se producen en el escenario a partir de la representación de la obra, que es percibida por los espectadores como un entramado de «artificios sensuales, gestos, tonos, distancias, luces, que sumergen el texto en la plenitud de su lenguaje exterior» (R. Barthes). Véase: TEATRO.

Teatralización. Véase TEATRALIDAD.

Teatro. Término griego (*theatron:* mirador) que, en su sentido original, alude al ángulo de visión o perspectiva desde la que se observa una acción o acontecimiento. Dicho término ha sido utilizado con las siguientes acepciones: *a)* como edificio destinado a espectáculos y a representaciones dramáticas; *b)* como escenario; *c)* como género literario: el dramático; *d)* conjunto de obras de un autor (el teatro de Calderón), de una época (el teatro del Barroco) o de un país (el teatro inglés); *e)* espectáculo teatral. En este último sentido, el teatro implica un espacio escénico, unos actores, una acción dramática y un público asistente que entra en el juego de la «ilusión de realidad», participando en la experiencia de la acción representada. Como soporte de dicha representación se encuentra un texto con todas sus virtualidades de «teatralidad». Ese texto dramático deja de ser literario para convertirse en espectáculo teatral gracias a la puesta en escena mediante un concurso de procedimientos de tipo verbal (declamación, entonación), mímico-gestual (gestos, ademanes, movimientos, etc.), indumentaria y dispositivo escénico: distribución del espacio, iluminación, sonido, decorados, utilería, etc. Desde una perspectiva histórica, el teatro surge en el marco de celebraciones rituales, p. e., en Grecia: las tragedias de Esquilo habrían surgido del ditirambo, un canto coral entonado en honor de Dioniso (véase: TRAGEDIA). En cuanto al espacio para la representación, se construyen los primeros teatros estables sobre la base de un graderío en piedra situado en la pendiente de una colina excavada en semicírculo (p. e., el de Dioniso en Atenas); en el rellano se sitúan el escenario destinado a los actores *(skene)* y el espacio reservado al coro *(orkhestra)*. En Roma se pasa del modesto espacio de madera inicial (el *pulpitum* de los actores era un escenario de tablas: *tabulatum)* a los primeros teatros de piedra, como el de Marcelo, construido en la época de Augusto.

Desde la caída del Imperio hasta el final de la Edad Media, el teatro clásico desaparece como espectáculo y como lugar específico de representación. En el transcurso de la Edad Media, junto a las muestras de representación juglaresca (mimos, farsas, juegos de escarnio), surge un teatro de tema religioso *(*misterio, *milagros),* desarrollado inicialmente a partir del drama litúrgico de Navidad y Semana Santa *(Officium pastorum* y *Visitatio sepulchri),* cuyas representaciones se habrían trasladado del espacio litúrgico a los atrios de las iglesias. En la transición de la Edad Media al Renacimiento emerge en diversos países europeos un teatro ambulante, que encuentra en España un impulso renovador en autores-actores como Lope de Rueda y B. Torres Naharro, el cual incorpora las nuevas técnicas del teatro italiano y acomoda los recursos de la comedia clásica de Plauto y Terencio a las exigencias estéticas y sociales de su época y público. Esta renovación dramática, proseguida por Juan de la Cueva y Cervantes y consumada por Lope de Vega, dará origen a un teatro consolidado que adquiere su espacio estable en los *corrales. En el aspecto arquitectónico, en el siglo XVI se configura en Italia el modelo de espacio escénico, que se hará extensivo al resto de Europa (de 1580 data el teatro Olímpico de Vicenza: escenario, foso para la orquesta, platea y pisos en forma semicircular) y que continúa, prácticamente sin cambios, hasta el siglo XIX.

En el siglo XX se advierte un amplio movimiento de renovación gracias a grandes dramaturgos y directores de escena (L. Pirandello, A. Artaud, E. Ionesco, B. Brecht, J. Grotowski, etc.) que vuelven a los orígenes del teatro, vivido como espectáculo festivo en la tragedia griega, misterios medievales, *Commedia dell'Arte* italiana, etc. Las líneas básicas de esta renovación serían: conversión del texto en medio disponible al servicio de un espectáculo total, aprovechando recursos procedentes del mismo teatro de títeres, circo, cine, *music-hall*; dignificación de los comediantes y capacitación para lograr destreza en la expresión corporal, gestualidad, mimo, declamación, etc. (K. Stanislavski, V. Meyerhold, Copeau); transformación de las condiciones espaciales de la representación para lograr una mayor participación de los espectadores: teatros circulares, escenarios móviles, vuelta al teatro ambulante (*La Barraca*, de Lorca, p. e.) en la calle, en el café, en la escuela, etc.; renovación de las formas expresivas del lenguaje dramático, para conmover y asombrar a los espectadores: lenguaje provocador (Artaud), simbólico (Lorca), destructor de la realidad que expresa (Ionesco, Vian, Genet) o revelador del sentido o sinsentido de la misma (Adamov, Beckett) o deformador y esperpéntico (Valle-Inclán).

Teatro del absurdo. Véase AB-SURDO.

Teatro ambulante. Véanse AMBULANTE y CÓMICOS.

Teatro de autor. Marbete aplicado a las representaciones teatrales basadas en textos escritos pertenecientes a un determinado autor, para diferenciarlo del teatro de creación colectiva al estilo del que ponía en escena la llama-

da *Commedia dell'Arte* italiana o del que surge en espectáculos de mimo, pantomima, etc.

Teatro callejero. Llamado también «teatro al aire libre» (en francés, *Théâtre de boulevard*; en inglés, *Street entertainment*), términos con los que se designa un tipo de representación teatral cuyo espacio escénico se sitúa en plena calle ante unos espectadores que, normalmente, asisten de pie al desarrollo del espectáculo. Esta forma de representación al aire libre cuenta con una larga tradición en la historia del teatro español, desde el religioso medieval hasta el teatro popular *ambulante, que acude a plazas y otros espacios abiertos hasta que se estabiliza en los corrales. En el siglo XX, ciertas experiencias de teatro político del período de entreguerras (promovidas por Piscator, B. Brecht, etc.) y de la década de los años sesenta se llevaron a cabo en escenarios al aire libre (plazas, mercados, campus de universidad, lugares anejos a fábricas, minas, etc.). Un ejemplo llamativo lo constituyen las representaciones del grupo Bread and Puppet Theatre realizadas en el transcurso de manifestaciones, como las de las famosas «marchas por la paz» de esa época.

Teatro de cámara. Llamado también «teatro íntimo» (Strindberg). Expresión con la que se designa un tipo de representación teatral que se desarrolla en una sala de tamaño reducido pensada para un pequeño público, que necesariamente ha de seguir el espectáculo a corta distancia del también reducido grupo de actores, lo cual influye en la creación de un ambiente cálido que, normalmente, ha de favorecer una mayor intercomunicación entre actores y espectadores. Estas condiciones de espacio y ambiente influyen también en las características de las obras, las cuales deben responder a esa atmósfera intimista, de reflexión y, en cierta medida, de confidencia: obras referidas a conflictos personales que atañen a la condición humana: soledad, comunicación, alienación, problemas de la vida en común, especialmente en pareja, búsqueda de sentido, amor. Ejemplo: *El pelícano* (1917), de Strindberg.

Teatro de la crueldad. Título acuñado por A. Artaud para denominar una modalidad teatral que presenta un carácter de ritualidad violenta y mágica con el pretendido fin de provocar al espectador, sacarle de su pasividad y obligarle a entrar en el desarrollo de la representación, que aspira a convertirse en un juego ritual y festivo. Para devolver al teatro sus virtualidades primigenias, Artaud propone terminar con la «superstición de los textos» y recuperar un lenguaje capaz de sacudir al público y de ponerlo «en trance» mediante «violentas imágenes físicas» que puedan hipnotizar «la sensibilidad del espectador, arrastrado por el teatro como un torbellino». Para ello, habrá que dirigirse al organismo entero del hombre a través de un lenguaje integral: el de los objetos, gestos, sonidos, ritmos, luces, colores, etc., creando, para ello, un «espectáculo total, donde el teatro recobre del cine, del *music-hall*, del circo y de la vida misma lo que siempre fue suyo».

Teatro documental. Expresión con la que se alude a un tipo de obra dramática en cuya concepción y puesta en escena el autor utiliza fuentes documentales procedentes de textos históricos, reportajes, fragmentos de películas, etc., como base de un texto dramático concebido, generalmente, desde una perspectiva y una función políticas. Entre las primeras muestras de esta modalidad de creación teatral figura *La muerte de Danton* (1835), en la que su autor, G. Büchner, incorporó materiales recogidos del mismo proceso. En 1925, E. Piscator desarrolla su original puesta en escena de *A pesar de todo*, en la cual «toda la representación fue un solo montaje gigantesco de discursos auténticos, escritos, recortes de periódicos, proclamas, prospectos, fotografías y películas de guerra, de la revolución, de personajes y escenas históricas. Las fotografías mostraban descarnadamente la atrocidad de la guerra [...]. Estas imágenes debían producir en la masa proletaria una sacudida más fuerte que cien artículos» (E. Piscator). Utilización de elementos documentales aparecen, igualmente, en ciertas obras de B. Brecht, R. Hochhuth (*El vicario,* 1962), P. Weiss (*Discurso sobre Viet-Nam,* 1968), etc.

Teatro educativo. Marbete de significado amplio en el que caben, en líneas generales, desde el teatro de contenido religioso y moralizador de la Edad Media y del Siglo de Oro (los autos sacramentales, obras como *El condenado por desconfiado,* de Tirso de Molina, etc.) hasta el teatro ilustrado del siglo XVIII, que, siguiendo la normativa clásica, pretende cumplir con el doble objetivo de divertir y enseñar (*delectare et docere*). Éste es el lema que recuerda G. M. de Jovellanos en su *Memoria para el arreglo de la policía de espectáculos y diversiones públicas* (a propósito de la necesidad de sustituir ciertos dramas corruptores de «la inocencia del pueblo» por otros «capaces de deleitar e instruir») y que es compartido por otros ilustrados europeos como D. Diderot, Voltaire, G. E. Lesing, etc. En los siglos XIX y XX diversos dramaturgos plantean en su teatro una problemática cargada de alto sentido moral, filosófico o político (en las obras de Ibsen, B. Pérez Galdós, M. Gorki, J.-P. Sartre, B. Brecht, A. Buero Vallejo, etc.) cuyo objetivo es provocar en los espectadores una toma de conciencia sobre esa problemática y, en su caso, un compromiso personal al respecto.

Teatro épico. Véase ÉPICO.

Teatro experimental. Título con el que se alude a una fórmula de creación dramática en la que ocupa un lugar importante la invención de nuevas formas de representación y producción teatral (p. e., creación colectiva de obras por parte de un director de escena y sus actores), así como la posible integración, en la obra de teatro o en su puesta en escena, de técnicas procedentes de otros espectáculos (circo, cine, teatro de títeres, etc.) o las innovaciones relativas a otros aspectos de la realidad teatral, como la preparación de los actores, la ordenación de la sala (para lograr una mayor participación de los espectadores), la adecuación del dispositivo escénico: luz, sonido, etc. Ejemplos de este teatro experimental han sido el teatro-laboratorio de J. Grotowski, el Living Theatre, The Open Theatre, Bread and Puppet Theatre, las experiencias realizadas por directores como R. Planchon, P. Brook, L. Ronconi y, en España, por los grupos del llamado *teatro independiente*.

Teatro hindú. Véase KATHA-KALI.

Teatro independiente. Denominación aplicada a una serie de grupos teatrales surgidos en España en la década de los años sesenta y comienzos de los setenta del siglo XX, preocupados por crear un teatro innovador y de exigente calidad artística, al margen de las salas comerciales, abierto a las jóvenes generaciones, principalmente estudiantes y trabajadores. Preocupados por lograr una rigurosa capacitación profesional de los actores, crean sus escuelas de formación, donde se imparten cursos y se realizan tareas de investigación de técnicas, lenguaje teatral, puesta en escena, etc. Entre los numerosos grupos surgidos a partir de los años sesenta cabe recordar Aquelarre, Els Comediants, Els Joglars, El Tricicle, La Abadía, La Cuadra, La fura dels baus, Los goliardos, etc.

Teatro japonés. Véanse JŌRU-RI, KABUKI y KYŌGEN.

Teatro leído. Con esta expresión se alude a la función asignada por el autor de un texto dramático a la recepción del mismo por el público espectador o lector. En este sentido, parece que determinados textos fueron concebidos por su autor para ser leídos, p. e., la obra dramática de Séneca, *La Celestina* (a juzgar por lo que se dice en la cuarta copla de Proaza: «leyendo a *Calisto* mover los oyentes...») o, en el siglo XIX, *Espectáculo de un sillón*, de A. de Musset, *Manfred*, de Byron, etc.

Teatro de marionetas. Véase MARIONETAS.

Teatro de parábola. Denominación que engloba una serie de obras de dramaturgos como M. Frisch y F. Dürrenmatt en las que se representan diversos conflictos humanos a través de una trama frecuentemente grotesca, aunque coherente, y que constituye una especie de ejemplo dramatizado del que se deriva una idea moral; no obstante, sus autores insisten en que está ausente un explícito fin moralizador. Las obras de Dürrenmatt presentan, en su visión parabólica, una crítica de ciertas actitudes humanas y comportamientos sociales, como el de la corrupción moral provocada por el dinero (*La visita de la vieja dama*), el de la reducción de la libertad humana en un Estado rígidamente jerarquizado (*Frank V*), el de la responsabilidad moral de los científicos (*Los físicos*), etc.

Teatro pobre. Título aplicado a un modelo de representación teatral, creada por el director polaco J. Grotowski, que, en el Instituto de la Investigación del Actor (Wroclaw, 1965), trata de llegar a lo esencial del teatro, desechando lo que denomina «teatro rico», que utiliza, en el montaje, recursos de otras artes o espectáculos, como el cine, el circo, la televisión, etc., con el fin de competir con esos medios. Cree, por el contrario, que se puede recuperar la teatralidad de la representación dramática con pobreza de medios: prescindir de la dicotomía tradicional escenario-público (hay puestas en escena en las que los actores pueden actuar entre los espectadores), abandonar los efectos de luces, suprimir el maquillaje (el actor puede cambiar de tipo, de carácter, de silueta «usando sólo su cuerpo y su oficio») y el vestuario específico y lujoso, que es suplantado por trajes «sin valor autónomo», que encuentran su sentido en relación con las funciones del actor. Se prescinde igualmente de la música que no haya sido producida por los mismos actores. La representación se funda definitivamente en lo que es esencial al teatro: el actor, que, al entregarse totalmente a su cometido, mediante una técnica del «trance», es capaz de integrar todas sus potencias psíquicas y corporales. El teatro tiende a recuperar, de esta forma, el sentido ritual primigenio de descubrimiento de lo humano, de vuelta a las «raíces» del «alma mítica» en el buceo de los mitos y arquetipos primordiales.

Teatro político. Denominación bajo la que se engloban diversas experiencias de teatro de compromiso político y social, como el *Agit Prop* (teatro de agitación y propaganda, montado después del triunfo de la revolución rusa de 1917), el teatro proletario (1920-1921), el teatro del pueblo (1924-1927) y el teatro político (1929), dirigidos por E. Piscator durante las fechas indicadas, e igualmente las piezas de B. Brecht conocidas como *Lherstück (La decisión,* 1930; *La madre,* 1932, etc.) o su obra *Terror y miseria del Tercer Reich* (1938), el *Groupe Octobre* de los franceses Pierre y Jacques Prévert, el teatro de guerrilla de R. Alberti y M.ª Teresa León, así como una parte de la producción dramática de J.-P. Sartre, J. Osborne, S. O'Casey, P. Weiss, etc. De los autores mencionados, es E. Piscator quien ha formulado de la manera más tajante su concepción política del teatro en su obra titulada, precisamente, *Teatro político:* «Nosotros no concebimos el teatro tan sólo como el espejo de una época, sino como el medio de transformar esa época». Véase: TEATRO DOCUMENTAL.

Teatro simbolista. Véase SIMBOLISMO.

Teatro en el teatro. Véase METATEATRO.

Teatro de títeres. Véase TÍTERES.

Teatro total. Expresión utilizada por W. Gropius *(Totaltheater)* para referirse al intento de abarcar, en la obra teatral, la realidad, no ya en sus aspectos parciales, sino en «su totalidad». Para ello se pretende representarla desde distintas perspectivas y medios en una escena en la que converjan, en una fusión homogénea, todas las artes (pintura, escultura, arquitectura, música, literatura), en la línea de lo auspiciado ya en su tiempo por R. Wagner. Es también la idea del «espectáculo integral» de A. Artaud, el cual matiza, no obstante, que el teatro no debe confundirse en ningún momento «con la música, la pantomima o el baile, y en particular con la literatura». Este teatro total exigiría, a juicio de J. L. Barraull, que el conjunto del dispositivo escénico (decorado, utilería, iluminación, música, ruidos) se humanice y «llegue a servir al teatro en su totalidad». Véanse: TEATRO DE LA CRUELDAD Y TEATRO POBRE.

Telón. Gran lienzo que en las salas de teatro cierra la embocadura *(telón de boca)* del escenario; se levanta al comenzar la representación y se baja al terminar, ocultando así la escena durante los entreactos. Se denomina *telón de foro,* o de fondo, al que cierra la escena formando el frente de la decoración. El *telón corto* es «el que se coloca inmediatamente detrás de la embocadura, mientras se representan delante breves escenas episódicas y permite mudar, a su espalda, la decoración» (DRAE).

Tema. Término utilizado con diversas acepciones, según las diferentes corrientes de crítica literaria. En una concepción tradicional, basada fundamentalmente en el análisis de los contenidos de un texto, se entiende por tema la idea central en torno a la que gira un poema, relato u obra dramática: p. e., la idea del desengaño sería tema central en una serie de obras del Barroco; otros temas básicos serían el amor, los celos, la caducidad del tiempo, la muerte, etc. En literatura comparada se aplica dicho término para designar determinados mitos, ideas o motivos que reaparecen en diversas culturas: el tema del cainismo, del descenso a los infiernos, el mito de Prometeo, etc. Para ciertos formalistas, tema es la «unidad significativa mínima, reiterada a lo largo de una obra» (B. Tomachevski); un rasgo esencial del tema es que constituye un sistema global que hace inteligibles los significados de una obra. En semiótica se habla de *rema como concepto complementario de *tema.* Si tema es el sujeto del enunciado o del discurso, aquel de quien se habla, rema sería la información que se aporta de nuevo sobre ese sujeto. «Tema es el contenido inicial y prevalente de la información, mientras *rema* es cada añadido o desarrollo sucesivo» (C. Segre).

Temporalización. Término utilizado en narratología para aludir al proceso de transformación, en un relato, del *tiempo de la historia* en el *tiempo del discurso,* de acuerdo con los principios del orden temporal y del ritmo narrativo. Véanse: ANALEPSIS, PROLEPSIS y TIEMPO.

Tensó. Véase TENSÓN.

Tensón. Término relacionado con el francés arcaico *tençón* (en latín existe *con-tentio:* disputa, certamen) y con *tensó,* palabra con la que se denomina una composición poética provenzal concebida en forma de controversia. Ésta se desarrolla entre dos trovadores, los cuales defienden cada uno su propia opinión en estrofas alternas. La temática de estos poemas es muy variada (aunque predomina lo relacionado con el amor), lo mismo que el tono, que puede ser en unos casos idealista o espiritual y en otros incluso obsceno: p. e., qué partes del cuerpo de la mujer resultan más excitantes. Relacionada con la *tensó* provenzal y con el *partimen* está la *recuesta* castellana del siglo XV.

Teoría de la literatura. Es una de las cuatro ramas en las que se divide la ciencia de la literatura: teoría de la literatura, crítica literaria, historia de la literatura y literatura comparada. Históricamente, dicha disciplina ha sido conocida con otras denominaciones, como poética, crítica literaria, ciencia de la literatura, etc. Sin embargo, este último marbete se reserva en la actualidad para designar el conjunto de ramas aludidas al principio. Entre ellas existen claras diferencias en cuanto a su objeto formal; el objeto material de todas ellas lo constituyen los textos literarios. Por lo que se refiere a la teoría de la literatura, su objeto formal es la reflexión teórica sobre el sistema de aspectos constantes y específicos de dichos textos. Su función es básica con respecto al conjunto de los estudios literarios, y su cometido es establecer los fundamentos teóricos de la ciencia de la literatura y, en concreto, construir un *metalenguaje* a partir del cual sea posible estudiar con rigor cualquiera de las cuestiones que se formulen en las mencionadas ramas de dicha ciencia.

La creación de este metalenguaje ha sido obra de sucesivas generaciones a partir de la cultura griega y, en especial, desde la *Poética* de Aristóteles, cuya importancia es fundamental en la génesis de esta ciencia, ya que en dicha obra se abordan varias de las cuestiones que siguen ocupando la atención de los estudiosos: el concepto de poesía y de lengua poética, la diversidad del lenguaje artístico en verso y en prosa, la noción, naturaleza, objeto y modos de la mimesis, el concepto, origen y criterios de diferenciación de los géneros literarios, definición y análisis de la estructura y funciones de la tragedia, de la epopeya, comedia, etc. Sobre la pervivencia de esta teoría literaria en Roma, las interferencias entre poética y retórica en la cultura grecolatina, su posterior fusión en la denominada «poetria» medieval, el redescubrimiento de la obra de Aristóteles en el Renacimiento y sus múltiples comentarios, la adhesión de los neoclásicos a esa tradición aristotélica y horaciana, puede consultarse en POÉTICA. Sobre la renovación de la teoría literaria en el transcurso del siglo XX, se remite nuevamente al lector a los artículos sobre *poética, *ciencia de la literatura y *neorretórica. Véanse además: CRÍTICA LITERARIA, HISTORIA DE LA LITERATURA, LITERATURA COMPARADA y NARRATOLOGÍA.

Tercerilla. Estrofa de tres versos de arte menor que puede presentar diferentes formas de estructura métrica (*aba; abb;* etc.) y de rima: consonante o asonante. Lo mismo que el terceto, puede aparecer en estrofas encadenadas. A veces, la tercerilla ha sido utilizada como es-

tribillo o también como introducción de alguna composición poética; así ocurre en la *Serranilla de Bores:*

«Moçuela de Bores
allá do lo lama
púsome en amores...».

(Marqués de Santillana)

Tercerillo o tercetillo. Véase TERCETO.

Terceto. Estrofa de tres versos, generalmente endecasílabos, que, en una serie *encadenada,* riman en consonante el primero con el tercero y el segundo con el primer verso del terceto siguiente. Ésta es la forma que tenía originalmente la *tercia rima* italiana, que aparece en la *Divina Comedia* de Dante y que Boscán introduce en España en dos epístolas. Garcilaso de la Vega utiliza dicha estrofa en dos elegías. El siguiente fragmento corresponde al final de su elegía primera:

A   «Yo te prometo, amigo, que
                        [entre tanto
B   que el sol al mundo alumbre y
                        [que la escura
A   noche cubra la tierra con su
                        [manto,
B   y en tanto que los peces la
                        [hondura
C   húmida habitarán del mar
                        [profundo
B   y las fieras del monte la espe-
                        [sura,

C se cantará de ti por todo el
                  [mundo,
D que en cuanto se discurre,
                  [nunca visto
C de tus años jamás otro segun-
                  [do [...]».

(Garcilaso de la Vega)

Una variante de dicha estrofa es el llamado *tercerillo* o *tercetillo*, que es un terceto en versos de arte menor. La rima puede ser consonante o asonante.

Tercia rima. O *terza rima*. Véase TERCETO.

Tertulia. Reunión periódica de personas en torno a algún escritor o escritores, en su domicilio, en un café o en el marco de una institución pública, para tratar de temas culturales, especialmente estéticos y literarios. Dejando aparte las academias del Siglo de Oro, desde el siglo XVIII hay constancia de este tipo de reuniones periódicas entre escritores: recuérdense la de N. Fernández de Moratín, T. de Iriarte, J. Cadalso, etc., en *La Fonda de San Sebastián,* o las de *El Parnasillo* en el Café del Príncipe (donde se reunían R. de Mesonero Romanos, Bretón, Espronceda, Gil de Zárate, M. J. de Larra, etc.), o, ya en el siglo XX, la del *Gato Negro* (iniciada por J. Benavente), la de la *Revista de Occidente* (promovida por J. Ortega y Gasset), las surgidas, sucesiva-

mente, en torno a Valle-Inclán, a F. García Lorca y A. Rodríguez Moñino en el *Café de Lyon* y la que pudiera considerarse como prototipo, la del *Café de Pombo,* animada por Gómez de la Serna. Véanse: ACADEMIA e INSTITU-CIÓN LITERARIA.

Tesis. Término de origen griego (de *tizemi:* exponer) utilizado en dicha lengua, tanto en filosofía (con el sentido de «afirmación», de exposición de doctrina y de punto de partida del silogismo en el que se basa una demostración) como en teoría literaria, para designar el descenso rítmico o tiempo fuerte de un pie métrico. En la literatura del siglo XIX se produce un tipo de novelas a las que se califica como «de tendencia» o *de tesis,* en las que el compromiso con una ideología religiosa, moral o política condiciona la configuración de las mismas en su estructura, creación de personajes y concepción estética global, p. e., *Doña Perfecta,* de B. Pérez Galdós; *De tal palo, tal astilla,* de J. M.ª de Pereda, *El escándalo,* de P. A. de Alarcón, etc.

Testimonio de erratas. Requisito previo a la autorización del Consejo Real para publicar un libro en el Siglo de Oro. Consistía en la presentación de dos ejemplares editados, junto con el texto original (examinado, anteriormente), para comprobar la completa coincidencia, lo que suponía que se habían incluido las enmiendas exigidas. Véase, como ejemplo, el testimonio de erratas que aparece antes de la primera parte de *El Quijote:*

«Este libro no tiene cosa digna que no corresponda a su original; en testimonio de lo haber correcto, di esta fee. En el Colegio de la Madre de Dios de los Teólogos de la Universidad de Alcalá, en primero de diciembre de 1604 años».

(El Licenciado Francisco Murcia de la Llana)

Tetradecasílabo. Verso de catorce sílabas. Fue utilizado originalmente en los poemas del Mester de Clerecía. A este verso se le denomina también *alejandrino,* por haberse utilizado inicialmente en el poema francés del siglo XII *Roman d' Alexandre,* cuyo tema, vida de Alejandro Magno, reaparece en el español *Libro de Alexandre* (s. XIII). El tetradecasílabo presenta, según T. Navarro Tomás, las siguientes modalidades: trocaica (con acento en 2.ª y 6.ª sílabas de cada hemistiquio), dactílica (con acentos en 3.ª y 6.ª), mixta (acentuado en 1.ª y 6.ª) y polirrítmica, cuando se combinan los modelos mencionados. Véase: CUADERNA VÍA.

Tetralogía. Véase TRILOGÍA.

Tetrasílabo. Verso de cuatro sílabas con acento obligatorio en la tercera. Comienza a usarse en la *Historia Troyana* y en pies quebrados de poemas del *Libro de Buen Amor,* y pervive hasta el siglo XX. Ejemplo:

«Veinte presas
hemos hecho
a despecho
del inglés [...]».

(Espronceda)

Tetrástico. Término de origen griego (*teatrastijos:* de cuatro filas) con el que se designa la estrofa de cuatro versos alejandrinos, característica del *Mester de Clerecía, más frecuentemente denominada *cuaderna vía o *tetrástrofo monorrimo.

Tetrástrofo. Expresión formulada por cuatro voces de origen griego (*tetra-strophos:* cuatro cuerdas, y *monos-rhytmos:* de un único ritmo, o rima) con la que se denomina una estrofa peculiar del *Mester de Clerecía, conocida también como *cuaderna vía,* que está compuesta por cuatro versos de catorce sílabas, o alejandrinos, que llevan una misma rima consonante. Véase: CUADERNA VÍA.

Texto. Término de origen latino (*textus:* tejido) con el que se designa tanto el soporte material donde se plasma el contenido de un mensaje (manuscrito o volumen impreso) como el mensaje mismo cuyos componentes léxicos están interconexionados formando un «tejido» verbal. En la lingüística contemporánea se considera el texto como un enunciado coherente, de extensión variable, oral o escrito, al que se ha definido como «una secuencia de frases y de sintagmas ligados que progresa hacia un fin» (D. Slakta). Algunos lingüistas han tomado ciertos conceptos de la retórica para explicar los mecanismos de ensamblaje y progresión del discurso o texto, p. e., la *anáfora (reiteración, a lo largo de un texto, no sólo de palabras, sino también de personajes, acciones y objetos interrelacionados a través de formas deícticas), la *recurrencia, *correferencia (presencia de un referente común a varias palabras), sinónimos, paráfrasis, así como la contigüidad léxica y semántica. En cuanto a la progresión del texto, cada frase o enunciado comporta un material informativo o *tema (relativo a personas, objetos, acontecimientos) ya desarrollado anteriormente, a la vez que suministra un nuevo aporte informativo o *rema. Todo texto progresaría en virtud de esa alternancia de temas y remas: el rema de la primera frase o enunciado constituiría el tema de la segunda, y así sucesivamente. En este sentido, la sintaxis (pronombres, artículos, sucesión de tiempos verbales, etc.), el léxico (recurrencia, correferencia, contigüidad léxica, etc.) y la iteratividad de las *isotopías, tanto gramaticales como semánticas, harían posible la cohesión y progresión de un texto.

Aunque el término «texto» conviene tanto al discurso oral como al escrito, cuando se trata de un texto literario se piensa fundamentalmente en la modalidad de la escritura. Esta característica del texto literario implica una peculiaridad en el plano de la comunicación: emisor y destinatario no son interlocutores *in praesentia*. Esto supone que el autor emite su mensaje sin saber quién va a ser su destinatario, y éste desconoce el contexto en el que el emisor ha redactado ese mensaje. Esta circunstancia obliga al emisor a sugerir en la obra una serie de referencias al contexto en el que se ha generado para que el texto logre su autonomía. El receptor habrá de reconstruir por sí mismo el contexto e interpretar el mensaje de acuerdo con las pautas sugeridas por el emisor para facilitar la función decodificadora de la lectura. La diferente posición del emisor hacia los destinatarios y de éstos hacia el mensaje, así como la diversa finalidad del mensaje textual y la variación de la relación entre texto y contexto, estarían en la base de los distintos tipos de textos: novela, poemas líricos, épicos, cuentos, dramas, etc. Otro tanto ocurre con los géneros y subgéneros, cuya elección determina la forma del mensaje en el acto de su creación o emisión e influye en la coherencia interna del texto, basada en la correlación de argumento, género y procedimientos lingüísticos y estilísticos. Esta coherencia interna implica, a su vez, una estructuración del texto en diferentes estratos o niveles caracterizados por una función específica en relación con el conjunto de la obra. De estos niveles, unos (fonológico, morfológico y sintáctico) pertenecen al plano del discurso, y otros (enunciativo, semántico y simbólico) a los contenidos de ese discurso.

En torno al concepto de texto, la crítica ha acuñado una serie de términos complementarios, tales como *antetexto* (el conjunto de materiales que preceden a la redacción definitiva de una obra: esbozos, primeras copias, sucesivas redacciones, etc.), *pretexto* (el texto es un mensaje que adquiere su plena significación en la lectura autónoma del destinatario: así el texto se convierte en un pretexto), *contexto* (circunstancias socioculturales y código de referencias artísticas y literarias que condicionan la creación del texto), *intertexto* (conjunto de citas, fórmulas, rasgos estilísticos que relacionan al texto con otros textos o modelos literarios de los que depende), *intratexto* (interrelación de los distintos niveles constitutivos de un texto), *macrotexto* (conjunto de textos parcial o totalmente autónomos que se agrupan en un texto más amplio: p. e., el *Cancionero*, de Petrarca; *El Conde Lucanor*, de Don Juan Manuel), etc. Véanse: CONTEXTO, INTERTEXTUAL, LINGÜÍSTICA DEL TEXTO y MACROTEXTO.

Textura. Véase NEW CRITICISM.

Tiempo. Categoría abstracta relativa a la duración, sucesión y orden de los fenómenos. Es un concepto fundamental en teoría literaria sin el cual un drama o un relato narrativo serían incomprensibles. Ahora bien, el tiempo en que se desarrollan las vidas de ficción de unos personajes es distinto del cronológico, en el que suceden los fenómenos de la realidad. Por ser un tiempo «creado», el autor de un relato puede manipularlo a su arbitrio. Una misma historia de ficción puede ser contada en diferentes tiempos; en presente, en pasado, adelantando acontecimientos, volviendo en *flash back* sobre unas experiencias remotas, etc.; y es que en un relato se pueden distinguir dos formas de organización del tiempo: el de la **fábula,* o tiempo de la *historia* (el orden cronológico en que sucedieron los acontecimientos de esa historia), y el de la **trama* o tiempo del *discurso:* el orden en el que el narrador los presenta al relatar esa historia. Véanse: FLASH BACK, PROLEPSIS y RETROSPECCIÓN .

Timbre. Es una de las cualidades esenciales del sonido articulado: tono, timbre, cantidad e intensidad. El timbre es el matiz característico de un sonido, que puede ser agudo o grave según la altura de la nota que corresponde a su resonador predominante.

Tipo. Personaje que reúne un conjunto de rasgos físicos, psicológicos y morales prefijados y reconocidos por los lectores o el público espectador como peculiares de un «rol» ya conformado por la tradición. El tipo encarna figuras representativas de grupos sociales reducidos, a los que se caracteriza por un rasgo psicológico o moral (p. e., el avaro, el seductor), una actividad (el buldero, el aguador) o un medio social (el pícaro, el bandido), etc.

Tirada. Serie indefinida de versos de medida variable que mantienen una misma rima asonante. En los cantares de gesta se suceden tiradas de versos de diversa extensión, y su inicio y final se reconocen por el cambio de rima con respecto a la serie anterior y posterior. Este cambio de rima suele producirse cuando varía el contenido, los personajes que intervienen o el espacio en que se desarrolla la acción del relato.

Tirana. Véase REDONDILLA.

Títeres. Término con el que se designan unas figurillas de madera, cartón o pasta que se mueven, manipuladas, en un pequeño escenario. Los tipos de títeres más utilizados desde la Edad Media son los llamados de *hilos* o cuerdas (muñecos suspendidos de hilos que, unidos a la cabeza, hombros, manos y rodillas, van a parar a las manos del titiritero, que dirige los movimientos de dichos muñecos) y los de *guante* (figura formada por un armazón de tela al que se sujetan la cabeza y las manos, en cuyo interior se dejan unos orificios por los que se introduce, a modo de guante, la mano del titiritero, que dirige los movimientos del muñeco, activando la cabeza con el índice y las dos manos con el pulgar y el medio). A veces el muñeco lleva una cachiporra en una mano; de ahí su nombre de *títeres de cachiporra* o también *Cristobitas* (p. e., en las piezas para el teatro de *guiñol,* de F. García Lorca). En los Siglos de Oro hay constancia de que en los teatros ambulantes funcionaban retablillos con títeres de guante y de hilos. Cervantes se hace eco de estos teatros de títeres en *El Retablo de las Maravillas* y en *El Quijote.* El retablo de títeres pervive a lo largo de los siglos XVIII y XIX. En el siglo XX esta expresión dramática popular es recogida por grandes autores como Valle-Inclán en su teatro esperpéntico (*Los cuernos de don Friolera* y los «melodramas para marionetas»: *La rosa de papel* y *La cabeza del Bautista*) y García Lorca en sus farsas para guiñol: *Retablillo de don Cristóbal* y *Tragicomedia de don Cristóbal y la señá Rosita*. Véase GUIÑOL.

Título. Palabra o frase con la que se denomina un texto, manuscrito o impreso, o cada una de sus partes o divisiones. Aplicado a una obra literaria, el título cumple las funciones de identificación, información sobre su contenido y llamada de atención sobre su interés para los lectores. Un título puede ser simple (*Bomarzo*, de M. Mujica Lainez) o compuesto de título y subtítulo (*Fortunata y Jacinta, Dos historias de casadas*, de B. Pérez Galdós), de primer título y título secundario (*Doña Rosita la soltera, o El lenguaje de las flores*, de F. García Lorca), de primer título, título secundario y subtítulo (*Zadig o el destino, historia oriental*, de Voltaire).

Tmesis. Término griego (*tmesis*: corte, separación, parte), heredado de la retórica grecolatina, con el que se alude al hecho lingüístico y literario de la fragmentación de una palabra compuesta al intercalarse otra palabra entre los elementos constituyentes de la primera o al mediar una pausa métrica que la separa entre dos versos. Ejemplos:

«La *jeri* aprenderá *gonza* siguiente» (*jerigonza*).

(Quevedo)

Tonadilla. Canción popular, de métrica variable y asunto ligero y desenfadado, que tiene cierto auge en el siglo XVIII. Testimonios de este tipo de composiciones son las tonadillas anónimas «El chasco del perro», «Los gitanos» y «Los pastores amantes», a la que pertenece el siguiente sexteto:

«Arroyuelos, aves y flores,
el objeto de mis amores,
mi Gabino, ¿dónde estará?,
que al camino salí a buscarle
y no pude verle ni hablarle,
¿si otra senda tomado habrá?».

En el siglo XVIII surge también con el nombre de tonadilla una pieza teatral corta, a modo de entremés musical. Inicialmente, eran canciones con estribillo denominadas *tonadillas escénicas*, con las que finalizaban los entremeses o bailes entremesados en dicho siglo. Con el tiempo, este tipo de tonadillas, dotadas de argumento y orquestación propia, adquieren autonomía y llegan a constituir un subgénero peculiar con una técnica de composición y realización especializadas, sobre todo en lo que se refiere al canto. Estas piezas presentan temas análogos a los del sainete (al que en ocasiones suplanta): asuntos relativos a ambientes populares, preferentemente madrileños. Están escritas en verso, con estrofas pertenecientes a la tradición popular: copla, seguidilla y romance. Entre sus cultivadores, figuran Ramón de la Cruz (*La gitana pastora, El cazador*), Esteve (*La dama del buen gusto*), Guerrero, Misón, etc.

Tonema. Véase TONO.

Tónica (sílaba). Véase TONO.

Tónico. Se dice del acento melódico (característico, p. e., de la lengua griega), que consiste en una elevación del tono de voz al pronunciar la sílaba acentuada. Se da también la denominación de tónico al acento de intensidad (propio del español) que se traduce en un mayor esfuerzo expiratorio y que recae sobre una determinada sílaba de una palabra. A esta sílaba se la designa como sílaba *tónica*, mientras que a la precedente se la llama *protónica*, y a la que sigue, *postónica*. Véase: ACENTO.

Tono. Término utilizado en música (la medida del intervalo entre dos sonidos), en pintura (se habla de tonos «calientes» o «fríos», según se acerque al color anaranjado o al azul) y en prosodia y entonación (altura musical de un sonido emitido por la voz humana). El tono depende de la frecuencia de vibraciones que produce el sonido: si aumenta o disminuye la frecuencia, asciende o desciende el tono. Se llama entonación a la línea de altura musical determinada por la serie de sonidos sucesivos que componen un grupo fónico. Esta entonación puede ser ascendente (anticadencia) o descendente (cadencia), aguda o grave, uniforme, etc. A la diferente elevación o descenso de la voz que se produce al final de la emisión de un grupo fónico se denomina *tonema*.

En crítica literaria, el término «tono» se ha puesto en relación con el estilo para significar la actitud que asume un escritor en el tratamiento de un tema o la de un narrador frente al relato y sus personajes. Así, un tema puede ser tratado en tono grave o jocoso, pesimista u optimista, alegre o desgarrado y patético; o un autor puede mirar a sus personajes en un tono benevolente y de simpatía o con distanciamiento irónico.

Topos. Véase LUGAR COMÚN.

Tradición. Término de origen latino (de *traedere*: entregar, transmitir a la posteridad) utilizado en diversas acepciones: jurídica (transmisión de propiedad), teológica (depósito de revelación, confiado a la Iglesia) y literaria (conjunto de obras, temas, técnicas expresivas y estilos de origen popular y culto que conforman el pasado cultural en cuyo contexto surge toda creación artística). En las más diversas culturas ha existido una tradición **oral,* formada por creaciones de tipo popular, generalmente anónimas, y pertenecientes a los distintos géneros que constituirán, más tarde, la tradición culta: coplas y canciones líricas, leyendas épicas, baladas, cuentos, apólogos, refranes, etc.

Tradición diplomática. Expresión con la que se designa el «conjunto de manuscritos o impresos que han transmitido hasta nosotros un texto literario *(tradición directa),* así como de sus fuentes literarias, sus traducciones a otras lenguas, comentarios, alusiones, citas, imitaciones, parodias, etc., que puedan ayudar de algún modo a fijar el citado texto *(tradición indirecta)*» (F. Lázaro Carreter). Cuando se prepara la edición crítica de un texto, la primera tarea es, precisamente, reunir todo ese material con el fin de poder restaurar el texto original de una obra o acercarse a él lo más posible, partiendo de los elementos proporcionados por la mencionada tradición diplomática: es lo que se conoce con el nombre de *recensión.* Véanse: AUTÓGRAFO, EDICIÓN, MANUSCRITO y STEMMA.

Traducción. Es la versión de una comunicación oral o de un texto escrito desde una lengua extranjera hasta la propia del traductor (traducción *directa)* o viceversa (traducción *inversa).* Esta versión puede ser *literal,* si se atiene a la traducción rigurosa de palabra por palabra, y *libre,* si se prima la búsqueda de mayor exactitud en la traslación del sentido sobre la fidelidad a la expresión lingüística del idioma traducido.

Tragedia. Término de origen griego *(tragos:* macho cabrío, y *odé:* canción) con el que, originalmente, se denominaba el canto ejecutado por un coro al sacrificar el macho cabrío a Dioniso. Posteriormente, dicho término se utiliza para designar la representación dramática de una acción grave (su protagonista sucumbe fatalmente a un destino aciago) en la que intervienen personajes nobles (dioses, héroes, reyes, etc.) y de la que se sigue un efecto purificador en los espectadores.

El origen de la tragedia es ritual: inicialmente aparece vinculada al *ditirambo,* poema cantado por un coro y un solista en las fiestas de Dioniso. Con Tespis el solista se convierte en un primer actor, al que Esquilo añadirá un segundo y Sófocles un tercero, con lo que se configura el cuadro de los tres papeles principales de la representación dramática: protagonista, deuteragonista y tritagonista. Tespis obtuvo el premio a su trilogía de tragedias en las fiestas dionisias del 533 a.C. Sin embargo, la primera obra conservada (los *Persas, c.* 472 a.C.) pertenece a Esquilo; en ella está ya diseñada, en lo esencial, la estructura de la tragedia. Sus elementos básicos son los cantos corales acompañados de música y los diálogos recitados por los actores. Las partes fundamentales son: *a)* el *prologos,* consistente en un monólogo o diálogo que sirve de iniciación al espectáculo teatral, antes del ingreso del coro, y en el que se podía esbozar el argumento de la obra; *b)* la *parodos,* o canto entonado por el coro mientras entra en la escena; *c)* los *epeisodia,* cuadros o escenas representadas por los actores; *d)* los *stasima,* cantos realizados por el coro desde la *orchestra;* señalan el final de cada episodio y, normalmente, aluden a la situación creada en escena en el transcurso del episodio anterior; *e)* el *exodos* o salida: escena con la que finaliza la tragedia. La acción dramática se desarrolla en tres fases: **prótasis* o planteamiento, **epítasis* o tensión y **catástrofe* o desenlace. En cuanto a los temas, la mayor parte de las obras presentan argumentos basados en mitos.

En Roma el introductor de la tragedia griega, mediante adaptaciones, es Livio Andrónico (s. III a.C.). Dos obras que merecieron el elogio de Quintiliano son *Medea,* de Ovidio, y *Tiestes,* de Vario Rufo. Se conservan nueve tragedias de Séneca, escritas según el modelo griego (*Agamenón, Medea, Edipo,* etc.). Posiblemente estaban destinadas a la lectura.

Tras su desaparición en la Edad Media, la tragedia resurgirá con vigor en el Renacimiento gracias al conocimiento de las obras grecolatinas y a los comentaristas y críticos (Scaligero, Costelvestro, etc.) que formulan una teoría dramática sobre la tragedia, concorde con la normativa clásica. Los principios reguladores de la tragedia renacentista son: se desarrolla en cinco actos; la acción comienza felizmente y termina en desgracia; se respetan las tres unidades: acción, tiempo y lugar; por ley del *decoro,* serán protagonistas de la tragedia dioses, reyes y alta nobleza, y en su lenguaje aparecerá el estilo sublime (verso largo, elocución elevada); los temas serán sacados de la realidad histórica o mitológicos; promoverá en los espectadores los sentimientos de piedad y temor.

Con absoluto respeto a estas normas, surgirá en Francia, desde mediados del siglo XVI, un movimiento creador de tragedias del que son grandes autores Corneille (*Medea* y *Le Cid*) y Racine (*Andrómaca, Berenice* y *Atalía*). En cuanto a la estructura y temática de dicha tragedia, el modelo figura ya en *Cleopatra cautiva,* de Jodelle: cinco actos, presencia del coro, que interviene al final de cada acto y, a veces, en diálogo con los personajes, alternancia de escenas con relatos y fragmentos líricos, temas de la antigüedad grecolatina, de la Biblia y contemporáneos.

En el *Sturm und Drang* (Schiller) y en el Romanticismo (V. Hugo), la tragedia goza de una gran acogida. Desde finales del siglo XIX y a lo largo del siglo XX ha seguido vigente en diferentes formas y concepciones, por obra de autores tan diversos como H. Ibsen, E. O'Neill, L. Pirandello, J. Giraudoux, J.-P. Sartre, A. Miller, S. Beckett, E. Ionesco, etc.

En la literatura española, merecen destacarse la *Tragedia de San Hermenegildo*, obra anónima del siglo XVI, *La Numancia* de Cervantes, *El caballero de Olmedo*, de Lope de Vega, *La dama del aire*, de Calderón, y, ya en el siglo XX, *Bodas de sangre*, *Yerma* y *La casa de Bernarda Alba*, de F. García Lorca. Véanse: CATARSIS, COMEDIA, DRAMA, EPISODIO, TRÁGICO Y TRAGICOMEDIA.

Trágico. Categoría filosófica y estética que responde a una determinada concepción de la existencia humana y que se manifiesta en distintas formas de expresión artística y literaria, una de las cuales, primordial, es la tragedia. Como concepción filosófica, ha sido abordada directamente por Hegel, F. Nietzsche, M. de Unamuno, etc. Para Hegel, lo trágico consiste en que «en un conflicto las dos partes contrapuestas tengan razón, pero que no puedan alcanzar el verdadero contenido de su finalidad sino negando e hiriendo a la otra fuerza, que también tiene los mismos derechos, y de este modo se hacen culpables en su moralidad y por esta misma moralidad». Para Nietzsche, el sentido trágico de los griegos consistiría en el deseo de volver a lo primigenio y de purificarse de la gran falta o pecado de la existencia, que es la individualidad. El hombre, al aceptar el destino, lograría una sensación de plenitud vital. La tragedia es una realidad confortante para los caracteres y las épocas fuertes que son capaces de enfrentarse al dolor y convertirlo en causa de placer. Unamuno proyecta el concepto de lo trágico sobre la existencia concreta de cada hombre: su tragedia radicaría en la permanente lucha y tensión agónica entre la razón y la fe, entre la razón y la esperanza. Lo trágico tendría en él una raíz existencial de orden religioso (fe en la inmortalidad, como creyente, y desesperanza como hombre apoyado en la razón) y psicológico: la lucha entre la autenticidad e inautenticidad, entre su deseo de unidad y la profunda escisión interior.

En la tragedia clásica aparece, además, una concepción estética y literaria de dicha categoría: *lo trágico* sobreviene como fruto de un conflicto insoluble e insoslayable que ocurre fatalmente cuando el héroe se enfrenta, a través de sus acciones, con la divinidad, encarnada en unos principios morales o religiosos. El héroe contraviene ese orden superior, no por un pecado moral sino por un error inevitable. En ese enfrentamiento fatal, el héroe acepta con dignidad su destino aciago y sucumbe afirmando su propia libertad, al tiempo que se reconcilia con la moral suprema en beneficio de la colectividad. De esta manera, su muerte produce en él una sublimación y en los espectadores una catarsis o purificación moral y una liberación espiritual que se manifiesta en un doble sentimiento: de piedad y de terror. Véanse: CATARSIS, DRAMA, HAMARTÍA, TRAGEDIA y TRAGICOMEDIA.

Tragicomedia. Término utilizado por Plauto en el *Anfitrión* para designar una obra dramática en la que intervienen dioses y seres humanos, compartiendo sus vidas y sentimientos en un tono de marcada comicidad. A partir del Renacimiento, resurge la tragicomedia en Italia (Verardi), Francia (Garnier), España (F. de Rojas, Lope de Vega) e Inglaterra. Como rasgos peculiares de estas obras figura la presencia de personajes de diferentes estamentos sociales (nobleza y pueblo) y de diversos niveles de lenguaje: el culto o elevado de los personajes aristocráticos y el coloquial de los estratos populares. La tragicomedia es cultivada en los siglos XVIII y XIX por el *Sturm und Drang* (Goethe) y por el drama burgués y romántico y, en la etapa contemporánea, por autores como Ionesco, Dürrenmatt, C. Arniches («tragicomedia grotesca»: *La señorita de Trevélez*), etc. Véanse: COMEDIA, DRAMA, TRAGEDIA y TRÁGICO.

Traiectio. Interposición de una o más palabras entre otras dos vinculadas entre sí por el sentido o por su relación sintáctica normal. Ejemplo:

«... por manos de Vulcano artificiosas».

(Garcilaso de la Vega)

Trama. Término utilizado en narratología como opuesto a *fábula*. Los formalistas rusos entienden por fábula el conjunto de acontecimientos de una historia según el orden causal y temporal en el que, supuestamente, ocurrieron. V. Sklovski y B. Tomachevski contraponen a este concepto el de *trama* o «intriga» (*Sjuzet*), que sería el relato de esos acontecimientos en la forma en que el autor o el narrador se los presenta al lector en la obra. Véase: FÁBULA.

Tramoya. Conjunto de máquinas e intrumentos con los que se efectúan, durante la representación teatral, los cambios de decorado y los efectos especiales. La utilización de la tramoya aparece ya en el teatro grecolatino: se disponía de grúas para hacer posible el ascenso o descenso de los dioses (de ahí la expresión latina *Deus ex machina),* de placas que, mediante percusión, simulaban truenos, y de antorchas que, movidas súbitamente, producían el efecto del rayo, etc. La tramoya ha ido ganando en complejidad a lo largo de la historia del teatro, y de ello son testimonio máquinas como la *araceli* medieval (para elevar la estatua de la Virgen en el Misterio de la Asunción), el *bofetón* del Siglo de Oro (para levantar o hacer descender o desaparecer a los actores) o el *pescante* del siglo XVIII (con el cometido de trasladar a los actores en sus vuelos, apariciones y desapariciones) o la invención de la «caja de truenos» en el teatro romántico, etc. Sin embargo, es en el siglo XX cuando, con los adelantos de la técnica, se incrementan las posibilidades de innovación de la tramoya; mediante la introducción del disco y foro giratorio, de aparatos especiales para lograr efectos sonoros y de iluminación, de recursos escenográficos derivados de otras artes como el cine, el circo, la televisión, etc. Véanse: DECORADO, DIRECTOR DE ESCENA, ESCENOGRAFÍA, TABLADO, TELÓN y VESTUARIO.

Transmisión textual. Véanse AUTÓGRAFO, CÓDICE, EDICIÓN, MANUSCRITO, STEMMA y TRADICIÓN DIPLOMÁTICA.

Tremendismo. Término con el que se designa una tendencia estética que se desarrolla, sobre todo, en la novela española de los años cuarenta del siglo XX y en la que se percibe una especial crudeza en la presentación de la trama (recurrencia de situaciones violentas) y en el tratamiento de los personajes (frecuentemente seres marginados, con taras físicas o psíquicas, criminales, prostitutas, etc.) y del mismo lenguaje, bronco y desgarrado. Estos rasgos estéticos podrían corresponder a la amarga experiencia vivida por sus autores durante la contienda civil, la cual habría condicionado su manera de ver y presentar la realidad en el mundo del arte: «El asco de lo presenciado y sufrido» explicaría ese «estilo brutal», según advierte T. Borrás, escritor relacionado con esta tendencia. Entre las novelas más representativas de dicha estética, figura *La familia de Pascual Duarte* (1942), de C. J. Cela.

Treno. Término de origen griego *(threnos:* lamento) con el que se designa un poema cantado en ceremonias individuales o públicas; de él existen abundantes muestras en la literatura helénica, p. e., los trenos presentes en las tragedias, en los que se evoca al héroe muerto o en desgracia. En la literatura bíblica existe un tipo especial de treno en las llamadas *Lamentaciones* de Jeremías, en las que se llora una desgracia pública sobrevenida al pueblo de Israel o se predice un futuro desastre.

Tríada. Véase EPODO.

Triángulo. Término utilizado para designar la relación amorosa entre dos mujeres y un hombre o entre una mujer y dos hombres. Es un tema frecuente en la narrativa y teatro del siglo XIX; en algunos casos, como en *Madame Bovary*, de G. Flaubert, *La Regenta*, de Clarín, y *Fortunata y Jacinta*, de B. Pérez Galdós, el adulterio constituye el tema central y elemento dinamizador del relato.

Tridecasílabo. Verso de trece sílabas, utilizado, sobre todo, por los poetas modernistas, que presenta diversas modalidades según la estructura interna del mismo y la diferente distribución de sus acentos rítmicos. T. Navarro Tomás distingue cuatro tipos: *a)* tridecasílabo *dactílico:* lleva acentos en las sílabas 3.ª, 6.ª, 9.ª y 12.ª («Te *salu*do si *pu*ro matizas las *flo*res», G. Gómez de Avellaneda); *b)* tridecasílabo *compuesto* de un heptasílabo y un hexasílabo, con acentos en 2.ª, 6.ª, 9.ª y 12.ª («Las *ga*rras del salvaje / con *fu*ria

que es*pan*ta», A. Gómez Jaime); *c)* tridecasílabo *compuesto* de un hexasílabo y heptasílabo y con acentos en 2.ª, 5.ª, 8.ª y 12.ª («¿Sus *dio*ses? El *mie*do, / las *som*bras y la *muer*te», M. González Prada); *d)* tridecasílabo *ternario:* formado por tres núcleos tetrasilábicos más la sílaba final átona. Lleva acentos en la 4.ª, 8.ª y 12.ª: «En el jar*dín* / hay un o*lor* / de primave*ra*...» (E. González Martínez).

Trilogía. Término de origen griego (*Tri-logia*, de *treis-logos:* tres discursos o textos) con el que se designaba en la Grecia clásica el conjunto de tres tragedias presentadas a concurso por los autores que competían por conseguir el premio en los certámenes que se celebraban en las Dionisias, fiestas en honor de Dioniso. Cada concursante presentaba, además de la mencionada trilogía, un drama satírico. Este conjunto de cuatro piezas fue denominado por los filólogos alejandrinos *tetralogía*. De las diferentes trilogías que, según la tradición, fueron premiadas en estos concursos, se conserva la *Orestiada,* de Esquilo, integrada por *Agamenón, Las Coéforas* y *Las Euménides*. Dicho término se utiliza en la actualidad para designar un conjunto de tres obras centradas en un mismo tema o personaje, ya se trate de textos narrativos o dramáticos. En la literatura española, un novelista fecundo en trilogías es P. Baroja.

Trisílabo. Verso de tres sílabas, con acento en la segunda. Es de escasa presencia en la poesía española. Aparece como verso independiente a partir del siglo XVIII. Ejemplo:

«Tan dulce / suspira / la lira / que hirió / en blando / concento / del viento / la voz».

(Espronceda)

Tropo. Término procedente del griego (*tropos:* cambio, vuelta) con el que se designa en la retórica clásica la sustitución de una palabra o expresión por otra. La lengua literaria presenta frecuentemente ejemplos de utilización de este recurso para la creación de nuevos sentidos o asociaciones de sentido gracias al cambio de significación que se produce al sustituir una palabra o expresión por otra que se relaciona con ella, basándose en una semejanza o asociación entre los significados de las dos palabras o expresiones. Entre los estudiosos de la retórica no hay unanimidad a la hora de precisar el número de tropos. H. Lausberg los fija en diez, de los cuales uno cae dentro del campo de la sinonimia (la metalepsis), otros se producen por desplazamiento de límites, pero dentro de la esfera conceptual del término sustituido (perífrasis, sinécdoque, antonomasia, énfasis, litote e hipérbole), otros se des-plazan más allá del campo conceptual del término suplantado (metonimia) y, finalmente, otros se producen por un «salto» de una «esfera semántica» a otra (metáfora e ironía).

Troqueo. Pie de la métrica grecolatina constituido por una sílaba larga seguida de otra breve (–∪). En la métrica española se reconoce como ritmo trocaico al que se produce en la sucesión alternante de sílaba tónica y átona. Ejemplo: «*S*ordo acento lúgubre» (Espronceda).

Trovador. Término con el que se designa en la literatura provenzal al creador de canciones poéticas, que, además, compone la música de las mismas. Los trovadores eran, entre los siglos XII y XIV, profesionales que vivían en la corte al servicio de nobles o reyes y que, a su vez, contaban con juglares líricos que recitaban o cantaban sus poemas, respetando los textos creados por aquéllos. Entre los temas preferidos por estos escritores sobresale el del amor cortés (cantado en la cansó), seguido del tema político: los nobles tenían a su servicio a estos poetas que, en caso necesario, los defendían con su pluma. El tipo de poema utilizado en este cometido es el *sirventés,* a través del cual se canalizan las diatribas satíricas contra los enemigos del señor. Estos poemas cantados servían de propaganda política, fácil de asimilar y transmitir. En ocasiones, respondían a auténticas campañas, que podían ser neutralizadas por otros trovadores al servicio de otros nobles. Otro tipo de poemas muy frecuentes en la literatura provenzal son los debates, que presentan dos formas peculiares: la *tensó* (diálogos sobre un tema, desarrollados con libertad) y el *partimen* o *joc partí,* en el que se plantea un problema con dos posibles soluciones: cada uno defiende la contraria de su oponente. Otras composiciones poéticas son la *pastorela* (encuentro y diálogo entre un caballero y una pastora), el *alba* (poema de enamorados que han de separarse al amanecer), etc.

Esta poesía del sur de Francia irradia pronto hacia el norte, donde un grupo de poetas llamados *trouvères* imitan a los provenzales en cuanto a los temas y en los modelos de poemas *(chanson, servantois),* a los que añaden otros de origen popular: *rondeau,* *rondel, *virelai, etc. A partir de 1170 la poesía trovadoresca

es imitada en Alemania por los *Minnesinger,* que utilizan tres tipos de poemas: **lied* (canción) *leich* (*lay) y *Spruch* (significa sentencia, proverbio). La poesía trovadoresca influye también en los poetas de la corte de Sicilia, los cuales, a su vez, van a incidir en los de Toscana, donde surgirá el *Dolce Stil Novo.*

En España, el influjo provenzal se advierte en tres focos: Cataluña (donde poetas como Berenguer de Palou, Guillén de Berguedá y Cerverí escriben en lengua occitana), Castilla (la presencia de trovadores data de la época de Alfonso VII y tiene su apogeo en la de Alfonso X) y Galicia, cuya lengua será utilizada por los poetas castellanos (p. e., Alfonso X) en sus creaciones líricas; por eso, las primeras muestras de esta poesía trovadoresca aparecen en gallego-portugués, idioma en el que escriben desde Martín Codax hasta Álvarez de Villasandino. Véanse: ALBA, CANSÓ, CANTIGA DE AMOR, CORTÉS (POESÍA Y AMOR CORTÉS), PARTIMEN, PASTORELA, SIRVENTÉS y TENSÓN.

U

Ubi sunt? Expresión latina («¿Dónde están?», «¿Qué ha sido de ellos?») con la que se designa un «tópico» que consiste en la enunciación de una serie de interrogaciones retóricas sobre el paradero final (la muerte) de personajes famosos de la historia. Dicho tópico recoge un tema que procede del *Eclesiastés* y que reaparece en la literatura medieval: la consideración ascética sobre la vanidad de la existencia humana y su mundo de valores. Este tema figura en ciertos poemas elegíacos (*planto, defunción*, etc.) surgidos a lo largo de la Edad Media con ocasión de la muerte de algún personaje relevante (*Defunción de don Enrique de Villena* y *Planto de la reina Margarida,* ambos del marqués de Santillana; *Planto* a la muerte de Santillana, original de Gómez Manrique, etc.) y logra su máxima resonancia y calidad artística en las *Coplas a la muerte de su padre, el maestre don Rodrigo,* de J. Manrique.

Los procedimientos estilísticos más usados en el *Ubi sunt* son anáforas, interrogaciones retóricas y metáforas, cargadas de connotaciones referidas a la caducidad de la existencia humana. Véase, como ejemplo, la siguiente copla:

«¿Qué se hizo el Rey don Juan?
Los infantes de Aragón,
¿qué se hizieron?
¿Qué fue de tanto galán,
qué fue de tanta invención
como traxieron?
Las justas e los torneos,
paramentos, bordaduras
e cimeras.
¿Fueron sino devaneos?
¿Qué fueron sino verduras
de las eras?».

(J. Manrique)

Véase: PLANTO.

Ultraísmo. Movimiento literario español e hispanoamericano de vanguardia desarrollado entre 1918 (primer manifiesto) y 1922, año en que deja de publicarse la revista *Ultra*, neologismo (del latino *ultra:* más allá) puesto en circulación por G. de Torre y tomado por R. Cansinos-Assens para titular el mencionado manifiesto, en el que se enuncia el propósito fundamental del grupo: abandonar las técnicas de expresión poéticas del modernismo decadente (F. Villaespesa, E. Marquina, etc.) y crear un arte nuevo, abierto a los movimientos de vanguardia europeos. Los iniciadores de este movimiento, aparte de Cansinos-Assens y G. de Torre, son G. Diego y los argentinos J. L. Borges y E. González Lanuza.

El ultraísmo surge en un contexto europeo de renovación artística y literaria que es seguida en España con gran interés gracias a la información de ciertas revistas, entre las que destaca *Prometeo* (1908-1910), dirigida por R. Gómez de la Serna, que comparte el objetivo renovador de este movimiento y colabora con sus greguerías y artículos en revistas ultraístas como *Grecia, Ultra* y *Tableros*. En su obra se advierten ya algunos rasgos característicos de la poesía ultraísta: abundancia de imágenes y metáforas sorprendentes, senti-

do lúdico de la creación estética, un profundo lirismo, agudeza conceptual y sentido del humor. La *greguería* prefigura un nuevo modelo de escritura, cuyo influjo se descubre en algunos poemas ultraístas de G. Diego, P. Garfias y J. Rivas Panedas. Este movimiento contará con tres revistas: *Grecia* (en la que aparecen traducciones de G. Apollinaire, P. Reverdy, F. T. Marinetti, Tristan Tzara, etc.), *Cervantes* (convertida por Cansinos-Assens en portavoz del ultraísmo entre 1919 y 1920) y *Ultra* (1921), en la que colaboran Cansinos-Assens, Gómez de la Serna, Borges, G. Diego, etc.

Los rasgos más salientes de la nueva estética, según G. de Torre y J. L. Borges, son los siguientes: *a)* en cuanto a los géneros literarios: predilección por la poesía lírica y culto a la imagen (fusión de imágenes y estados anímicos: simultaneísmo) y a la metáfora; *b)* en el contenido: supresión de lo sentimental y erótico, del confesionalismo y posibles referencias morales. Preferencia por temas de la «vida moderna» (tratando de descubrir sus connotaciones líricas) y deseo de ver todas las cosas en su «primicial floración» (Borges); *c)* en el plano lógico y sintáctico, se suprimen las cadenas de nexos y las fórmulas de equivalencia («como», «semejante a»), se eliminan los adjetivos, etc., con lo cual se rompe la continuidad del discurso, resaltando las «percepciones fragmentarias»; *d)* en el aspecto formal: supresión de elementos «ornamentales»; desaparición de la rima y de ciertos valores retóricos y musicales y atención a los valores visuales y plásticos: los ultraístas relacionan la poesía con la pintura y la arquitectura, se entusiasman con el cubismo; de ahí su interés por imitar gráficamente los objetos sugeridos en el poema por medio de una presentación tipográfica en la que juegan los espacios en blanco, las alineaciones quebradas, las ondulaciones y círculos y otras figuras geométricas.

Unidades. Se denomina «regla de las tres unidades» a la normativa establecida por los comentaristas italianos del Renacimiento (Segni, Magni y Castelvetro), que, interpretando erróneamente la *Poética* de Aristóteles en este punto, le atribuyeron la exigencia de unidad de acción, unidad de tiempo y unidad de lugar como requisito de toda obra dramática. En realidad, Aristóteles sólo formuló expresamente la regla de la unidad de acción: las acciones secundarias estarán subordinadas a la principal, deben comenzar al principio de la obra y proseguir hasta el desenlace y no pueden suprimirse sin que la acción principal se torne inexplicable. Fue Segni quien fijó la unidad de tiempo en veinticuatro horas. Maggi añadió la unidad de lugar (la acción se ha de desarrollar en un único lugar, constituido por una ciudad o una región de pequeña extensión). Finalmente, Castelvetro, traductor y comentador de la *Poética* (1570), elevó a regla permanente la doctrina de las tres unidades. El teatro clásico francés observó dicha regla en obras de Racine y Corneille perfectamente logradas; no obstante, sin someterse al rigorismo dogmático exigido por los preceptistas italianos. En el teatro español, los dramaturgos del XVI, en la práctica, no observaron esa regla, que fue explícitamente rechazada por los del XVII (por verosimilitud y coherencia con la realidad «natural», según Lope de Vega), salvo la unidad de acción, aceptada normalmente en la teoría y en la práctica. En el siglo XVIII la tragedia y la comedia neoclásicas seguirán la normativa de las tres unidades. En *El sí de las niñas,* L. Fernández de Moratín cumple a la perfección dicha normativa.

Con el Romanticismo se rompe definitivamente con la preceptiva clásica. El teatro contemporáneo la ha hecho inviable desde el momento en que ha disuelto la unidad de conciencia del héroe (L. Pirandello, S. Beckett), base de la unidad de acción, que, a su vez, se descompone en procesos contradictorios (B. Brecht). Véase: ACCIÓN.

Uso. Concepto relacionado con el de *norma y que es utilizado con frecuencia como criterio de corrección lingüística en cuanto representa la utilización media o normal que los hablantes hacen de su propia lengua. Se habla de *lengua de uso* o también de lengua coloquial para designar aquella modalidad lingüística que emplean los hablantes de una lengua en sus relaciones ordinarias.

Utilería. Conjunto de objetos y útiles necesarios para la puesta en escena de una obra dramática, aparte del mobiliario, decorado o indumentaria de los personajes. Se distingue entre utilería *de escena* (cuantos objetos aparecen en el escenario, como complemento del decorado) y utilería *de personaje:* los objetos o instrumentos que llevan los personajes durante la representación, p. e., la espada de Rosaura o la medalla con el retrato de ésta que cuelga del cuello de Astolfo en *La vida es sueño;* ambos objetos constituyen, además, lo que se denomina *utilería enfática,* por ser signos reveladores de aspectos importantes de la intriga.

V

Vanguardismo. Término de carácter militar aplicado en Francia a un movimiento literario (*Littérature d'avantgarde*) que da origen a sucesivos «ismos» (dadaísmo, cubismo, surrealismo, etc.) interrelacionados con las artes plásticas, la música, el cine, etc. Su denominador común es la ruptura con la tradición estética anterior (realismo naturalista, simbolismo, etc.) y el espíritu pionero en la búsqueda de nuevas formas de expresión artística y literaria, así como el deseo de liberación (y de rebeldía iconoclasta) de las trabas morales, políticas y religiosas que impiden la emancipación y desarrollo integral del hombre. Dicho movimiento se desarrolla a partir de 1910 (futurismo) y tiene su mayor auge en la década de los años veinte, aunque algunas de sus manifestaciones (p. e., el surrealismo) continúan en la década de los treinta y aun después de la Segunda Guerra Mundial. En cuanto al ámbito geográfico, si en algunos casos se circunscribe a un espacio reducido (p. e., el imaginismo norteamericano), en otros se extiende a una amplia comunidad lingüística (el ultraísmo se produce en España, Argentina, Uruguay, Chile, México, etc.) y en otros (p. e., el futurismo) se desarrolla en países culturalmente tan dispares como Italia (Marinetti) y Rusia (V. V. Maiakovski, B. Pasternak, etc.). Finalmente, en el caso del surrealismo, se trata de un fenómeno que se implanta en múltiples países de Europa y América. Véanse: CREACIONISMO, DADAÍSMO, EXPRESIONISMO, FUTURISMO, GENERACIÓN DE 1927, SURREALIMO y ULTRAÍSMO.

Variantes. Término con el que se designan, en crítica textual, las diversas correcciones, adiciones, expresiones superpuestas, redacciones parciales, etc., de un determinado texto, que ha llegado a nosotros en uno o varios manuscritos o ediciones. Véanse: EDICIÓN, MANUSCRITO, STEMMA, TRADICIÓN DIPLOMÁTICA.

Vejamen. Composición poética de carácter burlesco que en ciertas universidades se dedicaba a los participantes en algunos certámenes académicos. Por extensión, poema satírico en el que se ponen de manifiesto los defectos físicos o morales de una persona.

Verosimilitud. Término de origen latino (*verus*: verdadero, y *similitudo*: semejanza) con el que se designa una categoría estética y literaria que consiste en la apariencia de realidad que provocan determinadas obras en el lector o espectador, dado el carácter mimético de las mismas. El concepto de verosimilitud aparece ya en la *Poética* de Aristóteles al señalar que al poeta no le corresponde reproducir una realidad fáctica (lo cual es competencia del historiador), sino referir las cosas «que podrían acaecer, las cosas posibles según lo verosímil (*to eikos*) o necesario». Dicho concepto está en relación con la **mimesis* o imitación de las acciones humanas, que no ha de ser mecánica, sino acomodada a las exigencias de la credibilidad o verosimilitud, según la entiende el público. Este concepto de la verosimilitud es recogido por Horacio (*Epistula ad Pisones*, 338-340) y por la poética clasicista, vigente desde el Renacimiento hasta el Neoclasicismo. En el Siglo de Oro, tratadistas y escritores aluden con frecuencia a esta noción de la verosimilitud, que será, clave en la producción literaria del Neoclasicismo, en el siglo XVIII. En cambio, en el **Romanticismo* se rompe con esta concepción mimético-realista de la obra literaria y se exige una libertad de creación imaginativa y fantástica, admitiendo, no obstante, que la coherencia interna sea la única norma. Por el contrario, en el movimiento realista y naturalista se vuelve al concepto de verosimilitud al considerar la obra de arte como un «espejo», «copia» y «reflejo» de la realidad. De todas formas la verosimilitud de una obra literaria depende de la adecuación al código y a las reglas del género al que pertenece. En último término, serán los lectores y espectadores de la obra los que decidirán, de acuerdo con su propia idea de lo que es creíble en su entorno cultural, si la acción representada en aquélla les parece o no verosímil.

Versículo. Sinónimo de *verso libre*, no sujeto a rima ni a la regular distribución de acentos y pausas ni a las exigencias del cómputo silábico de la métrica tradicional. Ejemplo:

«El universo tiene sus bordes
[dentados
y es todo él de un color nuevo ra-
[rísimo
de un ignorado nombre filatélico
El universo
quiso besar a Dios
y al cruzarse un vuelo de ángeles
se quedó pegado en la mejilla
del más lento
el de las alas en cresta de fuego...».

(G. Diego)

Este tipo de verso responde al deseo de dar rienda suelta a la inspiración poética, al margen de las normas métricas que pudieran aprisionarla.

El verso libre mantiene de la métrica anterior un elemento clave que le da consistencia: el ritmo, no basado en la regularidad fónica (ya sea acentual o de rima) sino en las simetrías y paralelismos conceptuales, en las recurrencias de palabras y estructuras sintácticas.

Versificación. Organización del discurso poético en unidades métricas denominadas versos, sujetos al principio del ritmo y, en el caso de la métrica tradicional, a la rima y a una determinada distribución de los acentos. La *versificación española* presenta, a lo largo de su historia, una evolución progresiva desde la versificación irregular de los cantares de gesta hasta la regular, predominante desde el Mester de Clerecía («a sílabas cuntadas») hasta el modernismo. A partir del vanguardismo, la versificación libre ha sido la más utilizada en la poesía del siglo XX. La versificación de la métrica tradicional está sujeta a una normativa muy precisa, basada en el cómputo silábico, la distribución regular de los acentos y la rima. Según esto, se habla de versificación *regular* cuando un poema está compuesto por versos de igual número de sílabas o bien por una combinación de versos largos con sus quebrados correspondientes, distribuidos según un esquema prefijado. Véase: LIRA.

La versificación *irregular* es aquella que carece de regularidad silábica. Esto ocurre en los poemas del Mester de Juglaría y en algunos romances épico-tradicionales, en los que, sin embargo, existe un ritmo acentual y una rima asonante, que es continua en los cantares de gesta y solamente en los versos pares en los romances. Véase un ejemplo de asonancia continua e irregularidad silábica en este fragmento del *Cantar de Mio Cid*:

17 «Convidar le ien de grado /
    mas ninguno non osaba:
14 el Rey don Alfonso / tanto
    avie la grand saña.

15 Antes de la noche / en Burgos
    del entró su carta [...]».

La versificación *libre* se produce cuando los versos no están sujetos a rima, ni a cómputo silábico, ni a una distribución regular de sus acentos. Véase: VERSÍCULO.
La nota común en todas estas modalidades de versificación es el ritmo interior que debe conseguirse en todo poema, ritmo que en la versificación tradicional castellana se funda en recurrencias fónicas, mientras que en la versificación libre se obtiene a través de las simetrías conceptuales y la reiteración de palabras y estructuras sintácticas, paralelismos, etc. (recursos que también aparecen en la tradicional). Véanse: MÉTRICA, PIE, VERSÍCULO y VERSO.

Versión a lo divino. Expresión con la que se designa un fenómeno literario, aparecido en España entre los siglos XV y XVII, que consiste en la espiritualización de obras, temas y modalidades estilísticas procedentes de la literatura profana para transmitir un mensaje religioso. Esta conversión de la literatura profana en religiosa se produce tanto en la novela como en el teatro y en la poesía. En cuanto a la primera, un ejemplo de novela pastoril a lo divino es la obra de Fray Bartolomé Ponce: *Clara Diana a lo divino* (1599). Este fenómeno encuentra su mayor cultivo en la poesía, tanto de tipo tradicional como cortesana y renacentista. Temas de la tradición cortesana vertidos a lo divino son el de la caza de amor («tras de un amoroso lance», de San Juan de la Cruz), el del pastor herido de amor, la oposición «muerte-vida», etc.

Verso. Palabra o conjunto de palabras cuya distribución produce un efecto rítmico; dicho conjunto va delimitado entre dos pausas métricas y, al ser transcrito, ocupa una línea, distinta del resto de la serie de versos que constituyen la estrofa o el poema:

11A «Enhiesto surtidor de sombra y sueño /
11B que acongojas el cielo con tu lanza. /
11B Chorro que a las estrellas casi alcanza /
11A devanado a sí mismo en loco empeño / [...]».

(G. Diego)

En este cuarteto, cada verso es un conjunto de palabras delimitado por la pausa versal que se produce al final de cada línea (aquí señalada por la barra). Estos versos están sujetos a un cómputo silábico (todos tienen once sílabas), a un determinado ritmo acentual (que es constante en la penúltima sílaba de cada verso) y a una determinada distribución de la rima: abrazada

(ABBA). Según esto, los versos pueden clasificarse en distintos tipos, de acuerdo con diversos criterios: estructura, rima, número de sílabas, distribución de los acentos, etc.: *a)* por su *estructura,* los versos pueden ser simples o compuestos. Son versos *simples* los que en su interior no llevan pausa que haga imposible la sinalefa: «devanado a sí mismo en loco empeño». Es verso *compuesto* el que lleva una pausa que divide el verso en dos hemistiquios e impide la sinalefa entre la vocal final del primer hemistiquio y la primera del siguiente: «Y cual halcón que cae herido / en la laguna pestilente». Este verso octodecasilábico está compuesto por dos eneasílabos; *b)* atendiendo a la presencia o ausencia *de rima,* los versos pueden ser rimados, blancos o sueltos y libres. Verso *rimado* es el que está sujeto a la rima, ya sea consonante o asonante. Verso *blanco* o *suelto* es aquel que no está sujeto a rima, pero sí al cómputo silábico y al ritmo acentual:

«Dulce vecino de la verde selva,
huésped eterno del abril florido,
vital aliento de la madre Venus,
    Céfiro blando».

          (E. M. Villegas)

Verso *libre* es aquel que prescinde de la rima, del cómputo silábico y aun del ritmo acentual y se centra en la consecución de un ritmo interno basado en ciertas recurrencias de orden lógico, repetición de palabras y estructuras sintácticas, paralelismos, simetrías, etc.:

«Ha debido pasar mucho tiempo.
Ha debido pasar el tiempo lento,
   [lento, minutos, siglos, eras.
Ha debido pasar toda la pena del
mundo, como un tiempo lentísi-
   [mo [...]».

          (D. Alonso)

c) por el *número de sílabas,* los versos se dividen en versos de *arte menor* (los que tienen entre dos y ocho sílabas) y de *arte mayor* (los de más de ocho sílabas, desde el eneasílabo en adelante); *d)* por la *posición del acento* en la última palabra del verso, éste puede ser *agudo* u oxítono cuando el acento va en la última sílaba del *verso* («que no ha de entrar, vive *Dios»*), llano o paroxítono (cuando el acento cae en la penúltima sílaba del verso: «Enhiesto surtidor de sombra y sueño») y *esdrújulo* o proparoxítono (cuando el acento estrófico cae en la antepenúltima sílaba de dicho verso: «Adoro la hermosura, y en la moderna estética...»). En los tratados de métrica aparecen otras denominaciones de versos, p. e., **pie quebrado* y verso *leonino,* compuesto por dos hemistiquios que riman entre sí:

«En la fresca flor, el verso sutil,
el triunfo de Amor, en el mes de
[abril
Amor, verso y flor, la niña gen-
[til».

(Rubén Darío)

Verso libre. Véase VERSÍCULO.
Verso suelto o blanco. Véase
VERSO.

Vestuario. El teatro, al igual que
los ritos religiosos, con los que se
relaciona en su origen, ha utilizado, en sus representaciones, el
vestuario como elemento portador de significado. Históricamente, se ha atribuido a la indumentaria de los actores una
función múltiple y cambiante según las épocas: la de caracterizar
al personaje en cuanto al sexo,
edad, condición social, etc.; servir de indicio del carácter de la
acción dramática, de la situación
y de la atmósfera en que ésta se
desarrolla; constituirse en síntesis coherente del resto de los significantes escénicos: decorado,
maquillaje, máscaras, color, etc.
El vestuario representa, en este
sentido, una especie de «decorado ambulante», y es un requisito
importante a la hora de configurar la «postura» de los personajes, a la vez que condiciona sus
gestos, actitudes y desplazamientos en la escena. Véanse: DECO-
RADO Y MÁSCARA.

Viajes (literatura de). Expresión con la que se designa un
subgénero literario que en sus diversas modalidades (libros de viajes, crónicas de descubrimiento y
de exploración, itinerarios de peregrinos, cartas de viajeros, relaciones, diarios a bordo, novelas
de viaje, etc.) es un elemento recurrente en la manifestación cultural de distintas épocas y países.
Entre los documentos más conocidos de esta literatura de viajes
figuran el *Libro de Marco Polo*
(s. XIII), en el que rememora sus
andanzas desde Armenia hasta
China, y vuelta a Venecia (1295),
las *Cartas* (1493) de Colón a los
Reyes Católicos, así como su *Diario* y *Relaciones de viaje* (el cuarto está fechado el 7-VII-1503),
las *Cartas de relación* de Hernán
Cortés y los *Naufragios*, de A. Núñez Cabeza de Vaca.
El tema del viaje constituye también objeto de tratamiento estético en la literatura de ficción de
diversas épocas y culturas, p. e.,
en la literatura grecolatina, en la
Odisea, las novelas de Aquiles Tacio (*Historia de Leucipa y Clitofonte*), Heliodoro (*Teágenes y Cariclea*), Longo (*Dafnis y Cloe*),
etc. En la literatura medieval, dicho tema reaparece en los *Cuentos de Canterbury*, de Chaucer
(como *marco del relato), y, en
España, en el *Libro de Apolonio*,
en las novelas caballerescas, etc.
En los Siglos de Oro, el viaje es un
elemento importante en el *Viaje
de Turquía*, atribuido a A. Lagu-

na, en la novela picaresca (p. e., en el *Lazarillo*, desde Salamanca hasta Toledo), en la de aventuras (*Vida del capitán Alonso de Contreras*, c. 1630), en la bizantina (*Persiles y Sigismunda*, de Cervantes), etc. En los siglos XVIII al XX se produce en diversas literaturas europeas una gran floración de relatos de viaje, entre los que cabe citar *Las cartas persas* (1721), de Montesquieu; *Los viajes de Gulliver* (1726), de J. Swift; *Cándido* (1759), de Voltaire; *Robinson Crusoe* (1819-1820), de D. Defoe; *La vuelta al mundo en ochenta días* (1873), de J. Verne; *La isla del tesoro* (1893), de R. L. Stevenson, etc. Véanse: AVENTURAS, BIZANTINA (NOVELA), CABALLERESCA (NOVELA) y PICARESCA.

Villancico. Poema popular tradicional, compuesto preferentemente por versos octosílabos o hexasílabos, distribuidos según un esquema fijo: un *estribillo* o cabeza del poema, de dos a cuatro versos, en los que se enuncia el tema; la *mudanza,* constituida por una estrofa (o varias), que frecuentemente es una redondilla; y la *vuelta,* formada por un verso de enlace y uno o dos versos que repiten total o parcialmente la cabeza del poema o *estribillo.*

Estribillo
>«Partir quiero yo,
>mas no del querer,
>que no puede ser.

Mudanza 1.ª
>El triste que quiere
>partir y se va,
>adonde estuviere
>sin sí vevirá:
Vuelta
>más no que porná
>>(*verso de enlace*)
>en otra el querer,
>que no puede ser.
Mudanza 2.ª
>D'aqueste partir
>sin dubda procede:
>partiendo morir
>la vida bien puede,
Vuelta
>mas no que me quede
>>(*verso de enlace*)
>con vos el querer
>que no puede ser».

>(Cartagena)

El nombre de villancico alude probablemente a su carácter popular. En los cancioneros del siglo XV aparece ya en su estructura definitiva con versos octosílabos o hexasílabos y, como temas preferentes, el amor o la religión. En el Siglo de Oro, el villancico de tema religioso lo cultivan Juan del Encina, Santa Teresa, Lope de Vega, etc.

El villancico presenta una estructura similar a la *letrilla y al *zéjel. Se diferencia de este último por la forma de la mudanza: en el villancico es una redondilla, y en el zéjel, tres versos monorrimos. Además, el estribillo del zéjel está formado normalmente por dos versos, mientras que en el villancico puede variar de dos a cuatro versos.

Villano. Personaje-tipo del teatro nacional del Siglo de Oro enraizado en el medio campesino y convertido en símbolo de la vida natural de la aldea, en la que reinan la alegría fraternal, la paz y la sencillez, frente al mundo artificioso y corrompido de la corte, representado en el noble, opresor injusto. Lope de Vega y Calderón han creado algunos personajes excepcionales (Peribáñez, los campesinos de Fuente Ovejuna, Pedro Crespo), convertidos en héroes populares y portavoces de los mencionados valores cívico-morales, entre los que sobresalen el sentimiento de la propia dignidad y la honra, basada en la limpieza de sangre. Al ser puestos en entredicho estos valores por el poderoso opresor (p. e., el comendador Fernán Gómez en *Fuente Ovejuna*), el personaje del villano se erige en defensor de la colectividad y sus principios, alcanzando la categoría del héroe dramático que logra sobreponerse a la injusticia y restablecer el orden social perturbado, con el asentimiento posterior de la autoridad del Rey.

Viñeta. Véase CÓMIC.

Virelai. Poema francés muy en boga al final de la Edad Media, formado por un conjunto indefinido de estrofas de cuatro versos octosilábicos; el primer verso de la primera estrofa constituye un refrán o estribillo, que se repite total o parcialmente en el verso final de las demás estrofas.

Visión. Véase PUNTO DE VISTA.

Vodevil. Tipo de comedia ligera y evasiva (desde sus inicios alterna el diálogo con el canto y la música), con una intriga complicada, en la que el ingenio y el sentido del humor desempeñan un papel importante en el desarrollo de la acción. Esta pieza es de origen francés: Olivier Baselin compuso en el siglo XV una serie de canciones satíricas denominadas *vaudevilles*. Las primeras expresiones del vodevil son canciones licenciosas y burlescas que en el siglo XVIII aparecen insertas en piezas teatrales. A finales del siglo XVIII y primera mitad del XIX la comedia de vodevil consigue una gran acogida del público gracias a los grandes cultivadores del género: Barré, Desfontaines y, especialmente, Scribe, al que pertenecen *La Veuve du Malabar* (1822), *La Demoiselle à marier* (1826), etc.

Voz. Término empleado en narratología para aludir al emisor de un relato, que enuncia o cuenta la historia contenida en ese relato. No debe confundirse voz narrativa con persona gramatical; de hecho, una misma persona gramatical puede ser utilizada en voces o actitudes narrativas diferentes: p. e., tanto el narrador del *Lazarillo de Tormes* como, en ocasiones, el de *El Quijote* (I.ª IX) usan la primera persona en su relato y, sin embargo, lo hacen desde distintas posiciones: el primero, como protagonista, para contar su propia historia; el segundo, para contar la del hidalgo manchego. Esta diferente posición o *actitud* del narrador frente a la historia narrada (que es lo que constituye la voz narrativa) da origen a dos tipos de relato diferentes, denominados relato *homodiegético* (cuando el narrador participa en la historia contada por él) y relato *heterodiegético* (si no participa). Cuando un personaje-narrador no sólo participa en la historia que cuenta sino que, además, es el protagonista de la misma, da origen a un relato *autodiegético*.

Vuelta. Se dice del conjunto de versos que en el villancico van a continuación de la *mudanza*. De ese conjunto de versos, el primero *(verso de enlace)* rima con el último de la mudanza, y los demás riman con la cabeza o estribillo. Véanse: MUDANZA, VILLANCICO y ZÉJEL.

Vulgarismo. Fenómeno lingüístico que consiste en una incorrecta utilización de las palabras o expresiones de la lengua en los aspectos fonético, morfológico o léxico y que denota una degradación aplebeyada e inaceptable en la lengua de uso. En determinados textos literarios, por exigencias de la representación artística, al reproducir el habla de personajes enmarcados en las capas populares los grandes escritores han procurado crear un lenguaje adecuado al estatus social y al nivel cultural de esos personajes. Véanse: GERMANÍA, GITANISMO y JERGA.

Y

Yambo. Pie de la métrica greco-latina constituido por una sílaba breve y otra larga ($\cup$ –). En la métrica española se produce ritmo yámbico cuando llevan acento las sílabas pares de un verso. El efecto producido por la ordenada alternancia de acentos que recaen sobre las sílabas pares es de aquietamiento y serenidad. Ejemplo de versos con ritmo yámbico:

«Movióla el sitio umbroso, el
[manso viento,
el suave olor de aquel florido
[suelo».

(Garcilaso de la Vega)

Yaraví. Palabra de origen quechua con la que se designaba un tipo de poema de tonalidad melancólica que era cantado y acompañado con música de quena o flauta de hueso. Es un canto tradicional de la cultura incaica precolombina, desarrollado en Perú, Bolivia y Ecuador. Durante el Romanticismo algunos poetas peruanos escribieron breves poemas amorosos de vaga y sosegada tristeza, a los que denominaron «yaravís», rememorando la antigua poesía lírica de los aborígenes.

Z

Zarabanda. Tipo de baile que se danzaba al final de las representaciones dramáticas en los teatros españoles, desde finales del siglo XVI, y que, junto a la chacona, la danza de portugueses, etc., constituía el repertorio de danzas con música que contribuían a potenciar el carácter de «espectáculo total» en el teatro. La zarabanda era un baile provocativo, que en 1583 fue condenado por su carácter lascivo, aunque siguió manteniendo una gran acogida popular durante las dos primeras décadas del XVII. A partir de este siglo se expande por Europa, donde se transformará en un baile más reposado, y será convertido en un movimiento de suite instrumental en obras de Purcell, Händel y Bach.

Zarzuela. Representación teatral (en la que alternan declamación, canto y música) cuya denominación procede del nombre de un pequeño palacio construido en el monte de El Pardo, cercano a Madrid, por el cardenal infante don Fernando, hermano de Felipe IV. En dicho palacete, lugar de residencia temporal del Rey cuando iba de cacería, se celebraban representaciones de diverso tipo (églogas, loas, farsas, comedias con música, etc.), cuya característica común era la mencionada alternancia de canto y declamación. Las primeras muestras de zarzuela de las que se tiene noticia pertenecen a Calderón: *El jardín de Falerina* (1649) y *El laurel de Apolo* (1657), obra en cuya loa se mencionan los rasgos de este subgénero teatral: «No es comedia, sino sólo / una fábula pequeña / en que, a imitación de Italia / se canta y se representa». En el siglo XVIII, R. de la Cruz va a influir en la configuración de este subgénero, dando a la zarzuela una orientación popular, introduciendo un tono más realista (p. e., en *Las segadoras de Vallecas*, 1768, con música de A. Rodríguez de Hita), al tiempo que ampliaba el repertorio de temas, que, en el Siglo de Oro, habían sido principalmente mitológicos, épicos y de aventuras. En el siglo xix logra un desarrollo excepcional con la Restauración, tanto en su modalidad de «zarzuela grande» (con visos de ópera o en la línea de la opereta vienesa) como en el llamado «género chico». Durante un largo período, que va de finales del siglo xix hasta los años treinta del xx, la zarzuela mantiene una gran vitalidad y acogida entusiasta del público: *Gigantes y cabezudos* (1898, de Fernández Caballero), *La alegría de la huerta* (1900, de F. Chueca), *La venta de don Quijote* (1902, de Chapí), *Bohemios* (1904, de A. Vives), etc. La zarzuela representa un subgénero teatral que ha de ser valorado con la misma consideración que otras modalidades análogas europeas: la ópera cómica o bufa francesa e italiana, el *Singspiel* alemán o la opereta vienesa, con la que comparte, en su configuración, la alternancia de canto, música y declamación. Véanse: GÉNERO CHICO, MÚSICA Y LITERATURA y ÓPERA.

Zéjel. Composición poética de origen árabe, formada por versos generalmente octosílabos, distribuidos según el siguiente esquema: un *estribillo* de uno o dos versos y la *mudanza*, compuesta por tres versos monorrimos y uno de *vuelta*, que rima con el estribillo. Ejemplo:

Estribillo
  a «Dicen que me case yo:
  a no quiero marido, no.
Mudanza 1.ª
  b Más quiero vivir segura
  b n'esta sierra a mi soltura
  b que no estar en ventura
  a si casaré bien o no (*Verso*
                [*de vuelta*).
Estribillo
  Dicen que me case yo:
  no quiero marido, no.
Mudanza 2.ª
  Madre, no seré casada
  por no ver vida cansada,
  o quizá mal empleada
  la gracia que Dios me dio
         (*Verso de vuelta*).
Estribillo [...]

              (Gil Vicente)

Los orígenes de este poema estrófico, según T. Navarro Tomás y E. García Gómez, habría que buscarlos en la *moaxaja, forma métrica cultivada por los poetas árabes españoles que sirve de «modelo» sobre el que se compone el zéjel. La estructura de este último presenta, por otra parte, notables semejanzas con el villancico castellano, la cantiga de amigo gallega y algunas formas métricas de la poesía provenzal. El nombre de zéjel se usa indistintamente para significar tanto la estrofa *(aabbba)* como todo el poema de estructura zejelesca compuesto por varias estrofas. El zéjel es semejante, en su estructura, al *villancico, pero se diferencia, sobre todo, por la forma de la mudanza: en el villancico está constituida por una redondilla *(abba)*, y en el zéjel, por tres versos monorrimos y uno de vuelta *(bbba)*. Véase: CASIDA.

Zeugma. Procedimiento sintáctico y recurso estilístico (similar a la *elipsis) mediante el cual un término, que relaciona dos o más enunciados en una frase, sólo se expresa en uno de ellos y se sobreentiende en los demás. Ejemplo: «Porque verá la *falta* el que en *tanta* me hace vivir» *(Lazarillo de Tormes;* se sobreentiende: «en *tanta falta»)*. Atendiendo a la posición que dicho término ocupa en el conjunto de la frase, suele distinguirse entre *protozeugma* (si el término se expresa en el primer enunciado), *mesozeugma* (si se sitúa en el intermedio) e *hipozeugma,* si va en el enunciado final. Véase un ejemplo de este último:

«Tras el invierno el verano,
tras la noche el día claro,
tras lo enfermo lo sano,
tras el mal *viene* el reparo».

(D. Hurtado de Mendoza)

Por relación a la morfología del término, se habla de zeugma *simple* cuando la palabra sobreentendida presenta idéntica forma que la expresada. Ejemplo:

«Se fue muy *contento,* dejándome a mí más».

(Lazarillo de Tormes)

Zeugma *complejo* sería aquel en el que la palabra sobreentendida varía morfológicamente respecto al término expresado. Ejemplos:

«¿Vas, Leonor, a *casarte,*
o por ventura lo *estás?*» (casada).

«Pues, ¿tú tristezas conmigo;
tú, señor?
–Que no lo *estoy»* (triste).

(Lope de Vega)

Bibliografía

AGUIAR E SILVA, V. M.: *Teoría de la literatura,* Madrid, Gredos, 1972.

ALBALADEJO MAYORDOMO, T.: *Retórica,* Madrid, Síntesis, 1989.

ALBORG, J. L.: *Historia de la Literatura Española,* 6 vols., Madrid, Gredos, 1972-1998.

ALONSO, A.: *Materia y forma en poesía,* Madrid, Gredos, 1955.

ALONSO, D.: *Poesía española. Ensayo de métodos y límites estilísticos* (1950), Madrid, Gredos, 1971.

ALVAR, C., y GÓMEZ MORENO, A.: *La poesía lírica medieval,* Madrid, Taurus, 1988.

— *La poesía épica y de clerecía medievales,* Madrid, Taurus, 1988.

ALVAR, M.: *El romancero: tradicionalidad y pervivencia,* Barcelona, Planeta, 1970.

ÁLVAREZ BARRIENTOS, J., y RODRÍGUEZ SÁNCHEZ DE LEÓN, M.ª P. (coord.): *Diccionario de literatura popular española,* Salamanca, Ediciones Colegio de España, 1997.

AMORÓS, A., y otros: *El comentario de textos,* 4 vols., Madrid, Castalia, 1973.

AMORÓS, A., y DÍEZ BORQUE, J. M.ª (coord.): *Historia de los espectáculos en España,* Madrid, Castalia, 1999.

ANDERSON IMBERT, E.: *Teoría y técnica del cuento,* Barcelona, Ariel, 1992.

ANDIOC, R.: *Teatro y sociedad en el Madrid del siglo XVIII,* Madrid, Castalia, 1976.

ARCE, J.: «Rococó, neoclasicismo y prerromanticismo», en *El padre Feijoó y su siglo,* II, Oviedo, Cátedra Feijoó, 1966, pp. 447-477.

540   BIBLIOGRAFÍA

ARELLANO, I.: *Historia del teatro español del siglo XVII*, Madrid, Cátedra, 1995.

ARISTÓTELES: *Poética*, ed. de V. García Yebra, Madrid, Gredos, 1974.

— *Retórica*, ed. de J. M. Tovar, Madrid, Instituto de Estudios Políticos, 1971.

ARMISTEAD, S. G., SÁNCHEZ ROMERALO, A., y CATALÁN, D. (eds.): *El romancero hoy: historia, comparatismo, bibliografía, crítica*, University of California San Diego y University of California Davis, Madrid, CSMP, 1979.

ARRÓNIZ, O.: *Teatros y escenarios del Siglo de Oro*, Madrid, Gredos, 1977.

ASENSIO, E.: *Itinerario del entremés desde Lope de Rueda a Quiñones de Benavente* (1965), Madrid, Gredos, 1973.

AUBRUN, Ch.: *La comedia española: 1600-1680*, Madrid, Taurus, 1968.

AULLÓN DE HARO, P. (coord.): *Introducción a la crítica literaria actual*, Madrid, Playor, 1984.

AVALLE-ARCE, J. B.: *La novela pastoril española*, Madrid, Istmo, 1975 (2.ª edic.).

BAEHR, R.: *Manual de versificación española* (1962), trad. y adapt. de R. Wagner y F. López Estrada, Madrid, Gredos, 1970.

BAJTIN, M.: *La cultura popular en la Edad Media y en el Renacimiento. El contexto de François Rabelais* (1955), Madrid, Alianza Edit., 1987.

— *El método formal en los estudios literarios* (1928), Madrid, Alianza Edit., 1994.

— *El método formal en los estudios literarios. Introducción crítica a una poética sociológica*, Madrid, Alianza Editorial, 1994.

— *Teoría y estética de la novela*, Madrid, Taurus Ediciones, 1991.

BAL, M.: *Teoría de la narrativa*, Madrid, Cátedra, 1990 (3.ª edic.).

BALBÍN, R. de.: *Sistema de rítmica castellana* (1962), Madrid, Gredos, 1975 (3.ª edic.).

BALLY, Ch.: *Traité de stylistique française*, París, Klincksieck, 1951 (3.ª edic.).

BAQUERO GOYANES, M.: *El cuento español en el siglo XIX*, Madrid, CSIC, 1949.

BARTHES, R.: *Ensayos críticos* (1964), Barcelona, Seix Barral, 1967.

— *El placer del texto* (1973), Buenos Aires, Siglo XXI, 1982.

— *La preparación de la novela*, Madrid, Siglo XXI editores, S.A., 2005.

BASANTA, A.: *Cuarenta años de novela española,* 2 vols. Madrid, Cincel, 1979.

BATAILLON, M.: *Erasmo y España* (1937), México, FCE, 1950.

BĚLIČ, O.: *Verso español y verso europeo. Introducción a la teoría del verso español en el contexto europeo,* en colaboración con J. Hrabák, Santafé de Bogotá, Imprenta Patriótica del Instituto Caro y Cuervo, Hierbabuena, 1999.

BELLO, A.: *Principios de ortología y métrica de la lengua castellana,* Madrid, 1890.

BENJAMIN, W.: *Iluminaciones,* Madrid, Taurus, 1980.

BERISTAIN, H. (comp.): *El horizonte interdisciplinario de la Retórica,* México, Universidad Nacional Autónoma de México, 2001.

BERNÁRDEZ, E. (comp.): *Lingüística del texto,* Madrid, Arco-Libros, 1987.

BLECUA, A.: *Manual de crítica textual,* Madrid, Castalia, 1983.

BLECUA, J. M.: *Poesía de la Edad de Oro, II: Barroco,* Madrid, Castalia, 1984.

BLOOM, H.: *El canon occidental,* Barcelona, Editorial Anagrama, 1995.

— *Cómo leer y por qué,* Barcelona, Anagrama, 2000.

— *¿Dónde se encuentra la sabiduría?,* Madrid, Taurus, 2005.

BOBES NAVES, M.ª C.: *La novela,* Madrid, Síntesis, 1998.

BOBES NAVES, M.ª C., BAAMONDE, G., CUETO, M., y otros: *Historia de la Teoría Literaria,* vol. II: *La Antigüedad Grecolatina,* Madrid, Gredos, 1995.

BOOTH, W.: *La retórica de la ficción* (1961), Barcelona, Bosch, 1974.

BOTREL, J. F.: *Libros, prensa y lectura en la España del siglo XIX,* Madrid, Fundación Germán Sánchez Ruipérez, 1993.

BOURNEUF, R., y OUELLET, R.: *La novela* (1972), Barcelona, Ariel, 1989 (5.ª edic.).

BOUSOÑO, C.: *Teoría de la expresión poética,* 2 vols., Madrid, Gredos, 1970.

BURGUERA, M.ª L. (ed.): *Textos clásicos de teoría de la literatura,* Madrid, Cátedra, 2004.

BRECHT, B.: *Escritos sobre el teatro,* Buenos Aires, Nueva Visión, 1970.

BRETON, A.: *Manifiestos del surrealismo,* Madrid, Guadarrama, 1974.

BROWN, G., y YULE, G.: *Análisis del discurso,* Madrid, Visor Libros, 1993.

CABO ASEGUINOLAZA, F. (comp.): *Teorías sobre la lírica,* Madrid, Arco-Libros, 1999.

CAMACHO GUIZADO, E.: *La elegía funeral en la poesía española*, Madrid, Gredos, 1969.

CAMILLO, O. di.: *El humanismo castellano en el siglo XV*, Valencia, Fernando Torres, 1976.

CANO, J. L.: *Poesía española contemporánea. Las generaciones de posguerra*, Madrid, Guadarrama, 1974.

CARDONA, R., y ZAHAREAS, A.: *Visión del esperpento. Teoría y práctica en los esperpentos de Valle-Inclán*, Madrid, Castalia, 1970.

CARDWELL, R. A., y McGUIRK, B. (eds.): *¿Qué es el modernismo? Nueva encuesta, nuevas lecturas*, Boulder, University of Colorado, 1993.

CARILLA, E.: *Manierismo y Barroco en las literaturas hispánicas*, Madrid, Gredos, 1983.

CARO BAROJA, J.: *Romances de ciego*, Madrid, Taurus, 1966.

— *Ensayo sobre la literatura de cordel*, Madrid, Revista de Occidente, 1969.

— *El carnaval*, Madrid, Taurus, 1979.

CARRIÓN, M.: *Manual de Bibliotecas*, Madrid, Fundación Germán Sánchez Ruipérez, 1988.

CASASÚS, J. M., y NÚÑEZ LADEVEZE, L.: *Estilo y géneros periodísticos*, Barcelona, Ariel, 1991.

CASO GONZÁLEZ, J.: *Ilustración y Neoclasicismo*, vol. 4 de HCLE, Barcelona, Crítica, 1983.

CASTELLET, J. M.ª: *Un cuarto de siglo de poesía española (1939-1964)*, Barcelona, Seix Barral, 1966.

CASTRO, A.: *La realidad histórica de España*, México, Porrúa, 1954.

— *Hacia Cervantes*, Madrid, Taurus, 1957.

— *El pensamiento de Cervantes* (1925), Barcelona, Noguer, 1972.

CATALÁN, D.: *Siete siglos de Romancero (Historia y poesía)*, Madrid, Gredos, 1969.

CAVALLO, G., y CHARTIER, R.: *Historia de la lectura en el mundo occidental*, Madrid, Santillana-Taurus S.A., 1998.

CHASCA, E. de: *El arte juglaresco en el Cantar de Mio Cid*, Madrid, Gredos, 1972 (2.ª edic.).

CHATMAN, S.: *Historia y discurso. La estructura narrativa en la novela y en el cine*, Madrid, Taurus, 1990.

CHÉNIEUX-GENDRON, J.: *Le surréalisme*, París, P.U.F., 1984.

CHEVALIER, J., y GHEERBRANT, A.: *Dictionnaire des symboles*, París, Seghers, 1973.

CHEVALIER, M.: *Cuentecillos tradicionales en la España del siglo de Oro*, Madrid, Gredos, 1975.

— *Lectura y lectores en la España de los siglos XVI y XVII*, Madrid, Turner, 1976.

CICERÓN, M. T.: *El orador*, ed. bilingüe de A. Tovar y A. R. Bujaldón (1968), Madrid, CSIC, 1992 (2.ª edic.).

CITANOVIC, D.: *La novela sentimental española*, Madrid, Prensa Española, 1973.

CODOÑER, C. (ed.): *Historia de la literatura latina*, Madrid, Cátedra, 1997.

COMAS, J.: *Los cómics. Un arte del siglo XX*, Madrid, Guadarrama, 1977.

COROMINAS, J., y PASCUAL, J. A.: *Diccionario crítico etimológico castellano e hispano*, 5 vols., Madrid, Gredos, 1980.

CRISPÍN, J.: *La estética de las generaciones de 1925*, Valencia, Pretextos, 2002.

CROS, E.: *Literatura, ideología y sociedad*, Madrid, Gredos, 1986.

CURTIUS, E. R.: *Literatura europea y Edad Media latina*, México, F.C.E., 1955.

DÉBAX, M.: *Romancero*, Madrid, Alhambra, 1982.

DEBICKI, A.: *Historia de la poesía española del siglo XX*, Madrid, Gredos, 1997.

DELEITO y PIÑUELA, J.: *Origen y apogeo del género chico*, Madrid, Revista de Occidente, 1949.

DEYERMOND, A.: *El Cantar de Mio Cid y la épica medieval española*, Barcelona, Sirmio, 1987.

DÍAZ MAS, P.: *Los sefardíes: historia, lengua y cultura*, Barcelona, Riopiedras, 1986.

DÍAZ PLAJA, J.: *Estructura y sentido del novecentismo español*, Madrid, Alianza Edit., 1975.

DICCIONARIO DE LITERATURA ESPAÑOLA E HISPANOAMERICANA, dirigido por R. Gullón, 2 vols., Madrid, Alianza Edit., 1993.

DÍEZ BORQUE, J. M.ª: *Comentario de textos literarios. Método y práctica*, Madrid, Playor, 1977.

— *Sociedad y teatro en la España de Lope de Vega*, Barcelona, Antoni Bosch, 1978.

— *Historia del teatro en España*, vol. I (Edad Media. Siglo XVI. Siglo XVII), Madrid, Taurus, 1983, vol. II (ss. XVIII-XIX), Madrid, Taurus, 1988.

— (ed.): *Actor y técnica de representación del teatro clásico español*, Londres, Tamesis Books, 1989.

DIJK, T. A. van: *La ciencia del texto. Un enfoque interdisciplinario* (1978), Barcelona, Paidós, 1989.

Dolezel, L.: *Historia breve de la poética* (1990), Madrid, Síntesis, 1997.

Domínguez Caparrós, J.: *Diccionario de métrica española*, Madrid, Alianza Edit., 1999.

— *Estudios de métrica*, Madrid, UNED, 1999.

— *Estudios de teoría literaria*, Madrid, UNED, 2001.

— *Métrica española*, Madrid, Síntesis, 1993.

Dronke, P.: *La lírica en la Edad Media* (1968), Barcelona, Seix Barral, 1978, y Ariel, 1995.

Dubois, J., y otros: *Réthorique générale*, París, Larousse, 1970.

Dumezil, G.: *Del mito a la novela*, México, F.C.E., 1973.

Eagleton, T.: *Una introducción a la teoría literaria* (1983), México, F.C.E., 1988.

Earle, P. G., y Gullón, G.: *Surrealismo y surrealismos. Latinoamérica y España*, Filadelfia, University of Pennsylvania, 1977.

Eco, U.: *Tratado de semiótica general*, Barcelona, Lumen, 1977.

— (a cargo de): *Historia de la belleza*, Barcelona, Editorial Lumen, 2004.

Egido, A.: *Perfiles del Barroco*, Zaragoza, Ibercaja, 1990.

Eisenberg, D.: *Romances of Chivalry in the Spanish Golden Age*, Newark, Delaware, 1982.

Eliot, T. S.: *Función de la poesía y función de la crítica* (1939 y 1964), Barcelona, Tusquets, 1999.

Ellis, J. M.: *Teoría de la crítica literaria* (1974), Madrid, Taurus, 1988.

Enkvist, N. E., y otros: *Lingüística y estilo*, Madrid, Cátedra, 1974.

Escarpit, R., y otros: *Hacia una sociología del hecho literario*, Madrid, Cuadernos para el Diálogo, 1974.

Escobar Sobrino, H.: *Historia del libro español*, Madrid, Gredos, 1998.

Escolar, H.: *Historia del libro*, Madrid, Fundación Germán Sánchez Ruipérez, 1984.

Eseverri Hualde, C.: *Diccionario etimológico de helenismos españoles*, Burgos, Ediciones Aldecoa, 1988 (4.ª edic.).

Estébanez Calderón, D.: *Diccionario de términos literarios* (1996), Madrid, Alianza Edit., 1999 (2.ª edic.).

Etiemvre, J. P., y Romero, L. (eds.): *La recepción del texto literario* (Coloquio, abril de 1986), Casa de Velázquez-Departamento de Literatura Española, Universidad de Zaragoza, 1988.

Ferreras, J. I.: *La novela por entregas*, Madrid, Taurus, 1972.

FOKKEMA, D. W., e IBSCH, E. G.: *Teoría de la literatura del siglo* XX, Madrid, Cátedra, 1981.

FORSTER, E. M: *Aspectos de la novela* (1927), Madrid, Debate, 1986.

FRENK ALATORRE, M.: *Las jarchas mozárabes y los comienzos de la lírica románica*, México, El Colegio de México, 1975.

FRENZEL, E.: *Diccionario de argumentos de la literatura universal* (1970), Madrid, Gredos, 1994.

— *Diccionario de motivos de la literatura universal* (1976), Madrid, Gredos, 1980.

FRIEDRICH, H.: *Estructura de la lírica moderna*, Barcelona, Seix Barral, 1974.

FRYE, N.: *Anatomía de la crítica* (1957), Caracas, Monte Ávila, 1977.

— *El camino crítico. Ensayo sobre el contexto social de la crítica literaria*, Madrid, Taurus, 1986.

FUENTES FLORIDO, F.: *Poesías y poética del ultraísmo*, Barcelona, Mitre, 1989.

GALMÉS DE FUENTES, A.: *Las jarchas mozárabes. Forma y significado*, Barcelona, Crítica, 1994.

GÁLVEZ, M.: *La novela hispanoamericana contemporánea*, Madrid, Taurus, 1987.

GARCÍA BARRIENTOS, J. L.: *Cómo se comenta una obra de teatro. Ensayo de método*, Madrid, Síntesis, 2001.

GARCÍA BERRIO, A.: *Formación de la teoría literaria moderna*, vol. I, Madrid, Cupsa, 1977, y vol. II, Murcia, Universidad de Murcia, 1980.

— *Introducción a la poética clasicista. Comentario a las «Tablas poéticas» de Cascales*, Madrid, Cátedra, 2006.

— *Teoría de la Literatura*, Madrid, Cátedra, 1989.

GARCÍA BERRIO, A. y HERNÁNDEZ FERNÁNDEZ, T.: *Crítica literaria. Iniciación al estudio de la literatura*, Madrid, Cátedra, 2004.

GARCÍA BERRIO, A., y HUERTA CALVO, J.: *Los géneros literarios. Sistema e historia*, Madrid, Cátedra, 1992.

GARCÍA DE LA CONCHA, V.: *La poesía española de 1935 a 1975*, 2 vols., Madrid, Cátedra, 1987.

— (ed.): *El surrealismo*, Madrid, Taurus, 1982.

— (ed.): *Época Contemporánea (1914-1939)*, vol. 7 de HCLE, Barcelona, Crítica, 1984.

— (dir.): *Historia de la Literatura Española*, Madrid, Espasa Calpe, 1995 y ss.

— (dir.): *Historia de la literatura española. Siglo XIX (I)*, coord. G. Carnero, Madrid, Espasa, 1997, y *Siglo XIX (II)*, coord. L. Romero Tovar, Madrid, Espasa, 1998.

GARCÍA GÓMEZ, E.: *Poesía árabe andaluza. Breve síntesis histórica*, Madrid, Instituto Faruk I de Estudios Islámicos, 1952.

— *Las jarchas romances de la serie árabe en su marco* (1965), Madrid, Alianza Edit., 1990.

GARIN, E.: *La revolución cultural del Renacimiento*, Barcelona, Crítica, 1981.

GARRIDO DOMÍNGUEZ, A.: *El texto narrativo*, Madrid, Arco-Libros, 1988.

GARRIDO GALLARDO, M. A.: *Nueva introducción a la teoría de la literatura*, Madrid, Síntesis, 2002.

GENETTE, G.: *Figures I, II, III*, París, Seuil, 1966, 1969 y 1972.

— *Nuevo discurso del relato* (1983), Madrid, Cátedra, 1998.

GIES, D. T.: *El Romanticismo*, Madrid, Taurus, 1989.

GIES, D. T., y SEBOLD, R. P.: *Ilustración y Neoclasicismo*, vol. 4/1 de HCLE, Barcelona, Crítica, 1994.

GIL CASADO, P.: *La novela social española*, Barcelona, Seix Barral, 1973 (2.ª edic.).

GIL FERNÁNDEZ, L.: *Panorama social del humanismo español (1500-1800)*, Madrid, Alhambra, 1981.

GIMÉNEZ FRONTÍN, J. L.: *Movimientos literarios de vanguardia*, Barcelona, Salvat, 1974.

GLENDINNING, N.: *El siglo XVIII*, en A. Deyermond y otros: *Historia de la Literatura Española*, Barcelona, Ariel, 1974.

GNISCI, A. (al cuidado de): *Introducción a la literatura comparada*, Barcelona, Crítica, 2002.

GOIC, C. (ed.): *Historia y crítica de la Literatura Hispanoamericana*, 3 vols., Barcelona, Crítica, 1988.

GÓMEZ, J.: *El diálogo en el Renacimiento español*, Madrid, Cátedra, 1988.

GÓMEZ MARTÍNEZ, J. L.: *Teoría del ensayo*, México, Universidad Nacional Autónoma de México, 1992.

GOMIS, L.: *Teoría del periodismo*, Barcelona, Ariel, 1991.

GONZÁLEZ ECHEVARRÍA, R. y PUPO WALKER, E. (eds.): *Historia de la literatura hispanoamericana*, 2 vols., Madrid, Gredos, 2006.

GONZÁLEZ OLLÉ, F.: *Manual de investigación literaria (Guía bibliográfica para el estudio de la literatura española)*, Pamplona, Universidad de Navarra, 1976.

GRANJEL, L.: *La generación literaria del 98*, Salamanca, Anaya, 1973.

GREIMAS, A. J.: «Elementos para una interpretación del relato mítico» (1966), en R. Barthes y otros: *Análisis estructural del relato*, Buenos Aires, Editorial Tiempo Contemporáneo, 1970, pp. 45-86.

GRIMAL, P.: *Dictionnaire de Mythologie grecque et romaine*, París, P.U.F., 1951.

GUILLÉN, C.: *Entre lo uno y lo diverso. Introducción a la literatura comparada*, Barcelona, Crítica, 1985.

— *El primer Siglo de Oro. Estudios sobre géneros y modelos*, Barcelona, Crítica, 1988.

— *Entre lo uno y lo diverso. Introducción la literatura comparada (Ayer y hoy)*, Barcelona, Tusquets, 2005.

— *Múltiples moradas. Ensayo de literatura comparada*, Barcelona, Tusquets, 1998.

GUIRAUD, P.: *La estilística* (1955), Buenos Aires, Editorial Nova, 1970.

GULLÓN, G.: *La novela moderna en España (1885-1902)*, Madrid, Taurus, 1992.

GULLÓN, R.: *La invención del 98 y otros ensayos*, Madrid, Gredos, 1969.

— *La novela lírica*, Madrid, Cátedra, 1984.

— *Direcciones del modernismo* (1963), Madrid, Alianza Edit., 1990.

HAMBURGER, K.: *Die Logik der Dichtung* (1957); trad. esp.: *La lógica de la literatura*, Madrid, Visor, 1995.

HATIM, B., y MASON, I.: *Teoría de la traducción. Una aproximación al discurso* (1990), Barcelona, Ariel, 1995.

HEGEL, F. W.: *Estética* (1835), Buenos Aires, Siglo XXI, 1983.

HATZFELD, H.: *Estudios sobre el Barroco*, Madrid, Gredos, 1964.

HENRÍQUEZ UREÑA, P.: *Estudios de versificación española*, Buenos Aires, Universidad de Buenos Aires, 1961.

HERMENEGILDO, A.: *La tragedia en el Renacimiento español*, Barcelona, Planeta, 1973.

HERNÁNDEZ GUERRERO, J. A. y GARCÍA TEJERA, M. C.: *Teoría, historia y práctica del comentario literario: principios, criterios y pautas para la lectura crítica de la literatura*, Barcelona, Ariel, 2005.

HERNADI, P.: *Teoría de los géneros literarios* (1972), Barcelona, Bosch, 1978.

HIGHET, G.: *La tradición clásica*, México, FCE, 1996, 3.ª edic.

HOWATSON, M. C.: *Diccionario de literatura clásica*, Madrid, Alianza Edit., 1991.

HUERTA CALVO, J. (ed.): *Teatro breve de los siglos XVI y XVII: entremeses, loas, bailes, jácaras y mojigangas*, Madrid, Taurus, 1985.

— (dir.): *Historia del teatro español*, 2 vols., Madrid, Gredos, 2003.

ILIE, P.: *Los surrealistas españoles*, Madrid, Taurus, 1972.

ISER, W.: *El acto de leer* (1978), Madrid, Taurus, 1978.

JAEGER, W.: *Paideia. Los ideales de la cultura griega*, México, F.C.E., 1957.

JAKOBSON, R.: *Questions de Poétique*, París, Gallimard, 1973; traducción española: *Ensayos de Poética*, Madrid, FCE, 1977.

JAURALDE POU, P.: *Manual de investigación literaria*, Madrid, Gredos, 1981.

JAUSS, H. R.: *Experiencia estética y hermenéutica literaria* (1977), Madrid, Taurus, 1986.

JIMÉNEZ, J. O. (ed.): *El simbolismo*, Madrid, Taurus, El escritor y la crítica, 1979.

KAYSER, W.: *Interpretación y análisis de la obra literaria*, Madrid, Gredos, 1970 (1.ª edic., 1961).

KOWZAN, T.: *Literatura y espectáculo*, Madrid, Taurus, 1992.

KRÖMER, W.: *Formas de narración breve en las literaturas románicas hasta 1700* (1973), Madrid, Gredos, 1979.

LACARRA, M.ª J.: *Cuentística medieval en España: los orígenes*, Zaragoza, Universidad de Zaragoza, 1979.

LAPESA, R.: *De la Edad Media a nuestros días. Estudios de historia literaria*, Madrid, Gredos, 1967.

— *Poetas y prosistas de ayer y de hoy*, Madrid, Gredos, 1977.

— *Historia de la lengua española*, Madrid, Gredos, 1981 (9.ª ed.).

— *Garcilaso: estudios completos*, Madrid, Istmo, 1985.

LAUSBERG, H.: *Manual de Retórica literaria. Fundamentos de una ciencia de la literatura*, 3 vols., Madrid, Gredos, 1966-1968.

LÁZARO CARRETER, F.: *Estilo barroco y personalidad creadora*, Salamanca, Anaya, 1967 (4.ª edic., Madrid, Cátedra, 1984).

— *Diccionario de términos filológicos*, Madrid, Gredos, 1968 (3.ª edic.).

— *Estudios de poética*, Madrid, Taurus, 1976.

— *De poética y poéticas*, Madrid, Cátedra, 1990.

LÁZARO CARRETER, F., y CORREA CALDERÓN, E.: *Cómo se comenta un texto literario*, Salamanca, Anaya, 1957.

LE GUERN, M.: *La metáfora y la metonimia* (1973), Madrid, Cátedra, 1976.

LESKY, A.: *Historia de la literatura griega*, Madrid, Gredos, 1982.

LEVIN, S. R.: *Estructuras lingüísticas en la poesía*, Madrid, Cátedra, 1974.

LIDA, M.ª R.: *El cuento popular y otros ensayos*, Buenos Aires, Losada, 1976.

LISSORGUES, Y. (ed.): *Realismo y naturalismo en España*, Barcelona, Anthropos, 1988.

LITVAK, L.: *El modernismo*, Madrid, Taurus, 1975.

LLORENS, V.: *El Romanticismo español*, Madrid, Castalia, 1980.

LLOVET, J.: *Lecciones de literatura universal*, Madrid, Cátedra, 1995.

LÓPEZ-BARALT, L.: *Huellas del Islam en la literatura española. De Juan Ruiz a Juan Goytisolo*, Madrid, Hiperión, 1985.

— *San Juan de la Cruz y el Islam. Estudio sobre las filiaciones semíticas de su literatura mística* (1985), Madrid, Hiperión, 1990.

LÓPEZ CASANOVA, E., y ALONSO, E.: *El análisis estilístico. Poesía, novela* (1975), Valencia, Bello, 1982.

LÓPEZ ESTRADA, F.: *Métrica española en el siglo* XX, Madrid, Gredos, 1969.

— *Introducción a la literatura medieval española*, Madrid, Gredos, 1983 (5.ª edic. renovada).

LÓPEZ FÉREZ, J. A. (ed.): *Historia de la literatura griega*, Madrid, Cátedra, 1988.

LÓPEZ GARCÍA, A., y otros: *Lecciones de retórica y métrica*, Valencia, Lindes, 1981.

LÓPEZ GARCÍA, D. (ed.): *Teorías de la traducción*, Cuenca, Ediciones de la Universidad de Castilla-La Mancha, 1996.

LÓPEZ MORILLAS, J.: *El krausismo español: perfil de una aventura intelectual*, México, F.C.E., 1980.

LOTMAN, I.: *Estructura del texto artístico* (1970), Madrid, Istmo, 1978.

— *La semiosfera, I. Semiótica de la cultura y del texto*, Madrid, Cátedra, 1996.

MAINER, J. C.: *Modernismo y 98*, vols. 6 y 6/1 de *HCLE*, Barcelona, Crítica, 1980 y 1994, respectivamente.

— *La Edad de Plata* (1902-1939). *Ensayo de interpretación de un proceso cultural*, Madrid, Cátedra, 1983.

MARAVALL, J. A.: *La cultura del Barroco. Análisis de una estructura histórica*, Barcelona, Ariel, 1975.

MARCHESE, A., y FORRADELLAS, J.: *Diccionario de retórica, crítica y terminología literaria* (1978), Barcelona, Ariel, 1994.

MARCO, J.: *Literatura popular en Europa en los siglos XVIII y XIX*, 2 vols., Madrid, Taurus, 1977.

MARCOS MARÍN, F.: *Elementos árabes en los orígenes de la épica hispánica*, Madrid, Gredos, 1971.

MARICHAL, J.: *La voluntad del estilo*, Madrid, Revista de Occidente, 1971.

MARINO, A.: *Comparatisme et théorie de la littérature*, París, P.U.F., 1988.

MÁRQUEZ DOMÍNGUEZ, A.: *Literatura e Inquisición en España (1478-1834)*, Madrid, Taurus, 1980.

MÁRQUEZ VILLANUEVA, F.: *Espiritualidad y literatura en el siglo XVI*, Madrid, Alfaguara, 1968.

MARTÍN VIVALDI, G.: *Géneros periodísticos*, Madrid, Paraninfo, 1977.

MARTÍNEZ, J. A.: *Propiedades del lenguaje literario*, Oviedo, Publicaciones de la Universidad de Oviedo, 1975.

MARTÍNEZ ALBERTOS, J. L.: *El lenguaje periodístico*, Madrid, Paraninfo, 1989.

MARTÍNEZ CACHERO, J. M.: *La novela española entre 1936 y el fin de siglo*, Madrid, Castalia, 1997.

MARTÍNEZ DE SOUSA, J.: *Diccionario General del Periodismo*, Madrid, Paraninfo, 1981.

MARTINO, P.: *Parnasse et symbolisme*, París, A. Colin, 1925 (nueva edic. 1970).

MAYORAL, J. A. (comp.): *Pragmática de la comunicación literaria*, Madrid, Arco-Libros 1987a.

— *Estética de la recepción*, Madrid, Arco-Libros, 1987.

MAYORAL, J. A.: *Figuras retóricas*, Madrid, Síntesis, 1994.

MÉCHOULAN, H. (ed.): *Los judíos en España. Historia de una diáspora: 1492-1992*, Madrid, Trotta, 1992.

MENÉNDEZ PELÁEZ, J., ARELLANO, I. y otros: *Historia de la literatura española*, 4 vols., León, Ed. Everest, 2005.

MENÉNDEZ PELAYO, M.: *Historia de las ideas estéticas en España*, 2 vols. (1883-1891), Madrid, CSIC, 1944.

— *Estudios y discursos de crítica literaria*, Edic. Nac. de Obras Completas, VI, Santander, Aldus, S. A. de Artes Gráficas, 1941.

MENÉNDEZ PIDAL, R.: *Poesía juglaresca y juglares* (1924), Madrid, Espasa Calpe, 1942.

— *De Cervantes a Lope de Vega*, Madrid, Espasa Calpe, 1940.

— *Romancero hispánico. Teoría e historia*, 2 vols., Madrid, Espasa Calpe, 1953 (2.ª edic., 1968).

— *Estudios sobre el Romancero*, Madrid, Espasa-Calpe, 1973.

MEYERHOLD, V.: *Teoría teatral*, Madrid, Fundamentos, 1973.

MICHELI, M. de: *Las vanguardias artísticas del siglo XX*, Madrid, Alianza Edit., 1984 (4.ª edic.).

MITTERAND, H.: *Le Discours du roman*, París, P.U.F., 1980.

MOELLER, CH.: *Literatura del siglo XX y Cristianismo*, 3 vols., Madrid, Gredos, 1955-1957.

MONTESINOS, J. FERNÁNDEZ: *Estudios y ensayos de literatura española*, México, Edic. de Andrea, 1959.

— *Costumbrismo y novela. Ensayo sobre el redescubrimiento de la realidad española* (1960), Madrid, Castalia, 1973, 3.ª edic.

MORRIS, Ch.: *Signos, lenguaje, conducta* (1946), Buenos Aires, Losada, 1968

MORTARA GARAVELLI, B.: *Manual de Retórica*, Madrid, Cátedra, 1991.

MUKAROVSKI, J.: «Lenguaje estándard y lenguaje poético», en *Escritos de Estética y Semiótica del Arte*, Barcelona, Gustavo Gil, 1977.

MURPHY, J. J.: *La Retórica en la Edad Media* (1974), México, F.C.E., 1986.

NAVARRO TOMÁS, T.: *Métrica española* (1956), Madrid, Guadarrama, 1974 (4.ª edic.).

NORA, E. de: *La novela española contemporánea*, I (1898-1927), II (1927-1939), III (1939-1967), Madrid, Gredos, 1969, 1973.

NÚÑEZ LADEVEZE, L.: *Manual para periodismo*, Barcelona, Ariel, 1991.

OHMAN, R.: «Los actos de habla y la definición de la literatura» (1971), en J. A. Mayoral (ed.), 1987a, pp. 11-34.

OLEZA, J.: *La novela del siglo XIX. Del parto a la crisis de una ideología*, Barcelona, Laia, 1984.

OLIVA, C.: *El teatro desde 1936*, Madrid, Alhambra, 1989.

— *La última escena. (Teatro español de 1975 a nuestros días)*, Madrid, Cátedra, 2004.

OLIVA, C., y TORRES MONREAL, F.: *Historia básica del arte escénico*, Madrid, Cátedra, 1990.

OROZCO, E.: *Manierismo y Barroco*, Salamanca, Anaya, 1970.

— *Introducción al Barroco*, 2 vols., edic. de J. Lara Garrido. Granada, Universidad de Granada, 1988.

ORTEGA Y GASSET, J.: *La deshumanización del arte e Ideas sobre la novela*, Madrid, Revista de Occidente, 1925.

OVIEDO, J. M.: *Historia de la literatura hispanoamericana*, 4 vols., Madrid, Alianza Ed., 1995-2001.

PALOMO, M.ª P.: *La poesía de la Edad de Oro (Barroco)*, Madrid, Taurus, 1987.

PARAÍSO DE LEAL, I.: *El verso libre hispano. Orígenes y corrientes*, Madrid, Gredos, 1985.

PARDO BAZÁN, E.: *La cuestión palpitante (1883)*, edic. de J. M. González Herrán, Barcelona, Anthropos, 1989.

PAREDES NÚÑEZ, J. (ed.): *La novela policiaca española*, Granada, Universidad de Granada, 1989.

PARKER, A.: *Los autos sacramentales de Calderón* (1943), Barcelona, Ariel, 1983.

— *Los pícaros en la literatura. La novela picaresca en España y Europa (1599-1753)*, Madrid, Gredos, 1971.

PATTISON, W. T.: *El naturalismo español. Historia externa de un movimiento literario*, Madrid, Gredos, 1965.

PAVIS, P.: *Diccionario de teatro. Dramaturgia, estética, semiología* (1980), Barcelona, Paidós, 1983.

PAZ GAGO, J. M.ª: *La estilística*, Madrid, Síntesis, 1993.

PEDRAZA JIMÉNEZ, F. B., y RODRÍGUEZ CÁCERES, M.: *Manual de Literatura Española*, 13 vols., Estella (Navarra), Cenlit, 1980 y ss.

— *Las épocas de la literatura española*, Barcelona, Ariel, 2002, 1.ª reimpr.

PEERS, E. A.: *Historia del movimiento romántico español* (1940), 2 vols., Madrid, Gredos, 1954.

PERELMAN, Ch., y OLBRECHTS-TYTECA, L.: *Traité de l'argumentation*, París, P.U.F., 1958.

PÉREZ PRIEGO, M. A.: *La edición de textos*, Madrid, Síntesis, 1997.

PETÖFI, J. S., y GARCÍA BERRIO, A.: *Lingüística del texto y crítica literaria*, Madrid, Comunicación, 1979.

PORQUERAS MAYO, A.: *La teoría poética en el Renacimiento y Manierismo españoles*, Barcelona, Puvill, 1986.

— *La teoría poética en el Manierismo y Barroco españoles*, Barcelona, Puvill, 1988.

POZUELO YVANCOS, J. M.ª: *Teoría del lenguaje literario*, Madrid, Cátedra, 1988.

— *De la autobiografía. Teoría y estilos*, Barcelona, Crítica, 2006.

— *Poética de la ficción*, Madrid, Síntesis, 1993.

POZUELO YVANCOS, J. M.ª y ARADRA SÁNCHEZ, R. M.ª: *Teoría del canon y literatura española*, Madrid, Cátedra, 2000.

PUJANTE SÁNCHEZ, D., *Manual de Retórica*, Madrid, Castalia, 2003.

PRIETO, A.: *La poesía española del siglo XVI*, 2 vols., Madrid, Cátedra, 1984 y 1987.

PRINCE, G.: *Dictionary of Narratology*, Lincoln, University of Nebraska Press, 1987.

PROPP, V.: *Morfología del cuento*, Madrid, Fundamentos, 1974.

PUPO WALKER, E. (dir.): *El cuento hispanoamericano ante la crítica*, Madrid, Castalia, 1980.

QUILIS, A.: *Métrica española* (1969), Barcelona, Ariel, 1984.

QUINTILIANO: *Institutio Oratoria* (edic. de M. Winterbottom), 2 vols., Oxford Univ. Press, 1970; trad. esp.: *Instituciones Oratorias*, Madrid, Hernando, 1987.

REIS, C. y LOPES, A. C.: *Diccionario de narratología*, Salamanca, Ed. Almar, 2002, 2ª ed.

REWALD, J.: *Historia del impresionismo* (1946), Barcelona, Seix Barral, 1994.

REY HAZAS, A.: *La novela picaresca*, Salamanca, Anaya, 1990.

RICHTHOFEN, E. von: *Estudios épicos medievales*, Madrid, Gredos, 1954.

RICO, F.: *La novela picaresca y el punto de vista*, Barcelona, Seix Barral, 1970.

— *Problemas del Lazarillo*, Madrid, Cátedra, 1988.

— *El sueño del humanismo. De Petrarca a Erasmo*, Madrid, Alianza Edit., 1993.

— (al cuidado de): *Historia y Crítica de la Literatura Española*, 9 volúmenes, con sus correspondientes suplementos, Barcelona, Crítica, 1980-1995 y sigs.

RIFFATERRE, M.: *Ensayos de estilística estructural* (1971), Barcelona, Seix Barral, 1976.

RIQUER, M. de: *Los trovadores*, Barcelona, Planeta, 1975.

RODRÍGUEZ ADRADOS, F.: *Orígenes de la lírica griega*, Madrid, Biblioteca de la Revista de Occidente, 1976.

RODRÍGUEZ MOÑINO, A.: *Poesía y cancioneros*, Madrid, Castalia, 1986.

ROMERA, J., YLLERA, A., GARCÍA PAGE, M., y CALVET, R. (eds.): *Escritura autobiográfica*, Madrid, Visor, 1993.

ROMERO TOBAR, L.: *La novela popular española del siglo XIX*, Barcelona, Ariel, 1976.

— *Panorama crítico del romanticismo español*, Madrid, Castalia, 1994.

ROZAS, J. M.: *La generación del 27 desde dentro. Textos y documentos*, Madrid, Alcalá, 1974.

— *Significado y doctrina del arte nuevo de Lope*, Madrid, SGEL, 1976.

RUANO DE LA HAZA, J. M.ª, y ALLEN, J. J.: *Los teatros comerciales del siglo XVII y la escenificación de la comedia*, Madrid, Castalia, 1994.

RUIZ RAMÓN, F.: *Historia del teatro español*, 2 vols., Madrid, Alianza Edit., 1967 y 1971.

— *Historia del teatro español. Siglo XX*, Madrid, Cátedra, 1975 (2.ª edic.).

SAINZ RODRÍGUEZ, P.: *Introducción a la literatura mística en España*, Madrid, Voluntad, 1927.

SALVADOR, N.: *El mester de clerecía*, Madrid, La Muralla, 1973.

SÁNCHEZ TRIGUEROS, A. (ed.): *Sociología de la literatura*, Madrid, Síntesis, 1996.

SANZ VILLANUEVA, S.: *Historia de la novela española (1942-1975)*, Madrid, Alhambra, 1980.

SCHMIDT, S. J.: *Fundamentos de una ciencia empírica de la literatura (1980)*, Madrid, Taurus, 1991.

SEGRE, C.: *Principios de análisis del texto literario*, Barcelona, Crítica, 1985.

SELDEN, R.: *La teoría literaria contemporánea*, Barcelona, Ariel, 1987.

SENABRE, R.: *Literatura y público*, Madrid, Paraninfo, 1987.

— (ed.): Ramón del Valle-Inclán: *Martes de Carnaval. Esperpentos*, edic. crítica, Madrid, Espasa Calpe, 1990.

SENABRE, R. y otros: *El lenguaje de la literatura (siglos XIX y XX)*, Salamanca, Ambos Mundos, 2004.

SEOANE, M.ª C.: *Oratoria y periodismo en la España del siglo XIX*, Madrid, Castalia, 1977.

SHAW, D. L.: *La generación del 98*, Madrid, Cátedra, 1985 (5.ª edic.).

SIEBENMANN, G.: *Los estilos poéticos en España*, Madrid, Gredos, 1973.

SIGNES CODOÑER y otros (eds.): *Antiquae lecciones.El legado clásico desde la antigüedad hasta la revolución francesa*, Madrid, Cátedra, 2005.

SIGUÁN BOEHMER, M. (coord.): *Romanticismo/Romanticismos*, Barcelona, PPU, 1988.

SIMÓN DÍAZ, J.: *Manual de bibliografía de la literatura española*, Madrid, Gredos, 1980 (3.ª edic.).

SLAKTA, D.: *Sémiologie et grammaire du texte*, Université de París-Nanterre, 1980.

SOBEJANO, G.: *El epíteto en la lírica española*, Madrid, Gredos, 1970.

— *Novela española de nuestro tiempo*, Madrid, Prensa Española, 1975.

SOLÁ SOLÉ, J. M.: *Corpus de poesía mozárabe (las hargas andaluçíes)*, Barcelona, Ispam, 1973.

SORIA OLMEDO, A.: *Vanguardismo y crítica literaria en España*, Madrid, Istmo, 1988.

SOTELO, A.: *Leopoldo Alas y el fin de siglo*, Barcelona, PPU, 1990.

SPANG, K.: *Fundamentos de Retórica*, Pamplona, EUNSA, 1979.

SPITZER, L.: *Estilo y estructura en la literatura española*, Barcelona, Crítica, 1980.

STANISLAVSKI, K.: *La construcción del personaje*, Madrid, Alianza Edit., 1999.

TALENS, G., ROMERA, J., y TORDERA, A.: *Elementos para una semiótica del texto artístico*, Madrid, Cátedra, 1978.

TODOROV, T. (ed.): *Teoría de la literatura de los formalistas rusos* (1965), Madrid, Siglo XXI, 1991 (6.ª edic.).

TOMACHEVSKI, B.: *Teoría de la literatura* (1925), Madrid, Akal, 1982.

TORRE, G.: *Historia de las literaturas de vanguardia* (1925), 3 vols., Madrid, Gredos, 1974.

UCELAY DACAL, M.: *Los españoles pintados por sí mismos (1843-1844). Estudio de un género costumbrista.* México, El Colegio de México, 1951.

VALBUENA PRAT, A.: *El teatro español del Siglo de Oro*, Barcelona, Planeta, 1969.

VAN DIJK, T. A. (ed.): *Discurso y literatura. Nuevos planteamientos sobre el análisis de los géneros literarios.* Madrid, Visor Libros, 1999.

VAREY, J. E.: *Cosmovisión y escenografía: El teatro español en el Siglo de Oro*, Madrid, Castalia, 1987.

VEGA, M. A. (ed.): *Textos clásicos de teoría de la traducción*, Madrid, Cátedra, 2004.

VEGA, M. J., y CARBONELL, N.: *La literatura comparada: principios y métodos*, Madrid, Gredos, 1998.

VILANOVA, A.: *Erasmo y Cervantes*, Barcelona, Lumen, 1989.

VILLANUEVA, D.: *Estructura y tiempo reducido en la novela*, Valencia, Bello, 1977.

— *El comentario de textos narrativos: la novela*, Gijón, Júcar, 1992 (1.ª edic., 1989).

— (ed.): *La novela lírica*, 2 vols., Madrid, Taurus, 1983.

— (coord.): *Curso de teoría de la literatura*, Madrid, Taurus, 1994.

VILLANUEVA, D., VIÑA LISTE, J. M.ª: *Trayectoria de la novela hispanoamericana actual*, Madrid, Espasa Calpe, 1991.

VILLANUEVA, D. y otros: *Los nuevos nombres: 1975-1990*, vol. 9 de *HCLE*, Barcelona, Crítica, 1992.

WARDROPPER, B. W.: *La comedia española del Siglo de Oro*, apéndice a E. Olson: *Teoría de la comedia*, Barcelona, Ariel, 1978, pp. 183-242.

WARNING, R. (ed.): *Estética de la recepción*, Madrid, Visor, 1989.

WELLEK, R.: *Historia de la crítica moderna*, 4 vols., Madrid, Gredos, 1959.

— *Historia literaria. Problemas y conceptos* (1963), Barcelona, Laia, 1983.

WELLEK, R., y WARREN, A.: *Teoría literaria* (1948), Madrid, Gredos, 1974 (4.ª ed.).

YNDURÁIN, D.: *Introducción a la metodología literaria*, Madrid, SGEL, 1979.

— *Época contemporánea: 1939-1980*, vol. 8 de *HCLE*, Barcelona, Crítica, 1980.

— *Humanismo y Renacimiento en España*, Madrid, Cátedra, 1994.

ZAVALA, I. M.ª: *Romanticismo y realismo*, vols. 5 y 5/1 de *HCLE*, Barcelona, Crítica, 1982 y 1994.

ZUMTHOR, P.: *Introducción a la poesía oral* (1983), Madrid, Taurus, 1991.